야구란 무엇인가

NEW THINKING FAN'S GUIDE TO BASEBALL
by Leonard Koppett

Copyright © 1991 by Leonard Koppett
All rights reserved.

Korean Translation Copyright © 1999, 2009, 2012 by Minumin

This Korean edition is published by arrangement with
Simon & Schuster, Inc. through KCC.

이 책의 한국어판 저작권은 KCC를 통해
Simon & Schuster, Inc.와 독점 계약한 ㈜민음인에 있습니다.

저작권법에 의해 한국 내에서 보호를 받는 저작물이므로
무단 전재와 무단 복제를 금합니다.

THE NEW THINKING FAN'S GUIDE TO
BASEBALL
야구란 무엇인가

레너드 코페트 | 이종남 옮김

민음인

차 례

옮긴이의 말　　　　　　　　7
옮긴이의 말에 덧붙여 | 박동희　　11
머리말　　　　　　　　　　15

제1부 야구의 현장

1	타격	23
2	피칭	65
3	수비	114
4	베이스러닝	139
5	감독	163
6	사인	208
7	벤치	223
8	지명타자	245
9	심판원	257
10	구장	271

제2부 막후에서 벌어지는 일

11 미디어   293
12 원정 경기   314
13 프런트   325
14 스카우트   341
15 통계   355
16 기록   373
17 구단주   382
18 선수 노조   394
19 커미셔너   421
20 에이전트   443

제3부 위대한 야구

21 동계 훈련   455
22 포스트 시즌   467
23 타격 실종   482
24 가장 위대한 투수   505
25 명예의 전당   521
26 구단 증설   534
27 공과 배트   548
28 규칙의 변천   564
29 장래의 야구상   592

옮긴이의 말

항상 내일을 염두에 둔 선수, 감독 또는 지도자의 길을 걷고자 하는 이들에게 정신적 교훈을 남기게 되는 성서가 될 것이다. —김소식

새로운 변화가 요구되고 있는 한국 프로야구로서는 사막에서 오아시스를 만난 듯하다. —이광환

1993년과 1994년에 이 책이 두 권으로 나뉘어 출판됐을 때 야구인들이 보여 준 반응의 일부다. 이런 극찬이 원저자에게 바쳐지는 것일진대 역자로서도 굳이 겸사를 늘어놓을 생각이 없다. 위에 인용한 두 야구인의 말 그대로 이 책은 일반 야구팬들뿐만 아니라 야구를 생업으로 하는 전문인들에게도 정신적으로 많은 것을 일깨워 준 명저이므로.

야구와 농구 등 두 종목에 걸쳐 칼럼니스트로서 건필을 휘둘러 '명예의 전당'에 들어간 레너드 코페트는 1967년에 『The Thinking Man's Guide To Baseball』이라는 제목으로 이 책의 초판을 펴내고 나서 24년

만인 1991년에 개정판을 펴냈다. 새 책의 제목은 『*The New Thinking Fan's Guide To Baseball*』.

초판본은 수없이 쏟아져 나온 미국의 야구 서적 가운데서도 '명저 15선' 가운데 하나로 당당히 자리 잡으면서 저자에게 명성과 인기를 안겨 주었다. 이 책은 일반적인 야구 기술 서적이나 역사서, 또는 일화 모음과 달리 야구의 본질을 심도 있게 파헤치면서 독자들에게 야구를 보고 생각하고 느끼는 각도와 범위를 키워 주는 '야구 철학'을 담고 있다.

초판이 발행되고 나서 20여 년의 세월이 흐르는 동안 규칙과 제도 등 야구를 둘러싼 하드웨어들이 바뀌자 저자는 달라진 내용을 뜯어고치고 추가하여 더욱 충실한 개정판을 내놓았다.

그러나 서서히 흘러오던 변화의 물결은 21세기를 앞둔 1990년대에 더욱 거세게 출렁이며 저자가 애써 다듬은 내용을 또다시 어지럽혀 놓았다. 저자는 1990년까지의 변화를 다루었지만 그 뒤 8년 사이 미국 야구의 요체인 메이저리그에는 리그별 두 개 지구가 세 개 지구로 쪼개지고 팀 수도 서른 개로 늘어나는 격변이 일어난 것이다.

이 책이 출간되고 난 뒤의 주요 변화는 다음과 같다.

    1993년 플로리다 말린스(마이애미)와 콜로라도 로키스(덴버)가 신생팀으로 가입함으로써 내셔널리그가 열네 팀으로 확장되다. 1969년 몬트리올 샌디에이고 이후 24년 만에 팀 수를 늘림. 콜로라도는 창단 첫해 450만 명 관중 동원에 성공하다.

    1994년 8월 12일 메이저리그 파업 발생. 이후 시즌 종료까지 경기 재개를 보지 못했고 1903년부터 줄곧 이어져 온 월드 시리즈가 91년 만에 처음으로 중단되다. 이 해 양대 리그를 세 지구로 조정, 포스트시즌 와일드카드제를 도입. 그러나 선수단 파업으로 시행되지 못하고 1995년에야 처음 실시.

1998년 탬파베이 데블레이스(아메리칸리그)와 애리조나 다이아몬드백스(내셔널리그)가 신생팀으로 가입하면서 양 리그 조정. 아메리칸리그 소속이던 밀워키 브루어스가 내셔널리그 중부 지구로 옮겨 가 아메리칸리그는 열네 팀, 내셔널리그는 열여섯 팀으로 구성됨. 두 신생팀의 가입비만 1억 30만 달러.

1999년 각 리그의 지구 편성은 다음과 같다.

	서부 지구	중부 지구	동부 지구
내셔널 리그	애리조나 콜로라도 로스앤젤레스 샌디에이고 샌프란시스코	시카고 신시내티 휴스턴 밀워키 피츠버그 세인트루이스	애틀랜타 플로리다 몬트리올 뉴욕 필라델피아
아메리칸 리그	애너하임 오클랜드 시애틀 텍사스	시카고 클리블랜드 디트로이트 캔자스 시티 미네소타	볼티모어 보스턴 뉴욕 탬파베이 토론토

이에 따라 원저의 내용 일부가 현실과 어긋나 버렸지만 그런 변화 역시 신통하리만큼 저자가 예견한 방향으로 흘러갔다. 마치 미국 프로야구계가 코페트의 제안이나 충고를 고분고분 따른 느낌이다. 코페트가

미국 야구계에서 차지하는 영향력이 얼마나 큰지 간접적으로 보여 주는 대목이다. 그리고 저자가 집필을 마치고 난 이후에 일어난 현실적인 변화를 접어 둔다면 독자들에게 야구에 대한 이해를 돕는다는 이 책의 본질적인 가치는 전혀 손상된 것이 없다.

1923년 9월 15일 모스크바에서 태어난 레너드 코페트는 1940년대부터 미국 《뉴욕 헤럴드 트리뷴》,《뉴욕 포스트》,《뉴욕 타임스》,《스포팅 뉴스》 등에서 기자 생활을 했으며 베이브 루스가 현역 선수 생활을 하는 모습을 직접 본 노장이기도 하다. 그의 옥고는 많은 후학들로부터 인용의 대상이 돼 왔다. 1982년에 캘리포니아 주 팔로 알토에 정착한 후 《페닌슐라 타임스 트리뷴》에서 주간과 칼럼니스트로 활약하고 있으며 희수喜壽를 눈앞에 둔 1999년에 『간추린 메이저리그사 The Concise History of Major League Baseball』라는 저서를 내놓는 노익장을 과시했다.

LG 트윈스는 지난 1993년과 94년에 역자의 꼬드김에 넘어가 피눈물 나는 돈을 들여 한국어판을 발간했다. 그렇지만 LG는 상급 학교에 진학한 학생들에게 새로운 교과서를 나눠 주듯이 새로 입단한 선수들에게 이 책을 배부하여 독후감을 받고 시험까지 치르면서 선수 교육에 멋지게 활용함으로써 억지로 꼬드긴 역자의 미안함을 덜어 주었다. 그렇게 이 책의 효용을 키우고 가치를 인정해 주신 강정환 전임 사장(전 LG 스포츠단 고문)께 이 자리를 빌어 감사의 말씀을 드린다. 또 평소 책을 가까이하는 최종준 단장의 의지가 없었더라도 이 책은 일찍이, 그리고 앞으로도 한국의 독자들에게 다가갈 기회가 없었을 것이다.

지은이는 24년 만에 책을 새로 쓰면서 야구를 보는 시야가 넓어졌다고 책머리에 밝혔지만 역자는 5년 사이에 '반역'하는 재간이 다소 늘었다고 감히 얘기하고 싶다. 아, 그때 왜 그렇게 번역이 엉망이었는지……. 낯이 뜨겁다. 워낙 글재주가 부족한 탓으로 8분의 6박자로 된

원서를 이번에는 4분의 3박자로 편곡해 놓는 잘못을 저질렀을망정 독자들이 이해하는 데 약간은 더 편하도록 '한국말'에 가깝게 개역했다고 생각한다. 전에 엉터리 번역을 읽느라 골이 빠개졌던 독자들에게 치료비는 드리지 못하고 죄송하다는 사죄의 말씀만 드린다.

코페트의 다른 저서로 한국 야구팬들 앞에 소개된 것으로는 1995년 OB 베어스(현 두산 베어스)가 우승 기념으로 펴낸 『야구에는 민주주의가 없다 The Man in the Dugout』가 있다. 그것도 이 못난 역자의 손에 의해 졸역당했다.

전에는 구단들이 어렵게 마련한 돈으로 이런 야구책을 만들어 내면서 발행 부수에 제한이 있었기 때문에 일반 독자들로서는 책을 손에 쥐기가 여간 어렵지 않았다. 그런데 민음인이 무슨 손재수가 씌었기에 시판하기 위한 모든 절차를 밟고 이번에 책을 만들어 냈는지……, 그 고마움이란 이루 말로 표현할 수 없다.

1999년 4월
이종남

옮긴이의 말에 덧붙여

2000년대 메이저리그의 주요 변화

2000년 메이저리그가 미 스포츠 케이블 채널 ESPN, FOX와 연평균 5억 6000만 달러에 방송 중계권 계약을 하다. 미 스포츠 중계권 계약 사상 최고액으로 1994년 파업 이후 한동안 북미 프로 미식축구 리그NFL, 미국 프로농구 협회NBA에 인기가 밀렸던 메이저리그는 이로써 과거의 명성을 되찾는 데 성공했다.

2003년 배리 본즈가 메이저리그 사상 최초로 통산 500홈런 500도루 기록을 달성하다. 때맞춰 금지 약물인 스테로이드를 메이저리그 선수들에게 공급한 대형 약물 사건 '발코 스캔들'이 터지다. 스캔들의 중심에 본즈를 비롯한 유명 선수들이 연루됐다는 사실이 밝혀지며 메이저리그는 도덕성에 치명타를 입다. 2005년 메이저리그 최초로 도핑테스트가 실시됨.

2004년 캐나다를 연고로 한 몬트리올 엑스포스가 연고지를 미국 워싱턴 DC로 옮기며 워싱턴 내셔널스로 거듭나다.

2006년 메이저리그와 선수 노조의 합의로 제1회 월드 베이스볼 클래식 WBC이 열림. 한국과 미국, 일본, 쿠바를 비롯한 16개국이 참가한 가운데 일본이 결승에서 쿠바를 꺾으며 초대 우승국이 됨. 한국은 야구 강국들을 차례로 꺾으며 4강에 오르는 기적을 연출함.

1967년 『The Thinking Man's Guide To Baseball』이라는 제목으로 이 책의 초판이 나온 이후, 인간은 달에 착륙했고 철의 장막은 무너졌으며 인간 배아 복제는 공상 과학 소설에서 현실이 됐다. 그러나 세월이 흘러도 변하지 않는 한 가지 사실은 이 책이 42년 전이나 지금이나 여전히 '야구의 바이블'이라는 것이다.

이 책은 1845년 뉴욕 니커보커 클럽의 알렉산더 카트라이트가 최초의 야구 규칙을 제정했다는 역사적 사실에서부터 수많은 야구사의 사건과 인물을 다루고 있다. 여기다 야구의 기본 룰과 작전 그리고 전문적인 기술에 이르기까지 폭넓은 야구 지식을 제공한다.

지금껏 셀 수도 없이 많은 야구 서적이 출판됐지만 야구 사서史書와 야구 이론서理論書를 이처럼 조화롭고 명징하게 기술한 책은 없었다. 그런 의미에서 이 책이야말로 야구를 좋아하는 이들에겐 필독서이자 교과서이다.

이 책이 이처럼 미국과 한국에서 동시에 추앙받을 만큼 완성도가 높은 데는 이유가 있다. '환상의 듀오'의 합작품이기 때문이다. 바로 저자 레너드 코페트와 역자 이종남이다. 미국 야구계의 거목인 코페트는 1943년《뉴욕 헤럴드 트리뷴》의 기자로 언론에 투신한 뒤 2003년 눈을 감기 전까지 60여 년 동안 미국 최고의 야구 기자로 활약했다. 그의 말이 곧 야구였고 야구가 곧 코페트였다.

'한국의 레너드 코페트' 이종남도 만만치 않았다. 1977년《한국일보》에 기자로 입사한 뒤 2006년 폐암으로 생을 마감하며 야구계의 전설로 다시 살아날 때까지 이종남은 한국 야구 발전을 위해 기자 이상의 노력을 쏟았다.

1980년『스탠드의 명심판』을 시작으로 수 권의 역서와『한국 야구사』등 주옥같은 저서를 남긴 것과 동시에 일본식 박스 스코어를 우리 식으로 만든 이른바 '땅표'를 탄생시키며 한국 야구의 기록 문화를 정착시켰다. 지금도 이종남은 한국 야구 언론의 멘토이자 롤모델이다.

자, 야구에 관해 알고 야구를 더 많이 이해하길 원하는가. 그렇다면 주저 없이『야구란 무엇인가』를 펼치길 권한다. 이 책이 바로 야구의 성인聖人들이 쓴 야구의 성서聖書이기 때문이다.

2009년 2월

박동희(《스포츠춘추》기자, MBC ESPN 해설위원)

머리말

 야구를 사랑하는 사람들은 모든 것이 종잡을 수 없을 만큼 격변하는 이 세상에서 오로지 야구만이 '만고불변'으로 남아 있다는 데에 영광이 있다고 말한다. 그러나 천만의 말씀이다. 이 세상에 변하지 않는 것은 없다.
 우리가 알고 있는 20세기 야구는 우리 주변의 다른 생활상과 비교하면 변화폭이 적고 야구의 본질에는 더더욱 변화가 없는 것은 사실이다.
 그렇지만 야구에도 엄연한 변화가 있다. 필자가 『한 전문가의 야구 안내 *The Thinking Man's Guide To Baseball*』라는 이 책의 초판본(1967년 출간)을 펴낸 25년 전과 비교해 보면 야구는 엄청나게 변화했다. 그 책이 출간될 당시에는 양대 리그가 각각 열 팀으로 구성된 채 동부와 서부 지구로 나뉘기 전이었고 월드 시리즈 진출팀을 가리기 위한 플레이오프도 치러지지 않았다. 팀 수가 리그별로 여덟 팀에서 열 팀으로 늘어난 때(1961년)로부터 5년밖에 지나지 않았고, 여덟 팀이 60년간 변함없이 치러 온 연간 게임 수가 156게임에서 162게임으로 늘어난 것도 여전히 어색하기만 했다. 당시 '지명타자'란 제도는커녕 말조차 없었고 '인조 잔디 구장'도 상상조차 할 수 없었다. 선수 노조의 활동은 미미했고, 커미셔너 사무국 산하에 판촉 활동을 하는 자회사도 없었으며, 케이블 텔레비전 사업이 이렇게 번창하리라고는 꿈도 꾸지 못했고, 비디오를 이용해서 게임을 연구 분석하는 방안도 착안되기 전이었고, 월드 시리즈나 올스타전을 야간 경기로 치르는 것도 고려되기 전이었다.

그 밖에 눈에 확 드러나지는 않지만 하루하루를 야구 속에서 살아가는 사람들에게도 적지 않은 변화가 왔다. 선수―감독, 선수―구단, 선수―매스컴, 구단―매스컴, 구단―팬, 선수―선수 등 모든 인간관계가 엄청나게 변했다. 모든 생활 풍습이 25년 전에 비해 눈이 빙빙 돌 정도로 달라졌으니 야구만이 종전의 모습을 고스란히 보존하고 있으리라는 것은 도저히 기대할 수 없는 일이다.

그렇지만 야구의 기본 골격에는 변함이 없다. 야구계 종사자들이나 팬들이 뿌듯하게 여기는 것도 바로 그 점이다. 타격과 피칭, 수비, 베이스러닝의 기본은 과거와 달라진 게 없으며 매 이닝에서 구사하는 작전이나 한 게임이나 한 시즌을 꾸려 가는 전술, 라인업을 작성하고 선수단을 가꾸는 요령 등은 1920년대에 확립된 방식 그대로다. 야구 기술은 시대에 따라 유행을 타고, 점점 세련돼 가고, 어떤 전술은 사라졌다가 되살아나고, 새로운 가치관이 급속히 퍼져 나가기는 하지만 야구의 기본 형태는 일흔 살 먹은 노인이나 열 살 난 손자 모두에게 친숙하기만 하다. 이런 엄청난 세대차를 가진 할아버지와 손자가 나란히 앉아 같은 눈으로 같이 게임을 즐길 수 있다는 것은 미식축구나 농구, 하키 등에서는 기대하기 힘들다.

지명타자 제도를 제외하면 야구 규칙도 1903년 이래 근본적인 변화는 없다. 그리고 경기 규칙에 변화가 없다면 기술이나 경기에 임하는 자세도 달라지지 않는다. 경기를 펼치고 관중을 불러 모으는 프로야구 조직도 1921년 이래 크게 달라진 게 없다. 이를 '만고불변'이라고 할 수는 없어도 하루가 다르게 변하는 우리 생활의 주변들과 견주어 보면 그렇게 말해도 크게 틀리지는 않을 듯싶다.

1990년에 이 책을 새로 집필하면서 필자는 1966년에 썼던 내용 중 일부는 삭제하고 일부는 크게 뜯어고칠 수밖에 없었다. 25년이라는 세월이 흐르는 사이 필자의 시야도 넓어지고 새로운 것을 많이 배웠다고 감히 말하고 싶다. 그러나 당시 옳았다고 생각하는 부분은 한 자도 고치지 않고 고스란히 살려 놓았다.

필자가 이 책을 통해 독자들에게 전달하고자 하는 취지는 25년 전과 비교해서 조금도 다르지 않다.

— 신문이나 방송보다 야구의 핵심을 좀 더 깊이 있게 파악할 수 있게 한다.
— 막연히 알고 있던 야구의 속성을 좀 더 실감 나게 짚어 볼 수 있게 한다.
— 야구를 좀 더 진지하게 보고, 선수의 기술적인 면뿐만 아니라 인간적인 면에도 관심을 기울이게 한다.
— 그리고 야구에 해박하다고 자부하는 사람조차 전혀 관심이 미치지 못했던 면을 새롭게 인식하게 한다.

그러나 이번에 개정판을 내면서 필자는 새로운 취지를 하나 더 보태고자 한다. 이 책을 손에 줄 만큼 야구에 관심이 깊은 독자라면 1년 동안 텔레비전을 통해 경기를 지켜보고 파악한 것이 한 세대 전 관중이 평생 동안 경기장에서 지켜본 것보다 양적으로 많을 것이다. 또 독자가 텔레비전 카메라나 슬로 비디오를 통해 알게 된 게임의 기술적 측면도 과거 선수가 스스로 지켜본 것보다 질적으로 우수할 것이다. 나아가 말이 청산유수인 아나운서가 혼자서 게임을 중계하던 과거와 달리 일선에서 뛰던 선수들이 산 경험을 총동원해서 해설을 맡음으로써 투수나 타자, 주자의 의도와 움직임을 훨씬 생동감 있게 파악할 수 있을 것이다. 따라서 현재 독자들의 야구 수준은 25년 전 독자들에 비해 엄청나게 향상됐을 것이다. 그래서 필자는 좀 더 실제적이고 현실적으로 얘기를 풀어나가기로 했다.

초판본에서 밝혔듯이 이 책은 '무엇을 어떻게 한다'는 기술 서적이 아니다. '누가 무엇을 했다'거나, '어느 팀이 우승할 것'이라거나, '누가 무슨 말을 했다'거나, '언제 어떤 일이 있었다'는 것을 알려 주는 책도 아니다. 그동안 남들이 미처 생각하지도 못했던 사실들을 알려 주려는 게 아니라 야구의 모든 단면을 있는 그대로 되짚어 보려는 데에 목적이 있다. 이미 명확히 알려진 것들을 다시 설명하고 되짚어 보고 돌이켜 보자. 포수나 내야수들이 게임 중에 손가락을 꼽으면서 서로서로 아웃카운트를 알려 주거나, 코치가 3루 주자에게 "이번에 외야 플라이가 나오면 반드시 태그업하라."라고 일러 주거나, 감독이 타자에게 "치기 좋은 공을 골라라."라고 당부하는 것처럼. 독자가 전혀 모르는 것을 알려 주는 것이 아니라 이미 알고 있는 것을 좀 더 자세히 들여다보는 데에 이 책의 목적이 있다.

앞으로 우리가 다양한 주제를 놓고 펼치는 이야기 속에는 투타의 상대성, 실수투성이인 인간의 행동, 한치 앞을 내다보지 못하는 인간의 답답한 예측력, 구상과 달리 빗나가기만 하는 결과 등이 밑바탕에 깔려 있다. 그리고 어떤 플레이 하나가 이뤄지기까지 어떤 힘들이 어떻게 작용하고 있는지를 보여 주고자 한다.

현대 야구팬들은 텔레비전의 보급으로 야구에 대해 훨씬 많은 것을 눈으로 보았을 것이다. 1967년 이 책의 초판을 쓸 당시 필자는 서문에서 "글은 정적인 상태밖에 표현하지 못하므로 어떤 동적인 장면을 머릿속에 떠올리기 위해서는 상상력을 동원할 수밖에 없다."라고 말했다. 문자의 기능은 이제나 저제나 달라진 게 없지만 동영상을 접할 기회가 많은 현대 독자들은 글의 행간에다 상상력을 끼워 넣어야 할 필요는 별로 없을 것으로 믿는다.

초판본에서 쓴 것을 단 한 자 고침 없이 고스란히 살려 두어도 여전히 내용에 변함이 없는 대목도 있다. 일상생활에서는 기분이나 건강 상태가 어떤 일을 수행하는 데 큰 영향을 미친다는 것, 어떤 일을 하겠다는 목표 의식을 갖고 있으면 일의 결과가 대체로 그와 비슷한 방향으로 나타난다는 것, 자신감과 집중력이 더해진다면 육체적 능력이나 '확률'을 뛰어넘어 더 좋은 결실을 맺는다는 것 등이 그것이다.

야구를 설명하고자 할 때는 단순히 글만으로 풀어 내는 것보다 통계나 역사, 또는 숫자를 동원하면 다 그럴싸해진다. 당초 필자는 그런 것들 위에다 수십 년 동안 쌓은 경험을 덧붙여 집필할 계획이었다. 팬들이나 야구계 주변 인물들에게 야구를 이해시키는 데에는 그런 식으로 써 나가는 게 도움이 되리라고 생각했다. 그러나 세월이 흐르면서 생각이 달라졌다. 필자는 나이를 먹었거니와 신분도 바뀌었다. 전에 매일 경기장을 찾아다니며 일선 기자의 관점에서 야구를 보고 초판본을 썼던 필자는 이미 십여 년 전에 현장에서 물러나고도 여전히 야구를 가까이 접하며 생활하고 있다. 현장에서 약간 떨어져 있다 보니 전에는 파악하지 못했던 면을 오히려 새롭게 가늠할 수 있는 이점도 있었다. 나무 하나하나는 보지 못하는 대신 숲을 보게 된 것이다. 그 결과 이 책은 더 주관적이고 논설적인 글이 돼 버렸지만 화폭은 전보다 더 커졌고 전에는 메우지 않고 빈 공간으로 내버려 두었던 곳도 색을 입힐 수 있었다고 자부한다.

초판본을 쓸 당시 필자가 각 장에 부제로 정했던 상징적 표현은 아직도 상당히 설득력이 있다고 확신하면서 그대로 사용했다. 야구가 '과학'이 아닌 '예술'이라는 소신에는 변함이 없다. 과학은 자연의 법칙이며 불확실한 인간적인 요소가 끼어들 여지가 없다. 어떤 법칙에 어떤 요소를 대입하면 언제나 똑같은 결과가 나타난다. 자연의 법칙은 흐트러지는 경우가 없으며 이를 부정하려고 대들다간 언제나 패배만 맛볼 뿐이다. 그러나 예술은 어떤 결실을 맺기까지 직관과 의지가 덧붙여진다. 여기에도 어떤 원리와 원칙이라는 게 전혀 없지는 않겠지만 당사자의 의지와 능력에 따라 결과는 천양지차로 나타난다. 그렇기 때문에 아무리 우수한 선수나 감독일지라도 필자의 눈에는 완성을 향해 정진하는 예술가로 보일 뿐이다.

언론계에 종사하는 필자가 야구인들이 만들어 내는 예술품을 다루다 보면 잘했느니 못했느니 하며 저절로 비평가적인 태도를 취하지 않을 수 없다. 그러나 이 책의 주목적은 어디까지나 '안내'이다. 야구라는 예술의 정교한 부분을 독자들이 들여다볼 수 있도록 밝히고 설명하고 묘사하려는 것일 뿐 비평자의 입장에서 품평회를 열 생각은 추호도 없다. 독자 여러분이 이미 알고 있는 야구를 좀 더 즐길 수 있도록 이해의 폭을 넓혀 주는 게 이 책을 만든 기본 취지다.

안내서라면 모름지기 그래야 한다. 그리고 이 책을 읽고 나서 독자들이 야구를 보는 식견이 다소나마 넓어진다면 필자로서는 더없는 다행이겠다.

자, 이제부터 본론으로 들어가 보자.

레너드 코페트

제1부

야구의 현장

THE NEW THINKING FAN'S GUIDE TO BASEBALL

1 타격

예술적 과학, 육체보다 정신이 우선

　무서움.

　타격은 야구의 가장 기본적인 행위이며 타격을 말할 때에 가장 먼저 꺼내 들어야 할 화두가 바로 무서움이다.

　무섭다는 것은 누구나 다 알고 있듯이 단순하고도 본능적이다. 강속구에 맞으면 아프다. 팔꿈치나 손목, 얼굴 등 연약한 부위에 맞으면 골절이나 파열 따위의 부상이 따르고 헬멧으로 보호되지 않은 맨머리에 맞았다간 목숨을 잃을 수도 있다.

　투수가 던진 볼은 한마디로 미사일이나 다름없다. 미사일이 몸을 향해 날아오면 사람은 누구나 '피해야 한다'는 무의식적인 반사 동작을 일으킨다.

　이같이 인간의 마음에 내재돼 있는 무서움이야말로 야구라는 경기를 설명하는 첫 번째 화두가 돼야 한다. 그런데도 여태껏 출간된 수많은 야구 서적 가운데 이 화두를 다룬 책은 한 권도 없다.

투수들이 구사하는 모든 피칭 전술과 타자들을 괴롭히는 모든 문제점은 바로 이 무서움과 그와 연결된 반사 동작에서부터 발전해 나온 것들이다. 야구의 역사적 진화를 살펴보더라도 이런 사실을 알 수 있다. 초창기 야구에서는 베이스에서 떨어져 있는 주자를 아웃시키려면 반드시 태그하지 않고 공을 던져 몸에 맞혀도 괜찮았다. 이것은 그 당시의 공이 상당히 물렁물렁했다는 것을 의미한다. 그렇지 않았다면 공에 맞아 여기저기가 부러지고 멍든 불구자가 속출했을 테니 말이다. 그리고 공이 물렁물렁하면 배트로 아무리 강하게 치더라도 멀리 날아가지 않는다. 그러다가 주자를 아웃시키려면 야수가 반드시 공을 손에 쥐고 태그하도록 규칙이 바뀌었다. 이는 공이 단단해졌음을 뜻한다. 그리고 이렇게 단단해진 야구공은 크기나 무게, 강도에서 1872년 이래 근본적인 변화가 없다.

따라서 타격은 이율배반적인 심리 상태에서 이뤄지는 행위라고 할 수 있다.(심리학자들은 이런 일이 일상생활 속에 심심찮게 존재한다고 한다.) 배팅은 재미있으면서 위험성도 동시에 갖고 있다. 타자는 누구나 공을 최대한 강하게 때리려는 욕심을 갖고 있는데 그러려면 뒷발로 땅을 굳게 딛고 버티면서 날아오는 공을 '향해' 한 걸음 다가서야 한다. 그러나 인간은 자기 몸을 향해 날아오거나 적어도 '그렇게 보이는' 공은 일단 피하고 보자는 본능을 갖고 있다. 왜? 맞으면 아프고, 잘못하면 다치고 죽는 수까지 있으니까.

그러므로 타자는 타석에 들어설 때마다 최선으로 공을 때리려는 욕망과 피하려는 본능의 억제 사이에서 싸우는 것이다.

바로 이런 역학을 바탕으로 투수의 기본 전술이 자연스럽게 생겨난다. 즉 일단 타자 몸쪽으로 공을 바짝 붙여 타자가 피하도록 한 뒤 그 다음 투구는 홈플레이트 바깥쪽을 공략하는 것이다. 타자의 몸을 향해 날아가는 것 같지만 실제로는 그렇지 않은 것(커브)과 곧은 궤적을 그리는 것(직구)을 번갈아 던지면 투수가 바라는 대로 타자의 밸런스를 무너뜨릴 수 있다.

그렇다면 왜 무서움에 대해서는 어떤 야구 전문가도 전혀 언급하지 않는 것일까? 왜 이 대목은 건성으로 지나치는 것일까?

첫째, 무서움을 너무나 당연한 것으로 받아들이기 때문이다. 유능한 타자가 되려면 무섭다는 생각을 떨쳐 버려야 한다. 그러나 그런 생각을 하지 않는 것과 정말로 무섭지 않은 것은 별개다. 그러니까 좀 더 정확히 말하자면 '무서운 거야 무서운 거지.' 하고 생각하는 정도가 될 것이다. 그리고 프로 선수라면 무서움 따위는 입 밖에 꺼내지 않을 정도가 된다.

둘째, '무섭다'는 말에는 비겁하고, 남자답지 못하고, 쩨쩨하다는 의미가 담겨 있기 때문이다. 그러므로 프로들도 실제로는 무서움에 대해 많은 얘기를 나누지만 매우 우회적인 표현을 쓴다. '버텨 본다'든가, '플레이트에 바짝 달라붙는다'든가, '끝까지 해본다'든가, 아니면 '대든다', '반격한다'고 하는 따위가 실은 무서움을 나타내는 간접 표현이다.

그리고 프로야구 활동을 일반 대중에게 전달하는 언론도 굳이 이런 내용을 직설적으로 표현하지 않는다. 그 이유는 매스컴 관계자가 선수들이 느끼는 무서움에 대해 알고 있더라도 그것을 너무나 당연한 것으로 치부해서 시시콜콜하게 보도할 필요가 없다고 치부하기 때문이다. 혹시 그게 아니라면 선수들의 속뜻을 전혀 감 잡지 못하는 바람에 말이나 글로 옮기지 못하는 수도 있을 것이다.

그런데 무서움이라는 너무나 명백한 사실을 그냥 덮어 두는 데는 더 깊은 이유가 있다. 어느 운동 선수건 고통을 극복하는 것은 필수적인 요소이기 때문이다. 선수라면 부상의 위험을 '무릅쓰고' 목표한 행동을 해낼 수 있어야 한다. 미식축구 선수나 권투 선수나 아이스하키 선수라고 해서 일반인보다 통증을 덜 느끼는 것은 아니다. 타격을 받으면 보통 사람보다 덜 다치는 것도 아니다. 찌르면 피가 나는 것도 마찬가지다. 다만 선수에게 일반인과 다른 품격이 있다면 자신의 목적을 달성하기 위해 기꺼이 고통을 참아 낼 마음의 준비가 돼 있다는 점이다. 물론 선수들은 어떤 형태의 신체적 타격이나 긴장을 견뎌 낼 수 있도록 평소에 신체를 단련해 둔다. 그러나 단련이라는 과정 자체가 벌써 고통스러운 행위다. 그리고 자기 자신이 이겨내야 하는 고통을 머릿속에 떠올리는 것부터가 해로운 짓이다. 따라서 아주 단시일 내에, 또는 장시간에 걸쳐 고통에 대한 '의식'은 머리 밖으로 내몰아야 한다. 타석에 들어가면서 '이번엔 떨지 말아야지.' 하고 다짐하는 타자는 없다. 벌써 오래전에 그런 생각은 떨쳐 버렸기 때문이다.

그렇지만 여전히 공에 맞으면 아프다는 것은 본능적으로 알고 있으며 그런 속에서 무엇을 얼마만큼 성취하느냐에 성공 여부가 달려 있다.

그래서 선수들은 이런 주제는 아예 논외로 하고 있으며 관중들은 선수의 두려운 감정 따위는 수박 겉핥기로 넘기거나 아예 관심조차 두지 않은 채 넘어가는 것이다.

그런데 놀랍게도 일단 현역에서 물러나면 그동안 억눌렀던 공포가 일시에 되살아나는 듯 선수들끼리 만나기만 하면 이 주제를 놓고 많은 얘기를 주고받는다. 1930년대에 마운드를 휘어잡던 투수들은 타자의 머리를 겨냥한 몸쪽 공을 던져 뒤로 벌렁 나자빠지게 만든 후 바깥쪽 스트라이크존을 찔러 타자를 잡아내는 요령을 신바람 나게 떠들어 댄다.

그러나 그들로부터 이런 투구 요령을 전해 듣는 1960년대 투수들은 연방 하품을 해 댄다. 그 따위는 약과라는 것이다. 좀 더 강한 타구를 날려 보겠답시고 타석을 발로 꽉꽉 고르면서 덤볐다가는 영락없이 공이 머리로 날아든다는 것이었다. 그런가 하면 타자를 고의 4구로 1루로 내보낼 필요가 있을 때는 굳이 공 네 개를 던지지 않고 차라리 공 한 개로 타자의 몸을 갈겨 버리는 쪽을 택한다는 것이었다.

그러나 1980년대에 들어오면 얘기가 전혀 달라진다. 야구의 스타일이 20년 전과는 완전히 달라진 것이다. 투수들은 타자의 몸쪽으로 던질 줄 모르고, 그에 따라 타자들은 또 몸쪽 공을 피하는 방법을 모르게 됐다. 전에는 당연한 투구 패턴으로 받아들이던 몸쪽 공을 던졌다간 집단 싸움이 벌어진다. 몸쪽 공이 갖고 있는 '겁준다'는 의미는 이미 사라져 버렸다는 얘기다.

그렇다면 이렇게 양상이 달라진 이유는 무엇일까? 야구 행정 당국은 명백한 빈볼로 상대 타자를 위협하지 못하도록 규칙을 정해 놓았다. 빈볼이 나올 경우 투수는 물론 감독까지 퇴장시킬 수 있도록 심판에게 권한을 부여했다. 요즘 투수들은 어려서부터 몸쪽 공을 던지는 경험을 별로 갖지 못하고 자라 왔다. 알루미늄 배트 앞에서는 그런 공을 잘못 던졌다가는 장타를 얻어맞기 때문에 기피하게 된 탓도 있다. 그와 맞물려 타자들은 안쪽 공을 피하는 기술을 연마할 기회를 별로 갖지 못한 데다가 안전성 있는 헬멧을 씀으로써 은연중에 위안을 얻기까지 한다. 그리고 전반적인 게임의 양상도 과거에 비하면 살벌한 맛이 없어졌다. 요즘은 모두가 돈벌이에만 혈안이 돼 있고 그만큼 몸을 소중히 여기지 않는가.

그렇지만 위협구가 완전히 없어진 것은 아니다. 타자가 투구에 맞거나 아슬아슬하게 피했을 때 불같이 화를 내며 민감하게 반응하는 것을 보면 무서움이 얼마나 쉽게 되살아나는지를 알 수 있다.

타격에 관한 두 번째 화두 역시 너무나 뻔한 것이다. 흔히들 조롱하는 말로 사용하는 상투어, 즉 "공은 둥글고 방망이도 둥글다."는 말이 그것이다.

스쿼시나 라켓볼을 포함한 테니스 계열의 스포츠는 공에 비해 넓은 면적을 가진 기구로 공을 가격한다. 아이스하키는 퍽을 평평한 날로 슛 하거나 몰고 간다. 크리켓 배트는 세 개의 평면으로 이뤄져 있으며 어느 면으로 때리더라도 상관없다. 골프도 공을 때리는 클럽의 헤드는 평면이고 더군다나 공은 완전한 정지 상태에 있다. 당구도 공이 멈춰 있을 뿐 아니라 큐의 끄트머리는 비교적 평면에 가깝다.

이런 운동에 비하면 야구는 실수를 저지를 여지가 훨씬 많다. 하키나 테니스는 도구의 정중앙으로 때리지 않더라도 공을 꽤 효과적으로 목표 지점에 보낼 수 있다. 그러나 야구에서는 타구를 페어 지역 안으로 쳐넣고 나아가 안타까지 만들려면 거의 완벽하게 공의 중심을 배트의 중심으로 때리지 않으면 안 된다. 라인 드라이브가 되려면 날아오는 공의 이동선과 스윙하는 배트의 중심이 정면으로 마주쳐야 한다. 공과 배트의 중심선이 정면으로 맞을 수 있는 폭은 겨우 1.2cm에 지나지 않는다.

제원을 살펴보자. 공의 지름은 2.868인치(7.29cm)다. 배트의 가장 굵은 부분은 2.75인치(7.0cm)를 넘을 수 없다. 메이저리그 수준에서는 시속 150km대의 빠른 직구가 날아들며 이것이 투수의 손에서부터 타자까지 날아가는 데는 0.5초도 걸리지 않는다. 왜냐하면 투포수 간 거리가 60피트 6인치(18.44m)라고 하지만 투수는 투수판에서 한 걸음 앞으로 다가서면서 공을 놓기 때문에 실제 비행 거리는 60피트(18.288m)도 되지 않는다.

공을 때리려면 타자는 당연히 공이 홈플레이트에 도달하기 전에 스윙을 시작해야 한다. 다시 말해서 타자는 투구 궤적의 초기 부분만 보고 나중의 궤적이 어떻게 그려질 것인지를 예측해야 한다. 그것을 판단하기까지 허용되는 시간은 0.25초 미만이다. 그리고 나서 때리겠다고 결정하면 배트를 움직이기 시작한다. 마구잡이로 휘두르는 게 아니라 공의 높낮이를 예측하고, 좌우의 각도, 투구 속도에 맞춰 스윙과 타이밍을 조정해서 배트가 공의 중심으로부터 1.2cm 이상 빗나가지 않도록 접근시켜야 한다. 그러면서도 혹시 공이 몸쪽으로 날아들면 피할 수 있는 준비도 갖추고 있어야 한다.

이렇게 말하면 타격이란 논리적으로는 성립될 수 없는 행위라고 단언해도 무리가 아니다. 아닌게아니라 만약 배팅이 계산 끝에 이뤄지는 것이라면 전혀 불가능한 작업일지도 모른다. 그러나 배팅은 어렸을 때부터 수십만 번의 반복 스윙을 통해 가다듬어 놓은 반사 행동일 뿐이다. 자, 그렇다면 왜 투수가 타자에 비해 훨씬 유리한 입장에 있는지, 왜 탁월한 타자가 그렇게 드문지, 그리고 아무리 탁월한 타자라도 왜 타율이 40퍼센트에도 미치지 못하는지 이해할 수 있을 것이다. 타력을 아예 천부적인 재능으로 치부해 버리는 것도 그런 까닭이다.

타격 코치로 꼽히는 해리 워커의 말을 들어 보자.

"타격 코치는 제아무리 지도력이 뛰어나다 하더라도 어느 타자가 천부적으로 타고난 기본 재능을 초과하게 만들 수는 없다. 그 타자가 기본 능력을 발휘하는 데 장애가 되는 기술상의 몇 가지 결점을 교정해 주는 정도에 불과하다. 타격 코치의 통상적인 임무는 그 타자가 호조일 때의 상태를 기억해 두었다가 부조에 빠졌을 때 흐트러진 모양을 지적해 주고 최대한 빨리 원상 회복할 수 있도록 도와주는 것이다."

그런데 타자가 다듬어 놓은 '최선의 스윙'이 곧잘 흐트러지는 까닭은 무엇일까?

거기에는 여러 가지 원인이 있겠지만 가장 기본적으로는 가슴속에 숨겨진 무서움이 고개를 쳐드는 것을 꼽을 수 있다. 만약 '공에 맞으면 아프고 다칠 수 있다.'는 불안만 완전히 떨쳐 버린다면 타자는 마음 놓고 자기가 가장 좋아하는 공을 향해 달려들면서(두 발로 땅을 굳게 딛고

서서 공이 스트라이크존의 어느 쪽으로 들어오더라도 배트의 중심으로 강하게 때려 낼 수 있도록 홈플레이트에 바싹 붙어 서는 것을 말한다.) 평소에 다듬어 놓은 대로 유감없이 스윙할 수 있을 것이다. 이는 마치 농구 선수가 아무런 마크맨 없이 프리스로 라인에 서는 것, 골퍼가 아무 불안감 없이 어드레스하는 것과 같다. 그러나 투수는 타자가 그렇게 편안하게 스파이크로 땅을 고르고 든든하게 버티고 서 있게 내버려 두지 않는다. 즉 타자가 공에 맞을까 봐 전전긍긍하면서 꽁무니를 뺄 준비를 하도록 만드는 것이다. 투수가 고의로 던진 것이든 실수로 던진 것이든 어쨌든 공이 몸을 향해 날아들면 타자로서는 피해야 하기는 마찬가지다.

타자는 타석마다, 그리고 투구마다 자신이 서 있어야 할 '정확한' 위치를 새로 고르게 된다. 발의 위치뿐 아니라 신체의 밸런스도 새로 조정하게 된다. 그렇기 때문에 최선의 스윙을 하기 위한 리듬이 흔들리고 더구나 공을 무서워하는 마음까지 들면 집중력이 흐트러져 리듬은 더욱 흔들리게 된다.

앞서 말한 해리 워커는 타격 전문 코치로서 개척자적인 인물이다. 1950년 무렵까지 각 팀은 대체로 감독 밑에 세 명의 코치를 두었는데 불펜에서 투수와 포수를 관장하는 코치 외의 두 명은 이것저것 다 돌보는 잡다한 임무를 갖고 있었다. 그러다가 해리 워커와 월리 모지스 같은 전문 타격 코치가 등장하면서부터 메이저리그는 물론 마이너리그 팀에서도 코치들에게 전문 보직을 부여하게 됐던 것이다.

1970년대에는 타격에 해박한 지식을 갖춘 찰리 로가 출현, 체계적인 타격 이론을 전개함으로써 기존 관념을 바꿔 놓았고 그의 이론은 많은 반론을 불러일으키기도 했다. 이에 대해서는 제7장 '벤치' 편에서 별도로 설명하겠다. 여기서는 누구의 타격 이론이 옳고 누구의 이론이 그른지 따질 필요가 없다. 그저 타격 이론은 말하는 사람에 따라 매우 다양하고 복잡하다는 것, 만인에게 절대 공통적으로 적용되고 공감을 사는 이론은 없다는 것, 그리고 공을 강하게 때리는 데 도움을 주는 것이라면 어떤 이론이든지 가치가 있다는 것만 알고 넘어가기로 하자.

어쨌든 어떤 이론이거나 굳이 꼬집자면 비논리적인 면을 꼬집을 수 있다. 예를 들어 보자. 브레이브스, 다저스, 자이언츠, 애슬레틱스에서 선수로서 19년간 빼어난 활약을 펼친 더스티 베이커는 현역 선수 시절부터 1989년 자이언츠의 타격 코치로 일할 때까지 '좋은 타자가 되기 위한 철칙'을 갖고 있었다. 그는 샌프란시스코에서 활동하는 칼럼니스트 글렌 디키에게 이렇게 털어놓았다.

"선수는 항상 좋은 컨디션을 유지해야 합니다. 허벅지나 팔뚝의 힘도 강해야 합니다. 허리는 잘록해야 합니다. 그래야만 배트를 제대로 휘두를 수 있고 스윙할 때 히프로 받쳐 줘 힘을 모을 수 있습니다."

과연 그런가? 허리는 잘록해야 한다고? 정말 그런가? 그렇다면 베이브 루스는? 핵 윌슨은? 지미 폭스는? 페드로 게레로는? 하먼 킬브루는? 과연 그들의 허리가 잘록했던가? 필자가 그런 선수들을 꼽으며 따지고 들자 더스티 베이커는 그저 빙그레 웃기만 했다.

"내 말은 일반적으로 그래야 한다는 거죠. 에이, 잘 아시면서 왜 그러십니까. 나이 든 타자들이 대부분 배트를 시원하게 돌리지 못하는 건 허리통이 굵어진 탓이죠."

더스티 베이커의 해명이다.

물론 필자도 그가 말하고자 하는 뜻을 알고 있었고, 그의 이론에 일리가 있다는 것을 부정하려는 것도 아니다. 그러나 야구를 구성하는 모든 요소들이 그렇듯이 타격 이론도 "이것만이 유일무이한 진리다."라고 할 만큼 명명백백하고 절대적인 이론은 없다는 것만 밝혀 두고 넘어가기로 하자.

타격에서는 정말 그렇다. 사람마다 배팅에 대한 관념이 다르고 내로라하는 타자들은 제각각 독특한 폼을 갖고 있다. 스탠스만 보더라도 조 디마지오나 테드 윌리엄스, 스탠 뮤지얼, 요기 베라, 웨이드 보그스 등은 제각각이었다. 타자는 일정한 틀에 얽매인 기능인이 아니라 제각기 독창적인 기예를 가진 예술가인 셈이다.

스포츠 세계의 상식 중에 "(육체 중에) 다리가 가장 먼저 간다."는 말이 있다. 그러나 타자에게만은 이 말이 적용되지 않는다. 타자에 관한 한 나이를 먹음에 따라 가장 먼저 쇠퇴하는 것은 배트를 컨트롤하는 데 필요한 정교한 신경이다. 그와 함께 몸쪽 공을 피하는 반사 동작에도 '자신감'을 잃게 된다. 필자의 이 주장에 대부분의 선수들은 부정하고 더러는 아예 생각조차 해보지 않았을지 모르지만 사람은 어느 정도 나이가 들면(또는 어느 정도 성취감에 젖으면) 소싯적에 눌러놓았던 무서움이 슬그머니 고개를 쳐들게 되는 법이다. 일반적으로 생각하기에는 노장들은 스윙이 무뎌져 좋은 타구를 쳐내지 못할까 봐 걱정할 것 같지만 실제로는 위협적인 공이 날아왔을 때 잽싸게 피하지 못해 몸에 맞으면 어떡하나 하는 불안에 떠는 게 사실이다.

이런 현상이 일어나는 것은 팀이 워낙 많은 점수 차로 리드하고 있어 정신 상태가 느슨해지거나, 몸이 지친 나머지 최선을 다하려는 의욕이 떨어졌을 때도 마찬가지다. 그 결과가 타격 침체다. 집중력이 떨어지면 기술적으로 투수에게 속아 넘어가기 쉽고 투구에 맞는 것에 대한 무서움도 제어하기 어려워진다. 그렇기 때문에 자신을 방어하려는 반사 동작이 앞장선다. 머리는 돌아가고, 자꾸만 뒤로 물러서려고 하고, 팔은 주춤거리고, 공을 향해 내딛는 스텝은 자신이 없어진다. 이런 결점들이 약간만 끼어들더라도 라인 드라이브로 뻗어 나갈 타구가 평범한 플라이에 그치고 만다.

반대로 스코어에서 뒤지고 있는 팀이 게임 종반에 반격하는 것도 같은 맥락에서 이해할 수 있다. 몸을 사리지 않고 플레이트에 바짝 다가서면서 집중력을 발휘하면서 투지를 불태울 때 득점할 수 있는 힘이 생긴다.

타격이란 기술적으로 미묘하고, 정신적으로는 강한 집중력이 요구되는데 그 다음으로 작용하는 제3의 요소는 무엇일까?

그것은 운이다. 야구에서는 운·불운을 따지는 것을 금기로 여기고 있다. 패자에게는 변명으로 비치고 승자에게는 자존심 상하는 일이기 때문이다. 관중들이나 전문가들은 운이라는 게 질서정연한 세계에 쓸데없이 끼어들어 논리를 흐려 놓는 훼방꾼으로 여긴다. 선수나 감독, 구단 관계자들은 (행운이건 불운이건) 운을 아예 도외시하고 오로지 장차 일어날 일에만 관심을 기울인다.(다음 순간에는 무엇이 벌어질 것인가? 다음 투구는 무엇이고, 다음 이닝은 어떻게 되고, 다음 게임은 어떻게 되고, 다음 시즌은 어떻게 될 것인가.) 이미 지나간 일에 끼어들었던 운에 지나치게 집착하다 보면 의지력을 발휘하거나 정상적인 생각을 할 수 없기 때문에 장래를 설계하는 데에는 운을 계산에서 빼 버려야만 한다.

그렇지만 운은 실제로 거의 모든 경기에서 중요한 몫을 차지한다. 배트는 둥글고 공도 둥글다. 필드는 울퉁불퉁하거나 움푹 파진 곳이 있는가 하면, 잔디가 뭉쳐 있거나 인조 잔디의 이음새가 튀어 올라와 있기도 하고, 외야 펜스가 특이한 모습을 한 곳도 있다. 따라서 운이라는 게 끼어들지 않을 수 없다. 야구공 자체도 때때로 괴상한 바운드를 일으킨다. 약하게 굴러가는 타구가 정상 수비 위치의 야수 사이를 빠져나가 안타가 되는가 하면 30cm만 더 가거나 덜 갔더라도 장타가 됐을 총알 같은 라인 드라이브가 야수의 글러브에 빨려 들기도 한다. 파울라인 쪽으로 간 타구는 불과 1-2cm 차로 안타 또는 파울볼로 나뉘기도 한다.

개괄적인 문제는 이쯤 해 두고 이제부터 야구를 깊이 생각하는 많은 전문가와 야구팬이 흥미를 갖는 좀 더 구체적인 타격의 양상을 살펴보기로 하자.

모든 타자들의(투수도 포함) 주안점은 스트라이크존이다. 규칙에 따르면 스트라이크는 가로 17인치(43.2cm)의 홈플레이트 상공을 지나면서 '타자가 자연스러운 타격 자세를 취하고 있을 때' 무릎에서 겨드랑이 사이의 높이를 통과하는 공을 가리킨다.

'전통적인' 의미로는 그렇다. 규칙은 세월이 흐르면서 적용 기준이 약간씩 바뀌어 왔는데 스트라이크존은 최근 15년 사이 상당히 낮아졌다는 게 정설이다. 실제로 '높은 스트라이크'는 더 이상 존재하지 않으며 허리보다 높은 궤적은 대개 볼로 간주된다. 20년 전의 스트라이크존 상한선은 팀 명칭을 새긴 유니폼 상의의 가슴 부근이었다. 그러다가 스트라이크존이 점점 낮아져 요즘은 거의 발목 높이의 낮은 공까지도 스트라이크 판정을 받기에 이르렀다.

1988년에 개정된 규칙집에는 스트라이크존을 설명하는 데 사상 처음으로 그림까지 곁들여 놓았다. 여기서는 스트라이크존의 상한선을 '어깨의 맨 윗부분과 유니폼 바지의 맨 윗부분의 중간'으로 정해 놓았다.

그렇지만 이는 실로 매우 유동적인 공간이다. 모든 타자의 키나 상체를 구부린 정도에 따라 달라진다. 또 규정상으로는 분명히 그렇게 정해져 있더라도 심판의 개개인의 판단 기준에 따라 달라지기도 한다. 그러나 타자마다 자신에게 적용되는 스트라이크존은 정해져 있으므로 타자는 그 공간을 확실히 알고 있어야 한다.

스트라이크존 규정은 지금대로 확정되기까지 많은 변천을 거쳐야 했다. 초창기부터 수많은 시행 착오를 거듭한 끝에 야구인들은 타자가 가장 강하게 때려 낼 수 있는 공의 위치가 어디인지를 파악하게 됐다. 바

바깥쪽 공을 때리기 위해 몸을 지나치게 앞으로 내밀거나 안쪽 공을 때리기 위해 몸을 뒤로 피한다든지, 너무 높거나 너무 낮은 공을 때려야 한다면 타자는 힘 있는 타격을 할 수 있는 '공평한 기회'를 갖지 못한다. 즉 때리려는 타자와 맞지 않으려는 투수가 '공평한 기회'를 갖는 지역이 바로 스트라이크존이다. 이 지역으로 공이 통과했는데도 치지 않고 내버려 둔 타자에게는 스트라이크 판정으로 벌을 주고, 그 지역을 벗어난 공을 던진 투수에게는 볼 판정으로 벌을 가한다.

타자가 스트라이크존을 벗어난 공에 대고 스윙하면 세 가지 손해가 뒤따른다. 첫째 신체적으로 힘이 소모되고, 둘째 볼카운트가 불리해져 투수를 도와주는 결과가 되며, 셋째 차후 볼과 스트라이크를 분간하는 감각이 흐려진다.

감독들은 스트라이크존을 지키지 못하는 타자들을 매우 못마땅하게 여기며 지청구를 준다.

"왜 저렇게 공을 깨부수지 못해 안달인지 모르겠어."

"쟨 얼마를 더 기다려야 스트라이크존을 알겠나."

"저렇게 노상 끌어당길 생각만 하고 자빠졌으니……, 가끔 공이 날아오는 대로 밀어치면 어디가 덧나."

지도하는 입장에서 또는 이론적으로 볼 때 타자들이 저지르는 과오는 대체로 다음과 같은 세 가지로 압축할 수 있다.

— 너무 강하게 치려고만 한다.
— 나쁜 공에 손댄다.
— 바깥쪽 공을 밀어치려고 하지 않는다.

원칙론으로 말하자면 메이저리그 선수쯤 되면 이런 짓은 하지 말아야 한다.(그러나 위와 같은 과오를 굳이 범해야 하고, 한 걸음 나아가 일부러 그렇게 하는 게 바람직하기까지 한 특수한 상황도 야구에서는 얼마든지 있다.) 거꾸로 타자들의 입에서는 전혀 다른 말이 새어나온다.

"난 지금 슬럼프야. 너무 압박감이 심해."

"타석에 나가면 불안해진단 말이야."

"오픈 스탠스를 취했더니 공이 훨씬 잘 보이더군."

"난 요즘 잘 맞기 시작했어."

감독은 타석에 들어서면 목표 의식을 갖고 상황에 따라 적절히 대처하라고 타자들에게 누누이 강조한다. 반면 타자들은 오직 강타를 터뜨릴 것만 궁리하는 듯한 인상이다. 그러나 사실은 그렇지 않다. 타자들은 자신의 타격 기술에 대해서는 감독보다 훨씬 더 많이 생각하고 얘기한다. 왜냐하면 기술적인 문제는 바로 그 자신에게만 해당되는 특수한 내용이고 그것은 또 자신의 성패(돈벌이)와 직결되기 때문이다. 물론 좋은 타자라면 감독의 요구대로 목표 의식과 상황 대처에도 관심을 갖는다. 그러나 생각과 실행 사이에는 거리가 있기 때문에 '나쁜 볼에는 절대로 손대지 말아야지.' 하고 골백 번 다짐하더라도 자기도 모르게 손이 나가 버리는 경우가 허다하다. 어쨌든 타자는 꽤 자주 강타를 날릴 수만 있다면 대체로 만족한다. 반면 감독은 타자가 제법 강타를 날리더라도 평소 그가 지닌 결점만 물고 늘어진다.

지도자의 입장에서(그는 감독일 수도 있고 전문 코치일 수도 있고 동료 선수일 수도 있다.) 코치할 때는 훨씬 구체적으로 기술적인 문제를 언급한다.

"넌 스윙할 때 머리가 돌아가."

"넌 스트라이드 폭이 너무 넓어."

"넌 손이 너무 처져."

"넌 팔꿈치가 밑으로 처지는 게 나빠."

"넌 히프를 제대로 받치지 못해."

이런 것들은 특정한 타자의 특정한 결점을 고치기 위한 특정한 처방이다. 선수마다 신체 구조가 다르고, 각 부위의 근력이 서로 다르고, 시력이나 리듬이나 경험이나 버릇까지도 제각기 다르기 때문이다.

배팅이란 결국 일정한 위치로 날아드는 공을 때리는 연습을 수십만 번 반복해서 길들여 놓은 반사 동작이다. 애초에 눈에서부터 팔, 손에 이르기까지 동작이 멋지게 조화를 이루는 천부적인 자질이라는 게 없는 것은 아니지만 그것은 좋은 타자가 되기 위한 필요조건일 뿐이다. 그보다는 무수한 반복 연습을 통해 이 능력을 상당한 수준으로 끌어올려야만 메이저리그에서 뛸 기회를 잡게 된다.

이제 실전으로 들어가 보자. 즉 타자는 자신이 가다듬은 스윙을 앞세워 타석으로 들어가 그것을 무력화시키겠다고 온갖 기술을 동원하는 투수와 싸워야 한다.

여기서 타자의 유일한 목표는 공을 강하게 때리는 것이다. 여기서는 안타를 만들겠다든가, 타점을 올리겠다든가 하는 따위를 따질 계제가 아니다. 그런 것들은 배트에 맞은 공이 뻗어 나간 뒤에 부수적으로 나타나는 결과일 뿐이다. 타자의 머릿속에는 오만 가지 생각이 들어 있겠지만 육체적으로 그가 한 일은 공을 제대로 강하게 맞혔느냐, 덜 강하게 맞혔느냐, 아예 맞히지도 못했느냐 하는 세 가지로 나뉠 뿐이다.

따라서 타격 기술은 타자가 어떤 습관을 들였느냐로 나뉜다. '좋은' 습관은 연습을 통해 길러진다. '나쁜' 습관은 피로나 부상, 부주의, 게으름, 과욕, 지나친 자기 만족, 근심, 새로운 방법의 시도 등에서 슬그머니 나타난다. 그리고 배팅으로 성공하고 말겠다는 마음가짐은 결국 자신감으로 이어진다. 타자는 반사 동작에 자신감을 가져야 하고, 자기가 원하기만 하면 언제 어디로든 배트를 휘두를 수 있다는 자신을 가져야 하고, '이번 타석'에서 '이 투수의 공'만은 틀림없이 때려 낼 수 있다는 확신을 가져야 한다. 이런 자신감에 차 있어야만 심리적으로 안정돼 언제 어떻게 스윙하겠다는 결단을 내리는 데 정신을 집중할 수 있으며, 그렇게 해야만 긴장과 이완이 적당한 조화를 이뤄 길들여진 반사 신경이 근육을 알아서 움직이게 만드는 것이다.

엉뚱한 말을 잘하기로 유명한 요기 베라의 다음과 같은 한마디에는 타격에 대한 명백한 진실과 오해가 동시에 담겨 있다. 베라가 프로에 입문한 지 얼마 되지 않았을 때 그를 지도했던 빌 디키 코치는 "타석에 들어갈 때 무엇을 할 것인지를 '생각하는 게' 중요하다."는 사실을 일깨워 주려고 했다.

성격이 부드러운 베라는 디키 코치가 시키는 대로 하려고 애썼지만 번번이 범타에 그치고 말았다.

아무리 해도 안 되자 베라는 얼굴을 찡그리며 이렇게 내뱉었다.

"아이고, 어떻게 생각하면서 칠 수 있간디요?"

이것은 베라의 엉뚱함을 꼬집는 우스갯소리로 쓰이는 일화이지만 어떤 의미에서 요기 베라의 이런 투정은 백번 지당하다. 배팅은 머리로 생각하면서 할 수 있는 일이 아니다. 머릿속으로 생각하고 나서 배팅을 한다면 제아무리 반사 신경이 발달된 사람이라도 공을 맞힐 수 없다. 피아노 연주에 비유해 보자. 음표를 하나하나 생각하면서 연주한다면 도저히 올바른 연주가 될 수 없다. 일단 어떤 특정한 곡목에 익숙해지면 손가락이 무의식적으로 움직이며 건반을 두들기게 된다. 만약 여기에 '생각'이라는 요소가 끼어든다면 멈칫거리면서 오타를 내게 될 것이다. 또 책을 읽을 때도 글자를 한 자 한 자 뜯어 가며 읽는다고 가정해 보자. 과연 얼마나 읽어 낼 것인가.

타격도 마찬가지다. 이번에는 배트를 어떻게 스윙하고, 공은 어느 지점에서 맞히고, 스트라이드 폭은 얼마쯤 하겠다 하는 따위를 생각하면서 배팅을 한다면 도저히 공을 맞힐 수 없다. 타석에 들어서기 '전'이나 연습 때는 그런 생각을 해볼 수 있을지 몰라도 정작 타석에서 투수와 맞싸울 때는 결코 그런 생각을 할 겨를이 없다.

그러나 메이저리그에서 자리 잡고 버틸 수 있을 만큼 유능한 타자가 되려면 '반드시' 생각을 가다듬어야 한다. 무엇을 생각하느냐가 다를 뿐이다. 투수는 나에게 어떻게 던질 것인가, 지금 이닝과 게임의 상황은 어떤가, 이번 타석에서 내가 해야 할 일은 무엇인가 등을 생각하지 않으면 안 된다. 다른 말로 바꾸면 현재 직면한 상황에 적극적으로 대처하는 '목표 의식'을 가져야 한다. 그저 단순히 '이번에는 아웃당하지 않고 살아나가야지.' 따위의 추상적인 생각을 하고 있으면(하기야 그런 타자가 오죽 많은가.) '수세'에 몰리게 된다. 우수한 타자는 이런 수세에 몰리는 일이 거의 없다.

물론 요기 베라도 대다수의 경우 이런 식의 생각을 가다듬을 줄 알았고 실제로 그렇게 했다. 그는 다만 그런 것을 '생각하는 행위'라고 여기지 않았을 뿐이다. 정신적 무장과 육체적 무장이 일치돼 있던 그는 무엇이 올바른 생각이라는 것을 말로 표현하지는 못했지만 알고 있었던 것은 틀림없다. 성적이 그 사실을 입증해 주고 있다.

그런데 타자가 반드시 생각을 해야 한다면 과연 '무엇을' 생각해야 하는가? 구체적인 내용을 살펴보자. 지금 상황은 동점이고 누상에 주자가 세 명 나가 있으니 안타나 한 방 뽑아내자는 따위일까? 스탠드 상단에 홈런을 한 방 날려 볼까 하는 것일까? 유격수가 2루 쪽으로 한발 다가갔으니 3유간으로 안타를 뽑아 볼까 하는 것일까? 천만의 말씀이다. 때때로 그 따위 어리석은 생각에서 벗어나지 못하는 선수도 있지만 매우 드물다.

타자들은 대기 타석에 들어갈 즈음 다음과 같은 것을 반드시 따져 본다.

— 이 투수의 결정구는 무엇이며 '오늘 특별히' 잘 듣는 구질은 무엇인가?
— 그는 지난번에 나와 대결할 때 공 배합을 어떻게 했는가?
— 내 약점을 알고 있는 그는 어떤 장기로 내 약점을 파고들려 했나?
— 최근 1-2이닝 사이 그의 어떤 공이 잘 듣고 어떤 공이 제대로 듣지 않고 있나?
— 지금 게임의 상황은 어떻고 내가 여기서 해야 할 일은 무엇인가?
— 오늘의 구장 사정은 어떤가? 필드의 크기나 바람의 강도와 방향, 조명 상태 등은 어떻고 그것은 나에게 어떻게 작용할 것인가?
— 내가 지금 '치고 싶은' 공은 무엇인가?

타자가 생각해야 할 점은 이 밖에도 많겠지만 위와 같은 일곱 가지는 결코 빠뜨릴 수 없는 기본 사항이다. 그러면 이것들을 차례로 살펴보자.

첫째, 경험 있는 타자라면 상대 투수가 신인이 아닌 한 그 투수의 주무기를 파악하고 있게 마련이다. 경험을 통해 이 투수의 기본적인 강점이 빠른 공이냐 변화구냐를 알고 있어야 한다. 이 투수는 어떤 구질을 던지면서 스피드의 변화 폭(체인지업)은 얼마나 되며, 컨트롤은 얼마나 안정돼 있으며, 너클볼이나 스크루볼 등 트릭볼은 얼마나 잘 던지는지도 파악하고 있어야 한다. 그리고 바로 오늘 게임에서는 그 투수의 레퍼토리 중에서 어느 것이 가장 잘 먹히고 있는지도 알아내야 한다.

조 페피톤은 젊은 시절 집중력이나 치밀성, 판단력이 부족한 천둥벌거숭이로 유명했다. 어느 날 양키 스타디움에서 경기를 치르기 직전 페피톤이 외야 수비 연습을 마치고 덕아웃으로 뛰어들어 오다가 몇몇 기자들에게 둘러싸여 얘기를 나누던 랠프 후크 감독과 마주쳤다.

페피톤은 상대방 투수를 가리키며 감독에게 물었다.

"저 투수가 잘 던지는 게 뭐죠? 빠른 직군가요?"

후크 감독이 뭐라고 대꾸하려고 하자 페피톤은 미처 대답도 듣지 않고 클럽하우스로 들어가 버렸다.

"어쨌든 페피톤이 드디어 상대방에게 대해 뭔가 알아보려는 노력을 하기 시작했군요."

어느 기자가 후크 감독에게 말했다.

"그것만 해도 발전이라고 할 수 있겠죠."

"그건 당신이 잘 몰라서 하는 말이야. 저 녀석은 저 투수에 대해서 똑같은 말을 벌써 네 번째 묻는 거라고."

이것은 페피톤의 자세를 적나라하게 보여 주는 일화이다. 그는 많은 사람이 지켜보는 앞에서 감독의 환심을 사려고 알랑방귀를 뀔 만큼 약삭빠른 면이 있었다. 그러나 왜 감독으로부터 더 깊은 신임이나 실질적인 도움을 얻지 못하는지를 깨닫지 못하는 어리석은 면도 지니고 있었다.

둘째, 타자가 생각해야 할 두 번째 사항도 누구나 다 아는 얘기다. 타자는 지난번 대결에서 투수가 자신에게 어떤 식으로 피칭했는지를 분명히 알고 있어야 한다. 그것이 바로 이 게임의 앞 타석이었건, 아니면 한 달 전에 치른 게임이었건 간에 마찬가지다. 상대 투수는 포수나 감독, 코치, 또는 차트의 도움으로 틀림없이 그 내용을 기억하고 있을 것이다. 투수는 타자를 잡아내기까지 어떤 경로를 거쳤다는 것을 분명히 알고 있을 것이다. 따라서 타자도 주의를 기울여 똑같은 정보를 갖추지 못하면 상대적으로 불리해질 수밖에 없다. 투구 패턴이 어떤 것인지를 간과하고 그것이 어떻게 변형될 것인지 하는 것까지 따져 본 후 현명한 결론을 이끌어 내야 한다.

셋째, 타자는 자기 자신의 약점을 알고 있으므로 그에 대한 대비책도 세워 놓아야 한다.

타자는 누구나 저마다 특정한 약점을 갖고 있게 마련이다. 타자는 '높은 공 타자'와 '낮은 공 타자'로 크게 나뉜다. 거의 대부분의 타자는 어느 한쪽을 다른 쪽보다 잘 때리게 돼 있는데 노련한 야구 전문가들은 타자가 스윙하는 것을 몇 차례만 봐도 어떤 스타일인지 단박에 알아낸다. 그러나 좀 더 들여다보면 훨씬 세분화할 수 있다. 어떤 타자는 안쪽 공에 약점이 있고 어떤 타자는 바깥쪽 공을 공략하는 데 어려움을 겪는다. 느린 공보다 빠른 공을 더 잘 때리는 타자가 있는가 하면 어떤 타자는 그 반대다. 어떤 타자는 특정 투수가 던지는 커브에 이상하게 약할 수도 있다. 또 이런 것들이 복합적으로 나타나는 경우도 있다. 예를 들어 안쪽 빠른 직구에는 턱없이 약하면서도 안쪽 커브는 잘 치는 타자도 있는가 하면 바깥쪽 커브에는 꼼짝 못하지만 한복판에서 바깥으로 빠지는 슬라이더만은 여지없이 때려 내는 타자도 있다.

화이티 허조그 감독에 따르면 직구 체인지업에는 젬병이지만 커브 체인지업은 전혀 어려움 없이 처내는 타자도 있다고 한다. 선수들의 특징은 그토록 각양각색으로 세분화되며 이런 점들은 알면 알수록 더욱 유용하게 활용할 수 있다.

1980년대 들어 완전 전산화를 이룬 엘리어스 스포츠 통계국Elias Sports Bureau의 관계자들은 높낮이에 관한 흥미로운 통계를 이끌어 냈다. 즉 투수들을 땅볼 아웃 투수와 플라이 아웃 투수로 나눠 놓았는데 이는 그 투수가 타자를 주로 땅볼로 잡아냈느냐, 아니면 플라이로 잡아냈느냐 하는 빈도에 따라 성향을 분류한 것이다. 이와 함께 타자들의 성적도 땅볼 아웃 투수들에 대한 것과 플라이 아웃 투수에 대한 것을 별도로 작성해 놓았다. 이것은 그 타자의 취향이 높은 공에 있는지, 낮은 공에 있는지를 알려 주는 자료가 되면서 투타 사이의 상관관계를 보여 주기도 한다. 어느 타자가 높은 공을 좋아하는지를 투수가 알고 있다면 타자도 어떤 투수가 높은 공을 자주 던지는지 알게 될 것이다.

넷째, 투수가 동원할 수 있는 재료는 무엇인가. 즉 그의 주무기가 지금 이 시점에서 어느 정도의 위력을 갖고 있는가(특히 게임 후반에 투수가 지쳤을 때), 타자의 약점을 어떤 식으로 노리는가, 지난번 대결에서는 어떤 공이 치기 어려웠던가 하는 따위의 정보를 종합해 보면 타자는 다음에 들어올 공을 합리적으로 예측해 낼 수 있다. 일단 합리적인 결론에 도달했으면 타자는 그에 맞춰 대응책을 찾아야 한다. 가장 중요한 것은 '지금 당장'의 전술적 상황에 부합시키는 것이다.

일반적으로 타자에게 주어진 임무는 다음과 같다.

삼진당하지 마라

왜냐하면 이것은 공격측에 아무런 이득이 없기 때문이다. 누상에 주자가 있을 때라면 더욱 그렇다. 일단 배트로 공을 맞히기만 하면 작든 크든 안타가 될 확률이 있으며 불규칙 바운드나 상대방의 에러도 생길 수 있다. 그렇기 때문에 타자는 일단 투 스트라이크로 몰리면 무조건 강하게 때리려는 욕심은 버리고 스윙 폭을 좁혀야 한다. 스윙 폭이 크면 클수록 헛칠 가능성도 커진다. 투 스트라이크 이후 타자는 스트라이크 비슷한 공이 들어오면 어떻게 하든지 공에 방망이를 맞히는 데에 신경을 써야 한다. 설사 파울볼이 되더라도 당장 아웃되지는 않는다. 이를 야구계의 상용어로는 '공을 살려 둔다'고 한다.

누상에 주자가 있으면 진루시켜라

팀을 돌보지 않는 일부 이기적인 선수들은 무조건 안타를 치는 데에만 혈안이 돼 있지만 팀 배팅이야말로 승리를 가져오는 기본이다. 물론 안타를 뽑는다면 당연히 주자를 진루시키겠지만 그것은 '모 아니면 도' 식의 무모한 발상이다. 아무리 우수한 타자라도 안타를 뽑을 확률은 40퍼센트에도 미치지 못한다. 반면 누상의 주자를 진루시켜 달라고 감독이 타자에게 거는 기대치는 90퍼센트에 달한다.

이 목적을 달성하는 방법은 여러 가지가 있는데 그중 어떤 것을 선택하느냐 하는 것은 감독의 특권이다. 보내기번트가 필요하다고 생각하면 감독은 번트 사인을 낸다. 또 히트앤드런 작전이 필요한 경우에는 벤치에서 그런 작전을 하달한다.

어떤 상황은 워낙 뻔해서 특별한 지시가 없더라도 타자가 스스로 알아서 해야 할 때도 있다. 즉 2사 이전에 3루 주자가 있다면 타자의 임무는 깊은 외야 플라이를 날려 그를 불러들이는 것이다. 무사 2루의 상황이라면 타자는 최소한 오른쪽으로 땅볼 타구를 굴려 그를 3루로 진루시켜야 한다.(이런 특수 상황에서의 땅볼 타격은 희생번트로 기록되지 않아 타자의 타율 관리에는 손해가 온다. 그러나 팀플레이를 잘하는 선수는 자신이 안타를 뽑을 기회를 포기하더라도 이런 식으로 아웃되는 것을 감수한다. 이런 것은 기록상으로 나타나지 않지만 감독은 틀림없이 그 선수를 고맙게 여기고 있다.) 1루에 주자가 있을 때도 라이트 쪽으로 타구를 보내는 것이 바람직하다. 수비 형태상 그쪽에서부터 시작되는 더블플레이는 연결하기가 어렵기 때문이다. 어떤 경우에나 병살성 땅볼을 때리지 않으면 더욱 좋다.

주자가 없을 때는 출루하라

이것은 "포볼도 안타와 똑같은 가치가 있다."는 말과 통한다. 특히 접전을 벌이고 있는 가운데 선두 또는 1사 후에 타석에 들어섰다면 어떻게 하든지 출루해서 공격의 실마리를 푸는 데에 최대 주안점을 두어야 한다. 일단 주자가 나가면 상대 투수와 수비진은 새로운 문제에 부딪치게 된다.

주자가 없는 상황이라면 타자는 스트라이크존 외곽을 찌르는 공이나 자신의 약점에 좀 더 세심하게 대응할 수 있고 주자를 진루시켜야 하는 부담도 없다. 무사 2루에서는 포볼을 고르는 게 안타를 치는 것과 똑같은 가치를 갖지 못하는 것은 말하나마나다.(그러나 4점차로 크게 뒤져 있다면 얘기가 다르다.) 주자를 홈쪽으로 가까이 접근시키지 못한 채 다음 타자에 의해 병살당할 가능성만 키워 놓기 때문이다. 그런 상황에서는 자신의 개인 기록은 나빠지더라도 땅볼로 죽으면서 주자를 3루로 보내는 편이 포볼을 고르는 것보다 팀에는 더 유용하다. 그 덕에 3루까지 달린 주자는 후속 땅볼이나 폭투, 에러 따위로 득점을 올릴 수 있기 때문이다.

그리고 주자가 없는 상황에서는 타자 자신이 '치기 좋은 공'을 훨씬 잘 고를 수 있다. 그의 목표는 호쾌한 홈런을 때리는 것이 아니라 날카로운 타구를 치고 살아나가는 데에 있다. 안타나 2루타, 또는 포볼을 얻어 공격의 실마리를 푸는 게 중요하다.

상황에 따라서는 장타를 노려라

2사 후에는 대단한 파워를 갖추지 못한 타자라도 펜스를 겨냥한 스윙을 해도 좋다. 단타로는 3연속 안타를 터뜨려야 1점을 올릴 수 있는데 2사 후 3연속 안타는 연간 30홈런을 터뜨리는 타자에게 홈런 한 방을 기대하는 것보다도 확률이 떨어진다.

좀 더 구체적으로 살펴보면 스코어나 이닝, 그리고 타자가 누구냐에 따라 투 스트라이크 이후라도 큰 스윙을 해야 하는 경우가 있다. 1989년의 샌프란시스코 자이언츠 팀 경우를 예로 들어 보자. 시즌 초반 이 팀은 3번 타자 윌 클라크와 4번 케빈 미첼만 타순이 넘어가면 그 다음은 허약하기 짝이 없었다.(시즌 중반에는 마이너리그에서 올라온 매트 윌리엄스가 5번 타순을 채우고 나서 팀이 리그 우승으로 치달았지만 그건 나중 얘기였다.) 자이언츠가 1점을 뒤진 채 미첼이 9회 말 타석에 들어섰다고 가정하자. 그렇다면 미첼은 볼카운트가 2—3이 된 다음에 볼이 들어오더라도 어지간히 칠 수 있는 공이라면 동점 홈런을 노리고 크게 스윙하는 편이 바람직하다.(물론 스트라이크존에서 완전히 벗어난 공이라면 논외다.) 강타자로서는 그런 상황에서 포볼을 골라 나가는 것이 오히려 책임 회피가 된다고 할 수 있다. 왜냐하면 다음 두 타자가 연속 안타를 터뜨려 그를 홈으로 불러들일 가능성은 매우 희박하기 때문이다.

이런 식의 임무는 강타자들에게 늘 따라다닌다. 각 팀에 믿을 만한 강타자는 숫적으로 매우 제한돼 있다. 점수 차가 크지 않은 종반에 그들에게 기회가 주어지면 자신의 장타력을 최대한 발휘해야 하며 능력이 떨어지는 후속 타자들에게 책임을 미뤄서는 안 된다.

대표적인 예가 테드 윌리엄스다. 다음은 가상이 아니라 실제 상황이다. 좌타자로서 사상 최고의 타자 중의 하나로 꼽히는 그를 상대할 때는 수비진을 한쪽으로 몰아 놓고 싸우는 경우가 있었다. 클리블랜드 인디언스의 루 부드로 감독이 특별히 윌리엄스를 상대하기 위해 창안한 수비진 이동을 가리켜 '부드로 시프트'라고 부르며 이런 수비 변형은 뒷날 강타자들을 상대할 때 일반화됐다. 즉 포수—투수—중견수를 잇는 다이아몬드 중앙선에서 왼쪽은 비워놓고 오른쪽으로 야수들을 집중 배치하는 것이다. 2루수는 라이트 앞에, 우익수는 거의 파울라인 위에, 중견수는 우중간 깊숙한 곳에, 유격수는 원래 2루수 자리와 2루 중간에, 그리고 3루수는 2, 3루 중간에 포진하는 것이다.

이는 레프트 쪽으로 밀어치기만 하면 확실하게 안타를 뽑을 수 있으니 "어서 그쪽으로 치십시오." 하고 윌리엄스를 유혹하는 거나 다름없었다. 그러나 윌리엄스는 그런 유혹을 뿌리치고 라이트 펜스를 겨냥한 스윙을 고집했다. 이 때문에 싸구려 외야석에 쭈그리고 앉은 팬이나 타이 콥 같은 타격의 대가나 한결같이 윌리엄스에게 비난을 퍼붓기도 했다. 아닌게아니라 그는 지나치게 자기 스윙을 고집하는 면이 없지 않았다. 그러나 그의 항변에도 일리가 있었다. 상대방이 그런 변형 수비를 펴는 것은 단타보다 홈런을 얻어맞는 것을 두려워했기 때문이다. 그리고 상대가 하자는 대로 윌리엄스가 단타를 얻는 데 만족한다면 그 자신이 소극적인 야구를 하는 셈이다. 야수들이 바글바글 몰려 있는 곳으로 들입다 끌어당기다 보면 안타는 몇 개쯤 줄어들겠지만 그 대신 부수적으로 홈런도 몇 개는 뽑을 수 있다. 그러나 레프트 쪽으로 밀어치게 되면 홈런을 한 개도 뽑을 수 없다. 게임을 승리로 이끄는 데는 단타보다 홈런이 유용하다. 따라서 자기 같은 강타자라면 홈런을 노리며 끌어치기로 일관할 필요가 있다는 주장이었다.

윌리엄스는 일발 장타가 요구되는 순간에 공이 스트라이크존을 약간이라도 벗어나면 때리지 않고 그냥 포볼을 골라 나가는 것으로 만족했다. 그런 성향은 또 다른 비난을 몰고 왔다. 어떤 특정한 상황만 놓고 보면 그런 비난을 받아 마땅하지만 윌리엄스의 말을 들어 보면 반드시 그렇지도 않다. 그의 말에는 타격의 생리에 관해 시사하는 바가 많고 한 번쯤 음미해 볼 가치가 있다.

"타자는 '좋은 습관'을 유지하는 데에 가장 많은 관심을 쏟아야 하며, 좋은 습관이란 자신의 스트라이크존을 철저히 지키면서 거기서 벗어나는 공에는 절대로 손대지 않는 것이다."

일단 그런 좋은 습관을 버리고 스트라이크존을 벗어난 공에 손대다 보면 다음에 또다시 그런 스윙을 하게 되고 그러다 보면 나중에는 점점 더 멀리 벗어난 공에도 배트가 나가게 된다는 게 윌리엄스의 지론이었다. 나쁜 공을 친다고 해서 안타가 나오지 말라는 법은 없지만 장기적으로 보면 자제력과 섬세한 반사 신경이 둔해지는 피해를 입게 된다는 것이다. 결국은 나쁜 공에 스윙하려는 유혹에 말려들게 되고 상대 투수가 공을 던지는 타깃은 넓어진다.

윌리엄스는 물론 모든 면에서 특출한 존재였고 자신의 뒤에 또 다른 강타자가 나서고 있는 팀에서 뛰었다. 그의 성적이 워낙 좋았던 만큼(생애 통산 타율 0.344) 그가 자기 주장을 끝까지 밀고 나간 것은 옳은 길이었다. 필자가 여기서 말하고자 하는 요지는 훌륭한 타자는 자신에게 요구되는 것이 무엇인지를 현명하게 헤아려서 그대로 실행한다는 것이다.

무엇을 어떻게 하느냐 하는 작전은 자동적, 교과서적으로 결정되는 게 아니라 특정한 상황에 관련된 여러 요소들을 종합해서 내린 결론이다.

타자가 지금 무엇을 노려야 하느냐를 결정하는 요소에는 주변 상황과 날씨도 포함된다. 가령 펜스가 멀리 떨어진 대형 스타디움에서 홈런만 노리고 큰 스윙으로 일관하는 것은 자멸을 뜻한다. 투수들은 펜스 거리가 긴 구장에서는 깊숙한 외야 플라이로 맞춰 잡기를 즐긴다. 그러나 구장이 작고 바람마저 외야 쪽으로 불 때는 타자로서는 크게 스윙해 볼 가치가 있다. 투수들은 홈런을 맞지 않으려고 달아나는 피칭을 하다가 많은 포볼을 내보내게 된다.

그보다 더 중요하게 생각해야 할 게 있다. 그것은 '내가 지금 치려는 게 무엇인가'를 아는 것이다. 무턱대고 배트를 휘두르는 타자와 타격의 달인은 바로 여기서 차이가 난다.

타자는 누구나 피할 수 없는 약점을 갖고 있지만 일단 메이저리그에 진입할 정도라면 저마다 강점도 갖고 있게 마련이다. 모든 타자가 인간이듯 투수들도 인간이다. 그리고 인간은 실수투성이다. 만약 투수가 단한 번의 실투도 하지 않고 항상 자기가 원하는 곳으로 최상의 스피드와 최상의 회전이 실린 공을 던진다면 타자들은 모조리 깡통을 찰 수밖에 없을 것이다. 그러나 타자들에게는 다행스럽게도 최상의 피칭으로 일관할 수 있는 투수는 없다. 투수는 육체적, 정신적 부진, 또는 그 두 가지가 복합됨에 따라 종종 실수를 저지르게 된다.

자, 여기 매우 유능한 타자가 있다. 그는 자신이 노리고 있는 공이 무엇인지를 알고 있다.(장타 또는 홈런이 필요한 종반 상황이어서 '끌어당길 공'을 노리고 있다고 치자.) 그렇다면 타자가 지금 노리는 것은 커브이건 직구이건 홈런을 뽑을 수 있는 허리 높이의 몸쪽 공이다. 그는 오늘 투수의 직구가 매우 빠르다는 것을 잘 알고 있으며 거기에 페이스를 맞추고 있다. 만약 커브가 들어온다면 타이밍을 조절할 수 있다.(거꾸로 커브를 기다리고 있다가 직구가 들어오면 꼼짝없이 당하고 만다.) 이날 이 게임에서 이 투수는 커브 컨트롤이 좋지 않아 게임 후반 몇 이닝 동안은 주로 직구에 의존하고 있다는 것을 똑똑한 이 타자는 잘 알고 있다.

이 타자는 다음과 같은 사실도 알고 있다. 투수는 이 타자의 약점인 안쪽 낮은 곳을 커브로 공략하려고 할 것이다. 그리고 지금은 타자가 일발 장타를 노리고 있다는 것을 투수도 헤아리고 있으리라.

여기서부터 싸움은 시작된다. 투수는 앞 타석에서 이 타자를 범타로 잡았다 하더라도 위력 없는 커브로 모험을 걸어오지는 않을 것이다. 초구에 커브를 던졌다가 볼이 되면 볼카운트가 불리해지므로 차후 포볼을 내지 않으려면 정직한 스트라이크를 던질 수밖에 없는 경우가 생길지 모른다. 반면 직구는 게임 초반만한 위력은 보이지 않는다.

그렇다면 타자의 입장에서 얻을 수 있는 판단은 다음과 같다.

기다리던 공(안쪽 허리 위의 높은 공)이 들어오면 주저 없이 때린다.

투 스트라이크 이전에 원하는 공이 들어오지 않으면 스트라이크를 먹더라도 다른 공은 내버려 둔다.

투 스트라이크 이후에도 원하는 공이 들어오지 않으면 스트라이크 비슷한 것은 파울볼로 걸어 낸다.(유능한 타자라야 이런 것을 할 수 있다. 그렇지 못한 타자는 투수가 던지는 대로 따라다닐 수밖에 없다.) 이 과정에서 투수는 바깥쪽 낮은 곳에 던지려고 애쓸 것이고 그러다 보면 포볼로 걸어 나갈 가능성이 생긴다. 그것은 타자가 바라는 바는 아니지만 그래도 전혀 무가치하지는 않다. 그렇지만 투수는 전혀 엉뚱한 실수를 저지를 수도 있다. 즉 타자가 노리고 있는 지역으로 던지는 것이다. 이런 것을 타자가 "자기 공을 만들었다."라고 표현한다.

그러고 나면 이제 타자에게는 '실제로 때리는' 과제가 있다. 자기가 노리고 있던 공이 들어온다고 해서 반드시 안타를 만들 수 있는 것은 아니며 땅볼이나 플라이에 그치는 것은 물론 심지어 헛스윙 삼진으로 물러나는 경우가 허다하다. 야구란 실수투성이인 인간이 하는 운동이기 때문이다. 그리고 투수가 던진 회심의 일구가 평소에는 그 공에 꼼짝없이 당하기만 하던 타자에게 통렬하게 얻어맞는 경우도 심심찮다. 사실 야구가 끊임없이 팬들의 흥미를 끄는 것도 그런 불확실성이 작용하기 때문이다. 그렇지만 타자가 '자기 공을 만들어 내면' 그렇지 못했을 때보다 이길 확률이 훨씬 높아지는 건 사실이다.

만약 노리는 공이 끝끝내 들어오지 않으면 어떻게 하는가? 그게 바로 타자가 투수의 기술에 '따라 들어가' 그가 던지는 대로 순응할 수밖에 없는 경우다. 앞서 말한 예에서 투수가 계속 바깥쪽으로 낮게 던진다면 타자는 거기에 맞춰 최소한 단타라도 뽑고자 반대쪽으로 밀어치는 데에 신경을 써야 한다.

그런데 재미있는 사실은 투수의 공에 따라 들어간다는 것이 치기 좋은 공을 얻기 위한 사전 준비 작업이라는 점이다. 한 타석의 투타 대결이 별개로 동떨어져서 존재하는 경우는 없다. 동일 타자는 동일 투수와 앞뒤로 여러 차례 대결을 벌이게 돼 있다. 타구를 사방으로 날려보내는 타자는 오직 한 가지만 노리고 있는 타자보다 자기 공을 만들기가 쉽다. 만약 어느 투수가 홈런 파워를 갖춘 왼손 타자에게 레프트 쪽으로 여러 차례 단타를 얻어맞다 보면 뭔가 다른 것을 던져 보려고 궁리하게 되고 그러다 보면 실수든 의도적이든에 타자가 노리고 있는 안쪽 공을 던질 가능성이 커진다. 그러나 아무리 강타자라도 바깥쪽 공까지 무조건 끌어당겨 홈런만 치려다가는 결과적으로 아무 소득도 없는 센터 방면 플라이나 평범한 땅볼에 그치게 되고 그렇다면 그 투수는 두고두고 그 타자를 골탕먹일 것이다. 그래서 타자의 이번 타석에서의 행동이 다음번 타석에도 영향을 미친다는 얘기다.

그러나 절대적인 원칙은 없다. 훗날 야구 평론가로 변신한 론 페얼리는 현역 시절 지도자들로부터 배운 것과 그 자신의 경험을 토대로 다음과 같은 역설을 내놓았다.

"자기가 치지도 못할 공을 굳이 기다리는 것은 무모한 짓이다. 나는 그런 선수들을 숱하게 보아 왔다. 자기가 때릴 수 있는 것에만 대비하는 게 좋다. 놀란 라이언의 빠른 안쪽 직구를 도저히 쳐내지 못할 타자라면 거기에 미리 대비해 봤자 무슨 소용이 있겠는가? 그런 건 그냥 버려야 한다. 당신이 노리는 것은 투수가 당신에게 던지고 싶지 않은 그 어떤 것이리라. 그러니까 당신은 투수가 실투할 때까지 기다려야 한다. 그런데 투수가 실투했다 하더라도 그 실투가 당신이 좋아하지 않는 종류이거나 좋아하지 않는 지역으로 날아왔다면 어차피 때리지 못하기는 마찬가지다. 그러므로 자기에게 이롭지 않은 것은 설사 제대로 짚고 있었다 하더라도 건드리지 않는 게 상책이다. 당신이 '칠 수 있는 것'만 노려라."

요설가인 케이시 스텡걸 감독은 자기가 도저히 치지 못할 공에 대고 굳이 홈런을 치겠다고 욕심 부리는 타자들에 대해 이렇게 비꼬곤 했다.

"그치들은 (실력이 없는 건 인정하지 않고) 자기가 운이 나쁜 줄 알고 있어. 그런 생각을 바꾸지 않는 한 평생 불운을 면치 못할걸."

스텡걸 감독 밑에서 1949년부터 1959년까지 뉴욕 양키스의 영광 시대를 가꾸는 데 한몫했던 행크 바우어가 대표적인 케이스다. 과거의 양키 스타디움은 좌중간 펜스가 엄청나게 깊었다. 레프트 파울폴까지의 거리는 겨우 301피트(91.7m) 밖에 안 되지만 페어 지역으로 들어가면 곧바로 뒤로 푹 꺼지며 대여섯 걸음만 안으로 들어가면 벌써 402피트(122.5m)가 되고 좌중간은 420-60피트(128-140m)나 됐다. 바우어도 힘 깨나 쓰던 타자였지만 안쪽 공이 조금만 몸쪽으로 치우치면 파울볼이 되기 일쑤였고 어지간한 안쪽 공도 파울라인 쪽으로 바짝 끌어당기지 못하는 한 도저히 펜스를 넘길 수 없었다. 따라서 상대 투수들은 바우어 입맛에 딱 맞게 보이면서 강하게 끌어당길 수 없는 코스로 들입다 던져 댔다. 그는 그런 공을 있는 힘껏 끌어당겼지만 모두 좌익수에게 손쉽게 잡히곤 했다.

양키스에 입단한 지 7년째 되던 해의 어느 날 바우어는 양키 스타디움에서 더블헤더를 치르면서 410피트(125m)나 날아간 라인 드라이브를 일곱 개나 기록했다. 그렇지만 그것들은 모조리 좌익수의 글러브 속으로 빨려 들고 말았다. 게임이 끝나자 그는 망연자실한 표정으로 고개를 흔들며 자기 로커 앞에 앉아 있었다. 그 모습을 본 어느 기자가 측은한 마음으로 그에게 다가갔다.

"정말 운이 없었군그래."

"세상에 어쩌면 그럴 수가 있어요?"

목소리가 허스키한 바우어는 한층 쉰 목소리로 대꾸했다.

"잘 맞은 홈런성 타구가 일곱 개였단 말이에요, 일곱 개! 그런데 안타조차 나오지 않았으니 이거야 원⋯⋯."

그러자 그 기자는 스텡걸 감독의 말투를 흉내 내며 이렇게 물었다.

"그래서 결론은 어떻다는 건가?"

바우어는 어리둥절한 표정으로 그 기자를 올려다보더니 빙긋이 웃었다.

"헤헤 무슨 말씀인지 알겠습니다요."

이 게임을 치르고 난 직후부터 바우어는 전성기를 지나 내리막길에 접어들었다. 그러나 그는 여기서 얻은 교훈은 결코 잊지 않았다. 나중에 캔자스 시티와 볼티모어 감독을 맡은 그는 "무작정 끌어당기기만 하는 배팅은 별무소득이다."라고 강조하는 일인자가 됐다.

그렇다면 공의 코스에 따라 밀고 당기면서 타구를 사방으로 퍼뜨리는 게 유익하다는 것을 뻔히 알면서도 많은 선수들이 그 기술을 습득하지 못하는 이유는 무엇일까? 머리가 나쁜 것도 아니고 여차하면 선수 생명이 끝날지 모르는 위기에 몰려 있으면서도 그 기술을 익히지 못하는 까닭은 무엇일까?

여기에는 대체로 세 가지 해답을 내놓을 수 있다. 첫째는 욕심, 둘째는 불안정성, 그리고 셋째는 기술상의 어려움이다.

욕심이라는 것은 설명하기 쉽다. 예로부터 야구계에는 "타율이 높은 타자는 포드를 몰고 홈런 타자는 캐딜락을 몬다."는 속설이 있었다. 야구로 많은 연봉을 받은 사람들은 (투수는 제외하고) 베이브 루스, 조 디마지오, 행크 애런, 마이크 슈미트, 레지 잭슨 등 한결같이 홈런에 일가견을 가진 타자들이었다. 홈런은 근본적으로 공을 끌어당겨야 나오게 마련이다. 왜냐하면 밀어칠 때보다 타자가 스윙하는 방향으로 끌어당길 때 강하게 힘을 쓸 수 있으며 펜스 거리도 파울라인 근처가 센터 쪽보다 가깝기 때문이다. 그러나 불행하게도 홈런을 펑펑 쳐낼 능력을 가진 타자는 매우 드물다. 홈런 파워를 갖춰야 '고액 연봉자'가 되는 것은 틀림없다. 그러나 그럴 힘이 없는데도 무모하게 홈런만 노리다가 결국 시들고 마는 사람보다는 자기 주제를 파악해서 자기 능력을 적절히 발휘한 선수가 더 많은 연봉을 받는 것도 사실이다. 현대 선수들은 "홈런 타자는 캐딜락을 몬다—나는 캐딜락을 몰고 싶다—따라서 나는 홈런 타자가 돼야겠다."는 어수룩한 삼단 논법에는 더 이상 얽매이지 않는다.

요즘은 벤치를 지키는 후보선수까지 수백만 달러를 받는 고액 연봉 시대가 됐으므로 연봉이 성취 동기를 유발하는 힘은 과거에 비해 훨씬 줄어들었다. 과거에 그렇게 매력적으로 들리던 '캐딜락을 몬다'는 얘기도 그다지 가슴에 와 닿지 않는다.(요즘 선수들은 마음만 먹으면 운전 기사를 두고 8인승 리무진을 굴릴 수도 있으며 수십만 달러짜리 스포츠카 수집을 취미로 삼을 수도 있다.)

그런데도 홈런 타자가 돼야 연봉을 많이 받을 수 있다는 매력이 완전히 사라진 것은 아니다. 호세 칸세코는 1988년에 사상 최초로 40—40 클럽에 가입함으로써 이미 계약해 놓은 1989년 연봉에다 50만 달러를 추가했다. 중요한 것은 앞의 40홈런이다. 뒤의 40, 즉 40도루 돌파는 그다지 매력이 없다. 그리고 칸세코가 1990년 시즌 도중에 연간 500만 달러로 5년간 장기 계약을 체결, 연봉의 새로운 지평을 연 것도 홈런 타자로서의 특성이 두드러진 덕분이었다.

한 세대 전에 비하면 최근 홈런에 대한 맹목적인 열광은 한풀 꺾였다. 거기에는 여러 가지 이유가 있다. 첫째, 1950년대나 1960년대는 1920년대나 1930년대보다 홈런의 희소 가치가 줄어들었다. 둘째, 영구히 무너지지 않으리라던 베이브 루스의 금자탑(생애 통산 714홈런, 시즌 60홈런)

이 행크 에런(755)과 로저 매리스(1961년 61홈런)에 의해 깨진 뒤로 홈런을 보는 눈이 시들해졌다. 셋째, '뛰는 야구'가 되살아나고 텔레비전이 새삼 야구의 정교한 맛을 보여 줌으로써 눈이 고급화된 야구팬들은 홈런을 단순하고 무미건조한 것으로 여기기에 이르렀다.

그런데도 홈런 타자는 스타 중에서도 단연 돋보이는 대스타로 각광받고 있다. 칸세코나 라인 샌버그, 윌 클라크, 돈 매팅리, 마이크 슈미트, 레지 잭슨 등이 특급 스타로 꼽히는 것은 다른 재능보다 특출한 '홈런 파워'를 갖고 있기 때문이다. 미키 맨틀같이 산전수전을 다 겪은 노련한 타자마저 힘이 떨어진 서른다섯 살의 노장이 돼서도 그릇된 홈런 욕심에서 헤어나지 못할 정도였다. 그는 1966년 시즌 중반에 대단한 홈런 기세를 뿜냈다. 보스턴과 워싱턴에서 여섯 게임을 치르며 무려 여덟 개의 홈런을 터뜨려 야구계를 흥분의 도가니로 몰아넣었다.

그 뒤 양키 스타디움으로 개선한 맨틀은 일주일 전에 대결했던 보스턴 레드삭스와 또다시 4연전을 치르면서 펜스 거리가 짧은 라이트 쪽을 바라보며 회심의 미소를 지었다. 보스턴 투수들은 일주일 전에 실컷 두들겼던 바로 그 우완투수들이었다. 잔뜩 홈런 욕심이 든 맨틀은 펜스를 겨냥하고 방망이를 마구 휘둘러 댔다. 그의 머릿속에는 스탠드 상단에 떨어지는 장쾌한 홈런이 그려지고 있었다. 그러나 결과는 허탕이었다. 그는 세 게임에서 여섯 차례나 삼진을 당하고 번번이 플라이로 물러났을 뿐 안타라곤 레프트 앞에 떨어진 단타 하나밖에 없었다. 양키스는 고스란히 3연패로 밀리고 말았다.

그런 끝에 맞은 4차전에서도 양키스는 9회 말 마지막 공격을 남겨 놓았을 때까지 2—0으로 뒤지고 있었다. 4연패 직전에 몰린 것이었다. 그러나 혼신의 힘을 다해 반격한 양키스는 2—2 동점을 만들고 2사 1, 3루의 찬스에서 맨틀이 타석을 맞이했다.

팀으로서는 매우 긴박한 순간이었다. 역전 주자가 3루에 나가 있으므로 무슨 수를 써서라도 그를 불러들여야 연패의 늪에서 빠져나올 수 있었다. 여기서 필요한 것은 안타일 뿐, 홈런이 되려다 만 외야 플라이 따위는 소용없었다. 맨틀은 삼진당하지 않고 어떻게든 타구가 내야수 사이로 빠져나갈 수 있도록 공을 맞히는 데만 정신을 집중했다.

그런데 그저 짧고 강하게 맞히겠다고 작정하고 때린 타구는 라이트 쪽 스탠드 상단 깊숙이 꽂히는 장쾌한 끝내기 홈런이 됐다. 홈런 욕심을 버리자 비로소 그는 자신의 자연스러운 스윙을 되찾을 수 있었고 그 결과가 홈런으로 이어졌던 것이다.

이렇듯 욕심에는 물질적인 것뿐 아니라 심리적인 것도 포함된다. 홈런, 특히 멀리 날아간 홈런을 때리면 남성미가 흘러넘치는 것처럼 보인다. 프로 선수들은 그저 아기자기한 플레이보다는 팬들에게 그런 남성미를 보여 주려고 애쓴다.

불안정성이라는 것은 그보다 더한 장애 요소다. 스윙은 반사 동작이요, 이미 정해진 틀에서 자동적으로 이뤄지는 행동이다. 선수들은 지금까지 자신이 쌓아 놓은 것에 엄청나게 집착하면서 그것만이 바로 성공을 보장하는 길이라고 믿고 있다. 그는 지금까지 다듬어 온 타격 솜씨 덕분에 메이저리그에 올라올 수 있었다고 믿고 있으며, 그것이 웬만한 성공을 보장하는 한 어떤 변화를 주는 것을 꺼린다.

여기서 성공의 한계에 얽힌 문제가 등장한다. 감독은 끊임없는 발전을 요구한다. 선수는 이미 자기가 갖춘 것만이라도 제대로 지키려고 한다. 타율이 2할 8푼대만 되더라도 주전 자리를 지킬 수 있다. 감독은 그 선수가 몇 가지 결점만 고치면 충분히 3할 타자가 될 수 있다고 보고 있다. 그러나 선수는 부자연스럽고 불편하게 느껴지는 결점을 뜯어고치려다 타율이 오히려 2할 5푼대로 떨어지면 어떡하나 걱정한다. 요즘 대부분의 프로 선수들은 더 발전하려는 의욕을 불태우기보다는 혹시 기록이나 연봉이 떨어질까 봐 더 불안해한다. 대단한 스타가 아니더라도 꽤 많은 연봉을 받기 때문에 현실에 안주하려는 현상은 더욱 심해졌다.

사실 타격 폼에 중대한 결점이 있다는 것이 객관적으로 입증되고 타자 자신도 그렇게 느낀다 하더라도 그것을 과감히 뜯어고치려고 시도하지 않는 것도 이해할 만한 대목이 있다. 왜냐하면 결점 교정이 결코 쉽지 않기 때문이다. 부채꼴 타법이 좋다고 해서 그것을 구사하겠다고 아무리 성심성의껏 연습하더라도 끝내 그런 타법을 익히지 못하고 마는 사람이 수두룩하다. 천부적인 힘과 마찬가지로 이런 기술도 남보다 잘해낼 수 있는 사람은 따로 정해져 있는 것이다. 그래서 공의 결에 따라 밀고 당기는 부채꼴 타법이 매우 유용하다는 사실을 뻔히 알면서도 실제로는 그렇게 못하는 경우가 대부분이다.

이것을 번트라는 기술을 예로 놓고 생각해 보자. 번트는 누구나 할 수 있어야 한다고 믿고 있다. 투수를 향해 모로 서서, 다리를 땅에 굳게 붙이고, 홈플레이트 앞에서 공을 살짝 맞히기만 하면 되니까 그것처럼 쉬워 보이는 게 없다.(지금 말하는 것은 살아나가기 위한 기습번트가 아니라 보내기번트다.) 타력이 약한 타자들, 특히 투수들은 번트에 능해야 한다. 과거의 야구 전문가들은 번트 실패를 혹독하게 비난하고 조소를 퍼부었다.

그렇지만 실제로는 보내기번트가 실패로 끝나는 경우가 허다하다. 왜 그런가? 그 이유는 실전에서 하는 번트라는 게 겉보기와 달리 기술적으로 결코 '쉽지 않기' 때문이다. 연습할 때는 잘될지 모르지만 1루수와 3루수가 전력으로 달려들어 타자를 압박하고, 투수는 투수대로 번트를 정확히 대지 못하도록 최대한 방해하는 상황에서는 번트가 결코 말처럼 쉬운 게 아니다. 메이저리그 수준에서는 번트할 기회가 그다지 많지 않기 때문에 연습 때는 잘되다가도 실전에서는 잘되지 않는 것이다. 더구나 요즘은 많은 구장이 바닥을 인조 잔디로 깔아 놓았기 때문에 타구가 빠르고 멀리 굴러가므로 번트 타구 속도를 충분히 죽이기가 더욱 어렵게 됐다.

이제 '운'과 마찬가지로 야구인들이 언급하기를 꺼리는 '예측'이라는 화두를 꺼낼 차례다. 지금까지 우리는 투수가 무엇을 어떻게 하면 타자는 그에 어떻게 대응한다는 관점에서 타격을 살펴보았다. 이를 한마디로 요약하면 '예측'이다.

야구계는 예로부터 '예측하는 타자'를 조소해 왔다. 그러나 예측하지 않고 타격에 임하는 타자는 없다. '예측'이라는 것은 어떤 의미에서는 좋은 타격을 하기 위한 필수 조건이다. 다만 '다음에는 틀림없이 직구가 들어올 것이다'라고 지레짐작하는 따위에 그친 예측이라면 비웃음을 받아 마땅하다. 그러나 '근거가 분명한 예측'은 좋은 타격을 할 수 있는 기초가 된다. 이러저러한 이유를 종합해 볼 때 저 투수는 나에게 직구를 던질 게 분명하며, 만약 직구가 들어오면 나는 거기에 이렇게 대응하겠다는 예측을 말한다. 전자는 앞으로 벌어지지 않을지도 모르는 것을 지레짐작하고 있는 꼴이지만 후자의 경우는 어느 하나에 정신을 집중하고 있으면서 다른 것에도 대응할 여지를 갖고 있는 셈이 된다.

지금까지 우리는 타격을 살펴보면서 가장 분명한 특징 하나를 전혀 다루지 않았다. 곧 우타자와 좌타자에 관한 것이다.

좌타자는 상당한 이점을 갖고 있다. 좌타자는 우선 스윙을 끝낸 다음 1루까지 가는 데 우타자보다 두어 걸음이 절약되고 더구나 몸의 중심도 뛰는 방향으로 잡혀 있다. 우타자는 스윙하고 나면 몸의 중심이 3루 쪽으로 쏠리게 되므로 1루도 달리려면 중심을 돌려세운 다음 홈플레이트를 가로질러야 한다. 이 두어 걸음은 내야 땅볼 타구가 안타가 되느냐,

아웃이 되느냐를 가르는 분수령이 되기도 하며 상대방이 더블플레이를 완성시키느냐 못 시키느냐 하는 것을 좌우하기도 한다.

좌타자가 유리한 또 하나의 이유는 투수들의 대부분이 우완투수라는 점이다.(메이저리그에서는 대략 75퍼센트) 좌타자는 우완투수들을 공략하는 데 우타자보다 이점이 있다. 반면 우타자는 좌완투수를 공략할 때 좌타자보다 유리하다. 이런 좌─우 관계는 야구계의 정설로 돼 있다.(물론 예외는 얼마든지 있다.) 좌─우가 엇갈릴 때 투수보다 타자가 상대적으로 유리해지는 이유는 두 가지로 설명할 수 있다. 하나는 시야이고 또 하나는 공의 회전이다.

자, 우타자가 좌완투수를 상대한다고 가정하자. 공을 던지는 투수의 팔은 마운드를 중심으로 볼 때 1루 방면에서 뻗어 나오기 때문에 타자는 고개를 크게 돌리지 않고도 공을 볼 수 있다.(직구라고 가정한다면) 공은 평면상 먼 곳에서부터 타자 쪽으로 접근해 오는 느낌을 준다. 우타자에게는 이런 공이 마운드를 중심으로 3루 방면에서부터 들어오는 공보다 궤적을 판단하기 쉽다. 우완투수가 던진 공은 평면상 우타자의 눈으로 볼 때 '멀리 달아나는' 듯이 이동하며, 더구나 타자가 공을 똑똑히 지켜보려면 고개를 약간 더 왼쪽으로 틀어야만 한다. 게다가 공에 먹힌 스핀은 공이 날아오면서 점점 밖으로 휘어져 나가는 성향을 갖게 만든다. 우완투수가 '정상적으로' 던진 커브는 우타자에게는 바깥으로 휘어지고 좌타자에게는 몸쪽으로 달려드는 성질을 갖는다. 좌완투수가 던진 커브는 그 반대다. 예외도 물론 많다. 투수마다 투구 스타일이 다르고 일부러 역회전을 먹이는 투구법도 있기 때문이다. 그러나 거기에 관해서는 다음 '투수' 편에서 살펴보기로 하고 여기서는 일반적으로 좌타자가 우타자보다 유리하다는 요점만 짚고 넘어가기로 하자.

그렇다면 누구나 다 왼쪽에서 치면 좋을 텐데 왜 그렇게 하지 않는가? 던지기는 오른손으로 던지면서 타격은 왼쪽에서 하는 우투좌타의 선수들이 늘어나는 것을 보면 왼쪽 타격이 반드시 선천적이어야 할 필요는 없는 것으로 보인다. 그리고 좌타자가 우타자보다 유리하다면 좌타자의 꼴찌가 우타자의 우두머리보다 우위에 서야 할 텐데 그렇지 못한 이유는 또 무엇일까? 여기서 또다시 기계가 아닌 인간적인 요소를 들먹이지 않을 수 없다. 오른손을 쓰는 사람들은 대부분 자동적으로 오른쪽 타석에서 배트를 휘두르게 되는데 일단 그렇게 버릇이 들면 바꾸기가 어렵고 어렸을 때부터 길든 버릇이라면 더욱 그렇다. 그리고 오른손타자들이 전체 선수층의 주류를 이루고 있기 때문에 좌타자가 오히려 불리한 점도 없지 않다.

우타자는 일단 메이저리그에 진입할 정도라면 애당초 우완투수를 상대로 상당히 잘 때릴 수 있는 능력을 갖추고 있다고 봐야 한다. 그렇지 않다면 그는 아예 메이저리그에 올라오지도 못했을 것이다. 그리고 전체 타격 기회의 4분의 1쯤 상대하게 되는 좌완투수에 대해서는 앞서 말한 기본적인 좌―우 대결의 이점이 있기 때문에 생소함을 씻을 수 있다.

좌타자는 그 반대의 문제점을 안고 있다. 그는 대다수(4분의 3)의 경우 '반대쪽' 투수(우완)를 상대하는 유리함을 갖고 있다. 그 반면 좌완투수와 맞섰을 때는 기술적으로 공격하기가 어렵고 생소함도 쉽게 가시지 않는다. 그들과 마주치는 빈도가 적기 때문이다. 전통적으로 '좌타자는 좌완투수에게 약하다'는 것만 유난히 부각되는 것도 그런 까닭에서다.

그렇다면 미키 맨틀 같은 스위치히터는 한쪽만 쓰는 다른 선수들에 비해 월등히 우위에 있어야 하지 않겠는가? 투수가 어느 팔로 던지건 거기에 따라 '항상' 자기에게 유리한 쪽의 타석에 서서 배팅할 수 있을 테니까. 적어도 이론상으로는 그래야 한다. 그러나 현실적으로는 반드시 그렇지도 않다. 미키 맨틀과 함께 스위치히터의 길을 개척한 톰 트래

시의 말은 정곡을 찌른다.

"스위치히터가 유리한 것은 사실이다. 그러나 그 유리하다는 것이 겉보기만큼 대단치는 않다. 타격이라는 것은 리듬이고 정형화된 틀이다. 그런데 스위치히터가 되려면 두 가지 배팅 폼을 갖춰야 한다. 때로는 한쪽 스윙이 다른 쪽에 나쁜 영향을 주기도 한다. 그리고 이쪽저쪽 번갈아 가며 치다 보면 그 어느 쪽도 확고한 최상의 폼으로 굳힐 수가 없다. 보라, 어느 스위치히터를 놓고 보더라도 한쪽이 다른 쪽보다 성적이 낫지 않은가. 따라서 더 잘 칠 수 있는 쪽으로 계속 치는 것과 비교할 때 스위치히터가 훨씬 유리하다고는 단언할 수 없다."

선천적인 좌타자가 오른쪽 타석에서 치는 법을 배워 스위치히터로 전환하는 것은 별로 이득이 없다. 좌타자는 이미 앞서 말한 이점을 갖고 있기 때문이다. 따라서 스위치히터는 거의 대부분이 우타자가 좌타법을 익혀 변신한 사람들이며 발은 빠르지만 타격이 약한 우타자들이 종종 이런 변신을 꾀한다.(성공하는 예는 매우 드물다. 그렇지만 일단 성공하면 모리 윌스처럼 선수 생명을 연장시킬 수 있다.) 야구 역사상 가장 많은 안타를 때린 피트 로즈도 스위치히터였다.

야구계의 속설 가운데 별다른 의심의 여지없이 받아들여지고 있는 것 중의 하나는 "커브가 가장 때리기 어렵다."는 말이다. 마이너리그에는 커브에 약하기 때문에 메이저리그로 발돋움하지 못한 선수들이 득실거리는 것으로 알려져 있다. 그러나 현대의 타격 전문가들은 한결같이 이런 속설을 부정하고 있다. 현역 시절 교타자로 활약했고 나중에 세인트루이스 카디널스의 감독에 올랐던 레드 쉰딘스트의 주장은 다음과 같다.

가장 때리기 어려운 공은 직구다. 이 사실을 깨닫지 못하면 야구를 제대로 이해하지 못하고 있다고 봐도 과언이 아니다. 내가 말하는 직구는 물론 대단히 빠른 직구다. 그 공이 가장 때리기 어려운 이유는 간단하다. 배트가 그 공을 따라갈 시간의 여유가 없기 때문이다. 커브는 비행 속도가 느리다. 그러므로 타이밍을 잡고 코스를 미리 계산하면서 얼마든지 대응할 수 있다. 그러나 타자가 대응하지 못할 정도로 빠른 직구가 날아들면 전혀 속수무책이다.

내 말이 무슨 뜻이냐 하면, 타자는 투수의 가장 빠른 직구에 타이밍을 맞추고 있어야 한다는 얘기다. 투수가 오로지 직구만 던진다면 언젠가는 타자에게 타이밍이 잡혀 얻어맞게 될 테고 투수 자신도 피로해지므로 실제로 그런 식으로 피칭하지는 않는다. 그렇더라도 타자는 그 투수가 던질 수 있는 가장 빠른 공에 대비하고 있을 수밖에 없다.

아주 빠른 직구를 가진 투수에게는 커브도 치기 어려운 공이 된다. 커브 자체가 치기 어려운 게 아니라 그 커브가 (타자가 예상하고 있는) 직구와 스피드나 코스에 차이가 생기면서 대비가 돼야만 비로소 치기 어려운 공이 되는 것이다. 즉 투수가 두 가지를 적절히 섞을 때 커브가 치기 어려워진다. 직구가 그다지 빠르지 않거나 커브가 들어온다는 것을 타자가 미리 알고 있다면 커브는 결코 공략하기 어려운 공이 아니다.

그러나 이론과 현실은 반드시 일치하는 게 아니다. 메이저리그 안에도 직구에 대비하고 있다가 커브가 들어오면 제대로 치지 못하는 타자들이 얼마든지 있다. 직구를 노리고 있던 감각이 얼마간 그대로 남아 있어 커브를 미처 따라가지 못하기 때문이다.

이제 화제를 투수들로 옮겨 가야 할 시점에 이르렀다. 여러 가지 투구법과 그것들의 용도, 효능 등을 살펴보기로 하자. 그런 것들은 곧이어 '투수' 편에서 상세히 기술하겠다. 그렇지만 그에 앞서 타자의 입장에서 살펴봐야 할 게 있다. 바로 투수의 '투구 동작'이다.

투수가 던진 공은 레이더에 걸린 물체처럼 타자 앞에 불쑥 튀어나오는 게 아니다. 공은 일정한 경로를 거쳐 타자에게 보이도록 돼 있다. 투수는 와인드업에서부터 여러 가지 모션을 거치고, 이 모션의 최종 단계에서 공이 투수의 손끝에서 떨어져 나온다. 타자는 이런 와인드업, 투구 동작, 그 공이 나오는 배경, 공의 궤적 등을 '총체적으로 살펴' 거기에 대응하게 되며 그런 대응은 투수에 따라, 장소에 따라 달라지게 된다. 그러므로 타격 연습용으로 쓰이는 피칭 머신은 효능에 한계가 있을 수밖에 없다. 그 기계는 투수가 던지는 공의 '실제와 비슷한' 궤적은 비교적 자유자재로 만들어 낼 수 있지만 마운드에서 실전을 치르는 투수의 손짓, 발짓까지는 타자에게 보여 주지 못한다.

타자가 보려고 신경을 쓰는 것은 공의 '회전'이다. 공은 플레이트 쪽으로 날아오면서 회전하기 때문에 변화무쌍한 모양을 나타낸다. 점으로 보이는 공이 있는가 하면 띠를 두른 것처럼 보이는 공도 있다. 그런 것이 직구인지 커브인지를 알려 주는 단서가 된다. 오버핸드스로 투수가 직구를 던지면 공은 투수의 손에서 떠나면서부터 타자의 눈에 보인다. 오버핸드스로 투수가 던진 커브는 투수의 손이 먼저 보이고 나중에 공이 보인다.

그러나 현역 시절 당대 최고의 타자로 군림했던 스탠 뮤지얼은 은퇴한 지 30여 년이 지난 1990년 어느 기자와의 인터뷰에서 이렇게 고백한 적이 있다.

"사람들은 내가 공의 실밥이 도는 모양을 보고 그게 커브인지를 알아냈다고들 떠들어 댔지만 사실은 그렇지 않았다. 내가 알고 있던 것은 투수 개개인의 직구 스피드였고 그것을 기준으로 판단했다. 스피드가 내가 파악하고 있는 것보다 약간 줄어들면 그건 커브이거나 체인지업이었다."

　자, 여기서 가만히 생각해 보자. 뮤지얼의 머릿속에 담겨 있는 파일에는 수백 명의 투수들이 던지는 직구 스피드가 낱낱이 기록돼 있었을 것이다. 그것은 아마 10분의 1초 단위로 쪼개져 있었을 것이고 그렇기 때문에 그의 생애 통산 타율은 '겨우' 0.331에 그쳤다. 바꿔 말하면 그가 제아무리 정교한 타자였다 하더라도 세 번 중에 두 번은 범타로 아웃당했다는 얘기다. 만약 그가 투수들의 투구 속도를 100분의 1초까지 쪼개서 파악하고 있었더라면 타율은 더 좋았을 것이다.

　메이저리그 선수들은 두 축 사이에서 끊임없이 싸운다. 하나는 실제로 배트를 휘두르는 육체적인 것, 또 하나는 눈과 두뇌가 투구를 판별하고 나서 근육에게 움직이라고 명령하는 정신적인 것이다. 공을 때리느냐, 그냥 놔두느냐 하는 의사를 결정하기까지는 기대, 준비, 정신 집중, 의욕 등이 두루 작용하며 그래서 타격을 가리켜 단순한 육체적 활동이 아닌 '예술'이라고 부르는 것이다.

　그러나 이 두 가지는 모두 공을 손에 쥐고 던지는 사람, 즉 투수의 행동이나 생각에 끌려가며 거기에 반사적으로 대응하는 데에 불과하다.

　그러니까 게임을 주도하는 사람은 결국 투수라고 하지 않을 수 없다.

2 피칭
과학적 예술

피칭은 야구의 75퍼센트를 차지한다. 생각하기에 따라 그 수치는 70퍼센트도 될 수 있고 90퍼센트도 될 수 있고 그보다 더 높을 수도 있다. 요즘은 그저 '피칭은 야구의 전부'라고 한마디로 압축해서 말해 버려야 한다. 고성능 컴퓨터의 출현으로 야구 통계의 정확도에 대한 막연한 환상이 사라진 이상 차라리 그렇게 상징적으로 말해 버리는 편이 낫다.

피칭이 야구에서 가장 중요한 요소라는 데에는 이론의 여지가 없다. 대체로 투수가 강한 팀이 게임을 승리하고, 투수진이 강한 팀이 우승을 차지한다. 아무리 장타력을 갖춘 타자들이 즐비하더라도 투수진이 허약한 팀은 우승권에 올라설 수 없다.

매스컴이나 야구팬들은 날마다 타격에 대해서만 관심을 쏟기 때문에 투수 부문은 별로 두드러지지 않는다. 1927년과 1936년의 뉴욕 양키스를 비롯하여, 역대 최강으로 꼽히는 팀들은 막강 타력을 자랑하기도 했지만 단단한 마운드도 아울러 갖추고 있었고 그 두 가지가 조화를 이

룸으로써 최강팀이 될 수 있었던 것이다.

이에 반해 1930년의 필라델피아 필리스(3할 타자를 여덟 명이나 보유하고도 8위에 그쳤다.), 1947년의 뉴욕 자이언츠(시즌 최다 홈런 기록을 경신하고도 4위에 머물렀다.)는 마운드가 효과적으로 버텨 내지 못하는 한 아무리 많은 득점을 올려 봤자 승부에서는 허망한 패배만 맛볼 뿐이라는 것을 단적으로 보여 주는 사례다. 반면 로스앤젤레스 다저스는 1963년, 1965년, 1966년에 화려한 투수진 하나만으로 리그 우승을 차지했다.

이런 사례들은 얼마든지 열거할 수 있다. 최근의 예를 보면 다저스는 1988년에 마운드만으로 우승을 차지했다. 보스턴 레드삭스와 신시내티 레즈 등은 훌륭한 타선을 갖추고 있었으면서도 정상 등극에 실패했다. 그리고 오클랜드 애슬레틱스는 1988년부터 1990년까지 투타의 균형을 이뤄 쾌속 항진을 거듭했다.

1960년대의 다저스를 정상으로 이끌었던 월터 앨스턴은 이 점을 일목요연하게 요약해서 말했다.

"안정된 투수진을 갖추고 있으면 실점이 적기 때문에 아무리 뒤지고 있는 게임이라도 이길 기회를 잡을 수 있다. 꼭 1점이 필요하다면 그 1점을 뽑는 데는 아주 다양한 방법을 동원할 수 있고 상대방의 에러나 행운에 기댈 수도 있다. 어쨌든 게임이 완전히 끝날 때까지 패배가 굳어져 버리는 경우는 드물다. 반대로 우리 투수진이 많은 점수를 줘 버리면 게임 초장에 패색이 짙어지고 실점을 만회하기 위해선 우리도 강타나 집중타를 쳐내는 수밖에 없다. 그렇게 되면 행운의 승리도 기대하기 어렵다."

이런 사실을 뒷받침하는 이론이 있다. 훌륭한 투수는 훌륭한 타자들을 막아 내지만 훌륭한 타자가 훌륭한 투수를 마구 두들기는 일은 거의 없다. 훌륭한 타자는 평범한 투수들을 마구 두들겨 타율을 끌어올리지만 훌륭한 투수는 훌륭한 타자를 상대하더라도 눈부신 성적을 올린다. 왜 그런지는 이해하기 어렵지 않다. 전술적으로나 산술적으로나 야구의 근본 생리가 원래 그렇게 생겨먹었기 때문이다.

투수는 야구장 안에서 전술적으로 가장 중요한 역할을 맡는 인물이다. 투수야말로 진정한 공격자이기 때문이다. 엄밀한 의미의 투-타 대결에서 '공격자'의 입장에 서는 것은 투수다. 왜냐하면 게임을 인플레이시키는 주인공이 투수이고 자신의 의도나 능력에 따라 게임을 좌지우지하는 사람도 투수이기 때문이다. 주도권을 쥐고 있는 투수는 자기 능력껏 언제, 어떻게, 어디로 공을 던져야 하는지 정할 수 있다. 신중하고 계산된 행동을 하는 것은 투수이고, 타자는 그저 투수가 하는 데에 따라 대응할 뿐이다. 그런 점에서 보면 공을 때려 내는 순간까지는 오히려 타자가 수세에 놓이는 셈이다. 배팅을 하는 팀이 공격자의 입장에 서게 되는 것은 공이 배트에 맞고 난 이후다.

산술적으로 살펴보더라도 왜 투수의 임무가 중요한지는 쉽게 드러난다. 규칙에 따라 한 게임을 마치려면 27아웃을 잡아야 하며 단 1점만 뺏겨도 지는 게임도 있다. 따라서 수비측의 입장에서는 극도의 안정성이 요구되며 매 이닝마다 3아웃씩 아홉 차례를 거듭 잡아내야 한다. 공격이라는 입장에서 보면 가끔 득점을 올려도 만족할 수 있다. 행운의 안타나 상대방의 실수, 적시타 한 방으로 득점할 수 있으며 그중 어느 1점으로도 승리를 거둘 수 있다. 그러나 야수가 아무리 환상적이거나 기막힌 수비를 펼치더라도 그 미기는 한 게임을 마치기 위한 27분의 1(원 아웃)을 메우는 것에 지나지 않는다.

따라서 투수는 '어떻게 하면 타자를 아웃시킬 수 있느냐' 하는 데에 최대의 주안점을 두고 있다.

피칭을 설명하는 데에 알아두어야 할 몇 가지 기본 사항을 살펴보자.

첫째, 메이저리그 수준에서는 '투수가 모든 타자들을 삼진으로 처리할 수는 없다'. 따라서 아웃 카운트를 늘려 가기 위해서는 야수들이 도와줘야 한다. 투수는 자신의 기량을 총동원해서 타자가 강한 타구를 날리지 못하게 처리하는 게 임무이며 그렇게 해 놓으면 야수들이 자동적으로 움직여 대부분의 타구를 아웃으로 연결시켜 준다.

타자에게 강타를 맞지 않으려면 어떻게 해야 하는가? 피칭 기술은 바로 여기에 초점을 두고 무궁무진한 발전을 거듭해 왔는데 이 대목은 잠시 설명을 보류하기로 하자. 다만 투수가 이용할 수 있는 재료는 시간(투구 스피드를 여러 가지로 변형시키는 것), 공간(높거나 낮게, 안쪽이나 바깥쪽으로 던지는 것), 궤적(공이 곡선을 그리거나 홈플레이트에서 다른 방향으로 휘도록 하는 것), 역습(타자에게 어느 것을 기대하도록 해 놓고 실제로는 다른 것을 던지는 것), 전략(역습과는 별개로 어떤 특정한 상황에서 타자가 선택할 수 있는 여지를 좁혀 놓는 것) 등이 있다는 것부터 우선 말해 두기로 한다.

피칭에 관한 두 번째 기본 사항은 '투구는 인체 구조상 매우 부자연스러운 동작'이라는 점이다. 수천만 년에 걸쳐 진화해 온 인간의 팔은 두어 시간 동안 어떤 물체를 최대의 힘으로 150회씩이나 반복해서 던져도 견뎌 낼 수 있도록 만들어져 있지 않다. 팔을 어깨 위로 들어 올려 던지는 오버핸드스로 모션은 인체의 자연스러운 동작에 역행하는 것이다. 어쨌거나 자주, 그리고 강하게 팔을 사용하는 투구 행위는 정상적인 신체 기능에 나쁜 영향을 미치는 게 사실이다. 팔은 어깨에서 밑으로 매달려 흔들거리고 팔꿈치는 안으로 굽는 게 어디까지나 자연스러운 것인데 피칭은 그 반대 방향으로 많은 운동량을 부과해야 하기 때문이다. 결국 피칭은 근육과 인대, 관절, 심지어 특정 부위의 뼈에까지 엄청난 부담을 주는 행위다.

신체에 미치는 이러한 부담 때문에 투수는 그 팔을 자주 쓰려면 각별한 방법으로 보호하지 않으면 안 된다. 선발투수는 나흘 또는 닷새에 한 번씩 등판한다. 등판하기 전에(그리고 때로는 피칭을 마치고 난 다음에도) 트레이너로부터 마사지나 스트레칭 등으로 도움을 받는다. 그러나 투수는 어느 정도의 고통은 부득이하게 각오해야 한다. 그리고 피칭 동작에 들어갔을 때 전신이 리드미컬하게 연결되고 게임 후반에 지치지 않기 위해서는 철저히 신체를 단련해야 한다. 한마디로 말해서 투수는 타자가 강하게 때리지 못하도록 하는 지략을 실전으로 연결시키기 위해서는 전신의 건강을 유지하고 팔을 강하게 가다듬어야 한다.

이런 점에 비춰 본다면 1884년 시즌에 60승 12패를 거둔 호스 레드본을 비롯한 19세기의 영웅적인 30승 투수들이 어떻게 존재할 수 있었는지 이해하기 어려울 것이다. 그러나 그 당시의 야구 상황을 살펴보면 의아함은 곧바로 해소된다. 1884년 이전에는 오로지 언더핸드스로만 던질 수 있었을 뿐 팔을 어깨 위로 치켜들어 던지는 오버핸드스로는 일절 허용되지 않았다. 그리고 1차 세계 대전(1914년) 시절까지는 아무리 공의 가죽이 찢어지고 더러워지더라도 완전히 없어지지 않으면 계속 사용해야 했다. 이렇게 반발력이 죽은 데드볼을 씀으로써 오늘날의 절반 정도의 투구 수만으로도 한 게임을 마칠 수 있었다. 그리고 아주 특출한 강타자와 마주치지 않는 한 홈런을 맞을 위험이 적으므로 투수들은 오늘날처럼 일 구 일 구에 그토록 신중을 기할 필요도 없었다. 단적으로 말해서 그 시절의 투수들은 별로 힘들이지 않고 던질 수 있었기 때문에 연투가 가능했고 30승씩 올릴 수 있었던 것이다.

이런 신체적인 제약 속에서 투수의 전술이 나온다. 투수가 이론상으로 나와 있는 모든 구질을 사용할 수는 없다. 자신에게 맞지 않는 구질을 던지려고 했다가는 팔이나 어깨에 고장이 일어날 우려가 있으며, 아무리 건강한 투수라도 사소한 부상이나 피로 때문에 평소 잘 들던 구질마저 제대로 던지지 못하는 날이 있다. 그래서 감독은 투수에게 충분한 웜업과 적당한 휴식을 주는 데에 최대의 배려를 아끼지 않는다.

샌디 쿠팩스는 기량이 전성기에 다다랐을 때 이런 문제에 부딪힌 대표적인 예다. 1963, 64년에 그는 좌타자를 요리할 때 사용하기 위해 사이드암 커브를 개발했다. 그러잖아도 엄청난 스피드로 타자들을 몰아붙이던 그는 타자들이 결코 반기지 않는 가공할 신무기를 개발했던 것이다. 그러나 쿠팩스는 그걸 사용하면서부터 팔꿈치에 통증이 생기기 시작했다. 나중에 관절염으로 판명됐을 때는 이미 치유 불능 상태에 이르렀고 그 뒤 두 번 다시 사이드암으로 던지지 못했음은 말할 나위도 없다. 이 때문에 그는 1965, 66년의 두 시즌에서 53승'밖에' 따내지 못했다. (하긴 이것만 해도 현대 야구에서 2년 연속 성적으로는 내셔널리그 좌완투수 최다승 기록이다.) 샌디 쿠팩스의 동료였던 모리 윌스는 감독이 투수에게 휴식과 워밍업할 시간을 주기 위해 얼마나 고심하는지 극명하게 보여 주는 일화를 남겼다.

윌스에 따르면 다음과 같은 일이 있었다. 다저스는 1965년 8월 샌프란시스코에서 중요한 4연전을 치르는 중이었다. 다저스의 마무리 요원들은 피로한 상태였기 때문에 앨스턴 감독은 가능한 한 이 4연전에 이들을 등판시키지 않고 버텨 볼 심산이었다.

그런데 5회가 되면서 선발투수 클로드 오스틴의 구위가 갑자기 떨어지는 바람에 앨스턴 감독은 밥 밀러를 긴급 투입하지 않을 수 없었다.

앨스턴 감독은 마운드에 내야진을 모아 놓고 구수 회의를 하면서 모리 윌스에게 주문했다.

"이봐, 모리. 밀러의 몸이 덜 풀렸기 때문에 워밍업할 시간을 벌어 줘야겠어. 그러니까 밀러가 들어와 연습 투구를 할 때 넌 눈에 티가 들어간 척 쇼를 하란 말이야. 연기를 잘하라고. 우리가 네 눈에서 티를 빼 주는 척하면서 시간을 끌 테니까. 그 사이에 밀러는 충분히 몸을 풀 수 있을 거야."

그것은 아주 그럴싸한 계획이었고 모리 윌스도 감독의 지시에 따라 훌륭하게 연기를 해냈다.

"난 눈을 껌뻑거리면서 비틀거리고 으으 신음 소리도 냈죠. 심판까지도 깜빡 속아 넘어가 날 도와주지 못해 안타까워하더군요. 트레이너가 달려오고 다른 선수들도 내 주위를 빙 둘러쌌죠. 나는 밀러가 몸을 풀다 못해 지쳐 버릴 정도로 시간을 질질 끌었어요. 그런데 밀러 녀석 하는 꼴 좀 보소. 그 멍청한 놈이 제 몸을 풀 생각은 않고 내 눈에 들어간 티를 빼 주겠답시고 수건을 들고 나타나 설치는 거예요."

세 번째 기본 사항, 투수는 컨트롤을 갖춰야 한다. 이 '컨트롤'이라는 것은 아주 미묘한 말이다. 컨트롤에는 두 가지가 있다. 하나는 스트라이크를 던질 수 있는 능력이다. 자신이 갖춘 레퍼토리들이 위력을 잃지 않은 채 스트라이크존을 상시 통과할 수 있도록 해야 한다.(그 빈도는 다섯 개 중에 네 개, 또는 열 개 중에 아홉 개가 돼야 한다.) 이런 넓은 의미의 컨트롤은 메이저리그 투수에게는 필수적이다. 그런 컨트롤을 못하는 투수에게는 아무것도 기대할 수 없다.

또 하나의 컨트롤은 자로 잰 듯이 정교한 컨트롤이다. 단순히 스트라이크존으로 집어넣는 게 아니라 안쪽이면 안쪽, 바깥쪽이면 바깥쪽, 높은 곳이면 높은 곳, 낮은 곳이면 낮은 곳 등 목표한 지점에 스피드를 줄이지 않은 채 정확히 찔러 넣는 것을 말한다. 이것은 숙달하기가 매우 어려운 기술이며, 이런 컨트롤을 발휘할 수 있는 투수야말로 마운드의 대가라고 할 수 있다.

왜 스트라이크를 던질 수 있는 컨트롤은 필수적이고, 정교한 컨트롤은 '신의 은총'이라고 부르는지는 별도의 설명이 필요 없을 것이다. 투수가 원하는 지점에 정확히 공을 던질 수 없다면 타자를 처리하는 조리법이 아무리 좋더라도 형편없는 요리가 되고 만다.

네 번째 기본 사항은 상당한 '구위'를 가져야 한다는 것이다. 투수는 타자가 대응하기 어려울 만큼 빠른 공을 던질 수 있어야 한다. 투수가 던지고 싶은 곳에 던진다 하더라도 스피드 부족으로 타자가 쉽게 적응하면 강타를 허용할 수밖에 없다. 메이저리그 투수라면 누구나 스피드가 일정 수준을 넘고 있으며 '공이 느리다', '공이 순하다' 하는 것은 어디까지나 '상대적'일 뿐이다.

역설적이지만 그렇기 때문에 오히려 초슬로볼이 효과를 볼 때도 있다. 타자들은 일반인들로서는 손도 대지 못할 정도로 빠른 공을 쳐내기 위해 스윙을 조율해 놓았기 때문에 슬로볼(그래도 보통 사람이 치기에는 상당히 빠르다.)이 들어오면 곧바로 적응하기가 어렵다. 그 공을 때리려면 수년간 공들여 가다듬은 반사 동작에 수정을 가하지 않으면 안 된다. 그러나 느린 공은 머지 않아 스피드 감각을 익혀 템포를 늦춘 타자에게 얻어맞게 된다.

스피드가 대단치 않다면 그 대신 공에 상당한 위력이 실려 있어야 한다. 커브나 직구를 목표한 지점에 집어넣는 것만으로는 충분치 않다. 커브라면 완만하게 꺾이는 게 아니라 날카로운 브레이크가 있어야 하며, 직구라면 힘이 배어 있어야 한다. 그렇지 못하면 투수가 제아무리 타자를 잡아내고픈 마음이 간절하더라도 타자를 당해 낼 수 없다.

투수들이 드러내는 가장 큰 폐단은 컨트롤을 잡겠답시고 전력투구하지 못하고 무심코 스피드를 늦추는 것이다. 이것은 고의로 공의 스피드를 떨어뜨리는 체인지 오브 페이스와는 전혀 다르다. 스트라이크를 잡거나 특정한 지점으로 던져 넣기 위해 컨트롤에 역점을 두며 스피드를 떨어뜨리다 보면 큰 낭패를 보게 된다. 이런 일은 의외로 자주 일어나며 톱클래스의 투수들도 종종 그런 실수를 범하곤 한다.

　마지막 다섯 번째 기본 사항은 '투구 동작'이다. 이는 '타격' 편 마지막 부분에서도 잠시 언급한 바 있다. 투수가 던지는 공은 타자의 눈앞에 갑자기 나타나는 게 아니다. 와인드업, 다리 들어올리기, 팔의 움직임, 투수 뒤의 배경 등이 모두 날아오는 공과 연관이 있다. 투구 동작은 투수에게 유리한 면도 있고 불리한 면도 있다. 먼저 유리한 면을 살펴보면 공을 최대한 오래 감추고 있거나, 투구 동작의 속도를 조절하거나, 공이 날아가는 각도를 달리 하거나(가령 우완 투수가 우타자를 상대로 사이드암 형태로 던지는 따위) 함으로써 자신이 던지려는 투구 내용을 상대에게 속이는 데 이용할 수 있다. 또 불리한 면으로는 구질에 따라 투구 동작이 조금이라도 달라질 경우 예민한 타자에게는 무슨 공이 들어오는지 미리 가르쳐 주는 꼴이 된다. 따라서 투수는 자기 자신에게는 가장 편안하면서(이것이 최우선적으로 생각해야 할 점이다.) 상대 타자를 헷갈리게 만들기 위해 어떤 구질이든 동일한 폼으로 던지려고 노력한다.

　스피드가 뛰어나지 않은 볼을 기본 레퍼토리로 삼고 있는 투수들은(예컨대 스튜 밀러, 에디 로패트, 짐 콘스탄티, 켄트 티컬브, 팔 부상을 당하고 난 뒤의 페르난도 발렌수엘라, 마이크 보디커 등) 타자를 요리하는 데 실제 공도 공이지만 괴상한 모션에도 크게 의존하고 있다. 그러나 다시 한번 강조하지만 그런 투수들도 느린 공에다 이따금 타자가 꼼짝 못할 정도로 빠른 공을 섞어 던질 줄 안다는 것을 잊어서는 안 된다.

　재미있는 예를 하나 들어 보겠다. 뉴욕에 세 팀이 군웅할거하고 있던 1950년대로 거슬러 올라가 보면 뉴욕 자이언츠에 스튜 밀러라는 투수가 있었다. 그가 홈구장으로 사용하던 폴로 그라운드의 양쪽 파울폴까지의 거리는 메이저리그 구장들 중에서 가장 짧았다. 프로 생활 초창기의 밀러는 세 종류의 스피드를 갖고 있었다. '느린 공, 더 느린 공, 아주

느린 공'. 《월드 텔리그램 앤드 선》의 빌 로더 기자는 밀러를 상대로 타격을 해보고 그 체험 기사를 쓸 작정이었다.

로더 기자는 빌 리그니 감독을 찾아가 취재 협조를 요청했다.

"제가 밀러를 상대로 배팅을 해보고 싶습니다."

"천만에요. 난 그런 모험은 허락할 수 없어요."

리그니 감독은 단호하게 거절했다.

야구를 잘 이해하고 있던 로더 기자는 감독이 거절하는 이유를 나름대로 지레짐작했다.

"감독님은 제가 공에 맞을까 봐 걱정되시는가 본데 전 이래봬도 아직 젊고 날쌥니다. 공이 몸쪽으로 날아오면 얼마든지 피할 수 있어요. 그리고 밀러가 날 일부러 맞히려고 하지도 않을 거고요. 우리 신문사나 나나 독자들에게 생생한 기사를 전해 줄 수 있게 도와주십시오."

로더 기자는 이렇게 간청했지만 리그니 감독이 거절한 이유는 전혀 다른 데에 있었다.

"그게 아니라 당신이 때린 게 운 좋게 257피트(78.12m)밖에 안 되는 펜스를 훌렁 넘어갔다고 칩시다. 그러면 어떻게 되겠냔 말이오. 밀러 체면이 뭐가 되겠소? 그 다음엔 그가 무슨 낯으로 메이저리그에서 던질 수 있겠느냐 이 말이오, 내 말은."

이렇게 감독의 깊은 사려 덕분에 밀러가 심적 타격을 입을 수도 있는 위기를 넘기고 1960년대까지 양 리그를 오가며 성공적인 투수 생활을 할 수 있었다.

리그니 감독의 염려에는 상당한 일리가 있었다. 밀러의 슬로볼은 아마추어의 눈에는 타격 타이밍이 흐트러질 정도로 빠른 공과 대비되는 게 아니라 얼마든지 칠 수 있는 공으로 보일 수도 있었으며 보통 투구 동작에 젖어 있는 프로 선수들을 속여 넘기던 비비 꼬는 모습도 일반인에게는 통하지 않을지도 몰랐다. 밀러가 신문 기자 정도야 쉽게 처리할 수 있었겠지만 만에 하나라도 리그니 감독이 우려한 대로 느리게 던진 공이 운 나쁘게 홀렁 담을 넘어가지 말라는 법도 없었다.

에디 로패트도 밀러처럼 엄청나게 느린 공을 주무기로 삼는 투수였지만 커브 컨트롤이 완벽하고 구속球速을 다양하게 조절하는 것이 최대 장기였다. 그도 필요할 때는 꽤 빠른 공을 던지곤 했는데 그가 던진 빠른 공은 평소의 느린 공과 대비되면서 월터 존슨의 강속구처럼 느껴질 경우도 있었다.

로패트는 양키스에 몸담고 있던 시절(1948-55년 사이 113승) 성공적으로 투수 생활을 하고 나서 말년에는 폴 리처즈 감독이 이끄는 볼티모어 오리올스로 트레이드됐다. 리처즈는 볼티모어로 오기 전 시카고 화이트삭스 감독을 맡았을 때 로패트가 마운드를 지킨 양키스에 번번이 농락 당하곤 했다. 텍사스 주 출신으로 콧대가 높은 리처즈 감독은 투수 지도에 일가견이 있다는 자부심을 갖고 있었다.

이제 로패트를 휘하에 거느리게 된 리처즈 감독은 한 수 지도를 아끼지 않았다.

그는 어떤 그립과 모션을 보여 주면서 "공을 이렇게 잡고 이렇게 던지면 틀림없이 도움이 될 거야." 하고 말했다.

"이렇게요? 난 이렇게, 이렇게, 이렇게 잡고 던지는데요."

로패트는 당장 네 가지 그립과 릴리즈 포인트가 각각 다른 팔의 동작을 시범 보였다.

"감독님이 시카고에 계실 때 제게 골탕 먹은 게 무엇 때문이었다고 생각하십니까?"

이렇게 콧대를 눌러놓은 로패트는 감독을 비롯하여, 단장, 투수 코치, 스카우트 총책 등을 두루 거친 후 피칭의 진수를 보여 주는 차원 높은 말을 남겼다.

　타자의 타격 스타일이 어떤지는 그가 실제로 배트를 휘두르지 않더라도 나는 훤히 꿰뚫어볼 수 있었다. 투수는 타자의 다리, 팔, 몸, 눈 등 모든 걸 살펴봐야 한다. 이따금 나는 스트라이크존에서 빠지는 나쁜 공을 던져 놓고 타자가 어떻게 반응하는지를 살펴본다.
　세분하면 이렇다. 빠른 직구를 쳐서 1루 쪽으로 파울볼이 됐다면(우타자인 경우다.) 타자의 스윙이 약간 늦었다는 것을 알게 된다. 파울 타구가 3루 쪽으로 날아갔다면 스윙이 약간 빨랐던 것이다. 투수가 자신의 직구에 자신감을 갖고 있고 타자가 끌어당기지 못하게 할 생각이라면, 1루 쪽 파울볼을 낸 타자에게는 하나 더 던져도 괜찮다. 그러나 스윙이 빨라 3루 쪽 파울볼을 낸 타자에게 그 공을 또다시 던지는 것은 무모한 짓이다. 이렇듯이 일련의 투구를 해가면서 앞의 것을 기초로 다음에 던질 공을 찾아내야 한다.

　피칭에 담겨 있는 과학적 요소는 타격보다 훨씬 많다. 그립이나 공을 놓는 법, 팔 동작, 몸의 움직임 등 피칭의 기법은 타격 기법보다 교육을 통해 향상시킬 수 있는 폭이 훨씬 넓으며, 꾸준한 연습으로 완벽하게 익혀 두어야 될 사항도 많다. 각종 레퍼토리의 그립이나 공을 던지는 요령은 투수와 투수 코치에게는 매우 중대한 관심사이겠지만 여기서는 상세히 논할 필요가 없을 것이다.
　다만 기본적인 구질에 대해서는 개괄적인 설명을 해 보기로 한다. 그러나 그에 앞서 야구계에서 종종 논란이 되고 있는 문제부터 짚고 넘어가도록 하자.
　즉 투수와 포수 사이의 60피트 6인치 거리에서 커브를 던지면 진짜로 공의 궤적이 휘는가, 아니면 단순히 눈의 착각에 불과한가 하는 것이다.

정답은 둘 다 옳다는 것이다. 공의 비행 궤적이 실제로 휘기도 하지만 눈의 착각도 적지 않게 작용한다.

공에 가해진 회전력만으로는 절대로 공의 궤적이 꺾일 수 없다는 수학적 설명이 헤아릴 수 없을 만큼 많이 나와 있다. 그런가 하면 실제로 공의 궤적이 휘는 이유를 설명하는 이론도 상당히 많다. 요즘은 물리학적 이론을 동원한 다음과 같은 설명이 가장 널리 받아들여지고 있다. 즉 투수가 공에 가한 회전이 공의 반대쪽에 공기 저항을 일으켜 양쪽에 압력 차이가 나기 때문에 어느 한쪽으로 휘게 된다는 것이다. 공이 앞으로 나가려는 전진력이 줄어들면서 굴절이 커진다. 이와 동시에 공에는 투수의 손을 떠나는 순간부터 땅이 끌어 내리는 중력이 작용한다. 이런 것을 종합하면 회전이 먹힌 방향으로 공이 휘게 된다는 결론이 나온다.

그러나 홈플레이트 옆에 서 있는 타자가 노려보고 있는 것은 '실제' 공이 궤적이 아니라 '외견상의' 궤적이다. 필드의 상공에서 밑으로 내려다보고 찍은 사진에 나타난 공의 실제 궤적은 타자가 대응해야 하는 육안상의 궤적과는 상당한 차이가 있음을 알 수 있다. 타자는 가만히 서 있는 상태에서 자기 쪽으로 날아드는 공을 보기 때문에 그의 눈에는 궤적이 다르게 보이게 마련이다. 공이 처음 투수의 손에서 떠난 순간에는 방향의 변화가 비교적 작지만 홈플레이트 쪽으로 가까이 날아올수록 좌우 또는 상하 변화의 폭이 훨씬 크게 느껴진다.

그렇다면 타자는 실제로 무엇을 향해 스윙하는가?

눈과 머리의 지시에 따라 근육을 움직이기까지는 아무리 짧더라도 분명히 일정한 시간이 걸린다. 그리고 홈플레이트 부근에서 공과 배트를 맞추려면 공이 플레이트에 다다르기 '전에' 스윙을 시작해야 한다.

그러므로 이런 일이 일어난다. 타자는 공이 투수의 손에서부터 40피트(12m)가량 날아올 때까지 공의 비행 상태를 살핀다. 그 거리까지의 궤적을 토대로 나머지 비행 궤적을 머릿속에서 그려보고 그에 맞춰 스윙을 시작하게 된다. 이런 작업은 물론 무의식적으로 펼쳐진다. 인간의 두뇌는 지금까지 개발된 어떤 컴퓨터보다도 정교할 뿐 아니라 경험까지 가미돼 있기 때문에 큰 어려움 없이 공을 맞힐 수 있는 것이다. 테드 윌리엄스가 그랬다는 것처럼 배트와 공이 부딪치는 장면까지 볼 수 있는지 없는지 모르겠지만 그것의 진실성 여부는 그다지 중요한 게 아니다. 배트의 스윙은 그보다 앞서 시작되며 의식적인 결정과(스윙을 할 것인가, 말 것인가) 무의식적인 결정은(어디를 향해 스윙하느냐) 공이 홈까지 3분의 2쯤 들어왔을 때까지 끝마쳐야 한다.

이런 이유 때문에 타자(또는 포수나 구심)의 눈에 보이는 '외견상의' 커브는 실제보다 휘어지는 각도가 커 보인다. 이런 것은 텔레비전 중계를 볼 때 홈플레이트 뒤의 카메라로 잡은 그림과 센터 쪽 카메라로 잡은 그림에 차이가 나는 것에서도 알 수 있다. 센터 쪽에서 잡은 그림은 홈플레이트 뒤에서 잡은 것보다 커브 각도가 작아 보인다. 이 카메라들은 현장에서 멀리 떨어진 곳에 설치돼 있기 때문에 그 낙차가 그다지 두드러지지 않을지도 모른다. 그러나 현장에 서 있는 타자의 눈에는 이 낙차가 어마어마한 것이다. 변화구의 굴절은 전체적으로 서서히, 그리고 일정하게 일어나지만 타자의 눈에 비치는 '가시적인' 변화는 홈플레이트 근처에서 갑자기 각도가 꺾이는 것처럼 느껴지게 된다.

초창기 뉴욕 메츠의 투수였던 제이 후크는 뛰어난 풍채에 비해 성적은 신통치 못했다. 원래 공학 기사였던 그는 언젠가 《뉴욕 타임스》에 도표와 공식을 곁들여 가며 왜 커브를 던지면 공의 궤적이 휘는지를 설명하는 그럴싸한 논문을 기고했다. 그 글을 보고 야구 기자들은 영화 「팔조이」에 삽입된 로저스 앤드 하트의 「난 책을 쓸 수 있어 I Could Write a Book」라는 곡에 대입시켜 다음과 같이 가사를 바꾼 작품을 만들어 냈다.

야구공의 회전으로 공이 꺾이는지에 대해 물으신다면 커브볼의 궤적을 설명하는 이론이나 공식은 죄다 알려드리죠. 공기 밀도를 계산하고 중력도 생각해야지. 하지만 커브 궤적은 알면 뭐하나. 홈런만 펑펑 맞는데.

대강 감을 잡았겠지만 제이 후크가 가진 문제점은 커브가 홈으로 날아들면서 실제로 휘게 되는 물리적 이론을 알고 모르고 하는 데에 있는 게 아니라 그가 던진 공이 배트에 두들겨맞았다 하면 130m 이상 날아가 버린다는 데에 있었다.

따라서 우리는 투수가 던진 커브가 실제로 휜다는 사실을 일단 인정할 수밖에 없다. 자, 그러면 앞서 말한 대로 주류를 이루는 구질들을 살펴보도록 하자.

첫째, 가장 기본적인 것은 직구fastball다. 직구라고 해도 어느 쪽으로든 약간씩 휘게 마련이지만 투수가 의도한 바는 공이 직선으로 날아가도록 하는 것이다. 이 구질은 궤적이 똑바르기 때문에 투수가 노리는 목표지점으로 던지기가 가장 쉽다. 반면 타자로서도 정확한 판단을 내리기가 좋다. 직구의 효용은 스피드에 있다. 스피드가 별로 없어 곧은 직선을 그리지 못하고 밑으로 처지는 것도 직구라도 부르며 직구를 제외한 모든 것은 변화구breaking ball의 범주에 들어간다. 정말 빠른 직구는 약간 '솟아오르는' 느낌을 준다. 솟아오른다는 것은 사실상 눈의 착각일 뿐이지만 여기엔 대단한 묘미가 깃들어 있다. 투수는 평면에서 10인치가 높은 '언덕'(마운드)에서 아래를 향해 공을 던진다. 대부분은 자신의 머리 높이에서 공을 놓기 때문에 홈플레이트 옆의 타자의 입장에서 본다면 지상 약 2m 높이에서 공이 떨어지는 것처럼 보인다. 일반적인 타자의 스트라이크존 상한선은 130cm(요즘은 그보다 더 낮아졌다.) 정도이므로 직구는 18m를 날아오는 동안 수평에서 최소한 80cm 이상 밑으로 떨어져야 스트라이크가 될 수 있다.

공의 스피드가 빠르면 빠를수록 같은 거리를 날아가는 데 걸리는 시간은 짧아질 것이고, 따라서 투수와 포수 사이를 날아가는 동안 중력의 영향도 덜 받는다. 땅이 물체를 끌어당기는 중력은 앞으로 전진하는 힘의 크기와 상관없이 시간에 비례해서 일정하게 작용한다는 것은 상식이다.

그런데 타자는 수천 개의 공을 때려 본 경험을 바탕으로 직구의 궤적을 머릿속으로 미리 그려 놓고 있다. 타자는 공이 6m 앞에 다가왔을 때 이미 스윙한다는 판단을 내려야 한다. 그 시점에서는 스피드를 가늠할 기준이 없으므로 그 공도 평소에 자기가 보아 왔던 것과 엇비슷한 궤적을 그리리라고 '예측하고' 스윙할 수밖에 없다. 그러나 탁월하게 빠른 직구는 날아오는 시간이 짧기 때문에 밑으로 떨어지는 '폭'이 보통의 직구보다 작다. 그러니까 탁월하게 빠른 직구는 타자가 머릿속으로 그린 직구보다 '높게' 날아들어 타자의 눈에는 공이 '솟아오르는 것처럼' 보이는 것이다.

솟아오르는 것과는 별개로 빼어난 직구는 약간씩 '꿈틀댄다move'. 이를 '공이 살아 있다live'고 표현한다. 같은 스피드를 갖고도 똑바로 날아드는 공은 '밋밋하다flat'라고 하며 대단히 빠르면서도 곧잘 통타당하는 직구는 주로 이런 것들이다.

타자를 압도하는 직구는 투수에게 가장 훌륭한 무기다. 월터 존슨을 비롯하여 밥 펠러, 레프티 그로브, 놀란 라이언 등이 슈퍼스타가 된 것도 가공할 스피드를 가진 직구 덕분이다. '살아 있는 전설'로 불리는 투수들도 어디까지나 현실적인 위력을 바탕으로 탄생하는 셈이다. 아무튼 탁월한 스피드라면 타자를 완전히 압도할 수 있을 정도를 가리킨다.

보스턴 레드삭스의 로저 클레멘스가 당대 최고의 강속구 투수로 군림하고 있던 1980년대 중반, 뉴욕 메츠에는 드와이트 구든이라는 걸물이 나타나 삼진을 무더기로 빼앗으며 '닥터 K'라는 별명을 얻고 있었다. 클레멘스는 1986년 4월 스무 개의 삼진을 뺏어 내 9이닝 게임 최다 탈삼진 신기록을 수립했으며 구든은 1984년에 276탈삼진으로 신인 시즌 최다 탈삼진 신기록을 세웠다. 클레멘스는 1986년 애스트로돔에서 펼쳐진 올스타전에 출전, 구든을 상대로 배팅을 할 기회가 있었다. 그들은 양 리그의 선발투수들이었다. 1985시즌에는 부상으로 부진했던 클레멘스는 1986년 들어 14연승을 거두는 등 시즌 초반 엄청난 기세를 올리면서 이 게임을 맞을 무렵에는 15승 2패를 거두고 있었다.(시즌 최종 성적은 24승 4패) 1985년에 24승 4패를 따냈던 구든은 이 시점에서 10승 4패를 기록하고 있었다.

구든은 클레멘스에게 직구를 던졌다. '구든의' 직구를.

클레멘스는 포수 게리 카터를 돌아보며 물었다.

"지금 저 친구가 던진 공이 내가 던지는 것만큼 빠릅니까?"

이는 곧 '나도 저만큼 빠른 공을 던지는가요?'라는 물음이었다.

"그야 물론이지."

그러자 클레멘스는 혼자 생각했다. 저토록 빠른 공은 인간으로서 도저히 쳐낼 수 없다. 타석에서 빠른 직구의 위력을 스스로 체험해 본 그는 그 뒤 정교한 투구 배합에는 별로 신경 쓰지 않고 빠른 직구를 최대한 활용했다. 그것은 현명한 결정이었다. 그러나 클레멘스만큼 빠른 직구를 갖추지 않고서는 직구 하나만으로 성공한다는 것은 어림없는 얘기다.

둘째, 두 번째 기본 구질은 커브다. 커브라는 말에는 여러 가지 변화구를 뭉뚱그린 집합적인 의미가 담겨 있기도 하다. 왜냐하면 꺾이는 정도나 스피드가 제각기 다른 것들도 그냥 커브라고 부르기 때문이다. 그러나 커브의 가장 큰 특성은 꺾이는 방향이 아래쪽이라는 데에 있다. 공에 알맞은 회전을 걸어 주면 앞으로 나가려는 전진력이 줄어들면서 플레이트 부근에 다가왔을 때 공의 회전력과 전진력이 상호 작용을 일으켜 우투─우타, 좌투─좌타의 대결인 경우 타자로부터 멀리, 아래쪽으로 꺾인다.

셋째, 투수의 레퍼토리 중에서 결코 빼놓을 수 없는 제3의 필수품은 '체인지 오브 페이스change of pace'다. 이것은 빠른 직구와 확연하게 대비되는 느린 속도를 가져야 하지만, 지금 바로 이 순간에 이 공을 사용한다는 것을 미리 타자에게 간파 당해서는 안 된다. 체인지 오브 페이스는 그립에 따라 여러 가지로 불리는데(예를 들면 팜볼) 투구 모션이 보통의 직구, 커브와 절대로 달라지면 안 된다.

선발투수가 제대로 능력을 발휘하려면 이상과 같은 세 가지 구질은 반드시 자유자재로 구사할 수 있어야 한다. 그렇다고 세 가지가 모두 최상급일 필요는 없다. 대단히 빠른 직구를 구사하는 투수라면 평범한 커브나 초보적인 체인지업만으로도 충분히 보조할 수 있으며 빼어난 커브를 갖고 있으면 적당한 스피드의 직구만 갖고 있어도 괜찮다. 다시 말해서 투구 내용은 '빠르게, 느리게, 그리고 휘게'라는 세 묶음으로 나눌 수 있다. 이 세 타입의 투구를 언제라도 필요에 따라 스트라이크로 던질 수 없는 투수는 메이저리그에서 오래 버텨 내지 못한다.

넷째, 슬라이더slider는 직구와 커브의 중간형으로 현대 야구에서 가장 널리 쓰이고 있다. 야구의 세계가 늘 그런 것이지만 이것도 이제는 새로운 발명품이라고는 할 수 없게 됐다. 직구와 커브, 체인지업 등 세 가지는 이미 20세기 초입에 확고하게 자리를 굳힌 주요 구질들이었다. 슬라이더는 2차 세계 대전이 끝난 1940년대 중반 이후에야 비로소 널리 보급됐다.

커브와 슬라이더의 가장 큰 차이는 꺾이는 비행 각도에 있다. 슬라이더는 거의 마지막까지 직구처럼 보이다가 갑자기 왼쪽 또는 오른쪽으로 방향을 트는 것인데 그 각도는 작지만 타자의 타격 초점을 피하기에는 충분하다. 그러나 커브처럼 날카롭게 꺾이지는 않고 거의 직구처럼 비행한다.

커브에 여러 종류가 있듯이 슬라이더도 여러 가지 투구법을 한데 묶어 부르는 명칭이다. 슬라이더는 브레이크나 스피드를 여러 가지로 변형시킬 수 있다. 슬라이더는 개발 단계이던 1930년대까지만 해도 브레이크의 각도가 작은 점을 꼬집어 '얼치기 커브nickel curve' 또는 '아웃슈트outshoot'라고 불리었다. 그러다가 홈런을 노리고 크게 휘두르는 타자들이 직구로 알고 스윙했으나 공이 엉뚱한 궤도로 휘어져 나가 번번이 헛치게 되자 1950년대부터 투수들 사이에 선풍적 인기를 얻으면서 널리 보급됐다.

슬라이더는 오늘날 주요 레퍼토리로 자리 잡은 게 사실이지만 20여 년 전만큼 큰 대접은 받지 못하고 있다. 다른 구종들이 많이 개발됐기 때문이다. 요즘은 슬라이더를 던져야 할 상황에서 '스플리터splitte'나 '컷패스트볼cut fastball'이라는 신종 투구를 사용하는 예가 많아졌다. 이런 것들은 잠시 후에 살펴보겠다.

다섯째, 스크루볼screwball은 한마디로 역회전 커브다. 이는 점차 사용 빈도가 높아지고 있지만 아직도 여전히 희귀한 레퍼토리에 속한다. 좌완투수가 우타자를 상대할 때 이 구질을 쓰면 여느 커브와 달리 타자의 몸쪽에서 바깥쪽으로 휘어져 나간다. 그렇기 때문에 우타자들을 상대하는 좌완투수들이 주로 사용한다. 우완투수는 좌타자를 상대할 때 구태여 밖으로 휘어져 나가는 커브를 써야 할 필요를 느끼지 않으며, 그렇다고 우타자들을 상대하면서 더 치기 좋으라고 그 공을 던질 리는 없다. 따라서 우완투수들은 이 공을 자주 사용하지 않는다.

그런데 스크루볼은 팔, 그중에서도 특히 팔꿈치에 대단한 압박을 준다는 문제점을 갖고 있다. 공을 회전시킬 때 손목을 무리하게 바깥쪽으로 비틀어야 하기 때문이다. 어떤 투수는 스크루볼을 전혀 던지지 못하며, 너무 많이 쓰면 반드시 육체적으로 대가를 치러야 한다.

여섯째, 너클볼knuckleball은 손가락 끝이나 마지막 관절로 공을 쥐고 회전이 먹지 않도록 던지는 게 요령이다. 이 공은 플레이트까지 날아오면 전진력이 거의 소모되어 공기 압력이나 기류에 크게 영향을 받게 된다. 따라서 갑자기 이상하게 흔들리게 되는데 타자는 물론 포수까지도 공의 굴절 방향을 정확히 예측하기 어렵다. 때때로 빠른 너클볼을 구사하는 투수도 없지 않지만 이것은 기본적으로 느린 구질이다.

일곱째, 싱커sinker는 옆으로는 거의 변하지 않으면서 마지막 순간에 갑자기 밑으로 뚝 떨어지는 것으로서 직구와 슬라이더의 변형이다. 어떤 투수는 의식적으로 던지지 않더라도 공이 떨어지는 '자연 싱커'를 갖고 있기도 하지만 일부 투수가 구사하는 싱커는 사실상 스핏볼spitball이다.

1980년대의 가장 괄목할 개발품은 스플리트핑거 패스트볼splitfinger-fastball 또는 스플리터라고 불리는 구질이다. 이것은 검지와 중지를 활짝 벌려 그 사이에 공을 끼우고 던지는 것인데 이때 손가락의 위치는 직구를 잡을 때처럼 옆으로 가지런히 놓는다. 공이 홈플레이트에 가까이 오면 마치 '테이블 위를 구르던 공이 모서리에 떨어지듯이' 날카롭게 가라앉는다. 싱커의 일종인 이 투구는 직구와 똑같은 투구 모션, 똑같은 스핀, 똑같은 페이스에서 나오기 때문에 훨씬 효과적이다. 슬라이더가 커브에 비해 변화 각도가 짧으면서도 효험이 있듯이 스플리터도 커브보다 떨어지는 폭은 작아도 타자를 범퇴시키기에 충분하다. 이 공이 가져오는 또 하나의 이득은 타자가 직구로 알고 스윙했다가는 완전히 헛치게 마련이고 설사 맞힌다 하더라도 투수가 바라 마지않는 땅볼이 되기 십상이라는 점이다.

로저 크레이그는 이 투구법을 최초로 발명한 사람은 아니지만 완성품으로 가다듬은 인물로 꼽히고 있다. 1970년대 후반 릴리프 전문 투수로 맹활약한 브루스 수터는 워낙 손이 커서 공을 잡기가 쉬웠기 때문에 이 공을 즐겨 던졌다. 디트로이트 팀의 투수 코치를 거쳐 샌프란시스코 감독이 된 크레이그는 십여 명의 투수진에게 이 투구법을 가르쳤고 다른 팀 투수에게도 누구든지 원하기만 하면 이 투구법을 가르쳐 주었다. 이 공을 마스터한 투수는 1980년대에 가장 강력한 무기로 활용했다.

스플리트핑거는 직구만한 스피드는 갖고 있지 않지만 체인지업과 싱커의 혼합품으로서 애용된다. 이 구질은 공을 얼마나 꽉 잡느냐, 공을 놓는 순간 손목을 얼마나 쓰느냐, 공을 어떤 형태로 쥐느냐, 그 밖의 세부적인 기술(선수마다 손가락 모양이나 길이에 따라 큰 폭으로 달라진다.)에 따라 점진적으로 컨트롤을 잡아 갈 수 있다. 일반적으로는 공을 느슨히 쥘수록 똑같은 팔놀림에서도 공의 속도가 느려지고, 손목의 스냅(팔꿈치 꺾기도 마찬가지)이 날카로울수록 브레이크 각도가 커진다.

그리고 어떤 식으로든 손목의 스냅을 이용하면 팔에 손상이 가게 된다. 피칭이란 원래 인체에 부자연스러운 동작이므로 오로지 직구만 던진다 하더라도(오버핸드로 던질 경우) 어깨에 무리가 오게 마련인데 하물며 변화구까지 섞는다면 팔의 근육, 인대와 관절에 더 큰 부담을 줄 수밖에 없다.

어떤 구질이 투수의 팔에 가장 큰 해를 미치느냐에 대해서는 시대에 따라 주장하는 바가 다르다. 어떤 투수 코치는 슬라이더가 장기적으로 볼 때 투수에게 가장 해롭다고 주장하고 어떤 코치는 스플리터가 그보다 더 해롭다고 말한다.(뭐니뭐니 해도 스크루볼이 가장 큰 손상을 가져온다는 데에는 이론이 없다.) 그러나 여기에 대해서는 완전히 의견이 일치된 것은 없고 다만 '어떤' 구질을 던지거나 피칭이라는 행위 자체가 팔을 해친다는 것만은 누구도 부인하지 않는다. 그저 누구의 팔이 다른 사람보다 더 오래 견디느냐 하는 차이만 있을 뿐이다.(놀란 라이언을 좋아하는 어느 젊은 팬은 "먼 훗날 라이언이 죽으면 그의 팔을 부검해 봤으면 좋겠다."라고 말했는데 이는 매우 흥미로운 일이다.)

여덟째, 스핏볼spitball은 약 3세대 전(1920년)에 사용 금지 조치가 내려진 불법 투구지만 아직도 메이저리그 선수 중 거의 네 명 중 한 명꼴로 은밀히 쓰고 있다. 손가락에 침 따위의 미끄러운 물질을 발라 직구와 똑같은 방식으로 던지면 공의 상단이 손에서 먼저 빠져나가면서 공에 톱스핀이 걸려 홈플레이트 부근에서 갑자기 밑으로 떨어지는 변화를 일으킨다.

스핏볼은 직구로 보이다가 최종 순간에 변화를 일으키는 공이므로 그 효과는 엄청나게 크다. 그래서 많은 투수들이 이 투구법을 익혀 결정적인 순간에 이용한다. 심판이나 야구 행정 당국은 스핏볼을 알고도 모르는 척 넘겨 버리는데 그건 어쩔 수 없는 노릇이다. 사실 장타가 폭발적으로 늘어난 1차 세계 대전 말기에 스핏볼을 불법 투구로 규정한 것은 이해할 수 없는 조치였다. 타자들은 이 불법 투구에 범퇴당하고 나서 심하게 불만을 표시하곤 했는데 그도 그럴 것이 스핏볼을 때려 홈런을 뽑았다는 사람은 하나도 없었기 때문이다. 투타의 균형을 맞추기 위해서는 투수들이 이 무기를 사용하는 것을 허용했어야 하지 않나 싶다. 그러나 스핏볼도 여느 구질이나 크게 다를 게 없다. 좋은 투수가 사용하는 스핏볼은 무서운 무기가 되지만 엉성한 투수를 갑자기 뛰어난 투수로 만들어 주는 무기는 되지 못한다.

다른 '속임수' 투구들도 스핏볼과 함께 불법화됐지만 오늘날에도 은밀하게 그런 것들을 사용하는 투수가 분명히 있다. 공의 표면을 온갖 방법을 동원해서 깎아 내거나 꺼칠꺼칠하게 하거나 미끈거리게 만들어 던지면 공은 비정상적으로 날아가게 된다.

1980년대에 와서는 스핏볼 사용이 줄어든 대신 공에 흠집을 내는 방법이 늘어났다. 이런 변화는 유행을 탄 것이라고 할 수 있고 어떤 면에서는 실용성에 따른 것이라고도 할 수 있다. 한동안은 침보다 바셀린이 자주 쓰였다.

그러나 세월이 흐르면서 스핏볼의 대가였던 투수들이 일선에서 사라짐에 따라 이 기술을 후세에 전수할 경험자가 극소수로 줄어들었다. 한편 부정한 방법에 의지해야만 겨우 버틸 수 있는 단계에 다다른 1980년대 투수들은 공에 흠집을 내는 편이 이물질을 바르는 것보다 훨씬 손쉽고 공의 궤적을 변형시키는 데도 더 효과적이라는 것을 알게 됐다. 그러나 실질적인 효과는 심리적인 데에 숨어 있다. 부정 투구를 한다는 소문이 난 투수는 그 점을 최대한 활용한다. 그가 무슨 꿍꿍이수를 쓸지도 모른다고 생각하는 타자는 정상적으로 투구에 대처하지 못하고 집중력까지 잃게 된다. 그러니까 그런 투수는 공에다 뭔가 부정한 짓을 저지르는 체하고 실제로는 정상적인 피칭을 하더라도 자신이 궁극적으로 노리는 것, 즉 타자의 집중력을 뺏는 데 성공한 셈이다.

이상 설명한 것들이 일반적인 투구들이다. 직구, 커브, 체인지업, 슬라이더, 스크루볼, 너클볼, 싱커, 그리고 스핏볼을 비롯한 '속임수' 투구 등으로 분류할 수 있다. 이런 것들은 제각기 장점을 갖고 있지만 동시에 위험성도 내포하고 있다.

직구는 스피드만 충분하다면 가장 안전한 공이다. 그러나 스피드가 충분하지 못하면 가장 얻어맞기 좋을 뿐 아니라 공이 배트에 맞았을 때 자체 스피드가 반발력을 더해 주므로 가장 멀리 날아간다. 앞서 말한 대로 타자가 판단하기 가장 좋은 구질이기도 하다.

커브는 브레이크가 제대로 날카롭게 들지 않고 밋밋하게 날아오면 큰 봉변을 당할 수 있다. 직구보다 스피드가 떨어지기 때문에 타자로서는 타이밍을 잡기 좋다. 그리고 변화가 작으면 통타당하기 십상이다. 커브를 던질 때 가장 주의해야 할 것은 반드시 스트라이크존의 '낮은 지역'을 통과시켜야 한다는 것이다. '높은 커브'는 투구가 아니라 재앙을 부르는 악마라고 불러도 좋다.

체인지업은 반드시 다른 투구와 대비를 이룰 때만 존재한다. 그래서 올바로 이용할 때여야 위력을 발휘한다. 만약 타자가 속지 않고 미리 이것에 대비하고 있을 경우에는 얻어맞기 꼭 좋은 공이 되므로 위험천만이다.

슬라이더는 전반적인 타율을 낮춘 대신 홈런을 크게 증가시킨 주범으로 꼽히고 있다. 슬라이더가 제대로 먹혀들면 훌륭한 공이 되지만 그렇지 않을 경우에는 '고퍼gopher' 용이 되고 만다. 왜 홈런을 '고퍼'라고 부르는가? 이는 투수들이 "맞았다 하면 펜스를 향해 날아간다go for the fence"고 자조적으로 말한 데서 유래했다. 그러니까 고퍼란 은어로 쓰이는 것이지 '굴을 파서 땅속에 사는 북미산 뒤쥐'라는 사전적 의미와는 전혀 관련이 없다. 슬라이더는 말 그대로 미끄러지지 않으면 스피드 없는 직구일 뿐이다. 그리고 슬라이더가 올바른 지점을 찾아들지 않고 엉뚱하게 안쪽으로 쏠리게 되면 타자의 약점을 파고들기커녕 오히려 타자의 가장 강한 곳으로 기어드는 꼴이 되고 만다.

스크루볼의 최대 난점은 던지기가 어렵다는 데에 있다. 이 투구법은 몸에 익히기도 어렵고 팔의 부담도 크다. 그러나 일단 스크루볼을 자유자재로 컨트롤할 수 있다면 기가 막힌 위력을 가질 뿐 아니라 대단한 성공을 보장한다. 타자의 눈으로 보기에는 다른 변화구와 정반대 방향으로 휘어지는 데다 접할 기회도 많지 않기 때문에 여간 공략하기가 어렵지 않다.

너클볼은 모든 구질 가운데 타자가 가장 치기 어려운 공이며 동시에 투수가 컨트롤을 잡기도 가장 어려운 투구다. 투수조차 공이 어디로 흐를지 모르기 때문에 두 가지 문제가 발생한다. 하나는 스트라이크를 상시로 던질 수 없다는 것(만약 그럴 수만 있다면 호이트 윌헬름이나 필 니크로처럼 고령이 될 때까지 투수 생활을 할 수 있다.), 또 하나는 누상에 주자가 있을 때 쓰기가 거북하다는 것이다. 포수가 놓칠 위험이 다분하기 때문이다. 실제로 너클볼을 결정구로 사용하는 투수들은 제3스트라이크가 뒤로 빠지는 바람에 타자가 스트라이크아웃 낫아웃으로 살아나가는 낭패를 보는 경우가 적지 않다. 또 설사 포수가 제대로 잡더라도 도루를 내줄 공산이 큰 게 단점이다.

이런 구질들은 피칭의 원재료에 지나지 않는다. 메이저리그에서 성공하려면 최소한 세 가지는 갖고 있어야 한다. 여기서 '갖고 있다'는 것은 위급한 상황에서도 자신 있게 던질 수 있어야 한다는 뜻이다. 물론 예외가 없는 것은 아니다. 니크로는 믿을 만한 무기라는 게 오로지 너클볼뿐이었다. 그러나 그런 투수는 극히 드물다.

투수가 '새로운 레퍼토리를 추가한다'는 것은 몇 년의 연습 기간을 거쳐 비교적 안전한 상황에서 시험적으로 던져 보고 거기에 대한 감각을 익혔을 때 비로소 쓸 수 있는 말이다.

원재료를 마련하는 것도 피칭의 과학에 속하는 것이지만 모든 투구들이 순조롭게 실전에서 활용될 수 있도록 조절한 기술에도 과학성이 깃들어 있다. 부상, 피로, 부주의, 의욕 과잉 따위는 투수의 리듬이나 투구 패턴을 빼앗아가는 악재들이다.(이것들은 타자에게는 슬럼프를 부르는 요소들이다.) 대개 투수 자신이나 코치는 기술적 결점을 찾아내 나빠진 상태를 바로잡게 된다. 투수들은 투구가 마음먹은 대로 들어가지 않을 때는 충분한 시간을 할애해서 동작을 하나하나 뜯어봐야 하는데 이때는 비디오가 큰 도움이 된다. 그렇게 하고 나면 이제 무엇을 언제 어디로 던져야 하느냐 하는 피칭 요령을 논할 단계를 맞는다. 전술이나 논리적 사고는 바로 여기서 출발한다.

기본적으로 투수는 타자의 의표를 찌르려고 한다. 타자는 자기가 치기 좋아하는 '자기 공'을 노리고 있다. 반면 투수는 자기가 좋아하는 '투수의 공'을 향해 타자가 배트를 휘둘러 주기 바란다. 그렇다면 마운드에 선 투수는 무엇을 고려해야 할까?

첫째, 볼카운트와 아웃 카운트, 스코어, 이닝을 생각한다. 그런 것들이 어떻게 돼 있느냐에 따라 투구 내용이 달라진다.

둘째, 투수는 '손끝의 마음'으로 모든 타자의 장단점을 기억하고 있어야 한다. 게임에 들어가기 전에 이런 것들을 다시 한번 세밀히 점검한다.

셋째, 자신이 던지는 구질들의 상태를 마음속으로 점검한다. 오늘 어느 공이 잘 듣고 어느 것이 먹혀들지 않는지, 그리고 오늘뿐 아니라 '지금 이 이닝에서는' 그 공이 어떤 상태에 있는지를 살핀다.

넷째, 누상에 주자가 얼마나 있느냐 하는 것도 피칭 내용을 결정하는 데 작용한다.

이상과 같은 것들을 좀 더 세밀히 살펴보자.

효과적인 피칭을 하기 위한 첫째 조건은 볼카운트를 유리하게 끌어 나가는 것이다. 초구가 스트라이크면 산술상으로 투수가 우위를 확보한다. 이제 볼을 세 개 거푸 던지더라도 주자를 포볼로 누상에 내보내지 않으며 그중 한 개만이라도 스트라이크가 되면 타자를 투 스트라이크라는 궁지에 몰아넣을 수 있다. 다른 말로 바꾸면 초구를 스트라이크로 잡아 놓으면 투수는 스트라이크존의 외곽을 찔러 타자의 헛스윙이나 범타를 유도할 수 있으며, 혹시 볼이 되더라도 계속 겨룰 수 있는 여유가 있다. 다음 네 개의 공 가운데 한 개만 스트라이크가 되면 볼카운트 2―3에서 계속 싸울 기회를 갖게 된다.

반면 초구가 볼이 되면 전개되는 상황이 그다지 좋지 않다. 2구마저 볼이 된다면 투수는 볼카운트 0―2라는 궁지에 몰리게 되고 다음 네 개 중 세 개는 '반드시' 스트라이크를 던져야 한다. 그러다 보면 타자가 노리고 있는 곳에다 공을 던질 수밖에 없는 확률이 훨씬 높아지고 반드시 스트라이크를 던져야 한다는 심리적 부담은 신체에도 영향을 미쳐 목표 지점에 정확히 던지기가 더욱 어려워진다. 이런 일은 경험이 부족한 신인 투수들에게서 자주 나타나지만 노련한 투수라고 해서 완전히 초연한 것은 아니다.

상대하는 타자마다 연방 볼카운트 0―2 또는 1―3으로 몰리는 것은 투수가 난조에 빠져 있다는 것을 보여 주는 확실한 증거다. 볼카운트 0―1 또는 1―2만 해도 다음 공으로 카운트를 만회할 여지가 있으므로 그다지 나쁜 상황이라고는 할 수 없다. 워렌 스판처럼 컨트롤의 대가들은 일부러 그런 볼카운트를 만들기도 했다.

돈 드라이스데일은 우수한 투수들이 공통적으로 갖고 있는 피칭 철학을 단적으로 보여 주고 있다.

"볼카운트가 유리해지기 전에는 타자의 약점을 찌르는 것에 집착할 필요가 없다. 가정 먼저 생각해야 할 것은 위력 있는 주무기를 써서 볼카운트를 유리하게 이끄는 것이다. 스트라이크존을 통과시키지 못해 볼카운트가 뒤지면 곤란하다. 따라서 타자가 때리고 싶으면 투수가 가진 최고의 무기를 때리도록 만들어야 한다. 그래서 일단 볼카운트를 유리하게 만들어 놓은 다음에는 타자의 약점을 노려도 좋다."

그러고 나서 그는 필자가 들어 본 얘기 중에서 가장 유려하고 의미심장한 금언을 만들어 냈다.

"볼카운트 2—1에서는 투수가 이긴다. 볼카운트 1—2에서는 타자가 이긴다. 그리고 그 둘의 차이는 1인치에 있다."

감독들은 볼카운트 2—0에서 안타를 맞는 투수를 마치 죄인 다루듯 하는 경향이 있다. 그런 유리한 상황에서 스트라이크존 한복판이나 타자가 좋아하는 곳으로 던졌다가 얻어맞는 것은 도대체 변명의 여지가 없다는 것이다.

뉴욕 자이언츠를 이끌던 멜 오트 감독은 볼카운트 2—0에서 카디널스 타자에게 홈런을 맞은 빌 브와젤에게 500달러의 벌금을 물린 적이 있다. 당시 연봉 3,500달러였던 브와젤은 그 벌금 액수에 질려 자신이 뭔가 어마어마한 사건에 휘말리기라도 한 듯한 표정을 지으며 어느 기자에게 귓속말로 물었다.

"저처럼 많은 벌금을 먹은 사람은 없었죠?"
"아냐, 베이브 루스는 5,000달러를 낸 적도 있었어."
"어휴! 난 그만큼은 죽어도 낼 재간이 없어요."

이것은 물론 1940년대의 얘기다. 오늘날 마크 랭스턴 같은 연봉 300만 달러의 투수들은 '1이닝당' 1만 달러 이상의 거금을 벌고 있다. 당시 브와젤이 연봉 규모가 이렇게 변할 것을 알았더라면 생각이 어땠을까. 다시 말해서 지금은 벌금 따위로는 선수를 제재하거나 교훈을 주기 어려워진 시대가 되고 말았다.

그건 그렇고 투수나 투수 코치는 감독의 그런 옹졸한 견해에 반발하고 있다. 그들은 볼카운트 2—0에서도 적극적으로 타자를 처리하려고 했을 뿐이라고 주장한다.

즉, 기왕 볼카운트가 유리해진 마당이라면 굳이 불리할 때 쓰는 투구 요령을 이용할 필요가 없다는 것이다. 볼카운트가 유리하면 최대한 자신 있게 타자의 약점을 파고들 여유가 있으며 때로는 미완성 구질을 시험해 볼 수도 있다. 그러나 볼카운트가 뒤져 있다면 컨트롤에 자신이 없는 한 타자의 약점을 파고들 여지가 없다.

　공을 목표한 지점에 정확하게 꽂아 넣는 것에 대해서는 너무 과장하거나 오해하고 있는 경향이 있다. 아무리 컨트롤이 빼어난 투수라도 언제나 백발백중 목표한 지점에 공을 보낼 수는 없다. 투수가 상대하는 것은 추상적인 공간(스트라이크존)이 아니라 살아 있는 타자다. 만약 공의 방향과 움직임, 스핀, 그리고 구질의 선택이 올바르다면 이상적인 타깃에서 3-4cm 쯤 비켜나도 충분하다.

　그러므로 투수들은 공이 빠지더라도 '목표했던 방향으로' 빠지게 하라는 주문을 받고 있다. 예를 들면 A라는 투수가 B타자를 상대한다고 가정하자. B는 안쪽 낮은 공에는 약점을 갖고 있으나 한복판 낮은 공은 잘 때린다. 이럴 경우 A는 타자의 무릎 부근을 겨냥하게 되는데 혹시 실수해서 빗나가게 되더라도 '타자 쪽으로' 빠져야지 B타자가 강점을 가진 홈플레이트 쪽으로 쏠려서는 안 된다는 뜻이다.

　이런 것을 일반적으로 타자를 '몰아붙인다jamming'라고 말한다. 강한 투구가 당초 겨냥한 대로 타자의 몸쪽으로 들어가면 타자가 치더라도 배트의 손잡이 부분에 맞기 때문에 타구가 약해진다. 그러나 7cm 정도만 중앙으로 들어가면 배트의 중심부에 맞아 펜스를 넘어갈 수 있다. 반대로 너무 타자 쪽으로 치우치면 타자의 몸을 맞혀 출루시키는 위험이 뒤따른다. 몸쪽 피칭의 효용은 타자가 충분히 팔을 뻗지 못해 공을 맞혀 봤자 강한 타구가 나오지 않는다는 데에 있다. 우수한 타자들은 몸에 붙는 공이 들어오더라도 파울로 걸어낸 뒤 다시 때릴 기회를 갖기 때문에 그다지 겁내지 않는다. 그러나 기술이 미숙한 타자들은 약한 타구를 날려 아웃되거나 헛치고 만다.

　볼카운트는 투수가 다음에 어떤 공을 던지느냐를 결정하는 데 중요한 요소다. 아웃 카운트, 스코어, 이닝도 관련이 있다. 무턱대고 크게 휘두르는 타자는 타구가 비록 멀리 날아가더라도 펜스 앞에서 잡히는 외야 플라이로 처리하면 그만이다. 그러나 2사 이전에 3루 주자가 있을 때는 이런 처리법이 허용되지 않는다. 2-3점을 앞선 가운데 주자가 없을 때라면 (완전히 좋은 방법이라고는 할 수 없지만) 홈런을 맞을 것을 각오하고 모험적인 피칭을 해도 괜찮다. 그러나 동점인 9회 말에서는 생각도 할 수 없는 방법이다. 다시 말해서 동일한 타자를 상대하더라도 '항상 최선인' 투구법은 없다. 그때그때 볼카운트나 상황에 따라 달라지는 것이다.

피칭 요령은 타자의 강점과 약점에 대한 분석에 따라서도 달라진다. 이 분석은 그 타자가 어떤 구질을 잘 때리고 못 때리느냐 하는 것 외에도 '어떤 공에 배트가 잘 나오느냐'를 살피는 것도 포함된다. 이는 투수에 따라 달라지기도 한다. 즉 어느 타자는 어떤 특정한 투수의 커브는 잘 때리면서도 다른 투수의 커브에는 형편없이 약할 수도 있다. 따라서 투수는 자신의 강점과 타자 개개인의 능력을 토대로 자신에게 맞는 자료를 작성해야 한다. 이 자료를 토대로 투수는 '바로 이번 대결에서' 자기가 바라는 대로 타자를 유도하는 공을 선택해야 한다. 투수가 바라는 대로 유도한다는 것은 더블플레이용 땅볼을 이끌어 내거나 타구가 왼쪽 또는 오른쪽으로 날아가도록 하는 것을 말한다.

이런 내용들은 전문가가 아니고서는 알아내기 힘들다. 투수는 실전에서 '어떤' 타자에게 '어떤' 커브를 던지는 게 아니라 '특정한' 타자에게 '특정한' 커브를 던지는 것이다. 중요한 것은 '그 투수'의 피칭이 '그 타자'에게 어떻게 먹히도록 하느냐 하는 것이다.

투수는 현 시점에서 자신의 주무기가 어떤 상태에 있느냐를 응당 파악하고 있어야 한다. 평소 커브를 주무기로 삼던 투수도 그날만은 별로 신통치 않다면 사용 빈도를 줄이고 그 대신 직구를 더 많이 사용해야 한다. 어떤 공의 대가라고 정평이 나 있는 투수라면 투구 패턴을 바꾸는 것까지도 타자 요리에 활용해야 한다.

일반적으로 투수들은 스트라이크는 아니면서도 타자가 스윙하도록 만드는 '아웃피치'에 골몰하고 있다. 하나의 사례를 가정해 보자. 릭 로이셀이 캔들스틱 파크에서 데일 머피를 상대로 겨루고 있다. 지금 상황은 6회 말 1사 1루에 스코어는 동점. 로이셀은 당연히 더블플레이를 끌어내고 싶다. 그러나 지금의 직구 위력으로는 머피를 압도하기 어렵다고 느낀다. 그래서 그는 머피에게 '아웃피치'한다. 즉 직구를 던지되 스트라이크존에서 벗어나게 던진다. 이런 피칭은 두 가지 면에서 효용이 있다. 스피드에 차이를 두어 타자가 다음 투구에 대한 타이밍을 잡기 어렵게 만드는 게 첫째이고 스트라이크존을 벗어나더라도 타자가 치려고 대들도록 하는 게 둘째다.

여기서 우리는 '타자의 허를 찌른다'는 미묘한 대목에 마주치게 된다. 샌디 쿠팩스 같은 대투수들은 이게 얼마나 허무맹랑한 말이냐며 코웃음을 친다. 투수는 원래가 타자를 속이려 드는 쪽이고 야구는 두 마음이 겨루는 허허실실의 게임이다. 만약 투수가 타자의 마음을 읽고 그를 속일 수 있다면 얼마나 좋을까. 그러나 투수가 타자의 마음을 헛짚는다면 '허를 찌른다'는 것은 자기 기만에 지나지 않는다는 것이다.

그러나 타자의 허를 찌른다는 것은 그 기술의 어느 부분이 의도적이고 어느 부분이 우연인지는 제쳐 놓더라도 매우 재미있는 결과를 가져오는 것만은 분명하다. 다음과 같은 예를 보자.

투수들은 똑같은 공을 세 번 연속 던지지 말라는 주문을 받는다. 타자가 그 공이 들어오는 모양새를 충분히 눈으로 익힐 것이기 때문이다. 따라서 타자는 똑같은 공이 두 번 들어왔으니까 그 다음에는 절대로 그 공이 들어오지 않겠지 하고 짐작할 것이다. 그렇다면 그때는 똑같은 공이 야말로 가장 의표를 찌르는 공이 될 수 있다. 그래서 우리는 다시 허허실실이라는 대목을 무시할 수 없는 것이다.

드라이스데일은 이렇게 말했다.

"작은 타자에게는 만루 상황에서 슬로볼을 던지지 말라는 말이 있다. (여기서 말하는 작은 타자란 키가 작다는 뜻이 아니라 파워가 없는 3류 타자를 가리킨다.) 누구나 그렇게 말하고 실제로도 그런 공을 던지는 투수는 없기 때문에 타자는 그런 상황에서는 절대로 슬로볼이 들어오지 않겠지 생각하고 거기에 대비하지 않는다. 그렇다면 바로 그 슬로볼이 세상에서 가장 위력 있는 무기가 된다."

앞서 말한 대로 투수의 노림수는 타자의 의표를 찌르는 것이다. 그러나 어느 투수가 그런 의도에서 드라이스데일의 충고를 받아들여 그런 투구 패턴을 따랐다가 안타를 얻어맞는다면 감독의 비난 앞에서 결코 자유로울 수 없을 것이다.

실전에서 유효 적절하게 사용되는 일반적인 투구 패턴이 있다. 그것은 안팎으로 번갈아 던지는 것과 스피드를 변화시키는 것이다. 앞의 투구에 대한 기억을 갖고 있는 타자는 그 다음 투구에 대응할 때 어느 정도 그 감각이 남아 있게 마련이다. 그래서 안팎을 휘젓고 시차 공격을 하는 것이다. 좀 더 발전한 고급 전술로는 어느 타자를 처리하면서 다음에 위급한 상황을 맞게 될 때 써먹기 위해 특정 구질을 아껴 두는 것도 있다.

마지막으로 투수가 어느 특정한 순간에 어떤 공을 선택할 것이냐를 판단할 때는 구장과 일기 상태도 계산에 넣어야 한다. 지금까지 이 문제는 여러 차례 언급해 왔다. 타구가 아무리 멀리 날아가더라도 펜스 앞에서 플라이로 잡히는 큼직한 구장에서는 작은 구장에서 던질 때보다 높은 공으로 승부해도 문제없다. 바람이 외야에서 안쪽으로 불어올 때도 마찬가지다. 좌타자를 상대하면서 강한 바람이 라이트 쪽으로 분다면 힘껏 끌어당기지 못하도록 경계해야 하지만 반대로 라이트에서 내야 쪽으로 바람이 불어온다면 '어디 네 마음껏 끌어당겨 보라'는 식으로 던지는 것도 쉽게 처리하는 방법의 하나다. 날이 어두컴컴하거나 구름이 잔뜩 낀 날, 또는 야간 경기를 하면서 조명 상태가 썩 좋지 않을 때는 빠른 공이 효과적이다. 하루 중 어느 시간, 즉 노을이 질 때나 양키 스타디움처럼 스탠드의 그림자가 마운드를 절반쯤만 덮었을 때는 시야가 투수에게 유리하게 작용한다.

빈볼bean ball은 성가신 논란의 대상이 된다. 타자의 머리를 향해 날아오는 것을 흔히 빈볼이라고 부른다. 투수가 타자의 머리를 맞히려는 것은 법률적으로 보면 타자를 살해할 의도까지 가진 범법 행위라고 말할 수 있을지도 모르겠다. 그러나 타자나 감독은 이를 '녹다운 피치'라고 부르는데 이게 좀 더 그럴듯한 표현인 것 같다.

그러나 투수의 입장에서 보면 빈볼을 던지는 이유는 타자가 공에 맞지 않으려고 부리나케 몸을 피하도록 만드는 데 목적이 있을 뿐이다. 그들은 그래서 이런 공을 '브러시백brushback(등에 묻은 흙을 툭툭 턴다는 뜻)'이라고 부르는데 나름대로 합당한 표현이다. 그들의 입장에서 보면 빈볼은 타자의 타이밍을 흐트러뜨리고 다음 공에 적극적으로 대들지 못하도록 겁을 주려는 전술적 의도가 담겨 있을 뿐이다.

누구 쪽의 시각에서 어떤 이름으로 부르든 빈볼도 프로 세계에서는 당연히 존재하는 기본 무기의 하나로 받아들이지 않으면 안 된다.

빈볼은 한동안 추악한 양상을 띠었었다. 선수 사이 또는 팀 사이에 악감정이 쌓인 나머지 빈볼 전쟁으로 확산됐다. 그런데 필자가 취재한 바로는 감독들은 타자를 해치려는 뜻은 손톱만큼도 없지만, 타자의 몸쪽으로 위협구를 던지는 게 필수 불가결한 수단으로 생각하고 있다. 누구나 다 그런 것은 아니지만 리오 듀로셔 같은 감독은 빈볼이 심리전에서는 반드시 필요한 무기라고 터놓고 얘기할 정도다. 그리고 타자에게 고통을 줄 바에는 차라리 게임을 지는 게 낫겠다고 할 정도로 심성이 고운 투수들까지도(이런 투수는 의외로 많다.) '몸 가까이 높게 — 바깥쪽으로 낮게'라는 투구 패턴은 아주 당연한 것으로 받아들이고 있다.

도덕성은 상대적인 문제다. 타자들이 투구에 맞는 것보다 투수들이 타구에 맞는 빈도가 훨씬 높다. 투수가 던지는 것보다 타자가 때린 타구가 훨씬 빠르며, 투수들은 타구에 다리나 몸통, 팔을 맞고 나서 고통으로 일그러진 얼굴을 한 채 마운드를 내려와야 했던 경험을 누구나 한두 번씩은 갖고 있다. 심지어 무릎 뼈가 깨지는 중상을 입은 투수도 있다.

타자의 입장에서 보면 안타를 만들기 위해서라면 타구가 어디로 날아가든 전혀 개의치 않는다. 타자는 강하게 때리는 데만 모든 신경을 집중시키고 있으며 때로는 일부러 '투수를 겨냥해서' 타구를 날리려고 한다. 바로 그 부근이 자신의 시선이나 스탠스를 최대한 안정시켜 놓고 타격할 수 있는 초점이 되기 때문이다. 투수가 타구를 피하거나 얻어맞는 것은 타자로서는 전혀 상관할 바가 아니다.

마찬가지로 투수들은 타자가 안쪽 높은 공을 피하건 못 피하건 그건 알 바가 아니라고 주장한다. 타자가 투수를 향해 타구를 날릴 수 있는 것과 똑같이 투수도 거기로 공을 던질 권리가 있으며 피하는 것은 오직 타자에게 달려 있다는 것이다. 투수가 안쪽 높은 공을 던지는 것은 반드시 타자를 맞히겠다는 의도가 아니다. 투수가 고의적으로 맞히겠다고 작심한다면 빗나갈 리가 없다. 따라서 투수가 타자를 맞히겠다는 의도가 완연히 드러났을 때만(그런 일은 흔치 않다.) 도덕성의 문제가 제기된다.

사실 빈볼의 도덕성은 명명백백히 판별할 수 없는 사항이다. 이런 투구가 나왔을 때 투수의 컨트롤이 나빴는지, 아니면 고의로 그런 공을 던졌는지 분명하게 구별해 낼 방법은 없다. 따라서 고의성 여부에 대해서는 대체로 타자나 투수 모두가 그냥 넘겨 버린다. 한창 타격의 상승세에 있거나 어느 특정한 투수를 자주 가슴 아프게 만든 타자는 언젠가 한번쯤은 빈볼이 날아오리라는 것을 각오하고 있어야 한다. 앞서 '타격' 편에서 언급했듯이 요즘은 이런 일이 자주 일어나지 않으므로 타자들이 그런 데에 익숙하지가 않다. 그렇기 때문에 빈볼이 날아들면 타자들은 종전보다 훨씬 빨리 발끈하며 마운드로 달려든다. 그런데 투수들은 리틀리그에서부터 알루미늄 배트를 사용하는 대학 야구까지 거치는 동안 보복이나 위협은 도덕적으로 옳지 않다고 배워 왔기 때문에 타자를 벌렁 나뒹굴게 하는 투구는 별로 하지 않는다.(더구나 야구 당국은 이것을 부당한 짓으로 규정, 심판원에게 제재할 권한을 주었다.) 이에 따라 빈볼 시비는 거의 사라졌으며 설사 있다 하더라도 극소수에 지나지 않는다. 개인적인 감정이 폭발하거나 투수가 고의로 해치려는 게 드러나 적개심이 불타오르지 않는 한 시끄러운 소동은 좀처럼 벌어지지 않는다.

빈볼에 대한 대책은 두 가지다. 하나는 용기를 보여 주는 것이고 또 하나는 보복하는 것이다. 메이저리그 선수쯤 되면 몸 가까이 들어오는 공을 피하느라 벌렁 자빠졌다가도 툭툭 털고 일어나 곧바로 당당하게 타격에 임할 수 있어야 한다. 쉽게 말하면 투수가 아무리 그런 짓을 한다 하더라도 다음 공을 때리는 데 전혀 위축되지 않았음을 보여 줘야 한다. 그렇게 하면 빈볼은 투수에게 아무런 이득 없이 볼카운트만 나쁘게 만드는 꼴이 된다. 그런 용기를 보여 주지 못한 타자는 다음에 긴박한 상황이 닥쳤을 때 또다시 빈볼 위협을 당하게 된다.

보복이란 우리 투수가 상대에게 빈볼을 던지는 것이다.
"네가 우리 타자들을 맞히면 나도 너희를 맞히겠다."

이런 동료애를 발휘함으로써 빈볼 남발을 방지할 수 있다. 우리 타자를 때렸다고 해서 타석에 들어선 상대 투수를 직접 맞히는 보복은 그다지 자주 일어나지 않는다. 그 이유는 간단하다. 상대에게 그랬다가는 자신도 그런 위험을 각오해야 하기 때문이다. 말하자면 투수끼리의 빈볼 교환은 양날이 달린 칼과 마찬가지다.

가장 대표적인 사례를 들어 보자. 바닥권을 면치 못하던 뉴욕 메츠가 모처럼 우승을 향해 질주하던 1969년 9월에 있었던 일이다. 상대 팀은 시카고 커브스였다. 나이가 지긋해졌으면서도 강퍅함이 조금도 가시지 않은 리오 듀로셔 감독이 이끄는 시카고 커브스는 메츠에 2.5게임 차로 앞선 가운데 2연전을 치르기 위해 뉴욕으로 원정 왔다. 메츠는 최근 승승장구하며 양 팀 간격을 좁히긴 했지만 우승까지 치달으리라고 내다보는 사람은 거의 없었다. 커브스는 최근 들어 약간 비틀거리긴 했지만 이번 2연전에서 메츠가 쫓아오지 못하도록 아예 쐐기를 박아 버릴 참이었다.

뉴욕 메츠의 선발투수는 불같은 강속구를 자랑하는 좌완투수 제리 쿠스먼이었다. 그는 1회 초 시카고의 공격을 플라이 아웃과 삼진 두 개로 간단히 막아 냈다.

시카고의 선발투수는 빌 핸즈라는 우완투수였다. 그 역시 빠른 직구가 주무기였다. 그가 메츠의 선두 타자 토미 에이지에게 던진 것은 머리 쪽으로 바짝 붙는 '녹다운' 피치였다. 에이지는 벌렁 나자빠졌다. 그렇게 겁부터 줘 놓고 시작하라는 듀로셔 감독의 지시가 핸즈에게 떨어졌을 것은 불을 보듯 뻔한 일이었다.

에이지는 내야 땅볼로 물러났고 나머지 두 타자도 쉽게 아웃됐다. 그러고 나서 2회 초 쿠스먼을 처음 대면한 타자는 커브스의 주장이자 클러치히터로서 명성을 떨치던 론 산토였다.

쿠스먼은 초구로 산토의 팔목을 정통으로 맞혔다.

그 뒤로는 아무 말썽 없이 게임이 진행됐다. 그 보복은 핸즈가 자행한 도발에 대한 당연한 답신으로 받아들여졌다. '너희가 하면 우리도 할 수 있다'는 것을 여실히 보여 준 것이다. 듀로셔 밑에서 여러 해 동안 선수로 뛰기도 했고 적장으로서 맞싸우기도 했던 뉴욕 메츠의 길 하지스 감독이 더 이상 까불지 말라고 확실하게 답장을 보낸 것이다. 메츠는 이 게임을 이겼고(에이지는 그 다음 타석에서 홈런을 때렸다.) 그 다음 게임도 이겼고 결국 리그 우승을 따냈고 나아가 월드 시리즈까지 제패했다.

그러나 이와는 전혀 다른 내용의 일화도 있다.

20년쯤 내려와 LA 다저스 스타디움에서 벌어진 1988년 월드 시리즈에서 있었던 일이다. 1969년 당시 메츠의 덕아웃에 앉아 있던 톰 시버가 텔레비전 해설자로 변신하고 난 다음 털어놓은 얘기는 다음과 같다.

"팀 벨처(다저스 선발투수)는 1회 초 1사 후 안타를 맞고 나서 호세 칸세코의 손을 맞혀 버렸습니다. 벨처는 만루라는 일대 위기에 몰렸다가 간신히 이닝을 마쳤죠. 그 다음에 무슨 일이 일어났는지 기억하십니까? 데이브 스튜어트는 등판하자마자 초구로 스티브 색스를 때렸지요. '이에는 이, 눈에는 눈'이라는 함무라비 법전을 따른 명백한 보복이었습니다. 심판은 즉각 경고를 주었고 그걸로 일단 사태는 마무리됐습니다. 그런데……."

그런데?

"원아웃을 잡고 나서 그는 보크를 범했고 그 다음 미키 해처에게 2점 홈런을 얻어맞았죠. 해처는 홈런이라곤 시즌 내내 단 한 개밖에 때리지 못했던 타자였는데 그처럼 중요한 일전에서 어떻게 장타를 쳐낼 수 있었을까요? 그리고 그 시리즈가 끝날 때까지 오클랜드 애슬레틱스를 묵사발로 만든 사람이 누군지 아십니까? 바로 해처입니다.(해처는 다저스가 4승 1패로 우승하기까지 시리즈에서 타율 0.368을 기록하면서 홈런을 한 개

더 쳤다.) 시리즈가 끝날 때까지 다저스는 애슬레틱스보다 더 열심히 싸웠고 더 과감히 싸웠습니다."

그래서?

"그런 상황에서는 보복이 필요 없었다는 거죠. 그게 결국 애슬레틱스에 대한 다저스 선수들의 강한 투지를 불러일으켰으니까요. 다저스는 내셔널리그 우승 결정전에서 뉴욕 메츠와 7차전까지 가는 악전고투 끝에 간신히 올라왔고 막강한 애슬레틱스에 비하면 상대도 되지 않는 전력이었습니다. 월드 시리즈에 올라온 것만 해도 감지덕지라고 여기던 처지였죠. 기량 면에서 도저히 오클랜드의 적수가 되지 못했어요. 그런데 그들의 사기를 북돋우고, 어디 한번 해보자고 투지를 불태우게 만든 게 바로 그 보복이었고 그게 잘못이었죠. 보복이라는 것도 게임의 일부니까 있을 수 있는 일이지만 보복해서 좋을 때가 있고 나쁠 때가 있는 법이죠. 이번 것은 나쁜 경우에 해당하는 셈이지요."

상대방을 위협하는 것이 말하자면 '상대방의 반격을 부른다'는 부작용을 낳은 것이었다. 이미 빈볼을 겁내지 않는 타자들에게 위협구를 던지는 것은 오히려 집중력을 더욱 날카롭게 가다듬게 만드는 결과를 가져오고 게임에 차분히 대비하고 있던 투수의 집중력만 해칠 뿐이다.(시버가 스튜어트에 대해 지적한 게 바로 이 부분이다.)

여기서 한마디 덧붙인다면 벨처의 공에 얻어맞았던 칸세코도 다음 타석에서 만루 홈런으로 벨처를 두들겨 전혀 위축되지 않았음을 보여주었다.

보복 증후군에는 또 다른 측면이 있으나 그것은 제8장 '지명타자' 편에서 다루기로 하겠다.

오늘날의 피칭 요령을 살펴보면 낮게 던져야 한다는 철칙은 전혀 변함이 없다. 아주 극단적인 예외를 제외하면 감독은 타자의 방망이를 유인하는 '아웃피치'를 하되 기왕이면 낮은 쪽으로 할 것을 요구하고 있다. 거기에는 여러 가지 이유가 있다. 낮은 공은 땅볼이 되기 쉽고 땅볼 또는 낮은 라인 드라이브는 제아무리 강하게 날아가더라도 홈런이 되지 않는다. 공의 탄력이 좋아진 현대에는 홈런이야말로 가장 위협적인 존재다. 그리고 땅볼은 아웃으로 연결시키기가 쉽다. 좁은 공간을 다섯 명(투수 포함)의 내야수가 지키기 때문이다. 외야는 넓은 지역을 세 명이 커버해야 하므로 안타가 될 공간이 넓다. 그리고 특별한 전술이 요구되는 상황에서는(예를 들면 더블플레이가 필요할 경우) 되도록 땅볼을 이끌어 내야 한다. 직구를 제외한 높은 공은 어떤 구질이든지 낮은 공에 비해 때리기가 수월하다. 변화구들은 어떤 종류이든지 아래로 떨어지는 성향을 갖고 있으므로 타자가 오판했을 경우 공보다 위쪽을 향해 헛스윙하게 마련이지만 아주 높은 데서부터 떨어지기 시작해서 스트라이크 존 상단에 걸치는 공은 타자가 오판하더라도 바로 '코앞에서' 오판하게 되므로 공을 맞힐 수 있다.

여기서 따져 볼 것이 또 하나 생긴다. 낮게 던지는 것만이 반드시 지켜야 하는 철칙이냐 하는 것이다. 어떤 타자는 높은 공보다 낮은 공을 오히려 더 잘 때린다. 투수도 다른 곳으로 던질 때 더 우수한 능력을 발휘한다고 할 경우, 이론상으로 낮게 던지는 게 이득이라 해서 굳이 낮은 곳을 고집할 필요가 있는 것인가? 이론을 맹종해서 타자가 노리고 있는 낮은 곳에 던져야 하는가? 이런 난제에 부딪혔을 때는 투수가 자신 있는 쪽을 택하라는 게 해답이다. 자신의 강점이 이론과 자주 어긋나는 투수라면 결코 오래 버텨 내지 못할 것이다. 그리고 명확한 선택을 하지 못했을 때는 투수가 가장 자신 있는 무기를 선택하고 그것이 제대로 통하기를 바라는 게 합당하다.

다시 한번 강조하지만 타자를 누르는 가장 중요한 열쇠는 자신감이다. 타자가 '어떤 공은 내 밥'이라고 자신하듯이 투수도 어떤 공을 던지면 반드시 타자를 아웃시킬 수 있다고 자기 능력에 확신을 가져야 한다.

레프티 고메즈는 메이저리그 사상 최초로 열린 1933년 올스타전에 아메리칸리그 팀 선발투수로 출전했던 것을 두고두고 자랑거리로 삼았다. 게임에 앞서 코니 맥 감독은 미팅을 갖고 상대 타자들에 대한 장단점을 분석했다.

고메즈는 그런 미팅의 가치에 대해 회의적이었다.

"감독님, 저 선수들은 내셔널리그 올스타예요. 쟤들한테 어떻게 던져야 하는지 자료가 전혀 없잖아요. 그런데 어떻게 단 10분 동안에 그걸 알 수가 있습니까?"

코니 맥 감독은 고메즈의 그런 말은 무시하고 상대 타자들의 강점을 일일이 분석해 나갔다.

"페퍼 마틴은 빠른 공을 잘 치는 타자야. 프랭크 프리시는 빠른 공을 잘 치는 타자야. 척 클라인, 빠른 공 타자야. 폴 웨이너, 빠른 공을 좋아하지. 빌 테리, 빠른 공 타자야."

고메즈가 끼어들었다.

"아니, 감독님, 그렇다면 다른 사람을 선발로 내보내시죠. 내 무기라곤 오로지 빠른 공밖에 없잖아요."

그렇지만 결과는 좋았다. 레프티 고메즈는 3이닝을 무실점으로 막고 승리투수가 됐던 것이다. 그는 그 뒤로도 2년 연속 올스타전 승리투수의 영광을 따냈다. 자신감으로 밀어붙인 결과였다.

얘기가 잠시 옆으로 빗나갔다.

피칭은 단순히 공을 던지는 데서 끝나는 게 아니다. 아무리 뛰어난 구위와 컨트롤을 갖춘 투수라도 주자가 제멋대로 뛰도록 내버려 두거나 제5의 내야수로서 수비 능력을 제대로 갖추지 못하면 이기기 어렵다.

주자 견제, 특히 2루가 비어 있을 때 1루 주자를 묶어 두는 것은 투수의 가장 큰 책임이다. 1루 주자가 많이 리드했을 때를 가정해 보자. 그가 2루를 훔치면 뒤에 단타 하나로도 득점할 수 있다. 후속 단타로도 3루까지 뛰어 그 뒤의 평범한 타격으로도 득점할 수 있다. 후속 2루타로 손쉽게 득점할 수 있다. 2루에 빨리 도달해서 피봇맨의 더블플레이를 방해할 수 있다.

주자가 있을 때는 투수는 다른 투구 폼(와인드업)을 취할 수 있도록 규칙으로 보장받고 있다. 투수 보크 규정은 투수가 주자에 비해 상대적으로 많은 이득을 보는 것을 방지하기 위한 조치다. 따라서 투수는 보크 규정에 저촉되지 않는 범위 안에서 세트 포지션을 취하더라도 와인드업을 했을 때와 똑같은 구위를 발휘할 수 있도록 연습해 두어야 한다. 또 주자에 정신을 파는 바람에 타자와 승부하는 데 집중력이 떨어져도 곤란하다. 주자 견제와 타자에 대한 집중력의 균형을 맞추려면 여간 경험이 많지 않으면 안 되는데 나이 어린 투수들은 종종 이런 균형 감각을 잃어버리곤 한다.

투수는 야수로서 두 가지 임무가 있다. 하나는 1루 커버이고 또 하나는 번트 수비다. 투수는 자신의 왼쪽(1루 방면)으로 땅볼 타구가 가면 '반드시' 1루를 커버하려고 스타트해야 한다. 타자는 90피트(27.43m)를 뛰어야 하는데 비해 투수는 60피트(18m)만 뛰면 되므로 1루 커버를 게을리해서 타자주자를 살려 준다면 그것은 전적으로 투수 책임이다. 또 투수는 상대방의 번트 공격에 무너지지 않도록 수비에 철저해야 한다.

앞서 '타자' 편에서 살펴본 좌─우 대결 관계를 투수의 입장에서 좀 더 부연 설명해 보기로 한다.

우선 구장의 모양새가 큰 차이를 낳는다. 레프트 펜스는 다른 구장보다 훨씬 깊은 반면 라이트 펜스가 유난히 얕은 양키 스타디움에서는 입지 조건상 좌완투수에게 상당한 이점이 있다. 우선 우타자들은 거리로 볼 때 끌어당겨 홈런을 뽑기가 어렵다. 좌타자들은 홈런을 뽑기 좋은 타깃을 갖고 있지만 이미 언급한 대로 좌완투수에게는 약한 입장이다. 보스턴의 경기장 펜웨이 파크는 그 반대다. 라이트 펜스는 멀고 레프트 펜스는 가깝기 때문에 그 구장에서는 좌완투수가 배겨 내기 어렵다.(물론 예외도 있었는데 대표적인 인물은 멜 파넬이었다. 스크루볼 전문 좌완투수였던 그는 좌타자보다 우타자들을 훨씬 잘 요리했다.)

또 하나는 좌완투수가 1루 주자를 묶어 두는 데 유리하다는 점이다. 그는 세트 포지션에서 1루 주자를 정면으로 보고 있다. 우완투수는 3루 방면을 향해 서 있으면서 왼쪽 어깨 너머로 1루 주자의 동태를 살펴야 할 뿐 아니라 견제구를 던질 때 몸을 반 바퀴 틀어야 한다. 그리고 좌완투수의 견제 동작은 우완투수에 비해 훨씬 타자를 속이기 쉬우며 화이티 포드와 워렌 스판은 1루 주자 픽오프에 대단히 뛰어났다.

셋째, 좌완투수는 우완투수에 비해 공에 좀 더 변칙적인 스핀을 걸어 낯선 궤적을 만들 수 있지만 그 대신 컨트롤 잡기에는 어려움을 겪는다. 이는 안타깝게도 논리적으로 설명하기가 어렵지만 그런 현상이 있는 것만은 틀림없는 사실이다.

투수의 최대 관심사가 타자를 아웃시켜 게임을 승리로 이끄는 것이라면 그 다음으로 관심을 갖게 되는 부분은 언제 다시 마운드에 오르느냐 하는 등판 간격이다. 현대 야구에서는 확실한 선발투수라면 나흘마다 한 번씩 등판하는 것이 관례이고 최근에는 등판 간격을 5일로 정하는 팀도 생겼다.

왜 그렇게 하는가? 우선 투수의 건강 유지법에 대한 노하우가 쌓인 덕분이지만 전반적인 투수층이 두터워진 데에도 원인이 있다. 메츠의 팜시스템에서 선수 육성을 담당해 본 화이티 허조그 감독은 이렇게 설명했다.

"각 구단이 거느린 마이너리그 팀 수가 줄었는데도 우수한 투수가 많이 배출된 덕분에 5인 선발 시스템이 가능해졌다. 유능한 선발투수 감을 다섯 명이나 추려 낼 수 있기 때문이다. 메츠처럼 투수 자원이 풍부한 팀이라면 그들을 최대한 활용하지 않을 이유가 없지 않은가. 일단 어느 한 팀이 먼저 그런 시스템을 채택하면 그게 시범 케이스가 되어 모두 그것을 따라가게 마련이다. 그리고 일단 새로운 시스템이 정착되면 거꾸로 돌아가기는 매우 어렵다."

선발투수는 피로가 너무 많이 쌓이지 않도록 너댓새에 한 번씩 마운드에 올라가 9이닝 동안 100-150구를 던진다. 그 뒤 이틀간은(개인에 따라 차이는 있지만) 배팅볼을 던지거나 불펜에서 연습 피칭을 한다. 사흘째 되는 날에는 대개가 공을 전혀 만지지 않는다. 팀이 위급한 상황에 놓였을 때는 이틀만 쉬고도 다시 등판할 수 있으나(샌디 쿠팩스가 1965년 월드 시리즈의 7차전에 나간 것이 좋은 예다.) 그런 비상 조치는 자주 있어서는 안 된다. 선발투수에게 하루 휴식만 주고 이틀째에 다시 등판시키는 것은 몰상식한 짓으로 받아들여지며 이틀 연속 등판시킨다는 것은 상상도 할 수 없는 짓이다. 대부분의 메이저리그 감독들은 5인 로테이션을 선호하기 때문에 능력 있는 선발투수층을 갖추고 있는 한 그런 우매한 짓은 하지 않는다.

그러나 선발투수의 입장에서는 등판 기회가 그만큼 줄어들어 승리를 챙길 기회도 적어지므로 5인 로테이션의 방식을 별로 달갑게 여기지 않는다. 그러나 감독들은 그 시스템이야말로 시즌 종반까지 투수들의 건강을 유지시키고 전체적인 선수 수명도 연장시킨다고 확신하고 있다. (반면 조니 세인처럼 기발한 생각을 가진 사람은 "투수에 따라 이틀만 쉬고도 아무 문제 없이 피칭을 해낼 수 있는 사람도 있다."라고 주장하고 있다. 그는 네 팀을 돌아다니며 코치 임무를 성공적으로 수행한 경험을 갖고 있는데 그의 밑에서 뛴 데니 매클레인은 1968년 디트로이트에서 31승을 거뒀으며 너클볼 전문 투수 윌버 우드는 시카고 화이트삭스에서 1972, 73시즌에 사흘 간격으로 등판했다.) 그러다가 페넌트레이스 종반이 되면 많은 팀들이 가장 확실한 베스트 4로 투수 로테이션을 압축시킨다.

릴리프투수는 매일이라도 등판할 수 있는 준비를 갖춰야 한다. 그러나 이틀이나 사흘 연속해서 등판했거나 실제로 등판하지는 않았더라도 상당히 오랫동안 불펜에서 대기했을 때는 하루쯤 쉴 필요가 있다.

선발 또는 마무리로 전문 영역을 구축하지 못한 투수는 규칙적인 등판 간격을 정해 놓을 수 없으며 팀의 필요에 따라 언제든지 마운드에 올라가야 하는데 바로 이것이 프로 선수에게는 가장 곤혹스러운 점이다. 메이저리그 팀의 투수진은 대체로 열 명으로 구성되기 때문에 다섯 명의 선발투수, 두 명의 마무리투수를 빼면 나머지 세 명은 어쩔 수 없이 어정쩡한 중간 계투의 입장에 놓일 수밖에 없다.

그러면 무엇을 기준으로 선발투수와 마무리투수를 가리는가?

구질, 신체적 특성, 그리고 장래성 등 세 가지다.

다른 조건이 똑같다면 능력이 뛰어난 투수가 선발투수가 되는 게 당연하다. 감독은 팀 내에서 가장 우수한 투수들을 자주 마운드에 올리고 싶어 하게 마련인데 그가 바로 선발투수다.

과거에는 선발투수로서 자격이 부족한 투수를 마무리투수로 활용했다. 그러나 오늘날에는 마무리투수도 완전히 하나의 전문 영역을 구축하고 있으며 릴리프 에이스는 연봉도 많이 받고 팀 공헌도도 높다. 애당초 선발보다 마무리 전문의 적성을 타고난 투수도 많다.

마무리 전문은 엄청나게 빠른 직구라든가 싱커, 스크루볼, 너클볼 등 어느 것 한 가지만이라도 특출한 레퍼토리를 지니고 있어야 한다. 다른 구질은 밋밋하거나 보잘것없어도 괜찮지만 어느 한 가지만은 절대로 믿을 수 있고 타자가 좀처럼 칠 수 없어야 한다. 선발투수는 이런 한 가지 무기만으로는 한 게임을 운영해 나가기가 어렵다. 실투가 튀어나올 수도 있고 그와 서너 차례 맞서 본 타자가 그 구질을 눈에 익혀 두들겨 대거나 아예 다른 것을 골라 칠 수도 있기 때문이다. 그러나 마무리 전문은 확실하다는 보장만 있다면 한 가지 무기만으로도 충분히 제몫을 해낼 수 있다. 마무리 전문 투수의 임무는 이닝 중간에 주자를 둔 상태에서 마운드에 올라가 1-2아웃을 잡아내거나 1-2이닝을 무실점으로 막아내는 것이다. 따라서 마무리 전문 투수는 타자 일순하고 나서 같은 타자와 여러 번 상대하는 일은 거의 없다.

　마무리 전문은 또 선발투수가 갖추지 못한(또는 부족한) 신체적, 정신적 특질을 가져야 한다. 언제든지 등판할 수 있도록 몸을 빨리 풀어야 하고, 자주 게임에 나가야 하고, 위기 상황에서도 흔들리지 않고 최선을 다할 수 있어야 한다. 되풀이해서 말하자면 언제 갑자기 위기가 닥칠지 모르기 때문에 언제라도 곧바로 등판할 수 있을 만큼 워밍업 시간이 짧아야 한다. 한번 마운드에 올라가면 20구 안팎에서 1-2이닝을 막으면 되므로 이틀, 사흘, 나흘을 연속해서 등판할 수 있어야 한다. 어떤 투수는 체질적으로 이런 일은 전혀 감당할 수 없다.

　팔꿈치 관절염을 앓고 있던 샌디 쿠팩스는 구원 전문은 될 수 없었다. 한번 선발로 나서면 다음 선발 때까지 휴식과 치료가 필요했기 때문이다. 워렌 스판은 나이 마흔 살이 되어서도 릴리프로 뛸 만한 정신적 무장이 돼 있지 않았다. 등판에 앞서서 타자 하나하나를 철저히 분석하며 자기 게임을 구상하는 습관을 저버릴 수가 없었기 때문이다. 사실 릴리프 투수 가운데는 저돌적인 성격을 가진 사람이 많다. 좀 더 구체적으로 말하면 마무리투수는 주무기로 타자를 밀어붙여 삼진 또는 땅볼로 처리할 수 있어야 한다. 왜냐하면 그가 마운드에 올라가는 상황은 주로 누상에 주자가 있을 때이고 그의 임무는 그들이 진루 또는 득점하지 못하게 하는 것이기 때문이다. 삼진이나 땅볼은 그런 목적을 달성하는 데 가장 유용하다.

마무리투수 활용은 이제 완전히 체계화됐기 때문에 현대식 용어를 쓰자면 '역할 분담'이 확립됐다고 할 수 있다. 한 팀에는 좌완, 우완으로 나눠 두 명의 구원 전문을 두는 것이 이상적이다. 물론 둘 중 하나는 더욱 뛰어난 전문가일 수 있다.(예컨대 애슬레틱스의 데니스 에커슬리 같은 선수)

그 밖에 게임 중반에 등판하는 중간 계투 요원setup man이 있다. 이들의 임무는 선발투수가 일찌감치 무너졌지만 마무리 전문이 등판하기에는 아직 이를 때 상대 팀이 더 이상 득점하지 못하도록 묶어 두는 것이다. 이런 중간 계투 요원도 좌완, 우완으로 구색을 갖추는 게 바람직하며 선발투수진에 부상자가 생기거나 더블헤더 등으로 일정상 긴급 선발투수가 필요할 때 이들이 그 역할을 맡는다. (이를 땜질용 선발 요원spot starters이라고 부른다.)

투수진 운용이 얼마나 변했는지는 다음과 같은 통계를 보면 쉽게 이해할 수 있다. 1930년에는 선발투수가 전 게임의 44퍼센트를 완투해 냈다. 1950년에도 완투 게임 수는 40퍼센트에 달했다. 그러나 1970년에는 그 숫자가 22퍼센트로 줄었고 1988년에는 15퍼센트에 그쳤다. 이는 한 게임에 두 명 이상의 투수를 투입하는 빈도가 높아졌다는 뜻이다.

투수가 양적으로 점점 더 많이 투입되고 있음은 아메리칸리그 통계에서도 잘 나타난다. 이 리그에서는 지명타자 제도를 씀에 따라 투수가 대타에게 자리를 내줄 필요가 없기 때문에 투수 교체는 오로지 피칭상의 문제가 있을 때만 이뤄진다. 지명타자 제도가 채택되기 직전인 1972년에는 아메리리칸리그에서 선발투수가 전체의 27퍼센트를 완투했다. 1988년에는 지명타자제를 썼으면서도 그 숫자는 16퍼센트로 줄어들었다.

대부분의 투수들은 타력이 볼품없다. 여기에는 피할 수 없는 두 가지 이유가 있다. 첫째는 타력을 가다듬을 기회가 없기 때문이다. 투수들은 선수 생활을 시작하면서부터 연습에서나 실전에서나 타석에 들어갈 기회가 야수들에 비해 훨씬 적다. 둘째는 '야구의 진화론'으로 설명할 수 있다. 훌륭한 타자가 되기 위한 특수한 재능은 훌륭한 투수가 되기 위한 재능과는 전혀 별개다. 투수를 고를 때는 오로지 피칭 능력만 고려할 뿐 나머지 재능은 무시한다. 반면 다른 야수들은 애초부터 타격 능력이 선택의 제1기준이 된다.

그러나 타력을 겸비한 투수들, 예를 들면 돈 드라이스데일, 워렌 스판, 로빈 로버츠 등은 내셔널리그에서 남다른 이득을 봤다. 백중지세의 게임 종반에 대타에게 자리를 내주지 않고 스스로 타격에 임함으로써 게임에 그대로 남아 승패를 결정할 기회를 갖게 된다. 보통 투수들은 동점 또는 1점가량 뒤진 상황에서는 대타에게 자리를 넘기고 게임에서 물러나 승리에 관한 한 헛수고에 그친 꼴이 되는 수가 종종 있다.

투수에게 휴식이 필요하다는 것은 누구나 아는 일이지만 너무 많은 휴식은 오히려 해롭다는 것을 아는 사람은 드물다. 나흘 또는 닷새 간격으로 등판하는 선발투수가 강우나 경기 일정의 공백, 기타 이런저런 사정으로 제때에 등판하지 못할 경우 컨트롤을 유지하는 데에 곤란을 느낀다. 불규칙적으로 등판하는 투수들은 항상 컨트롤에 문제를 나타낸다. 따라서 규칙적인 등판은 효과적인 피칭을 하는 데 필수적이다. 심지어 구원 전문 투수들조차 너무 오랫동안 쉬다 보면 게임 감각이 무뎌진다.

투수에게는 별로 눈에 띄지 않으면서 세심한 관리가 필요한 부분이 워밍업이다. 구원 전문 투수들은 이 워밍업에 매우 예민하다. 공식 기록상에는 오직 실전에 나간 것만 기록된다. 구원투수는 정작 마운드에는 올라가 보지도 못하고 한 게임을 치르는 동안 불펜에서 서너 차례 몸만 풀다 마는 경우도 있다. 게임이 어떻게 풀려가느냐, 감독이 얼마나 단호하게 결단을 내리느냐가 구원투수 투입을 좌우한다. 구원투수는 불펜에서 며칠간 계속해서 3-4이닝 분의 공을 던지고도 공식 기록상으로는 1구도 던지지 않은 것으로 기록될 수도 있다.

위에서 살펴본 피칭의 기능과 전술 외에도 보통 투수와 탁월한 투수를 갈라놓은 재능이 따로 있다. 그것은 지능, 자신감 그리고 노련미다.

투수는 야구인 중에서도 영리한 편이다. 그들은 나머지 60퍼센트의 구성원보다 야구에 대해 질적으로나 양적으로 훨씬 더 많이 생각해야 한다. 아무리 미련한 투수라도 타자 개개인을 상대로 어디로 어떻게 무슨 공을 던져야겠다는 분명한 생각을 갖고 있게 마련이며 그런 작업은 몇 시간씩의 노력을 들여야 한다. 반면 일부 타자들은 게임의 세밀한 부분은 건성으로 넘겨 버린 채 직감에만 의존하더라도 좋은 성적을 낼 수 있다.

오늘날 타자들이 갖고 있는 홈런에 대한 집착은 투수들을 은근히 도와준다. 스윙을 크게 하면 할수록 헛칠 공산도 높아진다. 큰 스윙은 타자로부터 섬세함을 빼앗기 때문이다. 현대 투수들은 이런 홈런 취향을 최대한 역이용하고 있는데 슬라이더가 큰 효과를 보는 것도 이 때문이다. 만약 타자들이 저스트 미팅just meeting하는 데에 좀 더 열중한다면 투수들은 타자들을 아웃시키기가 더욱 어려워질 것이다. 루 버데트는 투수의 입장에서 다음과 같은 의미심장한 명언을 남겼다.

"나는 타자의 굶주림을 먹고 산다."

투수의 자신감이란 여러 가지 투구를 마음먹은 대로 던질 수 있다고 확신하는 것을 말한다.

샌디 쿠팩스의 경험담도 새겨 둘 만하다.

"아무리 올바른 공이라도 반신반의하면서 던지는 것보다는 논리적으로 좀 어긋난 공이더라도 전심전력으로 던지는 편이 낫다. 반신반의한다는 것은 그게 과연 올바른 선택인가 의심을 품거나, 이 순간에 그 공이 제대로 들어갈까 하고 걱정하는 것을 말한다. 투수는 지금 자기가 선택한 것이 최선이라는 확신을 가져야 한다. 즉 지금 던지려고 하는 공을 '던지고 싶다'는 의욕이 있어야 한다."

이런 점에서 투수는 그라운드 위에서 가장 중요하면서도 종잡기 어려운 부류다. 어느 날은 대단히 호투하다가도 다음 번에는 형편없는 피칭을 하고, 그 다음에 반짝했다가 또 그 다음에는 구제 불능이 돼 버리는 수가 있다. 그들은 팔이 쑤시거나 다른 데가 아파도 신체적 결함이 있는 투수로 낙인 찍히지 않기 위해 부상을 숨기려는 경향이 있다. 그렇게 함으로써 때로는 도움이 되기도 하지만 그렇지 못할 때도 있다.

아무리 우수한 투수라 해도 그의 주무기를 언제 어디서나 완벽하게 발휘할 수 있다는 보장은 없다. 이런 점에서 투수들은 정평이 나 있는 등급과는 관계없이 목청 상태에 따라 노래의 질이 달라지는 오페라 가수나 다름없다. 반면 아무리 3류 투수라도 투구가 하나하나 기막히게 먹혀드는 날을 맞기도 한다.

여기서도 인간적인 요소를 엿볼 수 있다. 앞날을 내다볼 수 없는 이런 불확실성이야말로 날마다 치르는 야구를 재미있고 볼 만하게 만든다. 앞으로 이 책의 5장 '감독' 편에서 자세히 살펴볼 테지만 감독을 그토록 노심초사하게 만드는 것도 예측 불허의 변화무쌍함이 야구의 속성이기 때문이다.

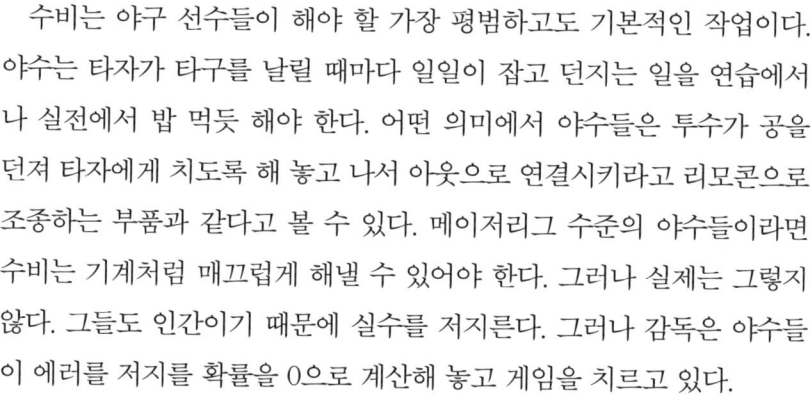

3 수비
손의 기예

    수비는 야구 선수들이 해야 할 가장 평범하고도 기본적인 작업이다. 야수는 타자가 타구를 날릴 때마다 일일이 잡고 던지는 일을 연습에서나 실전에서 밥 먹듯 해야 한다. 어떤 의미에서 야수들은 투수가 공을 던져 타자에게 치도록 해 놓고 나서 아웃으로 연결시키라고 리모콘으로 조종하는 부품과 같다고 볼 수 있다. 메이저리그 수준의 야수들이라면 수비는 기계처럼 매끄럽게 해낼 수 있어야 한다. 그러나 실제는 그렇지 않다. 그들도 인간이기 때문에 실수를 저지른다. 그러나 감독은 야수들이 에러를 저지를 확률을 0으로 계산해 놓고 게임을 치르고 있다.

    대부분의 야수들은 수비 따위는 싫어도 어쩔 수 없이 해야 하는 귀찮은 일로 여기고 있다. 타격에는 쾌감이 곁들여진다. 어쭙잖은 심리학을 동원해 보자면 인간은 본성적으로 어떤 물체를 단단한 막대기로 때릴 때 쾌감을 느낀다. 그렇기 때문에 오랜 선수 생활에 지친 노장 선수까지도 타격 연습 시간에 자기 차례가 오면 즐거운 표정을 짓는 것을 볼 수 있다.

그러나 수비는 귀찮은 일이다. 물론 깜짝 놀랄 멋진 수비를 해냈을 때 성취감을 느끼지 않는 것은 아니다. 그런 플레이에는 동료 선수들도 제 일처럼 즐거워하며 환호한다. 그러나 그런 멋진 플레이는 드물고 대부분의 수비 행위는 만족감보다 고통을 요구한다.(땅 위를 나뒹굴거나 충돌이 발생했을 때를 생각해 보라.) 대부분 야수들은 일반적인 플레이를 정확하게 처리해야 하며 남들은 그것을 당연하게 받아들인다. 그러므로 열아홉 번 잘하다가 한 번만 실수하더라도 졸지에 역적이 되고 만다. 타격에서 열아홉 번 잘못하다가 결정적인 순간에 한 번만 적시타를 뽑아내면 졸지에 영웅이 되는 것과 정반대다. 자기 만족도라는 차원에서 보면 수비란 결국 잘해야 본전밖에 안 되는 격이다.

더구나 일반 팬들은 수비 기술에 대해서는 매우 냉담하다. 수위 타자나 최고 투수에 대한 대중의 관심과 사랑은 끝이 없다. 그러나 기막힌 수비를 펼쳐 보인 선수에게 관심을 보인 팬에게는 당장 '대단한 야구광'이라는 딱지가 붙는다. 대중이 야구를 보는 시각이 반드시 옳은 것은 아니라는 것을 여기서도 찾아볼 수 있다. 대중이 큰소리로 외치며 열광하는 장면보다 그냥 평범하게 넘어간 플레이가 기술적으로는 훨씬 더 어려운 경우도 많다.

몇 가지 예를 들어 보자. 내야수가 힘껏 점프해서 머리 위로 뻗어 나가는 타구를 잡았다. 또는 외야수가 전력 질주 끝에 펜스 바로 앞에서 팔을 최대한 뻗으며 타구를 건져 냈다. 3루수가 총알 같은 타구를 몸으로 막아 놓고 1루에 던져 타자주자를 잡아냈다. 그리고 외야 플라이를 처리하는 외야수가 3루 또는 홈까지 90m에 달하는 긴 거리를 노바운드로 송구했는데 결국 주자는 잡지 못했고 후속 주자의 추가 진루만 허용했다.

자, 이럴 때는 여기저기서 환호성이 터져 나오겠지만 과연 이런 것들이 눈으로 보기 좋다고 해서 수준 높은 플레이라고 할 수 있는가? 라인 드라이브를 향해 점프하는 것은 무엇보다 쉬운 플레이다. 여기에는 아무런 위험이 따르지 않으며 복잡한 계산도 필요 없다. 점프해서 글러브에 공이 들어오면 다행이고 안 들어오면 그만이다. 3루수가 총알 같은 타구를 향해 몸을 날리는 것은 틀림없이 위험한 플레이지만 그것도 '되면 좋고 안 돼도 그뿐'인 영역에 속한다. 외야수가 긴 거리를 달려 공을 잡았다고 해서 짧은 거리를 뛰었을 때보다 더 멋진 수비를 펼쳤다고 볼 수는 없다. 외야수는 스타트할 때 이미 그 타구가 잡을 수 있는 것인지 아닌지 거의 확실히 마음속으로 판단하고 있으며, 일단 잡을 수 있다고 판단한 것은 아무리 한 손을 뻗으며 간신히 건져 낼 수밖에 없는 것이라 하더라도 유별나게 어려운 플레이가 아니라 그저 일상적인 것일 뿐이다. 그리고 마치 세계 기록에 도전하는 투원반 선수처럼 멀리 송구하는 것도 그저 겉보기만 그럴듯한 것에 지나지 않는다.

좀 더 현실적으로 들여다보면 감독이 주전 선수를 고를 때는 타력을 최우선적으로 고려한다는 것을 모든 선수들이 알고 있다. 유격수와 포수 등 특수 포지션은 예외지만, 그렇더라도 유격수 주전 경쟁을 벌이는 어느 선수가 수비 능력은 경쟁자보다 그다지 뒤지지 않으면서 타율이 5푼 정도 높다면 주전 자리는 틀림없이 그의 차지가 될 것이다.

감독들은 예외 없이 수비의 중요성을 강조한다. 수비가 불안한 야수는 약점을 아무리 감추려야 감출 수 없다는 것, 좋은 타격이 승리를 건지는 것보다는 나쁜 수비가 게임을 망치는 경우가 더 많은 법이라고 한결같이 말한다. 그러나 입으로는 그렇게 말하면서도 막상 라인업에 선수 이름을 써넣을 때면 타선 강화에 치중한 나머지 수비의 희생을 감수하는 경우가 허다하다. 여기서 자가당착에 빠지는 것이다.

메이저리그 선수들은 기본적으로 타력에 의해 성공 여부가 좌우된다. 그러나 아이러니컬하게도 그렇기 때문에 타격 성적이 어정쩡한 선수들은 수비력을 최고조로 끌어올리려고 안간힘을 쓰게 된다. 그들은 당연히 타격 성적에 각별한 신경을 쓰지만 거기에는 아무래도 한계가 있게 마련이다. 그러나 수비는 연습과 집중력 발휘 여부에 따라 100퍼센트선까지 끌어올릴 수 있다. 그렇게 해놓으면 타력이 약간 뒤지더라도 수비가 허약한 경쟁자를 물리치고 주전 자리를 차지할 수 있는 것이다.

타격(이는 거의 천부적인 재능이라 할 수 있다.), 피칭(이것은 후천적인 연습으로 증진시킬 수 있으나 기본적으로 '강한 어깨'를 타고나지 않으면 안 된다.)보다 수비는 연습을 통해 향상시킬 수 있는 폭이 훨씬 큰 기술이기 때문이다.

물론 수비를 잘하려면 운동 선수로서의 기본 자질을 갖춰야 유리한 것은 말할 나위도 없다. 남보다 발이 빠르고 남보다 어깨가 강하고 남보다 반사 동작이 빠르면 그만큼 유리하다. 그러나 수비를 해내는 데에는 천부적인 자질이라는 게 그다지 크게 작용하지 않으며 오히려 꾸준한 연습을 통해 수비력의 차이가 벌어지는 것이다. 수비에서는 마음의 준비가 무엇보다 중요하다. 투수와 타자는 서로 상대방의 의표를 찌르려고 머리 싸움을 하지만 야수는 움직이는 공을 놓고 이것저것 따질 게 없다. 타구가 실제로 움직이기 전에 어느 방향으로 갈 것인지만 예측하고 있으면 된다. 공을 잡고 던지는 수비 기술은 타자나 투수가 갖춰야 할 예민한 기교에 비하면 훨씬 단순하다. 그리고 수비하는 야수에게 가장 중요한 임무는 앞으로 벌어질 상황을 정확하게 파악해 두는 것이다.

수비를 잘하기 위한 키포인트는 집중력 육성이다. 타자가 타석에서 배팅을 하거나 농구 선수가 슛 하거나 미식축구 선수가 공을 갖고 달릴 때는 비교적 짧은 시간 동안만 집중력을 발휘하면 된다. 그러나 야수가 게임 내내 효과적으로 수비를 해내기 위해서는 실제로 자기에게 오는 타구는 몇 개 안 되더라도 투구 수만큼, 즉 한 게임에 150번 정도는 정신을 집중시켜 경계 태세를 갖춰야 한다. 야수에게는 지속적인 집중력이 필요하며 어느 한순간만 반짝해서는 안 되는 것이다.

그렇다면 야수들은 무엇에 집중하는가?

첫째는 수비 방향을 정하는 것이다. 타자들은 저마다 개성을 갖고 있으므로 특정한 구질을 때릴 때는 대체로 엇비슷한 방향으로 타구를 날리게 된다. 따라서 야수들도 거기에 맞춰 포진해야 한다. 우익수를 예로 들자면 어느 타자에 대해서는 파울선상 쪽으로 치우쳐 수비해야 하고, 어느 타자는 우중간 쪽으로, 또 어느 타자는 조금 앞으로, 그 다음 타자는 좀 더 뒤로 수비 위치를 변형시키게 된다. 투수와 포수를 제외한 다른 야수들은 상대 타자, 지금 던지려는 구질, 지금 이닝에서 처해 있는 상황, 그리고 이 게임의 현재 스코어에 따라 수비 위치를 조정할 필요가 있다.

이런 섬세한 조정은 일반 야구팬들의 눈에는 좀처럼 띄지 않는다. 팬들은 프로 선수들의 수비 위치 변경에 대해서는 거의 의식하지 못하고 있다. 그저 내야진이 전진 수비를 펴는 것, 외야수들이 약간 뒤로 물러나는 것, 테드 윌리엄스나 윌리 매코비 등 특징적인 강타자를 상대하면서 야수들이 한쪽으로 치우치는 것 따위나 알 뿐 미세한 조정은 거의 간파하지 못한다. 그러나 이런 미세한 조정이야말로 프로들이 얼마나 게임에 열중하고 있는지를 보여 주고 있다.

주의력 있는 야수라면 지금 타자는 누구이며, 지금 상황은 어떻고, 지금 우리 투수는 누구라는 것까지 계산에 넣어 '나는 어떻게 수비하겠다'는 생각을 갖는다. 덕아웃에 앉아 있는 감독이나 수비 코치는 야수들이 제대로 위치를 잡고 있는지를 꾸준히 살피면서 올바르게 되지 않았을 때는 이동을 지시한다. 시즌 내내 그들의 머리는 '누구누구를 상대할 때는 야수를 어떻게 배치해 놔야겠다.'는 데로 쏠리고 있다.

야구만의 독특한 특성인 개인기와 팀워크가 가장 잘 혼합되는 장면이 바로 수비다. 클럽하우스에서 갖는 미팅에서는 '누가 타석에 나서면 어떻게 수비한다.'는 대체적인 전략이 세워진다. 그러나 야수들은 각자 자신의 능력에 따라 적절히 조정해야 한다. 발이 빠르고 뒤로 뛰는 능력이 뛰어난 외야수는 남들보다 수비 위치를 약간 앞으로 잡아도 괜찮다. 발이 느린 외야수는 앞에 떨어지는 단타는 내줄 것을 각오하고 머리 뒤로 타구가 넘어가는 더 큰 위험에 대비해야 한다. 어깨가 강한 유격수는 좀 더 깊숙한 위치에서 수비해도 좋으며, 필 리주토처럼 송구 모션이 빠른 유격수는 어깨가 나빠도 충분히 버틸 수 있다. 클럽하우스 미팅에서는 모든 야수에게 일어날 수 있는 상황들을 일일이 설명할 시간이 없기 때문에 각자가 자신의 역할을 알고 있어야 한다.

최근 20년 사이 야구계에서 일어난 가장 큰 변화는 수비 강화를 위한 차트 사용이 일반화됐다는 점이다. 피칭 분석용 차트는 진작부터 있었지만 요즘은 수비용 차트까지 생겨 타구가 날아간 궤적을 일일이 도표화한다. 요즘은 어느 타자가 어느 투수로부터 어느 구질을 얼마나 즐겨 때리고, 타구는 어느 방향으로 갔으며, 땅볼이었는지 플라이였는지 하는 것까지 세밀하게 정보화함으로써 타자의 개별적 성향을 파악하고 거기에 대처할 수 있게 됐다.

그 결과 수비는 전반적으로 향상됐다. 원칙적으로 현대의 수비 차트가 과거 뛰어난 머리를 가진 선수들이 마음속으로 그려 놓던 자료보다 더 우수하다고는 할 수 없다. 그러나 이 분석 자료는 누구나 손쉽게 구해 볼 수 있게 됐으며 게임 도중에도 상황에 따라 코치로부터 선수에게 전달된다. 다시 말해서 과거에는 매우 영리한 야수들만이 알고 있던 자료를 이제는 보통 선수들까지도 알 수 있게끔 대중화된 것이다. '하늘의 눈'으로 불리는 코치나 스카우트 요원이 스탠드 꼭대기에 앉아 덕아웃에서는 파악하기 어려운 야수들의 배치 상황을 보고 누구를 어느 쪽으로 이동시키라고 워키토키로 감독에게 연락을 취하기도 한다.

그러나 차트의 효용에도 한계가 있다. 그것은 그저 기계적인 장치에 지나지 않는다. ("쓰레기를 넣으면 쓰레기가 나온다."는 컴퓨터 용어처럼) 그 자료는 과거에 있었던 사례를 적어 놓은 데에 지나지 않으며 그런 상황은 결코 두 번 다시 되풀이되지 않는다. 그리고 야수는 '지금 당장' 이 상대를 놓고 어떻게 해야 하느냐를 판단하지 않으면 안 된다.

윌리 메이스는 차트를 절대 만병 통치약으로 여기지 않았다. 그는 수비에 대해 일가견을 갖고 있었다. 메이스는 신이 내려 준 천부적인 능력을 가진 '직감적인' 선수로 단연 첫손가락에 꼽히곤 했지만 그것은 그를 올바로 설명하는 말이 되지 못한다. 지능이 뛰어난 그는 분석력과 사고의 순발력과 통찰력을 갖춘 선수였다. 그가 귀신 같은 수비를 해낼 수 있었던 것은 발이 빠른 덕분이 아니라 머리 회전이 빨랐기 때문이다.

그의 말을 들어 보자.

우리 팀 투수가 어떤 타자를 상대할 때 어떤 공을 던질지 나는 항상 미리 알고 있었다. 그것은 볼카운트에 따라 달라졌다. 투수가 타자를 어떻게 처리하려고 마음먹고 있다는 것을 미리 아는 데다 타자가 그에 어떻게 대응할지도 예견하기 때문에 나는 미리 타구가 도달할 위치에 가 있거나 최소한 그 방향으로 몸을 기울이고 스타트할 준비를 갖출 수 있었다. 만약 투수가 뜻밖의 실투를 하거나 타자가 평소와 다른 이상한 타격을 했을 때는 내가 지는 수밖에 없었다. 그러나 대부분 내 예상이 맞아떨어져 타자를 아웃시킬 수 있었다.

예를 들어 우리 팀 투수 샐 매글리는 타자들이 홈플레이트에 바짝 다가서지 못하도록 자주 몸쪽 공을 던졌고 타자들도 그 사실을 알고 있었다. 그래서 다른 투수들을 상대할 때와 달리 타자들은 앞으로 바짝 달려들지 못했다. 평소 아무리 끌어치기에 능한 타자라도 매글리가 마운드에 서면 그렇게 하지 못했다. 그래서 나는 거기에 따라 수비 위치를 잡았고 다른 투수가 던지는 날이면 또 그에 따랐다. 그리고 게임 후반에 우리 투수에게 피칭 스타일이나 전략에 변화가 생겼을 때는, 가령 커브 브레이크가 갑자기 들지 않는다든지 할 때는 그것도 고려했다. 그리고 우익수나 좌익수에게는 나를 보고 수비 위치를 조절하라고 일러두었다. 내 움직임을 보면 그들도 어떻게 해야 하는지 알 수 있었을 것이다.

메이스가 타자나 주자로서뿐만 아니라 중견수로서도 발군의 활약을 할 수 있었던 뒤에는 이런 치밀한 계산이 깔려 있었다. 타자로서는 생각하고 나서 때릴 수 없다손 치더라도 야수로서는 언제나 '생각하고 나서 수비한다'는 자세를 갖춰야 한다. 파울라인의 길이가 300피트(91.44m)인 구장에서는 전체 페어 지역이 약 9만 평방 피트(약 2,530평)쯤 된다. 그리고 투포수를 제외한 나머지 일곱 명은 자기가 원하는 대로 아무 데나 위치를 잡을 수 있다. 전체 수비력은 야수의 배치 상황에 따라 엄청난 차이가 생긴다. 론 페얼리는 LA 다저스 우익수를 맡고 있던 시절 돈 드라이스데일과의 사이에 그들만의 은밀한 사인이 있었다고 털어놓았다.

드라이스데일은 매번 투구할 때마다 나를 그가 지시하는 장소로 미리 보내곤 했다. 나도 대개는 그가 원하는 지점이 어디라는 걸 알고 있었다. 그러나 이따끔 그는 나더러 전혀 엉뚱한 위치로 옮기도록 했다. 그럴 때 그는 마운드 뒤로 슬금슬금 물러나 허벅지에다 공을 문지르면서 나를 쳐다봤다. 그 모습을 보면서 난 움직였다. 파울라인 쪽으로 가라는 건지, 그 반대 방향으로 가라는 건지는 눈치로 알 수 있었다. 나는 그의 시선이 내게서 떨어질 때까지 계속 움직였다. 내가 마땅한 장소까지 갔다 싶으면 그는 고개를 돌렸고 거기가 내가 서 있어야 할 장소였다.

자, 이제 난 아주 정확한 위치를 잡은 셈이다. 만약 타구가 내 수비 범위를 벗어나면 그건 드라이스데일의 실수다. 그가 던지고 싶은 대로 던지지 못한 탓이다. 그러나 만약 내가 있어야 할 곳에 가 있지 않았다면 그건 물론 내 잘못이다.

1966년 6월 중순 애틀랜타에서 이런 수비 위치 변동의 진수를 보여주는 사례가 나왔다. 방문팀 뉴욕 메츠가 1점 차로 앞선 가운데 브레이브스가 9회 말 공격에서 2사 만루의 역전 기회를 잡았고 메츠 우완투수 잭 해밀턴은 강타자 행크 에런과 대결해야 했다. 에런은 당시 홈런과 타점에서 내셔널리그 선두를 달리고 있었다. 그런데 기자실에 있던 필자의 눈을 의심케 하는 일이 벌어졌다. 메츠 1루수 에드 크레인풀은 파울라인 쪽으로 바짝 붙었고 2루수는 베이스 쪽으로 치우쳤다. 다시 말해서 1, 2루 간을 휑하니 비워 놓은 것이었다. 그런데 에런은 풀스윙을 하면서도 라이트 앞, 또는 우중간으로 곧잘 밀어쳐 안타를 뽑는 타자로 정평이 나 있었다. 필자는 크레인풀이 무슨 짓을 하고 있는지 도무지 영문을 알 수 없었다. 라이트 앞으로 단타 하나만 굴러 나가도 단숨에 승부가 뒤집힐 판이었다. 그러나 결과부터 말하면 에런은 센터 정면으로 날아가는 플라이에 그쳐 그대로 경기가 끝나고 말았다.

게임이 끝난 후 필자는 뉴욕의 웨스 웨스트럼 감독을 찾아가 크레인풀의 기이한 수비 위치에 관해 물었다.

"그건 내가 그렇게 하라고 시킨 겁니다."

"그렇지만 에런은 라이트와 우중간으로도 곧잘 때리지 않습니까?"
"요즘은 그렇지 않아요."

요즘은 그렇지 않다! 이 말에 프로의 깊은 맛이 숨어 있었다. 현재의 상태가 무엇보다 중요하다. 이 타자는 '지금' 무엇을 하려는 것인가? 웨스트럼 감독의 설명이 이어진다.

"에런은 금년 들어 부쩍 홈런을 노립니다. 다른 해보다 더 심하죠. 그런 사람은 배트를 밀고 당기기가 쉽지 않죠. 그래서 우리가 생각하기로는 그가 라이트 쪽으로 타구를 날린다면 그건 빗맞거나 스윙이 늦었을 때인데 그렇게 되면 타구는 파울라인 쪽으로 갈 겁니다. 그러나 에런은 될 수 있으면 끌어당기려고 합니다. 우리 투수가 바깥쪽으로 던지면 그가 때린 타구는 기껏해야 센터 쪽으로 가게 될 테고 실전에서도 그렇게 됐죠. 그리고 그가 바깥쪽 공을 일부러 밀어친다면 그때는 크레인풀이 맞춤한 장소에 가 있는 셈이 되지 않겠습니까."

다시 한번 말하지만 이것이 바로 메이저리그다. 즉 모든 가능성을 점검해 보고, 그중에서 가장 가능성이 높은 일을 예상하고, 엉뚱한 일은 제발 벌어지지 않기를 비는 것이다.

야수들의 올바른 위치 잡기가 수비의 첫 단계라면 두 번째 단계는 앞으로 어떤 플레이가 최선인지를 미리 파악해 두는 것이다.

내가 올바른 위치를 선택했고 타구가 내게 왔다고 치자. 그리고 내가 그것을 매끄럽게 잡았을 때 그 다음에 내가 해야 할 일은 무엇인가? 내가 미리 파악해 두어야 할 것은 다음과 같은 것들이다.

— 1루까지 달려가는 타자주자의 스피드.
— 다른 주자들의 스피드.
— 전술적으로 이 상황이 내게 요구하는 것. 동점 주자를 홈에서, 또는 3루

에서, 또는 2루에서 솎아 내야 하는가? 1점을 주더라도 더블플레이로 두 명을 잡아 아웃 카운트를 늘리는 편이 유리한가? 타자주자가 2루까지 진루하는 것을 허용하더라도 1루 주자를 3루에서 잡겠다고 모험해 볼 가치가 있는가?

— 내 자신의 능력. 타구가 느리다면 나는 어떻게 처리하는 게 최선인가? 만약 타구 속도가 빠르다면 그때는? 내가 간신히 잡아낼 수 있는 곳으로 공이 간다면 오른쪽일까, 왼쪽일까? 몸의 균형이 무너진 상태에서 나의 송구 능력은 얼마나 되는가?

— 우리 동료 선수들의 능력.

  이런 물음들에 대한 답안은 투수가 공을 던지기 전에 분명하게 만들어 놓고 있어야 한다. 또한 타구가 내게 오지 않는다면 나는 어떤 후속 플레이를 해야 하는가도 명확히 알아두어야 한다. 나는 어느 자리로 백업해야 하는가? 내가 커버해야 할 베이스는 어디인가? 나는 다른 야수에게 어떤 도움을 줄 수 있는가? 그리고 볼카운트가 바뀔 때마다 약간씩(경우에 따라서는 많이) 이런 결정을 수정해야 한다.

  따라서 야수들은 딱 소리가 나고 공이 날아올 때까지 그저 멀거니 서 있는 게 아니다. 그들은 항상 머릿속으로 생각하고 있다. 그들도 인간인지라 집중력이 흐트러지는 경우도 없지 않다. 앞선 타석에서 자기가 왜 아웃당했는지를 돌이켜 보는 것이 가장 많은 사례이고, 때로는 개인적인 우환에 심란해져 있을 수도 있고, 그저 정신이 딴 데 팔려 있을 수도 있을 것이다. 그러나 야수가 그렇게 방심하고 있는 경우는 흔치 않다. 선수들은 대개 자신의 직무에 매우 충실하다.

  각 포지션에는 저마다의 특성이 있다. 각 포지션에서 성공하기 위한 자질과 주요 임무는 무엇인지 살펴보자.

포수

포수는 경기장 안에서 투수 다음으로 중요한 존재다. 그 이유는 너무나 분명하다. 포수는 공을 자주 다룰 뿐더러 투수를 리드하고(그는 투수와 똑같은 생각을 갖고 있다.), 내야진을 조정하고(다른 선수 전체를 마주보고 있는 유일한 포지션이다.), 그리고 경우에 따라 게임에서 가장 중요한 아웃, 즉 상대방의 득점을 저지하는 아웃을 잡아야 한다.

포수는 상대가 도루나 번트를 자주 사용하는 것을 막을 수 있는 어깨가 필요하다. 메이저리그급 포수는 우선 강한 어깨가 주전 선택의 기준이 된다.

포수는 공을 잘 받아 내야 한다. 특히 낮은 공을 받는 기술을 갖춰야 한다. 우수한 투수들은 대체로 낮게 던지기 때문이다. 투수가 낮게 던지다 보면 가끔 원 바운드로 들어오기도 하는데 이를 잘 막아 놓아야 하고 누상에 주자가 있을 때는 더욱 그렇다. 그저 단순히 막기만 하는 게 아니라 잘 잡아 주자가 진루하지 못하도록 해야 한다.

크리스 카니자로가 뉴욕 메츠의 포수로 처음 들어앉았을 때 케이시 스텡걸 감독은 입에 침이 마르도록 그의 어깨를 칭찬했다. 그렇지만 카니자로의 약점은 곧바로 탄로 났다. 캐칭에 문제가 있었던 것이다. 2루로 던지려면 우선 공을 잡기부터 해야 하는데 그는 주자가 달리기만 하면 더듬기 일쑤였다.

"아이쿠 골치야. 한 놈은 잡는 건 잘 잡는데 어깨가 엉망이고, 또 한 놈은 어깨는 괜찮은데 잡는 게 엉망이고, 또 한 놈은 방망이질은 쓸 만한데 받지도 던지지도 못하니 이거야 원……."

이것이 스텡걸 감독의 고민이었다. 창단 당시 메츠는 일곱 군데의 포지션이 모두 이 모양이었으니 얼마나 곤욕스러웠을지 짐작할 수 있을 것이다.

포수가 유별나게 발이 빠를 필요는 없다. 그가 달려야 하는 거리는 그리 길지 않기 때문이다.(오른쪽으로 땅볼 타구가 가면 1루를 백업해야 하는데 그래도 2루수에서 1루로 연결하는 선의 뒤를 받치면 되므로 타자주자와 보조를 맞춰 달릴 필요는 없다.) 그러나 번트를 재빨리 처리하기 위해서는 몇 걸음쯤 잽싼 풋워크가 있어야 하며 손놀림도 빨라야 한다. 요기 베라는 번트 처리에 단연 뛰어났다.

그리고 홈 뒤쪽이나 양쪽 파울 지역으로 떠오르는 타구는 어김없이 잡아내야 한다. 파울플라이 처리는 보기보다 어렵지만 투수는 포수 파울플라이가 뜨면 으레 아웃 카운트를 하나 벌었다고 생각하므로 포수가 받는 중압감은 엄청나다.

파울팁은 별개다. 제3스트라이크 때 파울팁을 잡으면 타자를 아웃시킬 수 있다. 그러나 이것은 특별한 기술이 아니라 순전히 운일 뿐이다. 이런 타구를 의식적으로 잡기에는 타구에 반응할 수 있는 시간의 여유가 부족하다. 파울팁은 대체로 배트에 맞아 꺾이는 각도가 아주 작을 때라야 잡을 수 있으며 포수의 미트가 마침 좋은 위치에 가 있어야 한다.

이제 투수 리드라는 문제를 다룰 차례다. 이는 수비 기술과는 아무 관계가 없으며 경험, 투수와의 이심전심, 현명한 판단, 나아가 인간성 등과 연관이 있다. 포수의 투수 리드는 매우 중요하지만 투수와 비교한다면 아무래도 종속적인 위치에서 벗어날 수 없다.

포수의 임무가 워낙 막중하다 보니 이런 일들만 잘 해낸다면 타력이 별로 뛰어나지 않더라도 자리를 차지할 수 있다. 그런데도 일반 팬들은 '최우수' 포수를 꼽으라면 본래의 직무는 그럭저럭 해내면서 타력이 좋은 선수를 꼽는다. 오늘날에는 전세계적으로 우수한 수비 전문 포수가 절대 부족한 실정이다. 포수를 고를 때는 수비력을 최우선적으로 고려한다면서도 실제로는 아직 타력이 뛰어난 포수가 여전히 선호의 대상이 되고 있는 것은 묘한 현상이다.

1루수

전통적으로 이 자리는 수비는 별 볼일 없지만 장타력을 가진 선수들이 차지해 왔다.(딕 스튜어트, 제크 바뉴라와 초창기의 루 게리그가 이런 부류에 속한다.) 1루수는 기본적으로 송구된 공이나 잡고, 약간의 초보적인 풋워크만 있으면 되고, 몇 개 안 되는 땅볼 타구를 처리하고, 번트 수비만 해낼 수 있으면 족하다. 주자를 잡기 위해 송구해야 하는 경우도 별로 없기 때문에 어깨가 각별히 강할 필요도 없다. 장타력을 갖춘 외야수들이 주력이 떨어졌을 때 찾아가는 자리가 1루이기도 하다.

그러나 이런 것들은 그저 겨우 필수 조건을 채우는 데에 지나지 않는다. 1루 수비에 약점이 있다면 다른 포지션에 구멍이 뚫리는 것보다는 덜 치명적이라 하겠지만 1루 수비가 튼실하면 전체적인 팀 수비력이 훨씬 강화되는 것도 틀림없는 사실이다.

1루수의 가장 대표적인 기술은 팔다리 뻗기(스트레치)다. 야수 쪽을 향해 팔다리를 쭉 뻗으면서 공을 받으면 그냥 뻣뻣이 서서 송구를 받을 때보다 송구 거리를 1m 이상 단축시켜 단 몇 분의 1초라도 시간을 벌 수 있다. 이런 시간차는 아주 사소해 보이지만 세이프와 아웃 판정을 크게 좌우하며 특히 더블플레이를 완성시키는 데는 결정적으로 작용한다.

2루가 빈 상태에서 1루 주자가 있을 때는 주자를 베이스에 바짝 묶어두는 게 1루수의 임무다. 즉 투수가 홈으로 피칭하기 전에는 1루에 몸을 얹은 채 주자가 너무 리드하지 못하도록 견제해야 한다. 리드가 큰 주자는 2루를 훔치거나, 더블플레이를 저지하거나, 후속 안타로 한 베이스를 더 갈 수 있다. 투수가 홈으로 피칭하면 1루수는 본래 위치로 뒷걸음질 치며 수비 태세를 갖추거나 번트가 예상되는 상황에서는 앞으로 달려들게 된다. 어쨌거나 1루수는 정면으로 날아오는 땅볼 타구 외에는 강한 타구를 처리하기가 곤란한 입장이므로 타자들은(특히 좌타자들은) 1루수 부근을 안타 제조의 타깃으로 삼는다.

다른 때(그리고 1루 주자가 있더라도 감독의 특별 지시가 있을 때)라면 1루수는 베이스로부터 약 6-7m 후방에 자리 잡는다. 게임 종반에는 설사 라이트 앞으로 빠지는 안타를 내줄 위험이 있더라도 파울라인 쪽으로 치우쳐서 장타에 대비하는 경우도 있다.

1루에는 왼손잡이를 배치하는 게 더 유리하다. 송구를 받아 내는 데는 어느 손으로 받더라도 마찬가지지만 땅볼(또는 번트 타구)을 잡아 2루로 송구할 때는 오른손잡이보다 유리한 점이 있기 때문이다.

대부분의 팀들은 우익수가 홈으로 송구할 때 1루수를 컷오프맨cutoff man으로 활용한다. 컷오프맨의 임무는 외야수의 송구가 홈에 뛰어드는 주자를 잡을 수 없다고 판단될 때 중간에서 차단, 송구 방향을 바꿔 다른 주자의 추가 진루를 막는 것이다.

2루수

야구장 모형도에는 유격수와 2루수가 2루를 중심으로 양쪽에 대칭으로 포진하고 있는 것으로 그려져 있는 게 보통이다. 그러나 실제 2루수의 위치는 전혀 다르다.

2루수에게 가장 중요한 역할은 더블플레이를 연결시키는 피봇맨을 맡는 것이다. 더블플레이를 처리하기 위해서는 1루를 향해 측면으로 선 채 공을 받고, 달려드는 주자를 피하면서 1루로 빠르고 정확하게 송구해야 한다. 이런 더블플레이를 얼마나 잘하느냐에 따라 2루수의 능력이 평가된다. 전통적으로 2루수는 1루까지의 송구 거리가 짧기 때문에 어깨가 강할 필요가 없는 것으로 인식돼 왔다. 그러나 더블플레이를 완성시키려면 강한 어깨가 절대로 필요하며 따라서 2루수의 적성은 이를 기준으로 삼아야 한다. 센터 뒤로 넘어가거나 우중간으로 빠진 공을 릴레이하는 것도 2루수이므로 강한 어깨의 필요성은 여기서도 나타난다.

2루수는 1루에서 달려드는 주자와 충돌해서 넘어지는 수가 많으므로 부상을 견디는 인내심과 어느 정도의 곡예술도 필요하다.

2루수는 또 양옆으로 커버해야 할 지역이 넓기 때문에 좌우 움직임도 기민해야 한다. 그리고 높이 떠올랐다가 떨어지는 플라이를 어느 방향에서든지 잡을 수 있어야 한다. 그러나 무엇보다 중요한 것은 배짱이다. 더블플레이의 능력을 판단하는 기준은, 화이티 허조그 감독의 표현을 빌자면, 몇 번을 성공시켰느냐가 아니라 몇 번이나 실패했느냐를 따져야 할 정도로 완벽해야 한다. 허조그 감독은 메이저리그 수준에서는 "그런 통계는 나올 수 없을 정도로 누구나 능통하다."라고 말한다.

유격수

유격수는 투수와 포수 다음으로 중요한 포지션이다. 그는 내야진의 핵심 인물이다. 그 이유는 전체 타자의 75퍼센트가 우타자이고 어느 내야수보다도 많은 땅볼 타구가 그에게 몰리기 때문이다.

유격수는 어깨가 강해야 한다. 3유간 깊은 곳이라면 1루까지의 송구 거리가 40m가 넘는 등 대체로 긴 거리를 던져야 하므로 송구 동작이 빠르고 2루수나 3루수에 비해 어깨가 강할 필요가 있다. 센터 뒤, 또는 좌중간으로 빠진 공을 릴레이하는 역할도 유격수가 맡는다.

수비 범위가 넓으면 넓을수록 좋은 게 사실이지만 유격수는 다른 내야수와 달리 발보다 머리를 더 많이 써야 하는 포지션이다. 타자에 대한 정보를 갖춰 그에 따라 위치를 이동하는 것이 가장 중요하다. 유격수는 타구를 잡은 후 송구 자세를 잡기까지 몸을 반전시킬 시간적 여유가 2루수보다 적기 때문에 직립 상태에서 그대로 송구할 수 있는 능력을 길러야 한다. 루 부드로, 딕 그로트, 앨빈 다크, 칼 립켄 등은 발이나 어깨가 특출하게 좋은 유격수는 아니었지만 수비 위치를 정확히 잡음으로써 성공한 예들이다. 물론 이들은 타격 솜씨도 대단했다. 그렇지 않고 수비 기술 하나만으로는 애당초 주전 자리를 차지할 기회가 없었을 것이다.

유격수의 더블플레이 기술은 2루수보다는 상대적으로 쉬운 편이다. 2루수의 송구를 받아 1루를 정면으로 바라보며 연결시키기 때문이다. 다만 유격수는 더블플레이를 처리할 때 정확한 타이밍을 잡는 데 능숙해야 한다.

3루수

3루수가 수비 솜씨만으로 그 자리를 꿰차는 경우는 극히 드물다. 이 자리도 수비 위주로 주전을 가리는 게 아니라 강타자들이 경합하는 곳이기 때문이다. 그러나 뛰어난 수비 전문가가 없었던 것은 아니다. 브룩스 로빈슨, 클리트 보이어, 파이 트레이너, 빌리 콕스, 마이크 슈미트 등이 그 예다.

3루수가 가장 민첩하게 처리해야 할 것은 번트, 그리고 빗맞아 느리게 굴러오는 땅볼 타구다. 이런 것들은 잽싸게 달려들어 1루로 송구해야 한다. 강한 타구는 정면이건 양옆이건 '잡히면 좋고 안 잡혀도 그만'이라는 식으로 처리하는 경우가 대부분이다.

대체로 3루수는 강한 어깨를 갖고 있어야 하는 것으로 인식돼 왔다. 물론 어깨가 강해서 나쁠 이유는 없다. 3루수도 가끔 3루 뒤쪽에서 3유간을 처리하는 유격수만큼 긴 거리를 던져야 할 때가 있기 때문이다. 그러나 이런 플레이를 하더라도 유격수에 비해 3루수는 홈으로부터 가까운 거리에 있어 타구를 잡는 데까지 걸리는 시간이 짧고 그래서 송구할 여유가 더 많다. 대부분의 경우 3루수의 위치는 베이스 바로 옆이거나 5m 정도 뒤로 물러서는 정도이므로 3루수의 송구 거리는 40m가 고작이다. 그러므로 3루수의 어깨는 반드시 강해야 할 필요가 없는 것이다. 강한 어깨보다는 정확한 송구, 특히 앞으로 달려들며 몸의 균형이 무너진 상태에서도 정확하게 1루로 송구할 수 있는 능력이 더 긴요하다.

내야수들은 어느 포지션을 막론하고 손이 부드러워야 한다. 땅볼 타구를 정확하게 잡아내는 부드러운 손을 만드는 것은 긴장을 얼마나 푸느냐에 달려 있다. 손은 정확한 위치에서 공을 빨아들이는 듯이 잡아야 한다. 뻣뻣하고 긴장된 손은 에러를 낳기 쉬우며 긴박한 상황에서는 더욱 그렇다. '부드러운 손'이어야 동작이 빨라 공을 따라갈 수 있다. 땅볼은 상당수가 불규칙 바운드를 일으켜 튀어오르거나 가라앉기 때문이다. 어떤 타구는 이상한 바운드를 일으켜 내야수가 도저히 커버할 겨를이 없이 빠져나간다. 그러나 그런 극단적인 것이 아니더라도 야수가 잡으려는 순간 불규칙적으로 움직이는 타구가 게임마다 여러 개씩 나오는데 내야수의 손은 그것을 반사적으로 따라가 처리해야 한다.

3루수는 홈으로부터 가까이 있기 때문에 일단 타구를 몸으로 막아 놓고 다시 주워 처리할 시간적 여유가 다른 내야수에 비해 많다. 그래서 "가슴으로 수비한다."는 평판을 얻은 3루수가 상당히 많다.(페퍼 마틴이 대표적인 예다.)

여기서 각 내야수의 필수 조건을 한마디로 요약해 보자.

1루수는 융통성과 확실한 포구, 2루수는 용기와 순발력, 유격수는 두뇌와 순발력, 3루수는 반사 신경과 용기다.

외야수

외야수에게 가장 필요한 자격 요건은 스피드다. 그는 무엇보다도 주력이 좋아야 한다. 외야는 허허벌판이고 외야수는 주력으로 그것을 커버해야 한다. 그런 선수가 '좋은 외야수'다. 그런데 실상 수비 솜씨는 보통이거나 수준 이하이면서도 오로지 돋보이는 타력 덕분에 주전 자리를 꿰차고 있는 경우가 상당히 많다. 타순은 미상불 타력이 좋은 사람을 위주로 짜게 되는데 기왕 수비의 약화를 감수해야 한다면 내야수보다는 외야수(특히 좌익수)의 수비가 처지는 편이 팀에 미치는 손해가 적기 때문이다.

외야수의 전문성은 네 가지로 나눌 수 있다. 얼마나 멀리 달릴 수 있느냐, 시야와 바람 등 각구장의 조건에 얼마나 잘 적응하느냐, 라인 드라이브를 얼마나 잘 처리하느냐, 송구를 얼마나 잘하느냐 등이다.

센터에는 가장 유능한 수비 요원을 배치한다. 커버해야 하는 지역이 가장 넓은 그는 강한 어깨가 필요하며, 좌중간에서나 우중간에서나 모두 송구를 잘할 수 있어야 하며, 2루수나 유격수가 잡을 수 없는 짧은 플라이를 재빨리 달려들며 처리할 수 있어야 하며, 좌익수나 우익수의 수비까지 백업해야 한다. 그에겐 우중간 지점에서 3루나 홈으로 송구해야 할 경우가 자주 생기며 수비 기회가 다른 외야수에 비해 훨씬 많다. 수비의 비중을 따진다면 그는 포수, 투수, 유격수 다음으로 중요하다. 어떤 감독은 유격수보다 중견수를 더 중요시하기도 한다. 내야수의 실책은 한 베이스를 허용할 뿐이지만 외야수의 에러는 세 개 루를 내주기 때문이다.

우익수는 중견수보다도 어깨가 강할 필요가 있다. 라이트 깊은 곳에서 3루 또는 홈으로 실점을 막는 결정적인 송구를 해야 할 때가 많기 때문이다.

좌익수는 어깨가 비교적 약해도 큰 문제가 되지 않는다. 3루까지는 송구 거리가 짧을 뿐 아니라 홈 송구도(거리상으로는 우익수나 다름없지만) 포수가 처리하기에 상대적으로 쉽기 때문이다. (포수는 우익수로부터 공이 날아올 때는 일단 공을 받고 나서 몸을 돌린 후 주자를 태그해야 한다. 그러나 좌익수로부터 송구가 날아올 때는 주자와 공을 동시에 볼 수 있다.) 왼손잡이 선수는 중견수나 우익수로 기용되는 일이 많지만 좌익수는 흔치 않다. 거기에 특별한 이유가 있는 것은 아니다. 다만 레프트 파울라인 부근에서 공을 잡았을 경우 왼손잡이 야수라면 2루로 송구하기 위해 몸을 반 바퀴 돌려야 하므로 단타로 막을 것을 2루타로 내줄 가능성이 있기 때문인 것으로 보인다.

외야 수비에서 가장 중요한 것은 '스타트'다. 이것은 직감, 반사 신경, 경험에서 우러나오는 예측, 그리고 연습의 소산이다. 윌리 메이스는 공이 배트에 맞는 순간에 이미 스타트를 끊는 등 단연 돋보이는 수비 솜씨를 자랑했다. 그뿐 아니라 투구의 종류나 타자의 성향을 파악하고는 투수의 손에서 공이 떨어지기도 '전에' 벌써 올바른 방향으로 스타트를 끊는 일도 종종 있었다.

1954년 월드 시리즈에서 메이스는 역사에 남는 환상적인 수비 장면을 연출했다. 폴로 그라운드에서 벌어진 1차전이 2―2 동점으로 진행되는 가운데 클리블랜드 인디언스가 8회 초 무사 1, 2루의 황금 기회를 맞았다. 빅 워츠는 435피트(132.6m)나 떨어진 센터 펜스로 깊숙한 플라이를 날렸다. 메이스는 뒤돌아서서 전력 질주, 펜스 바로 앞에서 관중석을 바라보는 자세로 머리 뒤에서 떨어지는 공을 잡고는 몸을 뒤틀며 내야수에게 송구했다. 이 장면은 '1954년도 스포츠에서 가장 환상적인 장면 1호'로 꼽힐 정도로 불가사의한 플레이라고 칭송받았다.

그러나 시즌 내내 메이스의 플레이를 주시해 온 사람들은 그가 뒤돌아서서 뛰기 시작했을 때 공은 이미 그의 수중에 들어가 있다는 것을 의심치 않았다. 기자실에서 봤을 때는 공이 떠오르는 순간 그게 홈런인지 아닌지 판단할 수 없었다. 그러나 메이스의 움직임을 보는 순간 그게 펜스를 넘어가지 못하는 한 메이스에게 잡히고 만다는 것을 기자들은 '이미 알고 있었다'. 물론 메이스의 능력을 익히 알고 있지 못한 사람들의 눈에는 그 포구가 깜짝 놀랄 묘기로 보였을 게 틀림없다. 그러나 여기서 필자가 말하고자 하는 요지는 그가 타구를 잡을 수 있었던 열쇠는 움직이기 시작한 '첫걸음'에 있었지, 마지막 걸음에 있었던 게 아니라는 것이다. 타구가 펜스를 넘어가지 못하는 한 일단 메이스가 좋은 스타트를 끊었다면 공은 그의 수중에 들어간 것이나 다름없었다. 외야수의 수비 폭은 올바른 방향으로 얼마나 빨리 스타트하느냐에 따라 결정될 뿐 일단 뛰기 시작하면 얼마나 멀리 뛰느냐 하는 것은 문제가 아니다.

높이 떠오른 타구는 아무리 멀리 날아가더라도 문제가 되지 않는다. 정작 야수들이 다루기 어려운 것은 라인 드라이브다. 특히 야수 정면으로 날아오는 직선 타구는 낙하 지점을 정확히 판단하기가 힘들다. 머릿속에서 입체적으로 타구의 궤적을 그리기가 어렵기 때문이다. 그런 것은 조금만 옆으로 휘어지더라도 처치 곤란이 된다. 휘는 각도가 작더라도 홈에서 90m 가까이 날아가다 보면 결국은 판단했던 것에서 몇 미터의 차이가 생기게 된다. 라이트나 레프트로 날아가는 라인 드라이브는 언제나 파울라인 쪽을 향해 휘게 되는데(이를 슬라이드나 후크라고 한다.) 외야수가 포지션을 바꾸다 보면 이런 타구에 적응하기까지는 다소 시간이 걸린다. 정면 라인 드라이브가 날아왔을 때 좀 더 기민하게 대처하지 않으면 장타를 내주기 십상이다. 이런 타구들을 최소한 단타로 막아 내려면 '좋은 스타트'가 필수적이다.

어느 베이스로 송구하느냐도 외야수가 깊은 생각해 두어야 할 부분이다. 송구 방향은 주자들의 주력, 공을 잡는 순간 자신의 신체 균형과 위치, 송구 거리, 전술적 상황, 자신의 송구 능력을 순간적으로 종합해서 결정해야 한다. 전위 주자를 잡으려 할 때는 반드시 아웃시킬 수 있다는 확신이 서 있어야 한다. 그러지 않으면 쓸데없이 후위 주자에게 추가 진루를 허용하는 손해만 뒤따를 뿐이기 때문이다.

외야수 송구 중에서 가장 나쁜 것은 컷오프맨의 머리를 넘기는 행위다. 높은 송구는 겉보기만 그럴듯한 어깨 자랑에 불과하며 바운드가 되더라도 낮게 던져야 팀플레이에 도움이 된다. 컷오프맨이 공을 잡아 다른 데로 플레이를 전환시킬 수 있기 때문이다. 전위 주자의 3루 진출이나 득점을 허용하더라도 다른 주자를 뒤에서 솎아 냄으로써 결정적인 위기를 넘기는 경우도 있다.

필자의 견해로는 1980년대 후반부터 전반적으로 외야 수비의 수준이 떨어졌다고 생각한다. 정확한 이유는 알 수 없으나 필자가 만나 본 감독이나 코치, 스카우트 요원들도 필자의 의견에 동조한다. 질적 저하라는 것은 두 가지로 요약된다. 하나는 엉뚱한 베이스로 송구하는 경향이 늘어난 것, 또 하나는 열심히 따라가고 나서 충분히 잡을 수 있는 타구를 떨어뜨리는 일이 많아졌다는 것이다. 외야 수비 전문가였던 지미 피어설은 지나치게 큰 글러브를 사용하는 것을 낙구의 원인으로 꼽고 있다.

다른 이유를 대자면 경험상의 문제다. 요즘 메이저리그에는 마이너리그에서 경험을 충분히 쌓지 않은 채 올라오는 선수들이 점점 늘고 있다. 수비라는 것은(그라운드 안에서 일어나는 모든 플레이가 그렇지만) 반복 훈련을 통해 숙달시킨 동작이다. 게임의 실전 상황은 '연습할' 수 없다. 상당량의 게임을 치러 직접 몸으로 익히는 수밖에 없다. 그런데 메이저리그에서 뛸 만한 젊은 유망주들이 대학 과정을 거침으로써 마이너리그에 입문하는 시기가 늦어질 뿐 아니라 마이너리그에서 치르는 경기 수도 많지 않기 때문에 그 '상당량'이라는 숫자가 점점 줄어들고 있다.

또 하나의 원인은 집중력과 주의력 저하를 보고도 그대로 내버려 두는 전반적인 사회 풍조가 야구계에도 흘러들었음을 꼽을 수 있다. 이미 지적한 대로 수비는 타격이나 피칭보다 장시간에 걸친 고도의 집중력을 요구한다. 그러나 선수들은 그런 집중력을 발휘하는 능력이 줄어들었다. 팀 수가 늘어나고 연봉이 고액으로 치솟은 까닭에 직업 유지에 대한 위기 의식이 줄어들었기 때문이다.

여기에 얽힌 일화가 있다. 과거에는 올스타전을 야간 경기로 거행하기에 앞서(당시에는 야간 경기를 치른다는 것이 대단한 행사였다.) 관중들에게 눈요기 감으로 제공되던 각종 경연 대회가 한동안 없어졌다가 최근 부활됐다. 홈런 컨테스트, 서너 명이 짝을 이뤄 외야에서부터 홈까지 볼을 릴레이하기, 포수의 2루 송구 컨테스트 등이 그것이다.

1988년 오클랜드 올스타전 때는 수만의 관중이 지켜보는 가운데 이런 경연 대회를 가졌는데 특히 외야로부터의 중계 플레이는 관중들로부터 엄청난 환호를 받았다. 선수들이란 관중을 대단히 의식하게 마련이다.

필자는 올스타전이 끝난 후 여러 감독을 두루 만나보았다.

"아아, 아까 그건 너무나 멋진 플레이였소이다. 그런데 실전에서는 왜 그런 플레이를 보여 주지 못하는 겁니까?"

그 중계 플레이에 대한 필자의 소감을 말하자 빌 리그니, 앨 로젠, 로저 크레이그, 토니 라루사, 스파키 앤더슨 등 모든 감독들은 그저 빙긋이 웃기만 하면서 그 핵심에 대해서는 입을 다물었다.

수비에서 마지막으로 살펴볼 것은 장비다.

오늘날의 글러브는 2차 세계 대전 이전에 사용하던 것과는 비교가 안 될 만큼 품질이 좋아졌을 뿐 아니라 글러브의 개념도 달라졌다. 글러브는 1880년대에 처음 개발된 이래 점점 사이즈가 커지긴 했지만 근본적인 사용 목적은 공을 잡을 때 부상이나 통증을 방지하는 데에 있었다. 공은 '포켓'이라고 부르는 손바닥으로 움켜잡고 그 공이 떨어지지 않도록 손가락으로 감싸줘었다. 그러나 오늘날의 글러브는 실제로 올가미 구실을 한다. 공을 잡는 부분은 엄지손가락과 검지손가락 사이의 올가미이고 손가락은 공을 잡는다기보다 글러브를 조종하는 데 쓰인다. 결과적으로 현대의 선수들은 사실상 글러브가 닿기만 하면 어떤 공이라도 잡을 수 있다. 외야수들이 한손만으로 공을 잡는 것은 글러브가 워낙 커서 다른 손을 갖다 댈 필요가 없기 때문이다.

1990년에는 야구 행정 당국은 글러브 사이즈를 제한하겠다고 엄포를 놓긴 했지만 시즌 중반에 이르자 흐지부지되고 말았다.

선글라스는 내야수는 물론 외야수들 사이에서도 수십 년 동안 애용돼 왔다. 이 선글라스는 안경다리를 끈으로 묶어 목 뒤에 걸고 렌즈는 안경테에 경첩을 달아 위로 제칠 수 있도록 만들어졌다. 야수들은 공이 하늘 높이 솟구쳤을 때 손가락으로 렌즈를 밑으로 제쳐 햇빛이나 조명에 시선이 방해받지 않도록 한다. 대부분의 구장은 홈플레이트 뒤쪽의 배경이 어두워 공이 뜨는 순간의 조명 상태가 좋지 않기 때문에 선글라스를 처음부터 착용하고 있으면 공을 눈에서 놓치는 수가 있다. 아직까지는 오직 포수만이 파울볼로부터 몸을 보호하기 위해 두꺼운 프로텍터를 착용하고 있지만 머잖아 야수들도 수비하러 나가면서 배팅 헬멧을 착용하는 시대가 올 것이다. 지금도 공격측 주자들은 베이스에 나가서도 헬멧을 쓰고 있다. 투수들은 언젠가는 아이스 하키 골키퍼가 사용하는 마스크를 쓰게 될 것이다.

햇빛이 눈에 쪼이면 타구에 얻어맞는 일도 허다하다. 1966년 월드 시리즈 2차전에서 윌리 데이비스에게 일어났던 사건은 가장 참담한 사례 중의 하나였다. 데이비스는 한 번도 아닌 두 번씩이나 햇빛 때문에 공을 놓쳤을 뿐 아니라 두 번째는 공을 떨어뜨리고 나서 악송구까지 범했다. 그로 인해 샌디 쿠팩스가 0 — 0으로 끌고 나오던 그 게임에서 볼티모어에게 3점을 헌상했다. 그것이 결정적인 계기가 되어 LA는 볼티모어에 4연패로 몰리고 우승을 넘겨주어야 했다. 같은 볼티모어 메모리얼 스타디움에서 요기 베라도 1962년 연습 도중 플라이 타구에 머리를 얻어맞은 적이 있다. 요기는 당시 포수로서 수명이 다 되어 외야수로 전향해 있었다. 야간 경기가 벌어지기 직전 태양이 스타디움 꼭대기에서 뉘엿뉘엿 작별 인사를 할 무렵 요기는 주의를 게을리하다가 그만 타구에 이마를 얻어맞았다.

큰 부상은 아니었지만 이마가 찢어져 피가 뭉클뭉클 솟구쳤다. 동료 선수들이 달려나가 응급 치료를 해야만 했다. 이마에 피 묻은 수건을 질끈 동여매고 터덜터덜 클럽하우스로 걸어 들어가는 그 모습은 「바이킹」이라는 영화에 나오는 패잔병 같았다.(몇 년 뒤 그 영화를 직접 본 요기 베라는 "내가 그 시대에 살지 않은 게 천만다행이야."라는 명언을 남겼다.) 요기 베라가 덕아웃을 거쳐 방송 중계석을 통과할 즈음 필 리주토가 그의 모습을 봤다. 리주토는 선수 생활을 마감하고 양키스 구단 전속 해설자로 일하고 있었는데 요기 베라와 뉴저지에서 동업을 하고 있었기 때문에 아직까지는 끊지 못할 '동료'라고 할 수 있었다.

요기 베라가 치명상을 입은 듯한 모습으로 걸어가자 리주토가 그의 등 뒤에서 큰소리로 외쳤다.

"요기, 대답해! 나야, 나. 네 동업자야. 주식을 얼마에 넘길래?"

그의 목소리에 인정머리라곤 털끝만큼도 없었다.

4 베이스러닝
발과 머리의 합작품

 야구의 맛을 제대로 아는 사람들은 베이스 위에서 일어나는 플레이에 큰 흥미를 느낀다. 야구는 도처에서 운이 크게 작용하는 경기이지만 베이스러닝(주루)만은 가장 운과 관계없는 대목이다. 도루를 하거나 후속 장타 또는 아웃이 발생했을 때 한 베이스를 더 가고 못 가는 것은 순전히 선수 자신의 능력일 따름이다. 주루에는 선수의 마음가짐과 기술, 그리고 스피드만이 성패를 좌우하는데 이런 것들은 슬럼프 없이 항상 일정하다.
 베이스러닝은 가장 직감이 요구되는 기술이다. 위대한 주자는 선천적으로 타고나야 하며 후천적으로 능력을 계발한다 하더라도 야구를 배우기 시작하는 초기에 올바른 지도를 받아야 효과가 있다. 언제는 뛰어야 하고, 언제는 뛰어선 안 된다는 것은 말로는 누구에게나 쉽게 한다. 그러나 순간적인 상황 포착, 정지 상태에서 첫걸음부터 곧바로 전력 질주할 수 있는 순발력 등 두 가지 기술은 애당초 천부적으로 타고나지 않으면 몇 년씩 훈련해도 별로 발전이 없다.

도루는 베이브 루스가 홈런을 무더기로 쳐내기 시작한 1920년대 이전만 해도 공격 수단의 으뜸이었다. 그 시대에 사용되던 야구공은 원자재도 나빴고 분실할 때까지 장기간 사용했기 때문에 요즘 공보다 훨씬 반발력이 적어 타구가 멀리 날아가지 않았다. 득점도 적었다. 1점의 비중은 상당히 컸으며 홈런은 거의 없었다. 득점하는 가장 전형적인 방법은 1루에 출루한 주자가 2루를 훔치고 후속 안타로 홈에 들어오는 것이었다. 따라서 투포수는 도루를 저지하는 기술을 강화하는 데 가장 심혈을 기울였고 그렇더라도 공격측에서 본다면 도루는 해볼 만한 모험이었다. 왜냐하면 2루를 점령하지 않고서는 득점하기가 매우 어려웠기 때문이다. 야구 선수라면 누구나 공을 받고 던질 줄 알아야 하는 것처럼 그 당시는 발이 느린 선수까지도 누구나 도루를 할 수 있어야 한다고 생각되고 있었다.

베이브 루스는 이런 패턴을 완전히 바꿔 놓았다. 루스는 장쾌한 홈런을 터뜨림으로써, 그리고 그런 홈런을 수시로 때릴 수 있다는 것을 보여줌으로써 구단주들로 하여금 더욱 반발력이 좋은 공을 공급하게끔 해놓았고, 이에 따라 많은 선수들이 홈런 타자 대열에 발돋움할 수 있었다. 홈런이 자주 나오자 도루는 반비례적으로 줄어들었다. 타석에 있는 타자가 2점 홈런을 때릴 수도 있으므로 2루로 뛰다 죽는 모험을 걸어볼 가치가 줄어들었다. 도루의 사용 빈도가 줄자 이 기술을 습득할 필요성도 사라졌다. 1930년대 중반에 접어들자 양대 리그를 통틀어 이 기술을 사용하는 사람은 몇몇 도루 전문가에 지나지 않았다.

역대 최고의 개인 통산 타율을 기록한 타이 콥(1905년부터 선수 생활을 시작, 0.367을 남겼다.)이 최고의 도루 전문가이기도 했던 것은 결코 우연이 아니었다. 그의 시대에는 출루와 도루라는 두 가지가 병존하는 무기였다. 마치 후세대의 위대한 타자들이 (예를 들면 메이스, 맨틀, 윌리엄스, 디마지오, 에런, 뮤지얼 등) 고타율과 홈런포를 함께 갖추었던 것과 마찬가지다. 타이 콥은 누구보다 자주 베이스에 나갈 수 있었으므로 누구보다 도루할 기회가 많았고 또 그 기회를 최대한으로 활용했던 것이다. 그리고 베이브 루스도 타이 콥과 같은 시대에 활동했다. 요즘은 세상 사람들의 기억에서 거의 잊혀졌지만 그 유명한 1926년 월드 시리즈에서의 일화는 이 자리에서 음미해 볼 가치가 있다. 도루에 대한 관점이 그 당시와 지금이 얼마나 다른지를 엿볼 수 있는 재료이기 때문이다.

그해 월드 시리즈 7차전에서 벌어진 이 도루 실패는 야구사에서 가장 많이 입에 오르내리던 사건 중의 하나다. 뉴욕 양키스는 미처 완공되지 않은 양키 스타디움에서 세인트루이스 카디널스와 월드 시리즈를 펼쳤다.(양키 스타디움은 1923년에 개장됐다.) 카디널스는 창단 이래 처음 내셔널리그 우승을 따내고 월드 시리즈에 진출, 3승 3패를 기록하고 마지막 7차전을 치르는 중이었다. 가장 위대한 투수 중 하나로 군림하다가 이제 야구 인생의 황혼기를 맞은 서른아홉 살의 그로버 클리블랜드 알렉산더가 6차전을 승리로 이끌어 모든 팬들의 관심은 이 7차전에 집중돼 있었다. 전날 완투승을 거둔 알렉산더는 (영화에서 자세히 묘사됐듯이) 7차전에서 7회 말 절대절명의 위기에 몰리자 당당히 불펜에서 걸어 나와 토니 라제리를 삼진으로 잡아내 양키스를 따돌리고 영광의 우승을 차지하는 데 수훈을 세웠다. 이런 역사적 사실은 어지간한 야구팬이라면 누구나 알고 있을 것이다. 카디널스가 3—2로 앞선 가운데 양키스 공격 7회 말 2사 만루에서 알렉산더는 제스 헤인즈를 구원, 급한 불을 껐다.(영화에서는 뒷날 대통령에 오른 로널드 레이건이 알렉산더 역을 맡았다.)

필자가 여기서 말하고자 하는 내용은 그 뒤에 있었던 일이다. 아까 라제리가 헛스윙으로 삼진당한 것은 7회에 있었던 일이고 9회의 상황은 아니다. 알렉산더는 8회를 무사히 넘기고 9회 말에는 투 아웃을 잡은 후 베이브 루스를 포볼로 내보냈다. 루스는 이 시리즈에서만 네 개의 홈런을 터뜨렸기 때문에 정면 승부를 펼칠 수 없었다. 점수는 여전히 3—2. 홈런 한 방이면 양키스가 역전승할 수 있는 상황이었고 타석에 들어선 타자는 전년도 홈런왕 밥 뮤절이었다.

그러나 뮤절은 배트를 휘둘러 볼 기회도 없었다. 루스는 알렉산더의 초구 때 2루 도루를 시도하다 태그아웃당해 그걸로 월드 시리즈는 완전히 끝장이 났던 것이다.

요즘 같으면 그런 상황에서 베이브 루스 같은 주자가 도루를 시도한다는 것은 절대로 용납되지 않을 것이다. 만약 감독이 그런 작전을 펴려고 했다면 적어도 대주자를 기용했어야 할 것이다. 그러나 당시는 그게 정석이었다. 1루 주자는 일단 2루를 훔쳐 놓는 것. 게임이 끝난 후 루스는 로커룸에서 톰 미니라는 젊은 기자(나중에 미국에서 손꼽히는 대기자가 됨)에게 이렇게 중얼거렸다.

"거기선 우리 팀에 아무런 도움이 안 되거든."

거기란 1루를 가리킨다.

홈런을 신무기로 등장시킨 '루스 혁명'이 일어난 후 가장 위축된 부분이 도루 기술이지만 베이스러닝의 전반적인 기술도 약간씩 퇴보했다. 즉 히트앤드런 작전의 비중이 줄어든 것이다. 이는 주자들의 탓이라기보다는 타자들이 펜스를 겨냥한 큰 스윙만 하는 나머지 히트앤드런 작전 본연의 임무를 제대로 수행하지 못하는 탓이 더 크다.(주자 쪽의 책임이 전혀 없다고도 할 수 없다. 히트앤드런 작전을 펼쳤을 때 타자가 헛스윙한다면 주자는 단독 스틸하는 자세를 가져야 한다.) 단타를 때린 뒤 그것을 2루타로 만들려는 과감성도 줄어들었다. 후속 홈런이 터지면 1루에서도 너끈히 홈까지 들어올 수 있는데 아웃당할 위험을 무릅쓰고 2루까지 달리는 것은 별로 가치가 없다고 보기 때문이다. 1루 주자가 후속 안타로 3루까지 뛰는 노력은 예전에 비해 별로 달라지지 않았지만 그래도 약간이라도 미심쩍으면 모험을 피하고 2루에서 멈추려는 경향이 생겼다.

다시 말해서 베이스러닝은 '최대한 멀리' 달리는 데에서 '최대한 많은 주자를' 내보내는 쪽으로 방향이 바뀐 것이다. 즉 장타를 만들려다 주자를 아웃시키는 것보다는 후속 홈런에 의한 싹쓸이 득점을 염두에 두고 될 수 있으면 많은 주자를 안전한 위치에 확보하는 데에 비중을 두었다. 주자가 폭주로 아웃당하면 두 가지가 손해다. 주자 한 명이 없어질 뿐 아니라 아웃 카운트가 늘어나 타순상으로 뒤에 홈런 타자가 타석에 들어설 기회가 그만큼 줄어드는 셈이다.

모든 변화가 다 그렇지만 이런 변화도 매우 점진적으로 일어났다. 반발력 좋은 공이 도입된 지 10년이 지나고도 그라운드를 누비는 메이저리그 선수들은(앞서 말한 베이브 루스의 예처럼) 종래의 스타일에 젖어 있었다. 1930년대 중반이 돼서야 메이저리그 안의 선수 대부분이 베이스러닝에 그다지 비중을 두지 않는 사람들로 물갈이됐으며, 1940년대 중반에 이르러서는 도루라는 게 그저 재키 로빈슨 같은 일부 스타들이나 하는 특출한 묘기로 비치게 됐다.

그러다가 1960년대를 맞으면서 스물여덟 살 된 어느 깡마르고 왜소한 선수가 나타나 퇴색해 버린 도루라는 기예를 부활시켰다. 그의 이름은 모리스 모닝 윌스. 프로에 들어와 거의 10년 동안 무명의 세월을 보내야 했던 사람이었다. 1915년에 타이 콥이 기록한 96도루는 시즌 최다 기록으로서 영구 불멸하리라고 예상됐다. 게임의 양상이 너무나 변해 버렸기 때문이다. 1928년-1959년에 콥의 96도루에 그나마 '절반'이라도 넘겨 본 선수는 세 명(그중 한 명은 두 번)뿐이었다. 그러다가 아메리칸리그 소속 시카고 화이트삭스의 베네수엘라 출신 루이스 아파리시오가 1959년에 56개로 처음 50도루를 넘어섰다.

그러나 아파리치오의 50도루 돌파가 야구계에 강한 충격을 주지는 못했다. 그의 시즌 도루 수가 많았다 하더라도 상상을 초월하는 것은 아니었기 때문이다. 모리 윌스는 1960년에 50개로 처음 도루왕이 됐는데 이는 내셔널리그에서 보면 (윌스가 태어나기 9년 전인) 1923년 이래 가장 많은 숫자였다. 2년 뒤(1962년) 윌스가 그 두 배가 넘는 도루를 기록하자 야구 전문가들은 그전 해(1961년)에 로저 매리스가 베이브 루스의 시즌 60홈런을 돌파했을 때보다 더 큰 충격으로 받아들였다.

모리 윌스의 성공은 그야말로 전형적인 인간 승리였다. 그의 인생 개척은 많은 야구인들에게 깊은 감명을 주었으며 주변 선수들이 게임에 임하는 태도에도 엄청난 영향을 미쳤다. 감독들에게는 어떤 유형의 선수는 어떻게 키워야 한다는 것을 예시하는 모범적인 사례가 됐으며, 팬들이나 기자들에게는 베이스러닝에 대한 새로운 인식을 갖게 만들었다. 그렇다고 모리 윌스가 야구의 양상을 베이브 루스 이전 시대로 되돌려 놓은 것은 아니지만(그것은 절대로 불가능한 일이다.) 야구에서 강조해야 할 사항을 바꿔 놓았다. 그의 도루 기술은 동료 선수들에게 전파됐으며, 다저스가 그 기술을 활용한 끝에 1963년과 1965년 월드 시리즈를 제패하자 다른 팀에까지 퍼져 나갔다.

워싱턴 DC에서 태어난 윌스는 열아홉 살도 안 된 어린 나이에 다저스 산하의 최하위 마이너리그 팀인 뉴욕 주 호넬 팀에 입단했다. 우투우타인 그는 내야수였지만 이따금 투수로 뛰었으며 성적도 그다지 나쁜 편은 아니었다. 그러나 1951년이라면 흑인 선수가 별로 인정받지 못하던 시절이었다.(재키 로빈슨이 메이저리그 인종 차별의 벽을 허문 게 겨우 4년 전이었다.) 그해 윌리 메이스가 뉴욕 자이언츠로 올라간 것을 비롯하여 돈 뉴컴(브루클린 다저스 투수), 래리 도비(클리블랜드 인디언스 외야수)

가 끼어들어 인종 차별의 벽이 허물어졌다고는 하지만 실질적으로는 암암리에 흑인에 대한 인원 제한을 두고 있던 시절이었다. 물론 백인 선수를 확실히 능가하는 기량을 갖췄다면 별문제지만 엇비슷한 실력이라면 흑인에게는 설 땅이 없던 때였다.

모리 윌스에게는 이렇다 할 장기가 없었다. 그는 D급 팀으로 올라간 첫해에 2할 8푼, 이듬해에 3할 타율을 마크했다. 그러나 장타력을 전혀 갖추지 못했던 터라 다저스 구단 관계자들의 시선을 끌 수는 없었다. 아담 사이즈의 에베츠 필드Ebbetts Field를 홈구장으로 쓰는 다저스는 주전 선수 가운데 무려 여덟 명이 홈런 타자였다. 윌스는 푸에블로에서 마이애미로, 다시 푸에블로로 갔다가 포트워스로, 다시 푸에블로로 갔다가 마침내 메이저리그 바로 아래 단계인 트리플A의 시애틀로 올라갔다. 그의 타격 성적은 늘 그럭저럭 괜찮았지만 파워 부족이 걸림돌이었다. 이 무렵 유격수로 정착한 윌스는 수비력이 쓸 만했지만 그렇다고 발군이라 할 수도 없었다.

그러다가 1958년 야구계에 커다란 변화가 왔다.

다저스가 브루클린에서 로스앤젤레스로 본거지를 이동한 것이다. 다저스는 컬리시엄Coliseum이라는 미식축구 경기장을 임시 홈구장으로 빌려 썼는데 직사각형으로 생긴 탓에 레프트 펜스는 거의 코앞에 있다시피 했고 라이트 펜스는 끝도 없이 멀었다. 거기에 덧붙여 3루수 재키 로빈슨이 은퇴했다. 피 위 리즈는 주전 유격수로서의 수명이 끝났다. 포수 로이 캄파넬라는 교통 사고로 하반신 불수가 됐다. 1루수 길 하지스와 칼 푸릴로는 노쇠했다. 바야흐로 다저스 팀 내의 세대 교체가 절실하던 상황이었다.

당시 다저스의 최고위 마이너리그 팀은 스포케인이었고 윌스는 거기에 소속돼 있었다. 이 팀의 감독은 메이저리그의 두 팀에서 감독 생활을 해본 경험이 있는 보비 브래건이었다. 다저스는 여전히 윌스를 별로 탐탁지 않게 여겼고 디트로이트 타이거스는 그를 트레이드해 가라는 제의를 뿌리쳤다. 모리 윌스는 이미 나이를 먹을 만큼 먹었고 구단은 당시 5만 달러라는 어마어마한 계약금을 받은 신인 유망주들에게 더 큰 관심을 기울였다. 윌스의 연봉은 그 무렵 고작 7,000달러 정도였다. 그리고 스포케인이 끼어 있는 퍼시픽코스트리그(트리플A급 리그)를 벗어나면 모리 윌스라는 이름을 알아 주는 야구팬은 단 한 명도 없었다.

그때 브래건 감독이 한 가지 제의를 했다.

윌스의 가장 큰 장점은 빠른 발이었다. 또 배트 컨트롤과 공에다 배트를 갖다 맞히는 재주도 뛰어났다. 기복 없는 그의 타격 성적이 그것을 입증했다.

"그러니까 스위치히터가 돼 보면 어떻겠나?" 전체의 4분의 3을 좌타석에서 치면(우완투수가 전체의 4분의 3이므로) 그의 빠른 발을 최대한 활용할 수 있다. 1루가 가까우므로 내야 땅볼을 안타로 만들 수 있다. 안타를 만들기 위한 세이프티 번트를 훨씬 효과적으로 활용할 수 있다. 1루에 좀 더 자주 살아나간다면 도루할 기회가 더 늘어나지 않느냐…….

윌스는 그 제안을 받아들이기로 했다.

앞서 '타격' 편에서 얘기했듯이 프로 물을 8년씩이나 먹은 사람이 새삼 그런 변신을 꾀한다는 게 얼마나 어려운 일인지 짐작할 수 있을 것이다. 그러나 당시의 재능만으로는 전혀 설 곳이 없다는 현실을 직시한 윌스는 여느 선수들은 감히 엄두도 내지 못할 굳은 결심을 했다. 윌스는 성공하고 말겠다는 의지가 남달리 강했다. 신체적 조건은 프로 선수로서 최저선에 머물러 있었지만 정신적 결의, 완벽주의, 경각심, 그리고 자기에게 주어진 임무를 자발적으로 수행하려는 의욕 등은 그가 새로운 인생을 개척하는 길잡이가 됐다.

그는 왼손 타법을 익혔다. 원래 파워와는 담을 쌓았던 그는 강하게 때리는 데는 신경 쓰지 않았다. 그는 공을 끝까지 지켜보고 내야수 사이를 빠져나가도록 날카롭게 끊어치는 데 주력했으며 타구가 약할 때는 빠른 발을 살려 내야 안타를 만들어 냈다. 내야의 땅이 단단한 구장에서는 다운스윙으로 내리찍어 바운드 된 공이 한참 동안 공중에 떠 있도록 하는 타법도 익혔다. 내야수들이 튀어오른 공이 밑으로 내려오기를 초조하게 기다리고 있는 사이 윌스는 1루에 안착하곤 했다.

그러나 모리 윌스가 이런 타격을 하기 위해서는 투수 연구에 1인자가 되지 않으면 안 되었다. 자신의 약점이나 타격 스타일을 놓고 볼 때 그는 천부적인 감각보다 머리에 의존해야만 했다. 즉 모든 투수의 동작과 투구를 끊임없이 분석하고 스트라이크존에 대한 확고한 감각을 유지해야 했다. 이런 것들은 대단한 노력 없이는 이룰 수 없는 일이었다.

윌스는 이런 관찰을 베이스러닝에도 적용시켰다.

타자들이 투수의 피칭 모션을 연구하듯이 윌스는 상대 투수들의 1루 견제 동작을 주의 깊게 관찰하고 분석했다. 그의 마음속에는 '비밀 장부'가 있었다. 윌스는 상대 투수가 어떤 동작을 취할 때는 1루로 견제구를 던지고, 어떤 동작일 때는 그냥 모션에 그치는지, 그리고 가장 중요한 것으로서 어떤 동작일 때 홈으로 피칭하는지를 투수 개인별로 정확하게 파악하고 있었다.

이런 지식을 갖춘 데다 엇비슷한 행동에서 극히 미세한 동작의 차이까지 찾아내려고 부단히 노력한 모리 윌스는 견제구에 걸리지 않으면서 누구보다 크게 리드할 수 있었고, 도루할 때는 누구보다 먼저 2루를 향해 스타트할 수 있었다.

"도루는 투수로부터 뺏는 것이지 포수로부터 뺏는 게 아니다."라는 야구 격언이 있다. 고급 야구가 아닌 데에서는 이런 격언이 꼭 들어맞지는 않는다. 포수의 어깨가 약하거나 송구가 부정확할 때는 주자의 스타트가 다소 늦더라도 세이프 될 수 있다. 그러나 메이저리그 포수들은 유별나게 강한 어깨를 자랑하지 않더라도 누구나 도루 저지 능력을 기본적으로 갖고 있다. 그렇지 못하다면 아예 처음부터 메이저리그에 올라오지도 못했을 것이다. 그렇다면 도루의 성패는 주자가 얼마나 빨리 스타트하느냐, 즉 얼마나 리드를 많이 하고 일찍 스타트하느냐에 달려 있는 것이다. 주자를 베이스에 가까이 묶어 놓는 것은 투수의 책임이다. 투수가 1루에 견제구를 던지는 것은 주자를 잡겠다는 것보다는 너무 리드가 큰 주자를 베이스로 몰아넣는 데에 목적이 있다. 그리고 노련한 투수는 고개를 돌려 그저 바라보는 것만으로도 주자를 꼼짝 못하게 묶어 둘 수 있다. 보크 룰에 걸리지 않는 범위 안에서 투수가 마지막 순간까지 1루로 견제구를 던질 듯한 기색을 보이다가 재빠른 동작으로 홈으로 투구한다면 주자는 '지금 뛴다'는 결정을 내리고 몸의 중심을 이동시키고 최고 스피드를 내기에 충분한 시간을 갖지 못하게 된다. 그렇기 때문에 도루의 성공 여부는 포수가 악송구하지 않는 한 도루의 첫걸음에 달린 것이지 마지막 걸음에 있지 않다고 말하는 것이다.

월스는 이 기술을 완성시켰다. 그는 '첫걸음'에 관한 한 천부적인 재능을 타고났다.(이런 순발력은 농구 선수나 미식축구의 러닝백에게도 매우 소중한 자산이다.) 그리고 그는 그 재능을 최대한 활용했다. 그런 능력을 타고난 사람은 얼마든지 있지만 완전하게 계발한 사람은 드물다. 그리고 그런 베이스러닝을 할 수 있게끔 끊임없는 관찰과 정신적 노력을 아끼지 않은 사람은 더욱 드물다. 1959 시즌 중반이 되자 월스는 다저스의 일원이 돼 있었다. 그해 10월에는 월드 시리즈에 출전했고 1962년에는 스타가 됐다.

그리고 1966년까지 다저스가 4년 사이 세 차례의 리그 우승을 차지하는 데 결정적으로 기여한 모리 윌스는 야구계의 흐름까지 바꿔 놓았다. 다른 선수들도 도루의 효용을 재인식하게 됐고 감독들은 도루를 허용하다 못해 권장하기에 이르렀으며 도루 능력을 가진 선수를 발벗고 찾아나섰다. 마침내 루 브록, 그 다음에는 리키 헨더슨 등이 차례로 윌스의 기록을 뛰어넘었고 그 밖에 연례적으로 십여 명의 선수가 쉰 개 안팎의 도루를 기록하고 있다. 그보다 더 중요한 변화는 게임을 지휘하는 감독들의 자세에서 나타났다. 그중에서도 척 태너, 화이티 허조그, 빌리 마틴 등 세 감독은 '뛰는 야구'를 더욱 강조했다.

모리 윌스의 영향은 여기서 그치지 않고 전세계적으로 기동력의 야구가 강조되는 추세를 몰고 왔다. 볼티모어 오리올스를 1970년대 아메리칸리그 정상에 올려놓은 얼 위버 감독은 다른 감독들과 달리 '한꺼번에 대량 득점하기'와 '3점 홈런 애용자'로 정평이 나 있었고 실제로 그런 플레이를 할 능력을 갖춘 선수들을 거느리고 있었다. 그런데 유독 위버 감독만이 그런 야구 철학을 갖고 있었다고 꼬집어 말하는 자체가 전체 야구의 흐름이 달라졌음을 역설적으로 말해 주는 것이다. 1930년대부터 1960년대까지는 구태여 이런 언급을 할 필요가 없었다. 너무나 당연하게도 전반적인 게임의 양상이 그랬기 때문이다.

기동력의 야구가 가져오는 이점을 쉽게 알아볼 수 있게 해 주는 두 가지 변화가 뒤따랐다. 하나는 구장이고 또 하나는 사람이다. 주자가 달리는 주루선에도 인조 잔디가 깔림에 따라 주자의 스피드가 증진됐다. 그리고 전반적으로 빠른 발을 가진 선수들이 불어났다. 1, 2루간 거리는 과거와 똑같다. 투수에서 포수, 포수에서 2루까지 가는 송구 거리도 과거와 똑같다. 그러나 주자가 평균적으로 한 걸음 또는 그 이상 빨라졌다면 도루 성공 여부는 주자 쪽에게 유리하게 변한 셈이다.

그래서 게임의 양상은 다시 바뀌었다.(다시 말하지만 매우 점진적으로)

1919년에는 100게임당 도루는 186개, 홈런은 39개였다. 1949년에는 도루는 겨우 59개에 홈런은 138개로 역전됐다. 1959년만 해도 도루는 69개에 불과했고 홈런은 182개였다. 그러나 1979년에는 도루가 142개로 불어났으며 홈런도 여전히 적지 않은 164개였다. 오늘날의 야구는 도루와 홈런 수는 종전보다 훨씬 엇비슷하게 균형이 잡혀 가고 있다. 이 두 가지는 활달한 액션을 보여 주면서 스코어를 늘려 주기 때문에 관중들을 매료시키고 있다.

모리 윌스는 이런 흐름을 불러온 주인공이다. 하긴 윌스가 출현하지 않았더라도 앞서 지적한 대로 선수들의 주력 증가와 구장 표면의 변화로 인해 언젠가는 그런 식의 변화가 일어나긴 했을 것이다. 그러나 그런 시기가 무르익으면서 윌스가 그런 조류 형성에 강한 촉매제 역할을 한 것은 움직일 수 없는 역사적 사실이다. 윌스의 성공 뒤에는 정신력과 의지력에 이은 제3의 요소가 있었다. 도루는 슬라이딩을 뜻하며, 슬라이딩은 고통을 수반하고, 잔부상을 일으킬 수 있으며, 그런 부상들은 나아가 중상을 부를 위험을 안고 있다. 윌스식으로 야구를 하려면 기회가 있을 때마다 뛰어야 하고 그러려면 신체적 고통을 이겨 내면서 적극적으로 대들어야 한다. 이는 부상중에도 뛰어야 하고, 찰과상이나 접질린 발목이 다 낫기 전에도 뛰어야 한다는 것을 의미한다. 그리고 베이스에 슬라이딩해 들어가는 횟수가 많아질수록 그를 가로막는 야수와 충돌하거나 걷어차이는 횟수도 늘어나게 마련이다.

여기서 화제를 돌려 도루의 단계를 살펴보자.

1. 우선 출루하라. 1루는 훔칠 수 없다.
2. 투수의 동작을 파악하라.
3. 투수의 집중력이 잠시나마 허물어지는 시점을 포착, 그것을 최대한으로

활용하라.
4. 투구 배합을 살펴 도루하기 가장 좋은 투구를 골라라. 그리고 피치아웃을 유발하지 않도록 하라.
5. 스타트를 빨리 하라.
6. 슬라이딩 요령을 배우고, 공이 먼저 도달하더라도 태그를 피하는 방법을 연구하라.

　이런 것들은 연습을 통해 처음부터 새로 익힐 수 있으며 이미 갖춘 기본 재능을 좀 더 향상시킬 수도 있다. 출루 횟수를 늘리려면 선구안을 길러 포볼을 많이 골라 나가거나 공을 박살낼 듯이 때리지 않고 갖다 맞히는 데 주력하면 된다. 투수를 연구한다는 것도 마찬가지다. 세밀히 지켜보고 연구하면 되는 것이지 천부적인 재능이 있어야 하는 것은 아니다.
　슬라이딩 요령은 연습을 통해 길러진다. 물론 매우 힘들고 괴로움이 뒤따른다. 슬라이딩에는 여러 종류가 있는데 공과 야수의 위치에 따라 적절한 방법을 선택해야 한다. 즉 야수가 태그할 수 있는 타깃을 최소화하면서 발이나 손으로 베이스를 짚고 들어가는 것이 요령이다.
　도루하기 좋은 공을 고른다는 것은 팀플레이와도 관련이 있다. 월스의 경우 그가 도루할 때 타석에서 호흡을 맞춰 주는 동료 선수가 있었다. 감독도 월스가 스스로 판단해서 뛸 수 있도록 자율권을 줬다. 보통 선수는 감독의 허락 없이는 도루할 수 없다. '허락'이라고 말하는 이유는, 타자에게 때리라는 사인과 마찬가지로, 반드시 뛰라는 '명령'이 아니라 뛸 수 있다고 판단되면 뛰어도 좋다는 것이기 때문이다. 하긴 주자는 물론 누구나 자부심을 갖고 있으므로 도루 사인이 떨어지면 십중팔구 뛰게 마련이다.
　'뛰기 좋은 공'은 타자에 대한 볼카운트, 투수가 즐겨 사용하는 투구 패턴, 주자와 투수 사이의 심리전(포수도 투수와 똑같은 방식으로 생각하기 때문에 주자와 포수의 심리전도 곁들여진다.) 등과 연관이 있다. 볼카운트가 2―0이라면 도루를 시도하기에 매우 나쁜 타이밍이다. 포수는 부담 없이 피치아웃 사인을 낼 것이기 때문이다.(피치아웃이란 타자가 치지 못하도록 공을 옆으로 빼서 포수가 방해받지 않고 재빨리 2루로 송구할 수 있도록 투구하는 것이다.) 그런 볼카운트에서는 투수가 공 한 개, 또는 두 개까지도 버릴 수 있다. 거꾸로 볼카운트가 0―2라면 투수는 스트라이크를 던지기에 급급하므로 주자가 뛸 수 있는 기회다. 더구나 타자는 고의로 헛스윙해서 주자를 도와줄 수도 있다. 그렇게 함으로써 자신은 원 스트라이크를 먹으면서 포수의 2루 송구를 약간이나마 방해할 수 있다.

투구의 종류에 따라서도 도루 성공 여부에 큰 차이가 나타난다. 너클볼은 주자에게 "어서 도루하십시오." 하고 권하는 것이나 다름없다. 포수는 2루 송구는 고사하고 공을 잡기에도 바쁘기 때문이다. 슬로볼은 어떤 구질을 막론하고 빠른 직구보다 도루를 허용할 확률이 크다. 공이 포수 미트에 들어오기까지 시간이 많이 걸리기 때문이다. 낮게 떨어지는 커브도 공이 포수에게 도달하는 데 걸리는 시간이 길 뿐 아니라 포수가 몸을 낮춰야 하는 어려움까지 가중되기 때문에 도루하기가 편하다.

좌타자가 타석에 서 있으면 1루 주자는 약간이나마 포수의 시야에서 가려지는 이점을 안게 된다.(우타자일 때 3루 주자도 마찬가지다.) 투구가 바깥쪽으로 낮게 들어올 경우 오른손잡이인 포수는 안쪽으로 들어올 때보다 단 몇 십 분의 1초라도 송구 자세를 취하는 데 걸리는 시간이 길다.(왜 포수는 모두 오른손잡이일까? 대부분의 타자가 우타자이므로 포수가 송구를 방해받지 않으려면 오른손으로 던지는 편이 유리한 까닭이다. 그러나 이는 굳이 필요성에 따른 것이라기보다 전통적으로 그럴 뿐이다.) 주자는 타자나 투수, 포수와 똑같은 방향으로 생각하고 있으므로 도루하기에 가장 유리한 시기를 찾아낼 수 있다.
 앞에서 빠뜨린 중요한 사실 한 가지를 이제 밝히겠다. 도루나 베이스러닝을 잘하기 위해서는 반드시 발이 빨라야 할 필요는 없다는 것이다. 여기에 대해서는 잘못 알고 있는 사람이 너무나 많다. 물론 평균보다 발이 느려서는 곤란하겠지만 어느 팀에나 가장 베이스러닝을 잘하는 선수보다도 발이 빠른 사람은 따로 있게 마련이다.(주로 투수들 중에 있다.) 베이스러닝은 주력이 얼마나 좋은가 하는 것과는 무관하다. 아무리 단거리 전문 육상 선수라도 베이스러닝은 엉망일 수 있다. 도루는 뛸 시기를 정확히 포착해서 스타트를 빨리 하고 슬라이딩을 잘하는 데에 성공 여부가 달려 있다. 그런데 문제는 성공률이 얼마나 높으냐에 있다. 절반은 살고 절반은 죽는다면 팀에 도움이 되기는커녕 오히려 득점 기회만 줄여 놓는 손해를 끼칠 뿐이다. 좋은 주자라면 도루 성공률이 적어도 70퍼센트는 넘어야 한다. 즉 열 번 뛰면 일곱 번 이상 세이프 될 수 있어야 한다.
 윌스를 비롯한 도루 전문가들은 팀을 간접적으로 지원하기도 한다.
 팀을 간접 지원한다는 것은 무슨 뜻인가?
 로빈슨, 윌스, 메이스, 아파리치오, 브룩, 헨더슨 같은 위협적인 주자들은 투수를 괴롭힌다. 그들이 누상에 나가면 투수는 불안해져 견제구를 던지고 자꾸만 쳐다보게 된다. 이런 행위들은 타자에 대한 투수의 집중력을 떨어뜨린다. 즉 주자가 성가시게 구는 바람에 투수의 초점이 흐려져 타자에게 포볼을 내주거나 홈런을 얻어맞기도 한다.
 도루 활성화에 따른 야구의 변화는 오랜 세월에 걸쳐 서서히 이뤄졌다. 1930-70년 사이 홈런이 많아지면서 베이스러닝이 퇴보하자 투수들도 1900-30년대에는 필수적이던 주자 견제 기술을 외면하게 되었다. 따라서 모리 윌스나 루이스 아파리치오 등이 '구식 무기'를 다시 들고 나왔을 때만 해도 많은 투수들이 주자에게 신경 쓰는 습관이 길러지지 않아 집중력에는 별다른 영향을 받지 않았다. 그러나 도루가 일반화되면서 발빠른 주자들이 많이 나타나자 투수들은 주자에 더 많은 신경을 쓰지 않을 수 없게 됐으며, 엄격해진 보크룰에 걸려들거나 홈런을 맞을 위험이 커지는 바람에 정신적 부담감이 더 늘어나게 됐다. 현대 야구의 경기 시간이 유난히 길어진 것도 투수들이 주자 리드에 신경을 곤두세우는 데에 원인이 있다.

팀에 대한 두 번째 간접 지원은 우수한 주자일수록 1루수를 베이스에 묶어 두는 시간이 다소나마 더 길다는 점이다. 이에 따라 라이트 앞으로 타구가 빠져나갈 공간이 그만큼 넓어진다. 또 유격수와 2루수를 2루 쪽으로 좀 더 가까이 모아놓는 이점도 있다. 더블플레이를 하려면 내야수들이 약간이라도 빨리 움직여야 하는데 유격수와 2루수가 베이스 쪽으로 붙을수록 땅볼 타구가 외야로 빠져나갈 가능성이 커진다. 이런 것들은 몇 센티미터의 차이에 지나지 않지만 바로 그 몇 센티미터가 게임의 승부를 좌우한다.

세 번째 간접 지원. 유능한 주자는 성공적인 뜀박질로 공격의 효율성을 높인다. 똑같은 안타 수로도 더 많은 득점을 올릴 수 있는 것이다.

네 번째, 상대 수비망 전체를 뒤흔들어 놓을 수 있다. 야수들은 송구와 중계 플레이를 서두르지 않을 수 없고 땅볼 타구를 처리할 때 마음이 조급해진다. 포수는 번트나 단독 스틸을 처리하거나 픽오프를 하면서 서두르다 엉뚱한 데로 악송구하는 경우가 자주 생긴다. 이런 실수가 어쩌다 한두 번만이라도 나오면 수비의 안정에 결정적 타격을 입게 된다.

다섯 번째는 바로 이것과 앞뒤 관계를 이룬다. 주자가 활발하고 과감하게 달림으로써 팀 전체의 사기를 끌어올릴 수 있고 동료들은 더욱 열심히 게임에 임하게 된다. 공격적인 의욕이 팀 전체에 깔리는 것이다.

지금까지 우리는 주로 도루에만 관심을 기울여 왔다. 그러나 사실 도루가 재조명을 받으며 많은 선수들이 애용하게 됐다고는 하지만 아무래도 몇몇 선수만이 장기를 발휘하는 전문 기술이라고 하지 않을 수 없다. 적은 스코어로 승부가 결정되던 시절에는 도루가 더욱 긴요하고 모험해 볼 만한 가치가 있었다. 그렇기 때문에 탄력 없는 공을 사용하던 시절에 도루 기술이 발달했던 것이다. 그렇지만 꾸준히 홈런을 때려 낼 수 있는 선수가 몇몇에 국한돼 있듯이 연간 마흔 개 정도의 도루를 착실히 해낼 수 있는 재능을 가진 선수도 소수일 뿐이다. 그렇지만 일반적인 베이스러닝은 누구에게나 적용되며 차원이 다르다.

1루와 3루 코치는 주자의 베이스러닝을 돕기 위해 코치 박스에 나가 있다. 그러나 그들이 주자들에게 실질적 도움을 주는 경우는 별로 없다. 타구가 어디로 날아갔고, 그래서 어디까지 진루할 수 있다고 판단하고 실행하는 것은 거의 주자 자신에게 달려 있기 때문이다. 주자는 타구를 처리하는 야수의 어깨, 공을 잡아 던지는 데까지 걸리는 시간, 자신의 주력 등을 종합적으로 판단해서 어디까지 뛸 것인지를(리드한 거리까지 계산에 넣어) 결정한다.

주자는 또 현재의 스코어, 아웃 카운트를 고려해서 과연 위험을 무릅쓰고 더 많이 진루할 필요가 있는지 여부를 판단해야 한다.

4점 차로 뒤진 9회 말 1사 상황이라면 안타가 터졌다 해서 1루 주자가 3루까지 무리하게 뛸 이유는 없다. 승부를 좌우하는 득점은 그 뒤에 있기 때문이다. 이럴 때는 아웃당할 위험을 최소한으로 줄여야 한다. 그러나 1점 차로 뒤쫓고 있는 상황이라면 분명히 그런 모험을 해볼 가치가 있다. 그 뒤에 적당한 땅볼만 나오더라도 동점을 뽑아 당장 눈앞에 닥친 패배를 모면할 수 있기 때문이다.

빠르거나 느리거나, 덩치가 크거나 작거나, 영리하거나 우둔하거나 어쨌든 모든 주자가 책임져야 하는 것은 더블플레이를 방지하는 것이다. 야구에는 몸을 부딪치며 힘을 겨루는 장면이 별로 없지만 더블플레이만은 그런 육탄 대결도 불사해야 하는 대목이다. 1루 주자는 병살이 될 만한 타구가 나왔을 때 피봇맨이 1루로 정확하게 송구하지 못하도록 힘껏 슬라이딩해 들어가야 한다. 그러려면 우선 조금이라도 빨리 그 위치로 달려가야 하며 베이스에 너무 연연하지 말고 야수를 겨냥해야 한다. 근년에는 베이스에서 멀리 떨어진 곳에서 눈에 띄게 야수를 걷어차고 들어갈 경우 심판에 의해 제재를 받지만(자동 병살로 처리한다.) 베이스에서 비교적 가까운 곳에서는 야수를 방해하는 것이 허용된다. 어쨌든 주자는 심판이 아니다. 나중에 판정이 어떻게 나오건 간에 주자는 자기에게 주어진 기회를 최대한 살려야 한다. 게임의 승패, 나아가 패넌트레이스 우승 여부는 바로 더블플레이를 저지하느냐 못하느냐에 달려 있다고 해도 과언이 아니다.

반드시 알아두어야 할 주루플레이가 또 하나 있다. 무사 1, 3루에서 타자가 3루수 앞 또는 투수 앞 땅볼을 때렸을 경우 3루 주자는 '반드시' 홈으로 뛰어야 한다는 것이다. 그렇지 않으면 상대방이 2루에서 1루로 더블플레이를 연결하는 동안 3루 주자는 아무 소득 없이 그 자리에 묶여 있는 결과가 된다.

3루 주자가 홈으로 뛴다면 상대방은 실점하지 않으려고 홈으로 송구할 것이다. 그는 틀림없이 아웃당하겠지만 1사 1, 2루로 득점 기회가 이어진다. 이는 2사 3루보다 유리하다. 3루 주자가 좀 더 영리하다면 일부러 협살에 걸려 다른 주자들이 2, 3루로 올 때까지 시간을 벌어 줄 수도 있다. 다른 주자에게 추가 진루할 시간을 벌어 준다는 것은 결코 쉬운 일이 아니지만 주자에게 주어진 임무 중 하나이다.

진루를 위한 주자의 판단에는 미묘한 이해 득실이 얽혀 있다. 공격적인 주루를 하면 한 베이스라도 더 진루할 수 있고, 좀 더 많은 득점을 올릴 수 있고, 상대방의 실수를 이끌어 내는 등 어마어마한 이득을 낳는다. 그러나 자칫 도가 지나쳐 무모한 주루가 돼 버리면 아까운 아웃 하나만 허비하면서 상대방의 골칫거리를 제거해 주는 이적 행위가 되고 동료의 안타를 헛수고로 만들어 버린다. 관중들은 결과를 놓고 무모한 주루플레이를 한 선수를 몹시 나무라지만 선수들은 그라운드의 비입체적인 평면상으로 모든 플레이를 살펴야 하기 때문에 반드시 꾸중할 일만은 아니다.

모든 주자가 지켜야 할 또 하나의 의무가 있다.(그런데 그 의무를 제대로 지키지 않는 예는 놀라울 정도로 많다.) 즉 자기에게 내려진 사인을 놓치지 않아야 하는 것이다. 타자가 보내기번트 또는 히트앤드런을 한다면 주자도 분명히 그것을 알고 있어야 한다. 타자는 벤치에서 나오는 사인을 3루 코치를 통해 전달받으며 주자는 3루 코치나 벤치, 또는 타자로부터 사인을 받는다.

주자가 사인을 놓치면 즉각 엄청난 낭패를 보게 된다. 타자가 번트했는데 주자가 그 자리에 그대로 서 있다면 괜히 아까운 아웃만 허비하는 셈이 된다. 경우에 따라서는 더블플레이까지 당할 수 있다. 그리고 주자가 번트 사인으로 잘못 보고 뛰었는데 실제로는 그게 아니었다면 오도 가도 못하는 신세가 된다.

작전을 내리는 감독의 입장에서 본다면 도루나 히트앤드런은 주자를 '스타트'시키는 데에 목적이 있다. 어떤 투구, 어떤 상황에서는 굳이 히트앤드런을 걸지 않더라도 주자가 뛰어 줬으면 하는 때가 있다. 그렇게 함으로써 병살을 막거나 안타가 나왔을 때는 한 베이스라도 더 진루할 수 있기 때문이다. 감독은 그 플레이에 관련된 모든 요소들을 계산에 넣고 있다. 즉 주자의 스피드, 투수의 능력, 게임의 진행 상황, 야수들의 위치, 예상되는 구질 등이 그것이다.

야구팬이라면 누구나 알 만큼 자동적으로 1루 주자가 스타트하는 상황이 하나 있다. 즉 투 아웃에 볼카운트 2—3일 때다. 이런 경우 1루 주자는 투수가 일단 투구 동작에 들어가면 스타트해도 아웃당할 염려가 없다. 타자가 포볼을 골라내거나 파울볼, 안타, 범타를 기록하거나 삼진 당함으로써 타격의 결말을 낼 것이기 때문이다.

그러나 이렇게 명백하게 자동 스타트하는 경우가 아니더라도 감독은 때때로 어떤 목적을 위해 주자를 스타트시키는 수가 있다. 그런데 타자가 너무 강타만 노리다가 헛스윙하는 바람에 주자를 객사시키는 경우가 있는데 감독이 분통을 터뜨리는 게 바로 이럴 때다.

우리는 지금까지 주로 1루 주자에 관련된 내용만 살펴봤다. 대다수의 행동이 일어나는 곳, 그리고 어떤 선택이 필요한 곳이 1루이기 때문이다. 2루 주자는 어지간하면 3루를 훔치려 들지 않는다. 3루를 훔쳐서 얻는 이득이 없지는 않지만(후속타가 반드시 안타가 아니더라도 득점할 수 있는 기회가 적지 않다.) 그 이득이라는 게 태그아웃당하는 손해를 상쇄할 만큼 크지 않기 때문이다. 후속 안타로 홈에 들어올 수 있는 것은 2루에 있을 때나 3루에 있을 때나 엇비슷하다. 또 포수와 2루의 거리가 127피트(38.7m)인 데 비해 홈에서 3루는 90피트(27.43m)밖에 되지 않기 때문에 3루 도루는 주자에게 훨씬 불리하다. 그리고 홈스틸은 필사적인 모험이 필요한 상황에서 감행할 수 있지만 일반적으로는 그저 관중을 의식한 재주 부리기에 지나지 않는다.

윌스는 "별로 필요하지 않을 때도 냅다 도루한다."거나 "너무 관중을 의식한 플레이를 한다."라는 비난을 종종 받았다. 이런 비난 속에는 야구계에 아직 남아 있는 인종 차별의 냄새가 들어 있는 것 같기도 하다. 그러나 윌스는 그를 비난하는 사람들보다 훨씬 깊이 있는 야구 이론으로 반박한다.

나의 야구는 뛰는 야구다. 나는 기회가 있을 때마다 뛰어야 한다. 그 이유는 내 자신이 무뎌지지 않도록 기민성을 유지하면서 한편으로는 상대방을 조바심 나게 만들어야 하기 때문이다.

그리고 득점을 너무 많이 올렸다고 손해 볼 일이 어디 있는가? 스코어가 10—1이 되고 난 후 홈런 타자가 홈런을 때렸다고 비난하는 경우가 있는가? 우리 팀이 10—1로 이기고 있다면 나는 내 방식대로 도루해서 스코어링 포지션을 점령했다가 11—1을 만들고 싶다. 흔치는 않지만 상대방이 한꺼번에 9점을 뽑아 경기를 뒤집지 말라는 법도 없지 않은가?

우리가 강조하는 야구란 그런 것이다. 각기 다른 능력을 가진 인간들이 '지금 이 시점에서' 최선의 플레이를 해야 하며 그 뒤의 어쭙잖은 비난이 두려워 적당히 어물거려서는 안 된다.

반면에 도루할 능력이 있더라도 '도루해서는 안 되는' 사람이 있다. 가장 대표적인 예가 미키 맨틀이었다. 빼어난 주력을 유지했던 맨틀은 고도의 베이스러닝 기술을 갖고 있었다. 그는 마음만 먹으면 언제든지 도루할 수 있었다. 그러나 그는 가능한 한 도루를 삼갔기 때문에 그의 도루가 승리와 직결되는 경우는 매우 드물었다. 미키 맨틀의 야구 인생은 다리 부상으로 점철돼 있었다. 그런 선수에게 도루에 필연적으로 따라붙는 충격과 부상의 위험을 감수하라는 것은 어리석기 짝이 없는 일이었다. 만약 도루하다가 부상당하는 바람에 2주 정도 전열에서 빠져야 한다면 그의 다른 재능, 즉 장타력과 폭넓은 수비를 살릴 수 없기 때문이다.

1990년에 호세 칸세코에게도 이런 문제가 제기되었다. 그는 1988년 42홈런에 도루 40개를 곁들여 사상 최초로 40—40 클럽을 개설하면서 만능 선수로서 새로운 장을 열었다. 그해 6월 그는 향후 5년간 2350만 달러를 받는다는 (그 당시로는) 사상 최고액 연봉 협상을 벌이고 있었다. 그런데 칸세코는 공교롭게도 그런 협상을 벌이던 중 등허리 부상을 입어 출장 불능 선수 명단에 올라가야 했다. 그는 기자들에게 "언젠가는 50—50 클럽을 여는 해가 올 것"이라고 호언장담했다. 그러나 그런 고액 선수가 (게임을 승리로 이끌기 위한 게 아니라) 그저 기록 수립을 위해 도루하다가 다쳐 게임을 뛸 수 없게 된다면 그 자신이나 구단 모두가 용서받지 못할 멍청한 짓을 저지른 것에 지나지 않는다. 장차 도루왕으로서 명예의 전당에 들어갈 것이 확실시되는 리키 헨더슨은 (다른 재능도 없는 것은 아니지만) 그런 모험만이 그가 보여 줄 수 있는 야구의 전부였다. 그러나 칸세코의 대표적인 재능은 장타력에 있으므로 부상의 위험을 무릅쓰고 뛰는 것은 별로 가치가 없는 짓이다.

현대의 칸세코와 마찬가지로 과거의 맨틀은 즐비한 장거리 타자들 속에서 뛰었으므로 그런 타선을 고려한다면 무리하게 도루하는 것은 얼빠진 짓이었다.

윌리 메이스는 맨틀과 극명하게 대비된다. 베이스러닝에 천부적인 재능을 가졌던 메이스는 잦은 부상에 신음한 맨틀과 달리 신의 축복이라 할 만한 건강을 자랑했다. 메이스는 윌스가 출현하기 전 내셔널리그를 주름잡는 도루왕이었는데 그때 그가 몸담은 자이언츠 타선은 다른 해에 비해 상대적으로 약해져 있었다. 자이언츠 타선이 올랜도 세페다, 윌리 매코비 같은 슬러거들로 보강되면서 장거리포로 쉽사리 메이스를 홈으로 불러들일 수 있게 되자 메이스는 팀을 위해 다리로 모험할 필요가 없어졌고 따라서 그의 도루도 줄어들었다.

그러나 윌스의 경우는 달랐다. 그는 다리 부상을 각오해야 했다. 뛰는 것이야말로 그가 팀에 기여할 수 있는 유일한 자산이었기 때문이다. 그가 다쳐서 뛸 수 없다면 그의 존재 가치는 없어지는 셈이다. 그리고 그가 건강한 데도 뛰지 않는다면 존재 가치가 없긴 마찬가지다. 그러나 맨틀이나 메이스나 행크 에런 같은 선수들은 워낙 타력이 빼어나기 때문에 설사 도루 능력이 탁월하더라도 뛰어서는 안 되는 것이다.

'뛰는 야구'의 부활은(그렇다고 홈런 시대를 뒤집는 혁명이 일어난 것은 아니고 가치 평가가 약간 달라졌을 뿐이다.) 투수력이 강해지고 외야가 넓은 대형 경기장이 속출하는 데 따른 부산물이라고 할 수 있다.

다시 정리하자면 과거의 단타 — 번트 — 도루 — 단타의 득점 전술은 투수력이 막강한 데서 비롯된 것이었다. 더구나 반발력이 적은 공을 쓰던 시절에는 득점 수가 적었다. 그러나 1920년 이래 공의 성능이 변화된 시대를 맞고 나서는 트릭피칭이 통하지 않게 되고, 언제든지 새하얀 공이 새로 투입되고, 구장 펜스가 상대적으로 짧아짐에 따라 오히려 투수가 수세에 몰리게 됐다. 이 시기에는 홈런을 노리는 스윙의 가치가 컸으므로 굳이 도루할 필요가 없었다.

그러다가 1960년대에 이르러 다시 투수 쪽이 유리하게 균형이 역전됐다. 그 이유는 무엇일까? 세인트루이스 카디널스와 시카고 화이트삭스에서 감독을 역임하고 야구 이론에도 일가견이 있는 에디 스탱키는 이렇게 명쾌하게 답변한다.

"피칭은 타격보다 교육 성과가 좋다. 오늘날의 젊은이들은 학교 교육도 제대로 받고 연습과 트레이닝도 제대로 하고 있다. 우리는 투수에게나 타자에게나 똑같이 지도를 아끼지 않지만 야구의 생리상 타자보다는 투수가 더 발전하는 폭이 크다. 그렇기 때문에 투수 열세 시대는 영원히 사라졌다고 할 수 있다. 특출한 투수는 예나 지금이나 희귀하지만 전반적인 투수층은 점점 향상되고 있다."

게다가 구원투수 활용이 보편화한 것도 그런 현상을 가속시켰다.

피칭이 좋아지면 득점하기가 어려워진다. 득점 수가 줄어들면 다른 공격 방법을 강구하지 않을 수 없다. 게다가 다저 스타디움이나 캔들스틱 파크(샌프란시스코 자이언츠 홈구장), 애스트로돔(휴스턴 홈구장), 셰이 스타디움(뉴욕 메츠 홈구장) 등은 과거 에베츠필드, 폴로 그라운드, 부시 스타디움에 비해 홈런을 뽑기가 어려워졌다.

윌스의 도루가 돋보인 것은 다저스의 투수진이 막강했던 것과도 무관하지 않다. 샌디 쿠팩스, 돈 드라이스데일, 조니 파드레스, 론 페라노스키 등으로 이뤄진 마운드는 연방 완봉이나 1점, 2점 게임을 연출해 냈다. 그런 투수들이 버티고 있는 한 1, 2점만 얻어도 충분히 이길 수 있었으며 윌스식 공격은 1, 2점을 뽑는 데 긴요했다. 만약 윌스가 소속된 다저스의 마운드가 허약해서 게임마다 번번이 5, 6점씩 손쉽게 내주곤 했더라면 상대방은 그의 도루를 별로 두려워하지 않았을 것이다. 3점차로 뒤지고 있는 게임에서 윌스가 뛰어 봤자 승부에는 별다른 도움이 되지 않았을 것이다. 물론 도루 기록이야 남겠지만 자기 팀 투수가 상대방을 저실점으로 막아 내지 못하는 한 윌스식 야구는 승리를 자아내는 데 별다른 가치가 없었을 것이다.

베이스러닝은 야구에서 가장 솔직한 행동이고, 배트나 공처럼 컨트롤할 필요가 없고, 오로지 자신의 몸과 의지에 모든 것이 걸려 있다. 그리고 베이스러닝의 한 걸음 한 걸음은 곧 팀의 전력과 긴밀한 연관이 있다. 그래서 브랜치 리키가 즐겨 지적한 대로 "개인의 임무와 팀이 얻는 효과가 독특한 조화를 이룬다는 점이 야구를 모든 단체 운동 중에서 단연 돋보이는 스포츠로 만드는 요소가 되고 있다."

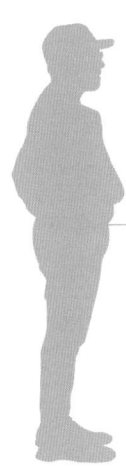

5 감독
노심초사의 가시방석

선수의 마음 한구석에는 나도 언젠가 감독을 한번 해봐야겠다는 욕망이 담겨 있다. 팬들은 내놓고 말하지는 않지만 마음속으로 이미 감독이 돼 있는 거나 다름없다. 게임의 결과를 놓고 이러쿵저러쿵 입방아를 찧는 것이 야구팬들이 즐길 수 있는 최고의 재미니까. 그리고 야구 감독은 직업의 생리상 그런 추궁을 면할 길이 없다.

선수들도 결과에 따라 평가를 받기는 마찬가지이지만 그들은 주어진 임무를 육체적으로 수행하면 그뿐이다. 삼진을 당한 타자를 향해 얼굴을 찌푸릴 사람도 있겠지만 그 선수에게만 일방적으로 비난을 퍼부을 수는 없는 노릇이다. 그가 고의로 삼진을 당한 것이 아니고 그 역시 속으로는 홈런을 노렸을 테고 상대 투수가 그만큼 잘 던진 결과일 수도 있기 때문이다.

그러나 감독은 다르다. 그는 오로지 머릿속으로 어떤 결정을 내리고 선수들에게 명령할 뿐이다. 그는 오로지 정신적으로만 활동한다. 따라서 그는 결과론에 휘둘리는 표적이 된다. 일이 제대로 풀리면 그렇게 유도한 감독은 당장 천재가 된다. 반대로 일이 제대로 풀리지 않으면 당장 목을 쳐야 마땅할 바보 천치가 된다. 감독은 한 이닝 사이에도 천재와 천치 사이를 몇 번씩 오갈 수 있다.

감독이 실제로 하는 일은 무엇인가? 다음과 같은 화두를 토대로 살펴보기로 하자.

— 팀이 따낼 수 있는 승수에 감독은 어느 정도의 영향을 미치는가?
— '사람들을 다룬다'는 것은 어떤 의미이며 거기에는 어떤 결과가 뒤따르는가?
— 날마다 치르는 게임에서, 또는 매 이닝에서 감독이 맡는 실질적인 임무는 무엇인가?
— 유능한 감독이 되기 위한 자질은 무엇인가?

감독은 팀의 승패를 얼마나 좌우할 수 있는가? 1년에 10승쯤? 20승? 2승? 아니면 누가 맡아도 전혀 차이가 없을까? 여기에 대해서는 1964년 봄 플로리다에서 빌 화이트가 촌철살인으로 던진 말이 모범 답안이다. 당시 그는 세인트루이스 카디널스의 1루를 맡는 팀 내 최고참 선수였고 요기 베라는 1년 계약으로 양키스에서 막 감독 생활을 시작하던 참이었다. 선수로서 많은 화제를 몰고 다녔던 요기 베라가 감독으로서 어떤 역량을 보여 줄지 관심이 쏠리고 있던 때였다. 그리고 화이트의 답변은 지당했다.

질문은 이랬다.
"감독은 팀 성적에 어떤 변화를 가져올 수 있겠습니까?"
화이트의 답변.

"그거야 감독 나름이죠."

구렁이 담 넘어가는 식의 애매모호한 대답 같지만 그거야말로 의미심장한 정답이었던 것이다. 벌써 25년 전에 그런 기지를 발휘할 줄 알았던 화이트는 방송 해설자를 거쳐 결국 구단주들에 의해 내셔널리그 회장으로 선출됐다.

어떤 감독은 아무런 차이도 만들어 내지 못한다. 어떤 감독은 질 뻔한 게임을 몇 차례 승리로 바꿔 놓는다. 어떤 감독은 가만히 내버려 두었더라면 이길 수 있는 게임을 공연히 주무르다가 망쳐 놓는다. 문제는 시험 대상에 오른 감독이 어떻게 팀을 이끄느냐에 달려 있다.

그러나 대부분의 감독은 팀 승수에 거의 영향을 미치지 못한다. 연간 풀시즌을 치르면서 각 팀이 보유한 기본 전력이 성적에 고스란히 나타나기 때문이다. 그렇다고 모든 감독이 동일한 결정을 내리거나, 누가 감독을 맡건 똑같은 결과가 나타난다는 뜻은 아니다. 다만 선수들의 능력을 총체적으로 뭉뚱그린 전력으로 본다면 스타일이 다른 감독이 팀을 이끈다 해도 결과는 비슷하다는 얘기다. 스파키 앤더슨은 화요일 게임은 반드시 잡고 수요일 게임은 풀어 주는 식으로 경기를 운영한다. 토미 라소다 똑같은 조건 아래서 화요일 경기는 늦추되 수요일 경기는 이긴다. 그러면서 각 팀은 있는 전력만큼 승률을 올리는 것이다.

왜 그런가 하면 야구의 기본 전략이라는 게 별로 복잡한 게 아니기 때문이다. 평생을 야구와 씨름하고 연구해 온 프로들은 어떤 상황에서는 어떤 선택이 옳은지 경험을 통해 명확하게 알고 있다. 어떤 각별한 전술이 있다 하더라도(가령 동점인 게임의 후반에 선두타자가 출루했을 때 보내기번트를 하는 것) 야구인들은 누구나 그것을 알고 있다. 양자의 성공 확률이 반반이라면 이것은 선택의 문제일 뿐이다.

그러나 이 선택은 '행동이 이뤄지기 전'에 내려지게 된다. 그리고 여기서 감독의 개성이 발휘된다. 감독은 플레이가 이뤄지기 전에 결정을 내리고 그 결정은 실전에서 가시적인 결과로 나타난다. 만약 그때 감독이 투수 교체를 하지 않았더라면, 히트앤드런 작전을 펼치지 않았더라면 어떤 결과가 나왔을지는 아무도 모른다. 감독을 포함해서 모든 사람들은 플레이가 끝나고 나야 왜 그런 결과가 나왔는지 알 수 있다. 그래서 경험 있는 선수나 감독 등 야구에 조예가 깊은 야구인들은 어떤 상황은 어떻게 대처한다는 일정한 방식을 갖춰 놓고 비슷한 상황에서는 비슷한 결정을 내린다.

그러나 일부 감독은 상식을 초월하기도 한다. 그들이 순간적인 기지를 발휘해서 도저히 빠져나올 수 없을 것처럼 보이는 패배의 구렁텅이에서 팀을 구하는 경우가 연간 대여섯 게임은 된다. 리오 듀로셔가 바로 이런 명성을 얻은 대가였다.

반면에 어떤 감독은 이런 두뇌 회전이 느리고 잘돼 가던 일을 오히려 엉망으로 만든다는 인상을 주기도 한다. 우수한 감독이 승리를 낚아채는 것보다 모자라는 감독이 패배를 부르는 경우가 더 많다는 인상을 일반인들은 받고 있다. 선수와 마찬가지로 감독이 갖고 있는 능력은 제각각이고 성공할 수 있는 환경도 언제나 똑같지는 않다. 어느 팀에서는 가장 이상적인 감독이라 할 수 있는 사람도 다른 팀으로 가면 별로 환영을 받지 못하는 경우가 있다. 이런 일은 선수들이 생각하는 만큼 많지는 않지만 있는 것만은 틀림없다. 그러나 대체로 짧은 기간만 놓고 보면 어떤 감독이라도 팀 성적에는 별로 영향을 미치지 못한다. 당장 대단한 극약 처방 효과를 가져오는 감독은 극히 드물다.

이런 얘기는 감독을 신비로운 존재로 여겨 왔거나 결과를 놓고 감독을 추궁하는 데 재미를 느끼던 팬들의 입맛에는 맞지 않을 것이다. 어떤 감독이 결정권을 쥐건 경기 내용에는 큰 차이가 없다고 말한다면, 나쁜 결과가 나오면 감독을 맹렬히 비난하고 좋은 결과가 나오면 마치 제가 이긴 것처럼 즐거워하던 팬들은 시큰둥할 것이다. 그리고 한 걸음 더 나아간다면 잘못은 제가 저질러 놓고 모든 허물을 감독 탓으로 돌리던 대다수의 선수들도 위와 같은 필자의 소견이 탐탁지 않을 것이다.

그러나 오해 마시기 바란다. 위의 내용은 다음과 같은 전제 아래서 성립되는 것이므로.

— 감독은 야구를 완벽하게 이해하는 야구인일 것.
— 의사 결정을 내리는 데 남의 간섭을 받지 않고 자유로울 것.

위와 같은 조건이 갖춰졌을 때만 주어진 여건 속에서 거의 모든 감독이 동일한 결과를 만들어 내고 스타일의 차이까지 무시할 수 있다는 얘기다.

무엇보다 중요한 것은 팀마다 '감독은 한 명뿐이어야 한다'는 점이다. 팀을 이끌어 가는 사람은 오직 한 사람이다. 그는 조직 안에서 가장 머리가 좋아야 할 필요는 없으며, 가장 경험이 많아야 할 필요도 없으며, 가장 많은 사랑을 받아야 하는 것은 물론 아니고, 독특한 스타일을 자랑할 필요도 없다. 다만 그는 반드시 팀의 보스여야 한다. 사공이 많으면 배가 산으로 간다.

누구를 주전 선수로 내세우고, 누구를 마운드에 세우고, 타순은 어떻게 짜야겠다고 최종 결정을 내리는 누군가가 있어야 한다. 번트를 하라거나, 때리라거나 때리지 말라거나, 대타를 넣거나 하는 결정을 내리는 누군가가 있어야 한다. 그 사람이 바로 감독이다. 그는 남의 조언을 받을 수도 있고, 남과 상의할 수도 있고, 권리의 일부를 남에게 양도할 수도 있지만 한 국가의 대통령처럼 최종 결정권은 결국 그 자신이 쥐고 있어야 한다.

어느 팀이나 (명목에 그치는 사람도 없지 않지만) 실제로 한 명씩의 감독을 두고 있다. 시카고 커브스는 여러 해 동안 열 명의 코치에게 동일한 권한을 부여하고 팀을 이끌어 가도록 하는 집단 지도 체제를 시험해 본 적이 있다. 그러나 실전을 치르면서 그 코치들이 돌아가며 어차피 어느 한 명이 감독 역할을 수행해야만 했다. 히트앤드런 작전을 하느냐 마느냐를 놓고 표결에 부칠 수는 없는 노릇이었다. 감독 역할을 맡는 사람은 수시로 바뀌었을망정 어떤 결정을 내려야 할 순간에는 단 한 명의 감독이 있을 뿐이었다.

시카고 커브스의 집단 지도 체제가 안고 있던 결점은 감독 한 사람만이 가져야 할 권위가 여럿에게 분산돼 버린 것이었다.

감독은 게임 중의 전술이나 작전을 결정하는 것 외에도 팀 내의 '모든' 결정을 내려야 한다. 즉 팀의 내규 제정, 트레이닝 방법, 연습 스케줄, 코치 선임 등도 그에게 결정권이 있다. 그는 이런 여러 분야에 많이 간여할 수도, 적게 간여할 수도 있지만 아무튼 휘하의 선수들이 '모든 명령과 허락을 내리는 힘은 감독에게서 나온다.'고 생각하도록 만들어야 한다. 시카고 커브스에는 이런 지휘 체계가 서 있지 않았던 것이다. 어느 코치는 어느 특정 선수를 편애해서 어떤 일을 맡겼고, 다른 코치는 또 그 나름대로 그런 성향을 가졌기 때문에 죽도 밥도 되지 않았다.

"물론 이 팀은 다른 데와 전혀 달랐죠. 종전에는 감독실 한 군데만 찾아가면 됐지만 여기서는 열 군데를 드나들어야 하지 않습니까?"

단 한 명뿐인 감독의 지휘를 받으며 선수 생활을 하다가 10인 코치 집단 지도 체제에 들어왔던 돈 짐머의 실토다. 나중에 그 자신이 감독 자리에 올라간 짐머는 그 자신만의 감독실을 꾸며 놓고 선수들과 접촉했다.

선수가 감독실을 드나든다는 것은 감독의 존재를 알아 준다는 간접 표현이기도 하다. 즉 감독의 가장 주된 임무는 '사람들을 다루는 것'이다. 과거에 감독은 그저 신비롭고 대단한 존재로만 보였다. 그러나 현대에 와서는 각종 매스컴이 좀 더 가까운 현장에서 밀착 취재하고 낱낱이 파헤치는 데다가 라디오와 텔레비전에서도 경기 장면을 몇 번씩 되풀이해서 보여 주고 상세한 해설까지 덧붙이기 때문에 오늘날의 야구팬들은 야구 감독을 더 이상 위대한 승부사로 보지 않으며, 단추만 누르면 뭐든지 다 만들어 내는 마술사로 보지도 않으며, 보통 사람은 도저히 따라갈 수 없는 위대한 인물로 보지도 않게 됐다. 존 맥그로를 '작은 나폴레옹'이라고 불렀던 것처럼 감독은 승리를 부르고 패배를 몰아내는 인물이라고 여기는 시대는 지나갔다. 그 대신 어지간한 사람들까지도 "감독의 직분은 사람을 다루는 것"이라는 말을 뱉기에 이르렀다.

감독은 자기가 거느린 조직원들로부터 최대치를 얻어 내야 한다. 선수들은 각자 생김새가 다르고 저마다 다른 문제점을 갖고 있기 때문에 '제각기 다른 방법으로 다뤄야 한다.' 너무나 지당한 말이지만 선수들은 조금만 비위가 거슬려도 감독을 전혀 다른 관점에서 보게 된다. 선수들은 배짱이 맞지 않으면 온갖 핑계 거리를 찾아내고 엉뚱하고 지엽적인 것을 따지고 든다. 감독은 물론 사람을 다룰 줄 알아야 한다. 보스라면 응당 그래야 한다. 사람은 누구나 개성이 있으므로 그에 맞춰 다뤄야 한다. 감독은 자기의 손끝으로 조종할 수 있는 총체적인 힘에서 최선의 결과를 꺼내 놓아야 한다. 그런 점에서 오케스트라 지휘자와 같다.

야구단에서 '사람을 다룬다'는 것은 무엇을 의미하는가? 어디서 시작해서 어디서 끝나는가?

감독은 심리 분석학자, 성직자, 선임하사, 아버지, 형님, 재판관 등등의 여러 가지 면모를 한몸에 갖추고 선수들을 다뤄야 한다는 게 현대적 해석이다. 메이저리그 감독들은 거의 예외 없이 다음과 같은 한계들을 잘 알고 있다.

첫째, 아무리 감독이 높은 위치에 있다 하더라도 선수의 천성까지 개조할 수는 없다. 원래 게으른 선수는 게으르고, 부지런한 선수는 부지런하다. 사람의 성격은 스스로 바꾸거나 주변 환경에 따라 바뀔 수 있고 감독도 그런 성격 개조에 일조할 수 있는 것은 사실이다. 그러나 어느 감독 밑에서 말썽꾸러기였던 선수는 다른 감독 밑에서도 여전히 말썽꾸러기이다. 물론 다른 데서 악명을 떨치던 선수가 새사람으로 면모를 일신하도록 감독이 도와줄 수 없는 것은 아니다. 참다운 인간 경영 능력이 있는 감독이라면 그런 일을 할 수 있고 실제로 그렇게 한 예도 많다. 그러나 '구제 불능으로' 비뚤어진 성격은 감독의 힘으로도 뜯어고칠 수 없다.

둘째, 감독이라고 해서 선수의 기본 능력까지 바꿀 수는 없다. 야구에서 선수의 기술을 향상시키는 데 완전히 색다른 '비법'이나 '비결'은 없다. 감독이나 코치는 선수가 능력을 최대한 발휘하는 데 장애가 되는 요소를 지적하고 제거해서 발전을 도와줄 수는 있다. 그러나 그 발전이라는 것도 선수가 자발적으로 개선하려는 의욕을 가질 때에만 가능한 일이다.

셋째, 감독이라는 지위에 편승해서 선수들을 함부로 휘몰아쳐서는 안 된다. 프로야구는 성인들이 자기 인생을 걸고 하는 엄숙한 직업이다. 지금 가장 심각한 현안이 무엇인지는 선수들이 감독 못지않게 잘 알고 있다. 게다가 야구장에서 펼쳐지는 플레이는 정신적으로나 육체적으로 채찍질한다고 해서 더 잘될 수 있는 게 아니다. 미식축구나 아이스하키처럼 몸을 부딪히는 게임은 약간의 흥분 상태가 더 좋은 효과를 가져올 수도 있지만 야구는 아주 섬세한 신경과 반사 동작을 요구하는 예민한 경기이기 때문에 흥분하면 오히려 해로울 뿐이다. 그렇다고 감독이 선수에게 성취 동기를 부여하고, 앞장서서 이끌고, 도와줄 방법이 전혀 없는 것은 아니다. 실은 그렇게 해야 한다. 그러나 으름장을 놓는다든지 선수의 마음을 사로잡겠답시고 사탕발림을 하는 것은 통하지 않는다.

넷째, 아무리 위대한 감독이라도 새롭고 특별하고 기발한 작전을 고안해 낼 수는 없으며, 미식축구나 농구 코치처럼 공수 패턴을 뿌리째 바꿔 놓을 수는 없다. 왜냐하면 야구는 옛날부터 모든 가능성을 폭넓게 타진해 본 끝에 더 이상 좋은 것을 찾을 수 없을 만큼 틀을 갖춰 놓았기 때문이다. 야구에서 구사할 수 있는 모든 작전은 '언제 하느냐' 하는 것이지 '무엇을 하느냐' 하는 게 아니다.

여기서 좀 더 깊이 짚고 넘어가야 할 점이 있다. 뛰어난 감독은 날이면 날마다, 이닝과 이닝 사이에도 아주 세밀한 면까지 끊임없이 분석해서 이득이 될 만한 것을 찾아내려고 애쓴다. 그렇지만 포메이션이나 기본 전술을 완전히 새로 꾸민다는 것은 불가능한 일이다.

다섯째, 감독이라고 해서 경기장 밖에서 일어나는 행동까지 낱낱이 엄격하게 통제할 수는 없다. 대학 미식축구 팀에서는 그렇게 하는 것을 당연하게 받아들이지만 프로야구에서는 생각할 수 없는 일이다. 감독이 제아무리 오지랖이 넓더라도 그런 강요는 통하지 않는다. 동계 훈련을 포함해서 1년에 꼬박 7개월 동안 매일 게임을 치러야 하는 일정이나 10만 달러에서 500만 달러까지 천차만별인 연봉과 스무 살에서부터 마흔 살까지의 다양한 연령층이 모인 선수들의 구성 요건으로 보더라도 그런 강요는 근본적으로 불가능하다.

이런 점에서 감독과 선수의 관계는 과거와 크게 달라졌다. 1970년대 후반 자유 계약 제도로 선수 연봉 구조가 바뀌기 전만 하더라도 감독은 휘하에 있는 선수들의 밥줄을 좌지우지할 수 있었고 선수들도 감독의 권위를 인정하고 있었다. 루스나 디마지오, 윌리엄스 같은 대스타는 극소수였고 설사 있더라도 그들 역시 보유 선수 조항에 묶여 있긴 마찬가지였다. 감독은 자신의 비위에 거슬리는 선수는 벤치에 앉혀 두거나, 마이너리그로 보내거나, 다른 팀으로 트레이드하거나, 영영 쫓아낼 수도 있었다. 즉 선수 생명에 치명적인 타격을 줄 수 있는 것들이었다. 또 선수들은 보스(감독)가 자기보다 연봉을 더 많이 받는 것을 당연하게 받아들였고 그런 데서 감독의 권위가 살아날 수 있었다.

오늘날에는 각 팀의 주전 선수보다 연봉을 많이 받는 감독은 거의 찾아볼 수 없고 3년간 900만 달러쯤 받는 선수들은 자기 감독을 더 이상 보스로 여기지 않게 됐다. 슈퍼스타가 된 영화 배우가 영화감독을 '보스'로 보지 않는 것과 마찬가지다. 그런 선수들은 게임이나 시즌을 운영하는 결정권에 대해서만 감독의 권위를 인정한다. 그러나 구단 내규나 계약 문제에 대해서는 덕아웃에 쭈그리고 앉아 있는 감독은 완전히 제쳐 놓고 구단주나 사장과 상대한다.(그나마 고자세의 계약 대리인을 통해) 그래서 요즘 감독은 어떤 지시 사항을 '명령하는' 게 아니라 '당부하는' 입장이 돼 버렸다. 감독이 권위를 유지하는 것은 종전보다 더더욱 필수적인 것이 됐지만 전임자들보다 한층 조심스럽고도 독창적인 방법을 택하지 않으면 안 된다.

여섯째, 그리고 마지막으로 들 것은 찰리 드레슨 감독의 명언대로 "감독이라고 해서 공이 가는 길까지 가르쳐 줄 수는 없다." 투수에게 어떤 공을 던지라고 얘기해 줄 수는 있지만 공이 그 자리로 가도록 할 수는 없다. 타자에게 언제 스윙하라고 가르쳐 줄 수는 있지만 직접 공을 날릴 수는 없다. 감독이 아무리 훌륭한 생각을 갖고 있다 하더라도 결과가 엉뚱하게 나타나는 일은 다반사지만(여기에 관해서는 차후 좋은 예를 들어 보겠다.) 그릇된 판단이 전화위복을 가져오는 경우는 극히 드물다.

아무리 감독이라도 이상과 같은 일들을 할 수 없다면 과연 감독이 할 수 있는 일은 무엇일까?

첫째, 감독은 선수들의 존경을 받아야 한다. 즉 야구 기술에 관한 조예를 인정받아야 하고 전체 선수들을 공평무사하게 통솔하는 보스라는 인식을 심어 놓아야 한다.

둘째, 이 팀의 보스는 자기라는 사실을 선수들이 분명히 인식하도록 내규를 확립해야 한다.(물론 어디까지나 앞에서 지적한 범위 안에서의 일이지만) 그러기 위해서는 벌금 부과, 야간 통행 시간 규제, 몇 가지의 슬로건, 강력한 연습 스케줄, 약간의 제재 등을 이용할 수 있다. 어쨌든 감독의 권위가 위협받고 있다고 느끼면 반드시 그에 적절한 수단을 강구해야 한다.

셋째, 성격이 제각기 다른 선수들에게 필요한 바를 파악하고 거기에 맞춰 다뤄야 한다. 특히 특별 대우를 받거나 특권을 가진 계층을 만들어 놓지 말아야 한다. 누구는 뒤에서 떠밀어야 하고, 누구는 등을 두들기며 격려해 줘야 하고, 누구는 채찍질이 필요하고, 누구는 도움을 줄 수 있고, 누구는 아예 도와줄 길이 없는지를 일일이 파악해야 한다. 그래서 무조건 응석을 받아줘서도 안 되고, 무조건 폭군으로 군림해서도 안 되고, 남이 접근하기를 꺼리도록 귀족 행세를 해서도 안 되고, 아무 일에나 끼어드는 주책바가지가 돼서도 안 된다.

넷째, 선수 개개인의 능력을 정확하게 파악해서 팀 전체로부터 최대의 효과가 나오도록 활용해야 한다. 감독의 역할 중 가장 중요한 것을 꼭 한 가지만 꼽으라면 바로 이것일 것이다.

다섯째, 그리고 감독은 매 게임을 운영한다.

감독의 정당한 임무라는 게 겨우 이런 것들이라면 게임 결과를 놓고 이러쿵저러쿵 감독을 비판할 수 있는 여지는 크게 줄어들 것이다. 관중석에 앉은 팬들은 신문을 아무리 열심히 읽거나 방송에 아무리 귀를 기울여 봐도 이 같은 내용들에 관해서는 접해 볼 기회가 전혀 없었을 것이다. 사실 어느 감독이 완전히 잘못된 결정을 내렸다 하더라도 팬들로서는 그 잘못이 어디에 있는지 헤아릴 기회조차 갖지 못한다.

그렇다면 독자 여러분은 지금 필자가 감독 비방을 삼가라고 타이르고 있다고 생각하는가? 전혀 그렇지 않다. 필자는 독자 여러분이 결과를 놓고 감독을 마구 추켜세웠다 마구 깎아내렸다 하는 재미를 포기하라는 게 아니라 좀 더 높은 차원에서 '관조'해 볼 것을 권하는 것이다. 팬들은 단순히 결과만 놓고 따질 수밖에 없다. 그럴 수밖에 없는 것이, 팬들에게는 심도 있게 따져 볼 자료가 상당히 제약돼 있기 때문이다. 실전을 치르기 전에 감독은 자신의 경험을 근거로 경기에 관련된 1천 가지 사안 중에서 999가지를 사전에 따져 본다. 야구라는 틀 안에서 그가 갖춘 야구에 관한 조예는 거의 비난의 여지가 없을 만큼 완벽하다. 감독은 관련된 모든 요소의 경중을 따져 결정을 내린다. 결과는 좋게 나타날 수도 있고 그 반대일 수도 있지만 아무튼 결정을 내리기까지의 '사고 행위'는 거의 만점에 가깝다고 할 수 있다.

그렇다고 모든 감독이 누구나 똑같은 결정을 내린다거나, 컴퓨터에게 시키더라도 그 일을 해낼 수 있다는 말은 아니다. 어떤 감독은 다른 사람에 비해 더 나은 추리를 해낼 수도 있다. 그렇다고 해서 그의 추리력이 항상 전반적으로 남보다 비상하다고 할 수는 없다. 아주 사소한 것까지 간파하느냐 못하느냐, 그 상황에 맞출 수 있는 내용을 기억하고 있느냐 그렇지 못하냐에 따라 차이가 드러날 뿐이다. 예를 들면 리오 듀로셔 감독은 월터 앨스턴 감독이 생각하지 못한 색다른 무엇을 생각해 냈을 수도 있다. 그러나 팬들이(기자들까지 포함해서) 프로가 알지 못하는 어떤 요소를 발견해 낼 소지는 제로에 가깝다고 해도 과언이 아니다. 어느 팬이 어떤 플레이를 보고 감독이 어리석다고 느낀다면 그 상황에 관련된 대여섯 가지 요소를 지켜보고 '감독이라는 작자가 나만도 못해.'라고 자부하는 것일 터이다. 그러나 감독이 팬과 다른 결정을 내렸다면 그 감독은 팬이 생각해 내지 못했거나 전혀 알지 못하는 또 다른 여섯 가지 요소를 첨가했기 때문이다.

야구 기자는 일반 팬보다는 감독과 같은 방향으로 생각할 수 있는 기회가 많고 의문 나는 점이 있으면 직접 인터뷰를 통해 체크해 낼 수도 있다. 기자가 감독을 만나 "이 상황에서는 A, B, C, D를 따져 볼 때 왜 이렇게 하지 않으셨습니까?" 하고 물었다가는 "A, B, C, D만 생각하셨으니까 그런 결론이 나왔겠지요. 그러나 당신이 생각하지 않은 E, F, G, 그리고 H까지 계산에 넣는다면 어떤 결론이 나오겠습니까?"라는 감독의 답변에 큰코 다치기 십상이다.

우리는 앞서 '수비' 편에서 "에런을 상대로 야수들을 어떻게 배치하느냐?" 하는 문제를 놓고 기자의 피상적인 생각과 감독의 세심한 배려를 비교해 본 바 있다.

팬들이 갖고 있는 정보란 극히 제한돼 있게 마련이므로 "감독의 결정은 글러먹었고 우리만이 '틀림없이' 옳다."는 독선에 빠지지 말고 감독의 결정을 평가해 보시기 바란다.

더 좋은 방법은 팬 스스로 '감독놀이'를 해보는 것이다. 게임을 보면서 플레이가 일어나기 '전에' 당신이 감독이라면 어떻게 하겠다는 것을 적어 놓아라. 그리고 나서 당신과 다른 결정을 내린 감독의 조치가 옳게 나타난 경우가 얼마나 되는지, 또는 잘못되는 경우가 얼마나 되는지를 추적해 보라. 이를 제대로 하려면 자제력을 발휘하고 양심적일 필요가 있다. 당신이 내린 결정은 결과적으로 낯이 뜨거워질 정도의 오판이었음이 드러나는 경우가 적지 않겠지만 틀림없이 상당한 재미도 뒤따를 것이다. 머잖아 당신은 게임에 더욱 몰입하고 있음을 느끼게 될 것이고, 감독을 멍청이라고 일방적으로 몰아붙이는 대신 좀 더 생생하게 양 팀 감독과 같은 방향으로 사고를 정리할 수 있게 되는 쾌감도 얻을 수 있을 것이다. 이 감독 놀이는 매우 고차원적인 게임이다. 일단 이런 일에 맛들이면 낱말 풀이 따위는 너무나 평면적이고 시시한 놀이로 느껴질 것이다.

"저 감독은 그때 번트를 시켰어야 했어." 하는 일방 통행식의 비난을 멈추기 위해서는 감독의 책임과 의무를 살펴볼 필요가 있다. 도대체 감독은 무엇을 생각하고 있는지 알아보자.

감독의 활동은 두 부분으로 나눌 수 있다. 하나는 게임 중, 또 하나는 그 밖의 시간. 우선 후자부터 살펴보자.

감독은 1년 내내 활동한다. 업무상으로 말하자면 그는 자신에게 주어진 선수 자원을 최대한 활용해서 경기장 안에서 최선의 성적을 올려야 한다. 선수 조달은 단장general manager 소관이고, 그들을 메이저리그 수준으로 훈련시키는 것은 팜시스템(마이너리그)의 소관이며, 그런 선수들을 찾아내고 평가하는 것은 스카우트 요원 소관이다.

겨울에는 구단 홍보 활동에 시간을 할애해서 만찬회나 인터뷰 등에 참가하고, 선수단 동정에 관한 기자 회견장에도 나가야 한다. 마이너리그 조직 안의 선수들에 대한 평가회에도 참석, 설명을 듣고 선수 트레이드에 관해서도 자문에 응한다.(그러나 어디까지나 자문일 뿐 최종 결정권은 프런트가 갖고 있다.) 이미 메이저리그 명단에 올라 있는 선수의 활용 방안, 새 시즌에 대비한 계획, 변화가 필요한 부분 등을 단장과 상의한다.

감독은 (전부는 아니더라도) 대부분의 코치 선임에 관한 발언권을 갖는다. 문제점이 있는 선수는 오프시즌 중에라도 접촉을 갖고 도움을 준다.

이를테면 수술을 받고 나서 특별 조치가 필요한 선수라든지, 포지션 이동으로 특별 훈련이 요구되는 선수라든지, 사기 진작을 위해 대화가 필요한 선수라든지. 늦가을부터 초겨울 사이 실시되는 교육 리그에는 신진급과 노장 선수들을 투입, 능력을 파악해 둔다.

감독은 스프링 트레이닝의 일정과 메뉴를 짠다. 선수들은 언제까지 집합하며, 이미 참가가 확정된 선수 외에 어느 선수를 추가하고, 유연체조(스트레칭)는 어떤 방식을 택하고, 투수들의 훈련은 어떻게 펼치고, 메이저리그로 불러 올릴 선수에게 어떤 특별 훈련을 시켜야 할지를 결정한다.

시즌이 열리면 클럽하우스 안팎에서의 규율을 정한다. 운동장 관리인에게는 그라운드를 부드럽게, 아니면 딱딱하게 다듬으라고 지시한다. 주무traveling manager에게는 게임이 끝난 뒤 곧바로 이동할 것인지, 다음 날 출발할 것인지 등을 세부적으로 일러둔다.

그러나 감독이 절대로 관여해서는 안 되는 문제가 있다. 바로 선수들의 연봉 협상이다. 최근에 와서 감독은 극히 특수한 경우를 제외하고 금전 문제에 대해서는 일절 관여하지 않고 있다. 그것은 순전히 선수와 구단이 알아서 처리할 문제다. 과거의 감독은 오늘날 단장이 행사하는 권한을 상당히 많이 갖고 있었고 선수 연봉 재계약까지 맡았었다. 그러나 오늘날의 감독은 단장에게 어느 선수는 무엇을 잘했고 어느 선수는 무엇을 잘못했다는 정도로 조언은 하지만 연봉 교섭에서는 뒷전으로 물러서 있다.

이런 일을 하면서 감독은 궁리를 한다. 그는 깨어 있는 동안 '어떻게 하면 점수를 다만 몇 점이라도 더 뽑고 어떻게 하면 마운드를 좀 더 안정시킬 수 있을까?'를 궁리하는 데에다 모든 시간을 쏟는다.(묘안이 떠오르지 않을 때는 잠도 오지 않기 때문에 깨어 있는 시간이 더 길어진다.)

메이저리그 엔트리가 정해질 무렵이면 어느 선수를 스물다섯 명 안에 넣을지 결정한다. 감독은 선발투수 로테이션을 개막 2주일 전에 정해 놓지만 어느 특정 투수가 녹아웃되거나, 팔이 고장나거나, 컨디션이 나빠지거나, 또는 비 때문에 스케줄이 변경되면 즉시 재조정하게 된다. 불펜의 릴리프투수진은 힘이 빠지지 않는 범위 안에서 충분히 준비시켜야 한다. 너무 일찍부터 몸을 푼 나머지 지쳐 버리게 만들어도 안 되고, 위기 상황이 닥쳤는데 등판 준비가 덜돼 있어도 안 된다.

감독은 주전 멤버를 정하고, 확실한 주전 감이 없는 자리에는 플래툰 시스템을 활용한다. 후보선수들은 언제 갑자기 투입되더라도 감각이 무뎌지지 않도록 충분한 준비를 시켜 둔다. 감독은 일단 타순을 정하고 나면 언제 바꿔야 할지, 그냥 끌고 갈지를 결정한다.

이런 일을 하면서 감독은 다음의 세 가지를 항상 명심해야 한다.

― 장기적으로 보면 행운과 불운은 상쇄된다.
― 언제나 내일이 있다.
― 모든 선수를 똑같이 만족시킬 수는 없다.

야구가 구조상 어김없는 '확률 경기'라는 신념을 허물어뜨려서는 안 되며 그러려면 운이라는 요소는 계산에서 배제해야 한다. 설사 엎친 데 덮친 격으로 불운이 연거푸 겹치는 바람에 나쁜 결과가 오더라도 무슨 일이든지 결정을 내릴 때는 언제나 '가장 합당해 보이는' 동기를 취하지 않으면 안 된다. 연패의 늪에 빠졌다고 해서 확률을 무시하고 이판사판으로 마구 덤비는 것은 우매하기 짝이 없는 짓이다. 이런 잘못을 범하지 않으려면 감독은 (설사 당장은 야속하게 느껴지는 일만 생기더라도) '언젠가 때는 때대로 간다.'고 자기 자신을 달래야 한다.

감독의 구상에는 언제나 내일이 있고, 다음 게임이 있고, 다음 시즌이 있다는 계산이 들어 있어야 한다. 시즌 최종일에 공동 1위에 올라 우승 결정전을 치르는 것과 같은 절박한 상황이 아니라면 저 혼자 뚝떨어져 앞뒤 돌볼 여지가 없는 게임은 없다. 오늘 게임을 이기기 위해 무리한다면 그 다음에 치러야 할 대가가 무엇인지 따져 봐야 한다. 그러므로 구원에이스가 벌써 사흘 연속 등판했다면, 혹시 오늘 경기에 그를 투입해서 이길 가능성이 있다 하더라도 그를 기용하는 것은 삼가야 한다. 오늘 이기고 나서 그 구원에이스가 고장나 한 달간 전열에서 빠져 있어야 할 지경이 된다면 그것은 결코 현명한 결정이 못 된다. 당장 얻을 수 있는 이득과 앞으로 치러야 할 대가를 항상 염두에 두고 경중을 따져야 한다.

여기서 '사람을 다룬다'는 문제가 다시 한번 제기된다. 자신감을 잃고 허둥대는 어린 선수는 부드럽게 대해야 한다. 게임을 치르다 보면 선수가 꺼리는 일도 억지로 맡길 수밖에 없는 경우가 있는데 그것도 감독이 알아서 할 일이다. 감독의 선수 기용이 선수들의 불만을 사는 경우도 적지 않다. 예를 들면 앞으로 스타로 키워야 할 유망주는 경험을 쌓고 자신감이 붙도록 계속 기용해야 하고, 노장 선수는 체력 안배를 고려해서 더블헤더의 둘째 게임이나 야간 경기 후반부 또는 인조 잔디 구장에서 경기를 치를 때는 설사 당장 팀 전력이 약화되더라도 휴식을 주어야 한다. 이런 일을 할 때는 선수의 기분에 연연하지 말고 반드시 감독의 신념에 따라 단호하게 처리해야 한다.

항상 내일을 염두에 둔다는 것은 감독에게나 선수에게나 정신적으로 매우 중요하다. 아무리 우수한 팀이라도 1년간 162게임 중 최소한 50게임은 지게 마련이다. 패배를 너무 심각하게 받아들이다 보면 또 다른 패배를 부른다. 그와 반대로 5, 6연승쯤 거뒀다고 해서 자만에 빠지고 정신 상태가 느슨해지고, 게을러졌다가는 언젠가는 연패를 부른다. 오늘의 영웅이 내일의 속죄양이 되거나 그 반대가 되는 경우는 너무나 많다. 따라서 한 번 졌다고 너무 비통해하거나 한 번 이겼다고 너무 우쭐대서는 안 된다.

감독이 가장 명심해야 할 점은 모든 선수들을 공평하게 만족시킬 수는 없다는 사실이다. 아니 모두를 만족시키려는 노력조차 필요 없다는 것을 깨달아야 한다. 야구는 아홉 개의 포지션으로 이뤄진 게임이므로 경기장 안에서의 성적에 목을 걸고 있는 스물다섯 명을 모두 만족시킨다는 것은 애당초 불가능하기 때문이다. 그런 숫자 풀이가 아니더라도 선수와 감독 사이의 이해 상충은 어쩔 수 없이 일어나게 마련이다. 선수는 오로지 자기 자신의 성공에만 관심을 기울인다. 반면 감독은 팀 전체의 성공을 우선적으로 생각해야 한다.

대부분의 선수들은 자기 자신이 앞장설 때 팀에도 유익하다고 믿고 있다. 언뜻 보면 그럴듯하지만 현실은 그렇게 단순하지 않다. 한 사람에게 최선을 다할 기회를 주다 보면 다른 사람에게는 피해가 가는 일이 종종 일어난다. 선수는 누구나 자기에게 유익한 것이 팀 전체에도 유익하다고 생각한다. 그러나 감독의 입장에서 보면 팀 전체가 유익해지려면 몇몇 선수에게는 불이익이 돌아가는 것도 감수해야 하는 경우도 있다.

이런 현상은 특히 투수들에게 심하게 나타난다. 한 팀에는 전체적인 역량이 엇비슷한 투수가 7-8명에 이른다. 두말할 여지가 없는 선발 요원 두 명, 수준 높은 마무리 요원 한 명은 이미 확보해 놓았다 치고 5인 선발 로테이션을 짠다면 이들 7-8명 중에서 세 명만이 선발 대열에 들어가게 된다. 여기서 말하는 여덟 명은 누구나 자기야말로 닷새 간격으로 등판하는 선발 요원이 될 자격이 있다고 자부한다. 그리고 그런 자부심이 결코 나쁘다고는 할 수 없다. 그러나 나머지 다섯 명은 어쩔 수 없이 그 기회와는 멀어질 수밖에 없다. 그런데도 그들은 모두 나름대로 필요한 존재들이다. 불펜에서 대기하는 투수도 있어야 하고 어느 선발투수가 다치면 임시 선발로 끼어드는 사람도 있어야 하고 그 밖에도 그들을 활용할 용도는 많다. 감독은 한 시즌을 통해 팀에 가장 이득이 되겠다고 생각하는 방식으로 역할을 맡긴다. 그러나 정작 그런 중간 계투 요원으로 떨어진 당사자들은 자신의 야구 경력이 손상된다든가 꽃을 피울 시기에 허송세월한다는 불평을 할 수 있다.(여기에 덧붙인다면 최근 자유 계약 선수로 나가는 선수 중 상당수가 이런 이유를 들며 자신이 활약할 영역이 좀 더 넓은 구단을 찾아가노라고 말하고 있다.) 그러나 투수 개개인에게 가장 좋은 일이 반드시 팀 전체에 가장 좋은 일과 일치하지는 않는 게 현실이다.

다른 포지션도 마찬가지다. 선수들은 한 포지션에 두 명을 교대로 기용하는 플래툰 시스템을 싫어한다. 초창기 야구에서는 "똑똑한 선수 여덟 명을 골라 그들을 매일 출전시켜라."는 게 선수 기용의 금과옥조였다. 오늘날에도 이런 기용법을 좋아하는 감독이 많다. 그러나 그들이 실제로 주전 여덟 명만 줄곧 내보내는 게 최상이라는 확신에 따라 그런 말을 한다기보다 그 말을 듣는 선수가 기분 좋으라고 입에 발린 말을 하는지도 모른다. 물론 각 포지션마다 재고 자시고 할 필요가 없는 특출한 선수 여덟 명을 골라 낼 수 있다면 그보다 좋은 일은 없다. 그러나 어느 구단에나 확실한 주전감이 없는 포지션이 두어 군데씩 있게 마련이고 그래서 불완전한 두 사람의 장점만 골라 쓰려고 플래툰 시스템을 채택하는 것이다.

플래툰 시스템을 잘 이용함으로써 기량이 완숙하지 않은 선수들에게 경력과 수입을 쌓을 기회를 주고 팀의 승리에도 도움을 받는 사례가 점점 늘어나고 있다. 그런데도 선수들은 자기 입장만 생각해서 그것을 싫어한다. 자기가 그 포지션을 독차지한다면 스타가 될 수 있다고 믿기 때문이다. 하긴 선수는 그런 신념을 가져야만 발전하므로 그런 생각을 반드시 나무랄 수는 없다. 그러나 현실은 그렇지 못하다. 선수 개인의 욕심과 팀의 이익이 상충될 때는 감독이 조정자 역할을 해야만 한다.

이는 좀 더 자극적인 말로 대할 수 있다. 감독의 임무 중에는 선수가 변명을 늘어놓지 못하도록 다스리는 것도 포함돼 있다. 일이 잘못됐을 때 그 책임을 지기 좋아하는 사람은 없다. 그리고 야구라는 운동의 속성상 타자들은 대부분(70퍼센트 이상) 실패로 끝맺게 마련이고 투수들도 어차피 실점을 면치 못한다. 그럴 때 선수들은 인간관계로든("잘못한 거너야.") 비인간관계로든("햇빛이 눈에 들어갔어.") 자신을 정당화하기 위해 이유를 둘러대거나 변명을 늘어놓으려 한다. 그러나 팀이 점점 발전해 나가면서 그런 실수가 재연되는 것을 최소화하려면 핑계를 대지 말고 자기 자신이 책임질 일은 떳떳하게 자인하도록 해 놓아야 한다.

그리고 감독은 자기의 현재 수준에 자족하고 있는 선수들을 끊임없이 다그쳐야 한다. 특히 고연봉 시대를 맞은 요즘 선수들은 자기가 대단한 수준에 올라 있기 때문에 팬들로부터 찬사를 받고 그에 상응하는 수입도 올린다고 뻐기면서, 자기가 제대로 해내지 못한 플레이는 불가항력이었다고 변명을 늘어놓기 일쑤다. 그럴 때 단호하게 그의 결점을 지적하고 자만에 빠지지 않도록 다스리는 게 감독의 임무이다.

그런 다그침까지 받으면서 감독을 좋아할 선수는 없다. 팀이 우승하면 모두가 행복감을 느끼고 감독은 둘도 없이 좋은 사람이 된다. 그러나 매년 서른 팀 중 스물여덟 팀은 어쩔 수 없이 리그 우승과는 인연을 맺지 못하게 된다. 조만간 팀에는 고약한 분위기가 감돌고 감독에 대한 불신과 불평 불만이 터져나오기 시작한다. 다른 뚜렷한 불만거리가 없으면 선수는 자신의 실패를 모조리 감독 탓으로 돌리게 마련이다.

감독 생활을 오래하면 할수록, 한 팀에 오래 머무르면 머무를수록 감독은 대다수의 선수들로부터 미움을 사게 된다. 은퇴하고 몇 년이 흐른 뒤에는 평소 악감정을 품었던 선수들이 감독에게 진정한 애정과 감사를 표시할지 몰라도 당장 그 사람 밑에서 뛰고 있을 때는 그렇지 않다. 그런 게 놀랄 일은 아니다. 다른 분야를 보더라도 자기 보스를 진정으로 좋아하는 사람이 과연 얼마나 되겠는가. 자기 상사를 존경하고 나아가 숭배할 수도 있을지 모르지만 좋아하는 것과는 별개다. 하물며 능력의 한계까지 쥐어짜는 고약한 임무를 가진 보스를 좋아하는 것은 기대하기 어렵다.

감독과 선수의 관계는 여러 갈래로 나뉜다. 신인급은 감독의 권위를 당연하게 받아들인다. 감독은 그에게 "내가 시키는 대로 해! 그렇지 않으면 당장 마이너리그로 쫓아 보낼 테다."라고 으름장을 놓는 격이다.

다소 경력은 있으나 주전으로 자리 잡지 못한 선수의 입장도 엇비슷하다. 감독의 마음에 들려고 노력하지 않았다가는 다른 데로 쫓겨 날지 모른다.

경험이 풍부하고 확고한 위치를 다진 선수는 팀에 충성하고 비교적 양심적이지만 그들의 가슴엔 비밀의 켜가 숨겨져 있다. 그 선수는 연봉이나 팀 내 비중에서 감독을 앞지르고 있다. 그의 가슴속에는 '흠, 나도 언젠가는 감독을 해보겠다 이거야.' 하는 욕심이 감춰져 있으며, 아마 감독을 여러 명 모셔 본 경험도 있을 것이다. 그는 모든 규칙을 지키지만 될 수 있으면 남이 간섭하지 말고 혼자 가만히 내버려 둬 주기를 바라고 있다. 그런 선수는 감독을 받들어 모시는 예가 거의 없다.

나이 많은 노장 선수들이 가장 골칫거리다. 그가 노쇠해 가는 것을 직시하고 그 사실을 솔직히 본인에게 가르쳐 주는 고약한 임무를 가진 사람이 바로 감독이다. 과거에 그를 돋보이게 만들어 주었던 투지를 지금쯤은 좀 가라앉혀야 할 텐데도 그렇게 못하는 게 딱해 보인다. 하긴 그 나이가 돼서도 투지를 불태우는 것은 이해할 만하고 때로는 가상하게 보이기도 한다. 그러나 감독은 그가 예전의 그가 아니라는 사실을 직접 말로 하지는 않더라도 선수 기용이라는 행동으로 보여 줘야 한다.

그렇다. 감독은 좀처럼 선수들의 사랑을 받기 어려운 위치에 있다. 그렇기 때문에 더더욱 존경받지 않으면 안 된다.

존경을 받으려면 어떻게 해야 하는가?

첫째, 조금은 냉정한 인상을 풍기면서 야구에 대한 현명한 판단력과 공정성을 가져야 한다.

공정성이란 전체 선수들을 공평무사하게 대하는 것을 말한다. 연봉을 많이 받는 선수라고 해서 특혜를 줘서 안 되고, 미미한 선수라고 해서 함부로 다뤄도 안 된다. 벌칙이나 제재는 공평하게 내려야 하며 누가 수훈을 세웠건 칭찬과 포상은 동등하게 적용돼야 한다. 특정인에 대한 편애도 없어야 한다. 선수 기용은 능력 위주로 해야 하며 인간성을 우선시켜서는 안 된다. 선수를 꾸짖을 때도 모욕감을 느끼도록 해서는 안 된다. 이런 것들만 지킨다면 그 감독은 선수들로부터(또는 다른 팀 선수들로부터) 공정하다는 평판을 들을 수 있다. 그러나 이런 공정성을 가지려면 우선 야구에 대한 깊은 조예와 정확한 판단력이 전제되지 않으면 안 된다.

선수 개개인의 장단점을 분명히 파악하고 있어야 하고, 그들을 활용했을 때 나타날 수 있는 결과를 정확히 예견할 수 있어야 한다. 상대 팀 감독이 우리의 약점을 어떻게 이용하려고 할지를 예상해야 하며, 우리의 강점에는 어떤 식으로 대응할 것인지, 그리고 우리가 그에 재반격할 방도는 무엇인지 찾아내야 한다.

둘째, 지금 이 플레이에 관련된 여러 상황을 순간적으로 파악하는 능력을 가져야 한다. 타자는 누구인가. 투수는 어떤 구질을 갖고 있는가. 야수들의 수비 위치는 어떤가. 볼카운트, 스코어, 이닝은 어떻게 돼 있는가. 상대 감독의 습관으로 미루어 그가 택할 길은 무엇이며 또 거기에 내가 대응할 수 있는 방도는 무엇인가. 그리고 이 결정에 따라 앞으로 2, 3이닝쯤 지나면 어떤 영향을 받을 것인가…….

이미 살펴봤듯이 프로 세계에서는 온당한 결정을 이끌어 내는 데 특별한 해법이나 묘수라는 게 없다. 굳이 묘수가 있다고 한다면 중요 관련 요소들을 최대한으로 종합해서 상황을 정확하게 파악하는 정도일 것이다.

셋째, 자기가 거느린 선수들의 재능을 최대한 가동하고 그들의 실패 가능성을 최소화해야 한다. 어느 특정 투수 앞에서는 도저히 효과적인 배팅을 할 수 없는 천적 관계에 놓인 선수는 '쉽게' 하고 적시에 대타를 투입해야 한다. 이 시기는 너무 빨라도 안 되고 너무 늦어도 안 된다.

이런 문제에는 아주 유명한 일화가 있다. 1930년대 케이시 스텡걸 감독이 브루클린 다저스를 지휘할 때였다. 그 팀에는 베이브 펠프스라는 후보 포수가 있었는데 장타력은 그만이었다. 다저스가 5—1로 리드당하고 있는 가운데 5회 말 만루 기회가 오자 케이시 스텡걸 감독은 펠프스를 대타로 투입했다. 펠프스는 기대대로 만루 홈런을 터뜨려 당장 동점을 만들었다. 그 스코어는 그대로 유지되다가 9회 초 상대 팀에게 점수를 내주고 다저스의 9회 말 마지막 공격만을 남겨 놓았다. 그러나 다저스에는 더 이상 마땅한 대타감이 남아 있지 않았다. 누군가가 출루하더라도 결정타를 터뜨려 줄 타자가 없었던 것이다. 그러자 어떤 관중이 스텡걸 감독에게 욕설을 퍼부었다.(당시는 그렇게 입이 험한 사람들이 그다지 많지 않았다.)

"이 바보 멍청아, 왜 펠프스를 아껴 두지 않았어?"

스텡걸 감독은 걸핏하면 이 일화를 들추면서 이렇게 덧붙였다.

"그 친구 말이 맞긴 맞아. 난 그때 펠프스더러 5점짜리 홈런을 치도록 했어야 돼."

선수들이 감독을 좋아한다면 감독으로서는 더할 나위 없이 기쁜 일이다. 그러나 그 애정은 팀의 성공에 필요하지도, 중요하지도 않다. 정작 중요한 것은 감독을 존경하는 것이고, 선수들의 존경은 감독이 현명한 결정을 내릴 때에만 얻어진다. 선수들은 매처럼 날카로운 눈초리로 감독을 쏘아보고 있다고나 할까. 그들은 일반 팬들보다도 더 자주, 더 신랄하게 결과를 놓고 감독을 비판한다. 그리고 야구를 아는 체한다. 그들은 감독을 신뢰하지 않으면 불신한다. 둘 중의 하나다.

리오 듀로셔가 대표적인 예다. 그의 밑에서 뛰면서 그를 인간적으로 경멸하던 선수들마저 그의 감독 능력에 대해서만은 소리 높여 존경해 마지않았다. 스텡걸 역시 선수들로부터 뒷구멍으로 무수히 욕을 먹었지만 세월이 지난 후 훌륭한 감독으로 매우 높이 평가받았다.

선수들의 사랑을 이끌어 내는 감독도 있지만 그렇다고 반드시 성공한다는 보장은 없다. 그 이유 중의 하나는 '사람 좋으면' 냉철하고 엄격한 판단을 내리기가 어려워지고 선수들을 충분히 통제할 수 없기 때문이다. 선수들이란 감독이 조금만 풀어 주면 이때다 싶어 아주 철면피하게 그 느슨해진 점을 파고드는 족속이다. 좋은 감독이 되기 위해서는 반드시 비열한 인간성을 갖춰야 하는 것은 아니지만 때때로 어떤 부류의 선수들에 대해서는 비열해 보이는 짓까지도 해야 한다.

여기서 리오 듀로셔 감독의 저 유명한 말을 인용해야겠다.

"사람 좋으면 꼴찌다 Nice guys finish last."

'좋은 사람'의 대표격은 멜 오트였다. 그는 뉴욕 자이언츠 감독으로서 이뤄놓은 성적이 보잘것없었다. 이에 반해 1941년에 다저스를 정상으로 이끈 듀로셔는 조직 폭력배와 연루됐다는 혐의로 1년간 자격 정지를 당하고, 교인들로부터 배척당하는 바람에 예배를 보러 교회에 들어가지도 못할 정도로 망나니짓을 하고, 경찰이 출동할 수밖에 없었던 난투극에 휘말리는 등 인간성은 개차반이었다.

그가 다저스 감독을 맡고 있던 어느 날 에베츠필드에서(필자에게 직접 증언한 사람들은 장소가 거기였다고 밝혔는데 그들은 지금 모두 타계했다.) 몇몇 기자들이 듀로셔 감독을 둘러싸고 인간성이 좋다는 게 무엇인가 하는 것을 화제에 올려놓고 얘기를 나누고 있었다. 그러자 듀로셔 감독은 맞은편 덕아웃에 앉아 있는 자이언츠의 오트 감독을 가리키며 "저기 오트가 있군. 사람이야 좋지. 그런데 현재 성적은 꼴찌야."라고 말한 것으로 알려졌다.

그것이 나중에 '사람 좋으면 꼴찌'라는 말로 요약됐고, 듀로셔 감독의 본뜻이야 어쨌든 그 말이 그대로 전해져 오면서 비꼬는 말의 대명사가 돼 버렸다.

그러나 이 말은 좀 더 폭넓게 해석해 볼 필요가 있다. 사람 좋다고 해서 반드시 꼴찌를 해야 한다는 법은 없고 굳이 우승을 하지 말라는 법도 없다. 사실 인간성이 별로 시덥지 않은 데도 꼴찌한 사람도 많다. 그러나 냉엄해야 할 시점에서 사람 좋게만 보이려고 했다가는 승리를 따내는 데 지장이 있는 것만은 틀림없다.

자, 그것은 이쯤 해 두자. 감독이 1년 내내 무엇을 생각하고 어떤 역할을 맡고 있는지는 대강 알았을 것이다. 그렇다면 경기 중에 실제로 하는 일은 무엇일까? 우선 선발투수를 정하고 타순을 짠다. 선발투수는 로테이션에 따라 이미 며칠 전에 결정돼 있다. 타순은 전날과 변동이 없다 하더라도 매일 면밀히 재검토한다.

타순 작성에는 전통적인 틀이 잡혀 있는데 그렇게 굳어진 데에는 상당한 일리가 있다.

투수는 9번에 배치한다. 그 이유는 두 가지다. 첫째, 투수들이 타력이 약하기 때문에 될 수 있는 한 타석에 설 기회를 줄이자는 것이다. 둘째,

게임 후반에는 투수 자리에 대타를 기용하면 상위 타선과 연결된다.

다른 타순도 전통에 따른다. 1번 타자는 출루율이 높고 베이스러닝을 잘하는 선수를 배치하며 굳이 장타력까지 갖출 필요는 없다. 2번 타자는 번트와 히트앤드런 등 주자를 진루시키는 공격에 능한 선수가 제격이다. 3, 4, 5번 타자는 주자를 홈으로 불러들일 수 있는 장타력을 지닌 강타자들을 포진시킨다. 6번에서 8번에는 형편에 따라 적당히 채워 넣는다.

이런 전통이 확립된 데에는 꽤 합당한 이유가 있다. 1번 타자가 반드시 선두로 나오도록 보장된 것은 오직 1회 초와 1회 말뿐이지만 1회라는 것은 단순히 전체 공격 기회의 9분의 1보다 훨씬 큰 비중을 갖고 있다. 여기서 선제점을 뽑는다면 그 뒤의 경기 진행에 주도권을 잡을 수 있다. 자기 팀의 투수진이 잠시 흔들려도 참을 여유가 생기고 상대방은 공격을 펼치면서 과감한 모험은 피할 수밖에 없게 된다.(특히 베이스상에서) 게다가 한 게임을 치르며 타순이 통상적으로 세 바퀴 이상 돌기 때문에 몇몇 상위 타순은 전체적인 공격 기회에서 9분의 1 이상의 몫을 차지하게 된다.

더구나 1번 타자는 게임 도중에도 이닝의 선두로 나올 기회가 상당히 많다. 상대 수비진은 투수(9번 타자)의 타력이 약한 점을 최대한으로 이용, 그를 제3아웃으로 마무리 지으려고 애쓰는 경우가 많기 때문이다.

그리고 어느 이닝의 공격이 투수(9번)에서부터 시작하게 될 경우 그는 거의 틀림없이 아웃되겠지만 1번 타자는 (원아웃을 먹고 들어가) 투 아웃의 여유만을 가진 상태에서 선두 타자로서 공격을 개시하는 꼴이 된다. 그런 공격도 해볼 만하다. 1번 타자가 타석에 등장하는 것은 세 가지 경우로 나눌 수 있다. 무사일 때, 원 아웃일 때, 투 아웃일 때. 그러니까 투 아웃일 때를 제외하면 1번 타자가 선두 타자 역할을 해낼 기회는 전체의 3분의 2가 되는 셈이다.

아무튼 1번 타자는 일단 출루하면 투수가 신경 쓸 수밖에 없는 유능한 주자가 돼야 한다. 2루를 훔치거나, 후속 라이트 앞(또는 우중간) 단타로 단숨에 3루까지 뛰거나, 2루에 있다가 외야 쪽 단타가 나왔을 때 홈까지 뛰어드는 것 등을 말한다.

2번 타자는 곧잘 라이트 쪽으로 칠 수 있어야 하며, 번트를 잘하고, 히트앤드런 작전이 떨어지면 무조건 공을 맞힐 수 있게 배트 컨트롤도 좋아야 하며(히트앤드런 작전이 내려지면 평소에는 그냥 통과시켜야 할 나쁜 공이라도 때려야 한다.) 주력도 좋아야 한다. 그런데 무엇보다도 이 두 타자는 상당히 높은 출루율을 기록하고 있어야 하며 그렇지 못하면 모든 게 헛소리에 지나지 않는다.

3번 타자는 통상적으로 팀 내에서 가장 우수한 타자를 배치한다. 대체로 고타율과 장타력을 겸비한 선수다. 자기 앞의 두 타자가 기회를 만들어 놓으면 그를 홈으로 불러들이는 게 3번 타자의 임무다. 어쨌거나 그는 앞의 두 타자가 모두 아웃되더라도 1회에 타석에 들어설 기회를 갖게 된다.

이들 뒤로는 주력이나 타율이 다소 떨어지더라도 파괴력이 뛰어난 4번 타자가 등장한다. 그리고 1회에 4번 타자가 등장한다는 것은 누상에 주자가 나가 있거나 득점했다는 게 전제가 된다.

8번은 주로 포수나 유격수가 맡으며(이들은 타력보다는 수비의 재능 덕분에 기용되는 선수들이다.) 누구나 가장 꺼리는 타순이기도 하다. 다음 타자(9번 타자. 주로 투수)는 잡아내기 손쉬운 타자이므로 상대 투수는 8번 타자에게 치기 좋은 공을 던지려고 하지 않는다. 특히 투 아웃일 때는 다음 타자를 상대로 손쉽게 이닝을 마무리 지을 수 있으므로 상대방은 8번 타자에게 포볼을 내주는 것도 별로 꺼리지 않는다.

또는 그 반대일 수도 있다. 8번 타자는 애당초 타격 재능이 그다지 뛰어난 타자가 아니다. 그렇지 않다면 왜 8번으로 처졌겠는가. 따라서 별 볼일 없는 투수라도 8번 타자를 처리할 때는 좀 더 무자비하고 좀 더 대범하게 몰아붙이는 수가 있다. 이 8번 타자를 제3아웃으로 잡아내 이닝을 마감하면 다음 이닝에서는 선두 타자(9번 타자)를 쉽게 잡아 원아웃을 벌고 들어갈 수 있기 때문이다. 아무튼 8번 타자는 이래저래 고달프기만 하다.

아메리칸리그에서는 1973년부터 지명타자가 채택됨에 따라 8번 타순의 의미가 약간 달라지게 됐다. 종전의 '물타자'였던 8번 타자는 이제 9번으로 내려가 있다. 그 다음에는 상위 1번 타자로 연결되기 때문에 상대 투수도 그를 만만히 포볼로 내보내려고 하지 않게 됐다. 이는 종전보다 '치기 좋은 공'을 많이 구경할 수 있게 됐다는 것을 의미한다.

타순을 짜는 기본 원칙에는 약간의 변화를 가할 수 있지만 아주 기발하고 새로운 방법은 없다. 이런 것들은 그저 전통을 따르는 것이지 반드시 그렇게 해야 한다고 규칙으로 정해진 것은 아니다. 다만 이상적이라는 게 그렇다는 얘기다. 실제로는 그날 당일 가동할 수 있는 선수 중에서 적당히 골라 채워 넣게 된다. 어쩌다 보면 마땅한 1번 타자 감이 눈에 띄지 않는 경우도 있고, 명색이 중심 타자라는 선수가 전혀 파워를 갖추지 못한 경우도 있고, 타선 전체의 중량감이 떨어지는 경우도 있고, 모두들 큰 스윙만 해댈 뿐 기동력은 전혀 없는 타선이 되고 마는 경우도 있다. 대체로 수비의 귀재가 타력까지 겸비한 예는 별로 없으므로 감독은 그날 경기에서 어느 쪽에 더 큰 비중을 둘 것인지를 선택하고 타순을 짠다.

다음과 같은 예를 가정해 보자. 여기 발이 느린 외야수가 두 명 있다. 그들은 수비 솜씨는 형편없으나 둘 다 타력만은 대단하다. 그들의 공격력 없이는 승리를 기약할 수 없으므로 그들은 반드시 선발 라인업에 오르게 된다. 내야진은 수비가 안정돼 있지만 공격력은 약간 처진다. 자, 그렇다면 강타자인 좌익수와 우익수의 수비 약점을 보완하기 위해 센터에는 수비 폭이 넓은 수비 전문가를 기용해야 한다. 타율이 0.172에 불과하더라도 그를 쓰지 않을 수 없다. 그런데 또 한 명의 중견수는 0.172짜리 타자보다 수비 폭이 다소 좁지만 그럭저럭 중간 정도는 되고 타율이 0.280에 달한다고 하자. 그렇다면 공격이나 수비 어느 쪽도 특출하지는 않지만 뭐든지 해낼 수 있는 그를 기용해서 중용을 찾게 된다. 벤치에 죽치고 앉아 시들어가는 보통 선수라면 그런 기용이라도 감지덕지할 것이 분명하다.

다시 타순 짜기 요령으로 돌아가 보자. 이론상으로 가장 바람직한 패턴과 선수들의 능력에 따른 조정 외에도 고려해야 할 몇 가지 요소가 있다. 좌타—우타의 배치도 그중의 하나다. 타순을 짤 때는 어느 정도 좌우 균형을 잡을 필요가 있다. 타선이 좌타자 일색이라면 상대방은 얼씨구나 하고 좌완투수를 내세워 단박 유리한 입장을 점령할 것이다. 네 명의 좌타자를 차례로 배치한다면 상대방에게 "언제 좌완투수를 구원 투입하십시오." 하고 좋은 시기를 알려 주는 것이나 마찬가지다. 또 선발 라인업을 결정하기에 앞서 게임 후반에 대타 요원으로 투입할 좌타자와 우타자를 한 명씩 남겨 두어야 한다. 유능한 타자라고 해서 몽땅 선발 라인업에 쏟아넣으면 결정적인 한 방이 절실한 기회가 찾아왔을 때 효과적인 공격을 할 수 없게 된다.

감독은 타순을 짤 때 그 오더 안에서 벌어질 일들을 면밀히 검토하지 않으면 안 된다. 누구 다음에는 누가 타석에 등장하고, 이 시점에서 투수 교체가 일어나면 어떻게 대처하느냐……. 타력은 좋으나 발이 느린 타자들을 잇따라 붙여 놓았다간 상대에게 "어서 병살 처리하십시오." 하고 주문하는 거나 다름없다. 끌어치기가 능한 좌타자 앞에 베이스러닝을 잘하는 타자를 배치하면 희생번트로 원아웃을 허비하지 않아도 된다. 반면 번트를 잘하는 타자 앞에다 굼벵이 타자를 배치하면 번트의 효과가 없어진다. 이런 식의 심사숙고는 끝없이 이어진다.

양키스의 전성 시대를 이끌었던 케이시 스텡걸 감독은 유능한 인재들을 플래툰 시스템으로 활용하기로 유명했다. 그는 마치 카드 놀이하듯 배팅 오더를 무려 열두 장이나 만들어 테이블 위에 늘어놓기도 했다. 미키 맨틀과 요기 베라만 고정시켜 놓고 나머지는 모두 다른 선수들로 바꿔본 것들이었다. 그는 다가올 게임의 진행 과정을 마음속으로 십여 가지나 그려 보면서 앞으로 벌어질 상황에 대비하려고 노력했다.

타순은 상대 투수와 그의 주무기, 상대 불펜의 능력, 자기 팀의 좌타—우타의 조화 및 파워—스피드의 안배, 공격과 수비의 비중, 나중에 사용할 대타 요원 확보 등을 고려해서 최종 확정한다. (샌프란시스코를 지휘하던 로저 크레이그 감독은 자기 선수들에게 다음과 같이 명쾌한 말을 해주며 자신감을 불어넣어 주었다. "나는 항상 베스트 나인을 기용한다. 그리고 너는 그중의 하나다. 오늘만큼은.") 타순표에 사인해서 심판에게 제출하고 그라운드 규칙에 관한 설명을 들은 다음 덕아웃에 들어앉으면 이제 게임이 시작된다.

투수는 상대 팀 타자들을 범타 처리하기 위해 어떤 요령으로 던지고, 야수들은 수비 위치를 어떻게 잡을 것인지는 이미 면밀히 검토했다.(통상 3, 4연전 시리즈를 시작하기 전에 클럽하우스에서 전체 미팅을 갖지만 그 뒤로도 계속 대화를 나누며 재검토한다.) 그리고 나서 감독은 다음과 같은 것들을 재빨리 체크한다.

— 모든 선수가 각자 맡은 일을 제대로 하고 있는가?
— 야수들은 상대 타자, 볼카운트, 수의 구질에 따라 올바른 위치에 가 있

는가?
— 투수는 자기가 의도한 대로 공을 던지고 있는가?

자기 편이 수비일 때 감독의 관심은 거의 전적으로 투수에게 쏠려 있다. 그의 투구 모션을 지켜보면서 공이 제대로 들어가고 있는지 살핀다. 유능한 감독은 투수가 지쳤거나 컨트롤을 잃었거나 공의 위력이 떨어진 것을 신속하고 정확히 간파해 낸다. 어쩌다 재수 없게 안타를 맞는다 하더라도 '정상적인 피칭'을 하고 있다면 계속 던지게 한다. 반대로 상대방을 범타로 잡아내기는 하지만 구위나 컨트롤이 떨어졌다는 기미가 보이면 즉각 불펜을 가동시킨다.

일단 투수를 교체하기로 작심했으면 덕아웃을 벗어나기 전에 결심을 굳힌다. 투수가 계속 던지겠다고 고집 부린다고 해서 그냥 내버려 두는 일은 거의 없다. 감독들은 선수의 고집에 밀렸다가 게임을 망친 쓰라린 경험을 누구나 갖고 있다. 투수 교체는 결과론자들에게 좋은 안주감이 된다. 대부분의 팬들은 오로지 결과만 놓고 투수 교체를 논할 뿐이다.

투수 교체는 (대다수의 팬들이 생각하는 것처럼) 지금 던지고 있는 투수를 빼는 것이 중요한 게 아니라 앞으로 던질 투수를 불러들이는 데에 요점이 있다. 감독은 이미 지나간 플레이가 아닌 앞으로 벌어질 플레이에 초점을 맞추고 있다. 즉 '다음 타자를' 어떻게 요리하느냐 하는 것이 중요하다. 지금 던지는 투수가 난타당하고 있더라도 다음에 들어올 '새로운' 투수가 더 낫다는 확신이 없다면 투수 교체는 아무런 의미가 없다.

그러므로 투수 교체 결정을 내리려면 '누가' 불펜에 있으며, 그의 상태는 어떻고, 상대방은 우리의 구원투수에 맞서 누구를 대타로 투입할 수 있는가 하는 점까지 염두에 두어야 한다. 팀에 믿을 만하고 강인한 구원투수가 준비돼 있으면 그렇지 못할 때보다 선발투수가 물러나는 시기가 빨라진다.

　모든 감독은 "이 결정이야말로 사태를 호전시킬 수 있는 최선의 방법이다."라는 확신을 가져야 한다. 그런 확신이 없다면 애당초 그런 결정을 내리지 말아야 한다. 그리고 내일을 위해 반드시 누군가를 아껴 두어야 한다는 것도 잊지 말아야 한다.

　자기 팀이 공격에 나섰을 때 감독의 움직임은 더욱 활발해진다. 그는 단지 덕아웃 안에서 작전만으로 플레이를 지시한다. 그가 3루 코치에게 사인을 내면 3루 코치는 다시 타자에게 사인을 전달한다. 이것 자체만 해도 고도의 기술이다. 경험과 직감이 여간 필요한 게 아니다. 어떤 타자에게는 자기 스스로 알아서 하도록 폭넓은 자율권을 줘도 좋지만 어떤 타자에게는 그럴 수 없다. 그뿐 아니라 같은 타자라도 어떤 특수한 상황에서는 좀 더 많은 제약을 가하지 않을 수 없는 경우도 있다. 어쨌든 이런 지시를 내리느냐 마느냐 하는 것은 감독의 절대적인 특권이다.

　감독의 작전 지시를 잘못 해석하고 있는 선수도 의외로 많다. 타자는 누구나 때리고 나가려고 한다. 그들은 자기가 좋아하는 공은 무조건 때리려고 한다. 그들은 투 스트라이크로 몰리는 것을 아주 싫어한다. 그러나 감독은 전술적 차원에서 상대 투수의 공을 "치지 말고 기다려라^{take}."라고 지시해 놓고 살펴보고 싶은 때가 있다. 예를 들면 상대 투수가 지쳤는지 알아보고 싶거나 안타를 치고 나간 우리 타자가 숨 돌릴 여유가 필요할 때, 투타의 머리 싸움 속에서 (경험 부족 등으로) 수 읽기가 밀리는 우리 타자에게 치기 어려운 공을 골라 내도록 간접 지원해 주고 싶을 때 등이다.

　감독으로부터 많은 간섭을 받는 타자라면 일단 판단력이 떨어지는 선수라고 할 수 있지만 묘하게도 그런 선수일수록 '기다려라'는 사인이 나올 때 치지 못해 안달이다. '기다려라'라는 사인은 곧 '치지 마라'는 명령으로 그 이상도 그 이하도 아니다. 스트라이크가 들어온다면 타자에게는 미안한 노릇이지만 그래도 쳐서는 안 된다. 그러나 '때려라'라는 사인은 '공을 보고 치고 싶으면 쳐도 좋다'는 '허락'을 뜻한다. 그런데 타자들은 이런 사인이 나오면 '반드시 쳐라'라는 '명령'으로 받아들이고 치기 어려운 공까지 무턱대고 치려고 덤비는 경향을 갖고 있다.

감독의 작전 지시가 없더라도 다음 플레이가 자동적으로 결정되는 경우가 있다. 볼카운트 0—3 또는 이따금 1—3일 때다. 볼카운트 0—3이 되면 투수는 다음에 연속 세 개의 스트라이크를 던져야만 타자를 걸어나가지 않게 할 수 있는데 그중 하나라도 스트라이크존에서 빗나갈 확률은 매우 높다. 세 개 중 첫 번째나 두 번째 것이 볼이 될 수도 있다. 그런데 아무리 치기 쉬워 보이는 공이라 하더라도 볼카운트 0—3에서 타자가 스윙하게 되면 곤경에 빠진 투수를 도와주는 이적 행위가 된다. 공은 둥글고 배트도 둥글다. 치기 쉬워 보이는 공을 쳤다고 반드시 안타가 되는 것은 아니며 설사 볼카운트가 1—3이나 2—3이 됐다 하더라도 투수는 여전히 치기 좋은 스트라이크를 던지지 않을 수 없다. 그런데도 요즘은 장타를 강조하는 경향에 따라 감독들도 볼카운트 0—3에서도 스윙을 허용하는 예가 많아졌고 투수도 그런 볼카운트에서 타자가 가만히 지켜보고만 있지는 않으리라고 생각하게 됐다. 따라서 요즘에는 종전과 달리 볼카운트 0—3에서도 커브를 던지는 경우가 늘어났다.

아주 사소한 것 같으면서도 많은 의미를 담고 있는 대표적인 예를 하나 들어 보겠다. 다음은 감독이 게임을 치르는 데 얼마나 노심초사하는지 단적으로 보여 준다.

1965년 어느 날 양키스가 홈 게임을 치를 때였다. 스코어는 동점이었고 9회 말 2사 1루의 기회. 1루 주자는 발이 느린 엘스턴 하워드였고 타석에는 좌타자 레이 바커가 대타로 들어섰다. 그의 볼카운트는 이럭저럭 1—3이 됐다.

양키스의 존 킨 감독은 다음 5구째를 치지 말고 '기다려라'라고 지시했다. 스트라이크. 이래서 볼카운트는 2—3. 그 뒤 바커는 우중간으로 총알같이 빠지는 적시 2루타를 터뜨렸고 하워드는 1루에서 홈까지 단숨에 달려 끝내기 결승점을 올렸다. 언제 어디서나 흔히 볼 수 있는 게임 진행 상황 같지만 킨 감독은 이렇게 풀이했다.

바커는 내가 왜 볼카운트 1—3에서 치지 말라고 했는지 나중에 설명을 듣고서야 이해했다. 타자로서는 볼카운트가 자기에게 유리한 1—3일 때가 더 치기 좋은 기회라고 생각할 것이다. 투수가 정직한 스트라이크를 던지지 않을 수 없기 때문이다.

그러나 1루 주자 하워드는 발이 느리다. 그가 홈까지 뛰어 결승점을 올리려면 바커가 홈런을 쳐야만 한다. 단순히 외야 쪽으로 빠진 단타나 평범한 2루타로는 하워드를 득점시킬 수 없다.

그러나 볼카운트가 2—3이면 하워드는 투수가 투구 동작에 들어감과 동시에 스타트할 수 있다. 따라서 바커가 공을 치는 순간에는 이미 2루의 절반까지 갈 수 있다. 실제로도 그렇게 됐다. 스타트를 일찍 끊은 덕분에 하워드는 후속 2루타로 득점할 수 있었고 그걸로 게임이 끝났다. 그러나 볼카운트 1—3에서는 바커가 똑같은 지점으로 똑같은 안타를 때렸다 하더라도, 하워드는 타구가 날아가기 시작했을 때라야 비로소 스타트했을 테니까 겨우 3루에 머물렀을 것이다.

그리고 풀카운트가 되고 난 후 바커가 포볼을 골랐다면 하워드는 자동적으로 스코어링 포지션에 올라가 있다가 다음 타자의 단타 한 방으로 결승점을 올릴 수 있었을 것이다.

이 얘기는 대단한 반응을 일으켰다.

1967년 이 책의 초판본에서 이 사례가 소개됐을 때 몇몇 감독들은 이런 식의 플레이에 동감하지 않으면서 필자가 과연 킨 감독의 말을 제대로 들었는지 확인해 왔다. 필자는 킨 감독의 말을 정확하게 받아적었다고 확신한다.(그 시절에는 취재용 녹음기를 사용하지 않았다.) 하긴 당시 그 상황에서 킨 감독이 미처 파악하지 못했거나 필자가 듣고도 무심코 흘려버린 다른 요소가 있었는지는 모르겠다. 그러나 그 예는 감독의 생각을 그저 단순히 '옳다', '그르다' 하는 식으로 단순히 나눌 수 있게 아니라는 것을 보여 주고 있다. 감독마다 생각이 다르고, 같은 감독이라도 상황에 따라 다른 생각을 갖게 된다. 다시 말하지만 야구는 과학이 아니라 예술이다. 이번에는 필자가 앞에서 약속했던 다른 예를 들어 보기로 한다. 1984년에 프랭크 로빈슨은 샌프란시스코 자이언츠, 조 토레는 애틀랜타 브레이브스의 감독을 각각 맡고 있었다. 이들은 1984년 6월 6일 수요일 오후 샌프란시스코 캔들스틱 파크에서 한 판 대결을 벌였다.

홈팀 자이언츠의 밥 브렌리는 게임 초반 선제 만루 홈런을 터뜨렸고 신인 투수 제프 로빈슨은 애틀랜타 타선을 잘 막아 나갔다. 그러나 브레이브스는 착실하게 추격을 전개, 8회 초에는 4—3까지 따라붙었다. 제프 로빈슨은 투 아웃 이후 애틀랜타의 7번 타자를 포볼로 걸리고 난 후 8번 타자를 제3아웃으로 잡아 이닝을 마쳤다. 자이언츠의 로빈슨 감독은 8회 말에 투수 로빈슨 타석에 대타를 기용했다가 9회 초 수비 때는 노련한 전문 소방수 그레그 민턴을 투입했다. 그러나 브레이브스는 9회 초 기어이 4—4 동점을 만들고 11회 연장전까지 치른 끝에 역전승을 이끌었다. 그러자 프랭크 로빈슨 감독은 공연히 투수를 교체하는 바람에 게임을 망쳐 놓았다는 비난을 면치 못했다.

"그는 던질 만큼 던졌다. 어린 선수에게는 더 이상 기대할 게 없었다."라고 로빈슨 감독이 설명했지만 기자들은 납득하지 않았다.

그러나 이런 투수 교체 뒤에 실제로 어떤 일이 숨어 있었는지를 살펴보자.

1점 차로 리드하고 있으면서 8회 초 2사 후의 시점에서는 4아웃을 더 잡아야 하는데 자이언츠가 가장 신경 써야 할 대목은 애틀랜타의 슈퍼스타 데일 머피가 다시 타석에 설 기회를 원천 봉쇄하는 것이었다. 그는 단 한 번의 스윙으로 게임을 뒤집을 수 있는 장타력을 가진 타자였기 때문이다. 머피는 4번 타자였는데 거기서 그대로 8회 초 수비를 끝냈더라면 머피는 9회 초에 여섯 번째 타자로나 타석에 들어올 수 있었다.

따라서 8회 초 2사 후 7번 타자를 포볼로 내보낸 것은 별로 대수롭지 않게 보이지만 실은 말썽의 발판이나 다름없었다. 이것은 "실없이 포볼을 내주지 마라."는 야구 정석과도 맞아떨어진다. 안타를 맞았다면 어쩔 도리가 없다. 그러나 상대에게 쓸데없이 선물(포볼)을 줘서는 안 된다. 만약 제프 로빈슨이 포볼을 내주지 않고 8회 초를 마무리 지었다면 브레이브스는 9회 초에 최소한 세 명이 출루하지 못하면 머피에게 타격 기회가 돌아가지 않는다. 그런데 그 포볼 때문에 머피는 살얼음판을 걷는 듯한 이 게임에서 보이지 않게 타석에 한 걸음 가까이 다가선 것이다. 로빈슨 감독은 그 포볼을 보고 로빈슨이 지쳤거나, 경험 부족 탓이거나 이유야 어쨌든 뜻한 대로 공을 던지지 못하고 있다고 느꼈다. 그렇다면 9회 초에 또다시 그런 일이 벌어지지 않는다는 법이 없다. 그렇다면 누상에 동점 주자가 나가고 난 다음에 구원투수를 불러들여야 옳은가, 아니면 어려운 상황이 닥치기 전에 아예 믿음직한 구원투수에게 9회를 맡기는 편이 낫겠는가.

거기서 나온 결론이 후자, 투수 교체였다.

민노라 했던 민턴은 등판하자마자 선두 9번 타자에게 안타를 허용했다. 후속 내야 땅볼로 1루 주자가 2루에서 포스아웃당한 뒤(더블플레이로 연결할 수도 있었지만 실패했다.) 또 한 명이 아웃당해 2사 1루에서 3번 좌타자 제럴드 페리가 타석에 등장했다. 그 다음 타자는 데일 머피였다.

로빈슨 감독은 여기서 둘 중에 하나를 택해야 했다. 페리를 상대로 우완투수 민턴을 그대로 놔둘 것이냐, 아니면 이 팀의 릴리프 에이스인 좌완 게리 라벨을 투입할 것이냐.(후자를 택한다면 상대방은 페리 대신 우타자 밥 왓슨을 대타로 투입할 것이다.) 로빈슨 감독은 라벨을 택했다.(여기에는 민턴이 9회 선두 대타인 좌타자 마이크 조거슨에게 안타를 내준 점도 고려됐다.) 그런데 왓슨은 라벨로부터 큼직한 2루타를 빼앗아 기어이 4―4 동점을 만들었다. 그러나 아직 게임이 끝난 것은 아니었고 1루는 비어 있었다. 머피 때문에 질 수는 없는 일이었다. 라벨은 그를 당연히 고의 4구로 걸렸고 5번 크리스 챔블리스(좌타)를 범타로 처리했다.

10회 초 들어 로빈슨 감독은 토레 감독의 수를 읽어 내 두 차례 피치아웃으로 주자를 잡아내고 위기를 넘겼으나 자이언츠 역시 10회 말에 무득점에 그쳤다. 11회 초에도 브레이브스의 선두 타자가 출루했으나 또다시 피치아웃으로 솎아 냈다. 이제 투 아웃에 주자는 없었고 머피는 앞으로 세 번째 타자로나 나올 수 있었다. 지금은 3번 자리에 (원래는 왓슨이 있었다.) 브레이브스의 릴리프 에이스 스티브 베드로시안이 들어 있다. 라벨이 2번 타자 앨릭스 트레비노를 잡아 이닝을 마치면(그는 그다지 위협적인 타자는 아니었다.) 토레 감독은 12회 초에 선두 베드로시안 대신 대타를 기용할 것이고 그렇다면 자이언츠로서는 부담 없이 12회 말 공격에 나설 수 있을 것이다.

라벨은 실제로 트레비노를 쉽게 내야 땅볼로 이끌었지만 2루수 브래드 웰먼이 1루 악송구라는 에러를 범하고 말았다.

토레 감독은 베드로시안을 뺄 의향이 없었고 따라서 자이언츠는 이 이닝을 쉽게 막아 낼 여유가 있었다. 그러나 베드로시안이 엉성하게 빗맞힌 타구를 3루수 프랜 머리가 매끄럽게 처리하지 못하는 바람에 내야 안타를 만들어 주고 말았다.

이제 2사에 주자 두 명이 나가 있는 가운데 우타자 머피가 등장했다. 그렇다고 불펜에 다른 투수가 대기하고 있는 것도 아니었다.

라벨은 연속 볼 두 개를 던졌다.

로빈슨 감독은 머피와 정면 승부하지 말고 만루가 되는 한이 있더라도 나쁜 공으로 유인하도록 지시했다. 다음 타자는 라벨이 9회 초 범타로 막은 챔블리스였다. 로빈슨 감독은 챔블리스가 라벨로부터 안타를 뽑을 가능성이 희박하다고 보고 있었다.

그 판단은 정확했을지도 모른다. 그러나 라벨은 머피에 이어 챔블리스마저 포볼로 걸러 밀어내기 점수를 헌상하고 말았다. 그리고 베드로시안은 11회 말을 무실점으로 잘 막아 5—4 승리를 지켰다.

이 게임에서 로빈슨 감독은 무려 다섯 개의 현명한 단안을 내렸다고 볼 수 있다. 그러나 투수는 스트라이크를 던지지 못했고, 야수들은 타구를 제대로 처리하지 못했으며, 타자들은 무기력했다.

바로 이것인 현명한 판단과 실제로 나타난 결과의 차이다. 한쪽이 좋다고 반드시 다른 쪽까지 좋은 것은 아니다. 사람이 하는 짓이란 원래 그런 것이기 때문이다.

한 게임을 치르면서 감독은 매 투구마다 이런 식으로 생각한다. 최선으로 생각을 정리한 후 상대 수비가 대비하지 않으리라고 보이는 방향으로 번트 또는 히트앤드런 작전을 내린다. 그는 통상 상대가 예측하지 못한 방향으로 플레이하려고 벼르지만 그 노력은 독선에 그치고 마는 수가 허다하다.

위와 같은 것이 감독의 '이상적인' 활동이다. 그러나 실제로 감독도 결과에 따른 남들의 비판을 상당히 의식하고 있다. 감독은 스탠드에 앉은 팬들보다 바로 자기 곁에 앉아 있는 선수들, 기자들, 그리고 구단 프런트를 더 의식하고 있다.

어떤 운동에서나 영웅이 되기는 어려운 법이다. 그리고 육체적 활동을 통해 영웅이 되기보다 오로지 두뇌 회전만으로 영웅이 되기는 더더욱 어려운 법이다. 감독들은 누구나 통상적인 방법을 알고 있다. 통상적인 방법을 쓰다가 지면 비난은 모면할 수 있다. '비상한' 방법을 써서 이기면 천재가 될 수 있다. 그러나 비상한 방법을 쓰다가 지는 날에는 결과론자들이 가만히 내버려 두지 않는다. 그래서 너무나 많은 경우에 너무나 많은 감독들이 안전책(통상적인 방법)을 택하고 만다. 그때 그 상황에서 그게 최상책이 아니라는 것을 알면서도 이른바 '정석'대로 나가는 경우를 보게 되는데 바로 그것이 나쁜 결과가 오더라도 비난을 모면할 수 있는 가장 안전한 길이기 때문이다. 필리즈, 엑스포스, 에인절스 등을 이끈 진 모크처럼 공격적이고 적극적인 플레이를 추구하는 감독은 '배짱'으로 밀어붙인다는 평을 듣기도 한다. 그리고 조심성이라는 게 과연 배짱과 반대말이 되는지는 논란의 여지가 있다. 다만 감독들은 이런 조심성을 '신중하다'라고 표현하며 이런 신중함이야말로 감독 자리를 보존하는 데 유리하다고 믿는다.

좋은 감독이 될 수 있는 조건을 단 한 가지만 꼽는다면 그것은 무엇일까? 그것은 경제적 여유이다.

케이시 스텡걸은 양키스와 메츠 감독을 맡았을 때 경제적으로 풍족한 상태였으며 그 밖의 몇몇 감독도 그랬다. 집안이 넉넉하다는 것은 남보다 소신껏 일할 수 있는 힘이 된다. 스텡걸은 자신의 잘잘못은 제쳐두고 남들이 자기의 결정을 어떻게 볼지 염두에 두지 않았다. 때로는 미친 듯이, 때로는 번뜩이는 재치로, 때로는 터무니없게, 때로는 기발하게 게임을 끌고 갔다. 결과는 좋을 수도, 나쁠 수도 있었지만 감독 자리가 위태로운 적은 없었다. 만약 그런 게임 운영 때문에 자리가 위태로웠다면 그 역시 남들처럼 '면피 작전'을 펼 수밖에 없었을 것이다.

충분히 벌어 놓은 돈은 없고 먹여 살려야 할 가족은 주렁주렁 달렸다면 여간 독하게 마음 먹지 않고서는 숱한 비판을 받고 여차하면 목이 달아날 가능성이 있는 현실에서 남을 의식하지 않고 초연한 결정을 내리기란 여간 어렵지 않다. 그런 상황에서는 누구나 정석을 따르면서 변명거리를 마련하게 된다. 그리고 조심스러운 사람들의 사전에는 "배짱껏 밀어붙인다."라는 말이 없다. "저 양반은 정석에만 의존하는군." 하고 경멸하는 감독조차 실제로는 실속 있는 플레이보다 남들의 눈에 과감하게 비치는 플레이를 펼치는 선에 그치고 만다. 반짝이는 재치를 마음껏 구사할 수 있는 여건이 된다면 그렇게 해도 좋다. 즉 감독 자리가 보장된다면.

자, 여기서 다시 감독의 심리적인 면으로 돌아가 보자. 이는 감독들의 유형을 분류하는 데 가장 중요한 문제다.

나이 많은 감독과 젊은 감독 사이의 야구관에는 상당한 차이가 있다.

스텡걸처럼 나이 많은 감독들은 '선수란 가끔 채찍질을 해야만 최선을 다하는 족속'이라고 믿고 있다. 이런 감독들은 노동 운동이 없던 시대에서 살아온 탓인지 선수가 하고 싶은 대로 하도록 내버려 두지 않았다. 프로 선수에게 채찍을 휘두르는 것은 언어도단이고 나아가 야만적인 행위라는 사실을 그들에게 알려 주는 사람도 거의 없었다.

그보다 한 세대 뒤에 있는 인물들, 즉 랠프 후크, 진 모크, 앨빈 다크, 스파키 앤더슨, 척 태너 등은 제각기 개성을 한껏 발휘하면서도 선수들을 좀 더 부드럽게 대해 주어야 한다는 현실을 깨닫고 있었다. 이런 감독들은 선수들에게 더 정신을 바짝 차리고, 투지를 불태우고, 야구의 기술적인 면을 연구하라고 강조하면서 한편으로는 선수들의 행복에도 관심을 기울였다. 그들 자신은 이상理想대로 살아보지 못했지만 이게 그들의 새로운 이상이었다. 그들은 남들이 보는 앞에서 선수를 꾸짖거나 인간적으로 모멸감을 주어서는 안 된다는 것을 기본 신조로 삼았다.

그 다음 세대, 즉 토니 라루사, 화이티 허조그, 딕 하우저, 로저 크레이그, 토미 라소다 등은 훨씬 더 현실을 직시하고 있었다. 그리고 그들의 판단은 옳았다. 요즘의 새로운 세대는 더 부유하고 독립적이고 민감하기 때문이다.

감독의 등급을 정하기란 쉬운 일이 아니다. 특히 주변에 나도는 인물평과 실제 그의 사람 됨됨이가 반드시 맞아떨어진다고는 할 수 없다. 현대 감독 중 최고 명장의 하나로 꼽히는 빌리 마틴은 '강퍅하다'는 표현이 꼭 들어맞는 사람이었고 선수를 매섭게 다그치는 데에 주저함이 없었다.(이런 점은 그가 정신적 대부로 모시는 스텡걸로부터 배운 듯하다.) 그러나 마틴은 외부(매스컴)에 알려진 것보다는 훨씬 따뜻하게 선수들을 감싸 주는 스타일이었으며 야단 치는 것도 꼭 필요한 경우에 한했다. 그는 여러 구단을 돌아다니며 심심찮게 불화를 일으켰지만 그 상대는 사장이나 구단주 같은 고위층에 한했다. 마틴 감독과 선수들은 별로 불편한 관계가 아니었다.

반면 딕 윌리엄스 감독은 어느 구단으로 가든 선수들과 거리를 두었다. 그는 마틴과 마찬가지로 여러 구단을 옮겨 다녔다. 그는 마틴과 마찬가지로 이기는 야구를 할 줄 알았다. 그러나 그는 워낙 인내심이 없었기 때문에 가치관이나 생활 습성이 전혀 다른 젊은 세대를 조금도 이해하지 못했다.

"사람은 나이를 먹어가면서 달라진다."라는 말은 시사하는 바가 크다. 앨 로페즈나 버디 테베츠 같은 감독은 감독 생활을 시작했을 무렵엔

"사람 좋다."는 평을 들었지만 10년쯤 지나자 그런 이미지가 사라지면서 오히려 더 나은 감독이 됐다. 감독 취임 초기에는 현역 선수에서 은퇴한 지 얼마 되지 않아 동년배의 선수들에게 둘러싸여 있는 데다가 자신이 선수 시절 발휘했던 기량을 의식하면서 '좀 더 잘해 보려고' 노력한다. 그러나 감독 생활을 한 지 10년 또는 20년이 지나면 선수들을 어떻게 대하건 그들의 '행복'에는 큰 차이가 없다는 것, 사람의 성격을 바꿔 놓기란 지극히 어렵다는 것, 선수들의 변명은 참으로 가지가지라는 것, 지켜지지 않는 약속이 엄청나게 많다는 것들을 느끼게 된다. 또 매사를 모든 사람에게 일일이 설명할 수 없다는 것도 알고 나서는 더 이상 그렇게 하려 들지 않는다. 그는 '이번에는 이렇게 한번 해봐야지.'라고 생각했으면 그냥 그대로 끌고 갔다.

그리고 유능한 선수들을 거느리고 있는 감독은 이긴다. 무능한 선수들만 있으면 진다. 딕 윌리엄스가 대표적인 예다.

랠프 후크는 뉴욕 양키스 감독으로 3년간 재임하는 동안 3년 연속 우승을 이끌었다. 그의 재임 기간은 특별한 천하태평 시대였다. 그는 선수들이 사심 없이 좋아할 수 있는 스타일이었다. 그의 신조는 '자신감 확립'이었고 그는 그런 정신을 선수들 사이에 심어 놓는 데 탁월한 재능을 발휘했다. 전술적으로는 보수적인 정통파였으며 그것이 게임에서 잘 먹혀들어 갔다. 이유는 간단하다. 휘하에 실력 있는 선수들을 거느렸기 때문이다. 그러나 2년 뒤, 전력이 약화된 양키스에 복귀했을 때 그는 꼴찌였다. 그 뒤 디트로이트와 보스턴의 감독을 맡으며 어지간히 강팀으로 끌어올리긴 했지만 우승을 따내지는 못했다.

프레드 허친슨은 선수들로부터 깊은 애정을 자아내는 감독이었지만 그를 탁월한 지략가라고 부르는 사람은 별로 없었다. 허친슨의 인간성을 설명하는 데는 온갖 좋은 형용사를 다 동원해도 부족하지만 그냥 거기서 끝날 뿐이었다.

그러나 후크와 허친슨은 선수들의 존경과 사랑을 받으면서도 한편으로는 선수들에게 육체적으로 약간의 공포심을 심어 놓을 줄 알았다. 우람한 체격을 가진 그들 앞에서 선수들은 감독의 화를 돋우는 게 결코 신상에 이롭지 않다는 것을 분명히 알고 있었다. 감독이 한번 불같이 화를 낸 다음부터 선수들은 침 맞은 지네처럼 꼼짝없이 복종할 수밖에 없었다. 운동 선수란 근력 앞에서는 고개를 숙이는 법이다.

따라서 아무리 사람 좋다 하더라도 그들 나름대로 뭔가 특징을 갖고 있다. 월터 앨스턴이 바로 그렇다. 차분하고 신사적이고 참을성 있고 사고방식이 건전하고 분명하게 정도를 걷는 사람이었지만 그가 일단 화를 냈다 하면 여간 무섭지 않았다.

감독과 선수의 궁극적인 차이는 다음과 같은 데 있다.

선수는 자신의 생각이 어찌 됐건 간에 감독의 지시를 '실행해야' 한다. 감독의 임무는 '생각'하는 데에 있으므로 선수가 해 놓은 결과로 감독을 평가해서는 안 된다. 감독은 결과가 드러나기 '전에' 각 요소에 가중치를 두어 그것을 근거로 결정을 내리게 되는데 그 결정이 옳을 수도 있고 그를 수도 있다. 감독이 지속적으로 올바른 판단을 내린다면 대체로 좋은 결과가 나타나겠지만 아무리 그래도 가끔은 잘못된 결과가 나타나는 것은 피할 수가 없다.

감독의 자질을 평가하는 가장 합당한 기준은 무엇일까?

그것은 '감독이 어떤 사항을 기준으로 결정을 내리느냐?' 하는 것이다.

만약 투수를 교체했다면 설사 다음 타자에게 홈런을 맞았다 하더라도 바꿀 수밖에 없었던 온당한 동기가 있었을 것이다. 다음에 따질 것은 왜 홈런을 맞았을까 하는 것이다. 투수 교체를 할 근거는 충분했는데 엉뚱한 구원투수를 기용한 것일까? 실투한 것일까? 지시를 잘못 받은 것일까? 그것도 아니라면 투수가 훌륭하게 던졌는데도 타자가 잘 친 것일까? 그리고 그때가 과연 투수를 교체하지 않으면 안 될 상황이었던가? 뛰어난 선수들은 평범한 감독도 천재로 만들어 준다. 2류급 선수들은 천재 감독도 머저리로 만들어 놓는다. 감독이 할 수 있는 일은 오로지 좋은 생각을 짜내는 것뿐 그가 거느린 선수들이 9이닝 동안 상대 팀과 힘으로 맞서 싸우는 것과는 무관하다.

필자는 지난 1982년 캘리포니아 주 팔로 알토라는 도시에 정착한 후 《페닌슐라 타임스 트리뷴》이라는 신문의 편집 국장을 맡고 있다. 사업을 해본 경력이 전혀 없는 필자는 평소 스포츠 세계에서 알고 지내던 코치와 감독을 만나 얘기하고 관찰하고 그들에 관해 기사를 쓰던 평소의 생활 자세를 그대로 유지하고 있다. 그리고 후크나 앤더슨, 마틴, 태너, 허조그, 리그니 등 오래전부터 알고 있던 감독들을 다시 만나게 되면 이런 얘기를 했다.

"고맙소이다. 내가 지금까지 살아나갈 수 있는 것은 당신한테서 많은 것을 배운 덕분입니다. 당신은 심사숙고해서 선수들을 적재적소에 배치하고 그들을 평가했지요. 그런데 사람 쓴다는 게 어디 맘대로 됩디까? 나 역시 생각대로 되지 않기는 마찬가집디다."

그러면 그들은 한바탕 웃음을 터뜨렸다. 그들은 내 말뜻을 알아차렸던 것이다.

1951년 뉴욕 양키스와 클리브랜드 인디언스가 우승을 향해 피나는 싸움을 전개하고 있을 때였다. 시즌 막바지에 접어들자 인디언스의 앨 로페즈 감독은 마지막 3주일 동안 밥 레먼, 얼리 윈, 마이크 가르시아 등 에이스급 세 명에게 겨우 이틀씩의 휴식만 주고 집중 투입했다. 그들은 감독이 시키는 대로 잘 해냈다. 그러나 양키스는 마지막 24게임에서 무려 20승을 따내면서 인디언스의 추격을 따돌렸다. 스텡걸은 그때 친구

사이인 로페즈의 투수 기용법에 대해 다음과 같이 말했다.

"그래, 나도 그 친구가 얼마나 분투했는지 잘 알지. 남들은 그렇게 혹사시켜서야 어디 되겠느냐고 말하지만 그것도 과히 나쁜 방법은 아니었어. 그러나 사람 산다는 게 항상 뜻대로 되는 건 아니잖아."

백발백중 통할 수 있는 묘책을 찾아내야 한다는 것, 그러나 그런 것은 결코 쉽게 눈에 띄지 않는다는 것, 바로 거기에 감독의 고충이 숨어 있다.

이제 이 장의 맨 앞머리에서 제기했던 의문으로 되돌아가 보자.

'실제로' 감독이 하는 일은 무엇인가?

근심 걱정하는 것이다.

끊임없이.

목구멍이 포도청이므로.

6 사인
의사 소통의 비밀 통로

사인과 그에 대한 이해는 현장에서 뛰는 선수와 일반 팬을 갈라놓는 가장 높은 장벽이다. 사인이란 선수에게는 '제2의 천성'이며 게임이 진행되는 동안 한순간도 한눈팔지 말고 지켜봐야 하는 과제이다. 그러나 팬들은 아무리 되풀이해서 얘기해 봐도 여전히 막막하기만 한 게 사인이다.

사인의 중요성은 애써 설명할 필요도 없다. 투포수는 타자를 비켜세운 채 저희들끼리 말없는 쑥덕공론을 벌인다. 타자와 주자는 수비측에 들키지 않게 번트냐 히트앤드런이냐 하는 작전에 관한 약속을 맺는다.

사인은 자기 편끼리는 헷갈리지 않도록 간단하면서도 상대방에게는 간파당하지 않을 만큼 복잡한 구조를 갖춰야 한다. 적어도 이론상으로는 그렇다.

투수―포수의 사인은 여러 가지 변형이 있지만 전통적인 방법은 다음과 같다. 손가락 하나면 직구, 둘이면 커브, 셋이면 체인지업이 기본이다. 투수가 가진 여러 가지 구질도 이런 방식에 따라 정한다.

포수는 코치 박스에 나가 있는 1, 3루 코치나 1루 주자에게 들키지 않으려고 쪼그리고 앉은 채 사타구니 사이에 손을 넣고 사인을 낸다. 그러나 2루 주자는 투수만큼이나 훤히 포수의 사인을 지켜볼 수 있다.

그래서 복합 사인이 나오게 된다. 한 가지 예를 소개한다면 포수가 손가락 하나를 폈다가 둘, 셋을 잇따라 냈다고 하자. 이것은 무엇을 뜻하는가? 첫 번째 하나는 '다음 두 가지 사인 중에서 첫 번째 것이 진짜'라는 뜻일 수 있다. 즉 두 개니까 커브를 던지라는 얘기다. 어쩌면 첫 번째 또는 세 번째 사인이 다음에 내는 사인의 암호를 푸는 '열쇠'일 수도 있다.

아무튼 2루 주자가 그 사인과 대여섯 개의 실제 구질을 대조해 보고도 사인의 암호를 풀지 못하도록 복합적으로 만드는 것이 중요하다.

가끔은 투수가 사인 교환의 기밀 유지를 돕기도 한다. 어떤 사인이 나올 때 투수가 '싫다'고 고개를 가로젓기로 미리 짜놓는 것이다. 이는 사인을 훔치려는 주자보다 타자를 겨냥한 심리전으로 이용된다. 투수가 포수의 사인을 보고 고개를 가로저어 불만을 표시하면 타자는 '무엇이기에 저럴까?' 하고 궁금해한다. 그렇게 궁금해하는 자체로 벌써 약간이나마 정신 집중이 흐트러진다. 그런데 사실은 투수와 포수 사이에 어떤 의견 충돌이 있었던 게 아니고 그런 척했을 뿐이다.

센터 필드에서 망원경을 동원한 사인 훔치기는 한 해 걸러 한 번꼴로 말썽을 빚어 왔다. 방문팀은 어쩔 도리가 없는 반면 홈팀만 그 방법을 쓸 수 있기 때문에 비도덕적인 행위로 간주되지만 여기에 대해서는 특별한 규제 장치가 없다. (현대식 전광판이 들어서기 전에 재래식 점수판을 조작할 당시에는 거기가 상대방의 사인을 훔쳐보는 장소로 안성맞춤이었다.)

그렇지만 여기에 대해서는 규칙이 허용하는 범위 안에서 대응책을 마련할 수 있다. 아무리 상대가 고급 장비를 동원한다 하더라도 사인 도난을 방지하는 간단한 방법은 함정 사인을 만드는 것이다. 또 타자에게 빈볼을 던지는 것도 그런 맥락에서 이해되고 있다. 사인 도난 방지를 위해 구구한 규칙이나 규제 방안을 정하는 것보다는 적절히 보복하는 것이 차라리 멋진 처방이 된다.

그리고 사인 훔치기에도 나름대로 제약이 있다. 상대방이 이를 역이용하면 엄청난 불이익이 따른다. 즉 타자는 다음에 들어올 공이 직구라는 힌트를 얻었지만 실제로 들어온 게 커브라면 볼썽사납게 헛스윙하고 말 것이다. 그리고 커브가 들어온다는 힌트를 얻었지만 거꾸로 몸쪽 직구가 날아든다면 꼼짝없이 서서 당하고 말 것이다.

투수가 사인을 간파당하고 있다고 느끼거나, 타자가 너무나 자신만만하게 다음에 들어올 공을 알고 있는 듯한 인상을 풍기면 그때는 공 몇 개를 사인과 다르게 역으로 던지는 것도 간단한 해결책이다. 커브 사인 때 빠른 직구를 던져 버리면 상대 팀의 스파이 작전은 대번에 무너질 것이다.

사인은 아무 때나 바꿀 수 있다. 매일, 매 이닝마다, 또는 투구와 투구 사이에. 또는 상대방에게 사인을 바꾼다는 것을 시위해 놓고 실제로는 바꾸지 않는 경우도 있으므로 포수가 사인 지정을 위해 마운드로 올라간다고 해서 반드시 사인이 바뀐다고 생각해서는 안 된다. 포수가 마운드에 올라가는 경우는 단순한 기만이거나, 투포수 간 사인에 생긴 오해를 조정하거나, 몇 개의 투구를 한꺼번에 미리 정해 놓을 때, 또는 타자에 대한 무엇을 상의하고 싶을 때다.

그렇다면 투수가 어떤 공을 던질지를 실제로 결정하는 사람은 누구인가? 포수인가? 투수인가? 아니면 감독인가? 여기에 항상 일정한 답변은 있을 수 없다. 최종 결정권은 보스인 감독이나 코치가 쥐고 있지만 결정을 내리는 데는 경험이 풍부하고 실전에서 직접 뛰고 있는 선수에게도 많은 권한을 준다.

어떤 감독은 벤치에서 투구 사인을 내고 그 사인을 본 포수가 다시 투수에게 사인으로 전달한다. 중요한 포인트에서는 모든 감독이 벤치에서 직접 사인을 낸다. 가장 중시할 것은 투수와 포수의 경험, 그리고 그들의 판단력에 대한 믿음이다. 노련하고 안정된 투수가 신참 포수와 배터리를 이뤘다면 투수가 주로 리드해 갈 게 틀림없다. 그 반대라면 포수가 끌어갈 것이다.

그러나 대부분의 경우 포수와 투수는 생각하는 방향이 같다. 상대하는 타자, 게임의 상황, 투수의 주무기와 그날 그 주무기의 위력 등을 똑같이 알고 있는 투수와 포수는 같은 결론에 도달하는 게 당연하다. 그러나 궁극적으로는 투수가 최후의 열쇠를 쥐고 있다. 공을 던지는 사람은 다름 아닌 투수 자신이며 '지금 내가 던지려는 공이 최선의 선택이다.'라는 확신을 갖고 있지 못하면 말썽이 일어날 소지가 많다.

메이저리그 포수로 활약하다 방송 해설자로 변신한 후 더 많은 수입을 올리고 있는 조 개러지올라는 얼치기 전문가들의 짐작이 얼마나 허무맹랑한지를 신랄하게 꼬집는다. 일반적으로 게임을 이기고 나면 "포수가 투수 리드를 잘했다."라고 말하는데 그렇다면 홈런을 맞았을 때는 "포수가 투수 리드를 잘못했기 때문에 홈런 맞았다."라고 해야 옳으냐는 것이다. 던지는 사람은 투수이므로 책임은 그가 져야 한다. 위대한 투수는 포수도 위대하게 만들며, 허약한 투수는 포수까지도 도맷값으로 넘긴다는 게 그의 결론이다.

샌디 쿠팩스는 오랫동안 함께 호흡을 맞춰 온 투수와 포수의 이심전심이 어떤 것인지를 다음과 같은 예로 극명하게 보여 준다.

1963년 월드 시리즈 1차전에서 삼진 열다섯 개를 빼앗으며 양키스를 꺾었던 그는 홈구장에서 벌어진 4차전에 다시 등판, 시리즈를 4연승으로 끝내기까지 원 아웃만 남겨 두고 있었다. 9회 초 투 아웃에 점수는 2—1로 리드. 타자는 미키 맨틀이었다. 양키스가 얻은 1점도 맨틀이 앞 타석에서 홈런을 터뜨린 덕이었다.

볼카운트는 어느덧 2—0, 포수는 존 로즈보로였다. 쿠팩스는 이렇게 말했다.

나는 존이 손가락 두 개를 뻗는 것을 보았다. 커브를 던지라는 뜻이었다. 그렇지만 존의 손가락은 약간 흐느적거렸다. 그것은 슬로커브를 던지라는 뜻이었다. 이런 중대한 순간에 스피드 없는 슬로커브를 던진다……, 사실 내 생각도 여기서 던질 공은 바로 그것이었다. 그런데 그게 제대로 통하지 않았을 경우, 다시 말해서 맨틀이 또다시 홈런을 칠 경우 당장 동점이 돼 버리므로 이론상 그런 공은 용납되지 않는다. 아무튼 나도 그 공이 적격이라는 생각이 들었다. 로즈보로는 머뭇거리면서 그 사인을 냈지만 나는 힘 있게 고개를 끄덕거렸다.

자, 이제 모든 준비가 끝났다. 우리는 일심동체가 된 것이다. 존 로즈보로가 걱정하는 것은 혹시 내가 그 구질을 선택한 것을 불안하게 느끼지 않을까 하는 것이었다. 그는 자신의 선택을 추호도 의심하지 않았다. 그러나 나도 그렇게 생각한다는 것을 보여 주자 그는 한층 더 자신을 갖는 모습이었다.

샌디 쿠팩스가 던진 슬로커브는 사실 다른 투수에 비하면 결코 느리지 않았다. 속도를 줄였다고 하지만 그래도 상당히 빨랐기 때문이다. 그러나 그 시리즈 내내 샌디 쿠팩스가 던져낸 폭발적인 커브에 비하면 매우 부드러운 것이었다.

맨틀은 꼼짝없이 쳐다보기만 하고 삼진을 당했다.

투수가 볼카운트 2—0에서 안타를 내주는 것은 가장 용서받지 못할 과오로 지적돼 왔다. 타자를 요리하기까지 아직 볼 세 개의 여유가 있는데도 타자가 치기 쉬운 공을 던져 안타를 맞는 것은 말이 안 된다는 뜻이다. 앞서 '투수' 편에서 말한 빌 브와젤의 일화를 돌이켜보시기 바란다.

이런 불문율이 생긴 이유는 볼카운트 2—0에서는 정직한 스트라이크를 던져서는 안 된다는 생각이 은연중에 깃들어 있기 때문이다. 따지고 보면 볼카운트가 2—0이라면 타자를 곧바로 아웃시키기에 아주 좋은 기회가 아닐 수 없다. 즉 그래서 타자를 아웃시키겠다고 던진 게 안타가 되고 만 것이다. 감독들은, 특히 나이 많은 감독들은 그런 상황에서 안타를 내주는 것을 아예 죄악시하고 있다. 그러나 쉽게 타자를 아웃시키면 일언반구도 없다가 안타를 맞으면 투수를 나무라는 것은 분명 일방적이고 불공평한 비판이라고 할 수 있다.

물론 볼카운트 2—0이라면, 투수가 자신의 최고 무기를 사용하거나 타자의 약점을 이용할 여유가 많은데도 최선을 다하지 않고 엉뚱한 짓을 하다가 안타를 허용했다면 비난받아 마땅하다.

투수와 포수 간의 사인은 꼼꼼히 짜여 있다. 때로는 사인이 어긋나 폭투나 패스트볼이 나오기도 하지만 그런 일은 극히 드물다. 다른 사인, 즉 타자와 주자에게 주는 사인은 미스가 일어나는 빈도가 높다. 고도의 집중력은 기르기가 여간 어렵지 않은데 사인 미스가 빚어지는 것은 집중력이 떨어졌기 때문이다.

대부분의 사인은 몸 동작으로 주고받는다. 사인이라는 것은 '하느냐 마느냐' 하는 양자택일이므로(번트를 대느냐 마느냐, 때리느냐 기다리느냐, 뛰느냐 그냥 서 있느냐) 간단한 제스추어만으로도 지시 사항을 전달할 수 있다. 예를 들어 살과 살이 마주치면 '치지 말고 기다려라' 하는 사인이라고 치자. 만약 코치가 손으로 턱을 만지거나 두 손으로 손뼉을 치면 바로 이 사인이 떨어진 것이다. 또는 손으로 가슴의 글자를 쓰다듬으면 무슨 뜻이라고 미리 특별한 내용을 정해 두는 경우도 있다.

사인이 너무 단순해서 상대방이 패턴을 다 알아 버리게 되면 아무 소용이 없다. 따라서 코치는 사인의 내용을 위장하기 위해 여러 가지 동작을 취한다. 또 사인의 예령豫令을 만들어 두는 경우도 있다. 예를 들어 양발을 넓게 벌리고 사인을 낼 경우에 한해서 살과 살이 마주쳤을 때 유효가 되고 양발을 모으고 했을 땐 무효라는 식으로 정하기도 한다.

앨빈 다크가 오클랜드 애슬레틱스 감독을 맡았을 때 찰리 핀리 구단주가 감독을 불러놓고 사인을 모두 알려 달라고 요구한 적이 있다. 다크 감독은 천천히 동작을 취해 가면서 한 시간에 걸쳐 자세히 설명해 주었다.

"좋소, 알았소. 그럼 실전에서 하는 것처럼 해보시오."

다크 감독은 몇 가지 동작을 취했다.

그러자 핀리 구단주는 아무것도 모르더라는 것이다.

그건 핀리 구단주가 멍청해서가 아니라 사인에 전혀 익숙하지 않았기 때문이다.

선수는 사인이 나오지 않을 장면에서도 언제나 코치를 쳐다보고 사인을 받는 시늉을 한다. 그래야만 정작 사인이 나왔을 때 상대방에게 사인을 해독당하는 것을 막을 수 있다. 좋은 선수는 사인을 빨리, 정확히, 눈에 띄지 않게 받는다. 선수가 코치의 사인 전달을 지나치게 오래 들여다보고 있으면 상대방은 굳이 사인 내용을 알지 못해도 '뭔가 작전이 떨어졌다'는 사실을 눈치채게 되고, 그러면 그 내용은 손쉽게 짐작할 수 있게 된다.

작전 결정은 '무엇을' 하느냐보다 '언제' 하느냐가 중요하다. 즉 어떤 투구가 들어올 때 번트를 하고, 수비 형태가 어떻게 됐을 때가 히트앤런을 하기에 최적인가를 깊이 생각하고 나서 감독은 최종 결정을 내린다. 그리고 일단 결정했으면 사인을 재빨리 전달한다.

작전 사인을 내는 것만큼 '취소 사인'도 중요하다. 갑자기 어떤 변화가 생겼다고 하자. 가령 투수가 스트레치를 시작하기 전에 수비 위치 변동이 이뤄졌다고 하자. 그렇다면 사인을 바꾸거나 원래 사인을 취소할 필요가 있다. 취소 사인을 놓치는 것은 원래 사인을 놓치는 것 못지않은 낭패를 가져온다.

여기서 다시 인간적인 요소가 개입된다. 말이 청산유수인 개러지올라가 털어놓는 얘기를 들어 보자.(이것의 사실 여부는 확인할 수 없다.)

딕 홀은 1950년대 초 꼴찌팀이던 피츠버그 파이어리츠의 외야수였다. 개러지올라는 이 팀에 몸담고 있었고 감독은 프레드 헤이니, 사장은 브랜치 리키였다. 시골뜨기인 홀은 뒷날(1960년대) 볼티모어에서 구원투수로 성공했지만 이 시점에서는 개러지올라의 입방아에 오르내리는 애송이 야수에 불과했다.

개러지올라가 밝힌 사건의 진상은 이랬다.

헤이니 감독은 타석에 들어가려는 홀을 불러놓고 귓속말을 했다.

"너는 살아나가면 무조건 뛰라고. 사인은 이거야. 이렇게 내가 모자챙을 만지면 뛰는 거야. 이렇게……, 알았지? 날 잘 봐. 이렇게 하면 뛰는 거다?"

"예, 알았습니다."

마침 홀은 안타를 치고 나갔다. 헤이니 감독은 초구에 도루 사인을 냈다.

홀은 뛰지 않았다.

헤이니 감독은 2구째에도 도루 사인을 냈다.

홀은 뛰지 않았다.

다음에도, 또 다음에도 마찬가지였다.

사인 · 215

마침내 다음 타자가 땅볼을 치고 말자 스타트가 늦은 홀은 2루에서 병살당하고 말았다.

그 이닝이 끝난 뒤 헤이니 감독은 부글부글 끓어오르는 가슴을 달래며 홀을 불러세웠다.

"너 아까 내가 모자챙 만지는 것 봤어, 못 봤어?"

"봤습니다."

"그게 무슨 사인인지 알아?"

"네, 압니다."

"뛰라는 사인이지?"

"네, 그렇습니다."

"내가 그 사인을 내는 것 봤지?"

"네, 그렇습니다."

"이 호랑말코 같은 새끼야, 그런데 왜 뛰지 않았어?"

"진짜가 아닌 줄 알았습니다."

이것은 재미로 지어낸 농담일 수도 있지만 실제로 사인 미스 하나가 야구사를 결정적으로 바꿔 놓은 예가 있었다. 이는 거의 40년이 지난 1989년에 제작한 비디오 테이프를 통해 밝혀졌다.

브루클린 다저스는 1950년에 선두 필라델피아 필리스를 한 게임 차로 뒤쫓으면서 홈구장 에베츠필드에서 시즌 마지막 게임을 치르게 됐다. 다저스가 이긴다면 공동 선두가 돼 3전 2선승제의 플레이오프를 펼칠 수 있었다. 그러나 필리스가 이기면 그대로 우승이 확정된다. 이 게임은 다저스가 9회 말 공격에 나설 때까지 1—1로 팽팽한 균형을 이루고 있었다. 필라델피아 선발투수 로빈 로버츠는 닷새 사이에 무려 세 차례나 선발 등판하고 있었다. 다저스의 칼 에이브럼스가 포볼을 고르고 피 위 리즈는 안타를 뽑았다. 뒤이어 듀크 스나이더가 중전 안타를 터뜨렸으나 홈으로 뛰어들던 에이브럼스는 홈에 훨씬 못 미쳐 태그아웃당했다. 재키 로빈슨은 고의 4구로 걸어나가 1사 만루. 그러나 칼 푸릴로는 내야 플라이로, 길 하지스는 외야 플라이로 각각 물러나 황금 기회가 물거품이 되고 말았다. 필라델피아 필리스는 연장 10회 초 딕 시슬러의 3점 홈런 한 방으로 챔피언에 올랐다.

에이브럼스의 무모한 홈대시는 브루클린 야구사를 얼룩지게 한 뼈아픈 장면으로 기억되고 있다. 왜 그는 3루에 멈추지 않았던가? 그리고 다른 것은 몰라도 어깨가 약하기로 소문난 리치 애시번이 어떻게 그런 호송구로 에이브럼스를 잡아낼 수 있었는가?

에이브럼스는 1989년 인터뷰에서 이렇게 말했다.

그때 상황이 어떻게 된 것인지는 나도 몇 년이 지난 다음에야 알 수 있었다. 필리스는 2루 주자였던 나를 잡으려고 했던지 아니면 그저 2루 쪽으로 묶어 놓으려고 했는지 좌우간 주자 견제 사인을 냈다. 그런데 내야수들은 그 사인을 보지 못했고 중견수 애시번만 사인에 따라 2루를 백업하려고 뛰어들어 왔고 투수는 그냥 홈으로 피칭을 해 버리고 말았다. 그래서 스나이더가 때린 안타를 애시번이 내야 뒤에서 곧바로 원바운드로 잡아 홈으로 송구할 수 있었던 것이다.

내가 3루를 향해 뛸 때 코치는 빨리 홈으로 들어가라고 열심히 손을 휘젓다가 갑자기 괴상한 몸짓을 했다. 그리고 돌리는 손에 힘이 쭉 빠져 보였다. 왜 그랬느냐. 애시번이 당연히 있어야 할 센터 자리에는 없고 내야 바로 뒤에 바짝 다가와 있더라는 것이고 나를 멈추게 하기에는 이미 때가 늦었더라는 얘기였다.

사진을 보면 그는 홈에서 무려 3미터 이상 못 미쳐 아웃당했다. 그러나 필라델피아가 당초 구상대로 픽오프 플레이를 했더라면 그런 상황은 결코 일어나지 않았을 것이다. 그리고 설사 투수가 홈으로 투구했다 하더라도 유격수와 2루수가 사인을 제대로 읽고 최소한 2루 쪽으로 움직이기만 했더라면 에이브럼스는 2루로 귀루하려고 몸을 돌렸을 테고, 스나이더가 그 안타를 쳤을 때 아예 홈은 포기하고 3루에 멈췄을 것이다. 그렇게 됐더라면 무사 만루에서 로빈슨의 끝내기 한 방을 기대할 수 있었을 것이다.

즉 필라델피아는 투수와 내야수들이 사인 미스를 저질렀기 때문에 오히려 우승을 차지한 셈이었다.

착각이나 정신적 혼란이 사인 미스를 일으키는 주범이지만 육체적 결함도 말썽을 부를 소지가 있다. 라인 듀렌은 불같은 강속구를 앞세워 몇 년간 전성기를 누린 투수였는데 믿기 어려울 정도로 눈이 나빴다. 그리고 그는 자신이 반장님이라는 점을 십분 활용했다. (혹시 총알 같은 강속구가 폭투가 되어 몸으로 날아오면 어떡하나 하고 타자들이 전전긍긍하게 만드는 효과가 있었는데 그것은 투수에겐 여간 큰 도움이 되는 게 아니다.) 라인의 렌즈가 워낙 두껍다 보니 "마치 코카콜라 병을 썰어 코 위에 걸치고 다니는 것 같다."는 농담과 우스갯소리가 나돌 정도였다.

그러니 듀렌의 타격 솜씨가 오죽했을지는 미루어 짐작할 수 있을 것이다. 그는 투수였으므로 워낙 타력이 형편없고 연습할 기회도 없었지만 무엇보다 큰 문제는 공을 똑똑히 볼 수 없다는 것이었다.

라인이 1964년에 필라델피아 필리스에 몸담았을 때였다. 동계 훈련 중 그는 B팀에 끼어 메츠 신인급들과 비공식 연습 경기를 치르고 있었는데 필리스의 진 모크 감독은 게임은 보는 둥 마는 둥 하며 기자들과 잡담을 나누고 있었다.

어느덧 게임은 9회 초가 됐고 스코어는 동점이었다. 필라델피아의 선두 타자가 출루했고 듀렌은 그 이닝에서 세 번째 타자로 나오게 돼 있었다. 두 번째 타자도 출루하면 모크 감독은 라인에게 번트를 시킬 참이었다.

"이봐, 라인. 너 번트 사인 알고 있나?"

대기 타석으로 들어가던 라인에게 모크 감독이 물었다.

"물론 알죠. 그런데 내가 사인을 '알아볼' 수 있을지 모르겠네요."

자기도 모르는 사이에 엉뚱한 사인이 나가 버리는 수도 있다. 감독이나 코치는 그래서 항상 주의를 기울여야 한다. 만약 살과 살이 마주치는 것이 어떤 중요한 내용을 가진 사인이라고 할 때 무심코 뺨을 긁었다가는 엉뚱한 일이 벌어질 수도 있는 것이다. 가장 괴상한 일화를 들어 보겠다. 1950년대 초 자이언츠 리오 듀로셔 감독이 피츠버그와 경기를 치를 때였다. 리오는 어느 성깔 있는 심판에게 퇴장당한 뒤 기자실로 들어가 나머지 게임을 지휘했다. 그는 당시 《뉴욕 저널 아메리칸》의 바니 크레멩코라는 기자 옆에 자리 잡았다. 마침 바니 크레멩코는 자이언츠 덕아웃에 있는 선수들이 훤히 볼 수 있는 위치에 앉아 있었다. 리오 듀로셔 감독은 이따금 크레멩코에게 어떤 동작을 취해 달라고 요청했고 바니는 군말 없이 그 주문에 응했다.

게임이 흥미진진하게 진행되고 있는 가운데 자이언츠가 공격을 펼치고 있을 때 크레멩코는 무심코 안경을 벗어 손수건으로 닦았다.

"으악, 안 돼! 그건 도루 사인이란 말이야!"

다행히도 자이언츠는 그 시즌에 우승을 거두었다.

대화도 사인 못지않게 중요하다. 팀워크를 다지려면 선수와 선수, 선수와 코치 사이에 많은 대화를 갖는 게 필수적이다.

그런 대화는 상대에게 주의를 환기시킨다. 게임을 치르며 한눈팔거나 다른 데에 정신이 빠져 있지 않도록 하기 위해서는 뻔히 알고 있는 일이라도 서로 얘기를 나누며 다시 한번 상기시킨다. 포수는 아웃 카운트가 늘어날 때마다 내야수들에게 몇 아웃이라고 외친다. 베이스 코치도 주자들에게 똑같은 것을 알려 주고, 경우에 따라서는 "우익수 어깨가 보통이 아니니까 특히 조심하라."라는 주의를 주기도 한다. 내야수끼리는 벌써 똑같은 플레이를 수천 번 반복 연습을 해 놓고서도 어떤 상황이 벌어지면 어떻게 처리하자고 다시 한번 다짐한다. 포수는 투수에게 다음 타자는 어떻게 요리하자고 누누이 설명한다. 모르는 것이 아니라 이미 알고 있는 것이겠지만 다시 한번 상기시킨다고 해서 손해 볼 것은 없다.

같은 팀 선수끼리 게임 중에 대화를 나누는 것은 서로 주의를 환기시키는 중이라고 봐도 무방하다.

사인에 관련된 또 하나는 콜플레이다. 내야 높이 플라이가 떠오르면 내야수 중 누군가가 교통 정리를 해야 한다. 번트 수비 때는 포수가 투수에게 어느 베이스로 던지라고 지시한다. 포수는 내야 전체의 움직임을 정면으로 볼 수 있기 때문이다.

관중이 빽빽이 들어차 주위가 시끄러울 때는 "내가 잡겠다 got it."라고 외쳐 봤자 소리가 들리지 않는다. 때로는 이 말이 "네가 잡아라."로 들릴지도 모른다. 그러다 보면 충돌 사고가 벌어질 수 있다. 그래서 외야 수비에는 특수한 요령이 있다. 타구를 잡을 사람만 소리를 지르는 것이다. 잡지 않을 사람은 입을 다물고 있어야 한다. 그리고 일단 자기가 잡겠다고 외친 사람은 아무리 거리가 멀더라도 끝까지 따라가 처리해야 한다. 이런 상황에서는 옆의 동료가 무슨 얘기를 했는지 내용을 알아들으려고 애쓸 필요가 없다. 좌우간 아무 소리나 들렸다 하면 비켜 줘야 한다. 아무 소리도 들리지 않으면 계속 공을 따라간다.

필자는 1962년 메츠에서 있었던 사건을 즐겨 예로 든다. 거의 은퇴시기에 다다랐던 중견수 리치 애시번은 유격수 엘리오 차콘이 영어를 한마디도 못하기 때문에 혹시 사고가 일어날지 모르겠다고 걱정했다. 그래서 애시번은 "내가 잡겠다."는 말을 스페인 어로 배워두었다. 영어로는 "I got it."이지만 스페인 어로는 "Yo tengo."인가 그랬다. 타구가 좌중간으로 떠올랐을 때 애시번은 앞으로 달려들며 "Yo tengo."라고 외쳤다. 이 말을 알아들은 차콘은 재치 있게 옆으로 비켜섰지만 애시번은 좌익수 프랭크 토머스와 부딪히고 말았다. 토머스는 스페인 어를 한 마디도 알아듣지 못했던 것이다.

구시렁거림도 곧잘 활용된다. 특히 포수가 타자의 주의력을 분산시키려 할 때다. 아무것도 아닌 것 같은 이런 구시렁거림이 의외로 큰 효과를 보는 수가 있다. 개러지올라는 이런 구시렁거림의 명수였으며 요기 베라 역시 누구에게도 뒤지지 않는 입심을 자랑했다. 베라는 운동장 안에서는 어디에 있건 잠시도 입을 가만히 내버려 두지 않았다. 선수 생활 말년에 포수에서 좌익수로 포지션을 바꾸자 그는 스탠드의 관중이나 가까운 불펜에 나가 있는 선수들과도 잡담을 나눌 정도였다.

그런데 요기 베라의 수다는 전혀 예기치 못했던 사태를 일으키기도 했는데 다음에 드는 예를 보면 아무리 사소한 버릇이라도 상대에게 간파당하면 큰 낭패를 부른다는 사실을 알게 될 것이다. 스텡걸 감독이 양키스를 지휘한 지 5년째 되던 해였다.(그동안 이 팀은 다섯 차례의 우승을 독차지했다.) 스텡걸 감독은 전혀 엉뚱한 상황에서 느닷없이 히트앤드런을 펼쳐 톡톡히 재미를 보곤 했다. 특히 포수이면서도 유난히 발이 빨랐던 요기 베라가 1루에 나갔을 때 히트앤드런을 애용했다.

그런데 어느 때부턴가 이 작전이 번번이 노출되면서 역습을 당하곤 했다. 베라가 히트앤드런에 맞춰 뛰기만 하면 상대가 어김없이 알아내서 피치아웃으로 잡아내는 것이었다. 사인을 바꿔 보기도 하고 보안 점검도 해봤지만 상대방은 귀신이 곡할 정도로 이 작전을 알아차렸다. 스텡걸 감독은 도대체 왜 작전이 노출되는지 곰곰 따져 본 끝에 하나의 공통점을 발견했다. 베라가 1루에 있을 때만 그런 일이 벌어지는 것이었다.

마침내 스텡걸은 그 원인을 알아냈다. 요기는 평소 1루에 나가기만 하면 1루수와 별의별 수다를 다 떨었다. 아내는 잘 있느냐는 둥, 올해 노틀담 미식축구 팀 성적은 어떨 것이라는 둥 화제는 끝이 없었다. 그런데 히트앤드런 작전이 떨어지기만 하면 그는 리드에 신경 쓰느라 갑자기 꿀 먹은 벙어리가 됐다. 상대방은 베라가 입을 다물고 있으면 히트앤드런 사인이 나왔다는 것을 간파했던 것이다.

이에 대한 처방으로 베라가 1루에 나가면 언제나 조용히 입 다물고 있으라고 했다. 그러나 베라가 조잘대는 버릇을 도저히 고치지 못하자 거꾸로 항상 지껄이도록 지시했다.

그러므로 야구장에서는 침묵도 유창한 말 못지않게 기밀을 누설하는 행위가 된다. 야구를 '느려터진' 게임이라고 비판하는 사람들에게는 이것이 아주 좋은 반박거리가 될 수 있다. 미식축구나 농구, 아이스하키 등에 비하면 야구는 움직임이 느린 운동임에 틀림없다. 그러나 신체적 활동이 멈춰 있다고 해서 아무 일도 일어나지 않는 것은 아니다. 투구와 투구 사이에 맹목적인 행동으로 보이는 것도 실은 분명한 목적을 갖고 있다. 홈팀의 경기를 매일 보면서 선수 개개인의 습성까지 파악해 놓은 팬이라면 대단한 행운아라 할 수 있다. 그는 한 장면도 버리지 않고 여러 가지 움직임을 복합적으로 파악해서 야구의 묘미를 만끽할 수 있는 사람이기 때문이다.

7 벤치

보이지 않는 지원 부대

규칙에 따르면 야구는 아홉 명이 하는 것으로 돼 있다.

그러나 메이저리그를 보면 실제 한 팀은 스물다섯 명으로 구성돼 있으며 이들 모두가 필요한 선수들이다.(최근에는 경비 절감의 이유로 현역 선수를 스물네 명으로 줄이자는 움직임도 있었다.)

규칙서에는 경기 중에 덕아웃에 들어갈 수 있는 사람은 유니폼을 입은 현역 선수와 감독(그는 자신의 취향에 따라 사복을 입을 수도 있다.), 코치, 그리고 유니폼을 입은 트레이너뿐이라고 규정돼 있다.

텔레비전 방송 관계자들은 좀 더 좋은 화면을 꾸밀 수 있다면 덕아웃 안으로 들어가도 괜찮지 않느냐고 생각하고 있다. 그들은 미식축구처럼 야구인들이 허락만 한다면 게임 도중에라도 잠깐씩 감독이나 선수들과 인터뷰하려고 덤빌 것이다.

그런데 왜 그렇게 못하는가? 덕아웃 안은 왜 그렇게 보안 유지가 되고 있는가? 그리고 포지션이 아홉 개뿐인 야구에 왜 스물다섯 명씩이나 필요한가?

이번 장에서는 야구의 다섯 번째 요소인 '벤치'를 살펴보기로 하자.

원래 초창기 야구에서는 후보선수가 별로 필요 없었다. 1880년대 프로야구 팀은 겨우 열한 명으로 구성돼 있었다. 주전 야수 여덟 명에 투수 두 명, 그리고 후보선수 한 명이 고작이었다. (당시는 오버핸드스로가 허용되지 않았기 때문에 투수가 이틀에 한 번씩 등판해도 별로 무리가 없었다.) 세월이 흐르면서 투수의 증가로 선수 수는 열다섯 명으로 불어났다. 1945년 이전에는 메이저리그 현역 선수가 스물세 명으로 늘었고 그 뒤에는 스물다섯 명이 됐다. (각 팀은 자진해서 엔트리를 스물네 명으로 줄였지만 출전 불능 선수 명단의 정원이 늘어남에 따라 실제로는 큰 의미가 없다.) 좀 더 세밀히 따지자면 한 구단은 마흔 명까지 보유할 수 있고 이중 일부는 마이너리그로 내려가게 된다. 시즌 개막이 다가오면 '현역 선수'는 스물다섯 명으로 축소, 이들만이 공식 경기에 출전할 수 있으며 이 명단은 9월 1일까지 그대로 유지된다. 9월 1일 이후에는 시즌 종료까지 마흔 명 전원이 출전 자격을 얻는다.

일반적인 선수단 구성은 투수가 열 명, 내야수가 6-7명, 외야수가 5-6명, 그리고 포수가 세 명이다. 이런 포지션별 선수 수는 각 구단이 보유하고 있는 선수의 자질이나 구단의 판단에 따라 일부 조정될 수 있다. 따라서 투수를 아홉 명만 두는 팀도 있고 열한 명으로 늘리는 팀도 있다. 포수를 두 명만 두는 팀도 상당수에 이르며 내외야 수비를 겸임할 수 있는 올라운드 플레이어를 거느리고 있는 팀도 많다. (지명타자 제도를 쓰는 아메리칸리그에서는 선수 구성이 꽤 달라진다. 투수를 한 명 줄이면서 수비는 약하지만 타력이 뛰어난 선수를 끼워 넣을 수도 있고, 대타를 쓰는 빈도가 줄어듦에 따라 수비 전문 선수를 포함시키는 수도 있다.)

그러나 앞서 말한 숫자를 표준형으로 보는 데에는 그럴 만한 이유가 있다. 우선 투수를 살펴보자. 선발투수를 4, 5명으로 한다면 그들은 사나흘간 절대 휴식이 필요하다. 따라서 선발로 투입할 만한 재목을 두 명 가량 예비로 갖춰야 한다. 혹시 스케줄상 나흘 사이에 다섯 게임 이상을 치러야 하는 비상 사태가 벌어지기도 하고 선발투수들이 시즌 내내 아무 부상 없이 버텨 내리라고 기대하기도 어렵기 때문이다. 게임 종반의 위기 상황을 타개하기 위해서는 좌완, 우완별로 두 명의 마무리 요원을 두어야 한다. 이들은 필요하다면 거의 매일이라도 등판해야 하기 때문에 선발로 내세울 수는 없다. 이들을 다 합치면 8, 9명이 되는데 이것이 최소한의 숫자. 여기에다 육성 단계에 있는 젊은 투수, 다른 사람의 임무를 뒷받침할 노장 선수를 중간 계투 요원setup man으로 삼아 두 명 정도 보탠다.

이번에는 포수를 보자. 포수들은 대개 강타자는 아니며 수비에 비중을 둔다. 가령 7회쯤 되어 포수 대신 대타를 투입했다고 하자. 그렇다면 그 이후에는 2진 포수가 들어앉아야 하는데 공교롭게도 그가 부상중이어서 쓸 만한 포수가 동이 난 상태라면 종반전 또는 연장전을 도저히 치러 낼 수 없게 된다. 그래서 만일의 경우에 대비, 제3의 포수를 두는 것이다. (강타력을 가진 1급 포수가 필요한 이유는 바로 여기에 있다. 요기 베라나 로이 캄파넬라, 조니 벤치, 칼턴 피스크, 게리 카터, 개비 하트넷, 빌 디키 같은 포수가 버티고 있다면 대타를 쓸 필요가 없으므로 예비 포수는 한 명으로 족하다.)

외야수들은 타력 위주로 추린다. 수비는 형편없으나 대단한 강타력을 갖춘 선수가 있다면 수비 전문 요원을 벤치에 준비해 두었다가 리드를 잡은 게임 후반에 투입, 수비를 굳히는 전술을 쓰게 될 것이다.

내야수들, 특히 유격수는 수비력 위주로 주전을 가린다. 게임이 뒤져 있는 상황에서는 주전 내야수 자리에 대타를 투입하는 일이 생긴다. 그렇게 해서 역전시켰다면 그 리드를 지키기 위해 또 다른 우수한 내야수가 뒤를 받쳐야 한다.

마무리 전문 투수는 선발투수와는 완전히 다른 부류로 봐야 한다. 이들은 승리에 쐐기를 박는 역할을 맡는다. 이들은 게임 종반에 가장 험난하고 위태로운 상황을 타개하는 위기 관리 능력을 가져야 하며, 때로는 장차 닥쳐올지 모르는 위기를 미연에 방지하는 임무도 맡는다. 8회 이전이나 리드를 잡지 못했을 때는 마무리 요원을 투입하지 않는 게 원칙이다. 그렇지 않고 함부로 썼다간 다음에 정작 긴박한 상황이 닥쳤을 때 이들을 효과적으로 활용하기가 어려워진다. 따라서 종반에 이르기 전에는 워밍업조차 시키지 않는 게 좋다. 롤리 핑거스, 구스 고시지, 데니스 에커슬리, 브루스 수터, 데이브 리게티 등은 마무리투수들의 표본들이다.

마무리투수는 좌완과 우완을 한 명씩 갖춰 놓고 필요에 따라 적절히 투입하는 게 이상적이지만 근래에는 좌완과 우완을 가리지 않고 가장 확실한 마무리 요원 한 명을 집중 투입하는 게 일반화됐다. 그러나 나머지 한 명은 릴리프에이스가 너무 자주 출장했거나 게임이 연장전으로 치달았을 경우, 또는 7, 8회에 결정적인 아웃 하나를 잡아내기 위해 대비하고 있어야 한다.

투수진의 나머지 부류는 '셋업맨setup man'이다. 종래에 우리는 이들을 '중간 계투 요원'으로 불러왔다. 이들의 임무는 선발투수가 일찌감치 녹아웃됐거나 투구가 제대로 듣지 않을 때, 이미 스코어는 크게 벌어졌으나 아직 승부는 포기하기 아까울 때 마무리 요원에게 바통을 넘기기 전까지 추가 실점을 막아 내는 것이다. 이들은 믿을 만한 선발이나 마무리 요원보다는 기량이 약간 떨어지는 계층이다. 그러나 상황에 따라서는 (부상 등으로 주전 가운데 결원이 생겼을 때) 임시 선발이나 응급 마무리로 활용된다.

필자는 1980년대 후반부터 새로운 계층이 태어났다고 생각한다. 선수단 사이에서는 별로 언급되지 않고 있지만 필자는 이를 '7회 계투 요원seventh inning relief'이라고 부르고 싶다. 이는 6회 또는 7회의 위기를 막아내고 진짜 릴리프에이스(마무리 전문)가 나올 때까지 중간 다리 역할을 하는 사람을 가리킨다. 야구는 바야흐로 점점 전문화되고 있다.

게임이 시작되면 선발 배터리를 제외한 나머지 투수와 포수는 모두 불펜으로 들어간다. 투수 한 명은 (전날 선발이었거나 내일 선발, 또는 치료가 필요한 부상 투수) 덕아웃에 남아 게임의 투구 내용을 기입해서 차트를 만든다. 여기에는 상대 타자마다 어떤 구질이 어느 쪽으로 들어갔는지, 타구는 어느 방향으로 날아갔는지 등이 적혀 있다. 이는 앞으로 벌어질 상황을 분석하는 1차 자료가 된다.

어느 팀에나 상대 팀의 사인을 캐치해 내거나 투수를 '읽는' 데에 비상한 재주를 가진 선수가 있게 마련이다. 투수를 읽는다는 것은 투수의 동작에서 미세한 차이점을 발견해 구질을 알아내는 것이다. 포수가 투수에게 주는 사인은 덕아웃에서 볼 수 없지만 작전 코치가 타자와 주자에게 주는 사인은 누구나 볼 수 있다. 번트, 히트앤드런, 도루 등 상대방의 사인 내용을 간파한다면 당연히 유효 적절히 역이용할 수 있다. 이는 아주 정정당당한 스파이전인 것이다.

따라서 벤치에는 상대 팀의 사인을 해독하려고 눈을 번뜩이는 선수가 적어도 한 명은 있어야 한다. 당장 이 게임에 써먹을 수 있으면 더욱 좋고 그렇지 못하더라도 적어도 다음 게임에 쓰기 위해서는 이런 작업을 계속해야 한다. 상대방도 똑같은 작업을 할 것이므로 우리 팀의 누군가는 혹시 우리 사인이 간파당하고 있지나 않은지를 살피는 보안 검열도 해야 한다.

사인을 노출시키는 건 투수만이 아니다. 내야수도 너무 일찍 수비 위치를 옮기거나 어떤 두드러진 동작을 취하면 어떤 공이 들어오리라는 것을 상대에게 알려 주는 꼴이 된다.

다저스와 클리블랜드 사이에서 치러진 1920년 월드 시리즈에서 있었던 일화는 매우 유명하다. 브루클린의 에이스는 스핏볼의 명수 벌리 그라임스였다.(당시는 스핏볼이 반칙 투구가 아니었다.) 이 팀의 2루수 피트 킬더프는 포수가 스핏볼 사인을 내기만 하면 타구나 자기에게 올 것에 대비, 미리 흙 한 줌을 쥐었다 놓는 버릇이 있었다. 인디언스는 킬더프의 이런 습성을 알아채고 치기 좋은 공이 들어올 때까지 스핏볼은 건드리지 않고 그냥 놔둔다든지, 아니면 공이 휘어지기 전에 때린다든지 하는 식으로 역이용했다. 그라임스는 첫 게임에서는 완봉승을 따냈지만 그후 2패를 당했다.

이런 첩보전을 펼치다 보면 제 꾀에 제가 넘어가는 수도 있다. 가장 인상적이었던 것은 1963년 워싱턴 세네터스에서 있었던 사건이었다. 뉴욕 양키스는 8월에 접어들 때만 하더라도 확실한 선두를 지키고 있었으나 마운드가 불안해져 언제 어떤 위기가 닥칠지 모르는 상황이었다. 에이스 화이티 포드는 워싱턴과의 더블헤더 첫 게임을 졌다. 2차전에서는 스탠 윌리엄스가 사력을 다해 던졌으나 8회 초가 되도록 스코어는 0—0이었다. 허약한 세네터스에게 더블헤더를 연패당한다는 것은 양키스의 자존심이 허락지 않았다.

그러다가 마침내 양키스가 득점을 올렸다. 기자실에서 본 득점 상황은 다음과 같았다. 토니 쿠벡이 안타를 치고 나간 후 2루 스틸을 감행했고 때마침 포수의 2루 송구가 센터 앞으로 빠지는 바람에 단숨에 3루까지 내달았다. 보비 리처드슨은 전진 수비한 내야진 사이로 안타를 뽑아 귀중한 1점을 올린 것이었다. 이것이 이 게임의 유일한 득점이 돼 윌리엄스는 1—0 승리를 낚을 수 있었다.

그지없이 평범해 보이는 이 장면에 대해 랠프 후크 감독이 며칠 후 밝힌 진상은 다음과 같다. 양키스의 공격이 시작되기 전에 공수 교체를 하는 동안 후크 감독은 쿠벡과 리처드슨을 덕아웃으로 불러 모종의 작전을 지시했다.

"만약 토니가 살아나가면…… 보비, 너는 초구에 무조건 히트앤드런을 하는 거다. 난 별도의 사인을 내지 않을 테니까 그냥 알아서 하도록."

마침 쿠벡이 출루했다.

후크 감독의 설명은 이렇다.

"나는 둘 다 사인 미스를 하지 말라는 뜻에서 직접 말로 작전을 전달한 것이고 또 상대방이 사인을 간파하지 못하게 만들겠다는 뜻도 있었다. 어쩌다 보면 사인 전달 과정에는 문제가 없지만 선수들이 머뭇거리는 바람에 상대가 작전을 눈치챌 수가 있다. 나는 그런 식으로 일을 그르치고 싶지 않았던 것이다."

후크 감독은 이렇게 용의주도하면서도 한 가지를 빼먹고 있었다. 쿠벡과 리처드슨에게 미리 말로 작전을 일러 놓았다는 것을 프랭크 크로세티 3루 코치에게는 알리지 않았던 것이다. 공수 교체를 하면서 선수들이 덕아웃에 미처 들어오기도 전에 부리나케 코치 박스로 뛰어나가던 크로세티 코치는 이런 내막을 알 턱이 없었다.

자, 스코어는 0—0. 8회 초 노아웃에 쿠벡이 1루에 살아나갔다. 타석에는 히트앤드런에 일가견이 있는 리처드슨이 들어섰다. 이제 양키스가 펼칠 작전이 무엇인지는 누가 봐도 뻔하다. 문제는 '언제' 하느냐는 것뿐이었다.

크로세티 코치는 감독으로부터 작전을 전달받기 위해 덕아웃을 바라봤다. 아무 지시가 없었다. 초구에 히트앤드런을 할 것인지, 아니면 다음에 하려고 두고 보자는 건지 알 수가 없었다. 어쩌면 감독이 보내기번트를 지시할지도 모른다. 코치는 스스로 작전을 결정할 권한이 없는 사람이다. 그는 다만 감독의 사인을 중간에서 전달할 뿐이다.

크로세티는 눈이 빠져라 덕아웃을 바라봤다.

아무 사인이 없었다.

크로세티는 또다시 바라봤다.

여전히 사인이 없었다.

그런 걸로 보면 후크 감독이 아무 생각 없이 타자에게 전적으로 맡기겠다는 뜻인 게 분명했다.

예이, 알아 모시겠습니다. 크로세티 코치는 세네터스를 현혹시키겠답시고 이리저리 손짓발짓하며 아무 의미도 없는 사인을 냈다. 아무런 작전 내용이 없는 만큼 크로세티는 어떤 동작을 취해도 상관없었고 세네터스도 알아차릴 턱이 없었다.

리처드슨이 타석에 들어서는 순간 크로세티는 가짜 사인을 마구 냈다. 연기력이 아주 뛰어났다. 워싱턴의 포수 짐 레처는 그 사인에 아무 의미가 담겨 있지 않다고 판단했고 결과적으로 그 판단은 정곡을 찔렀다. 그는 크로세티의 무의미한 동작이 히트앤드런을 의미한다는 결론을 이끌어 냈던 것이다.

그래서 그는 투수더러 피치아웃하라고 요구했다.

쿠벡은 2루를 향해 스타트했다. 투수는 포수가 요구한 대로 피치아웃했다. 아주 적당한 높이의 피치아웃이었다. 세네터스는 쿠벡을 2루의 3-4미터 앞에서 잡아낼 수 있었다.

리처드슨은 자기가 할 수 있는 최선을 다했다. 그는 쿠벡을 살리기 위해 최소한 파울볼이라도 만들려고 공을 향해 방망이를 내동댕이쳤다.

그러나 헛스윙에 그쳤다.

포수는 2루에 정확하게 던졌다.

그러나 세네터스 2루수와 유격수의 사인이 맞지 않았다. 이런 상황에서는 누가 베이스커버에 들어갈 것인지를 사전에 정해 놓게 된다. 그러나 이번에는 둘 다 베이스로 들어가려다 둘 다 멈칫거리며 제자리에 서버렸다. 그 바람에 포수의 송구가 센터 앞으로 빠져 버렸던 것이다.

1루에서 출발할 때 잠시 멈칫거리기까지 했던 쿠벡은 아웃될 게 불을 보듯 뻔했으나 이 바람에 손쉽게 3루까지 내닫을 수 있었다.

아차 싶었던 후크 감독은 안도의 한숨을 내쉬었다.

크로세티 코치는 다음 사인을 기다렸다.

워싱턴 포수 레처는 하도 화가 치밀어 앞에 보이는 게 없을 지경이었다.

세네터스의 길 하지스 감독은 다른 선택의 여지가 없었다. 사태가 이쯤 되자 3루 주자의 홈 쇄도에 대비해서 내야진을 전진 수비시키는 수밖에 없었다.

마침내 리처드슨이 안타를 뽑아내 막강 양키스는 1승을 보탤 수 있었다.

이 플레이에 관여한 인물들을 다시 한번 살펴보자. 후크 감독과 크로세티 코치, 그리고 워싱턴의 두 내야수는 실수를 저질렀다. (공을 치지 못한) 리처드슨과 (스타트를 제대로 끊지 못한) 쿠벡도 제 임무를 해내지 못했다. 여기서 유일하게 잘한 사람은 포수 레처다. 그런데 이 게임을 지게 만든 장본인은 아이러니컬하게도 레처다.

어쨌든 레처가 자기 할 일에만 신경 썼더라면 리처드슨은 평범한 플라이로 아웃됐을지도 모른다.

야구가 매우 과학적인 경기라고 말하는 사람이 있다면 위와 같은 예는 어떻게 설명할 것인가. 야구에 과학적인 요소가 없는 것은 아니다. 그러나 크게 보면 실수투성이인 인간이 하는 운동일 뿐이다.

덕아웃 안에서는 여러 가지 일들이 바쁘게 일어난다. 감독은 투구를 낱낱이 지켜보면서 자신이 취할 작전을 결정한다. (그는 자기 팀은 물론 상대 팀의 대타 기용과 투수 교체까지도 2-3이닝 전부터 예견하고 있어야 한다.) 차트를 만드는 투수는 모든 투구를 기록한다. 상대 사인을 훔치려는 선수와 자기 편 사인을 보안 점검하는 선수는 각자 맡은 임무에 정성을 다한다. 보안 유지에 더욱 철저한 감독은 제3자를 시켜 작전 코치에게 사인을 낸다. 즉 어떤 선수에게 말로 사인을 내면 그가 감독의 지시에 따라 다리를 꼬거나 모자를 만지거나 턱을 문지르면서 작전 코치에게 신호를 보낸다.

그 밖에도 벤치에 앉아 있는 사람에게는 세 가지 임무가 남아 있다. 자기 팀 선수들에게 응원을 보내는 것, 상대 팀을 야유하는 것, 그리고 심판에게 불평을 늘어놓는 것 등이다.

상대방에 대한 야유는 점차 사라지는 추세다. 요즘 선수들은 대부분 너무 영악해져서 상대방이 야유한다고 해서 흥분하거나 과민 반응을 보이는 일이 없어졌다. 그들의 연봉을 놓고 본다면, 특히 두둑한 계약금을 받고 입단한 선수라면 몽둥이나 돌멩이는 두려워할지언정 욕설 따위는 눈 하나 깜짝 하지 않고 참아 넘긴다. 야유는 상대방의 집중력을 흐트러뜨리기 위해 쓰는 방법이지만 아무리 약을 올려도 반응을 보이지 않는다면 쓸데없는 짓이 될 수밖에 없다. 게다가 라이벌 팀의 선수들끼리 앙심을 먹고 있다 해도 과거에 비해서는 훨씬 농도가 약해졌다. 연금 제도의 혜택을 받고 선수 노조의 조직원이라는 인식이 자리 잡아 감에 따라 같은 직업에 종사하는 사람으로서의 동료 의식이 늘어가고 있으며 적개심을 표현하는 방법도 말보다는 게임에서의 행동으로 옮긴다. 상대방에 대한 야유는 날이 갈수록 욕설보다는 웃음을 자아내는 농담으로 변해 간다.

덕아웃의 구조도 언급하지 않을 수 없다.

현대식 구장의 덕아웃은 상당히 길고 널찍하다. 구식 구장은 덕아웃이 비좁아 선수들이 들어앉으면 바글거린다. 덕아웃의 한쪽은 터널 형태로 클럽하우스까지 연결돼 있으며 이 터널의 입구에는 화장실이 마련돼 있다. 덕아웃 안에서의 금연 조치가 내려진 후 몰래 담배를 피우는 장소가 바로 여기다. 덕아웃 한쪽 구석에는 물통이 놓여 있는데 필자는 한두 군데쯤 찌그러지지 않은 물통은 본 적이 없다. 삼진 당한 선수들이 걸핏하면 애꿎은 물통을 걷어차며 화풀이를 하기 때문이다.

배트도 과거에는 덕아웃 앞에 늘어놓곤 했으나 요즘은 벌집 모양의 배트통에다 수평 또는 수직으로 가지런히 넣어 둔다. 배트통 근처에는 플라스틱제 배팅 헬멧이 놓여 있다.

대부분의 덕아웃에는 불펜과 연결되는 직통 전화가 가설돼 있다. 대형 구장들은 대개 외야 펜스 뒤에 불펜을 설치해 놓았지만 작거나 오래된 구장은 덕아웃 양옆의 파울 지역에서 투수들이 몸을 풀도록 하고 있다.

덕아웃 바닥은 평지보다 두세 계단 밑으로 움푹 꺼져 있는 데다 내야 한복판에는 마운드가 불룩 솟아올라 덕아웃 의자에 앉은 사람에게는 필드의 일부가 가려지게 된다. 1루 쪽 덕아웃에서 보면 3루수와 유격수의 다리, 그리고 좌익수의 하반신은 잘 보이지 않으며 라이트필드의 코너 부근은 덕아웃 벽에 가려 완전히 사각지대가 된다. 덕아웃에 앉지 않고 서 있어도 맨 윗계단에 올라서지 않으면 필드의 일부는 여전히 잘 보이지 않는다. 몇몇 신축 구장, 특히 실내 구장들은 덕아웃을 그라운드와 똑같은 높이로 지어 놓았다.

보는 각도에 따라 투수가 던지는 투구도 달리 보인다. 야구인들은 투구의 속도에 대해서는 놀라울 정도로 정확성을 갖고 있다. 그들은 투구 궤적을 옆에서 보기 때문이다. 또 타자의 몸에 가리지 않는다면 투구의 높낮이도 매우 정확하게 파악할 수 있다. 그러나 스트라이크존에서 좌우로 얼마나 빠졌는지는 잘 알지 못한다. 타자나 포수의 움직임으로 미뤄 짐작할 수는 있지만 공 자체의 위치를 정확히 판단하는 것은 아니다.

타자가 득점하거나 아웃당한 뒤 덕아웃에 들어오면서 하는 말은 대체로 세 가지로 나눌 수 있다. 자기 자신에 대한 원망, 변명, 그리고 동료 선수를 위한 정보 제공 등이다.

"이러저러해서 나는 참 바보야, 바보. 오늘은 완전히 젬병이야."

평범한 플라이를 치고 물러나오는 타자는 헬멧을 집어던지며 이렇게 투덜댄다.

"투수, 저 녀석이 공에다 무슨 수상한 짓거리를 한 게 틀림없어."

삼진당하고 들어오는 타자의 불평.

"저 투수는 아무것도 아니야." 하는 것은 센터 쪽으로 120미터짜리 대형 플라이를 쳐 놓고 아웃당한 타자가 의기양양하게 하는 말.(실은 그게 바로 투수가 노렸던 것인 줄도 모르고.)

"저 투수는 오늘 커브 브레이크가 기가 막혀."

그 공에 당하고 나서 동료들에게 조심하라고 일러주는 말.

"공이 어디로 갔지?"

뻣뻣이 서 있다가 삼진을 당하고 들어오면서 동료들에게 묻는 말.(이건 참으로 한심하다. 플레이트 옆에 서 있었던 건 당사자이고 나머지 선수들은 덕아웃에서 봤는데 도대체 누가 누구에게 묻는단 말인가.)

"투수가 던진 게 어떤 공이었지?"

방금 땅볼을 치고 들어온 선수에게 감독이 묻는 말. 정말로 몰라서 묻는 게 아니라 타자 자신이 좀 더 생각해 보도록 하기 위한 것이다.

양 팀 덕아웃이 가장 괴로운 것은 위력 없이 느린 공을 던지는 투수가 그럭저럭 막아 나가는 것을 지켜볼 때다. 양 팀 감독 모두가 죽을 맛이다. 그들의 눈에는 그 공이 그렇게 치기 좋게 보일 수가 없다. 타이밍 잡기가 약간 까다롭고 살짝살짝 여러 각도로 변하는 커브는 따라가기가 쉽지는 않겠다는 것은 인정하면서도 그 정도의 공은 흠씬 두들겨 패야 당연하다고 느낀다. 그래서 이런 투수에게 농락당하고 있는 팀의 감독은 '도대체 왜 우리 타자들이 저 따위 투수를 죽여 놓지 못하는 거야? 미치고 환장하겠다.'고 속을 태운다. 그리고 그 투수를 그대로 마운드에 세워 두고 있는 감독도 결과에 대해서는 흐뭇한 표정을 짓지만 왜 상대방이 그 투수를 죽여 놓지 못하는지 의아해하면서 언제 갑자기 묵사발이 될지 몰라 가슴이 조마조마하다. 그 투수 당사자를 제외하고는 양 팀의 모든 선수가 피를 말리는 게 바로 그런 게임이다.

게임이 팽팽하게 진행될수록 덕아웃의 긴장은 고조된다. 대타 요원이나 대수비 요원은 자기가 언제 투입될 것인지를 감독 못지않게 잘 알고 있다. 그들은 마음의 준비를 하면서 무릎굽혀펴기, 스트레칭 등을 해본다. 수비 요원은 반 이닝쯤 전에 어깨를 풀어 놓으려고 불펜으로 달려가기도 한다. 대타 요원은 슬그머니 클럽하우스로 들어가 배트를 휘둘러보기도 한다. 거기에는 텔레비전 모니터가 있기 때문에 후보선수들은 종종 거기서 죽치고 있다.

"야야. 가서 한 건 해 다오."

감독의 입에서 이런 말이 떨어지면 덕아웃의 긴장감은 더욱 고조된다. 감독은 지금 상대할 투수가 주로 어떤 공을 던지고 있으니 어떤 식으로 쳐야 한다는 등 간단한 지시나 주문을 하기도 한다.

스텡걸 감독은 보스턴 팀의 감독을 맡았을 때 아주 유명한 일화를 남겼다. 그는 1939년에 보스턴 브레이브스(당시는 비즈^{Bees}라는 별칭을 갖고 있었다.) 지휘봉을 잡았다. 보스턴 홈구장에서 다저스와 연장전을 치르던 날이었다. 14회 말 브레이브스가 2루를 점령하자 스텡걸 감독은 주위를 둘러보며 대주자 감을 찾았다. 오토 휴버라는 신인 선수가 눈에 띄었다. 그를 2루에 두고 때마침 앨 로페즈가 적시타를 때려 내 휴버는 여유 있게 3루를 돌아 결승점을 올릴 수 있었다. 그런데 휴버는 3루에서 홈으로 절반쯤 오다가 갑자기 엎어지는 게 아닌가. 그는 태그아웃당했고 그 게임은 20회까지 연장전을 치른 끝에 결국 무승부가 되고 말았다.

다음은 스텡걸 감독의 얘기다.

"다음날 그 녀석의 스파이크를 봤더니 스파이크징이 다 닳아빠져 맨들맨들한 거라. 그 당시엔 신발을 각자 사서 신었었는데 그의 로커에는 물론 새 신발이 있었어.

"저게 네가 가진 스파이크 중에서 가장 좋은 거냐?"라고 헌 신발을 가리키면서 물었지.

그랬더니 그 녀석 말하는 꼬락서니 좀 보소.

"아닙니다. 그렇지만 저게 평소 신고 있기가 더 편하거든요. 그리고 난 게임에 나가지 않을 줄 알았죠 뭐."

난 그 뒤로 3년 동안 대타나 대주자를 기용할 때는 내 앞에서 스파이크 바닥을 들어 보이게 했지."

이렇듯이 감독은 항상 생각을 멈추지 말아야 한다.

스텡걸은 기인답게 가끔 엉뚱한 생각을 할 때도 있었다. 그가 양키스 감독을 맡았을 때 거느린 3루 코치는 크로세티였다.(앞서 후크 감독과의 일화를 남긴 바로 그 사람이다.) 양키스가 일방적으로 묵사발되고 있던 어느 날(막강 양키스가 그런 날은 그리 흔치 않았다.) 크로세티 코치가 사인을 받으려고 덕아웃을 살피자 스텡걸은 기둥 뒤로 살짝 숨었다. 왜 그랬을까? '어떤 식으로든 네가 알아서 활기를 불어넣어 보라.'는 뜻이었다.

스텡걸의 기지가 번뜩인 또 하나의 예. 그가 양키스 감독을 맡았을 때 이 팀에는 조니 마이즈라는 매우 뛰어난 대타 요원이 있었다. 그는 나이가 많아 주전으로 뛸 수는 없었지만 엄청난 파괴력을 갖고 있었다. 케이시 스켕걸은 그를 대기 타석에 내보내 다음에 그가 대타로 들어간다는 것을 상대에게 시위했다. 그에게 혼이 난 투수가 한두 명이 아니기 때문에 상대 투수는 그가 다음에 나온다는 사실만으로도 벌써 겁을 먹은 나머지 지금 상대하는 타자에게 포볼을 내주거나 치기 좋은 공을 던지고 마는 경우도 있었다.

덕아웃에서 나누는 대화는 여러 가지가 있겠지만 다음 두 가지는 언제나 들어 있다. 하나는 욕설, 또 하나는 방금 잘못을 저지르고 들어온 선수에 대한 꾸지람이다. 이 두 가지도 과거보다는 그리 심하지 않은 편이다. 선수들의 교육 수준이 높아진 데다 사회적으로 명망 있는 직업에 종사하는 사람이라는 자부심도 늘어나 체면상 원색적인 욕설은 많이 자제한다. 아직도 욕이 완전히 사라진 것은 아니지만 용어가 과거보다는 많이 정화된 편이다.

감독의 호통도 과거와는 다르다. 감독은 많이 참으면서 욕설을 삼간다. 그렇지만 선수들에게 욕하지 말아야겠다고 하는 생각을 그대로 실천에 옮기는 감독은 그리 많지 않으며, 스텡걸이나 찰리 드레슨, 리오 듀로셔 같은 감독들은 욕쟁이로 유명했다.

그동안 불펜에서는 무슨 일이 벌어지고 있는가?

불펜에서 벌어지는 대화와 시간 때우기에 대해서는 아주 자세하고 재미있고 믿을 만한 글이 있다. 1961년 신시내티 레즈의 구원투수로 활약하면서 우승을 이끈 짐 브로스넌이 은퇴 후 저술한 『페넌트레이스』라는 책이 그것이다. 야구인들의 어제와 내일의 생활을 알아보려면 이 책을 읽어 보도록 권하고 싶다.

여기서는 불펜에서의 생활을 필요한 부분만 요약해 보겠다.

첫째, 장래에 대한 걱정. 거기에 나와 있는 선수들은 대부분 별로 유능하지 못하다.(유능한 릴리프에이스는 제가 나갈 타이밍이 닥치기 전에는 거기에 나가 있지 않는다.)

둘째, 신음, 불평, 남탓하기, 몽상. 거기에 나가 있는 선수는 그다지 잘 던지지 못하기 때문이다.

셋째, 거짓말하기.

넷째, 스탠드의 관중 쳐다보기.

다섯째, 대화의 자유. 덕아웃에 앉아 있으면 감독이 게임에만 열중하라고 호통 치기 때문에 함부로 입을 놀릴 수 없지만 불펜에서는 마음대로 지껄일 수 있다. (노련한 감독은 '모든' 선수에게 입 다물고 있으라고 요구하지는 않지만 최소한 정신을 가다듬어야 할 때는 신경이 거슬리지 않도록 선수들에게 조용히 하라고 명령하는 경우가 있다.) 그러나 불펜에서도 적어도 두어 사람은 매우 심각하다. 하나는 투수 코치, 또 하나는 릴리프에이스다. 이들은 감독이 불러들일 것에 대비하면서 타자들의 타격 상태를 살펴보고 참고 자료를 챙겨 둔다. 그리고 모든 것을 세밀히 살피면서 뭔가를 얻으려고 노력하는 젊은 선수가 없는 것은 아니다.

그런데 왜 불펜bullpen이라는 명칭이 붙었을까? 여기에 대해서는 여러 가지 설이 분분하지만 그 어느 것도 신빙성은 별로 없다. 어원이야 어찌 됐건 지금도 그렇게 부르는 데는 일리가 있다. 거기가 기자실을 제외하곤 야구장 안에서 가장 '허풍떨기'(bull은 미국 속어로 이런 뜻도 갖고 있다.)가 심한 곳이기 때문이다.

우리는 지금까지 많은 얘기를 하면서도 구체적으로는 살펴보지 않은 게 하나 있다. 즉 코치다. 감독이 야전 사령관이라면 코치들은 그의 참모이며 그들의 중요성은 결코 과소평가할 수 없다. 우수한 코치 없이는 감독이 제대로 직무를 수행할 수 없다. 우수한 감독이 되는 조건에는 능력 있고 맡은 일을 충실히 해낼 수 있는 코치들을 거느리는 것도 포함된다. 코치는 선수가 원래 갖춘 실력 이상으로 키워 낸다는 것은 불가능하다. 선수가 제 기량을 발휘할 수 있도록 도와주는 것만으로도 코치는 임무를 제대로 수행하는 셈이다.

얼마 전까지만 해도 코치는 감독의 말동무이거나 곁다리에 불과한 존재로 비춰졌다. 그러나 코치란 원래 그런 존재가 결코 아니었으며 아직도 그런 인상을 갖고 있는 사람이 있다면 빨리 고쳐야 한다. 사실 감독에게 '말동무'라는 존재는 결코 우습게 볼 일은 아니다. 감독은 적어도 한 사람은 완전히 마음을 터놓고 지낼 사람이 필요하다. 감독은 대스타를 포함해서 모든 선수와 어느 정도의 거리를 둘 수밖에 없다.(어쩌면 대스타일수록 더 거리를 둬야 하는지도 모른다.) 감독의 계약은 한시적이며 매우 위태롭다. 그는 1년에 8개월은 매일같이 운동장과 호텔방, 비행기 안에서 살아야 하는데 그런 고된 생활을 견디기 위해서는 마음이 통하는 사람이 필요하다. 완전히 신임하면서 의견을 나누고, 같은 말을 쓰고, 같은 기분을 느끼고, 앞으로 해야 할 일들을 같이 계획하고, 같이 즐기고, 긴장을 해소하고, 조언을 얻고, 굳이 말로 하지 않아도 가슴으로 서로를 이해할 수 있는 유경험자가 있어야 한다.

따라서 말동무로서의 코치의 역할은 얕볼 수 없다. 그러나 말동무라고 해서 소신 없이 무조건 굽실거려야 한다는 것은 아니다. 오히려 그 반대이다. 감독은 코치의 의견을 존중하고 그에 따라 결정을 내려야 할 때가 많다.

또 오늘날의 코치는 (일반 사회에 비유한다면) 한 부서의 장으로서 전문 기능과 책임을 갖고 있다. 코치는 네 가지로 나눌 수 있다. 부사령관의 위치 에너지를 갖는 3루 코치, 1루 코치, 투수 코치(가장 중요한 직책이다.), 그리고 벤치 코치다. 이들은 기능에 따라 투수 코치, 타격 코치, 내야 수비 전문 코치, 외야 수비 코치, 주루 코치 등으로 나눌 수도 있다.

타격 코치는 1루 코치로 나가는 예가 많다. 감독은 내야수나 외야수 출신일 수도 있다. 포수 출신이 투수 코치를 맡지 말라는 법도 없다. 어쨌거나 코칭스태프는 배팅볼을 던져 주고, 내야수와 외야수에게 평고fungo를 쳐주면서 상태를 점검한다. 그러나 코칭스태프가 네 명만으로 한정돼 있는 것은 아니다. 후보선수들을 관리하고 공중 정찰 장치 역할을 하는 또 다른 코치를 둘 수 있으며(이를 벤치 코치라고 부른다.), 투수 코치를 돕는 불펜 코치나 타격 전문 인스트럭터를 기용하는 구단도 있다. 최근 15년 사이 이런 보조 요원들은 크게 늘어나고 있다.

코치가 하는 일은 무엇인가?

가르치고, 의사 소통을 하고, 관찰하고, 보고하고, 자기가 맡은 분야의 기술적인 임무를 수행하고, 감독의 결정을 돕는다. '코칭'이라는 말에는 가르친다는 뜻이 포함돼 있다. 다른 종목에서는 보스를 '헤드 코치'라고 부른다. 전통적으로 선수들에게 기술을 가르치는 직무를 맡은 자리이기 때문이다. 야구에서만은 이 사람을 감독manager이라고 부른다. 그의 역할은 게임을 지휘하고 선수를 가르치는 것 말고도 구단을 운영하고, 선수를 발굴해서 계약하고 관중을 동원하는 등 경영자적인 임무까지 맡고 있기 때문이다. 엄밀히 말해서 그에게도 '헤드 코치'로서의 역할이 없는 것은 아니지만 그를 넘어서는 광범위한 직책이라는 뜻에서 '감독'이라는 직함이 붙은 것이다. 그러나 코치는 여전히 코치다.

현대 야구는 한두 명의 투수에게 의존하지 않고 전체 투수진을 폭넓게 활용하게 됨에 따라 투수 코치의 비중은 전에 비해 훨씬 커졌다. 그의 임무는 투구 기술과 공 배합의 요령을 가르치고 개개인의 컨디션 조절을 돕는 데서 끝나는 게 아니다. 투수들의 연습 및 등판 일정을 짜고, 준비 상태를 점검하고, (무엇보다 중요한 것으로서) 감독과 대화할 때 투수들의 이익을 대변해야 한다. 투수들은 유능한 투수 코치에게는 전폭적인 충성심을 보여 주지만 그렇지 못한 코치는 결코 신임하지 않는다.

투수들을 다룬다는 것, 즉 전체 투수층을 운용하는 것은 예로부터 감독의 최대 과제였지만 투수 수가 열 명 가까이 불어난 현대 야구에서는 더욱 큰 비중을 차지하고 있다. 최종 결정은 여전히 감독이 내리지만 투수 코치에 대한 신임도 필수적이다. 그래서 투수 코치는 감독과 가장 마음이 통하는 사람이어야 하며 그렇지 않다면 적어도 두 번째쯤은 돼야 한다.

3루 코치는 승부에 중대한 책임을 진다. 그는 결정적인 주루플레이, 즉 주자를 홈으로 들여보내느냐, 3루에 멈추게 하느냐를 순간적으로 결정하는 임무를 갖는다. 그는 또 벤치로부터 나오는 작전을 전달하는 임무도 맡는다.

1루 코치도 때로는 사인을 전달하고 1루 주자를 돕기는 하지만 경기 진행에서의 비중은 그다지 크지 않다. 이 위치는 주로 타격 코치가 맡고 있는데 그 자리가 타자와 상대 투수를 연구하기에 가장 좋은 위치이기 때문이다.

몇 년 전부터는 타격 코치도 투수 코치만큼이나 전문적이고 비중도 커졌다. 이런 변화는 찰리 로의 활약에 따른 것이었다. 그는 1970년대에 캔자스 시티 로열스에서 일하다 나중에 뉴욕 양키스와 시카고 화이트삭스에서 코치로 활약했으며 타격 코치라는 직분에 큰 영향을 미친 두 권의 책을 저술했다. 그는 저서를 통해 종래의 타격에 대한 개념을 크게 바꿔 놓았다. 그의 수제자 가운데 하나인 월트 리니액 코치는 1980년대에 보스턴 레드삭스에서, 1989년과 1990년에는 시카고 화이트삭스에서 대성공을 거뒀다.

그들은 투수들이 즐겨 겨냥하는 바깥쪽 스트라이크존을 공략할 수 있는 타자의 스탠스와 손의 사용법을 다뤘다. 타율을 끌어올리기 위해서는 다소 파워의 희생을 감수해야 한다는 것도 지적했다. 찰리 로가 개조해 놓은 대표적인 인물이 조지 브레트이며, 그의 변신은 만인의 주목을 끌기에 충분했다.

찰리 로의 이론은 많은 추종자를 낳았지만 거기에 부정적인 반응을 나타내는 사람들도 적지 않았다. 테드 윌리엄스는 책이나 강연에서 그와 전혀 상반된 견해를 밝혔으며 다른 타격 이론가들도 제각기 다른 이론을 펼치고 있다. 타격 이론은 오래전부터 각양각색으로 펼쳐져 왔지만 팬들까지 이런 기술적인 문제에 눈을 뜨게 된 것은 최근 미디어가 폭발적인 발전을 이룬 덕분이다. 지금 이 책에서 구체적인 기술을 다룰 필요는 없을 것이다. 다만 만고불변의 진리로 통하는 타격 이론은 없으며 어떤 이론을 막론하고 특정인에게 도움이 되는 부분이 있고 그렇지 않은 부분도 있다는 것만 알아두면 된다. 타격 이론은 어느 것이거나 자신감 배양에 기초를 두고 있기 때문에 타자로서는 자신에게 도움이 된다고 확신하고 편안하게 느껴지는 방식이라면 무엇이든지 유용하다고 할 수 있다.

타격할 때의 균형이나 동작에 관해서는 일반적인 원칙이 있지만 타자마다 독특한 개성을 갖고 있는 것도 사실이다. 따라서 자신에게 '가장 알맞은' 요소들을 찾아내 배합하는 것이 가장 중요하다. 화이티 허조그는 캔자스 시티 로열스 감독 시절 찰리 로를 코치로 거느리고 있었는데 그의 타격 이론에 전적으로 동조하는 것은 아니었고(오늘날까지도 그렇다.) 오로지 그의 헌신적인 노력과 결과에 대해서만 고마움을 표시했다. (허조그는 "반드시 찰리가 아니라 누가 가르쳤더라도 브레트는 그만큼은 훌륭한 타자가 될 수 있었다."라고 말한다.) 반면 찰리 로가 시카고 화이트삭스에 몸담고 있을 때 그 팀의 감독이던 토니 라루사는 로의 이론에 대단한 경의를 표했다.

필자는 다음과 같은 더스티 베이커의 말이 가장 적절한 표현으로 생각한다.

"나는 여러 가지 타격 이론을 훑어봤다. 어떤 이론에서는 어떤 점이 배울 만하고 또 어떤 이론에서는 또 다른 점이 배울 만했다. 또 어떤 것은 어떤 사람에게는 적용되지만 다른 사람에게는 부적합한 것도 있었다. 기본기는 틀림없이 있다. 선수들은 기본기부터 배우고 난 다음 각자에 맞도록 조정해야 한다."

그리고 어린 나이답지 않게 '두뇌파' 타자로 알려진 윌 클라크는 이론에 대한 접근 자세를 새롭게 표현했다.

"무엇이든 노력하면 다 알아낼 수 있다. 그러나 정말 중요한 것은 아는 것을 실행하는 것이다. 나는 비디오 테이프를 숱하게 봤는데 거기서 내가 얻은 결론은 나에게 도움이 되는 것은 타격 기술에 관한 것보다 투수의 피칭 패턴과 습성을 파악해 내는 것이었다."

이런 점에서는 야구가 미식축구의 방법을 닮아 가고 있다. 기술 지원이나 교육 기법은 점점 전문화하고 있으며 예로부터 막연하게 전해 내려오는 얘기들은 엄격한 이론으로 체계화됐다. 코치들은 도제에게 전문 기술을 전수하는 장인이라기보다 머리 큰 학생들을 상대로 강의하는 교수의 모습을 닮아 가고 있다.

그러나 뭐니뭐니해도 팀의 성공을 위해 코치들이 기여해야 할 바는 인간적인 측면에 있다. 그들은 선수와 감독 사이의 완충제 역할을 한다. 그들은 팀 내에서 돌아가는 사정을 뭐든지 볼 수 있다. 누가 열심히 하고 누가 그렇지 않은지, 누가 어떤 도움이 필요한지를 샅샅이 꿰고 있는 게 코치들이다. 선수는 동료나 감독에게 말 못할 속사정을 코치에게는 털어놓을 수 있다. 코치는 달래 주고 격려하고 조언하고 나아가 감독과는 할 수 없는 농담까지 주고받을 수 있다. 필요하다면 꾸중을 할 수도 있다. 그리고 코치는 감독에게 선수의 어떤 점을 주목할 필요가 있는지 신중하게 알려야 한다.

감독을 엄격한 아버지라고 한다면 코치는 좀 더 편안하게 대할 수 있는 삼촌이나 큰형 노릇을 한다. 감독이 비행기의 기장이라면 코치는 승무원이다. 감독이 대통령이면 코치는 각료다.

그리고 기자들에게 누구보다 소중한 취재원이 바로 코치들이다. 코치들과 친하고 신임받는 기자는 야구단에서 무슨 일이 어떻게 돌아가는지를 그 누구보다도 세세히 알 수 있다.

따라서 벤치는(덕아웃과 불펜, 거기에 속해 있는 사람들을 가리킨다.) 야구 세계의 안쪽이다. 어떤 의미에서 이것은 야구에서 제5의 요소로 자리 잡고 있다. 야구의 4대 요소, 즉 타격, 피칭, 수비, 베이스러닝은 누구나 쉽게 알 수 있고 친숙하다. 벤치는 그보다 덜 친숙하고 구체적으로 돌아가는 내용을 알기 어렵지만 야구에서 빼놓을 수 없는 요소다. 전술적으로 보면 우수한 대타 요원이나 빼어난 릴리프투수는 우승을 따내는 데 필수적인 존재들이다. 게임을 치르는 동안 덕아웃은 모든 결정과 명령을 내리는 사령부가 된다. 그리고 대부분의 선수가 죽치고 앉아 가장 많은 시간을 보내는 곳도 여기다.

여기는 감독이 그 누구의 간섭도 받지 않고 독보적 존재로 군림하는 성채라고 할 수 있다. 여기서 성주 노릇을 해보다가 떠난 사람치고 "난 더 이상 여한이 없소."라고 말하는 사람은 거의 없다.

서기 1973년. 애브너 더블데이의 신화가 탄생한 이후 야구 기원 134년, 공식 야구 규칙 탄생 128년, 프로야구 기원 104년, 메이저리그 출범 98년을 맞는 이 해에 낱개의 규칙으로는 최대 개혁이 일어났다. 메이저리그의 절반(아메리칸리그)이 지명타자(designated hitter, 이하 DH로 표기) 제도를 채택한 것이다. 즉 수비에는 나서지 않으면서 타격만 하는 타자가 생긴 대신 투수는 타석에 들어서지 않게 됐다.

놀랍게도 경기장에서 뛰는 선수 수가 아홉 명에서 '열 명'이 됐다. 그리고 최초로 전문 공격수와 전문 수비수가 생겼다.(미식축구는 진작부터 이런 분업이 이뤄졌고 아이스하키나 축구 등에서도 사실상의 전문 골게터가 있었다.)

그러나 좀처럼 변치 않는 전통에 얽매여 있는 야구의 특성에 비춰 볼 때 이 제도는 분명히 급격한 변화이면서도 내용적으로는 별다른 변화가 아니라고 할 수 있다. 그리고 가시적인 변화가 있는 것은 사실이지만 두

리그 중에서 겨우 한 리그만 채택했을 뿐이다.

이 DH 제도는 궁여지책으로 채택된 것이었다. 1968년에 이르러 아메리칸리그 전체 타율이 한심할 정도로 떨어지자 야구 당국도 뭔가 획기적인 조치를 강구할 수밖에 없는 지경에 이르렀다. 2—1, 1—0, 또는 3—0의 스코어로 결말 나는 게임이 줄줄이 이어지자 타자들을 골탕먹이는 데에 맛을 들인 투수나 감독은 쾌재를 불렀을지 몰라도 대부분의 관중들은 지루해 죽을 지경이었다. 어지간한 관중들은 공이 배트에 맞고 난 다음에야 비로소 행동이 펼쳐지는 것으로 알고 있다. 뛰고, 받고, 던지고, 슬라이딩하고, 스코어가 엎치락뒤치락하는 데에 따라 울고 웃으며 열기가 더해간다. 스코어가 대체로 7—5 정도로 기록되던 시절에는 3점을 리드당하고 있더라도 팬들은 9회 말까지 낙망하지 않고 응원했다. 스코어가 갑자기 2—0 따위로 줄어들기 전인 1960년대 후반까지만 하더라도 이런 현상은 계속됐다.

그러다가 타율이나 득점이 데드볼(반발력이 없는 공)을 쓰던 시절하고도 가장 밑바닥이었던 1908년 수준으로 떨어지자 뭔가 대책을 강구하지 않을 수 없었던 것이다.

그 첫 번째 조치는 마운드를 낮추고 1963년에 터무니없이 넓혀 놓았던 스트라이크존을 좁히는 것이었다. 이런 변화 덕분에 타격이 약간 살아나는 기미가 보였으나 근본적인 추세까지 바꿔 놓지는 못했다. 특히 모든 면에서 내셔널리그보다 수준이 한 단계 처졌던 아메리칸리그에서는 좀 더 자극적인 대책을 만들 필요가 있었다.

지명타자DH란 1회용이 아니라 끝까지 출장하는 대타를 말한다. 극소수를 제외하면 투수들은 타석에서 보나마나 아웃될 타자들이다. 그들이 홈런을 친다면 놀라 자빠질 일이고, 그들이 2사 후에 타석에 들어서면 득점은 더 이상 기대하기 어려웠다. 전통적인 9인제 야구에다 타력 강화를 위해 좀 더 강력한 대타를 투입한다면 빼 버려야 할 선수는 바로 투수였다. 그러나 날마다 게임을 치르면서 투수력에다 성패의 목을 매고 있는 현실에 비춰 보면 투수의 타석에 연방 대타를 투입하고 구원투수를 줄줄이 불러들이는 식으로 투수력을 무한정 소모할 수는 없는 노릇이었다.

그렇다고 관중들의 흥미를 돋울 뾰족한 방안도 없었던 터라 투수 대신 누군가가 배팅을 하도록 하자는 방안이 제시됐다. 이런 규칙을 채택한다면 미키 맨틀과 윌리 메이스 등 노쇠했지만 강타력은 살아 있는 타자들을 좀 더 오랫동안 써먹을 수 있어 관중 동원에 도움이 된다는 이점이 지적되면서 대단한 호응을 얻었다.

이 방안은 마이너리그에서 먼저 실험을 거쳤으나 DH 제도를 지켜본 관중들이나 구단 관계자들은 실패작이라는 판단을 내려야 했다.

그러나 1972년에 이르자 아메리칸리그의 투고타저 현상은 최고조에 달했다. 한때 내셔널리그보다 우위를 점하기도 했던 아메리칸리그는 내셔널리그보다 타율이 떨어지면서 득점도 1963년 수준으로 하강하자 관중 수도 라이벌 리그보다 200만 명이나 적었다. 이에 대한 타개책으로 내셔널리그 팀과 상호 교환 경기를 하자는 방안도 나왔으나 내셔널리그는 딴청만 부릴 뿐이었다. 아메리칸리그는 할 수 없이 독자적인 방안을 강구한 끝에 DH 제도를 도입했던 것이다. 내셔널리그는 여전히 콧방귀만 뀌면서 여기에 동참할 필요를 느끼지 않았다.

여기서 DH 제도의 문제점과 개선책을 따져 보기로 하자.

첫 번째 문제는 (과거 루스나 윌리엄스, 디마지오, 맨틀처럼) 관중들을 동원할 매력적인 타격의 대가들이 그리 많이 남아 있지 않았다는 데에 있었다. 대가는커녕 정상적으로 뛰면서 관중들의 흥미를 돋울 보통 선수조차 찾아보기 힘든 판국이었다. 보수적인 야구팬들은 3할 8푼 타자는 대단히 높이 떠받들면서도 3할 2푼대 타자에 대해서는 (비록 그가 수위 타자라 하더라도) 냉담한 시선을 보냈다.

　그 당시에는 DH 제도를 도입하게 되면 최고 수준의 타자는 성적이 더욱 향상되고 보통 타자도 약간은 더 효과적인 배팅을 하리라고 기대하고 있었다. 그러나 그것은 오산이었다. 나머지 여덟 명의 주전 선수에게는 아무런 변화가 없었다. 그리고 9번 타순의 타력은 강화됐다손 치더라도 우수한 투수들이 그대로 게임 종반까지 버티게 되면서 여전히 2—1 따위의 스코어를 만들어 냈다.

　그런데도 이 방안은 성공적이라고 할 수 있었다. 리그 전체의 관중 수가 늘어나기 시작했고 아메리칸리그의 타율이 10년 이래 처음으로 (아주 근소하게나마) 내셔널리그를 웃돌았다. 아메리칸리그 타율은 0.239에서 0.259로 높아졌다. 그러나 DH제를 쓰지 않은 내셔널리그 타율도 0.248에서 0.254로 상승했다. 따라서 타율 상승은 DH제와는 직접 관련이 없는 다른 요인에 의해 이뤄진 것이었는지도 알 수 없었다. 아무튼 양대 리그의 평균 타율은 1950년대보다 여전히 낮은 수준이었다.

　이것은 한 시즌을 마치고 난 뒤의 분석이다. DH 제도는 경기의 '질적'인 면에서 어떤 변화를 가져왔을까?

　반대론자들은 이 제도가 가져오는 폐단으로 세 가지를 지적했다. 첫째, 야구 선수라면 누구나 '공격과 수비 양면에 걸친 다재다능한 능력을 가져야 한다.'는 관점에 위배된다. 둘째, 감독이 내려야 할 결정의 빈도와 가짓수를 줄여 놓았고 (예를 들면 투수를 빼고 대타를 투입하는 것) 이에 따라 경기 결과를 놓고 팬들이 감독을 비판하는 재미가 줄어들었다. 셋째, DH 제도를 씀으로써 얻는 이득(스코어의 증가)이 앞서 말한 두 가지의 손실을 커버하기에 충분치 못하다.

　한편 찬성론자들은 동전의 앞뒷면처럼 똑같은 관점의 반대쪽 단면을 내세웠다. 공격량의 증가는 그 무엇보다 흥미로운 것이며, 우수한 투수가 오래 경기에 남아 팽팽한 게임을 이끌 수 있고, 팀이 뒤지고 있더라도 뛰어난 구원투수에게 몇 이닝 더 던지게 함으로써 경기의 질을 높일 수 있다.

그들은 또 DH 제도가 '전술적'인 제약을 준다는 견해에 반박했다. 타력이 약한 투수에게 번트를 지시하는 것만큼이나 대타 투입 결정도 괴로운 일이라는 것이다. 또 전문화 시대를 맞은 오늘날 '다재다능한 선수'를 요구한다는 것은 시대 착오적인 발상이며 비록 반쪽짜리 선수라도 각자가 가진 장기를 최대한으로 살릴 기회를 주어야 한다는 주장이다.(구원 전문 투수를 만든 것도 그들의 특기를 살리자는 의도가 아니냐는 얘기다.) 투수 자리에 대타를 투입하는 묘미가 사라졌다는 비판에 대해서는 아홉 명의 타자를 최대한 활용함으로써 타선 연결의 세련미를 증가시키는 것으로 상쇄된다고 맞섰다.

DH 제도를 1년간 실시해 본 뒤 랠프 후크 감독은 다음과 같은 찬성 의견을 내놓았다.

"내가 느낀 바로는 어느 이닝에서나 득점이 가능해졌다는 게 가장 달라진 점이다. 종전에는 한 게임을 치르면서 투수가 타석에 들어서는 두세 이닝은 공격의 실마리를 풀거나 맥을 이어 나가기가 어려워 건성으로 넘겨야 했다. 그러나 이제는 누구든지 출루하기만 하면 득점으로 연결시킬 수 있는 길이 열렸다."

1973년 디트로이트 타이거즈를 이끈 빌리 마틴의 의견은 달랐다.

"그것은 작전의 묘미를 깎아 버렸다. DH 제도는 평범한 팀에게는 도움이 될지 모른다. 그러나 우리 타이거스 팀은 뛰어난 대타 감들이 많아 대타 작전에 큰 덕을 보았었는데 이제는 그러지 못하게 됐다. 대타 요원이 충분치 못한 팀들만 DH 제도의 덕을 보고 있다."

이런 것들은 DH 제도가 처음 채택됐을 당시의 얘기들이다. 그 후

16년이 지난 1988년 말에 이르러서는 단순한 예상이 아니라 실질적인 현상을 토대로 뚜렷한 결론을 내릴 수 있게 됐다.

필자의 견해는 DH 제도를 쓰건 안 쓰건 놀라우리만큼 차이가 없다는 것이다. 그것은 자료로 충분히 입증할 수 있다.

첫째, DH 제도는 공격량을 엄청나게 늘려 놓지도 않았고 작전에 결정적으로 영향을 미치지도 않았다.

둘째, 내셔널리그가 이 제도를 끝끝내 외면함에 따라 양대 리그는 서로 판이한 규칙 아래서 경기를 해왔다. 그에 따라 경기의 양상이 판이해지리라는 예상과 달리 두 리그 모두 공리 공존할 수 있다는 보여 줬다.

셋째, 관중 동원에 도움이 되는 대형 선수의 수명을 연장시킨다는 것은 터무니없는 말이 돼 버리고 말았다. 관중들에게 어필할 수 있는 선수는 원래 그다지 많지 않으며, 요즘 같은 시장 구조 아래서는 관중들이 그렇게 영악하게 선수들의 면모를 따져 경기장을 찾는 것도 아니며, 선수들의 입장에서 보더라도 그저 뛸 수 있을 때까지 뛸 뿐이다. DH 제도는 노장들의 선수 생명 연장에 다소 도움이 되는 경우도 생각할 수 있지만, 따지고 보면 그런 사례는 거의 없었다. 다만 가벼운 부상을 당한 주전 선수가 잠시 수비 임무를 면하면서 배팅에만 나설 수 있는 기회를 주는 게 이 제도였을 뿐이다.

넷째, 투수들이 더 이상 타석에 들어서지 않음에 따라 보복당할 염려가 없어진 나머지 빈볼이 훨씬 늘어나리라는 예상도 완전히 빗나갔다. 그 이유 중의 하나는 빈볼 보복이라는 게 원래부터 투수끼리 하는 게 아니라 상대 팀의 가장 우수한 타자에게 하던 것이었기 때문이다. 타자가 투수에게 보복하는 방법은 1루 쪽으로 번트를 대놓고 수비하러 들어오는 투수를 걷어차는 것이다. 상대 팀 최고 타자에 대한 빈볼, 상대 투수에 대한 육탄 공격은 여전히 균형을 이루고 있다.

DH 제도의 채택에 따라 타율이 2푼쯤 오르리라는 예상은 첫해에 그대로 들어맞았다. 아메리칸리그는 1972년에 0.239이던 타율이 1973년에는 0.259가 됐다. 이는 쉽게 계산이 나온다. 투수의 타율은 전체적으로 0.100밖에 안 된다. 나머지 타자들의 평균 타율은 0.260에 달한다. 전체 공격량에서 투수가 담당하는 것은 약 9분의 1이다. 한 팀은 한 시즌을 치르며 대체로 5,400타수를 기록하는데 한 타순당 약 600타수 꼴이 돌아간다. 다른 여덟 개 타순이 0.260을 마크하고 9번 타순(투수)이 0.160 미만이라면 투수는 전체 타율을 2푼 정도 까먹는다는 계산이 나온다. 아홉 명 전체가 0.260을 마크한다면 전체 타율은 그대로 0.260이다.(이는 매우 엉성한 계산법이지만 갈피만 제대로 잡으면 실감 나는 해답을 얻을 수 있다.) 어쨌든 실제 통계를 4년 단위로 끊어 놓고 보면 다음과 같다.

연도	아메리칸리그(AL)	내셔널리그(NL)	차
1969-72(DH제 없음)	0.246	0.246	-6
1973-76(AL은 DH제)	0.258	0.255	+3
1977-80(AL은 DH제)	0.265	0.259	+6
1981-84(AL은 DH제)	0.263	0.256	+7
1985-88(AL은 DH제)	0.263	0.253	+10

이렇듯 아메리칸리그는 당초 기대했던 수준까지 타율을 끌어올려 놓고는 거기에 그대로 머물러 있다. 내셔널리그는 거의 변화가 없다. 그러나 양대 리그의 차는 그다지 크지 않기 때문에 관중의 눈에는 게임의 양상이 크게 달라 보이지 않는다.

숫자로 좀 더 자세히 풀이해 보면 다음과 같은 것을 발견할 수 있다.

매 20게임을 놓고 보면 DH를 쓰는 아메리칸리그가 내셔널리그보다 안타 수에서 일곱 개, 득점으로는 9점, 홈런으로는 4.5개, 사구는 한 개 꼴로 많다. 삼진 수는 다섯 개가 적고, 도루도 다섯 개, 보내기번트는 세 개, 잔루는 한 개가 적다.

이는 20게임을 놓고 비교했을 때다. 이것을 과연 큰 차이라고 할 수 있겠는가? 작전상으로 말하면 DH 제도의 도입은 확실히 감독의 작전 결정을 약간 쉽게 만들어 놓았다. 그러나 작전이란 감독의 취향에 따라 선택의 여지가 많은 것이므로 팬들로선 왈가왈부할 일이 아니다. 투수 대신 대타를 넣느냐 마느냐, 새로운 구원투수를 투입하느냐 마느냐 하는 것은 그런 변화를 구해야 할 시기가 닥치면 자연스럽게 결정된다. 마지막 3이닝을 남겨 놓고 뒤지고 있다면 투수 대신 대타를 투입하고, 리드하고 있으면 투수를 그냥 놔둘 것이다. 동점이면 이럴 수도 있고 저럴 수도 있다. 그러나 정말 알쏭달쏭한 상황은 일주일에 한 번꼴도 일어나지 않는다.

보내기번트와 삼진, 도루를 좀 더 많이 보고 싶다면 내셔널리그 게임을 보면 된다. 홈런과 득점을 약간이나마 더 많이 보고 싶으면 아메리칸리그 게임을 보면 된다. 그러나 그런다고 해서 엄청난 차이가 있으리라고 기대해서는 곤란하다.

양 리그의 교환 경기는 어떤가? DH 제도가 월드 시리즈 또는 시범 경기를 혼란스럽게 만드는가?

별로 그렇지는 않다. 월드 시리즈는 '재래식 규칙'에 따라 치르다가 1976년부터 짝수 해마다 격년제로 DH 제도를 써 왔다.(이는 매우 중대한 결과를 낳았다. 1975년 월드 시리즈에서는 DH 제도가 채택되지 않음으로써 아메리칸리그 우승팀 보스턴 레드삭스는 투수 기용에 혼란을 일으켰다. 그렇지 않았다면 내셔널리그 우승팀 신시내티 레즈가 7차전을 이기기 어려웠을 것이다.) 그러다가 1986년부터는 격년제가 아니라 아메리칸리그 구장에서 벌어지는 게임에서는 DH를 사용하고, 내셔널리그 구장에서는 사용하지 않는 방식으로 바뀌었다. 이런 방식은 봄철 스프링캠프를 마치고 시범 경기를 치를 때도 적용된다.

그리고 올스타전에서는 1989년부터 아메리칸리그 구장에서 경기를 펼칠 때 DH를 채택해 왔다.

야구 깨나 안다는 사람들은 DH제도를 깎아내리는 것을 일종의 자랑거리로 여기고 있다.(대체로 아메리칸리그 팀들과 사업상 관련을 갖지 않은 사람들이 그렇다.) 커미셔너나 구세대들도 자신의 순수함을 보여 주려는 증거처럼 그런 견해를 나타낸다.(그러면서도 커미셔너는 이 제도 채택을 막지 못했다. 이것이 그토록 '야구의 이익에 위배되는' 일이라면 애당초 막았어야 옳지 않겠는가.) 그러나 이런 것들은 말장난일 뿐이다. 사실 미국 내에서 DH 제도를 쓰지 않는 조직은 내셔널리그가 유일하다. 마이너리그와 심지어 대학 야구까지도 DH 제도를 채택하고 있으며, 그래도 야구의 이익은 손상되지 않았다. 필자는 DH 제도에 대해서는 더 이상 왈가왈부할 필요가 없다고 생각한다. 폐지하거나, 모든 야구에서 다 쓰거나, 지금대로 놔두거나 전혀 문제 될 게 없다.

그러나 1973년에 예견했던 것 가운데 두 가지는 일어나지 않았다. 하나는 특출한 타력을 가진 투수가 등판하는 게임에서는 별도의 DH를 기용하지 않고 그 투수를 그냥 타석에 들여보내지 않겠느냐는 것이었다. 돈 드라이스데일, 밥 깁슨 등은 타력을 겸비한 투수들이었다. 그러나 그런 쪽을 선택한 감독은 한 명도 없었다.

보스턴 레드삭스와 시애틀 매리너스의 감독을 맡았던 포수 출신 대럴 존슨은 이렇게 그 이유를 설명한다.

"아무리 선천적으로 뛰어난 타력을 갖춘 투수가 있고, 아무리 타력이 떨어지는 야수가 있다 하더라도 매일 경기에 나서는 야수를 쓰는 편이 훨씬 유리하다. 투수들은 아무리 천부적인 자질이 있더라도 실제 투수들을 상대로 연습하면서 타격 기술을 날카롭게 가다듬을 기회가 많지 않다. 그리고 그들은 항상 피칭 연습을 해야 하므로 선발 로테이션의 인터벌 기간에도 타격 연습에 매달릴 시간이 없다. 그래서 투수들에게는 좋은 타격을 기대하기 힘들다."

현실화되지 않은 또 한 가지는 DH 제도 도입을 기화로 오래전부터 다른 종목에서 그렇게 했듯이 수비와 공격이 전문 선수들로 완전히 이원화되지 않겠느냐는 것이었다. 찰리 핀리 구단주는 '지명 주자designated runner'의 도입을 제안하기도 했고 유격수나 포수 대신 좀 더 타격 솜씨가 나은 타자를 타석에 들여보내는 방법도 나오리라 예상했다. 그러나 그런 제안을 한 사람은 아직 아무도 없다. 야구를 그렇게까지 주무를 이유나 필요가 없기 때문이다. 야구는 전혀 변화하지 않는 것은 아니지만 '그렇게까지' 변화시킬 수 있는 것도 아니다.

자, 그렇다면 DH 제도란 구체적으로 어떻게 이용되는가?

DH는 꼭 9번이 아니라 타순의 어떤 자리에 넣어도 괜찮다. 게임이 시작되기 전에 감독이 제출한 배팅 오더 가운데 어디엔가 들어 있으면 된다. 다만 투수는 그 안에 끼워 넣지 않고 열 번째 칸에다 쓴다.

투수를 타선에 끼워 넣고 다른 야수(예를 들면 유격수나 포수) 대신 DH를 쓸 수는 없다. DH는 오로지 투수를 대신해서 공격할 수 있는 타자다.

게임이 시작되면 주전 아홉 명이(DH 포함, 투수 제외) 종전과 같이 타순에 따라 공격을 펼친다. 투수는 피칭상의 문제에 부딪쳐 감독이 바꾸지 않는 한 계속 던질 수 있다.

감독이 애초에 지정한 DH 대신 다른 타자를 대타로 기용할 수도 있다.(단 선발투수가 교체되기 전이라면 DH는 적어도 한 타석은 완료해야 한다.)

그럴 경우 그 대타는 수비에 들어가지 않으면서 게임이 끝날 때까지 그 타순에서 DH 역할을 인수한다. 이런 교체는 다른 타순과 마찬가지로 필요에 따라 얼마든지 반복할 수 있다.

그 DH를 수비에 투입하고 싶으면 어떻게 하는가? 가령 오클랜드 애슬레틱스의 론 해시가 오늘의 DH이고 테리 스타인바흐가 선발포수로 들어앉았다고 하자. 5회에 스타인바흐가 부상을 입는 바람에 토니 라루사 감독이 해시를 포수로 앉혔다고 하자. 그 순간에 DH는 소멸된다. 해시는 원래 타순을 유지하면서 포수가 된다. 그리고 투수는 스타인바흐가 들어 있던 타순에 들어가 그 후로는 투수가 타석에 들어와야 하며 그 자리에 대타가 기용되면 투수는 종전처럼 게임에서 제외된다.

'끝까지 게임에 남는 대타'는 여러 가지 방법으로 만들 수 있었다. 그런데 아메리칸리그는 매우 '융통성 있는' 방법을 택했다. 그게 무슨 뜻이냐 하면, DH를 나중에 수비에 기용할 수 있도록 허용함으로써 언제 어느 포지션에서 뜻하지 않은 부상 선수가 발생할지 몰라 수비 요원을 벤치에 남겨 두어야 하는 문제점을 제거했다는 것을 말한다. 만약 "DH는 수비에 들어갈 수 없다."라고 못박았더라면 그날 DH로 누구를 써야 할지, 차라리 쓰지 않고 수비 요원을 확보해 두는 편이 낫지 않겠는지 심각하게 고민할 수밖에 없었을 것이다. 현행 규칙이 채택됨으로써 매일 한 선수를 자동적으로 DH로 쓸 수 있게 됐다.

그러나 이미 지적했듯이 DH 규정은 근본적인 문제는 슬쩍 비켜 가고 말았다. 즉 공격량을 괄목할 만큼 늘리면서 타격의 귀재들을 내세워 관중의 흥미를 북돋우겠다던 당초 의도와는 달리 형편없는 타자들(투수들) 대신 그저 평범한 타자들이 그 자리를 차지하고 말았다. 이는 통계로도 입증된다. DH 제도를 쓴 지 16년 동안 DH들의 합산 타율이 전체 평균 타율을 넘어섰던 것은 3년밖에 되지 않았고 그나마 그 3년이라는 것도 겨우 1리를 넘었을 뿐이다. 나머지 13년은 평균보다 7리가 못 미쳤다.

그렇다면 아예 투수는 빼 버리고 여덟 명의 타자가 돌아가며 공격하는 편이 차라리 나은 셈이다. 그렇게 하면 우수한 타자가 좀 더 자주 타석에 나올 수 있다. 홈런을 좋아하는 팬의 입장에서 본다면 호세 칸세코와 윌 클라크, 돈 매팅리, 웨이드 보그스가 1년에 70-100타석을 더 갖게 되는 경우를 생각해 보라. 그러면 공격이 얼마나 활발해지겠는가?

그러나 그렇게 되면 여태껏 쌓아 놓은 종전 야구 기록의 가치는 무참히 뭉개지고 말 것이다. 그럴 경우 게임 수의 증가, 지구별 경쟁, 지구별 게임 수 조정, 야간 경기, 인조 잔디, 팀 수의 증가, 자유 계약 선수 제도 등이 가져온 변화보다 더 큰 변화가 들이닥칠 것이 틀림없다. 그건 난센스다.

DH 제도가 갖는 가장 큰 의미는 뭔가 새롭다는 것, 또는 뭔가 새롭게 꾸미려고 노력한다는 것에 있을 뿐이다.

9 심판원

 자, 이제 '악당'을 등장시킬 차례다. 즉 심판원들이다. 심판원 없이는 도저히 경기가 진행되지 않으므로 그들은 필수 불가결한 존재인데도 야구장에서 가장 무시되는 사람들이기도 하다.
 미국은 자유와 사상의 독창성과 개인주의를 숭상하듯이 어떤 경쟁에서나 중립적인 입장에 서는 것을 자랑으로 여기고 지지해 오지 않았는가. 거기에 비춰 보면 심판을 향해 '저 놈, 잡아 죽여라'고 아우성치는 것은 일상적인 미국 문화에 비춰 볼 때 참으로 이해하기 어려운 일이다. 그렇지만 평소 권위주의에 순종하다가도 경기가 과열되면 실제로 심판을 살해하기까지 하는 유럽이나 남미에 비하면 야구팬들의 심판원 매도는 어디까지나 애교에 지나지 않는다고 볼 수 있다. 마치 잡아먹을 듯이 인상을 쓰며 욕설을 퍼붓지만 실은 곁에 앉은 사람의 얼굴에 침방울이나 튀기고 마는 것처럼 악의는 없는 것이라고 말할 수 있다.
 심판원에게 욕설을 퍼붓는 과오는 선수나 구단 직원 등 마땅히 그래서는 안 될 사람들까지 저지르고 있다. 현대 심판원들이 과거 어느 때보다도 객관적이고 공평하게 임무를 수행하고 있다는 것은 감독이나 선수 등 경기 당사자들이 더 잘 알고 있다. 그러나 일이 꼬였을 때 감정적인 차원에서 심판원에게 핑계를 대는 것은 어쩔 수 없는 노릇이다.(실제로 '심판 때문에' 일이 어긋나는 경우가 전혀 없지는 않다.) 적어도 팬의 시각에서(그들은 어느 한쪽으로 편향돼 있게 마련이므로) 심판원이 좋게 보이는 경우는 없다. 자기가 응원하는 팀이 유리하게 판정 났으면 심판원이 잘 봤다기보다는 응당 그렇게 판정돼야 마땅하다고 생각할 뿐 심판원이라는 존재는 완전히 묵살된다. 그러나 불리한 결말이 났다 싶으면 그것은 순전히 심판이 잘못 판정한 탓이라 생각하고 그 심판원을 저주의 대상으로 삼는다.

좀 더 구체적으로 살펴보자.

심판원은 선수들과 똑같은 인간이다. 그들도 선수들처럼 실수할 여지가 있으며, 개인에 따라 능력에 차이가 있고, 각자의 감정과 생각도 다르다. 메이저리그 심판원들은 어느 스포츠보다 공정성을 유지하고 있다. 그의 양심은 의심할 여지가 없으며 적어도 최근 60년 동안 메이저리그 심판의 정직성은 심각하게 의문을 산 적도 없다.

심판 능력이라는 것은 별개의 문제다. 야구 심판원은 어떤 면에서 축구나 아이스하키, 농구보다는 업무를 수행하기가 쉽다. 야구는 제한된 공간 안에서 동시다발적으로 육체가 부딪치는 경우가 없다. 판정을 내려야 할 플레이는 언제나 제각각 벌어지며 플레이가 일어날 장소도 충분히 예견할 수 있다. 심판은 거의 예외 없이 두 발로 똑바로 선 자세로 가장 보기 좋은 위치를 확보해서 판정을 내린다.

그러나 어떤 의미에서 야구 심판 업무는 고된 작업이다. 그가 판정을 내리는 플레이는 누구나 지켜볼 수 있도록 개방되어 있어 시비가 벌어질 소지가 많다. 다른 경기에서는 실제로 일어나는 모든 플레이 중 일부 범칙만 심판이 판정을 내리게 돼 있으나 야구는 그렇지 않다. 옳건 그르건 '플레이 하나하나마다' 판정을 내려야 한다.

이에 따라 심판원은 과거에는 독특한 개성을 과시할 수 있었지만 오늘날에는 통일된 진회색 유니폼에 묻혀 그런 풍미를 찾아볼 수 없게 됐다. 30여 년 전 심판원들은 수적으로는 적으면서도 팬들과 좀 더 인간적으로 친숙할 수 있었다. 조 웨스트는 스트라이크를 외칠 때 매우 독특한 제스처를 취해 영화에까지 그 모습이 나왔을 정도였다.

빌 클렘도 1, 2차 세계 대전 사이에 내셔널리그에서 '폭군'으로 악명을 떨친 사람이었다. 작달막하고 강인한 인상에 도전적인 자세를 갖고 있던 그는 "나는 지금까지 단 한 번도 오심한 적이 없다."라고 큰소리를 쳤다. 이것은 시사하는 바가 크다. 사실이야 어떻든 심판원은 그런 자긍심을 갖는 게 중요하다.

클렘이 남긴 또 하나의 재미있는 일화는 선수가 "이거, 어떻게 된 겁니까? 세이프에요, 아웃이에요?" 하고 조그맣게 따지고 들자 "내가 판정할 때까지는 아무것도 아니야." 하고 쏘아붙인 일이었다. 이는 클렘의 인간적인 센스와 함께 심판의 명확한 위치를 보여 준 것이었다. 클렘은 그의 면전에서 "메기"라는 말을 하는 선수는 누구를 막론하고 불같이 화를 내면서 당장 퇴장시켰다. 메기는 그의 별명이었고 빌 클렘의 얼굴은 정말 메기처럼 생겼던 것이다.

리오 듀로셔는 세인트루이스 신인 선수 시절의 경험을 들려주었다. 어린 듀로셔가 메이저리그에 갓 올라왔을 때 클렘이 구심을 맡았다. 1루 벤치에서 누군가가 클렘이 그토록 듣기 싫어하는 별명을 불러제쳤다. 클렘은 곁눈질로 살펴봤지만 그 목소리의 주인공을 도무지 알아낼 수가 없었다. 그렇다고 고개를 돌려 쳐다볼 수도 없는 일이었다.

"임마, 이번에 치지 말고 기다려. 그리고 지금 나한테 소리치는 게 어떤 놈인지 알아봐."

"알겠습니다."

듀로셔는 고분고분 말을 들었다.

클렘이 "볼"을 선언하는 순간 듀로셔는 방망이 끝으로 범인을 가리켰다.

"야, 임마! 그렇게 하면 어떡해? 이 바보, 멍청아."

클렘은 버럭 소리를 지르고는 "그리고 아까 그 공은 스트라이크였어."라고 덧붙이더라는 것이었다.

다음에 소개할 심판원은 1940년대에 아메리칸리그에서 심판원으로 활약했던 아트 파사렐라다. 수다스러우면서 다정다감하던 그는 허물없이 선수들과 함께 구단 버스를 타고 돌아다녔던 몇몇 심판 중의 하나였다. 그러나 선수들은 그를 허풍쟁이에다 더럽게 폼을 잡는 사람이라고 비웃었다. 하긴 그들의 판단이 정확했는지도 모른다. 파사렐라는 나중에 심판을 때려치우고 결국 영화배우가 됐기 때문이다. 그는 심판 고별전에서 미키 맨틀, 로저 매리스, 요기 베라 등을 특별 초대 배우로 출연시켜 놓고 게리 그랜트, 도리스 데이와 공연하는 영화를 찍었다.

심판원에게 가장 필요한 자질은 판정의 일관성을 유지하는 것이다. 심판원이 확고한 스트라이크존을 갖고 있지 못하면 투수나 타자 모두 당황하게 된다. 어떤 것은 스트라이크, 어떤 것은 볼로 판정했으면 그곳에 들어오는 것은 항상 일정하게 판정해야 한다.

스트라이크존은 실은 매우 가변적이다. 타자에 따라 바뀌는 것이다. 키가 같은 사람들이 있다 하더라도 한 사람은 습관적으로 (반드시 습관적이어야 한다.) 상체를 많이 구부린다면 그들의 스트라이크존은 서로 달라지게 된다.

얼마 전까지는 내셔널리그 심판들이 아메리칸리그 심판에 비해 스트라이크존이 약간 낮은 것으로 알려져 있었다. 다시 말하면 무릎 근처의 낮은 쪽 스트라이크는 잘 잡으면서 가슴 높이의 높은 스트라이크는 덜 잡는다는 뜻이다. 어떤 때는 양 리그의 스트라이크존이 2인치나 벌어진 적도 있었다. 다른 리그로 건너가게 되면 타자나 투수를 막론하고 성적을 제대로 내지 못하는 것도 그런 스트라이크존의 차이에서 하나의 원인을 찾을 수 있다. 예를 들면 낮은 공을 잘 때리는 타자는 반대 스타일의 타자에 비해 내셔널리그에서 더 좋은 적성을 발휘할 수 있으며 낮은 공을 잘 던지는 내셔널리그 투수가 아메리칸리그로 넘어가면 적응하기가 곤란했다. 투수가 새로운 스트라이크존에 맞추려고 컨트롤을 조정하다 보면 통타당하기 십상이다.

이런 차이는 양 리그 심판원의 근무 스타일에도 일부 원인이 있었다. 내셔널리그 심판들은 상의 안에 인사이드 프로텍터를 착용하고 타자와 포수 사이에 머리를 두고 투구를 살폈다. 반면 아메리칸리그 심판들은 풍선처럼 부푸는 프로텍터를 몸 앞에 대고 포수 머리 바로 위에서 공을 봤다. 그러다 보니 시각의 차이가 생기고 결국 판정의 차이가 나타났던 것이다.

그러나 오늘날에는 양 리그가 모두 비슷한 장비를 갖추고 같은 스타일로 공을 판정하기 때문에 그런 차이는 많이 줄어들었다. 다른 것들과 마찬가지로 여기서도 양 리그의 균질화가 이뤄져 가고 있음을 알 수 있다.

어쨌든 실제의 스트라이크존은 이론과 다르다. 이론적으로 말하면 스트라이크존은 3차원의 공간으로 이뤄진다. 적당한 높이에 적당한 폭(17인치, 43.2cm), 그리고 홈플레이트의 앞뒤에 해당하는 깊이까지 고려해서 판정해야 한다. 파울라인이 맞닿는 곳에 놓여 있는 5각형의 홈플레이트는 파울라인과 맞닿는 쪽의 길이가 12인치(30.5cm)이며 거기서 투수 쪽으로 8.5인치(21.6cm)씩 앞으로 내밀어져 있다. 따라서 플레이트의 앞에서는 높게 보이다가도 뒤쪽에서 존을 통과한 공은 스트라이크로 판정돼야 한다. 그러나 실제로 그런 입체적 변화는 육안으로 감지하기 어렵다. 심판은 마음속으로 플레이트 위에다 '평면적인' 사각형을 그려놓고 그것을 기준으로 판정을 내린다. 투수도 그런 점을 알고 거기에 맞춰 던진다.

가장 유동적인 것은 높이다. 관례상 스트라이크존의 높이는 '무릎부터 어깨까지'라고 돼 있지만 이것은 막연한 설명일 뿐이다. 그 뒤 '무릎부터 겨드랑이까지'로 바뀌었고 현재의 규정은 매우 세밀한 '법률적 용어'로 표현돼 있다. 즉 "스트라이크존은 홈플레이트의 상방을 통과하는 것으로서 상한선은 '상의의 어깨선 상단과 벨트 라인의 중간'으로 하며, 하한선은 무릎의 윗부분으로 한다."라고 규정돼 있다.

여기에 덧붙여지는 게 있다.

"스트라이크존은 공을 치기 위해 준비하고 있는 타자의 스탠스에 의해 결정돼야 한다."

만약 타자가 잔뜩 웅크리고 있다면 무릎이 낮아질 것이므로 낮은 스트라이크를 잘 던지는 투수들이 유리할 것이다. 그리고 무릎의 '윗부분'이란 구체적으로 어디를 말하는가? 그리고 어깨와 벨트의 '중간선'이란 구체적으로 어디를 가리키는가? 그리고 타자가 바지를 추어올리거나 벨트를 아랫배 밑으로 축 늘어뜨린다면 '중간선'이라는 게 어떻게 변해야 하는가? 그리고 한쪽 어깨는 높게, 다른 어깨는 낮게 일그러져 있다면 어느 쪽이 기준이 되는가?

그러나 이것은 과학도 예술도 아니다. 심판원의 경험을 원칙으로 하되 남들이 수긍할 수 있는 선이면 된다. 인간의 눈짐작이란 상상 이상으로 정교한 법이다.

그보다는 좌우의 폭이 더 심각하게 논의돼야 한다. 투수들이 가장 즐겨 던지는 목표는 바깥쪽 낮은 코너(또는 안쪽 낮은 코너)다. 만약 심판의 스트라이크존이 좌우로 '넓어진다면' 타자에게 매우 불리해진다. 그런 공은 치기 어려울 뿐 아니라 평소 그런 코스를 볼로 여기던 선구안을 믿고 치지 않고 내버려 두었다가는 스트라이크로 판정받기 때문이다. 과거에는 이렇게 플레이트 외곽에 걸치는 스트라이크를 '검정 위의 것$^{on\ the\ black}$'이라고 불렀다. 홈플레이트에 검은 테두리가 둘러져 있었기 때문이다. 좀 더 엄격하게 말한다면 '검정 위에 걸친 것'은 볼이다. 왜냐하면 그 테두리 속의 흰 부분만이 가로 17인치였기 때문이다.

앞서 말한 바와 같이 심판원의 업무 수행에서 가장 중요한 요점은 '일관성'이다. 우수한 심판원은 게임 내내 스트라이크존의 일관성을 유지하며 다음 게임에서도 변함이 없다. 내일 다른 심판이 구심을 맡는다면 개인차에 의해 스트라이크존에 약간의 변동이 생길 수 있지만 그 역시 판정의 일관성을 유지한다면 문제가 없다.

능력이 떨어지는 심판원이란 바로 그런 점에서 신임을 얻지 못하는 사람을 가리킨다. 또 포수가 공을 어떻게 잡느냐에 따라 흔들리는 심판원도 수준 미달이다. 가령 포수가 공을 받은 미트의 위치가 발등 위라 하더라도 홈플레이트 상공에서 스트라이크존을 통과했다면 스트라이크다. 그것을 볼로 판정한다면 그만큼 투수에게 불리해진다. 그것도 일관성을 잃은 예의 하나다.

볼, 스트라이크를 제외하면 심판원들이 판정할 일은 크게 두 가지로 나뉜다. 즉 베이스에서의 생사(세이프냐 아웃이냐), 타구의 위치(페어냐 파울이냐, 스탠드에 들어갔느냐 아니냐, 노 바운드로 잡았느냐 원 바운드로 잡았느냐)에 대한 판정이다.

1루심이 세이프, 아웃을 판정하는 요령은 눈으로는 베이스를 보고 귀로는 공이 1루수 미트에 들어오는 소리를 듣는 것이다. 이런 두 감각 기관을 이용하는 게 타자주자의 세이프 아웃을 판단하는 가장 확실한 길이다.(규칙에 따르면 '동시'일 때는 공격측에 유리하게 판정하도록 돼 있다.)

2루에서 주로 판정할 사항은 더블플레이와 도루다. 더블플레이를 처리할 때 심판원이 가장 유의해야 할 점은 피봇맨(송구를 받아 1루로 연결하는 야수)이 공을 받는 순간 발이 확실하게 베이스에 붙어 있었는지를 살피는 것이다. 그러나 현실은 이론과 다르다. 따라서 피봇맨이 더블플레이를 완성시키기 위해 지나치게 어설픈 행동을 하지 않는 한, 유연하게 동작이 이어졌다면 공을 확실하게 잡는 순간 설사 발이 베이스에서 떨어졌다 하더라도 정상적인 더블플레이로 인정한다. 더구나 피봇맨이 1루에서 달려드는 주자와 충돌하지 않으려고 전전긍긍하는 판인데 베이스를 밟는 장면을 좀 더 정밀하게 보겠답시고 충돌의 우려가 있는 위치로 심판원이 파고들어서는 안 된다.

도루가 일어날 때 심판이 지켜봐야 할 점은 두 가지다. 주자가 베이스에 도달한 것은 언제인가, 태그가 이뤄진 것은 언제인가. 멀리 떨어진 스탠드에서 보는 것과 달리 포수의 송구가 먼저 도달했다 하더라도 태그가 늦거나 아예 주자의 몸을 태그하지 않는 수가 적지 않으며, 주자가 베이스에 더 빨리 도달한 것처럼 보이더라도 발이 베이스에 닿지 않은 채 허공에 떠 있는 수도 있다.

아슬아슬한 플레이가 일어났을 때는 거의 대부분 심판원의 판정이 정확하다고 봐도 좋다. 그들은 플레이의 현장에 가장 가까이 있을 뿐 아니라 판정하기에 가장 좋은 위치까지 확보하고 있기 때문이다. 텔레비전의 슬로 비디오가 출현한 뒤 판정 시비가 일어났을 때 녹화 테이프를 다시 보며 옳고 그름을 가리자는 의견이 나와 많은 논란을 부르기도 했다. 그러나 비디오로 확인해 보더라도 결국 심판원의 판정이 거의 대부분 정확했다는 것을 알 수 있다.

심판원들의 대화 내용은 대개 두 가지로 압축된다. 하나는 규칙에 관한 것이고 또 하나는 위치 선정에 관한 것이다. 그들은 당연히 규칙을 샅샅이 알고 있어야 한다. 그러나 그들이 직무를 원만히 수행하기 위해서는 단순히 규칙을 알고 있는 것만으로는 안 되며 어떤 플레이가 어디서 어떻게 일어날지를 미리 예측하고 모든 상황을 정확하게 볼 수 있는 위치를 확보해야 한다. 그러나 실전에서는 정확한 위치를 확보하려고 아무리 애쓰더라도 예기치 못한 돌발 상황이 전개되는 바람에 선수의 몸에 가려 결정적인 장면을 보지 못하게 되는 경우가 생기는 게 그들의 고민이다.

심판원이 비난받아 마땅한 일은 무엇인가?

잽싼 동작의 결여 항상 정신을 바짝 차리고 판정하기에 최적인 위치를 확보하지 못하는 것.
일관성 결여 스트라이크와 볼 판정이 오락가락하는 것.
거만 이상한 판정에 대한 정당한 항의를 귀담아 듣지 않으려고 하는 것, 또는 자신이 정확하게 보지 못한 플레이가 일어났을 때 다른 동료 심판의 도움을 외면하는 것.

심판원들은 그들끼리 사인을 통해 서로 협조한다. 예를 들면 하프스윙이 일어났을 때 구심은 타자의 손목이 젖혀졌는지를 정확히 보지 못할 수가 있다. 그럴 때는 1루심(우타자일 때), 또는 3루심(좌타자일 때)에게 자문을 구해 손쉽게 문제를 해결할 수 있다.

1980년대만 하더라도 하프스윙의 판정에 대해서는 논란이 많았다. 전통적으로는 타자의 손목이 젖혀져 배트의 헤드 부분이 공과 마주치는 지점을 통과했을 경우에만 스윙으로 간주했다. 즉 타자가 안쪽 공을 피하느라 몸을 뒤로 젖히는 바람에 배트 끝이 돌아갔더라도 손목이 젖혀지지 않으면 노 스윙으로 간주했다.(이것은 특정한 문안으로 정해진 것은 아니지만 필자가 오랜 세월 동안 지켜본 끝에 내린 결론이다.) 그러나 슬로비디오로 확인한 결과 하프스윙은 타자의 의도나 손목의 젖힘과 관계없이 대부분 배트의 헤드 부분이 앞으로 돌아가는 것으로 나타났고 이에 따라 심판의 주관적인 판단은 더 이상 먹혀들지 않게 됐다. 따라서 이런 것은 '하프스윙'으로 규정하고 모두 스트라이크로 판정함으로써 타자에게 더 많은 불이익이 주어졌다. 요즘은 구심뿐 아니라 수비측 선수들도 하프스윙 여부를 1루심 또는 3루심에게 물어볼 수 있도록 허용했고 질문을 받은 심판원은 구심을 대신해서 스윙 여부를 직접 판정하게 돼 있다.

이 경우는 구심이 볼―스트라이크 판정을 동료에게 위임한 것이다. 그러나 대다수의 경우 심판원들은 설사 동료가 오심을 저질렀다는 것을 알더라도 모르는 체하며 넘어간다. 서로의 자존심을 위해 남의 소관 사항에는 관여하지 않기 때문이다.

언젠가 LA의 컬리시엄에서 경기가 펼쳐졌을 때의 일이다. 피츠버그의 좌타자 밥 스키너가 레프트 파울폴 쪽으로 휘어 나가는 타구를 날렸다. 그런데 3루심은 눈으로 타구를 쫓으며 돌아서다가 베이스에 다리가 걸렸는지, 아니면 3루수와 부딪쳤는지 그 자리에서 넘어지고 말았다.

타구는 파울폴에서 적어도 6-7m는 벗어난 완연한 파울볼이었다. 그러나 이 타구에 판정을 내려야 할 심판원은 땅위에 넘어져 아무 제스추어도 취하지 못하고 있었다. 스키너는 전위 주자를 앞세우고 베이스를 일주, 홈으로 뛰어들어 왔다. 3루심은 타구를 제대로 보지 못했을 게 뻔했지만 다른 심판원들은 잠자코 팔짱만 끼고 있었다. 당사자는 너무 당황한 나머지 자기가 아무런 판정도 내리지 않았다는 사실조차 잊고 있을 정도였다. 이 문제로 20분간 시비가 붙었으나 결국 다저스가 홈런 판정에 굴복하고 말았고 이 홈런 때문에 피츠버그가 4—2로 승리했다.

심판원들은 선수들이나 감독들로부터 워낙 많은 항의를 받기 때문에 그들의 항의를 아예 귀담아들으려고 하지 않는 자세가 이해되기도 한다. 만약 선수들이 평소에 아무것도 아닌 것을 갖고 그토록 아우성치지 않는다면 때때로 정당한 항의를 할 때 심판들도 정중하게 관심을 기울일 것이다.

그러나 현실은 점잖게 지내도록 돼 있지 않다. 선수단은 심판원에게 항상 툴툴거리고 으르렁대야 한다는 의견이 지배적이다. '심판을 가만히 내버려 두면 제멋대로 군림하려 든다.'는 것이다. 심판원에게는 자주 대들어야 손해 보지 않는다. 계속 불평 불만을 늘어놓아야만 심판원이 더러워서라도 관심을 갖는다. 나는 심판에게 대들지 않고 점잖게 넘어가고 상대 팀은 바락바락 대든다면 결국 조금이라도 이득을 보는 쪽은 상대 팀이기 때문이다. 이 말은 논란의 소지가 많지만 아무래도 몇몇 심판원에게는 그런 게 통하는 것도 부인할 수 없다.

결국은 인간성이라는 문제로 귀착된다. 심판원이 되려면 애당초 어떤 독특한 성격을 가져야 하며, 심판원으로서 오래 살아남으려면 얼굴에 철판을 깔지 않으면 안 된다. 항상 비난과 모욕에 시달리는 심판원이 반드시 챙겨 둬야 할 것은 '겉으로나마 드러난 존경'이다. 심판원은 선수가 규칙을 놓고 시비를 걸어온다고 해서 퇴장 처분을 내릴 수는 없다. 그러나 관중들이나 다른 선수가 보는 앞에서 모욕적인 언행을 해 오는 자는 즉각 퇴장시켜야 한다.

이를 함축적으로 보여 주는 사례가 있다. 어느 타자가 삼진을 선고 당한 뒤 배트를 공중으로 높이 집어던지며 판정에 불만을 표시하자 심판원은 이렇게 말했다.

"저 배트가 땅에 떨어지는 순간 넌 퇴장이야."

심판 직무를 수행하려면 호전적인 성격이어야만 하며 그렇기 때문에 시시때때로 격렬한 말싸움에 말려드는 것은 어쩔 수 없다.

그리고 심판원은 <u>스스로 권위를 쌓아야</u> 한다. 평소 그가 기울인 노력이나 공정성에 대해 선수들로부터 신임을 얻어 놓으면 어쩌다 한두 차례 오심을 저지르더라도 부드럽게 넘어가게 된다. 아무튼 품위 있는 심판원으로 살아남으려면 어떤 경우라도 공정성에 대해 불만을 갖게 해서는 안 된다.

심판원은 고독하고 남들로부터 격리된 생활을 해야 하는 고달픈 인생이라는 면도 자주 들춰진다. 이는 초대 커미셔너인 랜디스 판사 시절부터 이어져 온 전통이다. 랜디스는 1919년 블랙삭스 스캔들로 실추된 야구의 건전성을 되살리기 위해 초대 커미셔너로 추대된 인물이었다. 철두철미한 도덕성을 강조한 랜디스 커미셔너는 야구인들이 경마장을 들락거리는 것조차 금지했다. 야구의 건전성을 최우선적으로 강조했던 랜디스 커미셔너는 경마업에 주식을 갖고 있던 인물에 대해서는 구단주 자격마저 박탈했다. 이런 판국이었으므로 심판원들은 선수단과 같은 열차편으로 이동하지도 못하고 별도의 수송 수단을 이용해야 했으며 호텔이나 식당도 선수단과는 다른 시설을 이용하는 등 완전히 격리된 생활을 해야만 했다.

그러나 오늘날에는 이런 조치가 무시되고 있다. 야구계에 막강한 영향력을 행사하고 있는 구단주 가운데에도 경마에 취미를 가진 사람이 많다. 심판원들도 선수단과 밀접한 관계를 맺는다. 별도의 대중 교통 시설을 마련하기가 곤란한 경우에는 선수단 전세기에 동승하기도 한다. 그러면서도 야구계의 도덕성은 무리 없이 잘 유지되고 있다.

1960년대까지만 해도 심판원에 대한 대우는 한마디로 표현할 수 있었다. 즉 '수치' 그 자체였다. 연봉은 보잘것없었고 그들의 관리 책임자인 리그 회장의 배려도 야박하기 짝이 없었다. 심판원들은 게임 중에는 막강한 권위를 행사하지만 일단 경기장을 벗어나면 초라한 신세를 면치 못했다. 그들은 연금 대상에서 제외돼 있었으며 연봉은 최저선에 그쳤고 리그 회장의 기분에 따라 해고되기도 했다.

여기서 말하는 '최저선'이란 1970년만 하더라도 대체로 연봉이 9,000달러에서 1만 7000달러선에 머물렀다는 사실을 가리킨다. 좀 더 나은 대우를 받기 위해서는 좀 더 조직적일 필요가 있다는 것을 깨달은 게 바로 그때였다. 1970년 플레이오프를 앞두고 심판원들은 파업을 일으켰다. 파업은 단 하루만에 끝났지만 플레이오프나 월드 시리즈에서의 게임 수당이 당장 오르는 성과를 보았고 나아가 연봉 계약에서도 나은 대우를 받게 됐다. 그 뒤 조직력을 더욱 강화한 심판원들은 단체 행동을 통해 파업의 으름장을 놓으며 더 많은 보수와 더 많은 휴식 시간과 더 나은 근무 조건을 얻어 냈다.

심판원들의 조직화는 심판원 개개인을 나쁜 방향으로 끌어가고 있다고 지적하는 사람도 많다. 심판원들이 직업의 안전성이 확보되고 대우고 나아졌다고 느끼는 것은 물론 좋은 일이다. 그러나 그렇게 되다 보니 몇몇 심판원의 경우 지나치게 피해 의식에 젖어 있는 바람에 선수단과의 언쟁이 벌어질 때 참을성이 줄어들었고 퇴장 명령은 조급해지고 잦아졌으며(관중들이 돈을 내고 들어온 것은 선수들을 보려는 게 아닌가.) 너무 거만해진 면도 있다는 것이다.

필자의 견해로는 이 역시 시대적 상황에 따른 것이다. 심판진이 증원되고 휴식일도 늘어남에 따라 전체적으로 '매우 신뢰받는 심판'이 차지하는 비율은 줄어들었다.(이는 선수단도 마찬가지다.) 심판의 '무능'은 일관성 결여를 말하며 바로 이런 일관성 결여가 선수단으로부터 종전보다 더 많은 불평을 산다. 그러나 텔레비전 중계가 빈번해지고 영구히 기록으로 남기는 녹화 테이프가 양산되는 시대에 사는 심판원들은 그들도 인간인지라 선수들의 모욕적인 언행을 참지 못하고, 그 바람에 퇴장 명령은 빨라지고 건전한 어필은 줄어들었다. 여기에다 집단 이기주의까지 보태져 '칼자루를 쥔 사람이 누구인지를 알려 주마.' 하는 식의 행동이 필요 이상으로 자주 나타난다.

각 구단이 우승을 따내고 못 따내는 데에 따라 수천만 달러가 왔다갔다하는 시대가 됐지만 그것을 결정적으로 좌지우지하는 사람은 선수 연봉의 하한선에도 미치지 못하는 박봉으로 푸대접을 받는 심판원들이다. 프로야구라는 거대 조직이 얼마나 우스꽝스럽게 굴러가는지를 보여 주는 본보기가 바로 이것이다.

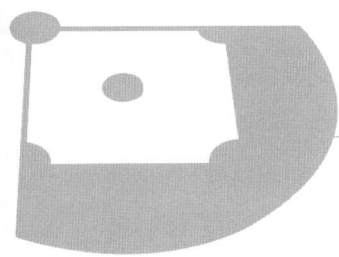

10 구장

지금까지 우리는 야구를 하는 사람들과 거기에 관련된 사항들, 그리고 장비에 관해 살펴봤다. 그러나 게임을 치르려면 반드시 경기장이 있어야 하며 야구는 다른 스포츠와 달리 구장이 매우 중요한 변수로 작용한다. 구장마다 환경이 다르고 선수들은 그 변화무쌍한 환경에 언제나 적응할 수 있어야 한다.

메이저리그 구장 수는 서른 개다. 구장들은 몇 가지 유형으로 나눌 수 있지만 같은 유형이라도 저마다 특성이 다르고 그런 특성은 거기서 경기를 벌이는 선수들에게 많은 영향을 미친다.

선수들끼리 즐겨 나누는 대화 중에 '라인 사이에서 between the lines'라는 말이 있다. 이는 언제 어디서 무슨 일이 벌어질지 모른다는 것을 말한다. 어떻게 보면 이것이야말로 프로 세계를 가장 단적으로 표현하는 말인지도 모른다. 라인이란 물론 양쪽 파울라인을 말한다.

어느 구장이나 라인 사이가 똑같은 것은 극히 일부에 지나지 않는다.

90피트의 거리에 놓여 있는 베이스들과 투포수 사이의 거리만이 어디나 같을 뿐이다. 그러나 외야의 펜스 거리는 구장마다 가지각색이다. 펜스의 높이와 재질, 형체도 제각각이다. 야수가 타구를 처리할 수 있는 파울 지역의 넓이와 모양도 마찬가지다. 관중석의 모양과 조명 탑도 똑같지 않다. 이런 것들은 경기를 하는 선수들의 시선과 시야에 중대한 영향을 미친다.

이런 다양성은 경기장에서 직접 뛰는 선수뿐 아니라 관중들에게도 흥미를 돋우는 요소가 되며 야구라는 경기가 항상 새롭게 느껴지게 만드는 요소이기도 하다. 즉 바로 '이' 구장에서 바로 '이런' 조건 아래서 바로 '이' 게임을 이겨야 한다는 게 야구의 묘미다. 조건은 양 팀이 똑같다고 하지만 바로 지금 여기서만 그런 조건이 형성되는 것이지 언제 어디서나 마찬가지인 것은 아니다. 홈팀은 자기 팀의 특성을 살릴 수 있도록 구장의 모양을 정비하고 그라운드 상태를 적절히 다듬을 수 있지만 일단 어떤 형태를 갖춰놓으면 그 시즌이 끝날 때까지는 시설 변경이 금지된다.

구장은 두 가지 관점에서 살펴볼 수 있다. 편의상 하나는 '구조'로, 또 하나는 '환경'으로 나눠보기로 하자. 구조란 구장의 물리적인 특색을 가리키며 환경이란 관중들과 선수들이 만들어 내는 분위기를 뜻한다.(선수들은 관중 못지않게 분위기에 민감하다.)

먼저 구조부터 살펴보자. 그 구성 요소를 중요한 순서대로 나열한다면 그라운드 표면, 기상 상태, 외야 펜스, 파울 지역, 그리고 시야 순이다.

첫째, 그라운드 표면은 천연 잔디나 인조 잔디 둘 중의 하나로 덮여 있다. 야구 기술은 전통적으로 천연 잔디(또는 맨땅) 위에서 펼치는 플레이 위주로 연마돼 왔다. 그러나 인조 잔디(카펫) 위에서 경기를 하게 되면 전혀 다른 야구가 된다. 인조 잔디 위에서는 타구나 송구가 더 높이 튀어오르고 다른 각도로 더 빨리 움직이기 때문에 수비에 임하는 야수들의 대응이나 투수들의 구질 선택이 달라지고 타자들은 또 거기에 맞춰 스윙을 달리해야 한다. 달리기에도 영향을 미친다. 다리에 오는 신체적인 부담도 더 크다.

인조 잔디는 실용성을 높이기 위해 고안된 것일 뿐 미학적 관점에서 볼 때 천연 잔디보다 우수하다고 생각하는 사람은 아무도 없다. 최초의 인조 잔디 구장인 휴스턴 애스트로돔은 개장할 당시에는 원래 자연 잔디를 깔아 놓았고 지붕은 투명 유리로 돼 있었다. 그러나 지붕을 통과한 햇빛에 선수들이 눈이 부셔 플레이를 제대로 치르지 못하자 불투명 유리로 바꿨는데 그랬더니 잔디가 죽어 버렸다. 그래서 할 수 없이 애스트로터프Astroturf라는 인조 잔디를 개발한 것이다.

이와 아울러 여러 도시에서 다목적 구장을 건립, 야구뿐만 아니라 미식축구 등 다른 경기도 치를 수 있는 시설을 갖춰 놓았다. 과거의 구형 야구장에서 미식축구 경기를 펼칠 경우 양사이드의 일등석은 현장에서 너무 멀리 떨어져 있기 때문에 비싼 요금을 내고도 플레이를 제대로 볼 수 없는 폐단이 있었다. 1960년대부터 미식축구가 성행하자 겸용 구장을 신축할 때는 양사이드의 스탠드를 이동시킬 수 있도록 꾸며 놓았다. 그러나 미식축구 경기가 활성화되면서 스탠드를 자주 옮기다 보니 잔디가 손상되고 제대로 복구되지 않아 가을이 되면 더더욱 엉망이 됐다. 인조 잔디는 이런 다목적용이라는 면에서 훌륭한 해결 방안이었으며 장기적으로 볼 때 훨씬 경제적이라는 결론이 나왔다.

인조 잔디 구장은 그 밖의 부수 효과도 있었다. 미식축구는 비가 와도 중단되는 법이 없지만 야구는 비 때문에 지장을 받는 경우가 많다. 폭우가 내리면 물이 빠질 때까지 여러 시간을 기다려야 하고 연기가 불가피한 날도 적지 않다. 인조 잔디 구장은 배수 시간이 훨씬 짧게 시설돼 있다. 비가 그치기만 하면 곧바로 게임을 속행할 수 있을 뿐 아니라 게임 전에 비가 오더라도 강우 연기를 면할 수 있다.

인조 잔디가 처음 개발됐을 때는 원래 천연 잔디가 깔려 있던 부분만 덮고 마운드 부근과 주루선상은 맨땅으로 놔두었다. 그러다가 베이스 주변만 남겨 두고 전체 그라운드를 인조 잔디로 덮는 편이 낫다는 것을 알아냈다. 이에 따라 타구의 움직임이 외야뿐 아니라 내야에서도 달라져 버렸다. 오늘날 사용되는 인조 잔디 구장은 모두 그런 식으로 잔디가 깔려 있다.

내셔널리그에서는 열여섯 개 구장 중 다섯 개가 인조 잔디다. 즉 몬트리올, 필라델피아, 피츠버그, 휴스턴, 신시내티 등이다. 세인트루이스는 인조 잔디 구장이었다가 천연 잔디로 전환했다. 애리조나와 로스앤젤레스, 샌프란시스코, 샌디에이고, 콜로라도, 시카고, 밀워키, 애틀랜타, 플로리다, 뉴욕 등은 천연 잔디다.

아메리칸리그의 열네 개 구장 중 인조 잔디 구장은 시애틀, 미네소타, 토론토, 탬파베이 등 네 곳밖에 안 된다. 오클랜드, 애너하임, 텍사스, 시카고, 클리블랜드, 디트로이트, 볼티모어, 뉴욕, 보스턴, 그리고 인조 잔디를 걷어낸 캔자스 시티 등 열 개 구장은 천연 잔디다.

그러나 인조 잔디 구장이라고 해서 모두 같은 것은 아니다. 재질이 단단한 곳도 있고 부드러운 곳도 있으며 보수 관리 상태도 각기 다르다. 이런 구장에서는 불규칙 바운드가 그다지 자주 일어나지 않지만 이음새 부분이나 잘라 낸 가장자리에서는 괴상한 바운드가 일어나기도 한다.

천연 잔디에서는 변화의 폭이 인조 잔디 구장에 비해 훨씬 크다. 웃자란 잔디는 타구의 전진 속도를 상당히 떨어뜨린다. 맨땅 위에서는 어떤 흙을 깔아 놓았느냐, 얼마나 부드럽게(또는 단단하게) 골라 놓았느냐에 따라 타구 속도가 느려지기도 하고 빨라지기도 한다. 때로는 잔디를 심은 지역이라도 부분적으로 맨땅이 드러나기도 한다.

야구 경기에서는 필드의 표면만큼 경기 내용을 바꿔 놓는 것도 없다. 인조 잔디 구장과 천연 잔디 구장은 전혀 게임의 양상이 다르다. 보는 사람의 취향에 따라 더 좋다고도 하고 나쁘다고도 한다. 어쨌든 서로 다른 것만은 분명하다.

둘째, 그 다음으로 살펴볼 요소는 지붕이 있느냐 없느냐, 즉 실내 구장(돔구장)이냐 옥외 구장이냐 하는 점이다. 1965년에 애스트로돔이 건립되기 전만 하더라도 야구를 실내에서 한다는 것은 상상도 못할 일이었다.(하긴 월터 오말리 구단주는 다저스 본거지를 LA로 옮기기 전인 1955년, 브루클린의 번화가에 야구장을 새로 지을 것을 구상하기도 했는데 그 모형도는 돔구장 형태를 취하고 있었다.)

휴스턴과 시애틀*(킹돔 1976년), 미네소타(메트로돔 1982년)는 상시 실내 구장 형태로 돼 있다. 휴스턴과 시애틀 구장은 지붕이 붙박이식으로 고정돼 있으며 미네소타 구장의 지붕은 공기압으로 부풀린 플라스틱 풍선으로 만들어졌다. 토론토(스카이돔 1989년)와 몬트리올(올림픽 스타디움 1976년)의 돔구장은 날씨가 좋은 날에는 지붕을 열 수 있는 개폐식으로 지어진 다목적 구장이다. 이런 곳에는 물론 인조 잔디가 깔려 있다.**

이런 구장들은 필요에 따라 에어컨을 가동하며 바람이나 비가 없고 쾌적한 온도를 유지한다. 그리고 야수가 햇빛 때문에 수비에 지장을 받는 일도 없다.

실내 구장과 옥외 구장의 가장 큰 차이는 바로 이 점이다. 위에서 말

---

* 시애틀은 1999년 7월에 개장된 세이프코 필드Safeco Field라는 새로운 돔구장으로 이전했다.
** 그 밖에 탬파베이 데블레이즈의 트로피카나 필드Tropicana Field는 인조잔디 돔구장이며, 피닉스에 있는 애리조나 다이아몬드백스의 뱅크원 볼파크Bank One Ballpark는 돔구장이면서 천연 잔디로 돼 있는 점을 자랑하고 있다. 이렇게 해서 1999년 현재 메이저리그 팀들이 사용하는 돔구장 수는 일곱 개다.

한 다섯 개 돔구장은 공기층이 항상 일정하고 안정돼 있기 때문에 전술적으로 바람을 이용할 여지가 없다. 그러나 실내 구장이라고 해서 공이 바람을 타고 더 멀리 날아가는 일이 전혀 없다고는 할 수 없다. 실제로 그런 일이 생기기도 한다. 실내 구장 안에도 묘한 기류가 흐르고 있기 때문이다. 그러나 그런 기류도 언제나 일정하다.

나머지 스물한 개 옥외 구장은 그렇지 않다. 일기 상태에 따라 매일매일 변화가 있다. 바람이 어느 쪽으로 부는가? 풍속은 얼마나 되는가? 덥거나 춥지는 않은가? 습도는 얼마나 되며 비가 부슬부슬 내리지는 않는가? 선수와 감독은 이런 점들을 계산에 넣지 않으면 안 된다.

옥외 구장은 그 구장이 자리 잡고 있는 위치도 중요하다. 시카고의 리글리 필드, 클리블랜드의 뮤니시펄 스타디움, 그리고 샌프란시스코의 캔들스틱 파크는 호수나 바닷바람에 크게 영향을 받는다.(미시간 호, 이리 호, 샌프란시스코 만 등이 그것이다.)

시카고 화이트삭스, 디트로이트, 밀워키, 오클랜드, 보스턴, 볼티모어 등도 호수나 바다에 비교적 가까이 자리 잡은 구장들이지만 앞서 말한 구장들보다는 바람의 영향을 덜 받도록 방풍 장치를 마련해 놓았다.

뉴욕의 양키 스타디움, 필라델피아의 베터런즈 스타디움, 세인트루이스의 부시 스타디움, 피츠버그의 스리리버스, 신시내티의 리버프런트는 강변에 위치해 있지만 강바람의 영향은 거의 받지 않는다. 뉴욕 메츠의 셰이스타디움은 롱아일랜드 사운드의 바로 옆에 자리 잡고 있어 가을만 되면 지독한 악천후가 이어진다. 미식축구단 뉴욕 제츠가 본거지를 딴 데로 옮긴 것도 이 때문이다. 그러나 4월부터 포스트시즌까지의 야구 시즌에는 비교적 고른 날씨가 이어진다.

애틀랜타, 텍사스(알링턴), 샌디에이고, LA, 캔자스 시티 구장들은 넓은 대지의 한복판에 놓여 있다.

미대륙 중부 도시에서는 돌풍 따위의 급격한 기상 변화가 심심찮게 일어난다. 하루의 날씨가 비교적 일정하게 유지되는 곳은 해안 도시들이다.

애틀랜타는 해발 1,000피트가 넘는 도시다. 그런 탓인지 공기 역학적으로 홈런과 밀접한 관계를 맺고 있다.(실제로 이곳에서는 홈런 생산율이 높다.) 그래서 만약 덴버(해발 5,000피트)와 피닉스(사막 기후에 해발 1,100피트)에 새로운 메이저리그 구장이 들어선다면 그 지방 특유의 기압 상태가 경기에 지대한 영향을 미칠 것이다.***

통계 전문가들은 이런 요소들을 거의 무시하고 있으나 실제로 이런 것들이 경기 내용에 중요한 역할을 한다는 것은 부인할 수 없다. "결과는 똑같다."는 게 통계 전문가들이 내세우는 필수적인 가설이지만 그건 사실일 수도, 사실이 아닐 수도 있다. 오클랜드나 샌프란시스코에서 뛰어본 선수들은 그곳에서 낮 게임을 치를 때와 야간 경기를 치를 때 타구의 움직임에 큰 변화가 있을 뿐 아니라 한 게임을 치르는 동안에도 경기 초반과 후반이 다르다는 것을 분명히 느끼고 있다. 그래서 어느 이닝에서는 타자를 깊숙한 외야 플라이로 처리할 수 있었던 커브가 다른 이닝에서는 똑같이 맞더라도 만루 홈런이 돼 버리기도 한다. 따라서 어느 구장에서나 실전이 치러지고 있는 동안 바람이 방향과 속도, 기압, 습도 등을 매 투구마다 면밀하게 체크하지 않는 한 통계 분석이라는 것은 실제 현상에 대한 한낱 조잡한 추정에 지나지 않게 된다.

셋째, 구장의 형태는 경기장마다 제각기 다르다. 필자의 견해로는 그것이 야구를 더욱 흥미롭게 만드는 요소다. 모든 구장의 크기와 모양을

*** 저자의 예언은 보기 좋게 들어맞았다. 1993년에 내셔널리그의 새 식구가 된 콜로라도 로키스는 1995년부터 해발 1,609미터의 고지대에 있는 쿠어스 필드Coors Field를 홈구장으로 쓰고 있는데 홈런이 다른 구장보다 20퍼센트 가량 더 많이 터져 '투수들의 무덤'이라는 별명을 듣고 있다.

동일하게 지어야만 '공평하다'고 느끼는 사람이 있다면 우리가 앞서 살펴본 기상 상태와 잔디 종류의 차이를 음미해야 한다는 사실을 아직도 이해하지 못하고 있다는 얘기가 된다. 홈플레이트에서 펜스까지의 거리, 펜스의 높이 따위는 어떤 것이 표준이라고 왈가왈부할 여지조차 없다. 구장이 자리 잡은 위치 자체를 동일하게 만들 수 없는 한 구장의 규격을 통일하는 것은 전혀 무의미하다.

그러나 이보다 더욱 중요한 요소가 있다. 좌우 필드의 한쪽이 다른 쪽보다 짧은 비대칭형 구장에서는 게임을 응용할 수 있는 폭이 넓다는 사실이다. 투수는 타자로 하여금 특정한 방향으로 타구를 날리도록 유도할 수 있으며 타자는 또 그 나름대로 투수의 실투를 노려 특정한 방향을 타깃으로 삼을 수 있다. 그리고 그런 머리싸움은 야수들의 수비 위치 선정에도 변화를 가져온다.

초창기에는 공의 반발력이 약했고 따라서 타구가 멀리 날아가지 않았다. 관중 수도 2만 5000명을 넘는 경우가 드물었기 때문에 관중석은 1, 3루 쪽 파울라인 옆에 짓는 것만으로 충분했다. 타구가 외야 펜스를 넘어가는 일이 별로 없었기 때문에 펜스 거리가 아무리 길더라도 상대적으로 큰 문제가 되지 않았다. 홈런은 워낙 희귀하기도 했지만 이따금 나오더라도 펜스를 넘지 못한 장내 홈런이 대부분이었다.

예외 없는 법칙은 없다. 1883년에 시카고 화이트 스타킹스(현 화이트삭스)는 당시 레이크 프런트 파크라는 곳을 홈구장으로 사용하고 있었다. 양쪽 파울라인이 200피트(61m)도 되지 않는 초미니 구장이었다. 6피트(1.83m) 높이로 설치된 센터 쪽 펜스도 홈에서 겨우 300피트(91.44m)밖에 떨어지지 않았다. 그러나 나무 판자와 천막지로 쌓은 라이트 펜스만은 높이가 40피트(12.2m)나 됐다. 1882년과 1883년 내셔널리그 전체 홈런 수는 각각 126개와 124개였다. 그런데 1884년에는 화이트 스타킹스 팀 단독으로 때려 낸 홈런이 142개나 됐으며 개인적으로 21-27개를 기록한 선수만도 네 명이나 됐다. 나머지 일곱 팀이 때린 총홈런 수는 180개였다.(그나마 시카고에서 방문 경기를 치를 때 기록한 것이 대부분이었다.) 이듬해 새로운 구장으로 옮겨간 시카고 팀은(이곳도 양쪽 파울라인은 매우 짧았으나 뉴욕의 폴로 그라운드처럼 센터는 매우 깊은 기형 구장이었다.) 겨우 54홈런에 머물렀다.

베이브 루스는 1919년 보스턴에서 29홈런을 터뜨리며 새로운 홈런왕으로 혜성처럼 등장했는데 이는 네드 윌리엄슨이 1884년에 기록한 27홈런을 뛰어넘은 것이었다.

얘기는 여기서 끝나지 않는다. 레이크 프런트 스타디움은 1884년에 갑자기 모양이 바뀐 게 아니었다. 바뀐 것은 규칙이었다. 종전에는 펜스를 넘어가더라도 그라운드 규칙에 따라 2루타로 처리하던 것을 이 해만은 홈런으로 인정했던 것이다.

이는 통계를 들여다보는 데 중요한 교훈이 된다. 뒤에 '통계' 편에서 살펴보겠지만 숫자가 내포하고 있는 엄밀한 의미들을 파악하지 못하고서는 성급하게 결론을 내려서는 안 되는 것이다.

아무튼 철골 콘크리트 구조물로 관중석을 짓는 물결이 일기 시작한 1910년경 이전만 해도 홈런은 그다지 신경 쓸 중요한 요소가 아니었다. 야구장을 건립할 때 가장 주안점을 둔 것은 위치 선정이었다. 야구장은 철도, 전차, 또는 (뉴욕의 경우처럼) 지하철 노선의 발달에 따라 교통 편의를 우선적으로 고려해서 대지를 선정했다. 구장의 모양새는 도시 구획과 밀접한 관계가 있었다. 도시의 블록은 대부분 정사각형이 아닌 직사각형으로 나뉘어 있게 마련이다. 따라서 구장이 한두 블록 전체를 차지하다 보니 홈플레이트를 어디다 정하건 간에 한쪽 파울라인이 다른 쪽보다 길거나 짧을 수밖에 없었다. 훗날 관중이 불어나 외야 뒤에도 관중석을 짓지 않을 수 없게 되자 적정한 길이의 외야 펜스가 필요하게 됐다. 그 결과로 나타난 것이 어느 한쪽으로 찌그러진 운동장이었다.

시간이 흐름에 따라 초창기 구장들도 변형을 맞았다. 관중석을 증설하고, 스탠드를 2층으로 올리고, 외야에 스탠드를 새로 짓고, 그것을 또다시 2층으로 증축하고……. 그러다 보니 외야가 자연히 좁아질 수밖에 없었다.

그 시절에 지어져 아직까지 사용되고 있는 구장은 세 개다. 1912년에 개장한 보스턴 레드삭스의 펜웨이 파크를 비롯, 디트로이트 타이거스의 타이거 스타디움(구장 위치는 1901년 이래 동일하지만 1930년대에 들어서 현재와 같은 모습을 갖추었다.), 그리고 시카고 커브스의 리글리 필드(1914년 페더럴 리그 산하에 소속됐을 때 지어졌고 1916년에 시카고 커브스가 인수했다.) 등이다.

양키 스타디움은 1923년에 8만 명을 수용할 수 있도록 당시 세계 최대 규모의 구장으로 시공됐다.****

관중들이 좀 더 필드 가까이 다가갈 수 있도록 홈플레이트 뒤쪽의 파울 공간을 좁혀 설계했으며 베이브 루스의 타구가 좀 더 많이 펜스를 넘어가도록 라이트 방면의 펜스를 앞당겼다. 그 결과 좌중간 펜스는 엄청나게 멀어졌다. 그 후 1970년대 초반에 들어서야 약간 합리적인 모양으로 개축됐다.

8만 명을 수용할 수 있는 또 하나의 대형 구장 클리블랜드 뮤니시펄 스타디움(이는 좌우 대칭형이다.)은 1932년에 완공됐다.*****

**** 현재의 수용 능력은 57,546석으로 줄여 놓았다.
***** 현재의 클리블랜드 인디언스가 사용하는 구장은 43,863명을 수용할 수 있는 제이콥스 필드Jacobs Field이다.

홈구단 인디언스는 1947년까지 일요일과 공휴일(그리고 나중에는 야간 경기가 있는 날)에만 이 구장을 사용했다. 이곳은 외야 펜스를 설치하지 않았기 때문에 좌중간과 우중간은 435피트(132.6m)였고 센터 쪽은 450피트(137m)에 달했다. 지금은 8피트(2.4m) 높이의 캔버스 펜스를 단정하게 둘러놓았다.

시카고의 사우스 사이드에 신축한 코미스키 파크를 비롯한 나머지 구장들은 1940년대 후반에 지어진 것들이다.

전통을 중시하는 야구팬들은 다목적 구장에 불만을 갖고 있다. 이런 구장들은 거의 원형을 이루고 있기 때문에 아무리 비싼 좌석이라도 그라운드에서 멀리 떨어져 있을 뿐 아니라 외야 펜스도 아무 묘미 없이 일정하게 둘러져 있다. 뉴욕의 셰이스타디움, 애틀랜타, 세인트루이스, 피츠버그, 신시내티, 샌디에이고, 필라델피아, 오클랜드, 그리고 모든 실내 구장이 이런 부류에 속한다.

로스앤젤레스의 다저 스타디움, 캘리포니아 에인절스의 애너하임 스타디움, 샌프란시스코의 캔들스틱 파크, 캔자스 시티의 로열스 스타디움은 야구 전용 구장이기 때문에 양키 스타디움을 본따 포수 뒤쪽 파울 지역을 바짝 좁혀 놓았다. 로스앤젤레스와 캔자스 시티 구장은 외야 펜스가 좌우 대칭형을 이루고 있어도 가장 아름다운, 보물 같은 구장으로 꼽히고 있다. 애너하임과 캔들스틱 파크는 증축하면서 미식축구 경기도 할 수 있는 다목적 구장으로 바꿔 놓았다.

밀워키의 카운티 스타디움과 텍사스의 알링턴 스타디움은 마이너리그 구장을 증축한 것이다. 이들은 재래식 야구장 형태를 고스란히 갖추고 있다. 볼티모어(캠든야드 1992년)와 시카고(코미스키 파크 1991년)는 1990년대에 신축됐는데 볼티모어 구장을 일부러 좌우 비대칭형으로 지은 점에 대해 필자는 누구보다도 뜨거운 찬사를 보낸다.

넷째, 파울 지역은 경기 내용이나 선수 기록에 대단한 영향을 미친다. 홈플레이트 뒤쪽이나 양파울라인 밖의 파울 지역이 너무 넓으면 야수들에게 파울플라이가 잡혀 다시 한번 투수와 대결할 기회가 줄어든다. 다른 구장이었더라면 관중석으로 들어갔을 파울 타구가 오클랜드나 애틀랜타에서는 야수에게 잡히는 것이 게임당 두어 번이 나온다. 이는 결코 적지 않은 숫자다.

파울 지역은 파울폴로 다가갈수록 서서히 좁아지게 마련인데 이것도 구장에 따라 차이가 있다. 1, 3루 스탠드 설계를 잘못하면 펜스 쪽으로 멀리 나가더라도 파울 지역은 좀처럼 좁혀지지 않는다. 이는 '파울 홈런'처럼 멀리 날아간 플라이가 아웃으로 잡힌다는 것을 의미한다.(물론 홈런이 될 수 있을 만큼 멀리 때린 타구라면 파울 지역의 스탠드로 들어가겠지만 대부분의 구장에서는 이런 장거리 파울볼을 때리면 다시 한번 타석에 들어가 투수와 대결할 기회를 얻게 된다.) 야수가 파울 타구를 잡지 못하도록 스탠드가 가로막고 있는 범위도 각 구장별로 특성이 나타난다고 할 수 있다.

다섯째, 시야도 천차만별이다. 햇빛에 눈이 부셔 야수가 수비하는 데 지장을 받는다는 것은 예로부터 내려온 어려움이다. 규칙집에 따르면 "홈플레이트에서 투수판을 지나 2루로 연결하는 방향이 동북동이면 가장 이상적이다."라고 돼 있다. 이를 좀 더 자세히 풀이하면, 북반구의 중간 위도에 있는 지역에서는 오후 늦은 시각에 해가 서쪽으로 넘어가더라도 햇살이 타자나 투수의 눈으로 들어가지 않기 때문에 플레이에 지장을 주지 않는다는 뜻이다. 필자는 어느 해 노동절(9월6일)에 피츠버그에서 벌어진 아침 경기를 취재한 적이 있었는데 센터 쪽 상공에서 햇빛이 내리비치는 바람에 경기가 시작되고 나서 초반 몇 이닝 동안은 타자들이 투수의 공을 전혀 볼 수 없었다.

실제로 각 구장은 제각기 다른 방향을 향하고 있기 때문에 어느 곳에서는 라이트필드, 어느 곳에서는 레프트필드가 수비하기가 고약한 장소가 된다.

2층으로 지어진 스탠드는 내야에 기다란 그림자를 드리우는데 특히 그림자가 홈플레이트에서부터 투수 쪽으로 늘어져 1루 방면을 어둠으로 감싸고 있으면 타자들의 시선은 엉망이 된다. 센터필드 뒤쪽의 배경도 타자들에게 영향을 준다. 그 부근에 앉은 관중들이 무더기로 흰 셔츠를 입고 있으면(그럴 경우가 종종 있다.) 오버핸드스로 투수가 던질 때 타자가 공을 판별하기가 어려워진다. 센터 펜스 뒤에 녹색 백스크린을 세워놓는 것도 그런 이유다. 이에 따라 좌석 수가 다소 줄어드는 것을 감수하면서 센터 쪽에 백스크린을 설치해 놓고 있다. 이는 선수 조합의 강력한 요청에 따른 것이다. 3루 방면에 옅은색 옷을 입은 사람들이 많이 들어앉아 있으면 1루수가 3루수의 송구를 받을 때 지장을 받을 수밖에 없는데 이것은 여전히 해결하지 못한 문제점으로 남아 있다.

빌리 로스는 에베츠 필드에서 벌어진 월드 시리즈에서 터무니없는 에러를 저질러 놓고 나서 "햇빛 때문에 땅볼 타구를 놓쳤다."라고 변명을 늘어놓았다. 이 변명은 아직도 많은 사람들의 비웃음을 사고 있지만 그 말에도 수긍할 만한 점이 있다. 이 구장은 관중석이 낮아 스탠드 뒤쪽의 길거리가 고스란히 드러나는데 해가 지평선에 걸리는 시각에는 스탠드에 반사된 햇살이 그대로 야수의 눈으로 들어오게 된다. 따라서 투수가 갑자기 고개를 돌려 크게 바운드된 타구를 잡으려다 보면 순간적으로 눈이 멀 수가 있다.

야간 경기에서는 타구를 좇다가 운 나쁘게 조명등 불빛이 눈에 들어오면 순간적으로 눈앞이 캄캄해진다. 과거 햇빛에 시야가 방해받았던 것 못지않게 조명탑에 의한 시선 방해가 일어나므로 선글라스를 이용하는 게 좋다. 요즘은 조명탑을 세우지 않고 스타디움의 상단에 라이트를 설치하는 새로운 조명 방식이 도입돼 야수들의 수비 부담을 덜어 준다.

이런 시야에 얽힌 재미있는 일화가 있다. 1950년대 월드 시리즈에서 뉴욕 양키스의 2루수, 3루수, 유격수로 뛰던 길 맥더걸드가 그 주인공이다.

10월이 되면 양키 스타디움의 레프트필드는 수비하기가 매우 고약한 장소로 변하곤 했다. 서머타임이 해제돼 일찍 서녘으로 넘어가는 햇살이 3루 쪽 스탠드에 반사되면서 홈 쪽이 전혀 보이지 않게 좌익수의 시야를 엉망으로 만드는 것이었다.

어느해 월드 시리즈에서 유격수로 뛰던 맥더걸드는 "태양의 궤도가 바뀐 거 혹시 아십니까?" 하고 기자들에게 자랑하듯이 말했다.

"뭐라고?"

"해 말이에요, 해. 궤도가 바뀌었어요. 해가 넘어가는 자리가 옛날 같지 않아요."

무슨 수작인가. 태양의 궤도가 어떻게 바뀐단 말인가.

"해가 궤도를 바꾸지 않았다면 적어도 구장 위치가 바뀌었을 거예요. …… 그런데 어떻게 구장이 움직일 수 있지?"

맥더걸드는 얼굴을 붉히며 기어들어 가는 목소리로 우기면서 자기도 의아하다는 듯 고개를 갸웃거렸다.

필자를 포함한 여러 기자들은 "이 친구, 살짝 돌았군." 하고 받아넘겼다. 야구 선수들이 아무리 무식하고 교육 수준이 낮다기로서니 태양의 궤도가 바뀌었다고 생각하는 사람까지 있다는 건 도무지 이해가 가지 않았다. 도대체 무슨 까닭으로 그런 얘기를 한단 말인가?

그러나 그의 말은 옳았다. 종전에는 9월 말에 서머타임을 해제했으나 그해에는 처음으로 10월 말로 늦춰 놓았던 것이다. 월드 시리즈 게임은 예년의 관례에 따라 오후 한시에 플레이볼했지만 그해에는 태양의 위치를 기준으로 보면 종전보다 한 시간 먼저 시작됐던 것이다. 그러니까 태양은 위치 이동이 전년도보다 15도(한 시간)가량 늦어지고 있었던 것이다. 그림자를 보면 알 수 있었다.

따라서 태양의 움직임이 바뀌었다는 게 일리가 있는 얘기였다. 필자는 여기서 남더러 무식하다고 함부로 혹평해서는 안 된다는 것을 배웠고 그 뒤로는 맥더걸드의 말이라면 팥으로 메주를 쑨다 하더라도 의심하지 않았다.

텔레비전 중계의 편의상 현지 시각 하오 5시에 시작되는 올스타전, 플레이오프, 월드 시리즈 등은 경기의 질을 떨어뜨리고 있다. 어스름 녘에는 천연 햇빛이건 인공 조명이건 타자들에게 충분한 조명도가 되지 못한다. 이럴 때는 타자들의 시선이 나빠져 투수들이 가외의 이득을 보기 때문에 공평한 대결이 이뤄지지 않는다.

마지막으로 따져 볼 것은 경기장 분위기다. 이는 보는 사람의 취향에 따라 느낌이 달라진다. 사람들은 누구나 과거 행복했던 시절을 회상해 보기를 즐긴다. 한 구장에서 만들었던 즐거운 추억은 구장의 생김새보다 그때 그곳에서 일어났던 사건들과 더 밀접한 관계가 있다. 당시 옆자리에 누가 있었고, 무슨 사건이 벌어졌는지가 가슴에 소복히 담겨 있는 것이다. 다저 스타디움이나 애너하임 스타디움, 로열스 스타디움, 그 밖의 구장들은 형태도 아름답고 관리도 매끄럽게 되고 있지만 필자에게는 그곳에서 개인적으로 만들어 놓은 추억이 없다. 필자는 매무새가 완벽한 현대식 구장보다는 과거의 구식 구장들에 더 애틋한 향수를 느끼고 있다.(에베츠 필드는 홈런을 양산할 수 있는 아담한 구장이었으며 피츠버그의 포브스 필드는 한쪽만 엄청나게 찌그러져 있었다. 신시내티의 크로슬리 필드는 외야가 경사져 야수들을 골탕먹였으며 폴로 그라운드는 파울라인 쪽이 250피트(76.2m)밖에 안 되지만 센터 쪽은 500피트(152.4m)나 되는 말굽형인 점에 묘미가 있었다.)

분위기를 만드는 것은 관중들이었다. 각 도시는 저마다 독특한 기질이 있고 주민 구성이 다르며 역사도 다르다. 필라델피아 시민들은 방문팀뿐 아니라 홈팀 선수들에게도 곧잘 야유를 보내는 것으로 유명하다. 브루클린 팬들은 일편단심 홈팀을 성원했던 것으로 알려져 있지만 다저스가 좋은 성적을 거두기 전에는 그렇지도 않았다.(야구 경영의 귀재 래리 맥페일이 단장으로 들어오기 전에는 평균 관중이 6,000명에 불과했다.) LA 시민들은 엄청난 교통 체증을 두려워한 나머지 7회만 되면 스코어에 관계없이 자리에서 일어난다. 디트로이트 시민들은 야구에 대한 조예가 깊고 게임에 집중한다는 평판을 받고 있으며 뉴욕 시민들은 야구를 잘 아는 대신 짓궂다. 보스턴 팬들은 성미가 까다롭고, 시카고 팬들은 좀처럼 벗어날 줄 모르는 팀의 부진에 고통받고 있으며, 미네소타 사람들은 야구는 잘 모르는 대신 점잖으며, 세인트루이스 팬들은 한마디로 감상적이다.

그러나 최근 20년 사이 구장의 분위기를 많이 바꿔 놓은 것은 구단이었다. 새로 지어진 애스트로돔의 스코어보드에 언제 박수를 치고 언제 무슨 소리를 지르라는 지시문이 나오면서부터였다. 요즘은 거의 전구장의 전광판이 광고에서부터 특기 사항, 응원의 당부, 특별 손님 소개, 생일 축하 메시지, 실전 상황 리플레이, 레코드 음악 등으로 메워지며 스탠드의 관중들에게 숨 돌릴 겨를을 주지 않는다.(경기 진행 상황에 맞춰 생음악을 연주하던 오르간 주자는 자취를 감춘 지 오래다.) 이에 따라 자발적으로 응원을 리드하던 개성파 관중도 전광판 화면이 하라는 대로 따라 하는 관중들에 밀려 슬그머니 사라지고 말았다.

그런 것이 전혀 우연만은 아니고 부정적으로만 볼 일도 아니다. 그리고 과거로 돌아갈 낌새는 손톱만큼도 없다. 구단들은 '흥행'을 위한 홍보 부서를 두고 있는데 이들의 임무 속에는 관중 정리와 흥미 유발이 포함돼 있다. 배트의 날이니 모자의 날, 옛날 멤버의 날, 반값 할인의 날 등 특별 행사가 주당 한 번꼴로 벌어지고 있으며 과거 관중 동원에 크게 기여했던 여성의 날은 성차별의 일종이라는 딱지가 붙어 사라지고 말았다. 그룹 티켓과 시즌 티켓이 날개돋친 듯이 팔리는 세상이 됨에 따라 30년 전엔 가능하지도 않았고 생각조차 할 수 없었던 고객과 구단의 직접 교류가 활발하게 이뤄지고 있다.

그러다 보니 대관중을 통제할 필요가 생겼고 경비 기술도 종전과 다른 각도에서 검토되고 있다. 현대는 대중의 집단 행동 허용 범위가 커진 만큼 더더욱 그렇게 됐다. 한 팀이 연간 240만 명의 관중을 동원한다고 가정하면 게임당 평균 인원은 3만 명에 달한다.(메이저리그 구단별 연평균 관중 수는 1989년에 200만 명을 넘어섰다.) 오래전에는 어떤 팬서비스 행사를 펼치더라도 스탠드에 3만 관중을 끌어들이기는 매우 어려웠다. 1970년까지만 해도 연간 관중 수는 구단별 평균 120만 명 미만으로 현재와 비교하면 겨우 절반을 웃도는 수준이었다.

거의 매 게임에 대관중이 운집하다 보니 소란이 일어날 소지가 많아졌는데 이에 대처하는 좋은 방법은 관중들의 에너지를 한쪽으로 몰아 버리는 것, 즉 바쁘게 만드는 것이었다. 그와 동시에 관중을 야구장으로 끌어들이는 상술로는 승부에만 집착해서 무작정 홈팀만 응원하도록 하는 게 아니라 '재미있는 추억거리'로 남을 만큼 흥미진진한 구경거리를 제공하는 것이다. 이런 부수 활동은 단체 관객 유치의 요체가 되고 있다.

관중 참여라는 각도에서 다시 구장 분위기를 살펴보자. '관중을 경기의 열기 속으로 휘몰아 넣는다'는 것은 현대 프로 스포츠업계에서 홈팀에게 주어진 최대 과제이자 최대 기득권이며 거기서 나오는 함성은 그라운드 안에서의 성적까지 좌우한다.

농구장에서 울려퍼지는 요란한 함성이 선수들의 플레이에 영향을 미치는 것은 의심의 여지가 없으며 미식축구 선수들도 팬들의 응원 함성에 격려받아 젖 먹던 힘까지 다하게 된다고 한다. 그러나 필자는 야구장에서만은 그런 것이 별로 도움이 되지 않다는 생각이다. 다만 실질적인 도움이 있다면 젊은 선수들에게 "그런 게 도움이 되니까 그렇게 알고 있어."라고 세뇌시키는 정도라고 할까.

사실 필자가 야구 기자 생활을 막 시작하던 무렵만 하더라도 출중한 선수는 관중들을 의식하지 않을 정도로 자기가 프로 선수라는 데에 대단한 자부심을 갖고 있었다. 물론 수천 관중으로부터 박수갈채를 받고 싶은 욕심이 전혀 없었을 리는 없지만 그들의 주된 관심은 그 자신의 플레이에 맞춰져 있었다. 그들은 격려도 필요 없고 오직 제 역할만 훌륭하게 해내면 그만이었다. 그러나 오늘날의 선수들은 생각이 다른 것 같다. 즉 그들은 게임이 끝난 후 서로 축하 세례를 퍼붓는 것이 자연스러운 행동이라고 생각하고 거기서 대단한 즐거움을 느끼고 있다. 왕년의 스타들의 눈에는 그런 짓거리가 부질없는 취향이요 자기 과시로만 보일 것이다.

여태껏 우리가 살펴봤듯이 야구는 감정을 뜨겁게 달군다고 해서 도움을 받는 것도 아니고, 폭발적인 육체적 힘을 요구하는 스포츠도 아니다.(오히려 감정을 절제하는 편이 좋다.) 테니스 선수나 골퍼는 공을 때릴 때 주위가 조용해지기를 바라고 있다. 미식축구 선수는 결코 작지 않은, 사람의 몸을 자기 몸으로 직접 부딪친다. 농구나 아이스하키 선수는 경기가 진행되는 동안 끊임없이 움직인다. 그러나 야구 선수는 정교한 기술과 고도의 집중력, 정지 상태에서 곧바로 풀스피드를 낼 수 있는 순발력이 요구되는 상황에서 경기를 치러야 하므로 응원 소리에 귀를 기울이기보다는 소리로부터 귀를 막을 수 있어야 한다.

그렇다고 관중의 함성이 전혀 무의미한 것은 아니다. 방송 관계자들은 그런 함성을 중계 방송의 흥을 돋우는 필수적인 배경으로 사용한다.(방문 경기를 라디오 중계할 때는 미리 녹음해 둔 관중들의 함성을 배경에 깐다. 코미디 프로에 왁자한 웃음소리를 집어넣는 것과 마찬가지다.) 팬들은 자신들의 높은 응원 소리가 홈팀의 승리에 보탬이 된다고 믿으며 많은 사람이 모인 것 자체에 흥분을 느낀다. 구단의 관객 동원 기법 가운데 하나는 관중들에게 '축제'에 자기도 참가했노라는 뿌듯한 기분을 갖도록 유도하는 것이고 관중들은 그런 분위기 조성을 즐겁게 받아들이고 있다. 스포츠 라이터로 이름 높은 레드 스미스가 즐겨 얘기했던 것이 있다. 스코어보드에 "오늘 관중 수는 3만 8417명으로 금년 들어 최다 관중을 기록했습니다."라고 써넣으면 관중들은 저 자신을 향해 틀림없이 우레와 같은 박수를 보낸다는 것이다.

그러나 선수들은 그런 것에는 아랑곳하지 않고 장내에서 해야 할 일이 있다.

필자는 스탠드가 썰렁한 구장을 오히려 더 좋아한다. 과거의 향수 때문이다. 어린 시절 뉴욕 구장을 찾았을 때는 스탠드에 관중이 꽉 들어찬 경우가 거의 없었다.(그때는 아무 데나 자기가 원하는 곳에 앉아서 경기를 볼 수 있었다.) 그러나 그보다 더 중요한 것은 필자의 직업과 관련된 속성이다. 필자는 기자 생활을 하면서 경기가 시작되기 몇 시간 전에 단 한 명의 관중도 없이 구장 관리인들만 바삐 움직이고 있는 경기장에 들어갔다가 관중들이 썰물처럼 빠져나가고 난 다음에야 일을 마치고 터덜터덜 걸어나오곤 했다. 거기서 필자는 구장에 대한 친근감, 소속감 같은 것을 느끼곤 했다. 마치 극장의 무대 뒤를 들여다보는 듯한 기분이라고나 할까. 선수들의 생활 터전이 '라인 사이'라면 필자가 살아온 터전은 '스타디움 안'이었다.

  거기에는 야구 경기 말고도 많은 것들이 살아 숨쉬고 있다. 이제는 그것들을 살펴볼 차례다.

제2부

막후에서 벌어지는 일

THE NEW THINKING FAN'S GUIDE TO BASEBALL

11 미디어

　선수들은 야구 경기를 한다. 구단들과 리그 사무국은 게임이 열릴 수 있도록 제반 시설과 준비를 갖춘다. 그러면 무엇 때문에 게임을 하는가? 목적은 단 하나, 바로 돈을 벌려는 것이고, 그리고 돈을 벌려면 야구에 관심을 갖고 있는 사람들에게 그런 게임이 벌어진다는 사실을 예고하고 그 결과를 알려 주어야 한다.

　바로 그렇기 때문에 매스 미디어는 선수와 구단 못지않게 프로야구가 존립하기 위한 필수 요소가 된다. 야구라는 경기의 과거와 현재, 그리고 예측할 수 있는 미래에 대한 정보를 어떤 방식으로든 대중에게 전달하지 않으면 프로야구단의 활동은 완전히 무의미해지고 만다. 요즘은 전세계적으로 매일 수백만 명이 직접 공을 치고 달리며 야구를 즐기고 있지만 적어도 대중 오락 산업이라는 상업성을 가진 프로야구계로서는 그 게임을 즐기려는 대중에게 정보를 전달하는 매체가 없다면 아예 존재할 수도 없다.

'미디어media'는 '미디엄medium'의 복수형 단어이며 미디엄은 '정보를 전달하는 수단'이라는 뜻이다. 방송은 라디오와 텔레비전 전파를 전달 수단으로 삼고 있다. 신문과 서적은 인쇄물을 전달 수단으로 한다. 이런 뜻으로 사용되는 '미디어'는 곧 '뉴스 미디어'를 줄인 말이다. 이것은 30여 년 전에 인쇄 매체에 종사하는 신문 기자들과 전파 매체를 다루는 방송 관계자들이 서로 상대를 깎아내리지 않고 동등한 위치를 인정할 때 채택한 용어다. (어느 선수는 "미디엄이란 레어rare도 아니고 웰던well done도 아닌 중간으로 적당히 굽는 것이지 않느냐."면서 "야구 기자들의 활동도 바로 그런 것."이라고 스테이크를 굽는 방법에 빗대어 말했다. 이것은 다분히 매스컴에 대한 아부성 표현이다. 선수들 중에는 그런 비상한 머리를 가진 사람이 부지기수다.)

처음에는 미디어라고 하면 으레 신문을 가리켰다. 보도 관계자를 '프레스press(눌러 찍다.)'라고 부르는 이유도 거기에 있다. 야구와 신문은 19세기부터 공동으로 보조를 맞추면서 자연스럽게 유대 관계를 맺었다. 여기에 관해서는 좀 더 자세히 설명할 필요가 있다. 필자는 25년 전 이 책의 초판을 발간할 당시 매스컴을 '일간 신문 기자'와 '중계 관계자'로 따로따로 나누어 설명했다. 그때는 그렇게 하는 것이 일리가 있었다.

어쨌든 야구계에 일어난 여러 가지 변화 가운데 가장 큰 변화는 프로야구를 다루는 매스컴과 그에 대한 야구계의 대응이라고 할 수 있다. 따라서 이번에 개정판을 내면서는 이 주제에 대해 다른 방식으로 접근할 수밖에 없었다.

미디어는 야구 흥행에 미치는 영향력의 크기로 볼 때 텔레비전, 라디오, 신문, 기타 간행물(잡지, 서적) 등의 순서로 나눌 수 있다.

텔레비전은 게임 실황을 전달하면서 과거와는 전혀 달리 세밀하게 현장을 보여 주면서 시청자들을 끌어들이고 있다. 클로즈업, 리플레이,

정지 동작, 가장 멋진 각도에서의 촬영, 나아가 야구장의 가장 좋은 자리에 앉은 관중조차 제대로 보지 못하는 장면의 포착……. 이런 것들이 생생한 해설을 곁들여 실시간으로 시청자에게 전달된다.

라디오도 실황 전달이라는 점에서는 텔레비전과 똑같은 기능을 갖고 있다. 다만 소리만을 전달 수단으로 삼는다는 점이 다를 뿐이다. 라디오 중계를 듣는 청취자가 머릿속으로 어떤 그림을 그리느냐 하는 것은 순전히 청취자 자신의 야구에 대한 조예와 경험, 상상력에 좌우된다.

신문은 텔레비전이나 라디오에서는 접할 수 없는 기본 정보를 전달한다. 경기 결과의 요약과 집중 분석, 해설도 포함된다. 또 게임 외적인 각종 장외 활동에도 지면을 할애해서 읽을거리를 만들어 낸다.(이렇게 말하면 텔레비전이나 라디오는 오로지 게임 실황만 전달하는 것처럼 오해할지도 모르겠다. 그러나 전파 매체도 뉴스나 특집 시간을 편성, 신문이 맡고 있는 기능도 담당하고 있다.)

잡지와 서적은 어떤 특정한 관심사나 인물을 심도 있게 전달하는 데에 초점을 맞춘다. 정보 전달의 즉시성卽時性에는 크게 개의치 않는다.

야구 조직이 이런 각종 매체를 통해 어떤 이득을 얻는지 살펴보자.

텔레비전
간접적 이득 — 게임의 실황을 보여 주고 앞으로 벌어질 게임에 대한 흥미를 고취시킨다.
직접적 이득 — 엄청난 액수의 중계권료.

라디오
간접적 이득 — 구장으로 직접 찾아오는 관중 수를 늘려 준다.
직접적 이득 — 텔레비전보다는 적지만 그래도 상당한 중계권료를 얻는다.

신문

간접적 이득 — 경기 일정과 중계 일정을 '공짜로' 홍보할 수 있다.

직접적 이득 — 대중에 대한 정보 전달뿐 아니라 야구계의 정보 시장 역할을 한다. 대중이 야구에 지속적으로 흥미를 갖게끔 이끌어 가는 효과도 있다.

잡지와 서적

간접적 이득 — 부수적인 홍보 효과.

직접적 이득 — 사실상 없다.

여기서 가장 크게 대별되는 것은 방송과 신문이다. 텔레비전과 라디오는 구단에 중계권료를 제공함으로써 구단 살림을 살찌운다. 방송업체는 야구 산업이 상업적으로 성공하도록 이벤트를 만드는 공동 제작자요, 구단 경영의 동업자라고 할 수 있다. 그들은 많은 돈을 낸 만큼 특권을 주장할 수 있으며 독점적인 재산권도 행사한다. 그들에게는 야구 방송이 곧 사업이다.

인쇄 매체는 구단 운영에 직접적으로 참여하지 않으며 구단의 흥행에서 차지하는 비중도 방송에 비해 훨씬 적다. 그러나 대중에게 정보를 제공한다는 관점에서 현장 취재에 임한다. 그들은 본질적으로 구단의 성공에 관여할 자격을 갖고 있지 않으며(거꾸로 구단측이 자기 이익을 위해 그런 자격을 주고 있다.) 흥행을 도와야 할 '의무'도 없다.

따라서 매스컴 관계자들은 자기가 종사하는 매체에 따라 자신의 생활 양식이나 야구를 접하는 자세가 다르고, 야구를 보는 관점도 다를 수밖에 없다.

신문 기자와 칼럼니스트는 선수들과 구단 관계자, 그리고 대부분의 야구팬들에게 국외자요 천적으로 비쳐지고 있다. 신문 기자들이란 '어두운 구석'이나 파헤치려고 눈에 불을 켜고 덤벼들고, 야구 관계자들에게 멍청한(실은 대답하기 곤란한) 질문이나 퍼부어 대고, 구단이 잘돼 가는 꼴을 보지 못하고, 어떤 사건이 터지면 그 내막을 잘 알지도 못하면서(구단은 보안 유지에 각별히 신경 쓴다.), '신문을 팔아먹기 위해' 일부러 뭐든지 시끄럽게 만드는 사람들로 보인다.(이게 얼마나 어처구니없는 오해인지는 나중에 설명하겠다.) 대부분의 선수들은 기자를 상대할 때 자기 뒤에 누군가 보호자가 있었으면 좋겠다고 느낀다. 그리고 혹시 자신이 한 말이 잘못 인용될까 봐 두려워한다.(실은 '곧이곧대로' 인용되는 것을 더 두려워한다.)

이런 속성은 방송 기자들을 대면할 때도 어느 정도는 똑같다. 다만 선수들은 신문 기자보다 방송 기자의 취재에 비교적 느긋하게 응하는 편인데, 그 이유는 마이크를 통해 자기가 뱉은 말만 보도에 이용되므로 오해를 살 여지가 없다고 느끼기 때문이다. 그러나 그것은 순진하기 짝이 없는 생각이다. 현대 기술로는 얼마든지 녹음 내용의 조작이 가능하다.

반면 아나운서broadcaster는 선수들과 똑같이 구단의 피고용인 취급을 받는다. (현장에서 실황 중계하는 특정팀 전속 아나운서가 구단에 얽매여 있는 것처럼 전국 네트워크를 커버하는 대형 방송국의 아나운서도 리그 사무국에 종속되기는 마찬가지다.) 이들은 기자들보다 믿을 만하다. 그들의 소속사에 대한 충성심은 의심할 여지가 없다. 선수들에게 '궂은' 일이 생기더라도 그들은 덮어 두려고 하고 적어도 해명의 기회를 주려고 애쓴다. 또 짤막한 인터뷰를 하더라도 선수에게 선물이나 출연료를 주며, 이따금 방송에 출연하는 선수는 가외 수입이 생기는 데다 유명해졌다는 자기 만족을 얻게 된다. 방송 아나운서는 피곤할 때 기댈 수 있는 가족과 같은 존재이며(때로는 오히려 가족보다도 낫다.), 혹시 적대 관계에 놓인 아나운서가 있다면 상대하지 않고 자리를 피해 버리면 그만이다. 신문 기자들은 상대방에게 거리낌 없이 욕설을 퍼붓지만 방송인은 마이크 앞에서 그럴 수 없기 때문이다.

신문 기자와 방송 아나운서의 자아상과 행동 양식은 판이하다.

아나운서는 신문 기자보다 훨씬 많은 돈을 번다. 개중에는 열 배쯤 버는 사람도 있다. 그들은 쇼 비즈니스에 종사하는 명사들이며, 목소리와 얼굴이 널리 알려진 덕에 길 가다 사인해 달라는 요구를 받기도 하고, 어떤 모임에 초청받아 출연료를 챙기기도 하고, 에이전트와 개인 매니저를 두기도 한다.(그런 점에서는 선수들과 마찬가지다.) 그러나 그들의 직업은 별로 안정성이 없다. 그들은 구단이나 방송국, 네트워크, 광고 대행사, 스폰서의 미움을 사면 그 즉시 해고당할 수도 있다. 연예인들과 마찬가지로 오늘의 스타였다가 내일은 졸지에 흘러간 인물이 될지도 모르고, 거꾸로 어제까지는 별 볼일 없다가도 내일은 스타로 뜰 수도 있다.

그들의 업무 성격은 한마디로 말한다면 세일즈맨이다. 그들은 상품을 팔기 위한 두뇌가 있어야 하며 판매 기술도 개발해야 한다. 그들은 남의 귀가 솔깃해지도록 광고 문구를 읽어 내는 솜씨가 있어야 하며 입장권이 많이 팔리도록 입심을 발휘할 줄도 알아야 한다.(그들은 은근슬쩍 "이 맥주 한번 드셔보시죠." 하는 식의 광고 카피를 끼워 넣기도 하는데 영리한 사람일수록 그런 일을 자연스럽게 해낸다.) 그리고 자기의 임면권을 쥐고 있는 사람들에게 열심히 자기 자신을 알릴 필요가 있으며 시청자(또는 청취자)가 모여들도록 흥미롭게 중계를 끌어가는 요령도 개발해야 한다.

여기에 덧붙인다면 그들은 일하는 동안 상부의 지휘를 받는다. 아나운서는 중계하면서 이어폰을 끼고 있는 것을 볼 수 있는데 그 장치를 통해 PD로부터 어떤 지시를 받거나 잘못 내뱉은 말을 수정하게 되며, 때로는 질책을 당하기도 한다. 텔레비전에서는 중계차에 들어앉은 PD가 여러 카메라가 잡은 그림 중에서 어떤 것을 선택하건 간에 아나운서는 다른 말을 하다가도 반드시 거기에 대한 설명을 덧붙여야 한다.

이런 분야에서 성공하려면 특수한 재능과 기질을 갖춰야만 하며 시청자들이 바라는 바를 신속하게 따라잡을 수 있어야 한다. 아나운서는 분위기에 민감해야 하고 정치적 흐름도 알고 있어야 할 뿐 아니라 외모와 자기 관리에도 신경을 써야 한다. 이런 것들이 신문 기자와 다른 점이다. 그들은 보수를 많이 받는 대신 어려운 일을 감당해야 하는 것이다.

그러나 아나운서들은 제아무리 자기가 저널리스트에 포함된다고 주장하더라도 결코 저널리스트는 아니다.(여기서는 게임을 중계하는 아나운서와 뉴스를 담당하는 방송 기자가 구분돼야 한다.) 그들은 구단과의 이해관계를 떠나 객관성을 유지하는 습성이 몸에 배어 있지 않다. 그들은 "공정하게 일한다."고 역설하지만 굳이 그런 말을 한다는 자체가 벌써 그들이 직업상 어느 한쪽에 쏠려 있다는 뜻을 내포하고 있다. 진정으로 공정하다면 애당초 그런 말을 할 필요도 없는 것이다. 그리고 그들은 매일매일의 취재 활동을 통해 객관성을 기르고 숨겨진 사실을 캐내는 취재력도 갖추지 못한 경우가 대부분이다. 선수 출신 아나운서들은 그런 경험이 전무할 뿐 아니라 그들은 오직 '나 아니면 남'이라는 사고방식에 젖어 일생을 살아온 사람들이다. 반면 방송사에서 잔뼈가 굵은 아나운서들은 눈으로 본 것을 즉각 입으로 옮기는 능력을 키워 그 자리를 차지한 사람들이므로 뉴스의 가치 판단에는 둔한 편이다. 설사 기자 경력을 가진 아나운서라 하더라도 중계석에 앉기 전까지 뉴스 거리를 모으는 취재 능력을 충분히 길렀다고는 할 수 없을 것이다.

이에 비해 신문 기자들은, 특히 어느 특정 분야에서 상당히 오랜 세월을 보낸 기자들은 남다른 식견을 갖고 있게 마련이다. 그들이라고 해서 유난히 도덕적이거나, 지적으로 성숙했거나, 정직하다고는 할 수 없지만 그들이 추구하는 바는 확실히 일반인들과 다르다. 신문 역시 전파 매체처럼 상업성을 탈피할 수 없기 때문에 광고를 게재해야 하고 신문 기자도 아나운서가 프로그램을 팔듯이 '팔리는' 기사를 써야 하는 것은 사실이다. 그러나 파는 속성은 같을지라도 상품의 종류와 질은 다르다.

일간지가 팔리려면 독자들에게 그 신문을 읽는 '습관'을 길러 놓아야 한다. 그리고 독자에게 구독 습관을 길러 놓으려면 장기적인 신뢰를 얻고 정확성이 있어야 한다. 야구뿐 아니라 어느 분야나 생생하고 객관적인 보도야말로 신문이 팔리도록 하는 필수 조건이다. 신문사 경영층은 그런 것을 요구하고 있으며 유능한 신문 기자는 그런 것을 공급하려고 노력한다. '흥미 위주의 기사'를 발굴하는 것은 과거 50여 년 전에 여러 종류의 신문들이 가판대에서 치열한 판매 경쟁을 벌이고 신문 보급에 뾰족한 방법이 없던 시절에나 불가피한 일로 받아들여졌다. 그러나 라디오—텔레비전 시대를 맞아 대도시에서의 신문 판매 경쟁이 그다지 뜨겁지 않게 변해 버린 현대에는 쇼킹한 제목을 붙이고 자극적인 기사를 쓰는 것은 부질없는 짓이 됐다. 아직도 주간지나 슈퍼마켓에서나 판매되는 3류 잡지들은 눈이 번쩍 뜨이는 폭로성 기사로 1면을 도배질해 놓은 예를 종종 볼 수 있지만 정상적인 신문은 그런 게 부수 확장이나 수입 증대에 별로 도움이 되지 않는다고 생각한다. 그들에게는 신뢰성이야말로 생명인 것이다.

방송 아나운서에게서는 찾아보기 어려운 '오만 방자함'도 신문 기자들의 기본 속성처럼 굳어져 있다. 그러나 신문 기자들도 이제는 그런 태도를 버려야 할 때가 됐다고 자각하고 있다. 기자는 자기가 지식 계급에 속한다고 자부하고 있으며(적어도 자기가 상대하는 선수에 비한다면 그게 과히 틀린 말은 아닌 것 같다.) 어떤 사안의 무게를 재고 의심하고 캐묻고, 공사를 구별할 줄 알면서 일단 틀렸다 싶으면 가차 없이 비판하려 들고, 사물을 단편적으로 보는 일반인에 비해 다각적으로 많은 것을 알려고 하고, 팬들처럼 감정에 휩싸이지 않으려고 하고, 재치 있고 영리하고 글재주가 있고 정확하고 빠르고 정직하고 회사에 충직하고 용감하고(자칭), 그러면서 예의를 갖추거나 남에게 곰살맞게 굴 필요는 없다고 생각하는 게 기자라는 족속이다. 그리고 그들은 남을 존경하는 일이 거의 없다.

아나운서와 마찬가지로 신문 기자가 되기 위해서도 특별한 인성이 필요하다. 그리고 신문 기자들은 위에 열거한 특성 외에도 또 다른 독특한 면을 갖고 있다. 기자들은 남들이 자기를 어떻게 보든 구애받지 않고 옷차림도 제멋대로이다.(텔레비전에서는 이런 외양을 가장 우선적으로 신경 써야 한다.) 그들은 개성 있는 활동을 앞세운다. 그들은 적어도 기사를 쓸 때 상급자로부터 이래라 저래라 하는 간섭을 받지 않으며, 혹시 편집국에서 결과를 추궁당한다 하더라도 그것은 나중 일이다. 그들에게는 마감 시간이 하루 24시간 중 한두 번으로 정해져 있기 때문에 제 나름대로 시간을 조절, 대단히 자유로운 분위기 속에서 작업할 수 있다. 기명 기사를 썼을 때의 뿌듯함은 텔레비전 화면에 제 얼굴이 나오는 것 못지않으며 취재원 보호와 같은 보안 의식은 철두철미하다. 몇몇 기자들은 이 신문사, 저 신문사로 옮겨 다니면서 필명을 날리려고 적극성을 보이기도 하지만 신문 기자는 큰 잘못만 없으면 목이 달아날 걱정은 하지 않아도 된다.

바로 그 점이 신문 기자 생활의 매력이다. 더러는 방송 종사자 또는 최근 20년 사이 하늘 높은 줄 모르고 불어난 야구 선수의 소득과 자신의 초라한 수입을 비교하면서 신세 타령을 늘어놓기도 한다. 그러나 자기가 방송 아나운서와 '동등한 업무에 종사하는 중요 인물'이라고 생각하면 큰 착각이다. 지금껏 살펴봤듯이 양자의 업무는 전혀 다른 것이다. 만약 신문 기자가 연봉 300만 달러를 받는 선수들만큼 남들을 즐겁게 해줄 수 있다면 "나도 그만한 돈을 받아야 한다."라고 목청을 높이더라도 누가 뭐라겠는가? 그러나 기자의 업무는 그에 미치지 못하는 것이다. 그리고 기자라고 해서 다른 사람들보다 더 논리적이거나 감정 절제의 능력이 더 뛰어난 것도 아니다. 다만 기사를 좀 더 이성적으로 작성하려고 '노력할' 뿐이다.

방송 관계자와 신문 기자의 일상 업무도 서로 다르다.

신문 기자는 게임 시작 두어 시간 전에 경기장에 도착하여 장내를 두루 살피며 기삿거리를 찾는다. 그는 클럽하우스나 덕아웃에서 선수나 감독을 만나 대화하면서 시간을 보낸다. 베팅케이지 근처를 어슬렁거리며 선수들이 나누는 얘기를 주워듣기도 한다. 또는 보도 관계자들을 위한 편의 시설에 들러 동료 기자나 스카우트 요원, 구단 관계자 등과 어울려 담소하며 배를 채우기도 한다.

경기 시각이 되면 물론 기자실에 들어가 취재한다. 기자실은 대체로 시야가 좋은 2층에 위치해 있으며 외부인 출입 금지다. 구식 구장의 기자실은 비좁고 불편하기 짝이 없었으나 현대식 구장 기자실은 대체로 홈플레이트 뒤편에 마련돼 있고 의자와 탁상 등 취재를 위한 시설들을 갖추고 있다. 기자실이 구장 안에서 가장 관전하기 좋은 위치라고는 할 수 없고 꼭 그럴 필요도 없다. (스카우트 요원들은 그라운드와 동일한 높이로 지어진 방에서 선수들을 관찰하지만 게임을 좀 더 재미있게 보려면 홈플레이트 뒤보다는 차라리 1, 3루 쪽이 낫다.) 그러나 기자들에게는 전체적인 상황이 잘 보이는 장소가 필요하며 사각지대가 생겨서는 안 된다. 기자실의 위치는 그런 점을 고려해서 정한다.

기자실 분위기는 최근 20여 년 사이 엄청나게 변했다. 과거에는 훨씬 활기 차고, 격의 없는 대화가 오가고, 동료 기자들 사이가 더욱 밀접하고, 외부와의 담이 더욱 높고, 훨씬 더 시끌벅적했다. 1908년에 설립된 미국 야구 기자 협회The Baseball Writers Association of America는 메이저리그 구장에 기자들의 취재 편의를 위한 기자실을 설치하라고 구단측에 강력히 요청하여 반세기가 넘도록 배타적으로 운영해 왔다. 여성 출입 금지. 방송 관계자 출입 금지. 사전 승인을 받지 않은 방문객 출입 금지. 자유 기고가 출입 금지. 기자실은 그래서 인구 밀도가 매우 낮았다. 그러다가 1950년대에 들어오면서 웨스턴 유니언 통신사가 송신 요원으로 여자들을 채용하면서 성차별은 자연히 무너졌다. 각 지방의 라디오 관계자와 프리랜서가 급격히 불어나자 그들의 편의도 봐주지 않을 수 없었다. 팀들이 새로운 도시로 이전하자 그 지방의 정재계 유지들도 무시할 수 없었다. 그리고 무엇보다도 구단이 훨씬 폭넓고 다양한 업무를 수행하는 홍보 부서를 만들면서 기자실 운영과 관리는 그들 손에 넘어갈 수밖에 없었다.

더구나 대도시에 본사를 둔 '상근 야구 기자beat writer' 수는 신문사들의 잇따른 폐업에 따라 대폭 감소한 반면, 야구단과 원정지까지 동행하며 밀착 취재하지 않고 홈 경기만 다루는 지방지 기자들은 늘어났다. 신문사 부장급 이상 간부들의 보직 이동은 빈번해졌고 메이저리그를 취재하는 상근 야구 기자의 연령층은 더욱 낮아졌다. 이에 따라 미국 야구 기자 협회는 전통이 무너지고 현실적인 힘을 잃을 수밖에 없었다. 오늘날에도 야구 기자 협회는 명목상으로는 상당한 권한을 갖고 있지만 사실상 기자실 운영은 구단 홍보 관계 부서에 맡겨 놓고 있다.

구단 홍보 부서는 상근 기자뿐 아니라 그곳을 출입하는 모든 사람들을 만족시켜 주려고 노력한다. 그러다 보니 세 시간 동안 잠시도 쉴 틈이 없이 중계에 매달리는 텔레비전이나 라디오 관계자들을 우대하는 쪽으로 상황이 바뀌었다. 그리고 기자실에 배부되는 각종 자료도 방송 매체를 위한 것들로 채워지게 되고 인쇄 매체는 곁다리로 그것을 얻어 쓰는 꼴이 되고 말았다.

필자는 1940년대 후반부터 취재 기자 생활을 해 왔다. 당시 대부분의 기자들이 들고 다니던 통계 자료는 각자가 작성한 것들이었다.('투수 노트'를 만들어 매일매일의 경기 통계와 하이라이트를 적어 넣으려면 적어도 하루에 한 시간은 할애해야 했다.) 그렇지만 라디오방송은 매 타자에 대해 세부적인 통계를 갖춰야 하기 때문에(그래야만 시간을 메울 수 있다.) 구단의 통계 담당자가 그 작업을 떠맡았고 그 자료를 신문 기자들도 얻어 보게 됐다. 구단이 제공하는 자료는 점점 양이 불어나 한 쪽을 거의 채웠고 1970년대에 와서는 양 팀 기록을 담은 자료가 두 장으로 불어났다. 요즘은 컴퓨터와 복사 기술이 발달한 덕분에 기자실에는 통계와 해설이 앞뒤로 빽빽이 인쇄된 자료 열두 장(24쪽이다!)이 배포된다. 신문 기자는 아무리 꼼꼼하더라도 그렇게 쏟아져 나오는 자료를 모두 활용하지 못하고 팽개쳐 버리고 말지만 방송 관계자들은 복잡한 방송용 전자 기기들을 다뤄 온 버릇이 있어서인지 자료량이 많아질수록 얼굴에 흐뭇한 웃음이 번진다. 작업 여건에 따라 취향도 변한 것이다.

게임이 진행되는 동안 기자들은 기록표를 작성하고, 잡담하고, 기사감을 메모하고, 투덜대고, 농담하고, (졸고), 커피와 음료수를 마시고, 아이스크림과 핫도그를 비롯해서 입에 들어갈 만한 것이라면 닥치는 대로 먹어 댄다. 야간 경기를 취재하는 조간 기자들은 매 이닝이 끝날 때마다 메모해 두었다가 나중에 처음부터 정리해서 새로 기사를 쓴다.

게임이 끝나면 기자들은 부리나케 클럽하우스로 달려가 선수들로부터 기사에 삽입할 코멘트를 듣고는 다시 허겁지겁 기자실로 돌아와 마지막 기사를 완성한다. 기사량은 대체로 1천 단어 안팎이지만 그 밖에 '특집 기사'를 만들 때도 있다. 기자들은 게임이 끝나고 나서부터 한두 시간이 지나야 일을 마치고 기자실을 뜰 수 있다. 그러고 보면 기자가 운동장에 머무르는 시간은 대략 일곱 시간 정도가 되는 셈이다.

신문사의 공정이 전산화됐기 때문에 기자들은 과거의 타이프라이터 대신 소형 컴퓨터를 들고 다닌다. 본사로 기사를 전송하기 위한 전화기와 잭은 반드시 들고 다녀야 할 필수품이 됐다. 이렇게 컴퓨터로 기사를 보내게 됐으니 과거보다 송고 시간은 과연 얼마나 빨라졌을까? 사실 빨라진 것은 전혀 없다고 해야 옳다. 과거 텔레타이프로 송신해 주던 타자수들은 내가 타이프라이터로 마지막 단어를 치기가 무섭게 그 역시 손을 탈탈 털곤 했었다. 다만 컴퓨터 시대를 맞아 빨라진 게 있다면 신문사의 내부 공정이다. 과거에는 수신된 내용을 종이에다 풀어쓴 다음 주조 식자기를 두들겨 조판하는 과정을 거쳐야 했다. 그러나 현대식 컴퓨터 방식은 전화선을 타고 들어온 기사가 중앙 컴퓨터에서 자동으로 인쇄용으로 다듬어질 수 있게 공정을 단축해 놓았다.

기자에게 가장 힘든 일은 야간 경기를 취재한 이튿날 낮 경기를 취재하는 것이다. 가령 금요일 오후 5시에 야구장에 나가 취재와 송고를 마치고 퇴근하면 거의 자정 무렵이 되는데 토요일 게임이 낮 경기이면 아침 10시까지 구장에 나가야 한다. 홈 경기를 치를 때는 그래도 나은 편이지만 방문 경기 취재에 나선 데다 더욱이 시차까지 벌어지면 여간 큰 고역이 아니다. 그러나 요즘은 앞세대의 기자들처럼 가뭄에 콩 나듯 하루씩 휴식하면서 스프링캠프에서부터 월드 시리즈까지 8개월을 줄곧 경기장을 따라다니며 취재에 매달리는 기자는 별로 없다. 방문 경기를 취재 갔다 돌아오면 하루 쉬고 시즌 중에도 일주일씩 느긋한 휴가를 즐기는 게 보편화됐다. 그리고 1960년대만 하더라도 리그 사무국이 무리하게 일정을 재조정하는 통에 선수들과 기자들이 괴로울 수밖에 없었으나 이제는 선수 협회의 반발에 부딪혀 그렇게 할 수 없게 되자 취재 기자들도 얼토당토않게 출장을 가야 하는 일은 피할 수 있게 됐다.

라디오─텔레비전 관계자들은 신문 기자들의 바로 옆자리에서 일하면서도 전혀 다른 세계를 꾸미고 있다. 포수 뒤쪽의 가장 좋은 자리는 주로 그들의 차지다. 중계 아나운서에게는 널찍한 책상이 주어지고 다리를 뻗을 공간도 넓게 확보돼 있다. 그러나 중계석에는 엔지니어, 프로듀서, 그리고 때로는 광고 담당자까지 엉덩이를 들이밀고 끼어들기 때문에 반드시 안락하다고만은 할 수 없다. 그들의 발밑에는 각종 케이블들이 뱀처럼 꾸불꾸불 널려 있기 일쑤다. 그리고 중계석은 일반 신문 기자석처럼 기삿거리를 준비하는 장소가 아니라 경기 중에 실무를 보는 장소이기 때문에 다른 사람들의 접근이 허용되지 않는다.

라디오와 텔레비전의 구별도 예전 같지 않다. 각 구단의 중계 요원들은 각자가 맡은 전문 영역을 갖고 있기는 하지만 대체로 순번제로 일을 배당받는다. 라디오는 홈 게임, 방문 게임에 관계없이 전 게임을 중계하는 데 비해 텔레비전은 방문 경기를 홈팬들에게 방영하는 게 일반적이다. 홈 게임을 무료로 방영하는 경우가 전혀 없지는 않지만 극히 드물고, 대부분의 홈 게임은 전국 네트워크인 슈퍼스테이션을 통해 다른 지방에 보내진다. 뉴욕의 WWOR, 애틀랜타의 TBS, 시카고의 WGN이 그 예다. 이와 별도로 홈 게임을 일정액의 수신료를 받고 같은 지역의 주민들에게 보내는 유선 방송도 있다.

따라서 각 구단은 여러 형태의 프로그램을 제작하기 위해 4-8명의 중계 아나운서를 고용하고 있으며 그 밖에 카메라맨과 엔지니어도 상당수에 달한다.

아나운서의 게임 전 준비 활동은 신문 기자와 엇비슷하지만 사전 인터뷰(생방송이든 녹화든 관계없이)를 반드시 해 두어야 한다는 게 다른 점이다. 아나운서는 게임의 초구가 던져지기 전에 반드시 중계석에 정좌

하고 있어야 한다는 것도 신문 기자와 다른 점이다.

게임 중의 작업은 비교할 바가 못 된다. 캐스터는 잠시도 쉬지 못하고 게임에 매달려야 한다. 그들에게는 대단한 집중력이 요구되는데 신문 기자는 그런 능력을 갖고 있는 경우도 드물거니와 그럴 필요도 없다. 아나운서는 선수와 다름없이 한순간도 빼놓지 않고 게임에 집중하고 투구 하나하나에 주의를 기울여야 하는데 이것은 대단히 힘든 일이다. 그뿐 아니라 모든 선수에 대해 신상을 파악하고 날카로운 평가를 갖춰 두어야 한다. 특히 선수 출신 캐스터라면 더 말할 나위도 없다. 이 직업은 나무만 보고 숲은 보지 못하는 속성을 길러 놓으므로 전체적으로 조망하는 안목이 떨어지는 게 흠이라면 흠이다. 더구나 아나운서는 한번 뱉은 말은 도로 담지 못한다. 그가 본 것은 대중에게 실시간으로 곧장 전달된다. 어법이 맞지 않거나 발음이 틀리거나 엉뚱한 말을 하거나 관찰한 내용이 틀리면 곧바로 비난의 표적이 된다.

아나운서가 한 게임을 중계하면서 쏟아 놓는 단어는 2만 개에서 3만 개에 달한다. 신문 기자는 하루에 2,000단어쯤 동원하는데 그것도 기자 자신이 정서하고 데스크가 윤문하는 여과 과정을 거쳐 독자에게 전달된다. 그러므로 아나운서가 때때로 말실수를 하더라도 애교로 받아 주어야 한다는 게 필자의 견해다.

그렇지만 일부 아나운서들은 시치미 뚝 떼고 허무맹랑한 말들을 늘어놓는다. 어느 날 다저 스타디움에서 LA 다저스─뉴욕 메츠의 경기를 중계하던 팀 맥카버의 중계를 듣던 필자는 그의 낯 두꺼움에 경탄해 마지않았다. 화면에는 유격수가 한 걸음 앞으로 다가서면서 높이 뜬 내야 플라이를 잡으려는 장면이 나오고 있는데 맥카버는 천연덕스럽게 "레프트 쪽으로 깊은 플라이가 날아갑니다."라고 외치는 것이었다. 맥카버는 계속해서 "아, 바람이 워낙 세다 보니 타구가 유격수 플라이에 그치고 말았군요."라고 이어갔다. 그러자 그와 나란히 앉은 해설자 랠프 카이너의 낄낄거리는 소리가 마이크를 통해 들려왔다. 카메라는 짓궂게도 센터 쪽의 게양대에 걸린 기들을 잡고 있었는데 그것들은 오뉴월의 쇠불알처럼 축 늘어져 있었다. 그러자 맥카버는 눈 하나 깜짝 하지 않고 이렇게 말하는 것이었다. "저것 보세요. 바람이 위에서 곧장 밑으로 불고 있습니다."

사실 신문과 방송은 잘못을 바로잡을 수 있느냐, 없느냐 하는 데에 기능상의 차이가 있다. 아나운서는 카메라 렌즈처럼 벌어진 내용을 있는 그대로 전달하면 그만이다. 다음에 무엇이 벌어질 것인가는 신경 쓸 필요가 없다. 즉 방송의 요체는 즉시 전달에 있다. 신문 기자는 모든 상황이 끝난 뒤에 정리할 여유가 있으며 또 그렇게 하는 게 정상이다. 즉 신문의 요체는 편집에 있는 것이다.

아나운서에게는 편집자적인 판별이 허용되지 않는다. 거꾸로 신문 기자는 그런 판단력을 갖춰야만 한다. 따라서 신문 기자는 많은 사안 중에서 중요한 내용을 골라내는 훈련을 쌓아야 한다. 아나운서는 현재 벌어지고 있는 상황이 결과적으로 중요하든 그렇지 않든 가리지 않고 있는 그대로 전달하지 않으면 안 된다.

아나운서의 업무는 게임이 끝나는 바로 그 순간 동시에 끝나지만 신문 기자는 그때부터 비로소 실무에 들어간다. 시간상으로 보면 그게 아나운서에게 유리한 점이다. 그러나 아나운서는 신문 기자와 달리 시도 때도 없이 열리는 지긋지긋한 '미팅'에 시달린다. 방송 관계자들은 만나기만 하면 미팅을 갖는데 월드 시리즈처럼 중요한 이벤트가 열리는 경우에는 아침 미팅, 게임 전 미팅, 게임 후 미팅, 심지어 식전 미팅까지 갖는다. 방송 PD들은 미식축구 코치만큼이나 세밀하게 작전을 짜곤 한다. 아나운서는 귀에 리시버를 끼고 있지 않는 시간에도 상전들의 잔소리에 귀가 편할 날이 없다.

CBS가 뉴욕 양키스를 소유하고 있던 1967년에 시범 경기의 중계를 맡은 척 밀턴은 그 당시만 해도 직위가 그다지 높지 않았다. 그는 주로 미식축구 경기 중계로 아나운서 경력을 쌓았기 때문에 야구가 어떻게 돌아가는지는 잘 모르고 있었다. 그는 게임이 시작되기 전에 의욕에 불타 랠프 후크 감독을 만났다.

"오늘 게임을 어떻게 치를 계획이신지 말씀해 주시겠습니까?"

척은 그 답변에 맞춰 미리 중계 준비를 갖춰 놓으려는 심산이었다.

후크 감독은 어리둥절한 표정을 짓더니 이렇게 말했다.

"어, 처음에는 빡빡한 게임을 치르게 되겠지요. 선발투수에겐 3이닝을 무실점으로 막도록 하고 조 페피톤이 3점 홈런을 터뜨리면 그때부터 슬슬 풀어 나갈 생각입니다."

우문현답이었다. 곁에 있던 우리가 배꼽을 쥐고 웃고 있었지만 밀턴은 그 말을 정말 곧이곧대로 받아들이고 있었다. 우리는 그때 그 일화를 갖고 요즘도 그를 놀려 대곤 하는데 그는 그렇게 고지식한 사람이었던 것이다.

미디어의 기능이 다르다 보니 서로의 이해가 엇갈리는 것은 당연하다. 전파 매체의 리포터들은 마이크를 비롯해서 카메라, 조명 집음기 등 엄청난 장비들을 지니고 다니며 현장 상황을 그대로 담는 즉시성에 충실해야 한다. 반면 기사는 현장에서부터 독자에게 전달되기까지 아무리 빨라도 몇 시간이 걸린다. 따라서 두 업계는 취재 과정에서부터 서로 부대끼는 일이 잦다. 신문 기자로서의 필자는 시간의 여유를 갖고 취재원과 깊고 솔직한 대화를 나누려고 한다. 그러나 마이크를 들고 다니는 사람들은 아무리 하품 나는 얘기일지라도 선수들의 실제 육성으로 녹음을 따지 않으면 안 된다. 그래서 양자가 서로 밀치며 취재 경쟁을 벌이다 보니 이미 오래전부터 마이크를 들이미는 방송측에 신문 기자가 지게 마련이었다.

왜 지게 됐는가? 야구와 신문의 공리 공생 관계가 약화됐기 때문이다. 그런 유대가 아직도 남아 있기는 하지만 과거에 비하면 밀도가 훨씬 낮아졌다.

프로야구는 남북 전쟁이 막 끝난 1860년대에 태동했고 오늘날 우리의 눈에 익은 현대식 신문이 간행되기 시작한 것도 그 무렵이었다. 야구 흥행에 관여하던 사람들은 게임이 벌어진다는 사실을 대중에게 널리 알릴 필요가 있었다. 또 신문은 날마다 독자의 흥미를 끌 수 있는 얘깃거리가 필요했다. 야구가 점점 대중의 인기를 얻으면서 게임이 거의 매일 치러지도록 스케줄이 잡히자 양자의 이해가 맞아떨어졌다. 야구팬이 어제 경기의 전적을 알아보려면 신문을 사봐야 했고 그런 야구 경기는 6개월간 끊임없이 치러졌다. 그리고 어제 경기에 관한 기사는 오늘과 내일 벌어질 경기에 대한 흥미와 관심을 고취시켰다. 야구팬이 늘어난다는 것은 구단의 입장 수입 증대와 함께 신문 판매 부수의 확장을 뜻했다.

두 업계는 공생공존의 관계에 있었다. 구단들은 기자를 반갑게 맞아들이고, 방문 경기에 나설 때 기자들의 이동 경비를 대주고, 작업장(기자실)과 송고 시설을 제공하고, 나아가 관중의 흥미를 고취시키기 위한 기사를 쓰려는 기자의 취재에 감독이나 선수들이 기꺼이 응하도록 조치했다. 신문은 '국기國技'인 야구를 좌우하는 주요 기관으로서의 특권을 만끽했고 상대 선수나 패배한 상대 팀은 거리낌 없이 조롱하면서도 제 고장의 구단과 선수단을 깎아내리는 일은 거의 없었다.

양자의 유대를 강화시키기 위한 다음 단계는 말하지 않아도 알 수 있을 것이다. 서로 상대의 이익을 보살펴 줌으로써 대중의 이목을 끄는 방안을 강구하게 됐고 특히 정치인들은 그런 야구의 번영을 정치 활동에 십분 이용했다. 그들이 자기 선거구에 속한 야구 팀에 대해 덕담을 늘어놓는 것은 유권자의 환심을 사는 것으로 직결됐다. 개막전 등을 직접 참관하는 것은 대중 유세에 나선 것과 다름없는 효과가 있었으며 신문에 자기 이름과 사진이 실리는 부대 이익까지 뒤따랐다. 신문과 정치인들은 야구단 못지않게 야구가 번성하기를 기원했다. 그게 그들 자신에게 유익했기 때문이다.

1960년대까지만 해도 구단들은 신문을 그들의 생명선으로 여기면서 최대한의 예우를 해 주었다. 그러나 텔레비전이 위세를 떨치기 시작하자 세상은 무섭게 변했다. 야구뿐만 아니라 상업적으로나 정치적으로 모든 것이 변했다.

텔레비전도 초창기의 신문과 똑같은 이유로 야구에 기대었다. 즉 텔레비전 수상기를 널리 보급하기 위해서는 이미 야구가 쌓아 놓은 인기에 편승할 필요가 있었다. 그런 취지에서 텔레비전은 독점 중계를 하는 대가로 야구단에 기꺼이 많은 돈을 바쳤다. 19세기에는 야구단과 신문이 작은 경제 규모 속에서 공동 발전을 이뤄왔으나 20세기 중반에 이르러서는 양자가 모두 방송사를 주주로 받들어 모시는 신세가 돼 버리고 말았다.

텔레비전은 일단 많은 시청자를 확보하자 지배 세력으로 군림하기 시작했다. 과거 신문을 통해 팬들에게 전달되던 야구는 이제 텔레비전 화면으로 더욱 생생하게 팬들에게 다가서게 됐고 방송사는 그 대가로 구단에 엄청난 돈을 지불했다. 이에 따라 구단은 신문에는 신경을 덜 쓰면서 텔레비전 회사와의 유대 강화에 전력을 기울이게 되었다. 그럴 수밖에 없는 것이 야구가 텔레비전을 냉대했다가는 텔레비전이 다른 스포츠로 눈을 돌릴 것이기 때문이다.(1960년대에 출범한 프로 미식축구 리그 NFL가 좋은 예다.)

그렇다고 신문이 야구계에서의 중요성을 완전히 잃었다는 뜻은 아니다. 경영난으로 많은 신문사들이 문을 닫고 말았지만 살아남은 신문은 오히려 종전보다 더 막강한 영향력을 발휘하고 있다. 그리고 신문의 용도가 달라졌다. 어제 게임에 대한 보도 못지않게 '오늘의 텔레비전 중계 안내'가 큰 비중을 차지하고 있다. 방송사가 구단에 지불하는 중계권료 안에는 그들의 방송 일정표라고 할 수 있는 게임 안내를 매일 신문에 신도록 조치한다는 조건이 은연중에 포함돼 있다고 할 수 있다. 주말 연속극이나 미니 시리즈, 또는 올림픽처럼 이따금 열리는 특별 이벤트와 달리 시즌 내내 열리는 야구 경기는 중계 예고를 내보내는 데에 시간을 할애하기가 쉽지 않다. 차라리 시청자들이 신문을 뒤져 보도록 하는 편이 바람직하다. 따라서 구단들은 신문과의 유대를 여전히 돈독히 하고 있으며 관계를 완전히 끊어 버릴 생각은 추호도 없다. 그러나 경기 시각의 변경, 클럽하우스 개방, 취재단의 신분 보장 등을 놓고 텔레비전과 다른 보도 매체의 요구가 상충될 때 구단은 항상 텔레비전을 최우선적으로 고려해서 결정하게 마련이다.

　마지막으로 언급할 대목은 '기자실'이다. 말이 기자실이지 요즘은 기능상으로 보면 '구단 응접실'이라는 표현이 더 적절하다. 기자실은 원래 야구장에서 기자들이 모이는 곳, 기자의 개인 장비를 보관해 두는 곳, 야간 경기를 마친 뒤 옥외에서 기사를 작성하기 곤란할 때 들어가는 곳이라는 용도를 갖고 있었다. 기자들은 여러 시간 동안 구장에 갇혀 작업해야 하므로 그들에게 음료수와 가벼운 식사를 제공하는 것은 자연스러운 관행이 됐고 구단 관계자나 코치들이 퇴근길에 그곳을 들러 친한 기자들을 만나 보기도 했다. 래리 맥페일은 1938년 브루클린 다저스를 인수한 후 흥행 진작을 위해 다각적인 방안을 강구했는데 그중 하나가 기자실 설치였다.

그러나 요즘 기자실은 주객이 전도되고 말았다. 1940년대 후반부터는 구단을 출입하는 각종 업자들의 집결지로 변했고 방송 엔지니어, 광고 대행사 직원, 탐색 나온 스카우트 요원, 제 고장에서 내로라하는 정치인, 프리랜서 등 별의별 사람들까지 모두 기자실을 들락거리게 됐다. 야간 경기가 잦아지고 나서 구장 안에서 사 먹을 수 있는 음식이라 해봐야 핫도그 외에 별다른 게 없자 기자실에서는 좀 더 나은 메뉴가 제공되기 시작했다. 무엇이든지 시설이 개선되면 될수록 많은 사람들이 몰려들어 대화와 정보 교환이 활발해지게 마련인데 요즘 기자실을 차지하고 있는 얼굴들을 보면 구단 관계자가 기자들의 세 배는 된다.

그러나 그것도 피할 도리가 없는 변화일 뿐이다. 그리고 가는 세월 속에 늙는 것도 피할 도리가 없지 않은가.

필자가 소싯적에 야구를 취재하러 나섰을 때는 '과연 내가 기자실의 좋은 자리를 차지할 수 있을까?' 하는 것이 은근한 걱정거리였다. 그러다가 나중에는 '그 기자실 음식 맛은 어떨까?' 하는 것으로 걱정거리가 바뀌었다. 좀 더 늙어서는 '그 구장은 기자실까지 엘리베이터가 설치돼 있나?'가 가장 큰 걱정이었다. 그리고 나서 네 번째 걱정. '내 자리에서 화장실까지 왔다 갔다 하기가 편할까?' 마지막 다섯 번째 걱정은 두 가락으로 나뉜다. '내가 꾸벅꾸벅 존다면 첫째, 남들이 눈치챌까? 둘째, 에라, 챌 테면 채라지 뭐.'

12 원정 경기

 어느 프로 스포츠나 마찬가지지만 야구는 끊임없이 이리저리 옮겨 다녀야 하는 생리를 갖고 있다. 두 팀이 경기를 벌였다 하면 둘 중의 한 팀은 불가불 원정팀일 수밖에 없다. 야구에서의 '객지 생활'은 현대보다도 과거에 더 깊은 맛이 있었다. 이동 자체는 예나 지금이나 마찬가지지만 주변 여건은 너무나 많이 바뀌었다.
 끊임없는 이동이 오로지 야구만의 특색이라 할 수는 없다. 일반 직종에 종사하는 사람들도 연간 수백만 명이 꼬박꼬박 출장을 다니고 있기 때문이다. 그리고 단단하게 뭉쳐진 팀의 일원으로서 동고동락하는 선수에게 요구되던 공동 운명체 의식은 이제 완전히 사라졌다고는 할 수 없지만 많이 희박해진 것은 틀림없다. 경제적 풍요를 누리게 되고 개인주의가 발달한 탓이다.
 《뉴욕 타임스》의 A.H. 와일러 기자는 1956년에 페데리코 펠리니 감독이 제작한 주옥 같은 명화 「길」에 대해 이런 영화평을 남겼다.

"인생. 길도 바로 그것이다. 길은 정처 없이 펼쳐져 있는 것처럼 보이고 때로는 막다른 골목처럼 보이기도 하지만 그곳은 진리와 시로 가득 차 있다. 구불구불 슬프고 때로는 즐겁기도 한 그 길을 따라가노라면 무엇보다 절실하게 드러나는 것이 남자의 외로움과 사랑의 갈구이다."

그게 객지 생활이다.

외로움. 야구에 관해 모든 것을 안다고 자부하는 사람이라 하더라도 직접 야구계 안에서 생활해 보지 않고서는 외로움이라는 감정을 제대로 맛보거나 헤아릴 수 없다. 앞서 말한 대로 무서움을 극복하는 것이 타격의 기초이면서도 그것에 대해 말하는 사람이 별로 없듯이 외로움도 야구 생활의 가장 기본적인 사항의 하나인데도 그다지 자주 언급되지 않고 있다.

외로움이라는 감정은 여러 형태로 나타난다. 그러나 가장 밑바닥에 있는 내용물은 다음과 같다. 자기가 아끼고 사랑하는 사람들과 보금자리를 떠나 있어야 한다. 그것도 어쩌다 한 번이 아니라 끊임없이. 그런 감정과 상황을 제대로 이겨 내지 못한 채 프로 세계에서 생활하다 보면 선수, 코치, 기자, 방송 관계자 등 어느 직종을 막론하고 제 역량을 충분히 발휘하지 못하게 된다.

방문길에 오르면 가장 먼저 느껴지는 게 '피곤'이다. 비행기 이동의 피로, 일정치 않은 시간표, 불편하기 짝이 없는 호텔 침대, 불규칙한 식사 등등. 한 게임이 끝나고 다음 게임이 벌어지기까지, 또는 비행기를 갈아타기 위해 공항 대합실에서 기다리는 시간에 '나는 지금 길바닥에서 인생을 허비하고 있다'는 느낌을 지워 버리지 못하면 허탈감 속에 헤매게 된다. 이 시간에는 여기서 무엇을 해야 하고(게다가 지각은 절대로 허용되지 않는다.), 저 시간에는 저기서 무엇을 어떻게 해야 한다는 빡빡한 일정에 쫓기면서 그 와중에 별로 할 일이 없이 집에 두고 온 마누라 생각, 자식 생각, 친구 생각, 그 밖에 개인적인 걱정거리들을 떠올리다 보면 자연히 심신이 지칠 수밖에 없다.

이런 스트레스를 떨치기 위해 술을 마시기도 하고, 더러는 여자 꽁무니를 따라다니기도 하고, 더러는 밤샘 카드를 즐기기도 한다. 더러는 텔레비전에 눈을 매달아 놓기도 하고, 더러는 닥치는 대로 음식을 입에 집어넣는 것으로 마음을 달래기도 한다. 더러는 신경질적이 돼 있고, 더러는 축 처져 있다. 더러는 신앙 생활에 몰두하기도 하고, 더러는 말썽을 일으켜 경찰 보호실 신세를 지기도 하고, 더러는 술 대신 마약에 손대기도 한다. 책을 읽거나 개인적으로 흥미 있는 것을 연구하고 관광을 즐기고 새로운 사람들을 사귀고 개인적인 안목을 넓히는 등 건설적인 방향으로 시간을 보내는 사람도 전혀 없는 것은 아니다.

어쨌든 객지 생활을 하면서 전혀 흔들리지 않는 사람은 없다. 그냥 집에 머물러 있을 때처럼 정상적인 생활 패턴을 고스란히 유지하는 사람은 아무도 없다.

야구에서는 이런 불안정이 더욱 심각하다. 대부분의 선수들은 이중적인 객지 생활을 하는 셈이다. 그들이 '홈'이라고 부르는 소속 구단의 본거지 도시는 실제로 그들의 가정이 있는 곳이 아니기가 십상이다. 따라서 그들은 일단 스프링캠프가 시작되면 8개월 동안은 줄곧 객지에 나가 있는 셈이다. 자녀들이 여름 방학을 맞은 두 달 동안 가족을 가까이 데려다 놓을 수는 있지만 그 역시 '캠핑' 온 기분에 지나지 않으며, 그나마 그중의 또 절반은 가장(선수)이 다른 지역으로 원정 경기를 떠나야 한다. 그리고 시즌 종료 후 카리브 지역에서 치러지는 윈터리그 등 각종 교육 리그에 참가해야 하는 어린 선수들은 사실상 1년 열두 달 객지 생활을 면치 못하는 셈이다.

미식축구는 1개월의 트레이닝 캠프 기간이 지나면 4개월에 걸친 시즌을 치르면서 평균 2주일에 한 번씩 이틀만 다른 구장을 방문하면 된다. 농구나 아이스하키는 일단 원정길에 오르면 하루 만에 이동해야 하기 때문에 사정이 더 나빠 보이지만 일주일에 평균 세 게임만 치르므로 그다지 불편하다고는 할 수 없다. 개인 스케줄에 따라 움직이는 테니스 선수나 골퍼는 1년 내내 지구촌을 전전하지만 일단 한곳에 도착하면 일주일씩 머무르게 되고, 일정을 자신의 편의에 따라 조절할 수 있는 이점이 있다. 그러나 야구는 연일 경기를 치러야 하고, 원정 시리즈를 맞으면 사흘에 한 번꼴로 이동해야 하고, 홈에 돌아와도 계속해서 열흘 이상 머무르는 일이 없으므로 어느 종목보다도 강인한 지구력과 피곤을 극복하려는 노력이 요구된다.

그중 위안이 되는 것은 우의友誼다. 선수들은 물론 기자들 사이에도 팀의 일원이라는 동료 의식은 매우 소중한 것이다. 그러나 세월이 흐르면서 이런 즐거움도 점차 사라지고 있다. 그렇게 된 원인으로는 항공 이동, 경제적 풍요, 전자 통신 시설의 발달, 사회적 갈등, 신문사의 감소, 선수—기자의 적대감, 야간 경기, 그리고 구단 증설 등 여덟 가지를 꼽을 수 있다.

대부분의 경기를 오후 4시부터 치르고 기차 편으로 이동하던 시절에는 우의가 자연발생적으로 우러나오게 마련이었다. 기차 이동을 하다 보면 식당칸이나 칸막이 객석에서 담소하거나 카드 놀이를 즐기며 함께 시간을 보내게 된다. 기차역은 시가지 중심에 위치해 있기 때문에 호텔까지 삼삼오오 짝을 지어 택시를 타고 이동하거나 걸어가기도 했다. 호텔에서의 생활도 마찬가지다. 낮 게임이 벌어지는 날이면 대체로 비슷한 시간에 식사하고 커피숍에 모이는 게 보통이며 구장으로 출발하기 전에 로비에서 대화를 나누는 것도 지극히 일반적인 모습이었다. 게임을 마치고 나서 사교 활동을 벌일 시간도 넉넉했다. 식당에 가거나, 영화를 보거나, 친구를 만나거나, 술집을 찾아가거나, 그 밖에 무엇을 하든지 로비에서 서로 마주치고 북적대는 일이 잦았다. 끼리끼리 모이는 게 쉽게 눈에 띄었다. 누가 어디서 무엇을 하는지 서로 알고 있었다.

그뿐 아니었다. 그 시절의 선수들은 누구나(경제적 이유에서) 룸메이트가 있었다. 구단에서 지급하는 식대가 워낙 알량했기 때문에 선수들이 자주 다니는 식당도 뻔했다. 그리고 선수들이나 기자들이나 따지고 보면 경제적으로 같은 계층에 속해 있었다.(이건 매우 중요한 사실이다.) 다시 말해서 수입에 큰 차가 없었기 때문에 생활 방식도 엇비슷했다. 비싼 물건을 보면 누구나 비싸다고 느꼈고, 서로 살림살이를 걱정해 줬고, 너나 나나 비슷한 월급쟁이 신세라는 동류 의식이 있었다. 몇몇은 남들보다 수입이 좀 낫고 어쩌다가 베이브 루스처럼 유난히 많은 수입을 올리는 사람도 없는 것은 아니었지만, 대부분의 사람들 마음속에는 같은 직종에서 일하고 같은 계층에 속해 있다는 동료 의식이 자리 잡고 있었던 것이다.

또 하나의 요소는 매우 부끄럽고 결코 정당화될 수 없지만 엄연히 존재했던 사항이다. 즉 2차 세계 대전이 끝날 무렵까지만 하더라도 야구계는 백인 일색이요, 남성 일색이었다는 점이다. 그것은 흑인에 대한 배척을 가리키는데 따돌림당했던 사람들에게는 위로의 말을 찾을 수 없는 모욕이었고 그런 인종 차별의 벽을 허물기까지는 엄청난 대가를 지불해야만 했다. 그렇지만 당시의 백인 일색이라는 양상이 그 안의 구성원들에게 동료 의식을 심어 줬던 것은 틀림없는 사실이다.

마지막으로 그 시절에는 메이저리그 팀의 본거지 도시는 열 개에 불과했고 그중 절반은 양대 리그에 속한 한 팀씩을 갖고 있었다. 따라서 똑같은 도시를 몇 주에 한 번씩 방문할 수 있었다. 세인트루이스의 체이스 호텔, 보스턴의 켄모어 호텔, 디트로이트의 북 캐딜락 등은 선수들이 즐겨 묵던 숙소였다. 같은 곳을 자주 드나들다 보면 경비원, 수위, 비서 등과 개인적 친분이 생기게 되고 다른 도시의 구장, 호텔 직원들은 물론 그곳의 팬들과 택시 운전사까지도 안면을 트고 지낼 수 있었다. 그리고 당연한 일이지만 다른 팀의 선수와 기자들도 잊을 만하면 만나고 또 만나곤 했다.

이런 여건에서는 자연히 우의가 생길 수밖에 없었다. 그렇지만 오늘날의 여건은 그런 친목 도모의 기회를 빼앗아 갔다.

아무리 전세기 편으로 선수단 전원이 함께 다닌다 하더라도 항공 이동은 고독을 느끼게 한다. 누구나 자기 자리에 앉아 꼼짝없이 안전 벨트에 묶여 있어야 하는 것이다. 필자가 여러 차례 얘기했지만 기차는 '굴러가는 호텔'이요, 비행기는 '날아가는 버스'다. 당신이라면 어느 쪽을 택하고 싶은가? 게다가 공항에서 숙소까지 이동할 때도 삼삼오오 택시를 타는 게 아니라 구단 버스를 이용한다. 그리고 대부분의 구단들은 기자들이 구단 버스에 동승하는 것을 꺼린다. 또 공항 대합실은 과거의 기차역 대합실보다 끼리끼리 어울려 있기가 불편한 곳이다.

호텔 풍경도 달라졌다. 아예 로비조차 갖추지 않은 호텔이 있는가 하면 로비가 있더라도 거기서 어정대는 선수는 별로 없다. 텔레비전 수상기와 자동 판매기, 그 밖의 개인 위주의 편의 시설이 워낙 발달하다 보니 대부분이 제 방에 틀어박혀 지낸다. 그리고 선수가 원하기만 하면 독방을 얻는 것이 허용되기 때문에 한 명이 방 하나씩 차지하는 게 일반적인 추세다. 선수 연봉이 50만 달러쯤 되다 보면 그 정도의 차액은 능히 자비로 부담할 수 있다. 그들은 프라이버시를 지키기 위해 방안에 틀어박혀 룸서비스를 통해 필요한 것을 주문한다.

선수들은 이제 명사 급에 속한다. 어디를 가나 남들이 알아줄 뿐 아니라 그들 스스로 부자와 유명인답게 처신한다. 할리우드 전성 시대의 영화 배우들이 그랬던 것처럼 야구 선수들도 자신이 돋보이도록 개인 매니저, 회계 담당, 이발사, 골프 파트너, 친인척, 사업 파트너 등 한 무리를 거느리고 다닌다. 수입이 아직 그 단계에 이르지 못한 어린 선수들은 선배들의 그런 모습을 당연하게 받아들이고 있으며, 아직 때가 오지 않아 그렇지 자기도 나중에 돈을 많이 벌면 그렇게 하겠노라고 마음먹는다.

이삼십 대 초반의 어린 나이에 그런 위치에 오른 선수라면 나이가 마흔 살이나 됐으면서도 아직 연봉이 10만 달러에도 미치지 못하는 기자들을 어떤 눈으로 바라볼 것인가? 저 기자라는 작자가 야구와 좀 더 직접적으로 관련된 일을 했더라면 수입이 더 좋을 게 아닌가. 나는 이만큼 중요한 인물이니까 그만큼 많은 돈을 버는 것이고, 당신네들은 그렇지 못하니 그 모양 그 꼴 아니냐.(돈이 그 사실을 증명해 주고 있지 않은가) 그리고 나는 힘든 노동을 하지 않고 사인만 찍찍 해 주더라도 떼돈을 벌 수 있다. 그런데 기자라는 작자들은 내가 한 말을 인용해서 기사를 쓰고 그걸로 먹고사니 우리들에게 기생하는 게 아니고 뭐란 말이냐. 나는 워낙 사람이 좋으니까 그들을 친절하고 공손하게 대하지만 다른 사람 같았으면 누가 그 따위 귀찮은 존재들을 상대나 해 주겠느냐.

이런 태도는 피차 외로움을 덜어 내는 데 전혀 도움이 되지 않는다. 이런 태도에 대해 기자들의 반응이 어떠할지는 너무나 뻔하다. 내가 기자가 아니었으면 왜 이 따위 불손한 작자를 상대하랴. 그러니 꼭 물을 것만 묻고(녹음기에 녹음하거나 수첩에 메모한다.), 사무적으로 대하면서 (직업상의 필요 때문에) 겉으로만 친한 척하고는 너는 너대로, 나는 나대로 각자가 갈 길로 가면 그뿐이다.

게다가 종전과 달라진 작업 여건도 외로움을 가중시킨다. 웨스턴 유니언 통신사나 그 밖의 통신 수단을 통해 송고하던 시절에는 기사 정리를 위해 반드시 구장에 머물러 있어야 했고 기자실에서 기사 작성을 마치면 그 종이를 움켜쥐고 웨스턴 유니언까지 뛰어가곤 했다. 그러나 이제는 랩탑을 전화 플러그에 연결시켜 놓고는 방에서 꼼짝 않는다.

더구나 야간 경기는 하고픈 일을 아무것도 못하게 만든다. 오후 7시 30분에 시작되는 야간 경기를 마치고 나면 선수라 해도 밤 11시나 돼야 경기장에서 빠져나갈 수 있다. 기자는 그보다 훨씬 늦은 자정이 돼야 겨우 일을 끝낼 수 있다. 그 시각이면 제법 그럴듯한 식당은 모두 문을 닫았고 영화관이나 극장도 마찬가지다. 그 도시에서 만나 볼 만한 사람들은 모두 잠자리에 들고 난 다음이다. 대부분의 호텔은 그 시각이면 룸서비스마저 마감한다. 할 수 없이 자그마한 술집이나 커피숍을 찾아가 지친 심신을 달래거나 텔레비전을 보다가 잠을 청하는 수밖에 없다. 고수입을 올리는 선수나 방송 캐스터는 제 방이나 스위트룸에서 이따금 파티를 열기도 하지만 기자라고 해서 누구나 초대받는 것은 아니다.

기자들은 인원수가 적기 때문에 더욱 외톨박이 신세가 되고 있으며 과거에 존재하던 기자 사회의 선후배 의식도 어느덧 사라졌다. 과거 뉴욕 시내에만 열 개, 시외에 여섯 개의 신문사가 있던 시절에는 팀과 동행 취재하는 기자가 십여 명에 이르는 반면 방송 관계자는 기껏해야 서너 명에 지나지 않았다. 그러던 것이 이제는 상근 취재 기자가 네댓 명으로 줄어든 반면 방송 관계자들은 지역 방송, 전국 중계, 유선 방송 등 규모에 따라 인원수가 약간씩 다르기는 하지만 각 사별로 십여 명씩 떼지어 다닌다. 원정 경기 취재에 나선 기자들은 선수, 코치들과 어울리는 데서 쏠쏠한 재미를 느꼈는데 요즘은 신문 기자가 수적으로 워낙 적다 보니 자기들끼리도 별로 친하지 않은 듯하다.

걱정거리도 달라졌다. 호텔에서 방을 배정받을 때 종전에는 다음과 같은 것들을 신경 써야 했다. 에어컨은 제대로 가동될까? 라디오나 텔레비전은 잘 나올까? 요즘은 그게 아니다. 내 방에 컴퓨터를 연결할 수 있는 플러그는 있을까? 전화 잭은 뽑았다 끼웠다 할 수 있게 돼 있을까? 또 잭의 모양이 내 기계와 맞을까? 이 호텔에서는 요금 계산할 때 보너스 마일리지 가산점을 주던가?

특히 이 마지막 것은 중요하다. 기자들의 이동에 관한 잡무는 구단이 맡아서 처리해 준다. 비행기 탑승자 명단이나 호텔 숙박인 명부에 기자 이름을 추가하고 그 경비는 나중에 신문사로 청구한다. 때때로 기자에게 직접 청구서를 내미는 구단도 있지만 어차피 출장비는 신문사가 부담하므로 기자로서는 어느 쪽이 되든 상관없다. (과거에는 기자 앞으로 나온 청구서를 구단이 슬쩍 대신 처리해 주는 시절이 있었다. 그러다가 신문사들이 수적으로 줄어들긴 했어도 살아남은 신문사는 오히려 종전보다 강성해졌고, 구단은 홍보를 신문에 크게 의존하지 않게 되자 그런 식으로 편의를 봐주는 게 윤리적으로 좋은 짓이 아니라는 것을 양측 모두가 깨닫고 그런 관행을 없앴다.)

그리고 많은 기자들은 보너스 마일리지를 불리기 위해 각자 개인적으로 비행기편을 예약하기 시작했고 제 손으로 경비를 지불하는 것은 물론 심지어 선수단과 다른 호텔에 들기도 한다. 이런 것들도 우의를 깨는 데에 일조한다.

그리고 사회도 과거보다 점점 자잘하게 파벌을 형성하고 있다. 야구계만 하더라도 인종적 갈등이나 민족 간의 적대감이 전혀 없다면 새빨간 거짓말이다. 과거의 메이저리그에는 흑인이 발도 들여놓지 못했고 라틴계도 극소수에 불과했다. 이제는 흑인과 라틴계가 전체의 3분의 1을 차지하고 있다. 그러나 사회의 어느 분야나 마찬가지지만 흑인과 백인, 라틴계, 그 밖의 인종들은 융화가 제대로 이뤄지지 않으며 외로울 때면 끼리끼리 뭉치게 마련이다. 스포츠 세계라고 해서 예외일 수는 없다. 같은 백인 사회만 하더라도 세대 차다 뭐다 해서 종전보다 더 많은 갈등을 겪고 있다. 현대 미국 사회는 모든 것을 녹여 동화시키는 것 melting pot이 아니라 각개 분열로 향하고 있다. 야구계도 마찬가지다.

이제 구단 증설에 따른 변화를 놓고 보자. 아메리칸리그 팀들은 각 도시를 1년에 두 차례씩 방문한다. 원정지인 열세 개 도시에서 180일의 한 시즌에 엿새씩 머무는 것이다. 뒤집어 말하면 상대 팀들이 자기의 본거지 도시로 와서 머무르는 날짜는 1년에 엿새에 불과한 것이다. 같은 리그에 속한 200명의 선수가 여덟 팀에 나뉘어 있으면서 1년에 여덟 차례씩 번갈아 오가며 마주치던 시절에는 선수끼리 서로를 알게 됐고 더구나 자기에게 중요한 인물이라면 반드시 얼굴을 익히고 가까이 지낼 수 있었다. 그러나 350명의 선수가 열네 팀에 분산돼 있는 데에다 1년에 기껏해야 네 번밖에 만나지 못하게 돼서는 종전과 같은 친밀함은 느끼지 못할 수밖에 없다. 이런 점은 코치들이나 기자, 방송 관계자, 그 밖에 야구와 관련된 주변 인물들 모두가 마찬가지다.

그렇다면 야구계의 생활이 재미없어졌다는 말인가?

필자가 느끼기로는 정말로 그렇다. 선수나 기자는 말할 것도 없고 사업 규모가 커진 현대의 야구계에 종사하는 구단 관계자들도 과거와 같은 재미를 느끼지 못하고 있다. 각자가 맡은 일도 재미가 없어졌다. 선수들이 야구를 사랑하고, 기자나 팬들이 그 진행을 지켜보며 분석하기를 즐기고, 구단 관계자들이 장사가 잘되는 것을 흐뭇하게 여기기는 예전과 마찬가지다. 그러나 일하는 여건은 열악해졌다. 야구를 둘러싸고 있는 분위기는 여러 모로 늘어나는 긴장 때문에 신경질적이 됐으며 툭하면 상호 분규가 일어난다. 돈의 단위가 커진 것도 그렇게 된 이유의 하나다. 역설적이긴 하지만 이해관계가 깊어지면 깊어질수록 관계가 살벌해지는 것도 사실이다. 선수는(또는 구단은) 20년 전만 해도 감히 꿈도 꾸지 못했던 경제적 풍요를 누리고 있다. 거꾸로 자기 자리를 지켜내지 않으면 안 된다는 심리적 부담이 여간 크지 않다. 제자리를 위협하는 실제적인 도전자가 나타나지 않았는데도 막연하고 대수롭지 않은 자극만 일어나더라도 신경을 곤두세운다.

물론 인간은 재미만 좇아 살 수는 없다. 야구계는 20년 전이나 40년 전에 비해 훨씬 생산성이 높아졌지만 우승하기가 어렵기는 예나 지금이나 마찬가지이고, 원정지 순례는 더욱 빠듯해지다 보니 재미가 줄어드는 것은 어쩔 수 없다. 끊임없는 이동은 불만을 낳게 마련이다. 과학 기술의 발달로 더 빨리, 더 멀리 이동할 수 있게 됨에 따라 과거에는 상상도 못했던 장거리 이동이 가능해졌고 선수들은 이에 따라 움직여야 하는 불편을 겪게 됐다.

《해럴드 트리뷴》소속으로 브루클린 다저스 팀을 담당했던 해럴드 로젠틀 기자는 1948년에 필자가 데스크로 들어앉았을 때 어느 사회학자의 명언을 들려주었다. "성적性的 비행을 저지를 가능성이 가장 많은 부류는 출장을 자주 다니는 사람들이다." 로젠틀은 "그게 그러니까, 길바닥에 나다니다 보면 아무리 신사라도 잡놈이 되고 만다는 뜻"이라고 부연 설명했다.

그 말이 맞기는 맞다. 필자도 이제 늙고 무뚝뚝한 잡놈이 됐으니까.

13 프런트

곡마단과 군대를 소재로 한 유머를 한 가지씩 소개하겠다.

어느 곡마단에서 코끼리들이 서커스를 할 때 그 뒤를 졸졸 따라다니며 오물을 치우는 게 전문인 사람이 있었다. 그 냄새 나고 지저분한 짓을 왜 하느냐고 묻자 그 사람의 대답이 "아니 그럼, 나더러 서커스단 관계자라는 직함을 버리라는 말이오?" 하더란다.

군대에는 이런 말이 있다.

"전투병 한 명을 전장에 내보내기 위해서는 그 후방에는 병참 부대, 수송대, 훈련 요원, 예비 병력 등등 열 명이 버티고 있다."

이런 것들은 그저 웃어넘길 농담이지만 야구단의 속사정을 알려면 그 유머 속에 숨은 뜻을 살펴볼 필요가 있다.

관중들로 하여금 돈을 내고 경기장에 들어오도록 멋진 경기를 제공하기까지 그 뒷전에서 움직이는 사람들은 여간 많지 않으며 그들이 하는 일 중에는 과히 즐겁지 않은 것들이 대부분이다.

야구단의 지원 부대는 다양하며 각자가 맡은 역할에 따라 조직적으로 움직인다. 그것들은 의료 대책, 장비 지원, 수송, 행정, 홍보 등으로 나눌 수 있는데 이제부터 역순으로 살펴보자.

과거에 '경기 선전' 또는 '기자 접대' 정도에 머물러 있던 홍보 활동은 최근 50년 사이 중요성이 부각되면서 엄청난 발전을 거듭해 왔다. 과거의 홍보 관계자들이 하는 일은 관중을 불러모아 입장 수입을 불릴 수 있도록 매스컴을 상대로 '무료 광고'를 요청하는 단순한 작업에 지나지 않았다. 직접 광고비를 지불하지 않고도 무료 광고(기사)가 나오도록 뒷받침하는 것이 그들의 기본 임무이기는 지금도 마찬가지다. 그러나 홍보 기술은 세련미를 더해 가고 수준도 높아졌다. 요즘의 홍보 담당자들은 보도 관계자들에게 통계와 보도 자료를 제공하는 것은 물론 선수들을 동원해서 사인회를 갖거나 중요 인사 방문과 접대 등 특별 행사도 갖는다.

전에는 구단 직원 중 한 명이(주로 주무主務, road secretary) 선수 트레이드와 계약 관계, 입장권 구입 안내, 어제의 관중 수 등을 기자들에게 알려 주는 귀찮은 일을 도맡았다. 신문이 매스컴의 대명사였던 시절에는 그 정도로 충분했다. 그 뒤 라디오가 등장하여 공보를 위한 작업량(특히 선수별 성적 작성)이 크게 늘어나자 이때부터 구단들은 홍보 전담 요원을 두기 시작했고 주로 전직 기자들이 이 일을 맡았다.

현대에 와서는 모든 메이저리그 구단들이 외부 교섭을 전담하는 부서를 두고 있으며 '공보'는 이제 그 홍보부가 맡은 업무의 극히 일부에 지나지 않게 됐다. 다저스는 로스앤젤레스로 옮겨 오기 전인 브루클린 시절부터 이런 홍보 활동의 선도적 역할을 담당했고 또 가장 활발한 활동을 벌여 현대 관행의 모델을 만들었다. 1989년에 다저스에서 이 부서에 편성된 사람들의 직함을 보면 홍보 파트의 비중을 쉽게 알 수 있을 것이다.

— 홍보 담당 부사장
— 마케팅/판매 촉진 담당 이사
— 출간 담당 이사
— 선전 담당 이사

이와 별도로 지역 사회 활동팀community-relations unit이 구성돼 있으며 돈 뉴컴(이사), 로이 캄파넬라, 루 존슨 등 왕년의 스타 선수들이 이 팀에서 활동하고 있다. 그리고 이들 밑에 적당한 수의 직원들이 배치돼 있다.(말이 좋아 적당한 수이지 실은 누구나 격무에 허덕일 정도로 인원이 부족하다.)

'지역 사회 활동팀'은 말 그대로 사회 사업을 벌이는 사람들이다. 이들은 구단을 대표해서 친선과 대중 서비스라는 차원에서 일반 대중을 만난다. 이들은 각급 학교와 단체, 시상식장 등 각종 집회에 참석하고 대화를 나눈다. 이들은 다저스에 대해 좋은 인상을 심기 위한 선전 활동을 할 뿐 아니라 야구와 인생에 관한 의미 있는 얘기도 들려준다. 예를 들면 그 자신이 알코올 중독에서 헤어 나온 인간 승리의 실제 사례인 뉴컴은 회복과 예방법을 설득력 있게 강연한다. 이런 것은 상업성을 떠나 '훌륭한 시민'으로 적극적인 삶을 살아가는 인간 사회를 가꾸기 위한 공익 활동이다. 때로는 정치적으로나 사업적으로 부대 효과를 거두기도 하지만 이 부서는 관객 증대에 궁극적인 목적을 두고 있지는 않다.

선전 담당 이사는 팀과 동행하면서 매일 기자들과 방송 관계자들을 접촉, 정보와 자료(24쪽짜리 통계집)를 제공하며 좌석 배치와 통신 시설 설치 등을 돕는다. 이는 30년 전에 '공보 담당자'가 하던 일이다.

'출간 담당'은 『미디어 가이드』(원래는 32쪽짜리였으나 요즘은 200쪽이 넘는 방대한 책이 됐다.), 세밀한 내용의 연감, 판매 촉진을 위한 팸플릿 등을 발간한다.

'마케팅과 판촉 담당'은 특별 행사의 날을 꾸며 직접적으로 입장권 판매를 늘리는 작업을 맡는다. 배트의 날, 모자의 날, 카메라의 날, 국가 봉창 특별 손님 초청, 시구 초청 등이 특별 행사의 주요 메뉴들이다. 또 단체 고객과 시즌 티켓 고객을 확보하기 위한 작업도 이들의 몫이다. 비시즌에 개최하는 야구 강연, 지역 내의 소수 민족 사회나 특수 이익 단체 등을 찾아다니며 야구를 소개하는 일, 구단 마크와 로고 사용권 판매 등도 포함된다.

이들을 총괄하는 홍보 담당 부사장은 전반적인 업무 방향을 결정한다. 이런 임무를 수행하기 위해 어떤 노선을 채택할 것인가? 우리의 기존 자세와 절차는 무엇이었나? 리그 사무국과 커미셔너 사무국에서 내려온 정책을 우리 실정에 맞도록 어떻게 소화할 것인가? 우리 구단이 안고 있는 정치계 또는 매스컴과의 문제점은 무엇인가? 그리고 언제나 가장 중요한 사항으로, 우리는 구단주가 만족할 만큼 일을 잘하고 있는가? 이런 다저스의 패턴은 독특한 차원을 넘어 하나의 모범이 되고 있다. 각 부서의 노력과 그에 따른 결과가 들쭉날쭉하긴 하지만(그라운드에서 뛰는 선수들의 성적과 마찬가지다.) 모두들 나름대로 제 임무를 수행하고 있다. 그리고 몬트리올 엑스포스는 모든 문건을 영어와 불어 등 2개 국어로 간행하고 있다.

아서 패터슨은 홍보 활동을 현행 수준으로 끌어올리는 데 가장 정열적이고 창의력 있게 활약한 사람이다. 2차 세계 대전 이전까지 그는 《뉴욕 해럴드 트리뷴》의 기자로 활동했다. 래리 맥페일은 1945년 뉴욕 양키스를 인수하여 운영권을 장악하고 나서 패터슨을 홍보 담당으로 끌어들였다. 몇 년 뒤 다저스 구단으로 자리를 옮긴 패터슨은 팀이 로스앤젤레스로 이전할 때도 동행하여 다저스가 새로운 개척지에서 초석을 다지고 대성공을 거둘 수 있도록 결정적으로 공헌했다. 나중에 그는 애너하임의 캘리포니아 에인절스에서 최고 경영자에 오르기도 했다. 그가 홍보 담당으로 자리를 옮긴 지 얼마 되지 않았을 때 홍보 활동이라는 게 얼마나 해먹기 힘든 노릇인지를 뼈저리게 느끼게 하는 일화가 있었다.

야간 경기라는 게 아직 일반화되지 않아 야간에 게임을 치른다는 자체가 이미 특별 행사이던 그 시절(연간 한 구장에서 치르는 야간 경기는 7—10게임에 지나지 않았다.), 패터슨은 경기 전 공개 행사를 기획했다. 그가 양키 스타디움에다 마련한 특별 행사는 '견공犬公 쇼'였다. 그는 현역 기자 시절 매디슨 스퀘어 가든에서 치러진 견공 쇼에 관여했던 것을 기화로 이 행사를 마련한 것이다. 《뉴욕 해럴드 트리뷴》에서 함께 일하던 동료 기자 러드 레니는 이때 마침 양키스 구단 담당 기자였다. 그들은 같은 회사에 다녔다고는 하지만 그다지 친한 사이는 아니었고 이때도 관계가 개선되지는 않았었다.

패터슨의 기획은 대성공이었다. 우아하고 귀엽고 예쁜 개를 앞세우고 성장盛裝한 개 주인들이 빨간 카펫 위에서 펼치는 퍼레이드는 '쇼 중에서 단연 압권'이라는 찬사를 받을 만했다. 패터슨은 이 특별 행사가 대단한 호응을 얻자 윗사람들로부터 점수를 따기를 은근히 기대했다. 그래서 그는 이 행사를 단순한 1단짜리 기사로 취급하지 말고 큼지막하게 써 달라고 레니를 비롯한 과거의 동료 기자들에게 간곡히 당부했다.

그런데 레니는 야구에 대한 식견이 곧이곧대로였고 헤밍웨이식의 간결한 문체를 자랑하는 기자였다. 레니가 《해럴드 트리뷴》에 쓴 기사의 전문은 다음과 같았다.

"게임 전 공개 행사는 개판이었다."

현대 야구단의 사무 행정은 매우 광범위하다. 다음은 샌프란시스코 자이언츠의 구단 기구표다.

의결 기관	의장(구단주 밥 루리), 사장 겸 단장(앨 로젠), 행정 담당 부사장, 명예 부사장, 고문, 방송 관계 협의자, 3명의 직원
운영부	3명의 부사장(구단 운영, 부단장, 스카우트 총책), 3명의 이사(이동 업무, 선수 개발, 마이너리그와 스카우트 활동), 특별 부원(윌리 메이스, 윌리 매카비, 올랜도 세파다.), 4명의 직원
회계 경리	부사장, 회계 부장, 동 차장, 지출 계장, 계원
티켓	부사장, 3명의 실무자
홍보	부사장, 3명의 이사(매스컴 담당, 사진 도표 담당, 지역 사회 봉사), 매스컴 담당 이사 대우, 지역 사회 담당 부장, 부서 서무
마케팅 / 판촉	마케팅 담당 이사, 판촉 부장, 판매 이사, 판매 부장, 집계 담당, 세일즈 계원, 비서
구매 / 부대 사업	이사, 구매 부장, 소매 담당 부장, 우편 판매 담당, 3명의 구내 매점 관리인
구장 운영	부사장, 구장 운영/보안 담당, 차장, 귀빈 접대 담당, 영선 담당(4명), 비서, 전광판 조작 담당 '자이언츠 비전'(케이블 텔레비전과 전광판 광고 문안 담당) 11명
클럽 하우스 운영	4명

그리고 25명가량의 스카우트 요원과 10-15명의 마이너리그 감독, 코치, 인스트럭터가 별도로 있다.

레드 패터슨으로부터 양키스의 홍보 담당 자리를 넘겨받은 보브 피셜은 1956년에 사상 처음으로 프레스 가이드북(36쪽짜리)을 발간했다. 여기에 실린 명단에는 맨 위의 '공동 구단주' 댄 토핑과 델 웨브에서부터 맨 밑에 있는 '감독' 케이시 스텡걸에 이르기까지 열여섯 명이 소개되어 있다. 그 시절, 그전의 9년 동안 일곱 차례의 아메리칸리그 우승과 여섯 차례의 월드 시리즈 우승을 따낸 감독에 대한 양키스의 예우는 겨우 이 정도였다.

원정 경기에 따른 선수 수송은 프로야구가 시작됐을 때부터 필수 작업이었고 엄청난 중요성을 갖고 있었다. 흔히 '주무'라고 불리는 이 직책은 책임과 업무량이 엄청나다. 비행기 예약과 버스 대기, 호텔 예약, 선수들과 구단 임원들의 개인 장비 챙기기 따위는 약과다. 최근 구단 업무가 세분화되고 나서 주무의 몸은 한결 편해졌지만 아직도 모든 사람들에게 보모와 해결사 역할을 해야 한다. 종전에는 주무가 모든 대외 업무를 혼자 맡아야 했다.(금주법이 시행되던 시절에는 몰래 술을 조달하는 일까지 그의 몫이었다.) 주무의 활동 범위는 좁아졌지만 반대로 일상 업무는 엄청나게 복잡해지고 양적으로도 많아졌다. 선수나 기타 사람들의 청탁에 따라 공짜 표를 구해다 주는 귀찮은 일은 여전히 주무에게 맡겨져 있고 다른 구장에서 원정 경기를 치를 때마다 자기 팀에게 배당되는 입장 수입과 입장 인원을 체크하는 일도 다른 사람의 몫이 아니다. 그러나 운동 장비와 자질구레한 도구들까지 챙길 일에서는 해방됐다. 요즘 그런 일은 클럽하우스 관리인들이 대신한다.

클럽하우스 관리인은 자기가 거느리고 있는 부하 직원들과 함께 배트 지급, 구두 닦기, 글러브 수선, 그 밖에 클럽하우스에서 사용되는 모든 것(음식, 껌, 깨끗한 유니폼)을 다룬다. 그들은 바느질 도사일 뿐 아니라(유니폼에 이름과 번호를 다는 것도 그들의 손에서 이뤄진다.) 세탁, 메시지 전달, 잔심부름, 실내 청소 등을 맡는다.

만약 모든 나라의 군인과 공무원이 클럽하우스 관리인처럼 군소리 없이 맡은 일을 철저히 해낸다면 전세계 어디서나 스파이라는 존재는 발붙일 곳이 없을 것이다. 그들은 클럽하우스의 보안을 담당하는 첨병들이기 때문이다. 쓸데없는 사람들이 드나들지 못하도록 해야 하고, 개인 장비나 자질구레한 물건들을 팔려고 들어오는 잡상인들의 행동거지도 감시해야 한다.(선수들은 이들을 반갑게 맞이한다.)

장비 공급에 관해서는 야구계 나름의 관행이 있다. 메이저리그 선수라면 사용하는 조건으로 제조업자로부터 공짜로 제공받는 물품도 있지만 신발과 글러브 구입은 각자 자기 부담이다. 배트는 원칙적으로 구단이 공급하지만 선수들은 각자의 취향에 맞춰 특별 주문품을 구입하기도 한다.

유니폼(헬멧 포함)은 전적으로 구단 부담이다. 공도 마찬가지다. 전에는 선수들이 공을 슬쩍하는 것을 코치나 클럽하우스 관리인이 눈에 불을 켜고 감시했지만 요즘은 비교적 관대한 편이다. 선수에게 오는 우편물은 클럽하우스 관리인이 각자의 명패가 달린 로커에 넣어 준다. 관리인의 임무는 그것으로 끝나며 그 우편물을 보고 안 보고는 전적으로 당사자가 알아서 할 일이다.

그러나 프런트 가운데서 가장 중요한 부서는 역시 의료진이다. 각 구단의 가장 은밀한 지역, 그리고 가장 깊숙이 감춰진 성역은 '마사지 베드'이고 거기서 가장 높은 사람은 트레이너다.

외부인들은 트레이너라는 존재를 별로 대수롭게 여기지 않는다. 배트보이만 하더라도 워낙 자주 그라운드로 뛰쳐나오기 때문에 사람들의 눈에 자주 띄지만 팬들의 눈에 비친 트레이너란 어느 선수가 경기 도중 다쳤을 때 트레이닝복 바람으로 쪼르르 달려나와 잠시 만져 주고는 곧바로 사라지는 엑스트라일 뿐이다.

그러나 선수들에게는 전혀 사정이 다르다. 트레이너는 '몸'이라는 선수들의 가장 소중한 재산을 돌봐주는 고마운 사람이다. 유능한 트레이너는 선수들의 고민도 들어 주는 고해 성사 신부 역할도 맡는다. 약간이라도 지각이 있는 선수라면(그렇지 못한 얼간이도 허다하다.) 트레이너를 절대 믿고 혹시 감독에게마저 숨기고 싶은 자그마한 부상까지 탁 털어놓고 상의해야 한다. 그게 현명하다. 자그마한 부상을 제때에 적절히 치료하면 악화를 막을 수 있지만 쓸데없이 감추거나 트레이너의 지시를 제대로 따르지 않았다가는 영원히 선수 생명이 끊길 수도 있다.

현명한 감독은 트레이너의 판단을 완전히 신임한다. 평소에는 선수와 트레이너의 소곤거림을 엿들으려 하지 않고 저희들끼리 알아서 협조하도록 내버려 둔다. 그렇게 하더라도 필요하다면 내막을 속속들이 알아낼 길은 얼마든지 있다.

그러나 트레이너는 선수들로부터 구단이 심어 놓은 스파이라는 눈총을 받는 경우도 있다. 실제로 그가 그런 노릇을 한다면 그 팀이 이기고 지는 것은 둘째치고 분위기가 탁해지고 결국에 가서는 팀의 정신 건강까지 나빠진다.

트레이너의 임무는 일회용 반창고나 붙여 주고 선수들의 신음 소리나 들어 주는 데서 끝나지 않는다. 현대 야구단에서는 선수들의 신체 관리와 병참이라는 중대한 두 가지가 그에게 맡겨져 있다.

트레이너는 1차 진료를 담당한다. 모든 팀들이 주로 정형 외과 전문의를 팀 닥터로 두고 있지만 그들은 팀을 따라다니지 않으며 홈 게임을 할 때라도 현장을 꼬박 지키지는 않는다. 따라서 트레이너는 현장 의료진으로서 다음과 같은 네 가지 임무를 맡는다.

1. 부상이 발생하면 응급 처치한다.
2. 의사와의 연락관이 된다. 의사의 진료가 필요한 부상인지를 결정하고, 여러 가지 세부 사항을 의사에게 보고하고, 선수의 치료와 회복 기간 중 의사의 지시를 따른다.
3. 부상당하지 않은 선수의 신체 관리를 돕는다.(마사지, 발목 테이핑, 투수의 어깨 풀어 주기 등)
4. 구단에 소속된 전원의 건강을 돌본다. 체중 점검, 필요할 경우 다이어트 관리, 수면제에서부터 감기약, 비타민까지 각종 약품 나눠 주기, 주사 놓기 등.

위와 같은 업무는 홈 경기나 방문 경기에 나갔을 때 모두 마찬가지다. 다만 홈에 머무를 때는 훨씬 다양한 장비가 갖춰진 트레이너실을 이용할 수 있는 게 다르다. 그리고 방문에 나섰을 때는 장비 담당자를 돕는 일이 추가된다.

그리고 트레이너는 아주 사소한 일에서부터 다급한 일에 이르기까지 귀찮은 일이 벌어졌다 하면 당장 손발 걷어붙이고 나서는 마당쇠 역할을 해야 한다.

대부분의 팀들은 요즘 두 명의 트레이너를 두고 있다. 한 명은 보조 요원이다. 게임 중에는 덕아웃과 클럽하우스에 한 명씩 나뉘어 들어앉아 있다.

이런 행태는 90여 년 전에 생겨난 트레이너와는 차원이 다르다. 그 당시의 트레이너는 낡아빠진 의사 가방에다 어디서 만들었는지도 모를 정체 불명의 약병이나 넣고 다니고, 가방 속의 알코올이 많은지, 뱃속에 들어간 알코올이 많은지 모를 정도로 술 냄새를 푹푹 풍기면서 주둥이만 나불거리는 작자들이기 십상이었다. 그런 트레이너는 주로 감독의 옛 친구들이었다. 정식 의학 교육을 받은 적도 없이 오로지 경험에 의존하거나 남의 말을 슬쩍 귀동냥해서 얻은 지식으로 행세하는 돌팔이들이었기 때문에 의료 행위가 위험하기 짝이 없었다.

그러나 주절대는 말재주만은 요긴한 면도 없지 않았다. 구식 트레이너들은 다친 선수들을 달래는 재간을 갖고 있어야 했다. 선수가 심한 고통을 느끼더라도 부상이 심하지 않으면 트레이너가 적당한 말로 구워삶아 경기에 나가도록 만들 수도 있었다. 또 부상이 심하더라도 트레이너가 말을 얼마나 번지르르하게 하느냐에 따라 정신적으로 위축되는 것을 막고, 선수가 재미있는 말을 듣느라 고통을 잠시 잊게 해 줄 수도 있었다.

그런 재주는 오늘날의 트레이너에게도 필요한 것이지만 그것이 트레이너의 주기능일 수는 없다. 요즘 트레이너들은 정식 양성 기관에서 심리학, 약품 사용법, 진찰법, 그 밖에 필요한 학문을 익혀 선수 치료를 위한 소양을 쌓는다.

트레이너실은 대개 로커룸과 샤워장 중간에 위치해 있다. 거기에는 선수가 전신을 올려놓을 수 있는 마사지대가 두어 개 놓여 있다. 그리고 의약품들을 보관하는 캐비닛, 와류 욕조(뜨거운 물이 맹렬히 소용돌이쳐 팔다리에 자극을 줄 수 있도록 설비된 욕조. 보통 철제로 돼 있다.), 전기 투열 치료 기구 몇 가지(전열이나 초음파를 이용하는 것), 제빙기(얼음은 선수 보호에 여러 모로 쓰이며 대형 냉장고는 필수품이 됐다.) 등이 설치돼 있다. 그러나 X레이 기계까지 들여놓은 구단은 거의 없다. 그런 기계를 이용하려면 자격증을 가진 전문가가 필요할 뿐 아니라 그것을 동원해야 할 정도라면 차라리 병원으로 보내는 편이 안전하기 때문이다. 그리고 최근에 와서는 웨이트 트레이닝 기구들도 트레이너실에 자리 잡고 있다.

트레이너의 가방은 뚜껑을 열면 계단식으로 펼쳐지도록 신통하게 만들어져 있고 그 안에는 가위, 가제, 약병, 알약, 솜, 연고 등 선수 치료에 필요한 별의별 것이 다 들어 있다.

손목이나 발목에 하는 테이핑은 의료 기술이라기보다 일종의 예술이라고 할 만하다. 왜냐하면 선수들은 대부분 무리하게 힘을 가하는 관절에 지나치게 민감한 경향이 있는데 테이핑을 해 두면 안심이라는 심리적 위안을 얻기 때문이다. 실제로 테이핑을 잘해 두면 삔다든가 하는 가벼운 부상은 미연에 방지할 수 있다.

선발을 비롯한 서너 명의 투수들은 게임에 들어가기 전에 팔을 풀어 두어야 한다. 트레이너는 근육을 주무르고 문지르고 스트레치함으로써 무리하게 사용될 근육을 준비 운동시킨다.

운동 종목에 따라 부상에도 특성이 있다. 야구에서는 부상의 빈도가 관절(빌목, 무릎, 손목)이 삐는 것, 타박상, 열상 순이다. 골절상은 그나지 많지 않으며 살짝 금이 가는 경우는 가끔 있다.

가장 일반적인 부상은 근육 파열로 주로 가랑이에 나타난다. 타박상을 입었거나 충분히 준비 운동을 하지 않았을 때, 또는 운동량이 지나치게 많았을 때 근육 조직이 파열되는 현상이다. 야구는 순발력이 요구되는 운동이다. 야수가 공을 따라가거나 타자가 1루로 출발할 때 모두 순발력을 발휘하게 된다. 그러다 보면 다리에 부상이 몰리게 되는데 그 증상은 근육이 찢어지는 심한 것에서부터 근육 이완까지 다양하다. 때로는 균형이 무너진 자세에서 강하게 공을 던져야 할 때도 있는데 그러다 보면 팔 근육에 무리가 따르는 수가 있다. 특히 투수의 어깨, 팔 혹사는 말할 것도 없다.

발목 부상은 주로 슬라이딩을 하거나, 곡예 수비를 할 때, 비 때문에 미끄러운 그라운드를 달릴 때 발을 잘못 딛는 바람에 일어난다. 야구 선수들은 손목보다는 발목을 삐는 경우가 많지만 둘 다 야구에서 흔한 부상들이다.

타박상의 원인으로는 대체로 네 가지를 꼽을 수 있다. 투구나 타구에 얻어맞는 것, 선수끼리의 충돌(수비하던 같은 편 선수끼리 부딪치는 수도 있고, 포수처럼 달려드는 상대 주자와 부딪치는 경우도 있다.), 수비하다가 장애물이나 펜스에 부딪치는 것, 또는 슬라이딩하거나 넘어지면서 땅에 부딪치는 것 등이다. 공에 맞는 곳은 주로 손가락이나 손등인데 내야수와 투수들은 시속 160km가 넘는 타구에 전신의 어디라도 얻어맞을 위험이 있다. 선수들이 그렇게 난비하는 '위험물' 속에서 뛰면서도 살아남는다는 게 용하다는 생각이 들 때도 있다.

충돌이 일어나면 대체로 피부가 찢어지는 부상이 생기기가 십중팔구인데 그런 열상은 두 가지로 나뉜다. 하나는 스파이크에 의한 것, 또 하나는 공에 의한 것. 스파이크에 의한 부상은 대부분 슬라이딩할 때 일어나며 여러 바늘 꿰매야 하는 중상일 때가 많다. 공에 의한 열상은 주로 포수에게 일어나는데 파울 타구가 주원인이며 다치는 부분은 대개 손가락이다.

포수는 가슴 프로텍터, 종아리 보호대, 마스크 등으로 철저히 보호받는 것 같지만 허술한 부분이 도처에 있다. 파울 타구는 어쩌면 그렇게 허술한 곳만 찾아다니며 괴롭히는지……. 배트에 빗맞아 살짝 각도만 바뀐 파울볼은 원래의 투구 스피드를 고스란히 유지한 채 후진하기 때문에 포수가 미트를 갖다 댈 시간적 여유가 없다. 어깨의 앞쪽, 사타구니 안쪽과 무릎, 목과 울대뼈, 그리고 팔은 얻어맞기 꼭 좋은 위치에 있다. 마스크 턱 부분에 매단 플랩으로 목은 어느 정도 보호되지만 그것만으로는 미흡하다.

그리고 포수 뒤에 위치한 구심도 포수 못지않게 파울 타구에 맞을 공산이 크다.

팔꿈치 고장은 공을 많이 다루는 선수들, 즉 투수, 포수, 일부 외야수, 3루수, 유격수에게 자주 일어나는데 투수에게 가장 자주 나타나는 것은 말할 것도 없다. 투수는 남보다 강하게 던져야 할 뿐 아니라 공에 회전을 넣어야 하기 때문에 팔꿈치에 여간 부담이 크지 않다. 그러므로 투수에게 가장 보편적으로 일어나는 부상은 팔꿈치에서 뼛조각이 떨어져나가는 것이다. 이것은 수술로 제거할 수 있지만 수술에 대한 공포가 적지 않으므로 통증이 워낙 심해 더 이상 투구하지 못하게 될 때까지 이를 악물고 투수 생활을 계속하는 경우가 많다.

그리고 타자들은 겉보기에는 멀쩡해 보이지만 실은 발등, 발가락, 종아리 등 전신만신이 멍들어 있기 일쑤다.

어느 정도로 다쳐야 야구 선수가 출장 불능이 되느냐 하는 것은 한마디로 잘라 말할 수 없다. 일반인들에게는 엄청난 중상인데도 게임에 나갈 수 있는 선수가 있는가 하면 아무것도 아닌 부상 같은 데에도 게임에 나갈 수 없는 지경이 되는 경우도 있다. 그 부위가 선수의 플레이에 얼마나 지장을 주느냐에 따라 출장 여부가 갈라진다.

예를 들면 손바닥에 조그마한 물집만 잡혀도 제대로 배팅을 할 수 없게 된다. 그러나 설사 손가락이 두 개나 부러졌더라도 그게 새끼손가락과 무명지라면 타격에 다소 어려움을 느끼면서도 게임에는 나갈 수 있다. 야구사에서 가장 '유명한' 부상은 디지 딘의 발가락 골절이었다. 올스타전에 나갔다가 발가락을 다친 그는 결국 이 발가락 부상 때문에 초일류 투수의 위명을 잃고 은퇴를 재촉해야만 했다. 발가락이 채 낫기도 전에 서둘러 마운드에 오르다 보니 무의식중에 제대로 발을 내딛지 못하게 되고, 그러다 보니 전신의 투구 동작이 흐트러져 팔을 다치게 됐던 것이다.

허벅지 근육통은 주력走力을 떨어뜨리지만 그것 때문에 선수 생명이 끝나지는 않는다. 등허리의 근육통은 달리거나 던지는 데에는 별로 지장이 없으나 배트 스윙은 전혀 못하게 만든다.

트레이너는 이런 내용을 올바로 판단해야 하며, 그러지 못하면 적어도 선수 자신이 스스로 판단할 수 있도록 도와줘야 한다. 당장은 아프더라도 더 이상의 위험은 없는 부상인지, 아니면 지금은 대수롭지 않게 보이지만 방치했다가는 치명적으로 변하는 부상인지도 가려내야 한다.

우수한 트레이너라면 부상을 어느 정도 예방할 수도 있으며, 선수 개개인의 적성을 잘 파악하고 적절한 치료를 가함으로써 예상보다 하루 이틀 먼저 전열에 복귀시킬 수도 있다. 사람마다 회복 속도는 다르며 심리적 반응도 다르다. 이런 것들을 정확히 읽을 줄 아는 트레이너는 그에 맞는 조치를 취함으로써 선수 개인은 물론 팀에도 크게 공헌한다.

새로 입단한 신인 선수가 가장 먼저 친해질 수 있는 사람이 트레이너이다. 늙어 가는 노장 선수에게 가장 마지막까지 동정심을 보여 주는 사람 또한 트레이너다. 그리고 트레이너 앞에서는 스타나 미미한 선수나 동등한 위치에 있으며 똑같은 대우를 받는다. 트레이너라고 해서 누구나 다 독심술의 귀재가 되는 것은 아니지만 일단 마음먹으면 그렇게 처신할 수도 있다. 다시 말해서 트레이너가 선수에게 속아 넘어가는 일은 거의 없다.

그들은 야구계에서 가장 빛이 들지 않는 음지에서 일하는 보배 같은 존재들이다. 요즘에 와서야 그 가치가 제대로 인정받게 됐으며 그들의 지위는 날로 높아가고 있다. 선수들의 몸이야말로 구단의 야구 사업에 가장 중요한 자산이므로 그들의 몸 관리를 자격 있고 유능한 사람에게 맡겨야겠다고 구단주들이 관심을 쏟게 되기까지는 프로야구가 생긴 이래 무려 90년이 걸린 셈이다. 사실 구단주들의 평소 행태를 봐서는 그게 정상적인 속도라고 하는 편이 옳을지 모르겠다.

그런데 팬들에게 의아하게 여겨지는 점이 있을 것이다. 트레이너의 수준이 향상되고 장비도 좋아졌다면서 선수 부상이 종전에 비해 오히려 늘어만 가는 이유는 도대체 무엇인가?

그에 대한 답변은 이렇다. 정말로 부상 사례가 늘어난 것은 아니다. 오늘날 진찰술이 발달하고 매스컴이 선수 동정을 심층 보도함에 따라 종전 같았으면 그냥 넘어가고 말았을 선수 부상 사실이 팬들의 눈과 귀에 낱낱이 전달될 뿐이다. 과거에는 선수의 부상 사실이 제대로 알려지지도 않았고, 만약 제때에 올바른 치료를 받았던들 선수 생활을 연장할 수도 있었을 텐데 그러지 못하는 바람에 조기 은퇴의 길을 걷고 만 선수도 있었을지도 모른다. 30여 년 전이었다면 그대로 은퇴할 수밖에 없을 정도로 엄청난 부상을 당했는데도 요즘은 거뜬히 선수 생활을 이어가는 사람이 적지 않다.

가장 최근 들어 클럽하우스에서 바뀐 풍경은 비디오의 등장이다. 미식축구 선수들은 이미 수십 년 전부터 필름을 통해 자기 폼을 정밀 검사하고 교정하는 방법을 사용해 왔지만 야구 선수들은 최근에야 비로소 그 기법을 도입했으며 이런 장비의 활용도 이제 겨우 걸음마 단계일 뿐이다.

그라운드 밖의 활동은 점점 다양하고 복잡해지기만 한다.

14 스카우트

야구단의 성패는 스카우트의 손에 달려 있다. 그리고 스카우트*들이 활동하는 양상은 종전과 비교하면 엄청나게 달라졌다. 야구인들 사이에서 쓰이는 용어 중에 '부시bush'라는 것이 있다. 이 말에는 '수풀, 관목'이라는 사전적 의미 말고도 독특한 뜻이 담겨 있다. 이것은 상당히 모욕적인 어감을 갖고 있으며 고상한 것과 상반되는 것을 표현할 때 쓰인다. '부시리그'는 메이저리그에 못 미치는 마이너리그를 뜻하며 싸구려나 천박한 행동, 작고, 세련되지 않고, 거친 것을 가리킨다. 상위 계층에 들지 못한 사람을 '부시'라고 하듯이 메이저리그급이 아닌 것은 뭐든지 부시라고 통틀어 말한다.

그러나 메이저리그 선수도 거의 대부분이 부시에서 야구를 시작했거

---

* 스카우트는 ① 스카우트하는 직업, ② 스카우트하는 사람 등 두 가지 의미를 갖고 있다. 혹시 ②의 의미를 나타내기 위해 '-er'을 붙여 '스카우터'라고 하는 것은 틀린 것이다.

나 그 단계를 거치게 마련이다. 시골 구석이나 오지에서 갑자기 나타나는 선수가 과거보다 양적으로 줄어들긴 했지만 극히 예외적인 선수 몇몇을 제외하고는 길건 짧건 마이너리그의 최하위 단계(싱글A)의 팀들이 자리 잡은 소도시에서 세월을 보내야 한다. 그리고 대도시 출신 선수라도 대개는 가난하고 주위 환경이 너저분한 동네 출신이기 십상이다. 교육 수준이 높고 중상층 출신인 메이저리그 선수가 종전보다 늘어났다고는 하지만 아직도 양적으로 그다지 많지 않다. 따라서 세련미라는 관점에서 보면 선수들은 '상류 사회'와 여전히 거리가 멀고 '상류 사회'를 인격적인 면에서 조명한다면 좀 더 많은 검증이 필요하다.

야구 선수의 기본은 이런 부시에서 틀이 잡히고 강화되며 우수한 재목을 골라내는 곳도 바로 이런 부시다. 그리고 엄청난 규모의 재정으로 사업을 펼쳐나가는 메이저리그 구단의 밑뿌리를 움직이는 사람은 다름 아닌 스카우트들이다.

'팜시스템'이 창안되고 전 구단이 그 제도를 채택하게 된 40여 년 동안 메이저리그의 성공 여부는 전적으로 스카우트들의 손에 달려 있었다. 그 이전에는 그렇지 않았다. 마이너리그 팀들이 독자적으로 운영되고 메이저리그의 연륜이 그다지 많이 쌓이지 않았던 시절에 선수 발굴은 체계적인 작업과 상관없는 '우연'이 크게 작용했다. 선수 발굴의 열쇠는 선수를 마음대로 채용하고 해고할 수 있는 감독이 쥐고 있었다.(당시는 구단 프런트의 실무 책임자를 가리키는 '단장general manager' 제도가 생기기 전이었다.)

마이너와 일부 메이저 팀 구단주들은 자신이 선수 확보를 위해 활발하게 움직였다. 그들은 자신의 눈으로 직접 선수를 골라내거나 입에서 입으로 전해지는 소문을 듣거나 친구 또는 전직 야구인들의 추천을 통해 선수를 끌어모았다. 선수가 자기 친구나 동생을 감독에게 추천하는 것도 흔히 볼 수 있는 일이었다. 메이저리그 팀들은 마이너리그에서 돋보이는 선수들을 사들이기도 했다. 1차 대전 무렵까지는 이런 주먹구구식 스카우트로도 선수 확보에 큰 어려움이 없었다.

1920년대에 팜시스템이 도입되면서 개별적인 추천이나 간단한 테스트를 통해 선수를 골라내는 방식은 최선이 아니라는 사실을 알게 됐다. 팜시스템을 제대로 운영하려면 모(母)조직 아래 수백 명의 선수를 확보해야만 했고, 그러려면 전문적인 스카우트 요원을 두지 않을 수 없었다.

그러다가 미식축구계와 농구계가 실시하고 있던 신인 드래프트 제도를 1965년에 채택하자 그동안 공들여 닦아 놓은 스카우트—팜시스템이라는 제도는 뿌리가 흔들리고 말았다. 이런 혁명적 전환에 따라 그동안 축적해 놓은 스카우트의 요령은 바뀔 수밖에 없었고 그런 변화가 앞으로 어디까지 이어질 것인지는 아직도 뭐라고 단언할 수 없다.

당장 나타난 몇 가지 변화는 이렇다. 브랜치 리키가 창안한 팜시스템의 기본 방식은 마이너리그 조직에다 수백 명의 선수를 채워 넣은 다음 군계일학으로 떠오르는 우수 자원만 걸어올리는 것이었다. 한 구단이 끌어들이는 인원에는 제한이 없었으나 아직 프로와 계약하지 않은 아마추어 선수는 자기 마음대로 구단을 고를 수 있는 선택의 자유가 있었으므로 구단의 지명도와 인기가 선수 확보를 좌우했다. 드래프트 제도는 지명권 순서에 따라 각 구단이 한 명씩 차례로 선택하고 한 바퀴를 돌고 난 다음에야 다시 지명권을 갖게 된다는 게 특색이다. 다른 팀이 선택하고 남은 자원 중에서만 지명권을 행사할 수 있고 드래프트가 끝나면 모든 구단이 지명한 인원이 똑같다는 것도 종전과 다른 점이다.(드래프트 대상에 오르지 못한 선수를 임의로 뽑는 것은 물론 예외다.)

그러나 농구나 미식축구의 드래프트가 이미 '완성품'이 다 된 대학 스타들을 고르는 데 비해 야구의 드래프트는 그렇지 않다. 17-18세의 어린 선수들을 보고 메이저리그에 오를 가능성과 잠재력을 짚어 내야 하기 때문에 상당한 모험이 뒤따른다. 그러면서도 상위 라운드에서 지명한 선수에게는 과거 구단간에 무한 경쟁을 벌일 때보다는 적지만(이게 바로 드래프트로 전환한 결정적인 이유다.) 제도적으로 보장된 만만치 않은 계약금을 쥐어 줘야만 상당량의 선수를 확보할 수 있다.

이제 스카우트가 전국 방방곡곡을 찾아다니는 수고는 던 대신 올바로 선수를 꿰뚫어보는 능력을 갖춰야 하는 부담은 더 늘어났다.

마이너 리그를 운영하는 성격도 변했다. 전에는 되는 대로 내버려 두고 위로 솟아오르는 선수만 골라내면 그만이었으나 이제는 공들여 선택한 선수를 예의 주시하며 체계적으로 육성하지 않으면 안 된다. 그리고 지명한 선수에 대해 배타적인 연고권을 갖는다 하더라도 그를 막상 제 식구로 만들기 위해서는 종전과 마찬가지로 계약서에 사인하도록 하는 설득력이 필요하다.(대학 진학을 원하는 선수를 프로로 끌어들이려면 가족까지 설득해야 하는 경우도 허다하다.)

그러나 이런 것들은 전체적인 스카우트 양상의 변화에 비하면 빙산의 일각일 뿐이다. 미국의 생활상은 1960년대 이래 어느 분야를 막론하고 엄청나게 변모하고 있다. 요즘 프로야구에 뛰어드는 선수들의 의식이나 출신 성분, 경제적 여건은 종전과 전혀 다르다. 대학 진학률도 훨씬 높아졌다. 각 대학들이 장학금을 제공하면서 기량이 빼어난 선수들을 폭넓게 끌어들이기 때문이다. 인종 차별의 풍조가 줄어듦에 따라 과거에는 젖혀 두었던 흑인 선수에 대해서도 좀 더 세심한 관찰이 필요해졌다.(프로 스포츠보다 대학 스포츠가 더 그렇다.) 신세대들은 더 큰 기대를 갖고 더 많은 권리와 기회를 원하고 있으며 기성 세대의 권위는 도통 인정하지 않으려고 한다. 마이너리그는 뿌리부터 말라 가고 있으며 세미프로 형태의 야구는 완전히 자취를 감추었다. 이는 야구와는 무관하게 전반적인 경제 여건이 달라진 탓이다. 텔레비전과 각종 통신 수단, 자동차의 급속한 보급, 그리고 항공편 이동이 일상화하면서 미국 전역이 균질화돼 가고 있다. 과거 한적했던 시골은 교외의 저택 밀집 지역으로 변했다. 한마디로 말해서 부시는 이제 더 이상 존재하지 않는 것이다.

게다가 메이저리그 선수들이 노동 조합을 성공적으로 조직하고 난 뒤 이제는 상위급 마이너리그 조직에 속한 선수들의 복지에 대해서도 약간이나마 신경을 써 주고 있다. 사실 구단 증설로 인해 메이저리그에서의 자리 확보가 좀 더 쉬워짐에 따라 마이너리그 선수를 뽑는 원칙도 달라졌다. 과거의 마이너리그는 원광原鑛에서 귀금속을 추출해 내는 원리로 운영됐으며 선수에게 계약금을 주는 것은 사실상 원광을 사들이는 셈이었다. 싸구려 원광은 대부분 내버려야 하지만 그래도 그중에서 금덩어리를 뽑아내는 기쁨이 있었다.

그러나 지금은 다르다. 마이너리그 선수들은 구단이 앞으로 큰 선수가 되리라는 확신을 갖고 분명하게 투자한 대상이다. 그들이 과연 금을 함유하고 있는 좋은 자원인지를 타진하는 작업은 단시일에 끝난다. 왜냐하면 광석이 양적으로 많지 않을 뿐더러 금을 추출해 내는 원가가 워낙 비싸게 먹히기 때문에 가능성 없는 원석을 다루느라 시간과 돈을 허비할 수 없기 때문이다.

이에 따라 스카우트 요령도 달라질 수밖에 없다. 과거의 양 위주에서 이제는 질 위주로 변했다. 스카우트를 위한 자료 관리와 보고 내용을 대조하는 작업도 더 세밀해졌다. 이미 마이너리그와 메이저리그에 들어와 있는 프로 선수들을 관찰하는 조직 내 스카우트In-system scouting가 땅속에 묻혀 있는 재목을 발굴하는 작업 못지않게 중요해졌다.(더구나 숨은 인재는 날이 갈수록 줄어드는 게 현실이다.)

그러나 스카우트계의 얼개는 여전하다.

메이저리그 구단의 스카우트부는 세 파트로 나뉜다. 가장 중요한 스카우트는 종전과 마찬가지로 아직 프로와 계약하지 않은 '원석'을 찾아내는 일을 담당하는 사람이다. 이런 스카우트들은 각 지역별로 담당 영역을 나누어 고교, 대학, 동네 야구, 세미 프로, 사회인 야구, 기타 아마추어 야구를 샅샅이 훑어보고 인재를 골라낸다. 스카우트들은 정식 구단 직원은 아니면서 자기의 손발이 되어 정보를 물어오는 정보원을 여러 명씩 거느리고 있다.

스카우트 작업의 두 번째는 마이너리그를 살펴보는 것이다. 모母팀은 자기가 거느리고 있는 마이너리그 조직 안에 속해 있는 모든 선수들의 신상과 기량에 대해 상세한 정보를 깆고 능력을 평가하고 있어아 한다. 상대 구단이 보유하고 있는 마이너리그 선수를 공식적으로 드래프트하는 제도가 생기고 나서는 이런 내부 관리가 더욱 절실해졌다. 마이너리그 자원을 살펴보는 근본 목적은 두 가지다. 트레이드를 통해 끌어올 수 있는 다른 팀 선수의 능력을 파악하는 것과, 자기 팀 선수가 어느 정도로 성숙했는지 판단하기 위한 자료를 만드는 것이다.

날이 갈수록 점점 중요성을 갖게 되는 세 번째는 다른 메이저리그 팀 선수들을 관찰하는 것이다. 종전에는 시즌 막바지에 이르러 장차 월드 시리즈에서 맞설 것으로 예상되는 팀에 정찰 요원을 보내 전력을 탐색하는 것을 유용하게 여겼으나 이제는 정규 시즌이 한창 진행 중일 때부터 정찰 요원을 파견하기에 이르렀다. 그리고 월드 시리즈에서 싸울 상대 리그팀의 전력을 파악하는 게 도움이 된다면 월드 시리즈 진출권을 놓고 다투는 같은 리그의 다른 팀 전력을 분석한다는 것도 해로울 리는 없지 않은가? 그래서 상대 팀 관찰은 더욱 보편화되기에 이르렀다.

메이저리그 팀을 관찰하는 데에도 두 가지 목적이 있다. 하나는 트레이드 해올 여지가 있는 선수의 능력을 평가하는 것, 또 하나는 우리가 싸울 상대의 전력이 현재 어떤 상태에 있는지를 파악하는 것이다. 요즘은 자유 계약 선수가 심심치 않게 출현하기 때문에 다른 팀 선수들의 건강 상태와 부상의 유무, 현재 기량에 대한 평가를 철저히 해 두는 작업이 절대 필요하다.

그러나 스카우트 작업이 아무리 세분화, 다양화됐다 하더라도 가장 실질적인 작업은 밑바닥에 숨겨져 있는 원목 고르기에 있다.

야구계에서 스카우트들만큼 중요한 임무를 갖고 있으면서 그토록 무시당하는 사람들도 별로 없다. 실상 그의 임무는 대중에게 널리 알려진 유명 감독이나 구단 임직원보다 더 막중하다. 그러므로 프런트가 가장 심혈을 기울여야 할 일은 유능한 스카우트를 확보하는 것이다. 다시 말하면 다른 구단보다 나은 대우로 '유능한 스카우트 요원을 스카우트하는' 게 절실해졌다.

그러면 스카우트가 되는 것은 어떤 사람들인가? 그들은 대부분 선수 출신이다. 메이저리그 경력을 지녀 이름이 잘 알려진 사람도 간혹 있지만 대개는 마이너리그 출신의 무명 인사들이다. 그들은 대체로 부업을 갖고 있다. 스카우트의 쥐꼬리만 한 보수로는 살림을 꾸려 가기가 어렵기 때문이다. 그들의 봉급은 구단에 청구하는 필요 경비보다도 적기 십상이다. 그들은 자기의 담당 지역을 뻔질나게 돌아다니며 가능한 한 많은 게임을 자기 눈으로 직접 지켜보며 자기가 거느린 정보원으로부터 정보를 얻기도 한다.

유능한 스카우트가 되기 위한 자질은 무엇인가? 판단력과 운이다.

무엇을 판단하는가? 기본 재능이다. 고교 야구는 수준이 낮기 때문에 그 무대에서 쌓은 성적은 크게 참조할 바가 못 된다. 고교 야구 무대에서의 기량이라는 것은 그다지 중요하지 않으며 앞으로 그가 장차 어느 정도까지 성장할 것인가를 더 주의 깊게 살펴봐야 한다. 따라서 스카우트 요원은 아래와 같은 기본적인 몇 가지를 체크하면서 이 선수가 앞으로 어디까지 발전할 것인가를 마음속으로 재 봐야 한다.

이 선수는 얼마나 빨리 달릴 수 있나? 얼마나 강하게 던질 수 있나? 스윙할 때 손목은 얼마나 빨리 돌아가나? 공을 처리할 때 몸이 얼마나 유연한가? 타구 판단 능력은 어떻고 돌발 상황에 대한 대처 능력은 어떤가? 이 선수는 앞으로 얼마나 성장할 것인가? 지금은 비쩍 마르고 힘도 별로 세지 않지만 앞으로 더 자라지는 않겠는가? 지금은 강하지만 스물다섯 살이 됐을 때 몸이 비대해져 느림보가 되지는 않을 것인가? 지금 남들보다 잘하는 것은 조숙하기 때문은 아닐까? 그리고 그런 조숙함이 앞으로도 계속해서 그에게 이점이 되지는 않을까? 정신과 감정은 어떤 상태인가? 투지는 얼마나 강한가? 야구는 얼마나 사랑하는가? 생활 태도는 깨끗하며 신뢰성이 있고 남의 가르침을 받아들일 자세는 돼 있는가?

스카우트 요원은 이런 점들을 자문자답해 본다.

유능한 인재를 발굴하는 데 탁월한 재능을 가진 브랜치 리키는 기본 능력을 다섯 가지로 꼽았다. 달리기, 던지기, 수비, 때리기, 강하게 때리기.(장타력) 팜시스템 운영의 또 다른 명수인 조지 와이스는 선수를 골라내는 눈은 리키만큼 예리하지 못했지만 좋은 스카우트들을 거느리고 조직을 운영하는 기술에서는 한 수 위였다.

스카우트 작업에는 지극히 운이 많이 작용한다. 지금 열일곱 살짜리 선수가 서른이 됐을 때 어떻게 변모해 있을지를 정확히 예견할 수 있는 사람은 아무도 없다. 하긴 윌리 메이스나 미키 맨틀 같은 거물이라면 워낙 군계일학이기 때문에 사람을 알아보는 탁월한 눈을 갖고 있지 않더라도 누구나 척 보고도 대성할 인물임을 간파할 수 있을 것이다. 그들은 일반인들이 보더라도 대형 스타가 될 것이 너무나 분명한 선수들이었기 때문이다. 그러나 열일곱 살일 때 똑같은 재능을 갖고 있다 할지라도 그들의 앞날이 어떻게 전개될지는 미지수일 수밖에 없다. 부상이나 질병, 근성 부족 따위의 전혀 예기치 않은 이유로 옆길로 빠지는 사람도 있게 마련이다.

맨틀이나 메이스 같은 선수를 만나는 것은 행운이다. 이를 좀 더 부연 설명한다면 그들은 각고의 노력 끝에 성공한 사람들이기 때문에 그들을 발견했다는 자체가 행운이 아니라 그들이 당초 기대했던 만큼 달성했다는 게 행운이라는 뜻이다.

그러나 스카우트들이 평소에 공들여 찾아다니는 것은 메이스나 맨틀 같은 슈퍼스타가 아니라 그들 곁에서 이기는 팀을 꾸밀 수 있는 '쓸 만한' 선수다.

몇 가지 확실한 능력, 몇 가지 뚜렷한 결함, 그리고 가능성으로만 남아 있는 많은 여백을 보고 그 선수의 궁극적인 장래를 판단해야 한다는 데에 스카우트 작업의 어려움이 있다. 이 선수는 과연 계약할 만한 가치가 있는가? 있다면 계약금을 얼마나 주어야 하는가? 선수 고르기가 얼마나 어려운 일인지는 다음과 같은 사례를 보면 알 수 있다. 1990년 올스타 인기 투표에서 최다 득표를 기록한 선수는 그해 사상 최초로 연봉 500만 달러선에 도달한 호세 칸세코였다. 그는 1982년 드래프트에서 15라운드에 가서야 뽑혔다. 그러니까 전체적으로 400여 명이 지명되고 난 다음에야 비로소 칸세코 차례가 왔다는 뜻이다.

그해 올스타 투표에서 두 번째로 많은 득표를 기록한 선수는 시카고 커브스의 라인 샌버그였다. 그는 1978년에 필리즈가 20라운드에서 뽑은 선수다.

1980년대 최고 선수라는 데에 이론의 여지가 없는 돈 매팅리는 양키스가 1979년에 열아홉 번째 라운드에서 고른 선수다. 매팅리는 입단 2년

만인 1980년에 사우스애틀랜틱리그(마이너리그)에서 최우수 선수가 됐고 그 뒤 2년 연속 메이저리그 올스타로 뽑힐 만큼 이미 성숙한 기량을 갖고 있었는데도 스카우트에 종사하는 사람들은 그 능력을 꿰뚫어보지 못하고 450명이나 '헛다리'를 짚었던 것이다. 반면 1라운드에서 지명을 받고도 소리 소문 없이 사라진 선수는 또 얼마나 많은가.

드래프트 제도가 도입되기 전에 스카우트에게 가장 필요했던 재능은 선택할 가치가 있다고 판단한 선수를 실제로 끌어들이는 것이었다. 그 당시는 거물급 재목이 나타나면 그를 놓고 거의 이십여 개 팀이 달려들어 쟁탈전을 벌였다. 2차 세계 대전 이후로는 남의 눈에 띄지 않은 채 '감춰진 보물'은 흔할 턱이 없었고 한 선수에 대해 적어도 대여섯 구단이 신상을 파악해 놓고 있는 지경이었다. 그러므로 어떤 선수가 어디에 숨어 있다는 것을 알아내는 것보다 다른 구단과의 경쟁을 뚫고 그를 제 울타리 안에 끌어들이는 능력이 더 긴요할 수밖에 없었다.

그러다 보면 그 선수는 물론 그의 가족들까지 구워삶아야 할 때도 있었으며 다른 경쟁자들을 따돌리는 변칙 수단을 동원해야 할 경우도 있었다. 아무튼 이런 경쟁에서 이기려면 남들보다 더 많은 계약금을 주는 게 최선의 방법이었다. 그래서 스카우트는 그 선수의 가치를 재 보고 구단의 전체적인 스카우트 자금을 고려해서 적정가를 제시하는 게 필요했다. 그리고 나서 엇비슷한 액수를 내민 다른 구단들을 제치고 그 선수를 차지하는 것은 그의 수완에 달려 있었다.

드래프트 시대를 맞은 뒤에는 설득력이라는 것은 스카우트의 능력을 재는 우선순위에서 밀려났다. 드래프트된 선수는 오직 그를 지명한 구단만이 접촉할 수 있기 때문이다. 그 결과 분석력(예측력)이라는 게 스카우트의 능력을 재는 최우선순위로 껑충 뛰어올랐다.

오늘날 메이저리그 구단들은 대개 스물다섯 명 정도의 전담 스카우트들을 두고 있다. 그들은 자기가 맡은 지역의 모든 미계약 선수와 마이너리그 선수를 살피고 보고서를 작성한다.

뉴욕 양키스가 오래전부터 사용해 오던 보고서 작성 요령을 예로 든다면, 스카우트는 자기 나름대로 그 선수가 가장 높이 올라갈 수 있다고 판단되는 등급을 적어넣는다. 말하자면 '잠재력'만 보고 싱글 A급이다, 더블 A급이다, 트리플 A급이다, 아니면 메이저리그급이다 하는 것을 점치는 것이다. 메이저리그급 중에서도 단연 한 수 위가 되리라고 판단되는 선수에게는 '양키감'이라는 등급을 매겼다. 이런 방식은 적어도 1965년까지 이용됐다.

선수들은 마이너리그 조직에서 상위 팀으로 점점 올라서면서 매년 재평가받고 새로운 등급이 매겨진다. 그런데 신기한 것은 애초에 스카우트가 매겼던 등급이 오랜 세월이 흐른 뒤에도 좀처럼 바뀌지 않는다는 사실이다. 가령 어떤 선수가 3년간 마이너리그에서 생활했다고 치면 그에게는 감독과 순회 코치를 포함한 대여섯 명의 스카우트 눈길이 쏠렸을 게 틀림없다. 그들이 보고 느낀 것은 모두 컴퓨터에 입력돼 자료로 보존되는데 그 종합 평점이 당초 그를 뽑은 스카우트의 의견에서 크게 벗어나는 일이 없다는 얘기다.

인간은 예측 불허의 동물인 데다 이런 사무적인 절차만으로 선수의 능력을 평가하다 보니 엉뚱한 결과가 나오는 경우도 적지 않다. 그런 착오는 수없이 반복된다. 그러나 현실적으로 이런 작업이 세밀하게 진행되다 보면 우연히 좋은 선수가 튀어나올 확률은 점점 희박해진다.

미국 안에서 대여섯 게임 이상 아마추어 공식 경기에 출전한 열여덟 살 이상의 선수치고 프로 구단의 스카우트에 체크당하지 않은 사람은 한 명도 없다고 해도 과언이 아니다.

교통과 통신 수단의 무한한 발전으로 도회적인 분위기가 촌구석까지 퍼져 부시 자체는 날이 갈수록 범위가 좁아지고 있지만 프로야구가 존속하는 한 스카우트들은 그 구석구석을 헤집고 다닐 것이다.

오늘날 프로야구단은 선수를 확보하기 위해 자기들끼리 뺏고 뺏기는 싸움보다도 대학, 고소득이 보장되는 다른 직종(마이너리그 선수의 연봉은 하품이 나올 정도로 짜다.), 그리고 다른 프로 스포츠와 인재 쟁탈전을 벌여야 한다. 1900년대에 가장 운동 신경이 발달한 사람은 당연히 어렸을 때부터 야구를 시작했고 나이 들어서도 변함없이 야구에 매달리곤 했다. 당시는 야구가 생계를 보장하는 유일한 프로 스포츠였기 때문이다. 오늘날 15-16세의 소년으로서 여러 종목에 걸쳐 탁월한 운동 재능을 갖고 있다면 야구에만 매달리지 않고 대학 교육을 받을 기회를 얻으면서 졸업 후에도 많은 보수를 받을 수 있는 농구나 미식축구를 택하는 경향이 늘어 가고 있다.

아울러 요즘 선수들은 과거와 비교가 안 될 정도로 야구에 대한 조예가 깊다. 어려서부터 텔레비전과 리틀 리그를 통해 체계적이고 수준 높은 야구 이론을 접한 덕분이지만 전반적인 성향을 보자면 더 예민하고, 더 오만하고, 더 아는 체하고, 어려운 일은 더 못 견디고 회피하려고 한다. 어릴 때부터 화려한 겉치장부터 배우다 보니 잘못된 방향으로 흐르는 사람도 많아지는 데다가 천방지축으로 행동하는 사람들이 훨씬 많이 늘어났다.

그러나 우승팀에서 뛰는 선수라면 그의 장점과 능력을 발견하고 그를 '계약으로 이끌어 준' 스카우트가 반드시 있게 마련이다. 스카우트는 자기가 골라낸 선수가 대성했다고 해서 어떤 보상을 받는 것도 아니고 생색이 나는 것도 아닌 따분한 신세지만 어차피 누군가가 하지 않으면 안 되는 고달픈 작업을 제대로 해낸 셈이 된다.

가장 유능한 엘리트 스카우트는 다른 메이저리그 팀을 살피는 업무를 맡는다. 이들은 통상 '특임 스카우트 special assignment scout'라고 부른다. 감독들이 컴퓨터에서 나온 자료를 점점 더 많이 활용하는 추세인 데다 수백만 달러씩 들어가는 선수 트레이드를 정확히 하기 위해서는 선수에 대해 좀 더 세밀한 정보가 필요하므로 다른 메이저리그 팀을 살피는 스카우트의 비중은 점점 커질 수밖에 없다.

이들의 주임무는 다른 메이저리그 팀의 본거지 도시에 눌러앉아 그곳을 드나드는 팀들의 전력을 탐색하는 것이다. 그러나 자기 팀이 곧바로 상대할 팀의 현재 상태를 파악할 필요가 있을 때는 다른 도시로 옮겨 가기도 한다. 그들은 상대 팀 선수들의 현재 컨디션을 체크, 자기 팀이 참조할 수 있는 자료를 만들어 일일 보고 형식으로 보낸다. 이 타자의 방망이는 어떻게 돌아가며, 저 투수의 피칭은 요즘 어떻다든지, 누가 슬럼프에 빠졌고, 누가 최근 얼마나 호조를 보이고 있는지, 그 밖에 종전의 평가 내용과 달라진 사항이 발견되면 빠짐없이 보고한다. 그 밖에 스카우트의 임무로는 트레이드 등 선수 교류에 대비한 일반적인 평가 보고서를 작성하는 것, 자기 팀 선수에 대한 다른 팀의 평가를 확인하는 것이 포함된다. 그래서 그들은 주로 야구장 기자실을 활동 무대로 삼아 게임 전에 거의 빠짐없이 그곳을 드나드는데 기자들은 그들로부터 풍성한 정보를 얻어 낸다. 대체로 50대부터 70대 사이인 스카우트들은 다양하면서도 생생한 기억력을 자랑하며 살아 있는 역사책이 돼 준다. 더러는 얘기하기를 좋아하고 더러는 듣기를 좋아하는 등 개인적인 취향에 차이는 있지만 그들은 몸과 마음을 바쳐 자기 직분에 충실하게 살아왔기 때문에 저마다 일가견을 갖고 있다는 것이 공통점이다. 그들은 선수나 팀, 자동차, 부동산, 오늘의 점심 메뉴, 아무개의 옷차림 등 화제가 닿는 곳마다 습관적으로 당장 등급을 매겨 버린다. 메이저리그 야구장 안에서 이 '수퍼스카우트'들보다 더 중요한 정보와 재미있는 얘기를 들려

주는 사람은 아무도 없다. 그들은 자기가 가진 무궁무진한 얘기 보따리를 새콤달콤하게 털어놓는다. 이런 직책을 처음 수행한 사람은 1960년대에 감독 생활을 하기도 했던 메이오 스미스다.

그들이 진실로 각자가 가진 정보를 숨김없이 교환하는가? 천만의 말씀. 그것은 그들의 직업 윤리에 어긋나는 일이다. 솔직히 말해 그들은 남에게 말을 시켜 속뜻을 헤아려 보면서 자기가 생각하고 있는 것과 맞춰 보려는 데에 목적이 있다. 어떤 스카우트 요원이 어떤 선수에 대해 내리는 평가가 그의 솔직한 의견이라고 곧이곧대로 믿으면 곤란하다. 그러면서도 그들은 어떤 말을 하건 간에 목청을 높여 단호하게, 확신에 찬 어조로 말하는 버릇이 있으며 대개는 귀담아 두더라도 별로 해로울 게 없는 내용들이다.

그리고 그들의 언사에서는 남에 대한 존경심 따위는 눈을 씻고 봐도 찾을 수 없다. 그들은 아무리 지위가 높거나 아무리 돈이 많거나 아무리 똑똑한 사람이라도 발밑에 깔아 놓고 얘기한다. 기자들이 그들과 가까이 지내는 것은 유유상종인 까닭이리라.

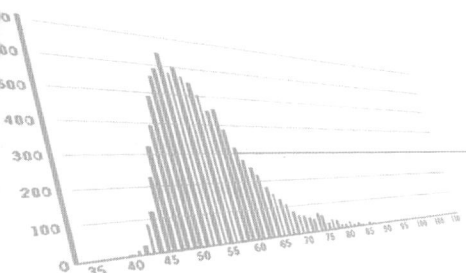

15 통계

"통계는 야구의 핏줄이다."

필자는 1966년에 출판한 이 책의 초판을 쓸 당시 그렇게 주장했다. 그러나 이 말은 많은 사람들을 오도誤導한 결과가 되고 말았다. 과거에는 컴퓨터를 동원해야 겨우 얻어 낼 수 있었던 각종 통계를 요즘은 손바닥에 올려놓고 두드리는 전자 계산기만으로도 누구나 손쉽게 구할 수 있게 됐다. 더군다나 컴퓨터가 워낙 발달하다 보니 야구계는 물론 정보를 취급하는 각종 정보 센터, 팬들이 자발적으로 만든 기록 연구회가 우후죽순처럼 탄생했고, 그들이 만들어 낸 각종 통계를 맹신하는 경향이 생겼다. 그러나 뭐든지 많다고 해서 반드시 좋은 것은 아니다. 지나치면 오히려 해로운 법이다. 데이터가 많다고 해서 반드시 전달되는 정보가 많은 것은 아니며 정보가 많다고 해서 이용자들의 야구에 대한 이해가 반드시 증진하는 것도 아니다.

통계가 야구에서 중요한 구실을 하고 있고, 이해의 폭을 넓혀 주며, 30여 년 전에 비해 실용성이 늘어났다는 데에는 반박할 여지가 없다. '로티세리리그'라는 놀이가 생긴 것만 보더라도 통계의 활용이 얼마나 야구팬들에게 넓게 자리 잡았는지를 알 수 있다. 그러나 통계라는 대목을 좀 더 정확히 이해하려면 통계를 작성하기 시작한 초창기로 돌아가 기본 토대부터 살펴볼 필요가 있다.

그런데 오해가 없기를 바란다. 1930년대까지만 해도 미미하던 초창기 야구 통계를 세밀히 파악하고 그 중요성을 팬들에게 부각시키는 데 앞장섰던 필자가 이제 와서 새삼스럽게 통계의 중요성을 헐뜯겠다고 덤비는 것은 결코 아니다. 항상 서류 가방을 옆구리에 끼고 다니던 필자는 어느 날 저명한 칼럼니스트 지미 캐넌으로부터 "그 가방 속엔 소수점(.)들이 들어 있소?"라는 농담을 들은 적이 있다. 필자가 그만큼 통계의 권위자였다고 어깨에 힘을 주려는 뜻은 아니다. (나중에 《뉴욕 타임스》로 신문사를 옮긴 필자는 캐넌과 다시 마주쳤을 때 "아뇨, 요즘은 콜론(:)과 세미콜론(;)들로 꽉 찼소."라고 응수한 기억이 난다.) 그리고 필자가 통계나 통계 작성에 종사하는 사람들을 업신여기려는 것은 더더욱 아니다.

필자는 야구를 보다 깊이 이해하기 위해 통계를 좀 더 적절하게 활용할 수 있는 방도가 없을까 하고 평생을 고심해 왔다. 그러다 보니 통계라는 것은 외과 의사의 칼처럼 정확히 사용하지 않으면 득보다 해가 많다는 것을 독자에게 주지시킬 필요가 있다는 것을 깨달았다.

자, 그러면 이제부터 본론에 들어가기로 하자.

야구 통계는 무엇을 집계하는 것인가? 우선 가장 단순한 사항부터 집계한다. 타수, 아웃, 득점, 안타, 실책, 승, 이닝, 등판 수, 투구 수 등을 기록하고 혹시 틀린 곳이 없나 검산한 후 덧셈과 나눗셈을 이용해 통계를 산출한다.

야구 통계가 다른 종목의 통계보다 더 흥미롭고 신빙성이 있는 것처럼 느껴지는 이유는 무엇일까? 우선 야구는 플레이가 한순간에 한 가지씩 벌어지는 경기이므로 낱낱의 플레이를 셈하기가 쉽다. 타자와 투수, 야수의 개별적인 활동은 쉽게 판별할 수 있고 결과가 애매모호하지도 않다. 스물두 명이 동시에 움직이는 미식축구나 플레이가 끊임없이 연결되는 농구나 하키, 축구와는 그런 점에서 크게 다르다.

그러나 야구 통계에도 선수 개인의 의도와 전혀 상관없는 이질적인 요소가 끼어드는 수가 있다. 야수들은 투수가 공을 던지고 나면 아웃을 잡기 위해 자동적으로 정형화된 플레이를 펼쳐야 하고 타자와 주자들은 동료들의 플레이에 영향을 받기도 한다. 그러나 이런 것들은 통계 작성에서는 굳이 남의 탓으로 돌릴 필요가 없는 극히 일부분에 지나지 않는다. 야구에서 벌어지는 모든 플레이는 당사자에게 책임 지우기가 다른 어떤 단체 경기보다 명료하다.

그러면 통계가 갖고 있는 문제점으로는 어떤 것들이 있는가? 첫째, 통계의 본질을 망각하는 것이다. 통계라는 것은 이미 벌어진 것들을 숫자로 셈해 놓은 것에 지나지 않으며 "왜 그런가?"에 대한 설명은 없다는 것을 명심하지 않으면 안 된다.

둘째, 기본적인 야구 통계는 특별히 미리 선택한 사항만 집계할 뿐 이와 연결돼 있으면서 대등한 비중을 가진 주변 요소들은 무시한다. 가령 어느 선수의 타점을 집계한다고 하자. 그가 올린 타점수는 분명히 기록되지만 타점을 올릴 수 있는 기회는 얼마였고 그중 몇 차례를 살렸는지에 대해서는 공식 기록의 항목이 없다.

셋째, 어떤 통계라도 그 자체의 한계를 안고 있어 다른 통계와의 상관관계를 따져 봐야만 정확한 의미를 파악할 수 있다. 그런데도 야구인들은 그런 사실을 묵살하고 있다. 예를 들면 투수층이 약한 팀일수록 더블플레이 처리 횟수가 많다. 이는 투수들이 누상에 주자를 많이 내보냄에 따라 야수들이 병살 처리할 기회가 많기 때문이며 그 팀의 수비력이 유별나게 탁월하기 때문은 아니다.

넷째, 통계는 집계하는 경우의 수가 많아야만 설득력을 갖는다.

그리고 다섯째로, 어쩌면 이것이 가장 중요한 것일 수도 있는데, 야구는 인간이 하는 운동이며 그러한 인간의 행동은 단순한 숫자로 환산하기 어려운 법이다. 그리고 인간의 성취도는 주변 환경에 의해 좌우되게 마련이다.

이상과 같은 점들을 염두에 둔다 하더라도 통계는 너무나 엉뚱한 결론을 내놓는 고약한 성질을 갖고 있다. 통계의 기본 자료를 채집하는 방법에 근본적인 문제점이 있기 때문이다. 즉 기록은 '얼마나 많은가?' 하는 데에만 초점을 맞추고 있을 뿐 '언제'라는 점은 완전히 무시하고 있다. 그러나 사실 경기에서 이기고 지는 것은 '언제'라는 것에 크게 좌우되는 법이다.

가령 어떤 선수가 어느 날 4타수 2안타를 기록했다면 좋은 성적을 올린 하루였다고 말할 수 있을 것이다. 그러나 안타 두 개는 주자가 없을 때만 터뜨리고 2사 만루에서 맞은 두 차례의 타석에서는 범타에 그쳐 결국 그 경기를 지고 말았다면 그는 결코 기분 좋은 하루를 보냈다고는 할 수 없을 것이다. 또 하나의 예를 들어 보자. 삼진을 열한 개나 잡아낸 투수가 3대 2로 졌다면 '불운했다'고 동정받을 것이다. 그러나 2대 2 동점이던 8회 말 1사 3루에서 타력이 약한 타자를 삼진으로 처리하지 못하고 깊숙한 외야 희생플라이를 허용하는 바람에 결승점을 뺏겼다면 불운한 것만은 아닐 텐데도 그 사실은 통계에 나타나지 않는다.

'언제'라는 사항은 사소한 데에서부터 큰 문제에 이르기까지 야구를 두루 지배하고 있다. 똑같은 1점이라도 2회에 득점한 것과 8회에 올린 것은 그 의미가 전혀 다르다. 일찌감치 선취점을 올리면 그 뒤의 경기 진행을 유리하게 끌고 나갈 수 있다. 우리 투수가 대타에게 자리를 내주고 게임에서 물러나는 일 없이 계속 던질 수 있을 테고, 번트 상황을 맞았을 때 그에 대비한 수비의 깊이도 달리할 수 있다. 똑같은 연승 행진이라도 시즌 초반에 올린 것은 그 팀을 선두로 밀어 올리지만 이미 대세가 결정된 9월에 올리는 연승은 별로 의미가 없다.

통계는 그런 점들은 반영하지 못하지만 사실 야구는 바로 그런 요소에 의해 좌우되는 것이다.

자, 이제 통계가 잘못 이용되는 사례들을 살펴보자. 그러면 왜 통계에 대한 오해가 그토록 뿌리 깊게 박혀 있고 진실이 외면당하는지 알게 될 것이다.

사례1 통계를 앞으로 일어날 일들을 예상하는 자료로 이용하려는 것. 워낙 뻔한 것이 아니면 통계를 동원하더라도 도움이 되지 않는다.

사례2 통계로 어떤 사실을 입증하려는 것. 경우에 따라서는 통계를 통해 무엇이 다르고, 무엇이 중요한지를 새삼 밝혀낼 수도 있을 것이다. 그러나 그것은 어떤 내용을 기록의 대상으로 삼았느냐에 따라 이미 통계로 나타내고자 하는 방향이 결정돼 있는 것이다.

사례3 통계를 비교의 수단으로 쓰려는 것. 0.300의 타자가 0.200인 타자보다 낫다는 것은 너무도 자명한 사실이고 그런 것을 알아보겠다면 굳이 통계까지 동원할 필요도 없다. 그러나 0.310 타자와 0.290 타자의 차이를 통계만으로 구별하려고 한다면 매우 엉뚱한 결론에 도달할 가능성이 있다.

이 세 번째 사례야말로 통계를 다루기가 어렵다는 설명의 핵심이 된다. 통계상으로 비교할 때는 '모든 조건이 같아야 한다'는 게 전제돼야 하는데 실제로 그런 조건이 갖춰지는 일은 '절대로' 없다.

연대가 서로 다른 야구 통계의 숫자들을 대조하려면 각 시대의 환경과 배경을 알아야 하는데 실제로 통계를 들여다보는 사람들은 그런 내용을 모르고 있기 십상이다. 1930년대에 쓰던 공은 1920년대나 1960년대의 공과 달랐다. 구장도 달랐고 야구 스타일도 달랐고 심지어 규칙도 달랐다. 1950년까지는 운동장마다 마운드 높이도 제각각이었다.(그해에 가서야 15인치로 규격화됐고 1969년에는 10인치로 낮춰졌다.) 이런 차이는 워낙 작으므로 그다지 큰 변화를 몰고 오지 않는다고 항변할 사람도 있을 것이다. 그러나 바로 그런 미미한 차이야말로 활동 연대가 서로 다른 선수들을 비교할 때 논란을 빚는 결정적 요소가 된다. 오늘날의 스타와 어제의 무명 선수, 또는 어제의 스타와 오늘의 무명 선수를 비교하는 경우는 드물다. 그러나 생애 통산 타율 0.341의 테드 윌리엄스와 0.367인 타이 콥을 비교하자면 숫자상의 차이보다도 시대적 상황의 차이가 더 컸다는 사실을 알아야 한다.

그리고 같은 시대, 같은 연도의 선수를 비교한다 하더라도 주의해야 할 사항이 있다. 바로 '평균'이라는 것이다. 평균 수치는 부피가 큰 숫자들을 통해 얻어지는 것이 아니면 의미가 없다. 어느 타자의 '평균 성적'을 알아보려면 완전한 시즌을 단위로 하지 않으면 안 된다. 통계 이용의 가장 큰 오류는 불충분한 자료를 놓고 '현재까지 이러니까 앞으로 어떻게 될 것이다.'라고 추론하는 것이다. 어느 선수가 시즌 초반 20게임에서 열 개의 홈런을 쳤다고 해서 162게임을 마치고 나면 여든한 개를 마크하리라고 예상해서는 곤란하다. 야구팬들은 이런 생각이 우스꽝스럽다는 것을 알면서도 통계를 들여다볼 때는 저도 모르게 그런 식의 생각에 빠지는 오류를 범한다. (조지 벨은 1988년 시즌 개막전에서 세 개의 홈런을 터뜨렸다. 시즌이 끝나고 나니 그의 홈런 수는 486개가 아닌 24개였다.) 더구나 같은 시즌이라도 소속팀이 다르면 활동하는 홈구장이 달라지고 상대 팀과의 경기 수도 달라진다. 그리고 각 구장이 갖고 있는 특성은 성적에 결코 무시할 수 없는 영향을 미친다. 구장마다 구조가 다를 뿐 아니라 타구가 날아가는 모양도 다르고 날씨와 대전 시기에 따라서도 성적이 달라질 수 있다. 또 타자 개개인은 누구나 똑같은 투수를 똑같은 횟수로 상대하지도 않으며 어떤 타자나 어떤 투수도 똑같은 피로도, 건강 상태, 경기 상황 속에서 상대하는 법도 없다.

여기 X팀에 A라는 투수가 있다고 가정하자. 그는 양키스와의 경기에 네 차례 선발 등판했다.(각 연전마다 한 번씩) 자, 이것만 하더라도 어떤 객관적인 판단을 이끌어 내기 위한 자료로서는 불충분하다. A는 그 네 게임에서 돈 매팅리와 열다섯 차례 대결했다. 그리고 매팅리는 열세 차례는 주자가 없는 상황에서 타석에 들어섰으며, A가 마운드에 선 두 게임은 바람이 몹시 부는 가운데 게임을 치렀다. 자, 그런 상황에서 A는 매팅리에게 치기 좋은 공을 주지 않으려고 외곽으로 공을 빼는 수단을 부릴 수 있었고 그 결과 매팅리는 바람에 밀려 펜스 앞에서 잡히는 두 개의 깊은 플라이를 날렸을 뿐 12타수 1안타(타율 0.087)에 세 개의 포볼에 그쳤다.

이 통계를 놓고 보면 누구나(특히 아무 말이나 지껄이면서 시간을 메워야 하는 아나운서는) A라는 투수가 매팅리에게는 '천적 투수'로 생각하고 또 그렇게 말할 것이다.

그러나 A가 정말로 매팅리에게 강한지 아닌지를 말할 수 있는 사람은 오직 매팅리뿐이다. 이듬해에는 상황이 전혀 반대로 바뀔 수도 있다. A가 똑같은 구종으로 무장하고 마운드에 섰다 하더라도 이번에는 매팅리가 타석에 들어설 때마다 누상에 주자가 있다면 전년도처럼 포볼을 내줄 것을 각오하고 던지지는 못할 것이다. 매팅리에게는 때리기 좋은 공을 얻을 가능성이 커지게 되며 결국 3점 홈런 두 방을 터뜨리면 그 통계는 완전히 뒤집힌 꼴이 된다.

이런 예는 언제 어디서건 찾아볼 수 있으며 특히 매팅리처럼 특출한 선수가 아니라면 더욱 그렇다. 이런 내용을 통계에다 특기해 두면 좋겠지만 실제로는 그렇게 할 수도 없으며 그럴 필요도 없다. 직접 경기장에서 뛰는 당사자는 그런 숫자가 얼마든지 달라질 수 있다는 것을 너무나 잘 알고 있으며, 초보적인(또는 부적절한) 통계를 무비판적으로 받아들이는 일반 팬들은 그 뒤에 숨겨진 진정한 의미가 무엇이라는 것을 세세히 알려고 하다 보면 질려 버릴 것이다.

이런 내막이 있기 때문에 팬들이 그토록 애지중지하는 통계를 프로 선수들은 대수롭지 않게 여긴다. 선수들은 자기 연봉에 결정적으로 영향을 미치는 항목들, 즉 타율, 홈런, 타점, 에러, 방어율, 승수 따위에나 지대한 관심을 기울일 뿐 나머지는 건성으로 넘긴다.

즉 선수들의 관심사는 일반인들과 전혀 다르다. 그들은 통계가 무슨 의미를 갖는지, 그게 무엇을 말하는지에 대해서는 전혀 개의치 않는다. 그는 오로지 3할대 타율을 올리는 것, 자신에게 에러나 자책점이 기록되지 않는 것에만 관심을 쏟는다.

그러나 대부분의 선수들도 팬들과 마찬가지로 통계를 잘못 받아들이고 있다는 것만 여기서 밝혀 두고자 한다. 솔직히 말하자면 선수들이 관심을 기울이는 기본 통계들조차 그들의 연봉과는 별로 상관이 없는 것이다.

구단은 어떤 선수에게나 '적정선은 이것'이라고 구단이 판단한 액수로 연봉을 책정한다. 즉 주고 싶은 만큼 주는 것이다. 스타라면 자기의 가치를 밝히는 데 굳이 통계를 들이밀 필요가 없으며 거꾸로 보통 선수는 자기를 내세우기 위해 아무리 좋은 통계를 내밀더라도 큰 효과를 보지 못한다. 통계라는 것은 과거 숫자에 밝은 전문 경영인(단장)이 경영에 문외한인 선수들을 상대로 연봉 협상을 벌일 때 '반박의 자료'로 코앞에 들이밀던 것에 불과했다.

요즘은 상황이 약간 바뀌긴 했으나 많은 야구 평론가들이 역설하는 만큼 크게 바뀐 것은 아니다. 요즘은 성적에 따른 보너스 조항을 계약서에 명시한다. 가령 스무 번 이상 선발 등판한다든지, 몇 타석 이상 출장한다든지, 올스타로 선발된다든지 하면 얼마를 얹어 준다는 것을 문서화하는 것이다. 이런 계약은 1970년대에 일어난 연봉 혁명 이전만 하더라도 '부당한 특혜'라고 해서 공식적으로는 인정되지 않던 관행이었다. 그러나 현실적으로 이런 것들은 단장과 선수, 에이전트, 조정관 사이에서 벌어지고 있는 '심리전'일 뿐이다. 주는 쪽은 얼마를 주어야 하고, 받는 쪽에서는 얼마를 받아야 하는가 하는 적정선을 이미 서로들 마음속으로 정해 놓고 있으면서도 똑같은 통계 자료를 내놓고 밀고 당기는 것이다. 양측은 같은 내용을 자기 편에 유리하도록 아전인수격으로 해석하면서 상대를 설득하려고 한다.

과거의 조정관은 단장과 같은 입장에서 '촌뜨기' 선수들을 얼렁뚱땅 후려칠 수 있었지만 요즘은 어림도 없는 얘기다. 유능한 에이전트들이 등장, 구단 관계자 뺨치게 좋은 머리로 통계를 유리하게 활용하게 된 것이 전환점이었다. 그리고 구단은 보너스 계약을 해놓고 선수가 그것을 타먹지 못하게 훼방 놓는 것은 어리석은 짓임을 알게 됐다. 가령 30승을 올리면 얼마만큼의 보너스를 주겠다고 계약했을 경우 그 선수가 29승을 올리자 보너스를 주지 않으려는 심산으로 잔여 경기에 등판시키지 않는 짓 따위는 하지 않게 됐다는 얘기다. 그것은 구식이다. 엘리아 아시노프가 1919년 시카고 화이트삭스 선수들이 빚어 낸 '블랙삭스 스캔들'의 내막을 소상하게 밝힌 『8인의 추방 Eight Men Out』이라는 책을 보면 이런 보너스를 둘러싼 구단주의 음흉한 술책이 잘 묘사돼 있다. 코미스키 구단주는 팀의 에이스인 시카티가 30승을 올리면 그에게 상당한 보너스를 주겠다고 약속했고, 시카티는 29승을 올려놓은 다음 30승째를 채울 등판 기회를 얻지 못하자 화가 난 나머지 승부 조작에 가담했다는 내용이다.

그렇다고 통계가 전혀 무의미하다는 뜻은 아니다. 오히려 용도는 무궁무진하다. 다만 어떤 것이 쓸 만한 가치가 있고, 어떤 것이 그렇지 않은지를 확실히 구분할 수 있어야 한다. 거시적으로 보면 통계는 야구를 이해하는 데 좋은 길잡이가 돼 준다. 장시간에 걸쳐 수백 차례 배트를 휘둘러 안타를 뽑는다면 그 타자는 생애 통산 성적와 크게 다르지 않은 성적을 낼 것이다.

프로 선수들은 '3할 타자'니, '2할 5푼대 타자'니, '20승 투수'니 하는 말로 등급이 매겨지는데 팬들은 이런 말들을 서슴지 않고 쓰면서도 그 안에 담긴 뜻은 제대로 파악하지 못하고 있기 십상이다. 팬들은 단지 숫자가 주는 매력을 즐기는 데서 끝나고 말지만 프로들은 그 말 한마디에 담겨 있는 뜻을 더 깊이 헤아리고 있다. '3할 타자'라는 것은 배트 컨트롤과 타격 패턴이 상당한 수준에 올라 있고, 자기 관리와 육체적 능력에서도 상당한 경지에 다다랐으며, 상승세를 탔을 때와 슬럼프에 빠졌을 때를 다 포함시키고도 그 선에 다다른다는 것을 의미한다. 3할 타자로 이미 정평이 난 타자는 지금 이 시점에 설사 0.260에 머물러 있더라도 3할 타자로 간주되고 있으며, 2할 5푼 타자는 시즌 초반에 180타수 60안타로 0.333의 호조를 보이고 있더라도 여전히 '3할 타자'라는 칭호는 받지 못한다.

이제 필자가 제시하는 체크 리스트를 살펴보면 통계의 맹점을 알아차리는 데 도움이 될 것이다.

— 0.293타자는 0.222타자보다는 확실히 한 단계 위에 있지만 0.286이나 0.276타자보다 반드시 우수하다고는 할 수 없다. 약간의 차이는 결코 큰 의미를 가질 수 없다.
— 필드에서 눈에 띄지도 않을 정도의 차이가 숫자상으로는 엄청나게 크게 부풀어오른다. 300타수쯤 쌓인 시즌 중반의 시점에서 0.333타자와 0.290타자의 차이를 안타로 환산하면 열세 개 차가 된다. 0.290과 0.250은 안타 열두 개 차이다. 반 시즌이라면 80게임쯤 치른 시점이다. 그렇다면 0.250과 0.290의 차이라는 것은 일곱 게임당 안타 한 개씩 많고 적은 셈이다. 행운의 불규칙 바운드, 구장 사정, 기록원의 판단, 상대 투수의 능력(에이스급이 등판했는가, 아닌가 따위) 등에 의해 같은 타자라도 이런 정도의 차이는 얼마든지 빚어질 수 있다. 단순히 운으로 풀이하더라도 마찬가지다. 한 달에 빗맞은 안타를 두어 개쯤 얻고 평범한 플라이가 묘한 곳에 떨어져 안타 한 개가 보태진다면 0.250에 그칠 타자가 당장 0.290으로 성적이 치솟게 되며, 거꾸로 강한 라인 드라이브가 네댓 개만 불운하게 야수 정면으로 날아가 잡히면 0.290이 돼야 할 타율이 0.250으로 떨어진다.
— 홈런과 타점, 탈삼진 등 누적 기록은 얼마나 많은 기회 속에서 쌓인 것인가를 따져야 할 텐데 기회의 수는 통계에 나타나지 않는 게 보통이다.
— 같은 팀의 선수끼리 비교하는 것은 타당성이 크다. 같은 리그 안에서의 비교는 그 다음으로 타당하다. 그러나 두 리그를 비교하자면 가치가 훨씬 떨어지며 연도가 다를 경우 그 시간적 간격이 클수록 신빙성이 줄어든다.
— 선수들은 작업 능률이 항상 일정한 기계가 아니다. 개개인의 능력은 매주 달라질 수 있으며 해가 바뀌면 능력 차는 더욱 벌어진다. 감독들이 일반적으로 가장 잘못 생각하고 있는 오류를 꼽으라면 어느 정도의 성가聲價를

얻은 선수는 언제 어디서나 그 정도는 활약해 주리라고 믿는 것이다. 그러나 비교적 어린 나이에 3할 타율을 기록한 타자가 이듬해에도 반드시 3할대를 마크하리라는 보장은 없다. 그리고 노장 선수가 부진에 빠졌을 때 그게 일시적인 슬럼프냐, 아니면 영구적으로 능력이 저하된 것이냐를 판단하기는 결코 쉽지 않다.

지금까지 필자가 나열한 경고성 체크 리스트는 무엇을 증명하고 분석하고 선택하는 데 통계를 이용하려고 하는 사람들에게 많은 도움이 될 것이다. 여기서 염두에 두어야 할 것은 통계는 앞으로 해낼 일의 능률을 재는 잣대가 아니라 이미 지나간 일의 효능을 잰 부산물에 지나지 않는다는 것, 앞날에 대한 예측이 아니라 과거에 관한 서술이라는 것, 그리고 무엇보다도 살아 움직이는 야구라는 경기에서 일부만을 임의로 뽑아내 숫자로 옮겨 놓은 것에 지나지 않는다는 것이다. 이것이야말로 가장 명심해 두어야 할 사항이다.

'통계statistics'라는 말은 벌써 '정적靜的, static'이라는 의미를 담고 있다. 그러나 현실적으로 야구는 동적動的이지 결코 정적이지 않다.

그러나 '기록record'으로서의 통계라면 얘기가 달라진다. 그것은 소중한 의미를 갖고 있을 뿐 아니라 그 자체만으로도 훌륭한 작품이 되고 있다. 기록의 종류는 보는 사람의 관점에 따라 엄청나게 다양할 수 있고 한없이 길게 늘어날 수도 있다. 그러나 기록은 그저 기록일 뿐이다. 그런데 사람들은 있는 그대로 봐야 할 기록에다 비교 분석할 때 써야 하는 가치 판단의 돋보기를 쓸데없이 들이대는 괴상한 잘못을 범하고 있다.

로저 매리스의 경우가 좋은 본보기다. 매리스는 1961년에 61홈런을 때려 베이브 루스의 시즌 최다 홈런 기록을 경신했다. 시즌이 3분의 2쯤 경과했을 때 포드 프릭 커미셔너는 그 유명한 '단서 조항asterisk rule'이라는 성명을 발표했다. 베이브 루스가 60홈런을 기록한 1927년 시즌은 연간 경기 수가 154게임이었다. 1961년의 경기 수는 162게임. 그러므로 매리스가 시즌 최다 홈런 신기록을 인정받으려면 154게임 안에 베이브 루스의 기록을 넘어서지 않으면 안 된다는 게 프릭 커미셔너의 엄포였다.

얼핏 들으면 그것도 상당히 일리가 있는 것 같지만 잠시 더 깊이 생각해 보면 그게 얼마나 어처구니없는 난센스인지를 금방 알게 된다.

우선 어의語意부터 정의해 보자. '시즌 기록'이란 한 시즌이 다 끝나야 성립되는 것이지 그렇지 않으면 아무것도 아니다. 그렇다. 162게임은 분명히 154게임보다 많으며 154게임은 또 140게임보다 많다. 그런데 샌디 쿠팩스도 마침 같은 1961년에 내셔널리그 시즌 최다 탈삼진 신기록(269개)을 수립했다. 크리스티 매튜슨이 종전 최고 기록(267개)을 수립했던 1903시즌의 게임 수는 140게임이었다. 그렇다면 프릭 커미셔너는 왜 쿠팩스의 기록에 대해서는 단서 조항을 붙이지 않았을까? 그가 그 사실을 몰랐던 탓도 있겠지만 1903년의 게임 수에는 아무도 유념치 않고 있었기 때문이기도 했다. 그러나 매리스의 홈런 신기록 추이는 워낙 많은 관심을 모으고 있었으므로 게임 수에 대한 포드 프릭의 이의가 제기됐으며 이런 이의 제기가 많은 야구팬들로부터 호응을 얻은 것도 사실이다. 그러나 그런 숫자의 차이는 어떤 의미를 갖고 있는가? 무승부 경기가 나오면 그 게임의 개인 기록은 그대로 살려 둔 채 재경기를 펼치게 돼 있었다. 이에 따라 베이브 루스가 60홈런을 때리던 1927시즌에 양키스는 155게임을 치렀고 루스는 그중 151게임에 출장했다. 좀 더 극단적인 예를 든다면 디트로이트 타이거스는 1차 세계 대전이 벌어지기 전의 어느 해에 정규 시즌은 154게임에 불과했으나 실제로는 무려 162게임을 치렀다. 열 차례나 무승부가 발생, 재경기를 치러야 했는데 그나마 정규 시즌 일정에 잡혀 있던 두 게임을 취소하고도 그렇게 늘어난 것이었다.

　만약 그 당시 타이거스가 무슨 시즌 최다 기록을 세웠더라면 어떻게 해석할 것인가? 이번에는 논리적으로 따져 보자. 시즌 기록을 154게임으로 한정한다면 왜 굳이 앞의 154게임까지만 세어야 하는가? 동가同價를 구한답시고 상대 팀과 경기 수의 형평은 무시해도 괜찮은 것인가? 154게임 일정 아래서 양키스는 일곱 팀을 상대로 22차전을 싸웠다. 162게임으로 일정이 바뀌면서부터는 아홉 팀을 상대로 18차전씩 치러야 했다. 벌써 여기서 형평은 깨지고 있다. 앞에서부터 154게임까지 센다면 마지막 8게임, 즉 두세 팀과의 마무리 몇몇 게임은 아무렇게나 무시한다는 얘기가 된다. 그런 식으로 따지자면 어느 해의 후반부 77게임과 다음 해의 전반부 77게임을 합쳐 이것을 '한 시즌 기록'이라고 해도 괜찮다는 얘기인가? 어쨌든 엄밀한 의미에서 '동등한 조건'을 내세우고자 한다면 그가 소속된 팀이 한 시즌에 몇 게임을 치렀느냐 하는 것보다 그 선수가 타석에 들어간 회수가 몇 차례나 되느냐를 따지는 편이 더 타당하다. 1927년의 양키스는 워낙 강타선이 구축돼 있어 타격 기회가 자주 돌아왔기 때문에 상위 타순에 포진된 타자들은 게임 수가 불어난 1961년의 양키스 선수들보다도 오히려 타석 수가 많았다. 이를 실제 숫자로 확인해 보면 1927년의 루스는 692타석을 기록했고 1961년의 매리스는 698타석을 마크한 것을 알 수 있다.

　그렇다면 무엇을 비교의 기준으로 삼아야 하는가? 타석? 그 선수가 실제로 뛴 게임 수? 스케줄상에 잡혀 있는 경기 수? 포볼 따위를 빼 버리고 남은 타수? 왜 번잡하게 이 따위 것들을 따지려 하는가? 한 시즌은 그저 한 시즌일 뿐이다. 프릭─매리스 논란은 통계를 잘못 다루다가 혼란만 일으킨 대표적 사례다.

통계를 '재미'로 사용하는 것은 얼마든지 좋다. 숫자 놀음으로 쓰든, 논란거리로 삼든, 숫자 속에 숨은 뜻을 들여다보든, 역사적 의미를 따져보든, 자기 나름의 이론을 뒷받침하는 데 활용하든, 아니면 퀴즈를 내는 데 쓰든 통계를 마음껏 동원할 수 있다. 이런 것들은 세밀하게 파고들면 들수록 좋은 것이므로 극도로 발달한 현대 문명의 이기를 최대한 활용할 수 있다. 최근 20년 사이 어마어마하게 두꺼운 각종 야구 통계집들이 쏟아져 나오고 있는데 애초에는 이런 작업들이 남보다 빨리 컴퓨터와 친해진 아마추어 연구가들에 의해 시작됐다. SABR(미국 야구 연구회)은 야구계에 직접 종사하지 않는 순수 야구팬들이 모여 조직했고 요즘은 수천 명의 회원을 확보한 가운데 대단히 방대한 작업을 펼치고 있다. 이들은 서신 교환이나 책자 발간을 통해 문서 보관소와 야구를 깊이 사랑하는 사람들을 살찌운다. 『야구 발췌 Baseball Abstract』라는 저서를 매년 발간하는 빌 제임스도 자발적으로 통계 처리 작업에 열중한 인물로서 통계와 관련된 분야를 한 단계 끌어올린 인물이다. 그러나 단순한 공식 통계를 뛰어넘어 좀 더 세밀한 통계를 개발한 사람은 1940년대에 브루클린 다저스에서 근무한 앨런 로스였다.

스포츠 통계를 작성하는 최고 명문은 엘리어스 스포츠국인데 여기서는 메이저리그를 비롯, 프로 미식축구 리그NFL, 프로 농구 협회NBA의 공식 통계를 다룰 뿐 아니라 고객의 개인적인 조사 의뢰를 받기도 한다. 아메리칸리그는 독자적인 통계 처리 기관을 갖추기도 했었으나 엘리어스와의 공조 체제로 바꾸었다. (내셔널리그는 지난 25년 동안 엘리어스 통계국에 처리를 위탁했는데 이 기관의 대표자는 창업자 앨 먼로 엘리어스에서 시모어 시워프로 바뀌었다. 아메리칸리그는 시카고의 하우 뉴스국Howe News Bureau에 작업을 맡기다가 보스턴에 별도의 통계 기관을 세웠다.) 하우와 엘리어스는 순전히 종이와 연필을 들고 통계 작성을 시작했던 사람들이다.

한편 세인트루이스에 있는 스포팅 뉴스도 공식 통계 처리를 맡으면서 대규모 통계 처리 방식을 개발했다.

신세대의 독자적인 아마추어 통계인들은(개중에는 전문 통계 요원으로 변신한 사람들도 있다.) 앞서 말한 통계의 결함, 즉 '기회의 수'를 포함시키는 방법을 개발하기도 했다. '언제' 그 기록이 나왔느냐 하는 점까지 따지고 들어가기는 결코 쉽지 않지만 플레이가 처한 상황을 하나하나 컴퓨터와 개인 파일에 넣어 처리할 수 있게 됨으로써 그것도 불가능하지는 않다.

그러다 보면 또 다른 문제점이 생긴다. 과학적인 정확도와 완벽성을 추구하면 할수록 종전의 일반 팬들에게 친근감을 주던 '단순 명료함'이 사라질 수밖에 없다. 타율은 그저 안타 수를 타수로 나누기만 하면 된다. 홈런이나 탈삼진은 더하기만 하면 되고 많으면 많을수록 좋다. 대다수의 야구팬들은 19세기부터 전해져 오는 친숙하고 단순한 통계만으로 만족한다. 그것이 게임의 진행을 지켜보면서 적어넣고 셈하기가 가장 간편하기 때문이다.

앨 캄파니스는 필자와 만날 때마다 디즈레엘리의 명언을 들먹인다. "세상에는 거짓말이 있고, 흉악한 거짓말이 있고, 그 다음엔 통계가 있다." 통계는 가장 악랄한 거짓으로 가득 차 있다는 얘기인데 그 통계를 어떻게 보느냐에 따라 받아들이는 느낌도 달라질 것이다.

왜 그런 말이 나오느냐 하면, 사람들은 자기가 찾아보려는 것과 그에 관련된 사항만 단편적으로 연결시켜 놓고 나머지는 애써 무시하기 때문이다. 간결하고, 적확하고, 어떤 사실을 밝혀 주고, 흥미를 자아내는 통계 자료를 총망라해 살펴보려면 항상 '모든' 통계를 고려하지 않으면 안 된다.

그러나 모든 통계를 빠짐없이 집계한다고 해서 그것들을 모조리 사용할 필요는 없으며 섣불리 어떤 결론을 내릴 필요도 없다.

　SABR의 골수 회원들은 이미 아마추어의 단계를 넘어선 사람들이다.(필자도 회원의 한 사람으로서 하는 말이다.) "(그 사실을) 통계로 증명한다."는 슬로건 아래 완전히 주관적으로 통계를 주무르는 빌 제임스의 방식도 현실과는 한없이 동떨어져 있다. 게임은 결코 그가 풀이해 놓은 식으로 진행되지 않으며 그의 해석이라고 해서 남들 것보다 더 정확하지도, 덜 정확하지도 않다. 결과를 놓고 원인을 거꾸로 분석해 낸 방식을 포함해서 산술적으로 다듬어 놓은 자료를 통해 이미 '현장'에서 일어난 사건을 정확하게 설명하는 방법은 절대로 있을 수 없다는 게 필자의 지론이다. 그런 것들은 대화나 오락을 즐길 때, 논쟁을 벌일 때, 그 밖에 즐거운 시간을 보내려 할 때나 유용하게 써먹을 수 있을 뿐이다. 그리고 선수나 감독, 스카우트 요원 등 프로 관계자들이 종전에 미처 깨닫지 못했던 것을 그런 통계가 가르쳐 줄 수 있다고 생각하면 큰 오산이다. 그리고 프로가 관찰한 바와 통계인들이 이끌어 낸 수치가 상치된다면 그 프로는 틀림없이 자신의 관찰 결과를 믿고 그 통계 수치는 무시할 것이다. 여기에는 두 가지 이유가 있다.

　첫째, 둘러치건 메치건 숫자를 다룰 때는 안타 수, 아웃 수, 희생 타수 등등 이미 나와 있는 항목들을 기초 자료로 삼을 수밖에 없다. 그런 것들을 어떤 공식에 대입시켜 뽑아낸 자료로 선수의 등급을 매기겠다면 말릴 도리가 없다. 그러나 그렇게 등위를 매긴다고 해서 이미 지나간 일이나 앞으로 일어날 일이 바뀌는 것은 아니다. 게다가 기초 자료는 중요한 주변 요소들을 묵살한 채 일부만 골라 정리해 놓은 것이기 때문에 결코 정제된 것이라고 볼 수 없다. "쓰레기를 넣으면 쓰레기가 나오는 법이다." 두 번째는 필자가 이미 여러 차례 강조했지만 실제 게임은 역동적이고, 인간적이고, 직관적이고, 예측 불허이다. 이에 반해 아무리 정교하게 갈무리해서 뽑아낸 숫자라도 복잡하게 어우러진 현실에 비하면 수박 겉핥기에 지나지 않는다. 대부분의 프로들은 그렇게 생각하고 있다.

또 하나의 유명한 격언을 들어 보겠다.

"숫자는 거짓말을 하지 않는다. 다만 거짓말쟁이가 숫자를 이용할 뿐이다."

숫자와 통계라는 걸 얘기하다 보면 단박 연봉 협상이 머리에 떠오르게 된다. 그것은 차후 살펴보기로 하자.

16 기록

통계를 작성하려면 우선 경기 내용을 담는 기록이 있어야 한다. 그리고 게임을 기록하기 위해서는 개개의 플레이를 어떻게 분류하느냐 하는 공인된 패턴이 있어야 한다. 그래서 만들어진 것이 공식 기록이다.

공식 기록과 기본적인 야구 기사 작성 요령, 기록 보존, 그리고 공식 기록원의 활동 등의 방법을 창안해 낸 사람은 헨리 채드윅이다. 영국에서 태어난 그는 열세 살 때 브루클린으로 이주했으며 가정 형편은 부유한 편이었다. 그는 약관 열아홉 살 때부터 신문 기자 생활을 시작했다. 스물세 살에 결혼한 그는 허드슨 강 너머 '엘리지언 필드'라고 불리던 뉴저지 주 호보켄에서 펼쳐진 니커보커 팀의 경기 모습을 보게 됐다. 니커보커 팀은 바로 한 해 전(1847년)에 알렉산더 카트라이트가 정리해 놓은 새로운 경기 규칙에 따라 게임을 하던 중이었다. 크리켓이라는 영국식 경기(당시 뉴욕 지방에서는 이 경기가 매우 번창했다.)와 라운더스에 익숙해 있던 채드윅은 경기 진행이 훨씬 활발한 이 경기에 매력을 느꼈다.

그는 곧바로 야구 담당 기자가 됐고 그때부터 누구보다 왕성하게 야구에 관한 저술과 기록을 남겼다. 1908년 별세할 때까지 채드윅은 뉴욕 지방의 여섯 개 신문사에서 근무하면서 기록 연감을 만드는 요령과 체제를 확립했으며 이루 헤아릴 수 없을 만큼 많은 야구 저서를 편찬했다. 그는 명예의 전당이 설립된 지 2년 만인 1938년에 야구 기자로서는 최초로 그곳에 헌액되는 영광을 누렸다.

채드윅의 통찰력과 영향력은 지대한 것이어서 그가 정립한 패턴은 오늘날까지 변함없이 지켜지고 있다. 그는 타자가 투수를 상대로 승리를 거뒀다고 할 수 있는 '안타'와 수비자의 실수인 '에러'를 구별하면서 요약된 내용을 도표 모양으로 간추려 놓는 데 성공했다. 그러나 다른 내용들과 마찬가지로 '어떤 것은 어떻게 기록한다'는 기준을 사전에 마련할 필요가 있었다. 심판원 혼자서 게임을 관장하던 시절에는 게임 중에 벌어지는 각종 분규를 해결하는 데만도 손이 모자랄 지경이었다. 그런데 팀에서 지정한 기록원은 팔이 안으로 굽는 식으로 자연히 자기 편에 유리하게 기록하는 경향이 있게 마련인데 상대방이 거기에 동의하지 않으면 어떻게 할 것인가?(실제로 초창기 야구의 박스 스코어를 대조해 보면 같은 게임인데도 양 팀 기록원의 기록 내용이 다른 경우가 많았다.) 그러다 보니 중립적인 입장에서 공정하게 기록할 사람이 필요했다.

채드윅은 중립적이었고 남들의 존경을 받았으며 좋은 선례를 남겼다. 그러나 상업성을 띠고 대중의 기호에 영합하려는 프로야구 조직이 생기면서부터는, 어느 팀과 특별한 관계를 가진 기록원들이 기록 판정을 담당하다 보니 신빙성이 떨어지고 기록 내용도 통일성을 잃는 경우가 많았다. 그런데 기자는 객관적이고 공평무사하고 야구에 대한 식견이 있다고 인정받으면서 매일 경기를 지켜보는 유일한 부류였고 그러다 보니 공식 기록의 작성은 자연히 그들의 손에 맡겨졌다.

근년에는 이 공식 기록 작업도 기자들의 손을 떠났다. 메이저리그 구단 소재지는 늘어난 반면 일간지 수는 줄어듦에 따라 경험 있는 기자가 양적으로 부족하게 된 것도 한 원인이다. 1960-70년대에 시끌벅적한 도덕성 문제가 벌어지자 신문사 경영진은 자사 기자가 직접 경기를 관장하는 구성원이 될 경우 이해관계에 휘말릴 수 있다고 판단했고(예를 들면 노히트노런이 깨지느냐 마느냐 하는 데에 얽힌 기자의 판단 문제) 따라서 소속 기자의 공식 기록원 활동을 금지시키는 예가 많았다. 아직도 공식 기록원으로 활동하고 있는 기자가 전혀 없는 것은 아니지만 리그 사무국은 각 도시에 전담 기록원을 지정해 두고 있다. 이들은 주로 현직에서 물러난 야구 기자들이며 지방에서 활동하는 코치 또는 일정한 근무처가 없는 프리랜서들도 더러 있다.

공식 기록원이 하는 일은 무엇인가? 안타냐 에러냐, 폭투냐 패스트볼이냐 하는 것을 판정하는 고유 권한을 갖고 있기도 하지만 그의 주임무는 모든 플레이를 하나도 빼놓지 않고 낱낱이 정확하게 적어넣는 것이다. 게임이 끝나면 기록원은 일정한 양식으로 정리한 통계 숫자를 리그 사무국으로 보내며 이것이 '유일한' 공식 기록으로 남는다. 믿기 어렵겠지만 낱낱의 플레이play-by-play는 거의 최근까지도 '공식적으로는' 보존할 가치가 없는 것으로 취급해 왔다. 그러다가 1950년대 들어 AP 통신의 노력으로 낱낱의 플레이가 보도되면서 기록으로서의 가치를 인정받기 시작했으며 요즘은 컴퓨터가 그 일을 맡고 있다.

어떤 것이 안타이고, 어떤 것이 에러냐 하는 것을 판단하는 데에는 불가피하게 기록원의 재량권을 인정할 수밖에 없다. 기록원의 사견을 완전히 배제할 수 있는 방법은 없다. 그러나 통계의 효율을 높이기 위해서는 판단 기준을 객관적으로 정립해 놓을 필요가 있다. 개인적인 편애와 이해를 떠나 피츠버그에서 안타로 기록된 것이 신시내티에서도 똑같은 근거에 따라 안타로 기록돼야만 통계로서의 의미를 가질 수 있는 것이다.

어쨌든 기록을 다룰 때는 '모든 것은 똑같은 조건 아래 벌어진다.'는 전제가 있어야 한다.

기록되는 대상의 숫자상 차이를 제외하곤 모든 개성은 무시돼야 한다. 기록원의 재량권을 최소화하는 게 기록이 신빙성을 갖추기 위한 최선의 방법이다. 그러다 보면 관념적인 갈등에 부딪히게 된다. 기록원이 자기도 모르는 사이에 '안타는 좋은 것'이고 '에러는 나쁜 것'이라는 의식을 갖다 보니 자기가 상벌을 결정하는 심사 위원이나 진급, 낙제를 결정하는 교사와 같은 위치에 있는 것으로 착각하게 된다. 이런 관념은 대부분의 팬이나 선수, 그리고 동료 기록원들도 마찬가지로 갖고 있게 마련이다.

야구계에서 공식 기록원의 존재 가치는 재량권 발휘에 있는 게 아니라 통일성 추구에 있다고 보고 있다. 필자도 그런 견해에 동조한다. 유사한 플레이는 언제 어디서 누가 기록하더라도 동일하게 기록돼야 하며 통계의 기초 자료는 가능한 한 불편부당하게 작성돼야 한다. "쓰레기를 넣으면 쓰레기가 나온다."라는 말을 명심해야 한다.

공식 기록원에 관한 규칙(야구 규칙 10장)은 바로 이런 관점을 바탕으로 만들어졌다. 이 규칙대로만 한다면 누가 기록원 자리에 앉건 자동적으로 동일한 기록이 나올 수밖에 없다.

안타냐 에러냐를 판단하는 근거는 야수가 펼칠 수 있는 '보통의 수비 행위Ordinary effort'에 두어야 한다. '그는 이렇게 했어야 했다'든가, '메이저리그라면 저것쯤은……' 하고 단정해서는 안 되며 다만 야수가 보통의 수비 행위로 처리할 수 있었느냐, 없었느냐만 따져야 한다. 이렇게 했더라면 파인 플레이가 됐을 텐데 야수가 그렇게 하지 않았다고(못했다고) 해서 에러로 기록해서는 안 된다.

일부 기록원은 남들보다 안타로 기록하는 데 인색한 경우도 있는데 그렇다고 그를 나무랄 수는 없다. 다만 기록원이 자기 나름의 판단 기준을 확고히 갖춰 놓고 이랬다저랬다 흔들리지 않는 것이 가장 중요하다. 안타를 규정하는 10.05 조항의 맨 끝에는 다음과 같은 부기^{附記}가 달려 있다.

여기서의 각항을 적용하면서 의심스러울 때는 항상 타자에게 유리하게 한다. 야수가 상당히 뛰어난 수비를 했는데도 아웃시키지 못했을 때는 안타로 기록하는 것이 안전한 방법이다.

따라서 내야수가 기막힌 솜씨로 타구를 잡는 데는 성공했으나 달려가던 여세 때문에 균형이 무너졌거나 악송구를 범해 타자를 살려 주었다면 그것은 안타이다. 돌돌 힘 없이 구르는 타구를 3루수가 전력으로 달려들어 미처 글러브를 댈 틈도 없이 맨손으로 잡아 처리했으나 타자가 세이프됐다면 그것도 안타이다. 외야수가 있는 힘을 다해 달려가 글러브를 내밀었으나 포구하지 못했다면 안타이다. 그렇게 기록하지 않는다면 '보통이 아닌' 최선의 노력을 기울인 야수에게 에러를 범했다는 벌을 주게 되고, 타자로부터는 잘 만든 작품인 안타를 뺏는 결과가 되기 때문이다.

선수뿐 아니라 팬들, 그리고 선수 출신 방송 관계자들은 이상한 통념을 갖고 있다. 즉 노히트노런이 진행되고 있다가 5회 이후에 타자가 살아나간 타격 내용이 안타로 기록되려면 반드시 '안타다운 안타'여야 한다고 생각한다. 과연 그게 올바른 생각일까? 결코 그렇지 않다. 안타는 어떤 것이든 안타이고 안타가 아닌 것은 어떤 것도 아니다. 그뿐이다.

야수가 건드렸다고 해서 에러이고 그냥 빠져나갔다고 해서 안타일까? 그것도 잘못된 얘기다. 보통의 수비 행위로 잡을 수 있었느냐 없었느냐만이 유일한 판단 기준이 돼야 하며 설사 타구가 야수의 가랑이 사이로 그냥 빠져나갔다 하더라도 그 야수가 보통의 수비로 잡을 수 없었다면 안타로 기록해야 한다.

물론 난이도를 고려해야 할 때도 있다. 투구가 포수 앞에서 원 바운드를 일으키는 바람에 포수가 공을 뒤로 빠뜨렸다면 그것은 명백한 폭투다. 물론 대다수의 경우 포수는 몸으로 블로킹하며 볼이 빠지지 않도록 하지만 그것은 '보통의 수비'라고 할 수 없다. 포수가 파울팁을 놓쳤다고 해서 포수에게 에러를 기록해서는 안 된다. 주자가 도루할 때 포수의 송구가 약간 비뚤어지는 바람에 주자가 살았다고 해서 포수에게 에러(악송구)를 기록해서도 안 된다.(송구가 빠져나가 주자가 더 진루했다면 물론 에러가 된다.) 왜냐하면 포수는 보통의 노력으로 이뤄지는 게 아닌 어려운 수비를 시도했기 때문이다.(만약 주자가 십중팔구 포수에게 아웃당할 것으로 판단했다면 애초에 도루를 시도하지도 않았을 것이다.) 더블플레이를 처리하던 중 피봇맨의 송구가 나빠 타자주자가 1루에서 살았다 해도 에러로 기록해서는 안 된다. 그러나 송구는 좋았는데 1루수가 볼을 떨어뜨리는 바람에 타자주자를 살려 줬다면 1루수에게 에러를 기록한다. 야수의 눈에 햇살이 들어가는 바람에 '보통의 수비'를 하지 못해 볼을 놓쳤다면 그것은 안타이다. 이런 것들은 어디까지나 '보통의 수비 행위'가 판단의 기준이 된다는 것을 보여 주는 예들이다.

그런데 판정에 대한 '객관적 기준'이란 도저히 완벽하게 마련될 수 없는 것이므로 선수들은 기록원의 판정에 늘 불만을 표시한다. 양자가 일하는 입장에 차이가 있기 때문이다. 선수는 플레이가 자기에게 유리하게 기록되기를 바라는 반면 기록원은 정확성을 기하려고 한다. 그렇지만 기록원의 개인적 성향도 적지 않게 작용한다. 즉 어떤 기록원은 유난히 안타를 주는 데 인색하고, 어떤 기록원은 자기가 맡은 일에 정신을 집중하지 않으며, 어떤 사람은 홈팀에 다소나마 유리하게 기록하려고 애쓴다. 그런데 마지막에 해당하는 기록원의 경우 홈팀 선수들로부터 고맙다고 인사받으리라고 생각하면 큰 오산이다. 오히려 그 현장에 있던 다른 기록원들에게서 편파 판정을 귀띔받은 상대 팀 선수들로부터 "딴 구장에서는 공평한데 왜 여기서만 그 따위로 하는지 몰라. 저 ×같은 안경잡이 같으니라고." 하는 욕만 얻어먹을 뿐이다. 이렇게 욕만 먹으면 다행이고 때로는 육체적 공격을 받는 수도 있다.

같은 기자끼리도 안타 판정에 이견이 생기는 바람에 기자실이 소란스러워지는 수가 있었다. 다음은 1952년 옛날 양키 스타디움에서 내가 직접 경험했던 일이다.

그 구장 기자실에는 댄 대니얼과 존 드레빙거라는 전설적인 원로 기자들이 점잖게 자리를 잡고 있었다.

8월 어느 날이었다. 디트로이트 타이거스 투수는 버질 트럭스. 양키스는 2회까지 안타를 하나도 뽑지 못했다. 트럭스는 5월에 이미 노히트노런을 달성한 바 있었다. 한 해에 노히트노런을 두 번이나 수립한다는 것은 대단한 일일 수밖에 없었다.

드레빙거가 공식 기록원을 맡은 가운데 필 리주토가 디트로이트 유격수 자니 페스키 앞으로 평범한 땅볼 타구를 날렸다. 그러나 페스키는 공을 글러브에서 빨리 빼지 못하고 우물쭈물하다가 뒤늦게 1루에 던지는 바람에 리주토가 1루에서 세이프됐다.

드레빙거는 즉시 안타, 에러 판정을 내리지 못하고 고개를 푹 수그린 채 한동안 뜸을 들였다. 그 자신이 그 플레이를 두 눈으로 분명히 봤으면서도 무어라고 명확한 판정을 내리기가 어려운 상황이었다. 이런 난

처한 경우는 공식 기록원을 종종 괴롭힌다.

"그건 에럽니다."

기자실에 있던 우리가 일제히 외치자 그는 고개를 끄덕이며 에러를 표시했다.

그러나 기자실 한구석에 앉아 있던 원로 기자 대니얼은 견해가 달랐다. 그는 드레빙거와 유일한 동년배(60대)였다. 그는 고개를 가로저으며 오른손 검지를 흔들어 보였다. 검지는 안타라는 사인이었다.

드레빙거는 주위의 애송이 기자들 따위는 안중에 없었다. 이따금 아웅다웅하는 일이 있기는 하지만 대니얼은 30년씩이나 동고동락한 동료 아닌가. 그는 곧 안타로 정정했다.

십여 명이나 되던 우리 소장파 기자들에겐 그런 판정 번복이 부당하기 짝이 없는 짓으로 보였다. 왜 그렇게 고치느냐, 도대체 무엇을 기준으로 한 것이냐고 따지고 들었다.

"공이 글러브에 틀어박혀 나오지 않았단 말이야. 그런 건 전통적으로 안타라고."

대니얼은 볼멘 소리로 우리를 윽박질렀다.

"그렇습니까? 정말입니까? 평소에 없던 전통이 왜 여기서 갑자기 튀어나옵니까? 아까 것은 분명히 평범한 플레이였지 않습니까?"

"공이 글러브에 박혔대도. 그러니까 안타란 말이야."

대니얼은 좀처럼 고집을 꺾으려 하지 않았다.

여기에 대한 왈가왈부는 4이닝이 지나가도록 계속됐으며 끝내는 디트로이트 팀의 덕아웃으로 전화를 걸어 당사자인 페스키의 의견을 들었다.

"그거야 당연히 에러죠. 너무나 쉬운 플레이였는데 공이 손에서 미끄러졌어요."

6회가 되자 드레빙거는 더 이상 우길 도리가 없어 에러라고 도로 번복했다.

그리고 양키스는 게임이 끝날 때까지 끝내 안타를 뽑지 못했고 트럭스는 시즌 두 번째 노히트노런을 수립했다. 대단한 위업이었다. 이런 일은 자니 반더 미어가 1938년에 연속 게임으로 달성하고 레이놀즈가 그 전해에 이룩한 데 이어 메이저리그 통산 세 번째였다. (그리고 그 뒤로는 놀란 라이언이 1973년에 수립했다.) 이튿날 대니얼이 소속된 《월드 텔리그램》에는 트럭스의 위업을 상찬하는 기사가 대문짝 만하게 실려 있었는데 대니얼은 시치미 뚝 떼고 다음과 같이 썼다.

"처음에는 공식 기록원이 '무슨 생각이 들었는지' 엉뚱하게도 리주토의 타구를 안타로 기록했었다."

더 이상 할 말이 없다.

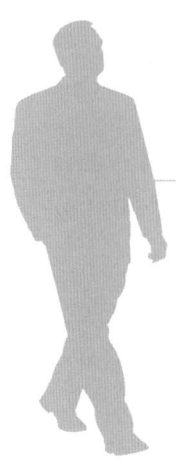

17 구단주

20여 년 전에 필자가 구단주에 관해 내렸던 정의를 여기에 가감 없이 재수록한다.

프로야구단의 소유 관계만큼 오해를 받고 있는 것도 없다. 사람들은 야구단에 투자한 사람들의 사회적인 기여도를 저울질할 때 한쪽에는 '스포츠맨'이라는 면을, 다른 쪽에는 '수전노'라는 면을 각각 매달아 놓고 본다. 그러나 그 어느 것도 진실과는 동떨어진 것들이다.

순수한 자본주의자를 찾아보기가 점점 어려워지는 현실 속에서 야구에 투자한 구단주들은 그나마 극히 일부 남아 있는 순수한 자본주의자라고 할 수 있다.

정도의 차이는 있을망정 그들은 예외 없이 부호들이다. 부호가 아니고서는 많은 투자가 필요한 구단주 자리를 차지할 수 없다. 그러나 '부유'하다는 것은 상대적인 말이다. 시카고 커브스를 소유하고 있는 필 리글리는 브루클린 다저스를 매입하기 위해 수십만 달러를 동원한 월터 오말리 따위는 감히 쳐다보지도 못할 정도의 거부다. 오말리는 비범한 정치적 감각을 가진 법률가 출신으로 재정이나 흥행 면에서 탁월한 감각을 발휘했다. 즉 그는 '자수성가'한 대표적인 인물이었다. 필자가 말하고자 하는 요지는 그 역시 야구계가 아닌 곳에서 재력을 쌓은 다음 야구계에 뛰어들었다는 얘기다.

구단주들이 활동하는 자세는 현존하는 어느 업종보다도 19세기의 산업 귀족층 같은 이미지를 가장 많이 유지하고 있다. 그들은 독점 체제 안에서 전체 권력을 24분의 1씩(당시는 24개 구단이었다.) 나눠 갖고 있으면서 안으로는 '자유방임주의'를 표방하고 밖으로는 제국주의적 태도를 갖고 있다.

그들의 최고 상품인 선수들에 대해서는 1969년까지만 해도 노동 조합 따위는 꿈도 꾸지 못하게끔 바짝 옭아맸다. 정부와의 관계를 본다면 간섭이나 감시는 일절 거부하면서 19세기의 자본가들이 그랬던 것처럼 지원과 이권은 속속들이 빨아들였다.

이렇듯 집단으로 본 구단주들은 정치적으로는 극도의 보수 성향을, 사업적으로는 가장 미국적인 색채를 띠고 있다. 각종 세법도 야구단의 이윤을 보장하고 있다. 독과점방지법 규제에서도 야구만은 예다. 각 지방 자치 단체들은 새 구장을 지어 바치거나 인접 도로를 건설하면서 구단의 편의를 돌보고 있다. 그리고 경쟁 업체(제3의 메이저리그 따위)가 생길 기미라도 있을 양이면 가차없이 짓눌러 버린다. 야구계라는 공동 사회는 이런 행위들을 아주 당연한 것으로 받아들이고 있으며, 정부라는 존재를 야구 발전을 위해 필요한 일이 있으면 무엇이든지 도와주려고 만반의 준비를 갖추고 있는 단체쯤으로 여기고 있다. 외부와의 높은 장벽(선수의 야구장 밖에서의 활동 제한), 식민주의(팜시스템), 불평등 노동 계약(보유 조항과 트레이드, 부적격 선수 지정, 출장 정지 처분), 자유방임주의(연고지 시민들의 욕구는 아랑곳하지 않고 구단 멋대로 본거지를 옮겨도 그냥 내버려 두는 것), 구단주와 대중의 욕구가 상충될 경우 '네까짓 것들은 저리 꺼지지 못할까.' 하는 태도, 약간의 자비심(연금 제도)……, 반세기가 지나도록 다른 것은 갖은 변화와 수정을 거쳤지만 위에 열거한 것들은 여전히 현대 구단들이 굴러가는 원리가 되고 있다.

그렇다면 구단주들은 자유분방한 의사를 가진 현대 사회에서 초연한 도깨비들이라고 봐야 할 것인가? 아니면 신보수주의 세력의 기수라고 예찬해야 할 것인가? 둘 다 아니다. 그들은 개성과 사고방식이 제각각이면서도 한편으론 수익을 올리고 다른 한편으론 남들의 이목을 자기에게 집중시키겠다는 욕망을 공통적으로 가진 사업가들인 것이다.

20여 년이 지난 1990년대의 시점에서 볼 때 이 설명은 얼마나 뜯어고쳐야 할까? 상당히 많으리라고 독자 여러분이 짐작하는 것과 달리 고칠 게 별로 없다는 게 필자의 견해다.

그렇지만 몇 가지는 분명히 수정해야 한다. 그들의 활동이 대중에게 완전히 노출된 점이 특히 그렇다. 선수 협회의 활동과 각종 제소 사건, 구단 사업에 대한 방송사의 깊숙한 관여, 다른 종목의 스포츠에서 간접적으로 밝혀지는 일들, 남의 사생활을 서슴없이 침해하는 풍조 등에 의해 우리는 각 구단의 활동 상황을 과거보다 훨씬 자세히 들여다볼 수 있게 됐다. 그리고 구단주들도 자신의 일거수 일투족이 대중에게 적나라하게 노출되고 있다는 사실을 알고 있으므로 처신에 각별히 신경을 쓸 수밖에 없게 됐다.

그렇지만 앞서 인용한 글의 근본 요지는 전혀 달라지지 않았다. 구단주는 든든한 재력을 갖고 있는 사람이다. 그들도 은연중에 그 사실을 내세우고 있다. 그들이 과거처럼 모든 것을 제멋대로 주무를 수는 없지만 아직도 하기 싫은 일을 억지로 등 떠밀려 하는 경우는 없다. 야구단은 여전히 그들의 전유물인 것이다.

그러나 좀 더 세밀히 살펴보면 다음과 같은 변화가 감지된다.

그들이 다른 분야보다 야구단 사업에 여전히 강한 입김을 불어넣고 있는 게 사실이지만 선수들의 활동과 연봉 구조에 관해서는 종전처럼 절대적인 주도권을 잡지 못하고 있다.

구단주 회의의 구성원들도 20년 전, 40년 전, 60년 전에 비해 질이 많이 달라졌다. 그리고 세무 관계와 야구 산업이 국가 경제에서 차지하는 비중도 과거와는 달라졌다.

그들은 경제적으로 그 어느 때보다 호황을 누리지만 종전에 없던 위험을 각오하고 있어야 한다. 야구계의 내부 구조가 다원화된 것도 과거와는 달라진 점이다.

지난 1950년대에 활약한 야구 기자 딕 영이 구단주들을 '야구계의 영주들'이라고 표현했듯이 그들은 자기 영지 안에서 절대 권력을 휘두르면서 중앙의 왕권(리그 사무국과 커미셔너 사무국)에 적당히 신하의 예만 갖추면 되는 중세의 영주 같은 신분이었다. 근년에 와서는 중앙 정부의 권위에 좀 더 많은 경의를 표하고(전국 텔레비전 방송과 노사 관계에 따른 필요성 때문에) 입헌군주국처럼 영지 안의 신민들에게 좀 더 많은 자유를 허용하지만 여전히 19세기 중엽의 유럽 봉건 군주들처럼 막강한 권력을 휘두르고 있다.

이런 변화 과정에서 종전과는 다른 두 가지 오해가 생겨났다. 첫째는 구단의 소유주가 종전의 '개인'에서 이제 '기업'으로 바뀌었다고 착각하는 것이다. 이는 틀림없는 사실이지만 종전에도 기업체가 구단주인 경우가 허다했다. 다만 부유한 구단주들의 법적, 경영적 처리 방식이 달라졌을 뿐이고, 종전에는 그런 내용을 전혀 모르고 있던 일반인들이 이제는 소상하게 알게 된 것이 달라졌을 뿐이다. 소득세법이 개정된 1913년 이전에는 각종 재산을 오늘날처럼 업체별로 세분화할 필요가 없었기도 하지만 그 당시에 양조업이나 부동산, 운수업 등으로 돈을 벌어 야구에 뛰어든 사람들은 돈을 오른쪽 주머니에서 왼쪽 주머니로 옮겨 넣는 식으로 여러 분야의 사업 수입을 제멋대로 주무르는 것처럼 보였던 것이다.

또 하나의 오해는 1970년대 들어 노동 조합을 결성한 선수들이 당장 수백만 달러를 요구하고 나서는 데에 구단주들이 '휘둘리고 있구나.' 하고 느끼는 것이다. 선수들이 확실히 과거보다는 연봉 협상에서의 입지가 강해진 게 사실이다.(그럴 수밖에 없다. 그들은 본래 제로에서부터 시작했으니까) 그러나 구단주가 주기 싫다고 거부하면 선수는 그 어느 것도 얻을 수 없고 강제로 뺏지도 못한다. 선수가 에이전트를 두고 있다 하더라도 기관총을 들고 구단 사무실로 쳐들어가 "금고를 열지 못할까!"라고 외칠 수는 없는 노릇이다. 설사 선수들이 10년간 장기 파업을 벌여 야구 산업을 완전히 문 닫게 한다 하더라도 눈 하나 깜짝할 구단주들이 아니다. 다른 방계 사업은 없이 오로지 야구에만 매달리고 있는 구단주조차 선수들에게 굴복하지는 않는다.(그리고 야구를 주력 사업으로 하고 있는 피터 오말리도 요즘은 다른 사업에 손을 펼쳐 별도의 수입을 올리고 있다.) 다시 말해서 구단주들은 절대 권력을 잃었다 해도 완전히 힘이 빠져 버린 것은 아니고 다만 상당한 파워가 약화됐을 뿐이다.

그러므로 1970년대에 필자가 규정했던 구단주의 정의는 그 앞의 1930년대나 1900년대에도 정도의 차이는 있을망정 대동소이하고 그 뒤의 1990년대 역시 마찬가지다.

프로야구에 뛰어든 '모든' 구단주들은 수익을 추구한다. 그렇다고 그들의 수입이 반드시 야구단을 통해서만 직접적으로 들어온다고 생각해서는 안 된다. 야구단을 소유하고 있다는 사실을 등에 업고 다른 사업에서 이득을 챙긴다. 세제 혜택, 다른 사업에서의 이득 증대, 지명도의 고양 등 구단주가 얻는 이득은 여러 가지가 있지만 궁극적인 목적은 단 하나, 수익을 올리는 것이다.

'모든' 구단주들은 대중의 관심, 아니면 최소한 지역 사회 안의 유력 인사들의 관심이 자신에게 집중되기를 바란다. 만약 그들이 '단순한' 경제적 이득만 노렸다면 아마 다른 분야에 투자했을 것이다. 야구단을 소유하면 경제적 이득과 명성이 '합쳐지기' 때문에 이미 사업에 성공한 사람들이 야구에 뛰어드는 것이다.

'대부분의' 구단주들은(결코 전부는 아니다.) 진정으로 자기 팀을 사랑하거나 야구 자체를 사랑하는 순수한 야구팬들이다. 그런데 반드시 명심해야 할 사실은 이런 야구 사랑이 경제적인 필요성을 뛰어넘는 경우는 절대로 없다는 것이다. 구단주들은 사업체가 굴러가는 한 어느 정도의 적자는 감수한다. 그러나 '스포츠 발전'을 위해 자발적으로 손해를 감수할 의사를 털끝만큼이라도 갖고 있는 사람은 하나도 없다. 다소 서글프게 들리겠지만 만약 이득을 올리겠느냐, 승리를 거두겠느냐 하는 둘 중에 하나를 택하라고 한다면 그들은 틀림없이 전자를 택할 것이다. (다행스럽게도 이런 갈등이 일어나는 예는 현실적으로 그리 많지 않다. 대체로 많이 이기면 그만큼 수입도 늘어나기 때문이다. 그러나 이런 두 가지가 반드시 정비례하는 것은 아니다. 1980년대 우승팀을 가꾼 찰리 핀리 구단주의 뒤를 이어 오클랜드 애슬레틱스의 경영을 맡은 법학 교수 출신 로이 아이젠하르트는 법대생들을 대상으로 강의하면서 "이기는 팀을 만드는 과정과 재정의 안정을 취하는 과정은 나란히 놓여 있지도, 서로 연결돼 있지도 않다."라고 역설했다. 최우량 상품이라고 해서 반드시 최고의 수익을 올리지는 못한다는 예는 다른 업종에서도 얼마든지 찾아볼 수 있다.)

배짱으로 밀어붙여야 하는 사안이라면 '오직' 구단주만이 실제적이고 궁극적인 결정을 내릴 힘을 갖고 있다. 커미셔너도, 리그 회장도, 단장도 아니고 대중의 이득이나 여론을 주도하는 매스컴도 이런 일은 좌우할 수 없다. 많은 팬들은 이런 야구 관계자들이 실권을 휘두르는 것처럼 생각하겠지만 그것은 실상과 다르다. 물론 구단주는 귀찮은 일상 업무에 직접 관여하지 않고 대부분 아랫사람들에게 맡겨 둔다. 그러나 구단 증설, 텔레비전 중계권료, 연금 제도, 선수 노조 관계 등 중대한 사안을 놓고 회의를 열어 최종 결정을 내리는 실권을 가진 사람은 오직 구단주들뿐이다. 조직상으로는 커미셔너가 야구계의 최상층부에 군림하고 있는 것으로 돼 있지만 실제로는 그 역시 구단주들의 '피고용인'일 뿐이다. 커미셔너는 어떤 일에든지 다소간에 설득력을 갖고 있고 어느 한도까지는 리더십을 발휘하지만 구단주들의 집약된 의사를 거역할 수는 없다. 이런 내막을 모르고서는 야구계에서 무슨 일이 어떻게 돌아가는지 전혀 파악할 수 없다.

'몇몇' 구단주들은 때때로 구단의 공공성을 인식하고 대중에 대한 의무감을 느끼며 그에 걸맞은 행동을 하고 있다. 그러나 오직 극소수의 구단주들만이 그럴 뿐이다.

'모든' 구단주들은 참모와 부하 직원들을 거느리고 있다. 구단에서 근무하는 사람들의 가장 중요한 임무는 구단주가 '그래도 내가 가장 우수한 임직원을 거느리고 있군.' 하고 생각하도록 만드는 것이다. 일상 업무를 처리하는 사람은 이런 스태프들이다. 구단 업무량은 최근 엄청나게 늘어났는데 앞서 살펴봤듯이 이들도 점점 관료 사회를 닮아 가며 윗사람들의 눈치를 살피면서 지독한 타성에 젖어 있다.

'대부분의' 구단주들은 야구의 생리, 선수나 관중의 감정, 또는 야구계가 안고 있는 실제적인 현안들을 이해하지 못하고 있다. 왜냐하면 어렸을 때나 학창 시절에 야구를 제대로 해보지 못한 탓도 있고, 구단 운영에 많은 시간과 정열을 할애하지 못하는 탓도 있다. 구단의 임원급 참모들은 야구단 운영에 필요한 지식을 두루 갖춘 가운데 근본적인 문제들을 확실하게 이해하고 있지만 이런 사정을 잘 모르는 구단주들에게 (아무리 똑똑하더라도 이런 데는 어두울 수밖에 없다.) 모든 사안을 시시콜콜하게 보고할 수는 없다.

대다수의 구단주들이 야구라는 세계에 대해 갖고 있는 인식과 실제 야구 세계에는 엄청난 간격이 존재한다. 구단주들은 이미 그들의 전문 분야에서 성공한 전례가 있고 그래서 재산도 모았기 때문에 자신이 '잘 모르는 구석이 있다'는 사실을 인정하려 들지 않는다. 성공한 사람들이 으레 그렇듯이 과거 자신이 성공하기까지의 노하우를 가진 이상 야구라는 새로운 분야에서도 실패할 턱이 없다는 소신을 갖고 있다. 사업으로 성공한 사람이나 많은 유산을 물려받은 사람은 대체로 자신의 판단을 확신한다. 돈이 그것을 입증하고 있지 않은가. 자신이 명령만 내리면 남들은 무조건 따라야 한다고 믿고 있다. 그들은 일반인들과 다른 환경에서 살아왔으므로 어떤 사물에 대한 반응도 다르다. 바로 이런 인식의 차이가 부유하지 못한 사람들(관중들)과 야구에서 추구하는 바를 다르게 만들고 서로 공감하지 못하는 간극을 낳는 것이다.

또한 다른 사업에 대한 투자를 마다하고 굳이 야구단을 택한 사람이라면 그들의 성품을 들여다볼 수도 있다. 자수성가한 사람은 대체로 금전 지향적이다. 그렇지 않으면 재산 축적을 이룰 수 없기 때문이다. 그래서 그는 모든 성패를 돈이라는 잣대로 잰다. 그의 문화적 취향은 그다지 고상한 편이 못 된다. 만약 그렇다면 야구단보다는 미술품을 수집하거나 교향악단 육성에 투자했을 것이기 때문이다. 그는 적어도 동류 집단 사이에서는 사교성이 풍부하고 나서기를 좋아하는 사람이다. 그렇지 않다면 구단주라는 공적인 자리를 노리지 않았을 것이다.

이런 사람들은 다른 업종과는 달리 프로야구만의 독특한 처방이 요구되는 몇몇 중요한 국면을 맞이하면 앞서 말한 것과 같은 자만심에 빠져 실수를 저지르기 쉽다. 그럴 때 구단주들은 자기가 이런 일에 전문가가 아니라는 사실을 자인하려고 하지 않으며 전문가들의 말에도 귀를 기울이려고 하지 않는다.

자, 이제 전통적인 육하원칙으로 구단주들을 살펴보자.

그들은 누구인가?

— 자금 동원력이 크고 지역에서 정치적 입김이 강한 사람이다. 이런 힘은 야구와 관계를 맺기 훨씬 전부터 갖고 있었고 앞으로도 유지될 것이다.

그들은 왜 구단주가 됐는가?

— 남들의 이목을 끄는 데서 자기 만족을 얻거나, 방계 사업이나 정치력 등 다른 분야에서 도움을 얻으려고 했기 때문이다. 성격상 남들 앞에 나서기를 꺼리는 사람이 전혀 없는 것은 아니지만 대부분은 사회라는 무대 위에서 잘난 체하면서 극소수로 꾸며진 구단주 클럽의 일원이라는 것을 남들에게 내세우길 좋아한다.

그들은 어디 출신인가?

— 한결같이 백인으로서 보수적인 가문 출신이다.

언제부터 야구계와 인연을 맺었나?

— 비교적 최근이다. 1989년 당시 내셔널리그 구단주 12명 중 절반이 1979년 이후에야 구단주 위치에 올라섰다. 아메리칸리그의 14명 중에서는 6명만이 10년 이상의 경력을 지녔다. 2개 지구 분할, 구장 신축, 선수 노조 인정, 마케팅 활성화 등이 이뤄진 1969년 이래 당시의 구단주가 그대로 존속하고 있는 구단은 오직 다섯 개뿐이다. 캘리포니아 에인절스, 캔자스 시티 로열스, LA 다저스, 몬트리올 엑스포스, 세인트루이스 카디널스가 그들이다.

구단 가격은 어느 정도로 매겨지는가?

― 유형 자산은 수십억 달러가 되겠지만 무형 자산까지 포함시키면 수십조 달러에 달한다. 야구단 평가 자산이 1조 단위에 도달한 시기는 1980년대 후반이다.

구단 운영 방식은 무엇인가?

― 독점 체제다. 야구 규약도 그렇지만 메이저리그의 활동도 대중 문화적으로 그런 속성을 인정받고 있다.

1960년까지만 해도 구단들은 실로 독점적이고 배타적이었다. 그들은 1901년에 아메리칸리그가 창립된 이래 전체적으로 열여섯 팀을 유지하면서 절대적인 자치권을 향유했다. 1914년부터 1915년에 활동한 라이벌 업체인 페더럴리그를 깨뜨리기 위해 프로야구 조직은 자기들만의 경제적 기반을 확립하는 한편 '야구는 독과점 방지법에 관한 업종에서 제외된다'는 법원의 판결을 얻어 내기도 했다.

그러다가 구단이 증설됨에 따라 구단주 개개인이 갖는 권한은 희석됐지만 전체 집단으로서의 힘은 1970년대 초반까지 절대적이었다. 구단주들은 커트 플러드 사건(이는 '선수 노조' 편에서 상세히 설명하겠다.)을 계기로 야구가 독과점방지법의 대상에서 제외되는 혜택을 유지하기 위해 반대 급부로 선수들에 대한 지배력이 약화되는 것을 감수해야 했지만 대중을 조종하는 힘이나 프랜차이즈를 마음대로 옮길 수 있는 권리는 전혀 줄어들지 않았다.

구단 고위 간부들은 참으로 오랫동안 유지돼 온 보유 선수 조항에 대한 고정 관념이 머리에 깊숙이 뿌리 박혀 있는 탓에 아직도 선수와의 관계에 관한 절대권을 쥐고 있다고 착각하고 있다. 그러나 이와 달리 야구계에 관련된 지 얼마 되지 않은 구단주들은 보유 조항 시행을 직접 경험해 보지 못했기 때문에 선수와의 관계에서 1980년대 들어 많은 어려움을 겪어야 했다.

그리고 앞으로도 문제점은 산적해 있다. 1973년에 조지 스타인브레너가 CBS 방송사로부터 뉴욕 양키스를 사들일 때의 구단 가격은 1200만 달러였다. 7년이 지난 1980년에 하스Haas 가家가 찰리 핀리로부터 오클랜드 애슬레틱스를 사들일 때도 똑같은 액수를 지불했다. 당시만 해도 구단의 공정 가격은 2000만 달러를 넘지 않았다.

그러나 1986년에 뉴욕 메츠가 매물로 나왔을 때 그 가격은 무려 8000만 달러선이었으며 그 뒤 1990년대에 들어와 1급지 대도시의 프랜차이즈는 1억 달러를 호가하게 됐다.

이런 가격 폭등은 야구 자체에도 변화를 가져왔다. 만약 구단이 800만 달러에 거래된다면 누가 어떤 식으로 자금을 염출하건 재정 부담은 그다지 크다고 할 수 없다. 그러나 8000만 달러라는 거금을 들여야만 구단을 매입할 수 있다면 경제 사정은 전혀 달라지며 이에 따라 사업 방향도 달라질 수밖에 없다. 이는 선수와의 관계, 마케팅, 재매각, 구장 신축이나 위치 선정 등에 두루 지대한 영향을 미친다. 21세기를 앞두고 모든 메이저 스포츠들이 이 같은 전례 없는 상황에 놓여 있다. 종전에는 여러 차례 시행착오를 거치더라도 각종 사업을 펼쳐 대중의 사랑을 받는 길을 찾아낼 수 있었으나 지금은 당장 눈앞에 닥친 상황을 타개하기 위한 경험이나 지침이 없기 때문에 '위험'을 안고 있다는 얘기다.

어쨌든 이런저런 문제를 직접 처리할 수 있는 사람은 오로지 구단주뿐이다. 구단은 팬이나 선수를 위해 존재하는 것이 아니고, 역사적 전통을 쌓아 가거나 어린이들을 즐겁게 해주기 위해 야구 경기를 치르는 것이 아니며 그 밖에 기자, 평론가, 해설가들이 온갖 미사여구를 동원하며 발전시키려는 그 무엇을 위해서 존재하는 것은 더더욱 아니다. 그것은 구단주의 소유물일 뿐 그 이상도 그 이하도 아니다. 우리가 할 수 있는 일은 그들이 올바른 선택을 하기만 바라면서 종전처럼 박수나 치는 것뿐이다.

18 선수 노조

이제 대부분의 사람들이 따분하게 여기는 사항을 다룰 차례가 됐다. 바로 노사 관계다.

그러나 따분하다고 해서 이 대목을 무시하면 야구계의 큰 단면을 외면하는 꼴이 되고 만다. 선수 협회와 그 조직의 활동, 그리고 구단의 대응은 커미셔너 사무국이나 각 구단 못지않게 메이저리그에서 큰 비중을 차지하고 있는 항목이다. 신문이 연봉이나 선수들의 불만 소청, 계약 조건, 마약 테스트 등만 다룬다면 선수의 영웅적인 활약, 선수에 관한 특집, 위대한 기록 수립 등을 읽을 때보다 따분하기 이를 데 없다. 그러나 현실적으로 선수 파업은 일어나고 있고, 구단측은 훈련장을 폐쇄하기도 하며, 어떤 선수는 팬들의 사랑을 외면한 채 팀을 옮겨 가고, 입장료와 장내에서 파는 맥주값은 한없이 올라가고, 아무리 형편없는 선수라도 일단 메이저리그에만 턱걸이했다 하면 터무니없이 많은 연봉을 챙기고 있다. 이런 것들을 생각하면 팬들은 분개하지 않을 수 없으며 애당초 유쾌한 기분을 갖고 있다가도 괜히 기분이 상한다. 만약 신문의 스포츠 지면이 '생생한 경기 기사'가 아닌 이런 것들로 채워진다면 대부분의 독자는 화가 나서 신문을 내동댕이치고 말 것이다.

내 말인즉, 기자들 스스로가 대부분 그렇게 생각한다는 것이다.

"신문의 1면에는 말세의 징조들만 가득 차 있지만 스포츠 면에는 인류의 영광이 펼쳐져 있다."라는 말이 있다. 이런 정서에 동감하고, 야구에 담긴 로맨스와 시와 드라마와 흥미로운 장면에 관심을 갖고 있고, 많은 사람들이 경험했듯이 야구에 내기를 걸고, 야구가 맛보여 주는 오묘함을 만끽하면서 유쾌한 기분이 어그러지기를 원치 않는 사람은 아예 이 장(章)은 건너뛰기 바란다. 그러더라도 야구 자체를 파악하는 데에는 전혀 부족할 게 없을 테니까.

그러나 야구계의 실상을 파악하고, 야구 발전 속에서 들려오는 굉음에 대해 알고 싶다면 이 고용자와 피고용자 사이에서 벌어지는 갈등을 살펴보지 않으면 안 된다. 이것을 산에다 비유한다면 산이 있기 때문에 그저 올라가는 게 아니라 땀방울이 흐르더라도 그 위로 올라가야만 정상에 서서 눈 아래 펼쳐진 땅 모양을 조망할 수 있는 것과 같기 때문이다.

그리고 이런 작업에 가장 좋은 접근 방법은 야구사를 살펴보는 것이다.

우선 초창기 야구부터 배경을 알아보자. 프로야구 조직의 원형은 '프로야구 선수 전국 연합회National Association of Professional Base Ball Players'였다.(보다시피 이때는 '베이스볼'이라는 게 두 단어로 이루어져 있었다.) 이런 명칭으로 활동한 것은 1871년부터 1875년까지였으며 명칭에서 알 수 있듯이 당시 야구단의 주체는 선수들이었다. 그러나 선수들이 이 구단, 저 구단으로 마구 옮겨 다니다 보니 팬들이 헷갈리게 됐고 우수 선수들이 몇몇 팀에 몰리게 되면 전력 불균형이 일어나 흥미로운 대결이 이뤄지지 않았다. 그뿐 아니라 도박이나 계약 위반, '방자한 행동'을 제재할 수 있는 적절한 방도가 없었다. 그리고 선수들이 구단 경영을 하기는커녕 자기 자신의 수입마저 제대로 관리하지 못하는 지경에 이르는 등 문제점들이 하나둘이 아니었다.

그래서 1876년에는 당시의 자본주의 체제에 맞춰 '프로야구 '구단' 전국 연맹National League of Professional Baseball 'Clubs''이라는 기업 형태의 조직이 탄생했다. 각 구단(클럽)은 선수들이 아닌 전문 경영인에 의해 운영되고 이들이 연합체를 구성함으로써 비로소 상대 팀의 계약을 존중하고, 경기 일정을 준수하고, 불미스러운 일에 대한 제재를 강화하고, 지속적으로 관중을 끌어모을 수 있는 안정성을 갖추게 됐다. 가장 특기할 사실은 선수들이 빈번하게 구단을 옮기더라도 구단은 영속성을 갖고 존재하게 됐다는 것이다.

그러자 각 팀에게 닥친 가장 핵심적인 문제는 우수 선수 확보였다. 구단들은 우수 선수를 끌어모으기 위해 혈안이 됐으며 톱플레이어들은 여기저기로부터 추파를 받았다. 그들이 돈에 팔려 다니자 구단은 고정 팬을 확보하는 데 어려움이 많았다. 이에 따라 리그 창설 3년째가 될 무렵(1879년) 경영에 안목 있는 구단 관계자들은 '보유 제도reservation'를 창안해 냈다. 이 무렵에는 시즌 중에 상대 팀 선수를 빼 가는 비열한 짓은 하지 않을 정도로 구단간의 우호 관계가 성숙해 있었다. 그러니까 이제부터는 각 구단이 '다음 시즌'에 재계약할 대상에 올려놓은 선수는 서로 건드리지 않기로 신사 협정을 맺은 것이 바로 보유 제도였다.

이 규정이 시행되던 초기에는 극소수(필자가 알기로는 다섯 명 정도)만이 보유 대상 명단에 올라 있었다. 말하자면 1년 단위의 계약이 만료되더라도 원소속 구단은 그들과 재계약할 권리를 확보한 셈이었다. 이를 선수의 입장에서 본다면 제 이름이 보유 대상에 올랐다는 것은 그만큼 우수 선수로 인정받아, 야구로 밥벌이를 못하고 실업자가 될 걱정은 하지 않아도 된다는 것을 의미했다.

그러나 보유 제도가 시행됨에 따라 선수가 구단에 많은 연봉을 요구할 수 있는 힘이 떨어지는 부정적인 측면도 있었다. '같은 리그 안의' 다른 팀과는 흥정할 길이 막혔기 때문이다. '경영상의 안정'을 꾀하는 구단측은 선수와 힘든 연봉 싸움을 벌이지 않고 싸게 부려먹을 방법을 궁리하기 시작했다.

몇 년 지나지 않아 보유 선수 명단에 올라가는 선수 수는 다섯 명에서 여덟 명, 아홉 명, 열한 명……, 다시 열다섯 명으로 점점 불어났다. 열다섯 명이라면 당시에는 거의 선수단 전체를 망라하는 규모였다.

내셔널리그는 날로 번창했다. 그러나 아직까지는 보유 대상에 오르지 못한 사람 중에도 유능한 선수가 꽤 많았기 때문에 제2의 메이저리그를 곧바로 출범시킬 수 있었다. 그것이 바로 '아메리칸 어소시에이션 American Association'(AA, 1882-1891년에 활동)이었다. 이 리그는 내셔널리그의 운영 방식을 모델로 삼았다. AA도 보유 조항 제도를 두었기 때문에 두 리그는 머잖아 서로 상대 리그의 계약권을 존중하기에 이르렀다.

이렇게 직장 선택의 자유를 박탈하고 선수의 의사를 무시한 채 특정 구단에서만 활동하도록 근무지를 '지정'하는 것은 독과점방지법에 정면으로 위배되는 것이었지만 1880년대만 하더라도 그런 법은 아직 태어나기도 전이었다. 오로지 구단의 편의만 도모하는 이 제도는 튼튼하게 자리를 잡아 갔다.

1885년이 되자 양대 리그의 모든 선수가 이 제도에 속박되기에 이르렀다. 이 같은 불평등 권리를 선수 계약서에 명문화한 것이 그 악명 높은 '보유 조항 reserve clause'이다.

이 무기를 장악한 구단주들은 그 누구도 일찍이 예상치 못했던 막강한 힘을 휘두르기 시작했다. 아직은 구단 경영상 흑자가 나더라도 미미한 수준에 있거나 확실한 흑자가 보장되지 않던 시대였던 만큼 구단들이 자의恣意로 연봉 상한선을 낮춰 책정하는 것은 어쩔 도리가 없었다. 구단측이 경영권을 틀어쥔 지 겨우 12년이 흐른 1888년에는 종전보다 훨씬 적은 액수로 매겨진 연봉 등급 제도까지 등장했다.

선수들은 당연히 반발했다. 그렇다고 파업을 일으킬 수도 없었다. 당시만 하더라도 노동 조합은 사회적으로 떳떳하지 못한 극렬분자들이 만든 악질적 조직이라는 인식을 받던 터였다. 그래서 선수들은 좀 더 현명한 길을 모색했다. 많은 선수들이 한꺼번에 내셔널리그에서 뛰쳐나가 재력 있는 후원자들을 등에 업고 새로운 리그를 결성, 과거 프로야구 선수 전국 연합회 시절처럼 선수가 구단 경영의 주체가 되는 구조를 복원시키려고 했다.

이것이 바로 1890년에 만들어진 플레이어스리그다. 이는 내셔널리그와 정면으로 대응하여 내셔널리그가 본거지로 삼은 도시에도 팀을 창설했을 뿐 아니라 경기 시각도 똑같이 편성했다. 그해에는 유명한 스타급 선수들이 플레이어스리그와 아메리칸 어소시에이션으로 퍼져나가 세 리그가 아옹다옹했다.

그 결과 세 조직은 모두 피를 흘릴 수밖에 없었다. 물론 관중들의 흥미를 끌어 전체 관중 수는 전례 없이 불어났다. 그러나 관중 수입이 세 갈래로 갈리는 바람에 그해 연말이 되자 플레이어스리그는 완전히 도산했고 내셔널리그는 간신히 숨만 붙어 있게 됐으며 아메리칸 어소시에이션은 중환자 꼴로 전락했다. 결국 스타 플레이어들은 내셔널리그가 도로 흡수했고 플레이어스리그는 문을 닫았다. 아메리칸 어소시에이션은 그 이듬해에 종언을 고했다.

이를 '선수 동맹 파동'이라고 한다. 노동 조합이 결성되기 전인 이때 선수들끼리 결성한 단체를 '프로야구 선수 동맹Brotherhood of Professional

Base Ball Players'이라고 불렀기 때문이다.

　이런 쓰라린 실패를 경험하고 나서 야구를 포함한 주요 프로 스포츠에서는 다음과 같은 고정 관념이 생겼고 이는 그 뒤 75년간 이의 없이 받아들여졌다. (그리고 구단주와 팬, 기자 중에는 오늘날까지도 이런 고정 관념에 사로잡혀 있는 사람들이 많다.)

— 유능한 인재들이 모였더라도 자멸의 길을 걷지 않으려면 보유 조항은 필수적이다.
— 보유 조항은 그것이 법과 인권, 직장 선택의 자유, 개인적인 욕구를 제한하고, 도덕성에 저촉되거나 위배되더라도 정당한 것으로 인정할 수밖에 없다.
— 선수들을 이런 식으로 묶어 두어야 질서정연한(그리고 상업적으로 대중의 관심을 고양시킬 수 있는) 제도를 가꿀 수 있다.
— 어떤 형식으로든 보유 조항을 완화하거나 철폐하는 것은 상상할 수 없으며, 그것은 미국적인 행태에 역행하는 것이고 재앙을 부르는 사악한 짓이다.

　이런 고정 관념은 자기 모순이 뻔히 들여다보이는 증거가 도처에서 나타나는 데도 좀처럼 깨지지 않았다. 1892년부터 독점 체제에 들어간 내셔널리그는 그 뒤 10년 동안 내분에 휩싸였고 관중 수는 해마다 감소했다. 1901년에 아메리칸리그가 메이저리그를 표방하고 나서면서 기존의 내셔널리그 유명 스타들을 끌어들이기 시작했다. 선수 연봉은 당장 두세 배로 뛰어올랐다. 이런 경제적 손실을 견디다 못한 양 리그는 1903년에 과열 스카우트를 방지하기 위한 새로운 합의에 도달했다.
　1914년에는 좀 더 든든한 재정적 배경을 가진 제3의 경쟁자 페더럴리그가 탄생했다. 또다시 스타 선수들에 대한 대우는 폭등했고 평균 연봉도 전반적으로 높아졌다. 기존의 양 리그와 이에 딸린 마이너리그로 구성된 기존의 야구 조직은 신생 리그에 비해 여러 모로 유리한 입장에 있었다. 첫째, 하나도 아닌 두 개의 리그가 공조 체제를 갖춘 셈이었다. 둘째, 미국은 1차 세계 대전에 직접 참전하기 전이었지만 국민들은 경제적으로 쪼들리고 있었다. 셋째, 제3의 리그는 막 발효된 독과점방지법을 등에 업고 선발 업체들에 대항하고 나섰지만 기존 야구 조직에게는 케네소 마운틴 랜디스 판사라는 막강한 후원자가 있었다. 페더럴리그가 독과점방지법에 걸어 양 리그가 훼방 부리는 사실을 제소했으나 이 사건을 맡은 랜디스 판사는 페더럴리그가 재정 파탄을 맞아 두 손을 들고 물러날 때까지 가부간의 판결을 내리지 않은 채 뭉그적거렸다.(페더럴리그에 소속된 시카고 팀이 지어 놓은 리글리필드는 내셔널리그에 속한 커브스가 헐값에 집어삼켰다.)

그것이 페더럴리그가 탄생한 이듬해인 1915년이었다. 그런데 페더럴리그 팀들이 기존 구단을 매입하는 형식으로 야구 조직에 가입할 수 있도록 해주겠다는 합의 사항이 지켜지지 않자 다시 독과점방지법에 관한 소송을 제기했으나 이것이 대법원에 올라가기까지는 무려 7년이 걸렸다. 결국 장고 끝에 나온 대법원 판결도 야구는 의회가 의혹을 제기하고 있는 것처럼 '주州의 경계를 초월하는 상업'이 아니므로 규제 대상이 아니며 따라서 이 법으로 묶어서는 안 된다는 것이었다.

이런 판결은 그 당시에도 많은 사람들로 하여금 고개를 갸우뚱거리게 만들고 몇 년 뒤의 다른 사례들에 비춰 보면 정면으로 위배되는 것이었으나 구렁이 담 넘어가듯 편리하게 해석돼 "야구는 스포츠이지 사업이 아니다."라는 통념을 낳기에 이르렀다. 이런 통념은 훗날 보유 조항을 정당화하는 데 크게 도움이 되는 요소였다.

그러나 선수들이 자기 주장을 제대로 펼 수 없는 입장이었다고 해도 완전히 귀먹고 눈멀고 말 못하는 바보들은 아니었다. 그들은 1884년, 1890년, 1901년, 그리고 1914년의 경험을 통해 새로운 팀이 태어나 일자리가 늘어나면 연봉이 갑자기 상승한다는 것을 알고 있었다. 그러다가 독선적인 보유 조항이 다시 자리 잡으면 연봉 수준이 도로 내려간다는 것도 알고 있었다. (일부 야구 역사 전문가들은 1919년에 선수들이 자의적으로 블랙삭스 스캔들을 일으킨 것도 페더럴리그의 소멸에 따라 연봉 규모가 줄어든 데에 원인이 있었다고 밝히고 있다.) 1920년대만 해도 한창 번창하던 야구가 1930년대의 대공황에 휘말리면서 선수들이 실업자가 되지 않는 것만도 다행이라는 생각이 퍼지게 되자 연봉 인상 요구는 완전히 뒷전으로 밀리고 말았다.

그러나 2차 세계 대전이 끝난 1946년부터 마침내 사정은 달라지기 시작했다.

피츠버그에서 노조를 결성하려던 최초의 움직임은 단칼에 분쇄됐다. 그러나 바야흐로 새로운 사조가 몰려오고 있었다. 산업 노조들이 위용을 갖춰 가면서 집단 행동이 조합원들에게 얼마나 많은 이득을 주는지 보여 주었다. 그리고 재키 로빈슨이 인종 차별의 벽을 깨고 메이저리그에 진입하자 인권에 대한 사회적 관심이 최고조에 달했다. 경제 공황이 물러가고 전쟁이 끝나자 대중이 가장 희구하는 것은 '안정'이었으며 어느 업종을 불문하고 모든 노동자들은 연금 제도에 지대한 관심을 쏟았다.

선수들은 스스로 연금 제도를 마련하기 위한 조직을 만들 여건을 갖추고 있었고 실제로 그렇게 했다. 구단주들은 '너희들끼리 할 테면 해봐라.'는 식으로 대하면서 별다른 위협을 느끼지 않았다. 이렇게 해서 선수 협회Players Association가 창설됐다. 이 기구는 오직 연금 문제를 해결하는 데에만 전력을 기울였으며 그 밖에는 동계 훈련 기간 중의 용돈 지급 따위의 소소한 문제나 다루는 게 고작이었다. 공교롭게도 선수 협회 창설과 때맞춰 구단들은 메이저리그 선수들의 연봉 하한선을 5,000달러라는 형편없는 액수로 낮춰 놓았다. 그런데도 선수 협회는 법률 고문을 위촉해 놓았으면서도 '노조'라는 냄새는 전혀 피우지 않았고 몇몇 유명 선수들이 협회 운영을 주도할 뿐이었다. 연금의 재원은 단지 올스타전의 입장 수입과 월드 시리즈의 방송 중계권료에서 일부를 할애받아 마련한다는 것이었는데 이는 지극히 온건한 방법으로 비쳐질 뿐이었다.

그러다가 독과점방지법에 대한 시비가 다시 고개를 들기 시작했고 종전과 달리 이번에는 선수들의 인권 문제가 연계돼 있었다. 마이너리그 선수들은 메이저리그 진출의 길이 막히고 선수 협회에서도 따돌림당하자 이에 항의하고 나섰다. 또 1946년에 양 리그와 관계없이 독자적으로 생겼다가 금세 소멸한 멕시칸리그에 참여했던 선수들을 야구 당국이 블랙리스트에 올려놓고 활동을 못하게 막자 선수들의 반발은 더욱 거세졌다. 이에 따라 1950년대에는 법정과 의회라는 두 전선戰線에서 찬 기운이 싹트고 있었다.

하급 법원들은 야구를 독과점방지법의 대상에서 제외시킨 것이 부당한 처사이며, 특히 선수들을 제어하기 위한 수단으로 구단이 이 혜택을 악용하는 것은 더 큰 부조리라는 사실을 지적하기에 이르렀다. 그러나 대법원은 "야구 사업은 독과점방지법에 해당되지 않고 30년간 독자적으로 발전할 수 있도록 보장받았다."는 전제 아래 "의회에서 법을 개정하지 않는 한 기존 판례를 뒤집을 수 없다."라고 7대 2의 다수 의견으로 판결했다.

그러면서도 1950년대에는 복싱, 미식축구 등 다른 스포츠 관계자들과 영화 제작자들이 독과점방지법에서 제외시켜 달라고 줄기차게 심사 청구를 올렸으나 번번이 묵살당했다. 즉 오직 야구만이 그 규제 대상에서 제외되는 혜택을 누렸던 것이다.

그러나 의회는 마침내 야구를 심판대에 올려놓고 꿈틀거리기 시작했다. 1951년 브루클린 출신의 이매뉴얼 셀러 하원 의원을 위원장으로 하는 법사위원회에서 광범위한 청문회를 열고 종전에는 전혀 알려지지 않았던 야구계의 속사정을 비교적 소상히 밝혀냈다. 그러나 주도적인 위치에 있는 선수를 비롯한 거의 대부분의 증인들은 "보유 조항이 필요하다."는 의견을 피력했다. 선수들마저 여전히 전통적인 통념에서 벗어나지 못하고 있었던 것이다.

그렇지만 의회 청문회가 열렸다는 사실만으로도 구단측은 전전긍긍하지 않을 수 없었다. 그런 분위기 속에서 이 문제가 법정 싸움으로 비화되면 재판에 질 게 뻔하다고 지레 겁먹은 구단주들은 일이 그렇게 번지게 만든 해피 챈들러 커미셔너에게 책임을 물어 해임했다. 일단 급한 불을 껐다고는 하지만 구단주 측은 여태껏 야구계가 누려온 혜택을 의회가 언제 뒤엎을지 몰라 잠시도 마음을 놓지 못하는 상태였다. 그래서 의회에 대한 로비 활동이 그들의 최대 역점 사업이 될 정도였다. 그리고 그런 로비 활동 결과 당장 발등의 불은 끌 수 있었다.

선수들을 향한 구단측의 자세는 단호했다.

"우리는 더 이상 법적인 문제를 놓고 왈가왈부하고 싶지 않다."

그러자 선수들 사이에는 조직을 강화하지 않으면 안 되겠다는 의식이 서서히, 그리고 필연적으로 싹트기 시작했다.

1960년대 중반에 이르자 선수 협회는 어느덧 연륜이 쌓이고 조직도 강화됐으며 연금 제도도 상당한 진전을 보이고 있었다.(월드 시리즈 할당액이 커진 덕분이었다.) 의회 청문회가 거듭됨에 따라 그동안 잘 써먹은 독과점방지법의 우산이 언제 날아갈지 모른다는 위기감을 느낀 구단측은 1961-62년에는 구단 증설을 허용할 수밖에 없었다. 이는 뉴욕에서 캘리포니아 주로 이주한 자이언츠와 다저스가 주도한 제3리그 창설의 움직임을 무마하기 위한 조치이기도 했다. 이에 따라 선수들에게는 새로운 일자리가 늘어났고 신생 메이저리그 구단을 맞아들인 도시의 주민들이 대대적으로 환영하고 나서자 부당한 계약 제도에 대해 반발하던 선수들의 자세도 다소 누그러졌다. 그러나 이때만 해도 '노조'라는 말은 여전히 부정적으로 받아들여지던 시절이었고 보유 선수 제도는 어느 때 못지않게 철저히 유지되고 있었다.

여기까지를 야구 노동 관계의 중세라고 한다면 근대가 펼쳐지기 시작한 해는 1966년이었다.

선수 협회는 수석 고문으로 일하던 로버트 캐넌 판사를 해임하고 마빈 밀러를 새로 영입했다. 캐넌 판사는 자신이 선수들의 이익을 대변하는 야구계의 내부인이라고 자부했지만 그것은 어디까지나 말뿐이었던 반면 밀러는 철강 노조에서 노조 활동의 경력을 쌓은 경제 전문가로서 야구계에서 본다면 어디까지나 '외부인'이었다.

본격적인 노동 조합 형태로 조직을 정비한 밀러는 세 가지 강점을 갖고 있었다.

1. 돋보이는 인격을 앞세워 조합원들을 교육하는 데 탁월한 능력을 발휘했다.
2. 보수를 둘러싼 선수와 구단의 관계는 과거부터 적대적이었고 현재도 그러하며 그런 현실은 피할 수 없다는 것을 명확히 꿰뚫어보고 있었다.
3. 노사 문제에 관한 한 구단측의 야구 행정가들을 전부 합친 것보다 더 뛰어난 조예를 갖고 있었다.

그러나 무엇보다 중요한 변화는 선수들이 그런 인물을 기용했다는 사실이었다. 선수들은 마침내 전체가 힘을 합쳐 행동 통일을 기하려는 마음의 준비를 갖췄다는 것, 자신들을 이끌어 줄 전문가가 필요하다는 것을 자각했다는 것이다.

밀러는 구단과 대등한 화력의 무기를 갖추지 않고서는 협상에서 이길 수 없다는 것, 그리고 그 무기는 1890년대나 1920년대에는 제정되지 않았던 노동법에서 구해 올 수 있다는 것을 알고 있었다. 그는 선수 협회를 법적으로 인정받는 노동 조합으로 전환해야만 구단에 애걸복걸하지 않고 당당히 맞서 싸울 수 있다고 역설하면서 미국 사회의 어느 업종을 둘러봐도 보수와 근로 조건을 협상하면서 야구 선수들처럼 저자세를 취하는 데는 없다고 꼬집었다. 1950년의 메이저리그 선수 평균 연봉은 1만 500달러였다.(셀러 위원회 조사 내용) 그로부터 16년이 지난 1966년에는 두 차례나 엄청난 인플레이션이 일어났는데도 평균 연봉은 2만 3000달러에 머물렀고 전체 선수들의 과반수가 1만 7000달러 이하를 받고 있었다. (당시 자영업을 하는 성인 남자의 절반이 연간 1만 5000달러 이상의 소득을 올리고 있었다. 그런데 메이저리그 선수라면 야구에 관한 한 미국 전역을 통틀어 500명밖에 골라내지 못한 초엘리트들인데도 수입이 그 정도에 머무르고 있다면 부당하지 않은가.)

다른 프로 스포츠와 비교하더라도 야구 선수들의 보수는 뒤처져 있었다. 1963년의 최고 연봉 선수였던 윌리 메이스는 연봉이 10만 5000달러였다. 1964년 미식축구 시즌이 끝나면서 급성장을 보인 AFL의 하위팀 뉴욕 제츠는 조 네이머스라는 신인에게 프로 게임에 단 1초도 뛰지 않았는데도 계약금 포함 40만 달러를 쥐어 주었다. 1966년에는 NFL의 우승팀 그린베이 패커스가 전년도에 드래프트 해놓고 계약하지 않았던 도니 앤더슨을 65만 달러에 영입했다.(이것은 계약금을 포함한 다년 계약이긴 했지만 그런 액수는 당시 야구인들에게는 충격적일 수밖에 없었다.) 그런데 같은 해 봄, 다저스를 3년 사이 두 차례나 월드 시리즈 우승으로 이끈 샌디 쿠팩스와 돈 드라이스데일이 "16만 5000달러를 주지 않으면 사인하지 않겠다."라며 연봉 재계약 합동 작전을 펼쳐 동계 훈련 참가를 거부하자 대중은 "탐욕스러운 인간들"이라는 둥, "미합중국을 망치려는 작자들"이라는 비난의 화살을 퍼부었다. 결국 쿠팩스는 12만 달러, 드라이스데일은 11만 달러에 타협하는 수밖에 없었다.

그래서 밀러는 잘못된 사회의 통념, 사시안斜視眼을 갖고 있는 매스컴, 구단의 적대감, 그 밖의 각종 오해에 대항해서 그의 추종자들을 설득했다. 당신들은 조합원처럼 행동하고, 조합원처럼 말하고, 조합원처럼 목표하는 바를 추구해야 한다. 그러면 당신들도 제법 조합원답게 보일 것이다. 그러나 그렇게 법적 권리를 누리고 보호를 받기 위해서는 우선 노동 조합부터 구성하지 않으면 안 된다.

선수들은 그러잖아도 선수 협회를 선수 노조로 전환시킬 만반의 준비를 갖추고 있었다. 그렇지 않았다면 애당초 밀러 같은 인물을 찾아보지도, 기용하지도, 지원하지도 않았을 것이다. 선수들은 밀러같이 유능한 인물을 영입했다는 것을 지극히 만족스럽게 여겼다. 구단측은 밀러가 구단에 충성하는 순진한 선수들을 꼬드겨 분란을 일으키는 고약한 인간이라고 괘씸하게 여겼지만 밀러가 없었더라면 다른 사람이 그 자리에서 그 역할을 맡았을 것이라는 사실은 모르고 있었다. 물론 다른 사람이 그 자리에 앉았더라면 세부적인 일을 수행하는 과정과 진행 속도가 달랐을는지 모른다. 그러나 결과는 마찬가지였을 것이다. 그것은 피할 수 없는 시대의 흐름이었기 때문이다.

이후의 전개 과정은 야구계가 일찍이 경험해 보지 못했던 것들이었다. 1967년에는 사상 처음으로 단체 협상의 결과로써 '선수 협약players agreement'이 마련됐다. 이것은 연금 문제와는 전혀 별개인 정통적인 노동 협약이었다. 겉으로 드러난 선수측의 전과戰果는 메이저리그의 최저

연봉을 7,000달러에서 1만 달러로 올려놓은 것이었지만 더 중요한 사항은 다음과 같은 것들이었다.

1. 협약을 어겼을 때에 대비한 고충 처리 창구를 마련한다.
2. 2년의 협약 유효 기간에는 연봉 조정 원칙을 변경하지 않는다.
3. 현재 통용되고 있는 보유 조항을 대신할 수 있는 제도를 연구하여 2년 안에 타결한다.

첫 번째는 커미셔너를 연봉 조정관으로 하는 양자간의 연봉 조정 방식이 처음으로 도입됐다는 것을 뜻하며, 두 번째는 선수들이 조정 방식의 변경에 따른 불이익을 당하지 않도록 권리를 보장하는 장치였으며, 세 번째는 과거에는 논의조차 되지 않던 문제를 이제는 당당히 테이블 위에 꺼내 놓고 얘기할 수 있게 됐다는 것을 뜻했다.

새로운 연금 제도를 마련하기 위한 협상이 한창 진행중이던 1966년, 선수들은 스프링캠프에 불참하겠다고 으름장을 놓았으나 시범 경기가 시작되기 직전에 타결됐다. 당시 야구계는 이 문제를 둘러싸고 여간 시끄럽지 않았다. 그러나 그해 12월 정작 그보다 훨씬 중요한 의미를 갖고 있으면서도 대수롭지 않게 넘어간 사건이 있었다. 그 무렵 커트 플러드라는 투수가 세인트루이스에서 필라델피아로 트레이드가 결정된 후 "다른 구단으로 보내달라."면서 보유 조항에 정면으로 반발하다가 거부당하자 독과점방지법에 걸어 법정 투쟁에 나선 것이었다.

밀러나 선수들은 사실 그렇게 구단측과 정면 대결할 의향은 없었으나 플러드가 혼자 힘으로라도 싸워 보겠다고 완강하게 팔을 걷어붙이고 나서자 노조측도 최선을 다해 그를 지원하지 않을 수 없었다.

1970년 봄 뉴욕에서는 3주간에 걸쳐 재판이 진행됐고 그 결과는 매스컴이 예견한 대로였다. 하급 법원은 야구가 독과점방지법 면제 대상인 점을 들어 아무런 결정을 내리지 못한 채 상급 법원으로 송부했고 결국 대법원의 판결을 기다리는 수밖에 없었다. 이 판결의 결과는 초미의 관심사가 됐다.

그러나 그 중간에 지뢰가 매설돼 있었고, 야구계는 기어코 그곳을 밟고 말았다. 상급 법원으로 사건이 차차 올라가면서 각계로부터 이런저런 성명과 공박이 나오다 보니 보유 조항은 독과점방지법과 아무런 연관이 없다는 점이 지적되기에 이르렀다. 보유 조항은 단지 단체 협상의 대상인 근로 조건에 관한 문제일 뿐이라는 점이 드러난 것이다.

'상처뿐인 영광'이란 바로 이런 것을 두고 하는 말이리라. 대법원은 "독과점방지법은 단체 협상의 대상이 되지 않는다."라고 판결했다. 그러면서 구단측이 노조의 존재를 인정하는 마당이라면 양측이 상호 신뢰 속에 보유 조항에 관한 문제를 협상하라고 권고했다. 구단측은 계속 독과점방지법의 보호를 받는 대가로 보유 조항 문제를 협상 테이블 위에 꺼내 놓지 않을 수 없었을 뿐 아니라 이것이 노사간의 '공평한 거래를 위한 해결 방안'이라는 칼 아래 난도질당하는 꼴을 지켜봐야만 했다. 과거에는 말조차 꺼낼 필요가 없던 것이 거꾸로 유지하기가 버거운 지경에 이른 것이었다.

1972년이 되자 양측의 싸움은 점입가경이었다. 연금 제도의 경신을 놓고 협상하는 과정에서 1890년을 예외로 친다면 사상 처음으로 진짜 파업이 일어난 것이다. 포스트시즌의 예산 초과 수입을 어떻게 배분하느냐 하는 사소한 문제를 놓고 왈가왈부한 끝에 선수측은 조정관의 결정을 따르기로 동의해 놓고도(구단측은 이에 반대했다.) 결국 시즌 개막 직후 2주일의 일정을 허공에 날려 버렸다. 타결은 곧바로 이뤄졌다. 그러나 선수들은 단합된 힘을 과시하면서 자신감을 얻은 반면 구단측은 단합을 이루지 못했을 뿐 아니라 무기력한 추태까지 드러냈다. 이것이 선수측이 얻은 최대의 성과였다.

그런데 플러드 사건에 대한 대법원의 판결이 나오기 전에 입씨름을 벌이는 과정에서 구단측은 오로지 보유 조항의 정당성만 거듭 주장하고 있었다.

마침내 1972년 6월 대법원의 판결이 나왔다. 그 판결은 이번에도 전례를 뒤집지는 못했다. 그러나 대법원은 판결문을 통해 야구를 독과점 방지법에서 제외시킨 것은 '변칙'임을 공표하면서 이 사안을 해결하기 위해서는 의회의 법률 개정 작업이 필요하다고 강조했다.

이에 따라 야구의 독과점방지법 예외 조치는 그대로 유지되는 가운데 1973년에 새롭게 단체 협상을 펼쳐야 했다. 여기서 보유 조항을 다소 완화하면 어떻겠느냐 하는 타협안이 제기됐다.

구단측은 궁지에 몰렸다. 선수들은 필요하다면 파업이라는 극한의 실력 행사도 불사할 수 있다는 단결력을 보여 준 반면 구단측은 그렇지 못하다는 게 드러나 있었다. 구단측은 여태껏 금이야 옥이야 매달려 왔던 노동법에 물려 이제는 거꾸로 무언가를 내놓지 않으면 안 될 판이었다. 그러나 아직까지는 선수 시장을 전면적으로 개방한다는 것은 상상도 할 수 없는 일이었다. 그러면서도 선수들이 자유롭게 다른 구단과 접촉할 기회를 갖지 못한 채 오직 소속 구단과만 교섭하도록 규약이 못박고 있는 한 선수들이 합당한 대우를 요구할 장치가 없다는 사실을 구단측도 부인하지 못했다.

그래서 그들은 밀러가 내민 대안을 받아들일 수밖에 없었다. 그것은 연봉 분쟁이 일어날 경우 '커미셔너가 아닌' 제3의 전문 조정관에게 판정을 맡기자는 제의였다. 그러려면 비용이 들겠지만 보유 조항에 관한 문제는 더 이상 왈가왈부하지 않고 '추후 다시 검토하는' 선에서 넘길 수 있었기 때문이다.

제3의 중립적인 조정관이 작업을 펼쳤다. 연봉은 차츰 올라갔다. 그러나 여전히 선수들이 만족할 만한 수준은 아니었다.

그런데 도대체 보유 조항이란 무엇인가? 그것은 어떤 기능을 갖고 있는가? 선수가 정식 경기에 출전하기 위해서는 'x년'을 뛰기 위한 '표준 계약서'를 작성해야 한다. 보유 조항은 바로 여기에 덧붙여진 부대 조건이다. 'x + 1년'의 재계약 협상이 타결되지 않으면 'x년'의 현행 계약서가 자동적으로 'x + 1년'의 재계약으로 이월된다는 내용이다.

그러면 재계약하지 않은 상태로 'x + 1년'에 해당되는 한 시즌을 뛴다면 그 뒤는 어떻게 되는가? 그 선수는 더 이상 보유 조항에 묶이지 않고 자유로운 신분으로 풀려날 수 있는 게 아닌가? 구단측의 답변은 그렇지 않다는 것이었다. 1년을 더 계약 경신한다는 보유 조항에 따라 그 다음해가 되면 자동적으로 또다시 1년이 늘어난다는 게 그들의 해석이었다.

마빈의 물음. "그렇다면 1년이 아니라 '영원히' 적용되는 부대 조건인 셈이 아닌가?" 구단측의 답변. "그렇다고 볼 수 있지." "그렇다면 1년이라는 게 영원한 것과 같단 말인가?" "그렇다고 볼 수 있지." 다시 마빈의 추궁. "자, 신사 여러분. 우리는 현재 계약서상의 내용을 놓고 이견을 보이고 있습니다. 노사 협약에 따르면 이런 분쟁이 일어날 경우 외부인의 중재를 받도록 돼 있습니다."

1974년 시즌을 끝내고 나서 앤디 메서스미스와 데이브 맥널리 등 두 투수는 재계약하지 않고 1975년을 미계약 상태에서 활동했다.(사실 맥널리는 선수 수명이 거의 끝나 반 은퇴 상태에 있었다.) 이들은 자유 계약 선수 신분을 요구했고 이 문제는 중재자인 피터 자이츠의 손으로 넘어갔다. (엄격히 말하자면 자이츠는 마빈 밀러, 구단 대표인 존 개허린 등으로 구성된 3인 중재 위원회의 의장이었다.) 이 문제가 검토될 무렵 전체 노사 협상도 별도로 진행되고 있었다.

노련하고 두터운 신망을 받는 자이츠는 결코 까막눈이 아니었으므로 모든 선수들은 물론 삼척동자도 알고 있는 쉬운 영어 단어를 제대로 이해하지 못할 리가 없었다.

"1년은 영원한 게 될 수 없다." 그는 간단 명료하게 선언했다.

그러나 자이츠 역시 선수들에게 자유 계약 시장을 열어 놓았을 때 밀어닥칠 혼란을 너무나 잘 알고 있었기 때문에 보유 조항을 어떤 식으로든 남겨 둘 필요가 있다는 일반적 인식에서 벗어나지 못하고 있었다.

그래서 그는 절충안을 내놓았다. 가령 메이저리그에 진입한 후 10년 또는 그 안팎까지는 보유 조항을 인정하고, 그 시기가 지나면 당장 계약 상태에 있지 않는 선수에 대해서는 구단이 보유권을 장악할 수 없도록 하자는 내용이었다. 그는 구단측이 만약 협상에서 그 제안을 받아들이지 않고 자기 주장만 내세운다면 그들에게 불리한 결정을 내리는 동시에 모든 절충안도 철회하겠다고 엄포를 놓았다.

"웃기고 있네." 야구계는 냉담했다. "마음대로 해보라고."

"좋다. 하라면 못할 줄 아느냐." 자이츠는 그렇게 했다.

그는 600여 명의 선수를 일시에 자유 계약으로 풀어 마음대로 입단 계약에 나설 수 있게 하며, 다년 계약에 묶인 선수들도 그 기간만 경과하면 곧바로 자유 계약 신분을 얻을 수 있도록 하겠다고 선언했다.

"말도 안 되는 소리!" 구단은 노발대발했다. "자이츠는 뭔가 착각하고 있다. 소송을 제기해서 확 뒤엎어 버리겠다."

그러나 법원은 혹 떼려던 구단측에 혹 하나를 더 붙여 주었다. 노동 쟁의가 일어나 중재자에게 해결을 의뢰했을 때에는 그 중재인이 도의에 어긋난 부정을 저질렀거나 야료를 부렸다는 사실이 드러나지 않는 한 그의 결정을 따르는 수밖에 없었다. 그리고 '1년'이라는 단어를 자이츠가 곧이곧대로 해석했다고 해서 그게 잘못이라고 말할 수는 없는 노릇이었다.

1976년 2월의 상황은 바로 거기까지 와 있었다. 구단측이 이 문제를 상급 법원에 항소한 가운데 단체 협상은 계속됐다. 구단측은 마침내 "9년이 지나면 보유 조항에서 풀어 주겠다."는 타협안을 내놓았다. 몇몇 스타 선수들은 밀러가 만약 이 타협안을 받아들이면 마빈까지도 제소해 버리겠다고 으름장을 놓았다. 선수들은 자유 계약 선수로 풀리기까지의 제한 연한을 전혀 인정하려 들지 않았다. 구단측은 단체 협약이 타결되지 않으면 스프링캠프를 열지 않겠다고 위협했다. 3월 중순에 접어들어서야 겨우 대체적인 합의에 도달하여 동계 훈련을 단축 실시하고 간신히 일정대로 시즌을 오픈할 수가 있었다. 그러나 완전한 협약 타결은 7월에 가서야 이뤄졌다.

그러면 새로운 단체 협약 내용은 무엇이었는가? 모든 현역 선수는 1976년 또는 1977년 이후 누구나 자유 계약에 나설 자격을 갖는다. 보유 조항은 선수가 메이저리그 생활 6년째가 될 때까지 적용되고 그 기간이 지나면 자유 계약 신분을 얻는다. 6년 이상이 지난 선수가 자유 계약하면 다시 자유 계약권을 얻기까지 5년이 경과해야 한다. 그 밖에 자유 계약 선수는 모든 구단을 상대로 교섭하는 게 아니라 일부 구단과만 교섭할 수 있도록 제한한다든지, 5년째 되는 해에 트레이드를 요구할 수 있다든지, 베테랑 선수는 트레이드를 거부할 수 있다든지 하는 세부 사항들이 덧붙여졌지만 어쨌든 자유 계약 제도에 관한 대강大綱은 갖춰졌다.

선수는 누구나 자유 계약 신분을 얻을 수 있다. 그러나 일정 기간까지는 한 구단에서 보유 조항의 적용을 받는다. 그리고 연봉 조정은 자유 계약 신분을 갖지 않은 선수만 대상으로 하며 메이저리그 생활 2년까지는 조정 신청을 할 수 없다. 이런 것들이 요점이었다.

그렇다면 이 때문에 프로야구가 파국의 길로 빠져들었는가? 천만의 말씀이다. 1977년부터 1990년까지 13년 사이 프로야구는 보유 조항이 선수들을 옭아매고 있던 1890년 이후의 86년 동안보다 훨씬 호황을 누리고 관중 증가를 구가했으며 부대 사업을 확장시켜 많은 수입을 올렸다.

그러나 1980년에 이 제도를 보완하기 위한 세부 사항을 논의하다가 또다시 파업의 위기를 맞았다. 스프링캠프를 예정보다 일주일 앞당겨 마친 선수들은 파업 개시 시한을 5월로 미뤘다. 그러나 파업이 막 시작되기 하루 전에 '1년간 더 연구 검토한다'는 조건으로 극적 타협이 이뤄졌다. 그렇지만 그 연구 검토의 결과는 온데간데없이 흐지부지되고 말았다.

1981년 6월에는 장장 2개월에 걸친 선수 파업이 일어났다. 구단은 파업에 대비, 보험을 들어 두었다. 8월에 가서야 파업이 종식됐지만 이렇다 하게 달라진 내용은 아무것도 없었다. 이때의 쟁점은 자유 계약 선수를 데려간 구단은 선수를 내놓은 구단에 '보상'을 해야 한다는 것이었는데 이는 선수의 자유 계약권 행사를 제한하는 의미를 갖고 있었다. 선수들이 이를 받아들일 리가 없었고 구단은 그런 보상 조치 없이는 구단 운영이 불가능하다고 맞섰다. 그러나 결과적으로 보면 구단은 이런 선수 보상책이 없어도 잘 굴러갔고 전례 없는 번영기를 구가하고 있다.

1985년에도 똑같은 요인과 똑같은 쟁점으로 파업이 일어났다. 그러나 이번에는 단 하루만에 파업이 종식됐는데 피터 위버로스 커미셔너가 선수 편을 들어 분쟁을 조정한 덕분이었다.(이 때문에 위버로스는 얼마 후 해임당한다.)

1990년을 맞으면서 보유 제도를 제한하는 데에 따른 보상이라는 똑같은 쟁점을 놓고 선수측은 파업, 구단측은 직장 폐쇄를 들고 나와 으르렁거렸다. 그러나 이번만은 양상이 사뭇 달랐다.

1985년에 수모를 당했던 구단측은 그에 대한 보복이랍시고 직장 폐쇄를 들고 나왔다. 스프링캠프가 열리기 전까지 선수측이 협상에 응하지 않으면 스프링캠프를 열지 않을 것이며, 어쩌면 시즌을 오픈하지 못할지도 모른다고 위협했다.

그러나 이것은 말도 안 되는 치졸한 협박이었다. 왜 그런지를 조목조목 살펴보자.

선수들의 '파업'에 맞선다는 취지에서 나온 구단측의 '직장 폐쇄'는 우선 팬들에게 주는 인상부터가 좋지 않았다. 팬들은 누가 어떻게 되든지 게임이나 마냥 즐기면 그만이라고 생각하는 사람들이다. 구단측은 이런 논란이 일기 18개월 전부터 650명의 선수들을 상대로 "구단의 말을 듣지 않으면 직장을 폐쇄해 버리겠다."라고 엄포를 놓았고 매스컴은 이것을 '파업'에 대응한 행위라고 해석하고 보니 막상 제 날짜가 닥쳤을 때 구단의 직장 폐쇄안은 팬들의 눈에 곱게 비치지 않았다.

둘째, 합의를 이루는 데 가장 큰 장애는 선수들이 구단의 '담합'을 눈치챈 것이었다.(구단의 담합에 대해서는 곧이어 설명하겠다.) 구단측이 1985년 단체 협약에 서명한 직후 교묘하게 이를 어긴 사실이 드러났던 것이다. 신용 없는 사람들과 어떻게 얼굴을 맞대고 대화할 수 있는가? 이렇게 적대감이 팽배한 가운데 구단이 내세운 직장 폐쇄안은 분위기만 악화시킬 뿐이었다.

셋째, 이 위협은 허무맹랑하기 짝이 없었다. 선수들에게 동계 훈련을 하지 말라고 '강요'하는 것은 마치 어린이들에게 "얘들아, 오늘 저녁엔 야채가 먹기 싫으면 먹지 않아도 된다. 대신 디저트나 두어 접시 먹고 네 방으로 올라가서 저녁 내내 텔레비전이나 보려무나." 하는 것과 다름없었다. 스프링캠프는 본래 선수들에겐 별로 달가울 게 없는 행사다. 그들은 정규 시즌에 들어가야 비로소 참가 활동 보수(연봉)를 받게 되므로 춘계 훈련을 받지 않는다고 해서 금전상으로 손해 볼 일도 없었다. 그들은 길건 짧건 무슨 방법으로든 훈련 시간을 얻긴 얻을 것이다. 만약 연습 없이 출장하기를 강요받았다가 부상당하면 구단을 상대로 손해 배상을 청구할 수 있도록 계약서에 명시돼 있기 때문이다. 그러니 구단이 스프링캠프를 폐쇄한다고 해서 겁먹을 선수가 어디 있을 것이며, 협상에 나서는 선수측이 굽히고 들어갈 건더기가 어디에 있겠는가.

만약 직장 폐쇄가 선수들의 연봉이 지급되는 정규 시즌까지 이어진다면 이론상 협상 당사자들의 자세에 영향을 미칠 여지는 없지 않았다. 그러나 (텔레비전 중계권료의 대폭 증액 등으로) 전체 수입이 전년도에 비해 두 배 이상 보장된 마당에 구단측이 장사를 포기하고 계속 점포 문을 달아 둘 수 있겠느냐 하는 것은 선수측뿐만 아니라 삼척동자도 짐작할 수 있는 일이었다.

넷째, 선수들은 남들보다 공격적이고 적극적인 성품을 가진 덕분에 메이저리그까지 치고 올라왔다고 볼 수 있다. 그런 사람들을 상대로 으름장을 놓아 무언가를 얻어 내겠다는 것은 애당초 발상부터가 잘못된 것이었다. 이는 패배가 불 보듯이 뻔한 가소로운 협박이었다.

다섯째, 구단측은 이런 부질없는 조치를 취하면서 겉으로는 아주 그럴싸한 애드벌룬을 띄웠다. 즉 연봉 상한선을 설정하되 총수입금의 일정액을 선수들에게 추가 배당한다는 달콤한 얘기였는데 이런 사탕발림은 오히려 불신만 키워 놓고, 일을 더디게 하고, 선수들이 '구단주는 야구가 어떻게 돌아가는지 전혀 모르는 작자'라는 생각을 갖도록 만드는 데 그치고 말았다.

여섯째, 구단측은 직장 폐쇄로 선수들을 위협하면서도 뒷전에서는 종전의 두 배에 달하는 거액으로 자유 계약 선수들을 끌어들이는 앞뒤가 맞지 않는 짓을 저질렀다. 이는 경비 절약의 필요성을 외치던 입장과 정면으로 배치되는 일이었다.

일곱째, 구단측은 전열이 흐트러져 있었다. 이 직장 폐쇄안은 위버로스가 커미셔너로 재직하고 있던 시절에 성안됐는데 그가 물러나고 당시 내셔널리그 회장이었던 지아마티가 후임자로 올라오고 난 뒤에도 계속 추진되고 있었다. 그러나 지아마티는 1989년 심장 마비로 급사했다. 그의 후임자 페이 빈센트 커미셔너는 이 안건에 관한 사전 지식이 없었을 뿐 아니라 종전의 노사 협상 진행 과정도 전혀 모르는 문외한이었다. 이에 반해 노조측에 은퇴한 밀러의 후임자는 직접 경험을 쌓고 사태의 동향을 소상히 알고 있을 뿐 아니라 15년간 진행된 협상 과정을 완전히 파악하고 있었다.

이것은 애당초 상대가 되지 않는 싸움이었다.

스프링캠프는 늦춰졌다. 이런 싸움에 피해를 본 사람은 관광 수입과 기념품 판매 수입을 올릴 기회를 놓친 플로리다 주와 애리조나 주의 상인뿐이었다. 야구팬들도 약간 기분을 잡쳤지만 그 밖에 선수들이나 구단측은 털끝 하나 다치지 않았다. 162게임의 정규 시즌을 제대로 소화하려면 적어도 3월 중순에는 스프링캠프를 열어야 할 필요가 생기자 마침내 타협점에 도달했고 닫혔던 캠프의 문도 열렸다. 시즌 오프는 당초 예정보다 일주일 뒤로 미뤄졌으며 초장에 취소된 경기는 정규 시즌 중간에 끼워 넣었다.

그렇다면 타협 내용은 무엇이었나? 총수입의 일정 부분을 선수측에 배당하겠다는 제안은 온데간데없이 증발해 버렸다. 선수들은 전년도 11월에 비해 더 많은 연봉을 받아 냈고 연봉 조정에 임하는 선수들의 지위는 더욱 높아졌다.

이렇게 지속된 분란 뒤에 나타난 것은 무엇인가? 구단측은 당초 확보해 두었던 입지마저 잃어버렸다. 연봉 조정과 자유 계약 제도에 대한 주도권도 선수측에게 넘어가고 말았다.

　1973년의 보유 조항 협상 과정에서 조금만 양보했더라도(가령 "메이저리그 생활 9년간은 보유 조항을 적용한다."는 자이츠의 제안만 받아들였더라도) 연봉 조정안이 도입되는 것은 막을 수 있었을 것이다. 또는 자이츠가 최종 결정을 내리기 전에 원만히 협상에 응하기만 했더라도 제한적인 자유 계약 제도를 선수들에게 내주는 대신 연봉 조정 제도는 만들지 않을 수도 있었다. 말하자면 구단은 게도 구럭도 다 잃고 만 꼴이었다. 자유 계약으로 팀을 옮길 기회가 없는 선수들은 다른 선수들의 경력과 성적, 지위 등과 견주는 연봉 조정 제도를 통해 '엄청난 인상률'을 즐길 수 있었다. 이로써 전반적인 연봉 규모는 점점 커졌다. 자유 계약 선수들은 원소속 구단을 떠나 새로 입단 교섭을 펼치면서 연봉 단위를 엄청나게 부풀렸으며 이는 이듬해 다른 선수들의 연봉 조정에 기준선이 됐다. 그리고 이것은 또 다른 자유 계약 선수들이 유리한 조건으로 교섭을 벌이는 발판이 됐다. 이런 상승 효과는 해가 갈수록 가속되었다.

　밀러는 선견지명이 있었다. 자유 계약 제도에 약간의 제한을 두는 편이 전 선수가 매년 자유 계약 선수로 풀리는 것보다 유리하다는 것을 헤아리고 있었다. 그렇게 해야만 자유 계약 시장에 나오는 선수들이 희소가치를 얻을 수 있었다. 보유 조항은 자기 팀 선수들을 '확보'해 두려는 데에 주안점이 있는 것이지만 어떤 면에서는 다른 팀으로부터 선수들을 함부로 데려다 놓지 못하게 하는 의미도 있었다. 가령 어느 해에 전체 선수의 10퍼센트가 자유 계약 시장에 나왔다고 하면 그중 두어 명밖에 안 되는 특급 포수를 놓고 스물여섯 개 구단이 서로 쟁탈전을 벌일 수밖에 없다. 그렇지만 매년 모든 선수가 자유 계약 시장에 쏟아져 나온다면 스물여섯 개 구단은 쉰두 명의 포수를 놓고 고를 것이고 그렇게 된다면 그 선수들 중 상당수는 자리 보존마저 어려워질지도 모른다. 그뿐 아니라 연봉 조정을 신청하더라도 유리한 기준선을 마련하지 못하게 될 것이었다.

야구계의 괴짜로 알려진 오클랜드 애슬레틱스의 찰리 핀리 구단주는 1972-74년에 월드 시리즈를 3연패하자 1976년에는 이런 현실을 정확히 간파하고 있었다. 그는 보유 조항을 유지시켜 전체 선수를 확보해 두려는 욕심이 누구보다도 강했으나 뜻대로 되지 않자 "모든 선수를 자유 계약 선수로 만들자."라고 주장했던 것이다. 당시 이런 뚱딴지 같은 주장에 귀를 기울일 사람은 아무도 없었다. 장기적으로 보면 그게 바로 정답일 수도 있었지만 실제 그 효과가 어떻게 나타날지는 아무도 몰랐고 야구계는 그런 모험을 펼칠 만한 자세가 돼 있지 않았다.

아직 풀지 못한 의문이 한 가지 더 남아 있다. 자유 계약 제도의 물결이 처음 밀어닥친 1977-81년에 이르러서야 연봉 100만 달러짜리 선수가 탄생했고 메이저리그 평균 연봉은 15만 달러로 상승했다. 장기 파업을 치르고 난 1985년에 이르자 스타급 선수들은 200만 달러 시대를 열게 됐고 평균 연봉은 35만 달러에 달했으며 4-5년의 다년 계약이 유행처럼 번졌다.(데이브 윈필드는 뉴욕 양키스와 10년 계약을 맺기도 했다.)

위버로스 커미셔너는 구단주들에게 경영 감각을 가질 것을 촉구하면서 각구단의 손익 계산서가 어떤 상태에 있는지를 살펴보도록 권고했다. 그러자 갑자기 다년 계약의 유행은 쑥 들어가 버렸고 자유 계약 시장에 나온 선수들은 다른 구단들이 원소속 구단보다 싼 연봉을 부르거나 아예 접촉조차 하지 않으려 한다는 분위기를 알아차렸다.

선수 노조는 이를 '담합'이라고 매도했다. 공교롭게도 단체 협약에는 선수측이나 구단측이나 이런 식의 집단 행동은 하지 못하도록 규제하는 조항이 들어 있었다. 그것도 실은 구단측 주장에 따라 만들어진 것이었다. 구단측은 몇몇 스타 선수들이 연봉 인상을 위해 연합 전선을 펴는 것을 두려워한 나머지 이를 막으려는 의도에서 그런 조치를 만들어 놓았다.(그들은 샌디 쿠팩스와 돈 드라이스데일의 예를 기억하고 있었다.) 그렇게 해놓고 이제 와서는 선수들의 연봉 상승을 저지하겠다고 구단들끼리 똘똘 뭉쳐 자유 계약 선수들을 냉대한 꼴이었다.

만약 이것이 실제로 담합해서 나온 결과라면 이는 분명한 협약 위반이었다. 협약 위반 사항은 중재인의 손에 넘겨져야 한다.

첫 번째 담합 의혹은 1986년 연봉 협상에서 나타났다. 두 번째 담합 의혹도 1987년의 유사한 행태에서 찾아낼 수 있었다. 두 명의 중재인이 개별적으로 조사한 결과 구단들이 실제로 담합해서 협약을 위반했음을 밝혀냈다.(그들은 회의록이라는 움직일 수 없는 물적 증거를 남겼다.) 세 번째 담합은 1988년에 나타났는데 그 결과 구단들이 감수해야 할 '피해액'은 1억 달러를 상회했다.

그러나 앞으로 제4의 담합은 나오려야 나올 수 없을 것이다.* 1989시즌이 끝나고 나서 각구단이 서로 우수 선수를 차지하려고 경쟁을 벌이다 보니 300만 달러짜리 선수가 나오는가 하면, 장기 다년 계약이 횡행하고, 평균 연봉이 50만 달러를 넘어섰고, 구단간의 불신이 깊어졌기 때문이다. 1989년 말에 드러난 구단들의 행태를 보면 그들이 과거에 어떻게 세 번씩이나 담합을 할 수 있었는지 알다가도 모르겠다고 말하는 사람이 있을 정도이다.

이런 것들은 앞으로 야구가 가야 할 방향이 어디인지를 잘 말해 주고 있다. 그래서 새로 나온 정의는 다음과 같다.

---

* 이 글은 1989년 말에 씌어진 것으로, 원저자는 1990년대를 정확히 꿰뚫어보고 있었다고 하겠다.

— 수조 달러에 달하는 텔레비전 중계권료와 매일매일의 입장 인원이 밝혀짐으로써 폭발적으로 불어나는 야구단의 수입은 더 이상 베일에 감춰 둘 수 없으므로 선수들에게 '정당한 대우'를 해주지 않을 수 없다. 선수들은 숫자에 어두울지 모르지만 그들의 에이전트는 그렇지 않다.

— 유명 가수, 영화 배우, 기타 연예인, 월스트리트 증권가의 큰손, 대기업의 중역, 법률가, 테니스 스타들이 얼마나 많은 수입을 올리는지 다 알려진 세상인 만큼 야구 선수들이 받는 연봉이 '과분하다'고는 말할 수 없다.

— 만인에게 적용되는 법과 권리를 유독 야구만이 '스포츠는 다르다'는 명목 아래 예외적으로 피해 갈 수는 없게 됐다.

— 누가 얼마를 받아야 적당한가를 정하는 사람들은 구단주도 아니고 선수도, 에이전트도, 해설가도, 토크 쇼를 이끌어 나가는 진행자도 아니고 오직 스포츠를 즐기는 대중일 뿐이다. 그들의 관심이 사그라들면 선수 연봉과 프로 구단의 자산 가치도 떨어질 수밖에 없고, 그렇지 않으면 계속 황금기를 구가할 것이다.

그렇다면 진정으로 야구를 사랑하는 사람들이 해야 할 일은 무엇인가? 아무것도 없다. 그저 야구나 즐기면서 그 따위 골치 아픈 문제는 저희들끼리 아옹다옹하면서 풀라고 내버려 두면 그만이다.

19 커미셔너

우리는 지금까지 이 책에서 야구계의 도처에 존재하는 허상과 실상을 구별하는 작업을 펼쳐 왔다. 이제 커미셔너라는 대목에 들어서게 되면 여태껏 우리가 알아온 것들이 전부 허상뿐이었음을 알게 될 것이다.

커미셔너의 위상만큼 잘못 알려져 있는 부분도 없다. 일반 팬들이나 매스컴은 말할 것도 없고 야구계에 직접 종사하는 관계자들까지도 상당수가 그에 대한 곡해에서 벗어나지 못하고 있다.

커미셔너의 위상이 잘못 알려져 있다고 해서 그 직책이 별로 중요하지 않다는 뜻은 결코 아니다. 다만 대다수의 사람들이 생각하고 있는 식으로 그의 업무가 수행되지는 않는다는 얘기다. 그리고 이 세상에는 아무리 허수아비라도 결코 얕볼 수 없는 힘을 지닌 것도 있다는 것은 다 아는 사실이다.

1920년대에 커미셔너로 선출된 랜디스에게 '황제'라는 이미지가 붙여지면서 그 이미지는 그의 후임자들에게도 자연스럽게 이어졌고 일반인들은 '커미셔너란 무소불위로 야구계의 모든 활동에 막강한 힘을 발휘하는 사람'으로 인식해 왔다.

그러나 야구계의 커미셔너는(다른 종목도 마찬가지지만) 단지 '피고용인'일 뿐이다. 그는 몇몇이 모여 완전히 배타적으로 사업을 꾸려가는 구단주들에게 고용된 '종업원'에 지나지 않는다. 법률적으로나 규약상으로는 그렇지 않지만 커미셔너에게 구단주들이 집단으로 내놓은 의견을 무시하고 자기 의견을 관철시킬 '실제적인' 힘은 없다. 구단주들은 커미셔너에게 자발적으로 전권을 위임한 것처럼 보이지만 그 권한은 필요하다면 언제든지 조정되거나 회수될 수 있으며 경우에 따라서는 해임이라는 극단적인 조치로 반발할 수도 있다.

이에 반해 커미셔너는 설득력과 허상이라는 두 가지 비공식적인 무기를 들고 막강한 힘을 행사하고 있다. 설득력이라는 것은 전체 구단주들 또는 발언권이 강한 일부 구단주들에게 자신의 의사를 밝히고 지지를 얻는 것을 말한다. 구단주들이 그의 판단 능력을 신임하지 않는다면 애당초 그를 그 자리에 앉히지도 않았을 것이다.(과연 이 말은 사실일까? 항상 그렇지는 않다는 것을 차차 밝히겠다.) 커미셔너는 허상에 의해 생성된 권위 덕분에 여론 형성에 막강한 영향력을 행사하고 있다. 여론이라는 것은 의견이 다른 상대에게 반격을 가할 때나 어떤 목적을 달성하고자 할 때 유용하게 이용된다.

구단주들은 개인적으로나 묵시적으로 커미셔너를 해임해 버리고 말겠다고 위협하는 경우가 있다. 반대로 커미셔너는 개인적으로나 묵시적으로, 나아가 공개적으로 사임하겠다고 구단주들을 위협할 수 있다. 커미셔너는 단순히 성명 발표라는 것만으로도 적지 않은 무게로 구단주들에게 압력을 가할 수 있다.

이렇듯 커미셔너라는 직책이 막강하다는 데에는 이론의 여지가 없다.

그러나 우리가 좀 더 세밀히 들여다봐야 할 것은 그가 갖고 있는 기능이 과연 무엇이냐 하는 점이다.

커미셔너의 임무는 최선을 다해 '야구의 이익'을 대변하는 것이다. 그러나 여기서 말하는 야구란 내용적으로는 '구단주'라는 단어를 슬쩍 바꿔치기한 것일 뿐이다. 그가 궁극적으로 책임지고 있는 것은 구단주들의 이익을 보호하는 것이다. 만약 커미셔너가 대중의 이익을 위해 최선을 다하고 있다고 비쳐진다면 구단주들로서도 그것을 언짢게 여길 필요가 전혀 없다. 만약 선수들이 '커미셔너는 우리 편'이라고 믿고 있다면 더더욱 좋은 일이다. 그러나 결정적인 순간에 구단주의 이익을 최우선적으로 고려하고 그에 진력하지 않는 커미셔너는 곧바로 그 지위에서 떨려 나고 만다.

그러나 시대에 따라 상황은 매우 유동적이다. 랜디스는 구단 간의 분쟁을 처리하면서 검찰관에서부터 판사, 배심원까지 모든 역할을 혼자 도맡아 북 치고 장구 치는 독불장군이었다. 그가 재임하던 시절에 구단주들은 결속력을 자랑했지만 그들이 신경 쓴 것은 오로지 '우리 리그'뿐이었으며 '야구'는 한참 뒷전이었다. 랜디스는 행정적인 업무 부담이 그다지 많지 않았고 '참모진'을 거느리고 있을 필요도 없었다. 그러나 현대의 커미셔너는 사실상 방대한 행정 조직의 최고 관리자일 뿐이며 28개 구단은 커미셔너 사무국을 행정 업무를 다루는 하급 기관으로 여길 뿐 자기들 위에 군림하는 조직으로 보지 않는다. 커미셔너는 복잡다단하고 재정 규모가 큰 업무를 관장하며 텔레비전 중계권료 협상 같은 대형 사업을 주도한다. 그리고 선수들이나 대중을 상대할 때는 '선수와 팬들을 위한' 대표자로서가 아니라 '구단주들이 파견한' 대리인 자격으로 나선다. 따라서 이때는 공평무사한 힘을 발휘할 수가 없다.

오늘날의 커미셔너 사무국이 어떻게 굴러가느냐를 알아보기 위해서는 여기서도 야구사를 훑어볼 필요가 있다.

내셔널리그가 갓 탄생한 초창기에는 소속 구단 대표들 외에 어느 특정 구단에 얽매이지 않은 '회장'이라는 존재가 있었다. 내셔널리그와 아메리칸리그가 공리 공존을 도모하게 된 1903년에는 리그간의 갈등을 해결할 제3의 중립적인 '의장'을 둘 필요가 있었다. 그래서 양 리그 회장에다 의장 역할을 맡을 제3의 인물을 포함시켜 '3인 위원회'를 두었다. 양대 리그와 마이너리그들을 한꺼번에 묶어 리그간의 권익과 의무를 규정한 것이 '전국 협약National Agreement'이며, 이를 바탕으로 최상층부에 설치한 기관이 '전국 위원회National Commission'였다.

구단주들은 이 위원회의 구성원이 될 수 있는 자격 요건을 '내부인'으로 한정했기 때문에(마이너리그에서는 대표를 내보내지 못했다.) 자동적으로 불균형이 초래되었다. 제3의 구성원은 부득이 어느 한 리그에서 나올 수밖에 없었고 그러다 보면 공평성을 기할 수가 없었다. 아메리칸리그에는 밴 존슨이라는 발언권이 센 회장이 있었다. 그래서 의장 자리에는 내셔널리그의 신시내티 구단 사장이자 존슨의 절친한 친구였던 게리 허먼을 앉혀 균형을 맞추고자 했다.

이런 조직은 제대로 운영될 턱이 없었고 결국 1919년에는 이런저런 이유로 전국 위원회가 깨지고 말았다. 그해 일어난 월드 시리즈 승부 조작이 전국 위원회의 와해를 부른 원인은 아니었고 선수와의 계약권을 둘러싸고 아메리칸리그 안에서 내분이 일어났기 때문이었다. 이렇게 막다른 골목에 몰리자 구단주들은 어쩔 수 없이 '외부인' 쪽으로 고개를 돌리지 않을 수 없었고 결국 페더럴리그의 독과점방지법 소송이 걸렸을 때 야구계를 옹호해 주었던 랜디스 판사에게로 눈길이 쏠렸다.

1920년 2월, 허먼 의장이 정식으로 사임했다. 그해 9월 블랙삭스 스캔들은 만천하에 알려졌다. 같은 해 11월 랜디스는 커미셔너로 추대되었다. 그러나 그는 1921년 1월에 가서야 집무하기 시작했다. 블랙삭스 스캔들에 대한 재판은 그가 커미셔너에 오르고 나서 6개월 뒤인 1921년 7월에 열렸는데 랜디스는 관련자들이 법정에서 무죄 판결을 받고 난 뒤에야 야구계의 독자적인 조치를 취했다. 그는 "판결이야 어떻게 나왔건 관계없이."라는 말과 함께 오랜 법관 생활을 통해 얻은 경험과 직관을 바탕으로 여덟 명의 선수를 야구계에서 영구 추방했다. 재판부의 판결까지도 함부로 무시하는 그의 '초법적超法的'이고 '황제적'인 성향을 이보다 더 잘 설명해 주는 예는 없었다. 그리고 대중은 이 결정을 이론의 여지가 없이 시원하게 받아들였다.

　랜디스의 재임은 그가 타계하던 1944년까지 종신제로 이어졌다. 그 기간 동안 그는 절대 군주로 군림했다. 그는 자기를 커미셔너로 임명할 때에 '절대권'을 문서로 명시해 달라고 주장했으나 실제로 그가 절대권을 휘두를 수 있게끔 여건을 마련해 준 것은 구단주들 자신이었다. 그들은 대중에게 썩어 빠진 야구계를 구원해 주실 '구세주'가 강림하셨다고 나발을 불어 댔다. "이분은 야구의 '건전성'을 지켜 주실 분이고, 20년 묵은 내분을 단숨에 해소해 주실 백마의 기사이시며, 연방 재판소에 근무하던 시절 불편부당의 공권을 행사하신 솔로몬의 지혜를 갖추신 분이시며, 스탠다드 정유 회사에 2900만 달러라는 거액의 벌금을 부과할 정도로 용감무쌍한 분."이라는 것이었다. 그러니 팬들은 "날강도 같은 구단주들로부터 선수들과 팬들을 보호하는 데 랜디스 님이 추호도 주저함이 없으리라." 하며 그를 우러러보았다. 랜디스가 대중들 앞에 이런 초상화를 내걸고 현신했으니 구단주들로서는 그가 하겠다는 일이라면 무엇이든 막을 재주가 없었다. 랜디스는 그저 자기가 원하는 방향이 무엇이라는 것을 대중 앞에 선언하거나 자기 의향을 일부 신문을 통해 넌지시 비치기만 해도 만사형통이었다. 그에 반대하는 자들은 모두 국민의적으로 간주됐다. 그는 '사임하겠다'는 최후의 카드를 뽑아드는 제스추어를 쓸 필요도 없었다. 그는 자기 백성(선수와 팬)을 끔찍이 사랑하는 반면 귀족층(구단주)은 바짝 죄어 놓는, 한편으로는 인자하면서도 한편으로는 매서운 군주의 이미지를 지니고 있었으므로 구단주들로서는 제 발등을 찍은 꼴이었다.

그런 이미지는 실제 그의 인간상에 비춰 보면 지나치게 과대 포장된 것이었다. 그가 야구계에서 구세주로서 실제로 해낸 일은 아무것도 없었다. 그 역할을 한 사람은 사실 베이브 루스였다. 랜디스는 블랙삭스 사건이 일어난 뒤에야 야구계에 들어와서 타이 콥과 트리스 스피커 등 거물 선수들이 연루된 도박과 승부 조작 사건은 변죽만 울리다가 흐지부지 처리하고 말았다. 구단주간의 갈등 해소는 랜디스를 커미셔너에 앉히는 순간 자동적으로 이뤄졌을 뿐 그가 직접 나서서 조치를 취한 것은 전혀 없었다. 그가 1907년에 스탠다드 정유 회사에 대해 물린 그 유명한 벌금 부과 사건은 나중에 고등 법원에서 판결이 뒤집혔다. 그의 판사 경력은 편견과 일관성 부재, 검찰이나 변호사에 대한 협박으로 점철돼 있었다. 어느 비평가는 "랜디스만큼 소수 민족을 탄압하는 데 기를 쓴 사람도 드물다. 그리고 배심원에 대한 태도도 독선의 극치였다."며 치를 떨 정도였다.

커미셔너로 자리를 옮겨 앉을 때 취한 태도에서도 그의 인간성을 엿볼 수 있었다. 연방 판사로서의 그의 연봉은 7,500달러였다. 그는 커미셔너가 되면서 5만 달러나 받게 됐으나 연방 판사직을 포기하지 않으려고 했다. 상원이 그를 겸직 행위로 탄핵하겠다고 위협하자 그제야 마지못해 판사직을 내놓았다.

그는 커미셔너로서 세 가지 정책을 취했다.

1. 야구와 관련된 일은 사안의 경중을 막론하고 법정으로 끌어들이지 않는다.
2. 팜시스템의 확대를 반대한다.
3. 도박(특히 경마로 대표됨), 음주(금주법이 시행되는 동안 그는 철저한 신봉자였음), 호전적인 아메리카니즘에 강경하게 대응함으로써 자기는 야구를 적극적으로 애호하는 사람이라는 이미지를 심는다.

첫 번째 것은 대법원 판사라는 고위직에 머물러 있는 동안 야구계의 약점을 누구보다도 잘 알고 있었기 때문에 내세운 조치였다. 두 번째 것은 경제적인 측면에서 시대에 역행하는 무식한 조치였다. 세 번째는 당시의 시대적 조류에 영합한 것이었다.

그의 후임자는 2차 세계 대전이 한창 진행되던 시기에 선출됐다. 모든 사람들의 근심 걱정이 늘어났던 그 시절에 선택된 사람은 켄터키 주 상원 의원 출신인 앨버트 챈들러였다. '백악관과 잘 통하는 사람'이 절실하게 요청되던 시절이었던 만큼 루스벨트 대통령의 뉴딜 정책을 열렬히 지지하는 집권 민주당 출신 챈들러를 옹립했던 것이다.

2대 커미셔너로 선임된 챈들러의 위상은 전임자 랜디스처럼 '절대적'인 것과 거리가 멀었다. 구단주들은 빈말로라도 그런 파워를 두 번 다시 커미셔너에게 주려고 하지 않았다. 챈들러는 랜디스가 대중 앞에서 과시했던 권세를 조금도 누려 보지 못했다. 그는 구단을 위한 커미셔너에 머무르지 않고 선수와 팬들을 위한 커미셔너로서 최선을 다하려고 진정으로 노력했다. 그는 브랜치 리키가 인종 차별의 벽을 허물고 메이저리그에 흑인 선수를 끌어들이는 힘겨운 작업을 펼치는 데 오른팔 역할을 해주었다. 그는 리오 듀로셔 감독이 악명 높은 경마 관계자와 어울려다님으로써 야구의 건전성을 해쳤다는 이유로 1년간 집무 정지 처분을 내렸다. 이런 것들은 대민 홍보상으로는 많은 점수를 땄지만 섣부르고 주제를 파악하지 못한 어리석은 조치였다. 랜디스가 애국과 도덕성을 내세워 고자세를 취한 반면 챈들러는 남부 출신 특유의 부드러움으로 대신했다.

그러나 그는 야구를 법정 밖에 머물러 있도록 하는 데에는 실패했다.

만약 랜디스가 살아 있었더라면 1946년부터 시작된 급격한 세태 변화가 야구계에 어떤 파장을 미쳤을지 아무도 알 수 없다. 그러나 그가 그 자리에 계속 눌러앉아 있었다 하더라도 쏟아져 들어오는 온갖 송사는 피할 수 없었을 것이다. 그러나 랜디스는 세상을 뜸으로써 어려운 자리에서 안전하게 몸을 피했다. 챈들러는 그럴 수 없었다. 그의 고용주들(구단주)이 그의 재임을 시큰둥하게 여긴 데에는 여러 가지 이유가 있었지만 그 하나만으로도 불만을 나타내기에 충분했다. 1951년 그의 임기가 만료되자 구단주들은 주저 없이 그를 해임했다.

그 뒤 구단주들은 동업자 의식으로 똘똘 뭉쳐 야구계의 내막을 손바닥 들여다보듯이 알고 있던 포드 프릭을 커미셔너로 추대했다. 프릭은 야구 기자를 거쳐 방송계에서 종사했으며 베이브 루스의 자서전을 대필해 주기도 했다. 1934년에 내셔널리그 홍보 담당 이사로 야구계의 현직에 뛰어든 그는(당시만 해도 홍보는 매우 선구적인 업무였다.) 1년 뒤 내셔널리그 회장에 올랐다. 그만큼 그는 창의력과 업무 처리 능력이 뛰어났다. 그는 경제 공황으로 어려운 처지에 빠진 야구계를 위해 많은 업적을 남겼다. 재키 로빈슨이 고난의 길을 뚫고 나가도록 곁에서 지원한 것이나, 그가 리그 회장을 맡을 무렵만 해도 아메리칸리그에 비해 경제 사정이 어려웠던 내셔널리그를 그가 자리를 떠날 시점에는 우위로 역전시킨 것 등이 그의 공로로 꼽혔다.

프릭은 커미셔너에 취임하자 챈들러와 마찬가지로 자기의 권한을 스스로 제한했다. 그는 발언권이 센 구단주들의 힘을 인정하면서 그들에게 개인적인 자문 역할을 맡았다. 텔레비전의 번창과 미식 축구의 성장, 프랜차이즈의 변경, 캘리포니아로의 확대, 마케팅에 대한 새로운 개념 등 여러 분야에서 일어나는 점진적 변화에 보조를 맞춰 나갔다. 그는 아무리 부당하고 불가능한 일이라도 능수능란하게, 구렁이 담 넘어가듯 처리하면서 '유능한 시중꾼'으로서의 소임을 해냈다. 그는 기분좋게 7년 임기를 연장했다. 내부적인 인간관계는 매우 원만했고 대중에게 주는 인상이 강렬하지는 못했지만 부드러웠다. 그에게 풍자적으로 붙여진 별명은 "그건 내 소관이 아니오."였다. 그가 1965년에 임기를 마치고 물러나자 야구계의 판도는 그가 처음 커미셔너 자리에 올랐던 1951년과는 상전벽해가 이뤄져 있었다.(하긴 어느 세계를 둘러보더라도 그렇게 달라지지 않은 데는 하나도 없었다.)

4대 커미셔너 선임 과정은 완전히 코미디였다. 그렇지만 결코 유쾌한 코미디는 아니었다. 그런 인물을 커미셔너에 올렸다는 것은 구단들의 위세가 점점 강해진 나머지 랜디스가 이뤄 놓은 중앙권부를 속빈 강정으로 만들었다는 의미를 가질 뿐이었다.

새 커미셔너의 이름은 윌리엄 에커트였다. 에커트 장군. 그는 공군에서 군수품 조달을 담당하던 장성 출신이었다. 그는 야구와 전혀 무관한 인물이었으며 야구에 대한 조예도 없었다. 야구계는 마땅한 사람을 찾아내려고 두리번거리다가 공군 본부 비서실장을 역임한 유진 주커트를 찾아냈는데 막판에 헷갈리는 바람에 이름이 엇비슷한 에커트를 커미셔너로 모시게 됐다는 농담까지 있었다. 뉴욕의 어느 신문 기자가 통신을 타고 들어온 에커트의 커미셔너 선임 기사를 보고 나서 "아이쿠, 무명 군인을 모셨군그래."라고 탄식했다는 것도 유명한 일화로 남아 있다.

사실 당시 구단주들은 굳이 커미셔너라는 직제를 그대로 유지시킬 필요조차 느끼지 않고 있었다. 다만 랜디스가 대중에게 심은 인상이 너무 깊었기 때문에 감히 폐지해 버릴 수가 없었을 뿐이다. 구단주들은 자기들끼리 소위원회를 만들어 프랜차이즈 이동과 텔레비전 중계권료 계약, 선수 관계 등 중요 사항을 멋대로 처리했으며 그들의 활동을 총괄하는 중앙 기관 따위는 아예 필요없다고 생각했다. 한마디로 야구에 투자하지 않은 사람이 콩이야 팥이야 간섭하는 것을 내버려 두려고 하지 않았다. 워싱턴 정부에 대해서는 구단주들 나름대로 갖고 있는 줄을 대어 로비를 펼칠 수 있었다. 에커트의 자격이나 배경이 부실하면 부실할수록 구단주들에겐 좋았다.

에커트는 인간적으로는 더할 나위 없이 성실하고 점잖은 사람이었다. 군인 출신이었으면서도 독선적이거나 호전적이 아니라 절도 있게 행동하고 매사를 신중히 처리했다. 기자들이 첫 상견례에서 가장 즐겨 보는 신문 연재 만화가 무엇이냐고 묻자 "하나만 찍어서 말하기 어려운데요……."라고 답변을 주저할 정도로 신중한 인간이었다. 리 맥페일과 존 맥헤일 등 쟁쟁한 야구계의 일꾼들이 그의 참모로서 뒤를 받치고 있었지만 그의 권한 행사는 끝내 두 전임자의 수준을 넘지 못했다.

그러나 명목상의 수장만을 남겨 두겠다는 뜻에서 에커트를 선임한 구단주들의 의도는 빗나갔다. 2년쯤 지나자 커미셔너 사무국의 행정 공백과 구단주들의 분열은 심각해졌고 야구 산업은 다른 스포츠 종목에 비해 마케팅이나 텔레비전 시청자 점유율, 대중의 선호도에서 점점 밀리기 시작했다. 구단주들이 당초 커미셔너의 입김을 약화시키려 했던 것은 대중의 관심을 끌어모으는 사업을 펼치는 데 장애가 되는 요소를 사전에 제거하겠다는 의도에서 비롯됐지만 에커트는 워낙 무능했기 때문에 막상 구단주들에게 강력한 리더십이 필요했을 때 그에게서 그것을 찾을 수가 없었다.

그래서 그들은 1968년 12월 구단주 총회를 열고 임기에 관계없이 에

커트를 해임했다. 그리고 그의 후임자를 찾는 과정에서 야구계는 어쩔 도리 없이 '현대'라는 시대 구분의 분기점을 맞아야 했다.

그 결정을 내리는 데는 무려 달포 이상이 걸렸다. 구단주들은 야구계를 아는 내부인을 택하기로 원칙을 정했다. 아무것도 모르는 허약한 외부인을 데려와 봤자 별다른 이득이 없다. 그렇다고 막강한 사람을 데려다 앉히긴 싫다. 그게 그들의 딜레마였다. 내부인이라면 어느 한쪽 리그에 뿌리를 둔 사람일 수밖에 없었고 리그끼리 반목하는 현실에서는 서로 상대편 리그의 지지를 얻어 내기 어려웠다. 회의와 투표가 여러 차례 거듭됐으나 번번이 별무소득이었다. 1969년 2월 플로리다에서 회의가 속개됐을 때 그들은 마침내 묘안을 찾아냈다. 일단 '임시 커미셔너'를 선임, 그에게 몇 개월간 집안 살림을 맡겨 두고 그 사이 커미셔너 선출 제도를 다시 보완해서 '진짜 커미셔너'를 뽑자는 것이었다.

그래서 그들이 '임시 커미셔너'로 모신 사람이 야구계의 사정을 제 손바닥 들여다보듯 훤히 알고 있는 보위 쿤이었다. 그는 야구계의 고문 변호사 가운데 하나였다. 그가 몸담은 법률 사무소는 내셔널리그 관련 업무만 전담하고 있었다. 쿤은 1966년 브레이브스가 밀워키에서 애틀랜타로 프랜차이즈를 옮길 때 제기된 독과점금지법에 관한 소송을 맡아 승소시켰고, 야구계에 갓 등장한 마빈 밀러를 상대로 구단측 대표로 노사 협상에 나선 경력도 갖고 있었다. 그는 어린 시절 워싱턴의 그리피스 스타디움의 전광판에서 아르바이트를 했을 만큼 성실하고 뿌리 깊은 야구팬이었으며 프린스턴 대학과 버지니아 대학에서 공부한 덕분에 정계에도 손이 닿는 사람들이 많았다. 장신에다 늠름한 체구를 지닌 그의 언행은 대중의 호감을 샀다. 그러나 그때까지만 해도 대중은 그를 잘 알지 못했을 뿐 아니라 그의 이름조차 제대로 들어 본 사람을 찾아보기 어려울 정도로 무명에 가까웠다. 그게 그에게는 오히려 커미셔너가 되기 위한 플러스 알파였다.

이런 이유로 스물네 구단의 구단주들은 만장 일치로 쿤을 임시 커미셔너로 추대했다.

그러나 쿤이 그 자리에 앉자마자 당장 처리하지 않으면 안 될 정도로 시급한 일들이 산적해 있었다. 앞 장에서 말했듯이 연금 제도를 둘러싸고 갈등이 고조되는 바람에 스프링캠프가 열리지 않을지도 모르는 파업 위기가 들이닥쳤다. 또 리그별로 여섯 팀씩 두 지구로 나누어 시즌을 치르는 방식도 그해에 처음 실시하는 것이라 긴장될 수밖에 없었다. 1968년에 투고 타저 현상이 워낙 심하게 나타나는 바람에 이 해에는 마운드의 높이와 스트라이크존을 조정해야만 했다. 신생 구단으로 트레이드된 선수들은 본인 의사와 전혀 관계없는 이동에 반발하고 나섰다. 이런 난제들을 쿤은 매우 슬기롭고 건설적으로 풀어 나갔다. 여론 조사 결과 그의 인기는 급상승했으며 매스컴은 입에 침이 마르도록 그에 대한 칭찬을 늘어놓았고 야구 사업은 번창했다. 그리고 그는 커미셔너라는 직책에 흥미와 자신감을 갖게 됐다.

구단주들은 커미셔너의 임기를 4년으로 단축하고 연봉도 낮게 조정해 놓았었다. 그러나 1969년 8월에 열린 구단주 회의는 커미셔너의 임기를 7년으로 복원시키고 연봉도 상당히 올리기로 결의하고는 쿤의 직함에서 '임시'라는 꼬리표를 떼고 새 임기를 맡겼다. 그는 뒷날 재선 때 매우 어려운 우여곡절을 거쳐야 했지만 아무튼 첫해의 업무 수행만은 만점이었다.

그해 12월 보위 쿤은 경영 전문인들의 도움을 빌어 조직 개편을 꾀했다. 커미셔너 사무국을 정점에 두고 양 리그 회장을 휘하에 놓겠다는 것이었다. (양 리그가 제각각 다른 도시에 두었던 리그 사무국을 뉴욕으로 옮겨 놓으면 각 리그가 따로따로 갖고 있던 권한이 커미셔너 사무국에 집중된다는 것을 의미한다.) 이렇게 해놓으면 쿤은 왕년에 랜디스 커미셔너가 비공식적으로 누려 보다가 후임자 세 명의 임기중에 흐지부지된 기구 조직상의 권위를 확보할 수 있게 될 것이었다. 이것은 고단수의 계획이었다. 리그 회장을 휘하에 넣을 수 있는 장치를 만든다면 구단주들이 갖고 있던 실권은 커미셔너에게로 자연스럽게 집중될 게 자명했다.

구단주들이 이런 변화를 달가워할 리가 없었고 그들의 답변은 당연히 "안 된다."는 것이었다.

따라서 쿤은 그 뒤 13년을 더 권좌에 눌러앉아 있으면서도 사실상 권위 행사에 있어서 종전의 양상을 크게 바꿔 놓지는 못했다. 그는 챈들러나 에커트보다 훨씬 야구에 대한 조예가 깊었고, 조예가 깊기는 마찬가지였던 프릭보다 훨씬 업무 수행 능력이 강력했으므로 텔레비전과 노사관계, 마케팅에 능동적으로 대처하기 위해 야구계가 마땅히 갖춰야 할 조직의 중앙 집권화를 단편적으로나마 이루는 데 성공했다. 그러나 그런 것들을 이루기까지 충분한 설득력과 계책과 타협 수완을 동원하지는 못했다. 그에게는 많은 장점이 있었지만 남의 의견에 귀를 기울이지 않고 독선적으로 밀어붙이는 게 결정적인 흠이었다. 그는 늘 '쿤 지지파'와 '쿤 반대파'로 갈라놓곤 했는데 그런 분열은 일이 쉽게 풀리도록 하기보다는 어렵게 만드는 쪽으로 작용했다. 그는 1976년 재선되기 위해서 찰리 핀리가 주동이 된 '쿤 축출파'와 맞서 싸워야 했다. 1983년 또 다시 임기 종료를 맞이하자 쿤은 그런 싸움을 되풀이하기보다는 프릭 커미셔너처럼 점잖게 사퇴 쪽을 택했다.

그의 재임 14년을 돌이켜 보면 야릇한 감회가 있을 수밖에 없다. 그는 대중으로부터 대단한 호감을 사며 등장했으나 그런 밀월 기간은 그리 오래가지 않았고 끝내 온갖 구설수에 오르고 말았다. 그러나 그는 집무 초기보다는 재임 기간 말년에 자신의 업무를 더 깊이 이해하고 있었다. 그가 처음 커미셔너가 되었을 때는 많은 시행 착오를 거듭했으나 운 좋게 이렇다 할 비난을 받지 않고 넘어갔다. 그러나 나중에는 그로서도 어쩔 도리가 없이, 또는 잘하고도 억울하게 비난받는 경우가 많았다. 플러드 사건이나 연금 문제, 파업, 자유 계약 제도 등 심각한 분란이 일어났을 때 그가 구단주 편을 들었더라면 얘기가 달라졌을 것이다. 1981년 파업이 일어났을 때에야 그는 태도를 달리했지만 이때는 이미 구단주들도 그의 말을 귀담아들으려 하지 않았다. 그러면서도 쿤은 응당 만들어져야 할 야구 행정의 중앙 집중 방식을 끝내 이뤄냈고 텔레비전 수입과 입장객의 신장을 이끌었다. 그가 커미셔너로서의 업무를 완전히 파악하고 일을 잘할 수 있게 됐을 때는 주변에 워낙 많은 반대파가 도사리고 있었기 때문에 그 자리를 물러날 수밖에 없었다.

어떻게 보면 그는 랜디스와는 전혀 상반된 길을 걸었다. 언제나 대중의 영웅이었던 랜디스는 날이 갈수록 그를 둘러싼 주변 세계와의 접촉을 피했으며 야구 산업은 그가 처음 커미셔너를 맡았을 때보다 더 위태로운 곤경으로 몰리고 있었다. (물론 경제 공황과 2차 세계 대전이 들이닥친 것을 그의 잘못으로 돌릴 수는 없지만 인종 차별의 벽이 허물어지는 것 같은 심각한 문제는 맞기 전이었다.) 그와 달리 재임 초기에 잠시 구단주들과 밀월 시대를 즐기다가 점차 사이가 벌어지고 비난의 표적이 된 쿤은 1984년의 재정 상황을 1969년 취임 당시보다 훨씬 건실하게 만들어 놓았다. (물론 그게 전부 그의 공적이라고는 할 수 없지만 그가 크게 기여한 것도 사실이다.) 랜디스의 최고 홍보 담당자가 그 자신이었다면 쿤의 명망을 떨어뜨린 최대의 적 역시 그 자신이었다.

쿤은 자기 후임자를 물색하는 데 직접 발벗고 나섰고, 그를 찾아내서 그 자리에 앉히고 나서야 물러났다. 그리고 후임자 선택은 이번에도 외부인 쪽일 수밖에 없었다. 왜냐하면 그 당시로는 야구계 조직 안에 올바른 후계자 감을 키워 놓지 못했기 때문이다. (이는 쿤의 장기 집권을 비난하려는 뜻은 아니다. 어느 조직이건 규모가 커지고, 연륜이 쌓이고, 점점 관료화하고, 업무가 세분화되고, 더욱 복잡해질수록 전권을 장악할 수 있는 내부인이 표면으로 튀어나오기는 어려운 법이며 1970년대 이후의 야구계도 그런 상황에 놓여 있었다.) 후임자는 피터 위버로스였다. 그는 1984년 L.A. 올림픽을 성공적으로 이끈 공적을 등에 업고 당당하게 야구계에 입성한 백마 탄 기사였다. 당시 L.A. 올림픽은 기적적인 재정 흑자를 기록하면서 할리우드판 분위기를 자아내는 장관을 이뤘을 뿐 아니라(소련이 불참했음에도) 예술적 아름다움까지 창출해 낸 전대미문의 성공적인 대회라는 평가를 받았다.

위버로스는 분명히 조직의 명수였고 대중에게 주는 이미지는 만점이었다. 그는 야구 사업에는 직접적인 경험이 전혀 없었지만 다방면의 스포츠와 접촉한 배경이 있는 데에다 다른 분야에서도 성공한 전력을 가진 인물이었다.(그는 올림픽 조직 위원장으로 선임되기 전에 관광업으로 성공했었다.) 그는 정계 인물들과 보도 및 광고 담당자들을 다각적으로 만나고 홍보 기구를 최대한으로 활용했다. 커미셔너로서 그의 '적성'을 의심할 사람은 아무도 없었다.

게다가 그는 결단력도 뛰어난 사람이었다. 그는 올림픽을 마치고 나서 1984년 플레이오프와 월드 시리즈가 벌어지기 바로 전날 커미셔너로서 집무에 들어갔다. 그런데 선수들처럼 노조를 만들긴 만들었어도 노조 활동은 언제나 패배로 끝맺고, 야구 산업의 번창에 따른 혜택을 입는 데는 가장 뒤처져 있던 심판들이 파업의 위협을 가해 왔다. 마침 월드 시리즈에 배정된 심판들은 조직상 커미셔너가 직접 관할하도록 돼 있었다.(월드 시리즈를 치르기 직전까지 심판을 지휘하는 감독자는 양 리그의 회장이다.) 위버로스는 심판들에게 관대한 대우를 약속하면서 단숨에 이 파업 위기를 해소했다. 심판들에 대한 대우 인상은 어차피 양 리그가 부담해야 하는 것이었으므로, 사실 위버로스가 직접 나서지 않더라도 심판측과 리그 사무국이 가슴을 터놓고 협의한다면 충분히 자기들끼리 해결할 수 있는 문제였다.

일반 팬들과 심판들은 위버로스의 시원시원한 업무 처리를 좋아했다. 구단주들은 이 사람이 과연 자기들 편인지 긴가민가했다. 그들은 이제 한 달 뒤면 "당신들이 야구 사업을 계속하고 싶으면 우리에게 이러이러한 것들을 해 달라."라고 마구 떼쓰고 나올 선수들과 한바탕 씨름을 벌여야 할 판이었는데 커미셔너라는 사람이 일방적으로 어느 한쪽만 편드는 것을 보니 심상치가 않다고 느끼고 있었다. 혹시 위버로스는 구단주들이 찾던 적임자와는 영판 다른 작자가 아닐까.

그런 의구심은 현실로 나타났다. 1985년 시즌 중반 또다시 선수 파업의 위기가 닥치자 위버로스는 중간에 끼어들어 "당장 타결하시오. 그렇지 않으면 구단측이 나쁘다고 대중 앞에서 떠들겠소."라는 태도를 보였다. 그리고 그 파업은 단 하루만에 타결됐으며 (완전히는 아닐지라도) 거의 전적으로 선수들에게 유리하게 결판났다.

나중에 밝혀진 사실이지만 위버로스도 내심 야구계의 '황제'가 돼 보려는 욕망을 갖고 있었다. 그는 중서부에서 유년 시절을 보내고 캘리포니아로 이주한 뒤 결코 1류라고는 할 수 없는 새너제이 주립 대학을 나와 로스앤젤레스에 정착한 평범한 사람이었으나 본성만은 독선적이었다. 그는 올림픽 조직 위원회를 독선적으로 이끌었다. 올림픽은 4년마다 한 번씩 열리는 특별 이벤트인 데에다 입장권을 얻으려고 전세계가 아우성치는 판국이었으므로 그런 운영 방식이 불가피한 면도 없지 않았고 또 충분히 통했다. 그러나 철저한 보안주의, 출입 금지 지역 설정, 독단, 거드름 따위는 연일 게임을 치르며 장사를 해야 하는 야구계의 생리에는 맞지 않는 용어들이었다. 성조기를 휘두르라고 독려하는 것은 올림픽 같은 국가 대항전에서는 성공을 보장해 주었지만 상업성이 짙은 야구에서는 그러한 효과를 기대할 수 없는 노릇이었다.

또 올림픽 운동처럼 일사불란한 움직임을 스물여섯 구단의 구단주에게 요구한다는 것도 여간 무리가 아니었다.

표면적으로는 1985년의 파업을 극적으로 타개하고 전례 없는 번영을 구가, 모든 것이 그지없이 순조롭게 흘러가는 것처럼 보였다. 구단주들은 신임 커미셔너에게 찬사를 보냈으며 위버로스의 단수 높은 홍보 작전은 예상대로 진행됐다. 그러나 내면적으로는 쿤 시절에 있었던 지지파와 반대파가 위버로스 밑에서 빠른 속도로 갈라섰다.

위버로스는 문제를 풀어나가는 데에 독특하고도 효과적인 방법을 갖고 있었다. 무슨 일이 벌어지든 우선 "일은 해결됐다."라고 선언해 놓고 보는 것이었다. 마약 남용이 야구계뿐만 아니라 미국 사회 전체의 문제로 번지자 위버로스는 마이너리그 선수들과 구단 관계자들에 대해서만 마약 검사에 응하도록 조치하고는 "모든 문제점을 제거했다."라고 선언해 버렸다.(메이저리그 선수들도 표본 조사에 응하기로 선수측과 합의했으나 실제 테스트에 응한 사람은 아무도 없었다.) 정작 메이저리그 선수들 중에서 마약 사용 사실을 자인하면서 자기에게 마약을 공급했던 중개상을 밝히는 사례가 나타나자 위버로스는 그들에게 가벼운 벌금과 출장 정지를 부과하고 사회 봉사 활동에 참가하도록 하는 선에서 '처벌'을 끝맺었다. 2년 뒤 커미셔너직을 사임할 무렵 그는 "야구계에는 더 이상 마약 문제가 존재하지 않는다."는 성명을 발표했다. "내가 그렇다면 그런 줄 알라."는 식이었다.

경제 문제도 그런 식으로 다루었다. "내가 처음 커미셔너가 됐을 때 많은 구단들이 적자에 허덕이고 있지 않았느냐. 그러다가 1989년 초 내가 야구계를 떠날 무렵에는 모든 구단이 흑자로 올라서고 야구 산업 구조가 전반적으로 '건실'해지지 않았느냐." 그는 1985년 파업을 중재하면서 선수들을 편든 것과 1986-88년의 경제적 번영을 주도한 것에 대해서도 생색을 냈다. 사실 1984년 이전의 상태가 그렇게 나빴던 것도 아니고 1988년 무렵이라고 해서 뾰족하게 좋아진 것도 없었지만 그런 것을 일일이 따지고 계산하고 앉아 있을 팬이나 기자가 어디 있겠는가? 1988년이 되자 그는 연임될 전망은 별로 없이 해임될 게 뻔히 내다보였다. 그는 만인의 의표를 찌르는 선수를 쳤다.

"나는 나에게 맡겨진 임무를 이미 완수했고 야구계의 문제점들을 모조리 해결했기 때문에 커미셔너로 남아 있어 달라고 빌어도 그만두겠다."

구단주들은 그가 4년간 커미셔너로 재임하는 동안 "매우 훌륭하게 업무를 수행했다"라고 입에 발린 말로 칭찬하면서도 드러내놓고 "좀 더 맡아 주시기 바랍니다." 하고 붙잡고 싶은 마음은 추호도 없었다.

그들은 외부인이면서 내부인이기도 한 인물을 7대 커미셔너로 모시게 된 것을 매우 기쁘게 여겼다. 바틀렛 지아마티는 틀림없는 외부인이었다. 그는 예일 대학의 문학 교수 출신이었기 때문이다. 그러면서 그는 내부인이기도 했다. 1987년에 교수직을 버리고 내셔널리그 회장직을 맡았기 때문이다. 그가 야구계에 뛰어들었을 때 차기 커미셔너가 되기 위해 연수 과정에 들어간 것이라는 얘기가 나돌 정도였다. 이는 터무니없는 추측이라고 일축당했지만 결과가 그렇게 돼 버렸다.

지아마티는 개인적으로는 쿤과 마찬가지로 열렬한 야구팬이면서 업무 처리는 위버로스 못지않게 큰 스케일을 보여 주는 등 두 전임자의 장점을 두루 갖춰 커미셔너로서 대단히 탁월한 재능을 발휘했다. 보위 쿤은 문학을 즐겼지만 지아마티는 문학을 가르쳤다. 위버로스는 대규모 사업을 경영했지만 지아마티는 세계 수준의 대학을 운영했다. 위버로스는 명사였지만 지아마티는 명사들 사이에서 자연스럽고 편안하게 행동할 줄 아는 신사였다. 랜디스는 자기 주장이 강한 판사였지만 지아마티는 차분한 지성인이었다. 챈들러는 일개 정객일 뿐이었지만 지아마티는 정치학 교수들 사이에서 살아왔다. 프릭은 기자 출신이었지만 지아마티는 사학도였다.

지아마티가 과연 어떤 유형의 커미셔너가 될지는 아무도 예상할 수 없었다. 그는 1989년 4월에 그 자리에 올라 자기의 뜻을 미처 펼쳐 보지도 못한 채 그해 9월 별세했다. 그는 재임 기간 동안 피트 로즈의 도박 연루 사건을 처리하는 데에 정력을 전부 소비했다. 그 사건은 로즈를 야구계에서 추방하는 것으로 종결될 때까지 시간만 질질 끌었을 뿐 별다른 묘미도 없었고 의혹투성이인 데에다 관련된 모든 사람들을 짜증나게 만들었다.

그러나 지아마티는 비록 의도적은 아니었지만 전임자들이 아무도 해 보지 못한 '후계자 지명'이라는 일만은 확실히 해 놓았다. 지아마티가 넘겨받은 커미셔너의 업무는 20년 전 쿤이 그 자리에 오를 때와 비교도 안 될 정도로 광범위해져 있었다. 책임의 한계는 끝이 없었고 일상 업무는 점점 불어났다. 랜디스나 프릭은 상상도 못했을 만큼 실무량이 늘어나 커미셔너 혼자서는 감당할 수 없을 지경이었다. 그래서 지아마티는 '부커미셔너' 제도를 도입했던 것이다. 종전에 없던 새로운 직제를 만들 때까지만 해도 그게 무슨 소용이 있겠느냐는 생각이 지배적이었지만 커미셔너 유고시 자동적으로 업무를 승계할 수 있는 장치를 마련해 두었던 셈이다.

부커미셔너는 커미셔너와 인간적으로 가깝고 사고방식에 공통점이 있으면서 대규모 사업을 펼친 경험을 필요로 했다.(야구가 점차 범세계적인 사업으로 성장했기 때문이다.) 지아마티에게는 뉴헤이븐에서 함께 자란 절친한 친구로서 그 자리를 맡을 만한 적임자를 알고 있었다. 윌리엄스 대학과 예일 대학 법대에서 수학한 프랜시스 빈센트가 바로 그였다. 그는 월스트리트 가의 소문난 투자가였고 컬럼비아 영화사 사장을 역임했다. 대학 총장 출신(지아마티)이 중년의 나이로 야구계에 뛰어들어 소싯적의 꿈을 실현할 수 있다면 기업가 출신(빈센트)이라고 그런 변신에 성공하지 말라는 법이 없었다.

다만 한 가지 문제가 있었다. 빈센트가 중요한 임무를 수행할 능력을 갖췄다는 데에는 의심의 여지가 없었으나 지아마티와의 개인적 친분 덕에 그 자리에 올랐기 때문에 사회적인 지명도가 너무 떨어진다는 것이었다. 취임 후 몇 개월이 지나자 빈센트는 구단주들을 비롯한 야구계의 고위층 사이에서는 어느 정도 얼굴이 알려지고 존경도 받게 됐으나 다른 계층에는 여전히 무명의 존재였다. 피트 로즈 사건이 터졌을 무렵 그의 이름이 몇 차례 신문에 오르내리긴 했지만 그가 어떻게 생겼다는 것을 아는 사람은 백만 명 중 한 명도 되지 않을 정도였다.

지아마티가 급서하자 구단주들은 자기들이 원하기만 하면 다른 후임자를 찾아볼 여유도 있었다. 커미셔너가 공석이더라도 사무국 안의 각종 기구는 별 문제 없이 돌아가고 있었다. 그리고 과거 쿤이 '임시'라는 꼬리표를 달고도 훌륭하게 업무를 관장했듯이 빈센트도 '부커미셔너'라는 직함만으로 일을 잘해 낼 수 있었을 것이다. 그러나 구단주들은 구태여 주위를 둘러볼 필요를 느끼지 않았다. 그들은 지아마티를 좋아했고 그가 구단주들을 올바른 방향으로 이끌면서 파벌주의를 줄여 주리라고 기대했다. 그들은 그의 친구인 빈센트와 그의 배경을 좋아했기 때문에 굳이 그런 우호 관계를 깨뜨릴 생각이 없었다. 결국 페이 빈센트는 8대 커미셔너로 임명됐다.

1989년 10월 17일 샌프란시스코에서 지진이 일어나는 바람에 월드 시리즈가 중단되는 예기치 않은 사태가 발생하자 사람들의 시선은 온통 빈센트에게 집중됐다. 과연 이번 월드 시리즈는 취소해야 옳은가? 다른 곳으로 옮겨 치를 것인가? 여기서 재개할 것인가? 만약 재개한다면 얼마나 기다려야 할 것인가? 텔레비전을 비롯한 매스컴은 야구와는 직접적인 관련이 없는 이런 불의의 사건을 해결하는 빈센트의 솜씨를 보고 싶어 했다.

그는 여기서 모든 야구팬들에게 아주 훌륭한 인상을 심는 데 성공했다. 여러 가지 사정을 두루 고려해야 할 절박한 상황에서 빈센트는 매우 침착하게 시의 적절한 결론을 내렸다. 그는 결정에 필요한 우선순위를 정확히 짚었다. 침착성을 유지하면서 전혀 건방진 태도를 취하지 않았고 관계 당국을 적절히 응대했으며 사태를 일사불란하게 처리했다. 지진이 일어난 지 열흘만에 월드 시리즈를 재개하자 결국 그게 최선의 결정이었음이 입증됐다.

그러나 그의 밀월 시대는 짧았다. 그해 겨울 그는 선수들과 논쟁을 벌이며 사방에서 날아드는 탄환을 피하느라 정신이 없었다. 대중과 매스컴은 왜 그런 논쟁을 중단시키지 못하느냐며 그를 비난해 댔다. 그런 매스컴의 비난은 철딱서니 없는 짓이었지만 매스컴은 커미셔너를 황제와 동격으로 보는 시각을 갖고 있었기 때문이었다.

이런 난관에서 빠져나오는 유일한 길은 그까짓 하찮은 수입 분배 문제를 둘러싼 협상 테이블에서 슬쩍 물러서는 것이었다. 그를 믿노라 했던 구단측은 빈센트가 자기 편을 들어 주지 않는다며 불만을 표시했다. 의심의 눈초리를 가진 선수 노조측은(그들의 입장에서) 좀 더 많은 것을 주지 않는다고 실망을 표시했다. 실은 1990년 시즌이 별탈 없이 치러진 것을 보면 노사 분쟁을 해결한 그의 솜씨는 과거 어느 커미셔너에 비해서도 훌륭했음을 알 수 있다.

그러나 이 책이 씌어진 시점에서는 그에 대한 정당한 평가나 분석을 내리기가 곤란하다.* 다만 여기서 말할 수 있는 것은 커미셔너와 그 지위에 관한 그릇된 허상은 줄어든 대신 실질적인 지도력이 그 어느 때보다 막중해졌다는 사실이다.

---

* 빈센트 커미셔너는 양 리그의 지구 조정을 독단적으로 처리하다가 구단주들의 반발에 부딪혀 1992년 9월 사임했다.

20 에이전트

야구계를 꾸미고 있는 구성원을 완결 짓기 위해서는 25년 전만 해도 거론조차 되지 않았던 사람들을 포함시켜야 한다. 그들은 에이전트, 조정관, 마케팅 관계자, 그리고 법률가 등이다.

과거에도 몇몇 1류 선수들은 실제로 개인 신상을 전적으로 돌봐주지는 않더라도 상담자 역할을 하는 에이전트를 두고 있었다. 베이브 루스와 크리스티 월시가 바로 그런 관계였다. 그러나 1976년 자유 계약 제도가 도입되기 전만 하더라도 구단과의 연봉 협상 능력이 거의 없는 선수조차 에이전트의 필요성을 느끼지 못하고 있었다. 구단은 에이전트와 대면할 의무가 없기 때문에 협상을 거부할 수 있었고 또 실제가 그렇게 했다. 그러다가 2차 세계 대전 이후 일부 유명 선수들은 공공 집회의 출연, 계약 대행 등 야구 외적인 활동을 돕는 에이전트를 두기 시작했고 그들을 채용하는 게 여러 모로 유익하다는 것을 깨닫게 됐다.

1970년대 들어 연봉 조정과 자유 계약 제도가 활성화됨에 따라 에이전트는 선수라면 누구나 반드시 선임해야 할 존재로 부각됐다.

선수와 에이전트의 관계는 매우 다양하다. 영화 배우나 작가의 경우처럼 에이전트는 매사를 뒤처리해 주거나, 개인적인 조언을 하거나, 법률 상담을 하거나, 또는 이런 세 가지 역할을 동시에 맡으면서 수수료를 받고 있지만 여기서 가장 중요한 사실은 에이전트가 선수를 '대리한다'는 것이다. 이에 따라 교활한 구단 협상 대표(주로 단장)가 어수룩한 선수를 일방적으로 윽박지르던 것은 옛말이 돼 버렸다. 예를 들어 100타점을 기록한 선수에게는 "넌 타율이 0.275밖에 안 되지 않느냐.", 타율 0.330을 올린 타자에게는 "넌 타점이 67개밖에 안 되지 않느냐."라는 식으로 있는 대로 트집을 잡아 연봉을 깎던 시대는 지나갔다는 얘기다. 구단측은 이제 선수 개인이 아닌 선수와 에이전트 연합팀을 상대할 수밖에 없게 된 것이다.

또 한편으로는 에이전트가 선수를 얼렁뚱땅 속여 넘기던 관행도 사라졌다. 어느 직종이나 마찬가지지만 에이전트들도 민첩성, 센스, 정직성, 기술, 추진력, 그리고 경험 등이 사람마다 천차만별인데 어쨌든 고객(선수)의 신임을 얻지 못하면 그 자리를 유지할 수 없다. 선수들은 에이전트가 마음에 들지 않으면 주저하지 않고 교체해 버리기 때문이다. 고객을 위해 최선을 다하지 않는 에이전트는 제 목을 스스로 죄는 것이나 다름없다. 선수들은 저희들끼리 정보를 교환하며 시시콜콜한 것들까지 모조리 알고 있기 때문에 한 선수에게 신뢰를 잃으면 다른 선수에게도 접근할 수 없게 된다. 일 처리가 신속한 게 이 직종의 특성이긴 하지만 정직함과 건전한 판단력을 갖지 않으면 살아남을 수 없다.

선수 협회는 에이전트들과 그들의 활동을 내사했지만 이는 법적으로나 개인적으로 매우 민감한 문제였다. 누구는 공정하고 사리가 분명하게 일한다더라, 누구는 도저히 믿을 수 없다더라 하는 말을 퍼뜨리는 것만으로도 에이전트들이 최선을 다하도록 유도하는 교육적 효과를 얻을 수 있었다.

구단측도 이제는 '카운터 에이전트'라고 불리는 인물들을 고용, 연봉 싸움에 맞서게 하기에 이르렀다.

이런 일에 종사하는 사람들은 매스컴 관계자들에 비해 고급 정보를 훨씬 다양하게 갖고 있다. 그래서 이들은 매스컴의 취재 대상이 된다. 그러나 이들은 틀림없이 많은 정보를 갖고 있으면서도 기자들에게 객관적인 기삿거리를 제공하기보다는 자기 고객의 이익을 위해 신용을 지키고 의무를 이행하는 데에 더 많은 관심을 기울인다. 그들은 자기 편에 유리한 기사가 나가도록 교묘하게 정보를 흘릴 수도 있는데 그게 반드시 나쁘다고만 할 수는 없다. 기자가 남의 말에 정신없이 놀아나지 않는다면 에이전트들의 입장을 이해하면서 그런 정보들을 유익하게 활용할 수 있다. 그러나 나중에 결과를 놓고 보면 정확성이 보장되지 않은 허위 정보들이 과거보다 훨씬 많이 횡행하고 있는 게 현실임을 알 수 있다.

조정관은 전문 야구인 출신이 아니라 법조계, 노동계 또는 연구소 출신이 대부분이다. 이들은 연봉뿐 아니라 선수들의 고충을 해결해 주는 임무도 갖고 있다. 마빈 밀러 회장이 주도한 선수 노조가 이뤄 놓은 가장 큰 결실이라면 커미셔너가 휘두르던 중재권을 대체할 수 있는 조정관을 선임하고 고충 처리 기관을 확립해 놓았다는 점이다.

조정관은 야구계에서 활동한 경험이 없고 직접적인 이해관계도 없기 때문에 전혀 예상 밖의 결론을 내리는 수도 있다. 과거 피터 자이츠가 자유 계약 제도를 이끌어 낸 것이 좋은 예이듯 이들의 재정裁定은 매우 중요한 의미를 갖는다. 조정관은 노사 양측의 합의 아래 선정되며(일반적으로 선수 회의 집행 이사와 노사 관계 위원회의 구단측 대표가 선정 위원이 된다.) 자기가 맡은 안건이 종결되기 전에는 해임당하지 않는다. 그러나 그의 활동에 대해 어느 한쪽이 불만을 표시할 경우 추후 다른 안건을 맡기는 어렵다. 조정관의 결정은 그의 부당성이 드러나지 않는 한 법원조차 번복하지 않는다는 관례가 만들어졌다는 점에서 막강한 힘을 갖는다.

구단측이 부담스럽게 생각하는 현재와 같은 연봉 조정 제도를 마련한 사람은 마빈 밀러였다. 선수와 구단은 각각 받고 싶은 만큼, 주고 싶은 만큼의 연봉 액수를 적어 낸다. 그러면 조정관은 양측의 의견을 청취한 후 양자 택일로 결정을 내린다. 조정관은 중간 선에서 '절충안'을 내놓을 수 없다. 만약 그런 절충을 할 수 있도록 만들었다면 선수나 구단 양측은 자기 쪽에 유리하도록 터무니없이 많거나 적은 액수를 들이밀 것이기 때문이다. 양자 택일을 하도록 규정함에 따라 양측은 조정인이 더 합당하다고 판단할 수 있는 액수를 산출하려고 신경 쓰지 않을 수 없다. 그리고 자유 계약 제도가 생긴 이후로 조정관이 참고 자료로 삼는 연봉 기준선은 무척 높아진 게 사실이다.

연봉 외의 문제에 대한 조정은 훨씬 큰 의미를 갖고 있다. 1980년대 말 노사 분쟁에 대해 조정관으로부터 불리한 판정을 받은 구단측은 장래까지 포함하면 수억 달러의 손해를 보게 됐다. 1985년에 타결된 협약을 구단측이 담합으로 교묘하게 어겼다는 선수측의 주장을 조정관이 받아들임에 따라 선수들의 구단에 대한 불신의 골은 더욱 깊어지고 협상은 더욱 어려워졌다.

마케팅 전문가들은 선수—구단의 관계에 직접적인 영향을 미치지 않지만 양측의 이해에 미치는 간접적인 영향은 광범위하다. 전혀 예상치 못한 폭발적인 재정 규모의 신장, 그에 따른 연봉의 급상승, 구단 증설, 막대한 이윤 등은 바로 그들의 활동에서 비롯된 것이다. 1965년 포드 프릭이 커미셔너직을 사임할 때만 해도 마케팅을 중앙에서 집중 관리하는 체제는 마련되지 않았고 일부 구단만이 독자적으로 마케팅 활동을 펼쳤을 뿐이다. 그리고 메이저리그의 전체 시장 규모라 해 봤자 2억 달러에도 미치지 못하는 보잘것없는 수준이었다. 요즘은 열한 명의 요원을 두고 있는 커미셔너 사무국의 마케팅 활동만 해도 10억 달러선을 넘어선다. 각종 기념품, 상표권, 라이선스 제품들, 테이프 등은 당장 눈에 띄는 상품들이지만 시장 규모를 혁명적으로 바꿔 놓은 것은 이런 것들이 아니다. 정말로 마케팅 기술이 발휘된 중요한 대목은 라디오와 텔레비전 스폰서들의 상품 가치를 높여 더 많은 중계권료를 얻어 내고 입장료를 인상해 수입을 늘린 것이다.

법률 고문은 두말할 것도 없이 사회의 모든 분야에서 중요한 위치를 차지하고 있다. 그들의 본분에는 약간씩(또는 많이) 변화가 있긴 하지만 스포츠계, 특히 야구계에 관여하는 법률 고문들의 역할은 엄청나게 달라졌다.

초창기에는 구단주들이 개별적으로든, 집단적으로든 "우린 이렇게 하고 싶다. 그러니까 어떻게 하면 법적으로 정당화시켜 문제를 일으키지 않을 수 있겠는가." 하고 주문하기만 하면 법률 고문들이 알아서 척척 해결 방안들을 찾아내곤 했다.

그러나 요즘은 법규와 규제 사항이 워낙 복잡하고 방대하기 때문에 (노사 관계, 인종 차별 금지, 세금, 임대, 지방 자체 단체의 조례, 연금 제도, 보험 등등) 구단주들은 무슨 일을 꾸미려 해도 "어떻게 하면 좋겠소? 과연 그렇게 해도 괜찮겠소?" 하는 식으로 태도를 바꾸지 않을 수 없게 됐다. 이는 곧 구단이 의사 결정을 하려면 법률적 지식을 필요로 하게 됐다는 것, 따라서 의사 결정 기구에 법률 자문 역을 설치하지 않을 수 없게 됐다는 것을 뜻한다. (변호사 출신 보위 쿤을 커미셔너로 추대한 것도 이런 맥락에서 이해할 수 있다.) 그리고 이제는 어느 구단도 법률 고문의 참여 없이는 아무 일도 할 수 없는 지경에 이르렀다.

프로야구의 판촉 활동은 뭐니뭐니해도 입장권 판매가 최우선인데 이것은 구단 흥행의 본질이 관중 불러 모으기로 회귀한 것으로 이해할 수 있다. 이는 빌 비크 구단주가 일찍이 예시한 바 있으며 그의 저서들에 잘 나타나 있다. 훌륭한 판촉원이 되려면 행동파로서 신속하게 움직여야 한다.

반면 법률 고문은 주의력이 뛰어나야 하며 온건하고 정당하게 일을 처리하는 훈련을 쌓아야 한다. 이들의 임무는 첫째, 구단이 말썽에 휘말리지 않도록 하고 둘째, 만약 말썽이 일어나면 구단에 유리하도록 조종하는 것이다.

법률 고문은 어떤 새로운 사안이 생기면 일단 "아니오."라고 대답해 놓고 나서 "어디, 한번 생각해 보자."는 사고방식을 갖고 있다. 똑같은 경우를 놓고 판촉 관계자들이 "지금 당장 실시해 보자."라고 하는 것과 정반대다. 법률가적인 사고와 행동 방식이 늘어날수록 유연성은 줄어들고 긴급한 일에 대응할 시간은 짧아진다. 구단 직원들의 자세가 판촉원 타입에서 점차 법률 고문 타입으로 바뀌면서 일단 일을 시작하고 보기보다는 신중하게 재고 따지는 재능이 높은 점수를 얻게 됐다.

이런 자세들은 어떤 것이 좋고 어떤 것이 나쁜지 선악을 따질 수 없다. 20세기 초엽부터 미국 사회는 어차피 그런 방향으로 발전해 왔다. 프로야구에 종사하는 사람들은 독과점방지법이나 연방 규제, 세제 혜택, 인권 등에 도통 무관심했다. 그들의 사업은 꽤 오랫동안 번창 일로를 달려왔기 때문에 그런 문화적 변화에 대한 감각과 대처가 뒤떨어져 있었고 재빨리 대처해야 할 필요도 느끼지 못했다. 그러다가 뒤늦게 현실을 깨닫고 안 되겠다 싶어 쫓아가려다 보니 법률 지식을 가진 사람들의 뒷받침이 불가피해졌던 것이다. 그러므로 현대 야구단 경영에 몸담고 있는 사람들의 사고방식과 행동 양식이 느려터진 법률가 식으로 바꿰었다고 해도 한탄할 바는 아니다. 그렇다고 그런 현상 자체를 무시해서도 안 된다.

선수 노조가 공식 기구로 활동하기 시작하면서 설치된 고충 처리 기관은 그 중요성이 과소 평가되고 있다. 선수와 구단 사이에 어떤 분쟁이 발생했을 때 공평 무사를 가장한 구단주(또는 리그 회장이나 커미셔너)측 대변인이 결정을 내리지 못하고 제3의 중립적인 조정관이 노사 양측의 의견을 참고해서 결정을 내릴 수 있게 됐다는 것은 겉보기보다 훨씬 중요한 일이다. 그리고 선수의 입장에서는 억울하지 않고 공평한 결말을 얻었다고 느낄 수 있게 된 심리적 측면이 더욱 중요한 일이다.

과거의 인정주의적 제도가 판치던 시절에는 선수들은 뭐든지 요구만 늘어놓았다. 연봉을 더 달라는 것뿐만 아니라 탈의실 샤워 꼭지에서 더운물이 잘 나오게 해달라느니, 트레이드 됐을 때 이사 비용을 더 달라느니, 외야 펜스에 부드러운 스펀지를 붙이고 워닝 트랙warning track을 만들어 달라느니, 수건을 더 달라느니 하는 자질구레한 요구가 한도 끝도 없었다. 이런 요구는 구단측이 반드시 들어준다는 보장도 없었을 뿐 아니라 선수들의 입장에서 보더라도 이런 것들을 요구한다는 자체가 치사하고 옹색하기 짝이 없었다. 너무 자주 요구할 때, 너무 많은 것을 요구할 때, 구단 사정이 저기압일 때, 또는 구단주가 정말로 악질일 때 그 선수에게는 '말썽꾸러기'라는 딱지가 붙게 되며 징계와 보복이 뒤따르게 마련이었다. '전면 통제'가 가능했던 시절에는 그랬다.

고충 처리 기관이 생기고 나서는 그 따위 요구를 하는 게 도대체 어떤 작자인지가 당장 드러나지 않고 조합이 대신 나서서 그런 문제들을 관계 당국에 들이밀게 됐다. 조합은 집합적이고 영속성이 있고 자연인이 아니기 때문에 강력한 힘을 갖는다. 이런 조직이 있다는 것만으로도 선수들은 제스스로 일을 처리해야 하는 번거로움을 덜 수 있게 됐다. 그리고 조합은 선수의 요구가 너무 치사하거나 하찮은 것일 때는 조치를 취하지 않는다.(솔직하게 말해서 지금 당장 적절한 예는 찾지 못하겠다.) 그러나 뭔가 시비를 걸 가치가 있다고 판단되는 사안이라면(가령 복장 규제나 의료상의 문제, 구단 내규상의 부당한 대우 등) 엄중하게 문제를 제기한다. 말하자면 선수는 가만히 앉아서 '자기 편'인 대리인에게 일 처리를 맡기는 셈이고 조합은 전문가를 동원해서 목표를 관철시키려고 한다. 선수는(그의 눈으로 볼 때) 문제가 많은 고용자와 직접 대면할 필요가 없게 됐다.

이런 장치가 있다는 사실만으로도 구단의 일방적인 규제는 줄어들 수밖에 없으며(예를 들면 "그 수염 좀 깎아버려라."든지, "방문 경기에 나설 때는 마누라를 데리고 다니지 마라."든지 하는 따위) 경비를 은근슬쩍 깎거나 과도한 벌금을 부과하는 일도 없어졌다.(종전에는 이런 일들이 의외로 많았다.) 그리고 반드시 해결해야 할 사안이 발생했을 경우 이를 특정인의 사사로운 분쟁으로 보지 않고 정식으로 문제를 제기, 법원의 판결처럼 딱 부러지게 해결한다.

품위란 소중한 것이다. 구단측이 많은 법률 고문을 거느리고 있는 것처럼 선수는 선수 조합과 에이전트를 보유함으로써 품위를 유지할 수 있게 됐고 또 그렇게 해야 할 필요가 충분히 있다. 단장이나 구단주들 중에는 품위를 지키는 선수와 대좌하는 것이 곧 자신의 품위가 깎이는 것이라고 여기는 사람이 상당히 많았기 때문이다.

장막을 들춰 보면 야구단이라는 울타리에 들어가 있는 사람들이 누구나 한결같이 즐거운 표정을 짓는 것은 아니다. 결코 그럴 수도 없다. 그러나 이들의 적대 관계는 과거보다 훨씬 공공연하게 드러나는 데다 매스컴에 의해 더 널리 퍼져나간다. 자기 살을 베어 먹고 크는 괴물처럼 구단과 선수단의 갈등은 점차 심화돼 간다. 구단은 온정을 베풀고, 선수는 아무 근심 걱정 없이 야구나 한다는 그릇된 통념은 이제 버려야 할 때가 됐다. 왜냐하면 요즘 선수들은 불평 불만이 있으면 과거처럼 속으로만 끌탕하지 않으며, 구단주나 경영층도 선수들이 아무 말없이 가만히 있는 게 전혀 불만이 없기 때문이 아니라는 것을 알기 때문이다. 세상 풍조가 바뀜에 따라 선수들은 거리낌 없이 요구 조건을 내걸고 있고 경영자측도 그런 요구를 들을 때 가슴에서 솟구치는 분통을 애써 감추려 하지 않는다. 양측은 매스컴에게 자기 편이 돼 달라고 읍소하며 이런 일들을 과장해서 떠벌리고 다니며, 가십거리에 굶주린 매스컴은 얼씨구나 하고 써 갈긴다. 그 결과 실제 마찰보다 훨씬 큰 분란이 일어난 것처럼 비쳐지고 있으며 과거의 황금기(그런 시절이 과연 있기나 했는지는 모르지만)보다 사정이 나빠졌다는 인상을 심어 놓게 됐다.

사실 어떤 의미에서는 1990년대 들어 전에 비해 양측의 상호 이해의 폭이 훨씬 깊어졌다. 몇 차례 저항에 부딪혀 본 경영층은 선수들을 좀 더 존중하면서 신중하게 대하고 있다. 그리고 어린 나이에 일찌감치 떼돈을 번 몇몇 선수들은 과거의 '시골뜨기들'과 달리 자신은 그만한 거금을 벌 자격을 갖춘 사람이라고 자부하고 있다. 요컨대 과거에는 '집안일'이라는 이름 아래 뿌리 깊은 불화가 일방적으로 감춰져 왔으나 요즘 야구계는 덜커덩거리는 소리를 내면서도 더욱 촘촘한 밀도를 이룬 조직 사회를 이루고 있는 것이다.

따라서 2세기째를 맞은 메이저리그는 물질적인 풍요뿐 아니라 도덕적인 면에서도 그 어느 때보다 건전해졌다고 할 수 있다.

제3부

위대한 야구

THE NEW THINKING FAN'S GUIDE TO BASEBALL

21 동계 훈련

동계 훈련*은 인간 사회가 만들어 낸 가장 즐거운 일 중의 하나다.

미국 사람들이 야구를 '우리들의 위대한 경기'라고 부르게 된 데에는 이 스포츠에서 여러 가지 즐거운 요소를 발견했기 때문이지만 동계 훈련도 그중 하나로서 여러 가지 독특한 묘미를 갖고 있다. 필자는 벌써 여러 해 전부터 이런 동계 훈련 제도를 예찬하면서 새로운 시즌을 맞곤 했다. 지난 1975년에 필자가 《스포팅 뉴스》에 기고했던 원고가 지금 여기서 말하고자 하는 내용을 고스란히 담고 있기 때문에 수정 없이 재록하기로 한다.

---

* 우리는 흔히 매년 1-2월에 실시하는 단체 훈련을 '동계 훈련'이라 부르고 있다. 이는 계절적인 의미를 강조한 데에서 굳어진 명칭이다. 그러나 이 책의 원문은 '스프링캠프'로 돼 있다. 굳이 직역하자면 '춘계 훈련'이라고 해야 옳다. 그것은 엄동설한을 넘어선 계절적 의미보다도 이 글에서 나타나는 것처럼 '봄의 지역'을 찾아가 연습한다는 의미가 강조되기 때문이다.

이 글은 동계 훈련을 예찬하는 찬가요 승전가다. 이는 과거 80년 동안 미국 말고는 언제, 어느 곳에서도 찾아볼 수 없는 미국 세계만의 영광이다.

필자를 비롯한 많은 야구 평론가들이 여러 차례 밝힌 바 있지만 플로리다는 지도상에 있는 하나의 지명이라기보다 마음의 땅이다. 애리조나와 팜스프링도 이런 의미에서는 마찬가지다. 동계 훈련은 그곳을 찾는 사람들의 자세와 주변 환경, 일, 여흥, 희망, 열정, 그리고 가끔은 짜증까지 한데 어우러지면서 다른 어디서도 찾을 수 없는 독특한 시스템을 이루고 있다.

여기서 야구, 봄, 훈련이라는 세 단어를 따로따로 살펴보자.

각종 메이저 스포츠 중에서 야구는 가장 느긋하게 진행되는 속성을 갖고 있다. 바로 이런 점을 놓고 야구를 비난하는 사람들이 더러 있다. 필자가 보기에 그들은 대단히 아둔하거나 야구와는 경쟁 관계에 있는 사업에 종사하는 사람들임에 틀림없다. 다른 종목에 비해 상대적으로 느릿느릿하고 여유만만한 진행이야말로 야구가 가진 가장 큰 장점일 수 있으되 결코 결점이 될 수는 없다. 야구를 '즐길' 수 있는 요소가 바로 거기에 있기 때문이다. 물론 모든 사람에게 야구를 좋아하라고 강요할 수는 없으며 실제로 야구와 담을 쌓고 있는 사람도 많다. 그러나 일단 야구를 좋아하는 사람이라면 틀림없이 느긋한 진행을 좋게 받아들일 것이며 이런 여유는 다른 어떤 게임에서도 찾아볼 수 없다.

그러나 이 따위 얘기는 이쯤에서 접어 두기로 하자. 야구의 어떤 점이 좋으냐를 놓고 얘기하다 보면 끝이 없을 테니까.

이제는 '봄'이라는 단어로 넘어가 보자. 봄에 대해 인간이 느끼는 감정의 깊이는 태고로 거슬러 올라가야 한다. 생명의 탄생, 따사로움, 차가운 겨울의 종언, 인간을 포함해서 세상 만물이 이런 것들을 느끼는 계절이다. 봄기운이 스며드는 이 시기를 맞으면 예술이나 사람들의 마음 자세, 심지어 과학까지도 새로운 시작을 향해 달뜨게 된다.

이렇게 희망에 찬 때보다 새로운 시즌을 시작하기에 더 좋은 시작이 또 있을까? 시즌 오픈과 한 해의 시작이 맞아떨어지는 종목은 오로지 야구뿐이다.

이런 패턴이 이뤄지기까지는 지리적인 여건과 역사가 크게 작용했다. 야구는 미국의 북서부 지역에서 발생하여 그곳에서 크게 번성했는데 이 지역의 겨울에는 공을 정교하게 다뤄야 하는 야구를 하기에 날씨가 너무 춥다.

보스턴이나 뉴욕, 필라델피아, 클리블랜드, 디트로이트, 피츠버그, 신시내티, 워싱턴, 시카고, 세인트루이스 등지에 사는 사람들은 2월 중순만 되면 어서 따스함과 햇빛과 부드러운 훈풍이 몸과 마음을 간질여 주기를 마음 깊은 곳으로부터 염원하게 된다. 그리고 이런 도시들은 바로 50년 이상 메이저리그 팀들이 자리 잡고 있던 곳이다.

따라서 봄을 맞아 야구단들이 따뜻한 남쪽 지방을 찾아 떠나는 연례 행사는 북부 도시에 남아 있는 사람들에게 깊은 공명을 일으킨다. 그것은 '나도 가고 싶다'는 단순한 부러움일 수도 있고 '나도 가본 적이 있다'는 경험에서 우러나오는 자랑일 수도 있다. 그러나 그보다 훨씬 더 깊숙한 무의식에서부터 우러나오는 느낌이 있다. 옳거니, 바야흐로 봄이 왔구나, 이제 야구 시즌이 시작되는구나.

이런 감정은 캘리포니아처럼 연중 기온 차가 별로 없는 곳에 사는 사람들은 잘 이해되지 않는다. 캘리포니아의 봄은 비가 적게 온다는 게 특징일 뿐 어둡고 지루한 '빙하 시대'를 빠져나온 끝에 맞는 계절은 아닌 것이다. 소싯적에 뉴욕에서 주로 활동하다가 요즘 캘리포니아에 정착한 필자도 이런 점을 절실히 느낀다. 필자가 거주하는 팔로 알토를 벗어나 애리조나 주에서 몇 주일을 지내는 것은 분명히 즐거운 일이다. 그러나 뉴욕에서 플로리다로 날아갔을 때 같은 '피난'의 기분은 들지 않는다. 애리조나 주의 스프링캠프 기온은 안락하지만 원래 살던 곳과 극명한 대조를 이루지는 않는다.

대조라는 얘기가 나온 김에 '훈련'이라는 대목으로 넘어가 보자. 이것은 다른 종목의 스포츠와 극단적인 대조를 보이기 때문이다.

군에서 신병 기본 훈련을 받아 본 사람은 미식축구의 훈련 캠프가 어떤 곳이라는 것을 쉽게 짐작할 수 있을 것이다. 해병대 신병 교육대를 거친 사람이라면 그 분위기를 더욱 실감 있게 느낄 것이다. 농구나 아이스하키의 훈련 캠프는 그처럼 분위기가 딱딱하지는 않지만 미식 축구 못지않게 엄격한 통제 속에 외부와 단절된 장소에서 훈련을 치러야 한다.

그러나 야구팀들은 휴양지에서 훈련한다. 바로 그렇다, '휴양지'다. 휴양지라는 데에 잠시 생각을 가다듬어 보기 바란다.

마이애미, 포트 로더데일, 세인트 피터스버그, 탬파, 웨스트 팜 비치, 올랜도, 팜 스프링, 피닉스. 이런 도시를 비롯한 캠프지의 주민들은 관광과 오락 산업을 주요 생계 수단으로 삼는다. 그들은 관광객들이 편안히 즐기는 대가로 뿌리는 돈을 먹고산다.

그래서 선수들이나 구단 관계자들은 이런 지역적 여건을 최대한 만끽한다. 이런 여건을 어떻게 활용하느냐 하는 것은 각자의 자유다. 구단주는 굳이 구단 관계자들과 섞여 같은 식당이나 같은 골프 코스를 이용하지는 않는다. 그렇더라도 루키부터 스타에 이르기까지 각자 주머니 사정과 기호에 따라 오락 시설과 음식 등 휴양지의 즐거움을 나름대로 만끽할 수 있다.

이곳을 찾는 사람이면 누구나 그런 분위기를 즐길 수 있다는 것은 결코 가볍게 넘길 일이 아니다. 이런 것들은 미식축구나 농구, 아이스하키 선수라면 훈련 기간 중에 도저히 맛볼 수 없는 재미이기 때문이다.

연습만 해도 그렇다. 주로 배팅과 송구 등으로 이뤄지는 야구 연습은 몸으로 뒹굴어야 하는 다른 종목에 비해 훨씬 즐겁다. 체력 단련 과정도 그다지 괴롭지 않다. 연습 시간의 많은 부분이 실전(30여 게임의 시범 경기)으로 꾸며진다. 그리고 전혀 예외가 없는 것은 아니지만 동계 훈련 중에는 직업을 잃을지 모른다는 위기를 느끼지 않아도 좋다.

게다가 야구인들은 유독 동계 훈련 기간 중만큼은 기고만장하다고 말할 정도로 자신감이 넘쳐흐른다. 이 기간에는 누구나 당찬 포부를 밝히는 게 자연스러운 일이다. (미식축구 관계자들은 이와 반대로 시즌이 다가오면 근심 걱정을 늘어놓는 게 일반적이다. 미식축구 감독은 상대 팀의 강점을 입에 담기에 바쁘다. 반면 야구 감독은 체면이고 뭐고 가릴 것 없이 자기 팀 자랑을 늘어놓기에 침이 마른다.) 야구인들은 나중에 팀 순위가 어떻게 되든 상관하지 않고 이때만은 누구나 낙관주의자가 되어 목청을 높이면서 휴양지를 찾아간 기회와 시간을 최대한 이용한다. 동계 훈련의 이모저모를 단 한마디로 말한다면 '아름답다'는 것이다.

이상과 같은 동계 훈련에 대한 필자의 감상은 조금도 변함이 없다. 다만 달라진 게 있다면 주변 여건이다.

1975년만 하더라도 시범 경기가 벌어지는 경기장의 스탠드는 한산하기만 했고 한산함은 또 그 나름대로 멋이 있었다. 1980년대 들어서는 동계 훈련 중의 시범 게임마저 매진 사태를 빚고 표를 구하지 못해 발길을 돌려야 하는 사람까지 나올 지경이 됐다. 그렇다고 그라운드에서의 경기 진행까지 여유 만만함을 잃은 것은 아니지만 구장 스탠드와 호텔 주변, 주차장은 북새통을 이루고 있다. 구장의 관중 수용 규모가 작기는 하지만 일단 관중이 꽉 들어차고 나면 절반쯤 비었을 때와 분위기가 전혀 달라지는 것은 어쩔 수 없다. 이런 것을 좋아졌다고 해야 할지, 나빠졌다고 해야 할지 그것은 보는 사람의 관점에 따라 다르겠지만 예전 같지 않은 것만은 틀림없다.

이런 변화는 야구 자체와는 별 상관이 없고 다만 지난 20년 동안 미국의 인구 구조와 취미 생활의 변화에 기인한다. 따뜻한 플로리다와 애리조나로 이주한 부유한 노인층이 많아진 것이다. 이들은 어렸을 때 두말할 것도 없이 야구를 모든 스포츠 중의 왕중왕으로 꼽았기 때문에 그

애정에 변함이 없다. 따라서 3월은 플로리다에 사는 노년층에게는 '홈 게임'이 줄곧 이어지는 시기라고 할 수 있으며 그 호기를 놓치지 않는 것이다.

게다가 휴가를 틈타 여행을 떠나는 일은 더욱 흔해졌고 관련 업계의 관광객 유치 사업도 크게 번창했다. 휴가 기간 동안 야구단의 동계 훈련 모습을 지켜보려는 사람이 늘어나자 여행사들이 이런 호재를 그냥 넘길 리가 없는 것이다. 정규 시즌 중에는 겨우 텔레비전을 통해서나 야구를 관전하던 사람들이 모처럼 휴가를 맞아 단순한 스키나 해수욕을 즐기기보다는 야구단 캠프 방문 쪽을 택하는 것이다.

그리고 다방면으로 마케팅 전술을 개발한 구단은 동계 훈련장에 몰려드는 관중들을 그냥 놔둘 리 없고 이들의 주머니에서 적지 않은 돈을 우려 내기도 한다.

당초 전지 훈련을 실시하게 된 목적은 좀 더 기후가 좋은 곳에서 선수들의 컨디션을 조절하고 시즌을 맞으려는 데에 있었다. 1880년대에는 아칸소 주의 핫스프링스, 사우스캐롤라이나 주의 찰스턴, 플로리다 주의 잭슨빌 등이 전지 훈련지였다. 나중에는 조지아 주나 텍사스 주 등의 남부 지방의 여러 곳을 찾아다녔다.

그런데 각 구단은 훈련 캠프에서 송고한 신문 기사가 본거지 도시의 야구팬들에게 대단한 관심을 불러일으킨다는 사실을 곧바로 알아차렸다. 이런 기사는 구단의 입장에서 본다면 '공짜 광고'나 다름없었고 구단은 이 기회를 수입 증대에 연결시키는 데에 십분 이용했다. 그래서 머잖아 동계 훈련은 단순히 선수들의 컨디션 조절을 위한 행사에 그치지 않고 흥행에 활용되기에 이르렀다. 대부분의 구단, 그리고 그 팀의 홈 관중들이 겨울철 날씨가 사나운 북동부 지역에 몰려 있음을 상기하기 바란다. 1차 세계 대전 전만 하더라도 일단 월드 시리즈가 끝나면 제자리에 눌러앉아 있어야 하는 사람들에게는 야구에 관한 읽을거리가 마땅치 않았다. 미식축구는 기본적으로 대학 선수들의 경기였으며 그나마 추수 감사절(11월 넷째 목요일)쯤이면 모두 끝이 나곤 했다. 농구는 학교 또는 YMCA에서나 하는 지방 운동회의 성격을 벗어나지 못했다. 하키는 아직 캐나다에서 미국 국경선을 넘어오기 전이었다. 경마도 이맘때면 중단됐고 복싱은 자그마한 실내에서 치러지는 경기였다. 매일 신문에서 박스 스코어를 살피는 습관이 몸에 밴 수백만 독자들은 어서 지면에 눈에 익은 기사가 실리기를 학수고대했고 그 답신이 바로 동계 훈련장 소식이었다.

1920년대에 플로리다 붐이 일자 스프링캠프도 이곳으로 몰려들었으며 환상적인 휴양지와 연결 짓는 것이 어느새 제도화됐다. 캘리포니아도 전지훈련지로 이용된 적이 있고 애리조나 주는 2차 세계 대전이 끝난 뒤부터 전지훈련지로 개발됐다.

메이저리그 팀 수는 열여섯 개에 머물고 마이너리그 팀들이 여전히 활발하게 활동하던 시절에는 동계 훈련의 정상적인 진행은 '점진적인 북상'이라는 특징을 갖고 있었다. 정규 시즌은 4월 중순에나 시작되는데 비해 캠프는 4월 1일 무렵에 끝나므로 각 팀은 서서히 북상하면서 마이너리그 팀, 또는 다른 메이저리그 팀과 시범 경기를 갖는 전통이 생겼다. 이런 게임은 마이너리그 팀이 소재한 소도시에서는 대단한 행사였으므로 관례적으로 표가 매진되곤 했다. 그런 북상 여행은 메이저리그 팀이 없는 대도시(예를 들면 볼티모어)에서 마무리 짓는 것이 보통이었다. 이동은 기차를 이용했으므로 2주일간은 칸막이 열차에서 생활하는 셈이었다.

이런 순회 경기에서 벌어졌던 에피소드 두 가지를 소개하겠다.

뉴욕 자이언츠는 피닉스, 클리브랜드는 투산을 각각 전훈지로 이용했다. 이 두 팀은 텍사스 주의 오클라호마를 거치는 등 나란히 동진東進하면서 18차전을 치렀다. 1950년대의 어느 해였다. 자이언츠에 클린트 하팅이라는 선수가 있었다. 그는 1947년만 하더라도 '제2의 베이브 루스'라는 격찬을 들을 정도로 선풍을 일으켰다. 그도 루스와 마찬가지로 투타에서 모두 두각을 나타냈으나 그가 루스와 닮은 것은 오직 거기까지였다. 그도 결국 야구사에 남을 만한 대사건에 일조하기는 했다. 1951년 폴로 그라운드에서 다저스를 상대로 치러진 내셔널리그 우승 결정전 최종 3차전에서 9회 말 보비 톰슨이 우승을 확정 짓는 끝내기 3점 홈런을 터뜨렸을 때 하팅은 3루 주자로 나가 있었던 것이다. 그나마 그가 그 자리에 나갈 수 있었던 것은 톰슨의 홈런이 터지기 직전 화이티 록맨의 2루타 때 3루에 슬라이딩해 들어가던 돈 뮬러가 발목을 다치는 바람에 대주자가 필요했기 때문이었다.

어쨌든 이해 동계 훈련 기간 중에도 하팅은 메이저리그에 잔류하는 데에 급급했다. 그러자 당시 뉴욕의 《월드 텔리그램 앤드 선》지에 근무하던 빌 로더 기자(스튜 밀러를 상대로 대결해 보자고 자청했던 바로 그 사람. 이 책의 '타격' 편에 등장하는 바로 그 사람이다.)가 미완의 대기에만 머무르고 있는 그에 대한 기사를 휘갈겼다. 그토록 큰 관심을 모은 데에 반해 그늘 속에서 한숨 짓고 있는 하팅의 인간적인 면을 묘사한 훌륭한 기사였다. 그것은 경기 내용과는 전혀 무관한, 오직 동춘계 훈련에 관한 기사였다.

그런데 그게 워낙 훌륭한 기사였기 때문에 AP 통신은 그것을 받아 전국에 배포했다.

자이언츠와 인디언스는 북상 길에 대여섯 군데의 도시를 들르기로 예정돼 있었다. 이 두 팀의 경기 일정을 알고 있던 각 지방지의 체육 부장들은 자기 고장에서 경기가 벌어지는 날에 맞춰 이 기사를 실으면 안성맞춤이겠다고 생각하고 원고를 못에다 꽂아 두었다.(케케묵은 그 시절에는 컴퓨터 단말기로 기사를 작성하지 않고 종이에다 타이프라이터나 펜으로 기사를 썼다. 그리고 담당 부장은 책상 한쪽에다 못을 박은 널찍한 판자쪽에다 원고들을 꽂아 두었다가 필요할 때 뽑아쓰곤 했다. 25년 만에 이 책을 다시 쓰지 않으면 안 되는 이유는 이런 데에서도 찾을 수 있다.) 그래서 하팅은 자기가 가는 곳마다 똑같이 자기를 비꼬는 기사가 일주일 내내 그 고장 신문에 실리는 꼴을 봐야 했다.

화가 머리 꼭대기까지 치민 하팅은 "이 놈을 잡으면 모가지를 비틀어 버리겠다."며 기차 속을 샅샅이 훑어 마침내 로더 기자를 찾아냈다.

"이보쇼. 내가 엉터리 선수라고 쓴 건 좋다 이거야. 그건 나도 부인하지 않는다고. 그런데 한 번 썼으면 됐지, 왜 일주일 내내 내가 가는 데마다 따라다니면서 똑같은 기사를 써서 날 망신 주느냐 이 말이야."

또 하나의 에피소드는 돈 헤프너에 관한 것이다. '피해자' 격인 그는 두 번만 더 들으면 백 번을 채울 정도로 이 얘기를 동네방네 떠벌리고 다녔다.

이 사건이 벌어진 것은 1934년, 그러니까 베이브 루스가 양키스에 몸담은 마지막 해이자 헤프너가 갓 입단한 신인이었을 때였다. 2루수였던 헤프너는 아직 노장 토니 라제리를 완전히 제칠 만한 실력은 못 됐지만 조 매카시 감독은 그를 후보로 활용하기 위해 될 수 있는 대로 자주 게임에 기용했다. 그리고 루스는 이미 선수로서 한계를 넘어섰지만 관중 동원을 의식, 순회 경기를 벌이는 동안 매 게임에 잠깐씩 출전시키곤 했다.

마지막 기착지는 볼티모어였다. 이곳은 베이브 루스의 고향이었다. 그와 동시에 바로 전년도까지만 해도 이 도시에 자리 잡은 인터내셔널 리그 소속 마이너리그 팀에서 펄펄 날던 스타가 헤프너였다. 볼티모어의 어느 젊은 칼럼니스트는 볼티모어가 낳은 대스타, 그리고 바로 전년도에 볼티모어를 뒤흔든 새로운 스타를 함께 묶어 기사를 쓰기로 마음먹고 루스를 만나 헤프너에 관해 물어보았다. 헤프너는 일련의 시범 경기를 치르며 우익수인 루스와 겨우 30여 미터를 사이에 두고 뛰던 사이였다.

그래서 그 칼럼니스트는 루스에게 이렇게 물었다.

"돈 헤프너에 대해서 어떻게 생각하십니까?" 루스의 대답은 이랬다. "돈 헤프너가 도대체 어떤 개뼉다귀야?" 한 가지만 더 소개한다면, 1970년대에 애리조나 주 메사에서 있었던 일이다. 밥 피셜은 키를 꽂아 둔 채 자동차 문을 잠그는 바람에 문을 열지 못해 쩔쩔매고 있었다. 세인트루이스 카디널스와 뉴욕 양키스에서 홍보 요원으로 활동하던 피셜은 이 무렵 아메리칸리그 홍보 이사로 일하고 있었다. 그는 차들만 죽 늘어선 주차장에 홀로 남은 채 발만 동동 구르고 있었다. 게임이 한창 진행 중이라 주변에는 아무도 없고 그는 30분 거리에 떨어진 다른 구장에 급한 볼일이 있었다. 난감하기 짝이 없었다.

마침 그때 꽤 유명한 선수 한 명이 나타났다.(그의 이름을 굳이 밝혀야 할 이유는 없을 것 같다.) 그는 자기 할 일을 다 마치고 돌아가던 길이었다.

"아니, 이사님 왜 그러고 계셔요?" "큰일났어. 차 안에다 키를 꽂아 놓고 문을 잠가버려서 도저히 열 수가 없어." "난 또 뭐라고요……, 걱정 마시고 저쪽으로 잠깐 갔다가 오실래요? 이쪽은 보지 마시고요." 피셜은 그의 지시를 따랐다. 약 30초 뒤에 돌아와 보니 자동차 문이 활짝 열려 있는 게 아닌가.

"이런 거라면 언제든지 말씀만 하세요." 그 선수는 어리둥절해 있는 피셜을 남겨 두고 유유히 사라졌다고 한다.

그런데 동계 훈련에도 심각한 문제가 있지 않을까? 물론이다. 선수들에게 가장 중요한 것은 시즌을 맞이할 채비를 갖추는 일이다. 각 구단의 입장에서 보면 메이저리그에서 뛸 선수를 추려 내야 하는 시기다. 그래서 일정한 공식이 만들어졌다.

타자들은 투수들이 정식으로 피칭하기 전에는 타격 연습을 제대로 하지 못한다.(프리배팅용으로 던져 주는 것은 제외하고) 그리고 투수들이 제대로 힘을 실어 던지려면 팔을 풀고 컨디션을 가다듬을 시간이 필요하다. 따라서 투수들은 야수들보다 일찍 캠프에 집합, 타자들의 실전 훈련을 도울 수 있도록 몸을 만들어 놓아야 한다. 그러려면 자연히 포수들을 투수들의 훈련에 맞춰 합류시킬 수밖에 없다.

투포수는 야수보다 약 열흘가량 먼저 캠프에 나타난다. 야수 중에도 부상에서 회복 단계에 있는 선수라든지, 새로운 포지션을 맡아 특별 훈련이 필요한 선수, 또는 선수 생활에 위기를 맞은 사람은 이 선발대에 합류한다.

전체 선수단이 모이면 단 일주일간 합동 훈련을 실시한다. 이 합동 훈련 기간은 주로 '기본기'를 다시 가다듬는 데 쓰이며 컷오프 플레이, 투수의 1루 커버, 번트와 그 처리 등의 팀플레이도 점검한다. 이 합동 훈련이 끝나면 곧바로 시범 경기에 들어간다.

시범 경기는 약 30게임가량 치른다.(요즘은 본거지 도시로 접근하는 점진적인 북상 이동은 하지 않으며 마지막 주말에만 다른 메이저리그 도시에서 게임을 치른다.) 이런 시범 경기를 펼치는 가장 큰 목적은 투수 로테이션을 확정 짓는 데에 있다. 투수들은 처음에는 2-3이닝을 던지고 두 번째 등판에서는 3이닝, 세 번째도 3이닝을 던지고 나서 그 뒤로는 5이닝, 7이닝으로 투구 횟수를 차차 늘려 간다. 나흘 간격으로 이렇게 투수들을 등판시키면 처음 여덟 게임까지 열두 명의 투수를 두 번씩 마운드에서 테스트할 수 있다. 그러나 선발을 5인 로테이션으로 운영하는 팀이라면, 그리고 시즌이 개막되기 전에 그들을 차례로 7이닝씩 시험 등판시키겠다고 한다면 마지막 다섯 게임은 그들에게 할당해 두어야 하고, 그에 앞선 다섯 게임은 그들에게 5이닝씩 선발 등판 기회를 주어야 한다. 이 무렵에 등판하는 투수들은 어떻게 타자들을 요리하느냐가 중요한 게 아니라 유효 투구 수가 얼마나 되느냐, 그들이 가진 구질이 제대로 먹히느냐를 살피는 데에 주안점을 둔다. 이와 같이 처음 여덟 게임과 마지막 열 게임은 테스트용으로 소중히 이용해야 하며 중간의 열두 게임은 필요에 따라 적당히 운영한다.

주전 선수라도 필요에 따라 많이 뛰거나, 적게 뛰거나 간헐적으로 뛸 수도 있다. 그것은 개개인에 관한 문제이며 선수와 감독이 상의해서 결정할 문제다. 그리고 가벼운 부상을 당한 선수는 정규 시즌에 지장을 받지 않도록 완벽하게 치료해 두는 것도 이 기간에 해야 할 일이다.

그렇기 때문에 시범 경기의 전적이나 박스 스코어는 전혀 의미가 없다. 그러나 팬들은 이런 것들을 정식 게임과 똑같이 받아들이고 있으며 어느 팀이건 기고만장하고 낙관적인 전망을 쏟아 놓는다. 전년도 우승 팀은 연일 묵사발이 되더라도 별로 걱정하지 않는다.(실제로 예년의 시범 경기 성적과 정규 시즌 성적을 비교해 보면 전혀 상관관계가 없음을 알 수 있다.) 반대로 전년도에 100패 이상 당한 팀이라도 시범 경기에서 많이 이기면 올해는 다르다고 큰소리를 펑펑 친다. 어쨌거나 동계 훈련 기간에는 모두가 승자일 뿐 패자는 아무도 없는 셈이다.

이 또한 아름답지 아니한가.

22 포스트시즌

우선 월드 시리즈부터 살펴보자. 이것은 양대 리그의 우승팀끼리 겨루는 무대이다. 1880년대에 이미 이런 제도가 있었으나 1890년대에는 리그가 하나밖에 남지 않아 자연 소멸됐다가 1903년에 다시 시작되고 1905년부터는 매년 항구적으로 치러지게 됐다.* 월드 시리즈는 단연코 전체 프로야구의 최고봉을 가리는 백미라고 할 수 있다.

그러다가 1933년에 올스타전이 창설됐다. 양대 리그별로 가장 걸출한 선수들을 한자리에 모아 실력 대결을 펼치는 것이다. 여기에는 타이틀도 걸려 있지 않고, 현상금도 없고, 선수 개인의 수입에도 별다른 영향이 없지만 월드 시리즈에서도 보기 어려운 스타들을 한꺼번에 살펴볼 수 있다는 데에 묘미가 있다.

그 다음에는 플레이오프가 있다. 야구 관계자들은 이 이벤트를 '리그

---
* 1994년에는 8월 12일 벌어진 파업 때문에 월드 시리즈도 무산됐다.

우승 결정전League Championship Series'이라고 부르며 플레이오프라는 말은 이제 별로 잘 쓰지 않게 됐다. 이 제도는 각 리그가 동서부 지구로 양분되던 1969년부터 월드 시리즈에 진출할 리그 우승팀을 가리기 위해 창안됐다.

이상이 정규 시즌 경기 외에 치러지는 3대 이벤트로서 각기 특색 있게 발전해 나왔다.

월드 시리즈는 한 해를 총결산하면서 최고봉을 가리는 무대라는 점에서 직접 경기에 참가하는 선수들보다 오히려 대중이 더 많은 관심을 기울인다.

시즌 중반에 치러지는 올스타전은 대중이 대단히 열광하는 데에 비해 선수들은 사실상 별로 대수롭지 않게 여기고, 구단 관계자들에겐 더더욱 시큰둥한 행사다.

반면 리그 우승 결정전은 전통주의자들이 이맛살을 찌푸리던 이벤트였지만 이런 제도의 불가피성에 따라 매스컴도 그의 중요성을 인정하고 있다. 그리고 이것은 어느 팀도 놓칠 수 없는 이벤트이므로 대중과 선수가 똑같이 가장 많이 열을 올린다.

이렇게 말하면 각 이벤트의 비중이나 중요성이 뒤바뀐 것 같지만 거기에는 그럴 만한 이유가 있다. 어째서 월드 시리즈보다 그 무대에 올라가기 위한 준비 단계가 더 중요하단 말인가? 올스타전은 왜 선수들이 대수롭지 않게 여긴단 말인가? 이런 질문에 대한 해답은 선수들이 '몸으로 먹고 사는 직업인'이라는 사실에서 그 근거를 찾을 수 있다. 메이저리그에 오른 선수들은 자신의 몸을 돈벌이의 밑천으로 여기고 있으며, 그들의 성공과 수입은 오로지 경기장 안에서 승리를 따낼 수 있는 능력과 연결돼 있다. 따라서 올스타전에 뽑히는 '영광'은 겉으로는 대단해 보이지만 선수 당사자에게는 귀찮고 위험한 일일 뿐이다. 만약 부상이라도 당하는 날에는(부상당할 위험성은 어느 경기에나 상존한다.) 자기 소속팀을 위해 활동할 수 없게 되고 그렇게 되면 연봉의 척도가 되는 개인 기록에도 악영향을 미친다. 또 올스타로 뽑히지 않은 대부분의 선수들은 무더운 7월 중순에 꿀맛 같은 사흘 휴가를 즐기면서 심신의 피로를 푸는 사이 올스타 선수는 경기장까지 이동하고, 게임을 치르고, 또다시 자기 팀으로 이동해야 한다. 그리고 경기 결과나 개인의 활약은 정작 중요한 정규 시즌 성적과는 전혀 무관하며 보상도 따르지 않는다. 구단 관계자들은 자기 팀의 보물 같은 특출하고 중요한 인물이(그런 선수들만이 올스타전에 출전한다.) 혹시 몸을 다쳐 시즌을 망치지나 않을까 전전긍긍한다. 그런 예가 하나둘이 아니었기 때문이다.

그러므로 올스타로 뽑히는 영광을 안게 되면 그 대가를 톡톡히 지불해야 하는 셈이다. 왜 그런 게임을 해야 하며, 왜 기왕이면 최선을 다해 뛰어야 하며, 왜 일반 팬들에게는 호화찬란한 그 경기가 선수들에게는 고역에 불과한가 하는 점에 대해서는 또 다른 이유를 들 수 있다. 그에 대해서는 나중에 다시 살펴보기로 한다.

월드 시리즈에 프로로서의 이해 득실이 상당히 많이 걸려 있기는 하지만 겉보기처럼 대단치는 않다. 각 팀이 이미 자기 리그의 정상에 오르는 순간 명예와 금전적 보상은 얻을 만큼 얻어 놓았으며 월드 시리즈의 승자와 패자 사이의 상금 차는 별 게 아니다. 물론 이기는 게 지는 것보다는 훨씬 나으므로 누구나 이기려고 최선을 다하는 것은 사실이다. 그러나 졌다고 해서 엄청나게 피해를 보거나 불명예를 뒤집어쓰는 것은 아니다. 지더라도 여전히 자기 리그에서는 그해의 우승팀이며 162게임에서의 성공을 거둔 이상 7전 4선승제의 결과 때문에 연봉 협상에서 입지가 약해지는 것도 아니다.

월드 시리즈의 가장 중요한 의미는 그 무대에 올라섰다는 자체에 있다. 선수들은, 특히 옛날 선수들은 "나는 월드 시리즈에서 뛰기를 꿈꿔 왔다."는 말로 포부를 밝혔다. 그들은 그저 그 무대에서 "뛰고 싶다."라고 할 뿐 "이기고 싶다."라고는 말하지 않는다.(속으로야 그런 생각을 갖고 있는 게 당연하다.) 연봉을 많이 받으려는 프로 선수의 입장에서 볼 때, 그리고 구단의 영리를 추구하는 관계자들의 입장에서 볼 때 목표를 월드 시리즈 진출에 두고 1년 내내 열심히 뛰는 것이다. 그리고 거기서 이기고 지는 것은 신에게 맡긴다.

그러나 그 무대에 올라서기 위해서는 리그 우승 결정전에서 이기지 않으면 안 된다. 여기서 지면 모든 것이 물거품이 되고 마는 것이다.

일단 월드 시리즈에 올라가기만 하면 보너스 수입이나 연봉 협상에서의 발언권이 엄청나게 강해진다. 그러나 리그 우승 결정전에서 지면 6개월간의 분투가 허사가 되고 시즌 농사는 망친 꼴이 되고 만다. 긴장이 감도는 장면. 가장 많은 것이 걸려 있는 게임. 결정적인 시기. 바로 그것이 리그 우승 결정전이다.

이것은 비논리적이고 불공평한 이벤트다. 야구인들은 "단기전에서는 실력과 관계없이 무슨 일이 벌어질지 모른다."라고 한결같이 말한다. 한 시즌을 통틀어 장기전으로 승부를 가리는 것만이 진정한 프로야구의 경쟁이라 할 수 있으며 그렇게 할 때에야 팀 전력의 폭과 깊이(특히 투수층)에 따라 우열이 갈라진다. 야구는 많은 횟수의 반복을 통해 평균치를 놓고 싸우는 경기다. 어느 한 게임을 놓고 본다면 불규칙 바운드 하나, 심판의 오심 하나, 날씨 사정에 의한 불운 하나로 얼마든지 승부가 뒤바뀔 수 있는 게 야구다. 어느 하루의 활약이나 일주일의 기세만으로 그 팀의 전체 능력을 평가할 수는 없다. 그 팀의 실력을 재는 유일하고 진정한 잣대는 장기 레이스를 통한 팀 순위여야 한다.

바로 그런 점에서 선수들은 비교적 담담한 마음으로 월드 시리즈에

임할 수 있다. 거기서 나온 결과가 완벽하게 서로 간의 우열을 입증하는 것이 아님을 알고 있기 때문이다.

그런데 리그 우승 결정전은 월드 시리즈와 똑같은 방식으로 진행되면서도 얻고 잃는 결과는 하늘과 땅 차이 있다. 6개월에 걸친 싸움 끝에 자기 그룹에서 1위를 차지했는데도 겨우 7전 4선승제로 (그나마 1984년까지는 5전 3선승제였다.) 운명을 완전히 갈라놓는다는 것이 과연 합당한 일일까? 그것은 부당한 일이지만 현실적으로는 그렇게 할 수밖에 없다. '지구 우승'은 정당한 대접을 못 받고 있다. 그 이유는 인위적으로 조를 갈라놓은 데에도 있지만 그 밖에도 자기 조끼리 겨루는 게임 수 못지않게 다른 조와도 경기를 치르기 때문이다.(열네 팀으로 구성된 아메리칸리그에서는 오히려 다른 조와의 경기 수가 더 많다.) 그러니까 같은 지구 안에서의 순위 매김이 '순수'하지 않다는 얘기다. 어느 지구에 속해 있느냐에 따라 상대 팀과의 경기 수가 달라지므로 어느 지구의 2위 팀이 상대 지구의 수위 팀보다 더 좋은 승률을 나타내는 수도 있다. 그런데도 각 지구의 1위 팀에게만 리그 우승을 겨룰 기회를 준다.** 여기서 이긴 팀은 월드 시리즈에 올라가 더 많은 돈과 명예를 얻는 반면 진 팀은 또 하나의 별 볼일 없는 패배자로 전락하고 만다.

그러다 보니 이 우승 결정전은 과거 단일 리그 시절에 몇 년에 한 번씩 맞는 시즌 막바지의 숨막히는 고비와 같은 성격을 띠게 됐다. 1949년 시즌의 막바지에 보스턴 레드삭스가 뉴욕 양키스에 한 게임을 앞선 가운데 양 팀이 서로 운명의 최종 2연전을 치렀던 것은 아직까지도 많은

** 그러다가 1998년부터 양 리그가 각각 세 지구로 나뉘고 나서는 각조 1위 외에 승률이 가장 높은 2위 팀에 와일드 카드를 부여, 각 지구 1위 팀 중 최고 승률 팀과 경기를 치르도록 했다. 즉 리그 우승 결정전이 4강 대결로 벌어지는 것이다.

팬들의 입에 오르내리고 있다. 양키스는 결국 두 게임을 모두 이겨 역전 우승을 따내는 신화를 남겼다. 그러나 그것은 그런 식으로 재경기가 치러지게끔 무승부가 조화를 부렸기 때문이었다. 예년 같았으면 양키스는 워싱턴 세네터스, 레드삭스는 애슬레틱스 따위의 하위팀과의 대전으로 시즌을 마무리했을 것이다. 1908년, 1946년, 1948년, 1951년, 1959년, 그리고 1962년에는 정규 시즌 최종전을 마친 결과 두 팀이 공동 1위를 마크, 우승 결정전(이것도 플레이오프라고 부른다.)을 치러야 하는 따끈따끈한 레이스를 펼쳤다. 그러나 6개월의 열전 끝에 그렇게 공동 선두팀들이 나오는 예는 극히 드물다. 2개조로 가르지 않고 단일 리그로 순위를 매기던 시절에는 대체로 시즌 종료 일주일 전쯤 우승팀이 가려지는 게 보통이었고 심지어 이주일 전에 우승을 확정 짓는 팀도 있었다. 그리고 설사 마지막 날까지 우승팀이 확정되지 않더라도 선두 주자끼리 서로 맞상대하는 경우는 거의 없다시피했기 때문에 1949년의 아메리칸리그 정상 다툼이 그토록 유명해진 것이다.

그러나 리그 우승 결정전을 치르게 되면 반드시 그런 식의 맞대결이 보장되는 셈이다. 뉴욕 메츠는 1986년 2위 팀보다 무려 21.5게임차를 앞서며 당당히 지구 우승을 따냈지만 아무 혜택 없이 대등한 입장에서 휴스턴 어스트로스와 겨뤄야 했다. 이런 대결이 언제나 준비돼 있으므로 같은 지구 안에서 2위에 그친 팀은 아무리 치열한 선두 경쟁을 벌였다 하더라도 금세 잊혀지고 만다.

야구인들은 '플레이오프'라는 용어를 사용하길 꺼린다. 그 이유는 이 말 속에서 마이너리그적인 냄새가 풍겨 나오기 있기 때문이다. 돈 한푼이 아쉬웠던 경제 공황 시절 마이너리그는 시즌을 늘리기 위한 방편으로 인위적인 4강 대결을 만들어 냈다.(당시 인터내셔널리그 회장을 맡고 있던 프랭크 쇼네시의 이름을 따 '쇼네시 플레이오프'라고 불렀다.) 즉 1위 팀―

4위 팀, 2위 팀―3위 팀의 대결을 거쳐 거기서 이긴 팀끼리 리그 우승을 다투는 방식이었다. 이것은 농구나 아이스하키에서는 자연스러운 대회 운영 방식으로 통하고 있지만 한 시즌 내내 정규 시즌을 치르며 자기에게 유리한 순위를 골라잡기 위해 적당히 승부를 얼버무릴 소지를 안고 있는 방식이다. 그러나 팬들은 그런 제도에 환호했다. 그런 게임에 많은 관중이 몰려들었다는 것이 그 사실을 입증했다. 그리고 당연한 얘기지만 5, 6위를 달리고 있는 팀일지라도 4위를 겨냥해서 필사적으로 싸움으로써 관중들의 흥미를 끌 수 있다는 이점도 있었다. 일단 4위권에 들기만 하면 일약 우승까지도 노려볼 수 있는 게 이 제도였다.

1969년에 메이저리그가 채택한 2개 지구 제도는 그것과 내용이 다르지만 기본적으로는 동일한 원리에 바탕을 둔 것이다.

1968년에 각 리그는 열 팀이 1위부터 10위까지 일렬로 늘어서 있었다. 세인트루이스 카디널스와 디트로이트 타이거스는 7월중에 벌써 양 리그의 선두로 까마득히 달아난 상태였다. 그러자 2, 3위 팀의 홈팬들은 혹시나 하는 기대로 자기 팀에 응원과 관심을 보냈지만 4위부터 10위까지의 팀들은 스탠드에 파리를 날리기 일쑤였다. 1969년에 열두 팀이 되자 종전대로 1위부터 12위까지 순위를 정한다면 사정은 더욱 나빠질 게 뻔했다.

이에 따라 각 리그가 2개 지구로 분리함으로써 이제는 전체 스물네 팀이 여섯 팀씩 4개조가 레이스를 펼치게 됐으며 만약 8월에 접어들어서도 3위 팀까지 수위를 겨냥할 수 있는 거리에 있다면 총24개 팀 중 열두 팀이 흥행에 '만족'을 얻을 수 있는 방안이 마련된 것이었다.

그리고도 결국 마지막에는 1위 팀만이 결선에 오르게 되므로 쇼네시 방식의 '불순한' 요소가 끼어드는 것은 막을 수 있었다. 적어도 '지구 1위'를 차지하지 못하면 월드 시리즈에 올라가지 못하도록 한 장치였다.

그러나 1990년대에 들어가면 농구나 아이스하키, 미식축구처럼 야구도 플레이오프 시스템을 확대하지 않을 수 없을 것이다. 팀 증설이 이뤄지면 모종의 새로운 경기 방식이 도입될 게 분명하다.*** 열네 팀으로 운영되는 아메리칸리그는 경기 일정을 짜는 데 많은 문제점이 노출되자 양 리그를 열여섯 팀씩으로 늘리려는 움직임이 강하게 일고 있다.(열다섯 팀이면 곤란하다. 리그간의 벽을 넘나들며 경기를 펼치지 않는 한 어느 팀인가는 시즌 중에 불가피하게 빈둥빈둥 쉬는 날이 생기게 된다.)**** 서른두 팀이 불과 네 개의 결선 진출 티켓을 놓고 겨뤄야 한다면 1968년 이전처럼 많은 팀들이 일찌감치 결선 후보에서 떨어져 나가 흥미를 반감시키는 결과를 몰고 올 것이다. 따라서 열여섯 팀을 네 조로 나누어 네 개의 조별 수위팀을 가려내고 그들이 결선을 치르는 것이다. 두 조(또는 세 조)로 그냥 운영한다 하더라도 2위 팀들에게도 결선 진출권을 주거나 미식축구식으로 '와일드 카드제'를 도입할 수도 있을 것이다.***** 플레이오프 제도는 이론의 여지없이 팬들과 텔레비전으로부터 대단한 호응을 얻었다. 단지 언론인이나 야구 이론가, 전통주의자들만이 거기에 반대했다. 구단주들도 처음에는 강하게 반발했으나 일이 진척되는 상황을 보고는 그런 제도가 가져온 상업적인 성공을 환영하기에 이르렀다.

텔레비전은 쌍수를 들고 더더욱 그 제도를 환영했다. 전국 네트워크의 텔레비전 관계자들은 많은 시청자를 확보할 수 있는 방법을 잘 알

*** 여기서 저자의 혜안을 찾아볼 수 있다. 1993년에 내셔널리그가 두 팀을 증설, 메이저리그가 총 28개 팀으로 불어나자 1994년부터 종전의 두 지구 제도를 없애고 새로 세 지구로 재편, 각조 1위와 와일드 카드(2위 팀 중에서 승률이 가장 높은 팀)가 결선을 벌이도록 제도를 변경했다.
**** 그러나 이제는 각 리그를 세 조로 나눈 만큼 리그당 열다섯 팀으로 늘리는 것도 타당성을 갖게 됐다.
***** 저자가 예견한 대로 실제로 그렇게 됐다.

고 있는 사람들이다. 그게 그들의 전문이기 때문이다. 그들은 월드 시리즈와 플레이오프, 올스타전을 반갑게 맞아들였다. 그들은 정규 시즌 경기를 전국으로 중계하는 것은 시큰둥하게 여긴다. 왜냐하면 시즌 중에는 각 도시의 시민들이 자기 팀에만 큰 관심을 보여 시청률이 낮기 때문이다. 야구계는 텔레비전사와 중계권료를 협상할 때 월드 시리즈와 함께 묶어 패키지 계약을 하기 때문에 방송사는 울며 겨자 먹기로 정규 시즌 경기를 전국 네트워크로 방영해야 하는 것이다. 야구계는 야구가 되도록 많이 비쳐지는 것을 원하고 있고 텔레비전 네트워크는 시즌 말미의 인기 있는 이벤트를 기대하고 줄다리기를 펼친다. 그러니까 그런 수억 달러에 달하는 패키지 계약의 알맹이는 거의 전적으로 올스타전, 플레이오프, 월드 시리즈 등 3대 이벤트에 담겨 있는 것이다.

올스타전은 텔레비전 중계용으로는 안성맞춤이다. 텔레비전은 원래 스타들에게 초점을 맞추는 속성을 갖고 있기 때문이다. 그리고 선수들도 20년 전에 비해서는 앞서 말했던 것처럼 올스타전 출전에 강한 거부감을 나타내지는 않는다. 그들은 그 자리의 주인공으로 뽑혔다는 명예를 즐기고 있으며(올스타로 선발되면 보너스를 받기로 옵션 계약을 하는 선수도 있다.), 어깨를 나란히 하는 대스타끼리 친교를 맺는 기회를 갖는 것도 즐거워한다. 그들은 또 텔레비전에 나섬으로써 자기 얼굴이 널리 알려지는 것도 좋아한다. 그렇게 되면 나중에 개인적인 부대 활동으로 수입을 올리는 데에 큰 도움이 되기 때문이다. 그리고 그들은 동료 선수들에 대해 일말의 의무감을 갖고 있기도 한다. 입장 수입 중 상당액이 선수 연금으로 할애되기 때문이다. 따라서 선수들이 올스타전 출전에 대해 전적으로 부정적인 견해만 갖고 있다고는 볼 수 없다. 사람마다 생각이 다르듯 그런 일을 오히려 손뼉 치며 좋아하는 선수도 있다. 그러나 뭐니뭐니해도 가장 중요한 것은 올스타로 뽑혔다는 사실이고 그러고 나서 올스타전이 비로 취소된다면 더 이상 바랄 나위가 없을 것이다.

1969년에 처음 리그 우승 결정전이 생겼을 때는 7전 4선승제의 월드 시리즈와 차별화한다는 취지에서 5전 3선승제로 치러졌다. 그러나 월드 시리즈가 왜 7전 4선승제로 진행되는가, 그리고 1919년 21년에 실시한 9전 5선승제가 왜 지나치게 길다고 생각하게 됐는가를 살펴볼 필요가 있다. 어느 게임에서나 선발투수는 가장 중요한 인물이며, 특히 우승 결정전 같은 중요한 단기전을 치르려면 적어도 두 명의 탁월한 투수를 보유하고 있어야 한다. 통상적으로 선발 로테이션은 4교대로 운영하는 것이 상식이다. 그렇다면 이틀간의 중간 휴식을 끼워 넣은 7전 4선승제에서는 1번 에이스가 1, 4, 7차전에 선발로 등판할 수 있으며 두 명의 투수가 두 게임씩 맡으면 된다. 그것이 팀 전력을 최대한 활용할 수 있는 '공평한' 방안이다. (7차전까지 가지 않고 끝난다면 그것은 선발투수들의 실력차 외에도 다른 전력에서 우열이 가려졌기 때문이다.) 만약 중간 휴일을 끼워 넣지 않는다면 랭킹 1위에서 3위의 투수가 1, 5차전, 2, 6차전, 3, 7차전을 나눠 맡을 수도 있고 에이스가 휴식일을 단축해서 7차전에 다시 선발로 나갈 수도 있을 것이다.(과거에는 그렇게 했다.)

어쨌거나 7전 4선승제에서는 5전 3선승제보다 제3의 투수가 차지하는 비중이 커지는 게 분명하다. 9전 5선승제도 상황은 마찬가지지만 지나치게 늘어져 지루한 감을 준다. 특히 어느 한 팀이 3연승이나 4승 1패로 일방적으로 앞서는 바람에 도저히 역전이 이뤄질 가능성이 없는 상황이 펼쳐지면 더욱 그렇다. 따라서 7전 4선승제가 시리즈로는 가장 적당한 숫자이며 선발 투수들의 능력에 따라 매 게임의 양상이 달라질 수 있다.

1969년부터 1984년까지 16년간 동안 리그 우승 결정전은 5전 3선승제로 펼쳐졌는데 그 기간의 서른두 차례 시리즈 중 최종 5차전까지간 것은 아홉 차례에 불과했다. 1985년 7전 4선승제로 늘어나고 나서 1989년까지 4년 동안 여덟 차례의 시리즈에서 절반인 네 차례가 최종전까지 진행됐고 그중 세 차례는 2승 3패로 뒤지고 있던 팀이 역전 우승을 차지했다. 바꿔 말하면 5게임 방식으로 치러졌다면 진작 떨어져 나갔을 팀들이 우승을 따낸 것이다.

한편 월드 시리즈의 수입 규모는 엄청나게 변했으나 배분율 자체는 불변이다. 혹시 선수들이 고의로 승부를 조작, 게임 수를 늘려 더 많은 수입을 챙기려 들지 모른다는 의혹을 근원적으로 없애기 위해 애초부터 선수몫은 1―4차전의 수입에서만 일정 부분을 할당해 주기로 정했다. 1, 2차 세계 대전 사이의 월드 시리즈에서 승리팀 선수와 패배팀 선수의 배당액 차이는 2,000달러 안팎이었다. 이는 스타급 선수에게는 연봉의 10퍼센트선에 지나지 않지만 대다수의 저액 소득자들에게는 연봉의 절반에 해당하는 거액이기도 했다.(굳이 액수를 밝힌다면 승자는 6,000달러, 패자는 4,000달러선이었다.) 1950년대 중반에는 입장료가 부쩍 뛰어오르는 바람에 아주 특수한 경우를 제외하곤 그 배당액이 8,000―6,000달러로 나뉘었다.(실제 수령액은 총액을 몇 명이 나누느냐에 따라 달라진다. 가령 승리팀은 소수 인원이 나눠갖고 패배팀은 다수 인원이 배분한다면 한 사람에게 돌아가는 액수의 차는 더욱 벌어진다. 실례로 1954년 뉴욕 자이언츠가 클리블랜드 인디언스를 네 게임만으로 일축했을 때 자이언츠 선수들에게 1인당 돌아간 액수는 1만 1100달러인 반면 클리블랜드 선수들에겐 6,700달러씩밖에 배당되지 않았다.) 1973년에 필자가 쓴 기사를 인용해 보겠다.

우승팀 선수들의 수입은 대체로 세 가지로 나눌 수 있다. 슈퍼스타를 포함한 두어 명의 연봉은 15만에서 7만 5000달러선이다. 주전 자리를 굳힌 선수들의 연봉은 2만에서 5만 달러 수준이다. 그리고 나머지 신인급이나 후보선수들은 2만 달러 이하다.

연봉이 10만 달러인 선수에게도 월드 시리즈에서 벌어들이는 2만 달러는 가외 수입 치고 막대한 것이므로 그 돈을 따기 위해 열심히 뛰어 볼 만하다. 그런 선수들은 부대 활동을 통해 별도로 상당한 액수를 벌고 있을 것이며 리그 우승팀의 일원이라는 자체만으로도 벌써 자신의 상품 가치는 훨씬 높아져 있다.

그러나 월드 시리즈 우승을 차지해서 최종적으로 들어오는 액수가 2만 달러가 되건, 우승을 놓쳐 1만 5000달러가 되건 그에게는 별 차이가 없다. 세금을 떼고 나면 그 차액은 절반 이하로 줄어들고 마는 것이다. 이기건 지건 그에게 돌아오는 돈의 차액은 2,500달러에 지나지 않는다. 게다가 그는 그 돈을 벌기 위해 남들이 놀 때 정규 시즌을 마치고 열흘가량 더 뛰어야 한다. 그런 점들을 놓고 보면 그 액수 차는 그다지 큰 게 아니다.

따라서 월드 시리즈가 진행되면서 신문에 나오는 '거액을 버는 선수'라는 기사는 별로 신빙성이 없다. 그들은 그 무대에 올라간 것만으로 이미 '거액을 번 선수'가 돼 있는 것이다. 다만 게임이 최종 7차전까지 치닫게 된다면 이기고 졌을 때의 수입의 차는 둘째치고 오로지 승자의 명예를 차지하려는 순수한 승부 정신만 남는다고 볼 수 있다.

그렇지만 사실 이것은 정확히 꼬집어 말하기 어려운 대목이다. 명예는 중요한 것이며 특권이나 자부심과도 통한다. 그러나 그것을 놓쳤다고 해서 리그 우승을 빼앗겼을 때처럼 실망에 젖지는 않는다.

그러나 연봉 2만 달러짜리 선수에게는 전혀 얘기가 달라진다. 월드 시리즈에서 이기는 것은 수입을 두 배로 늘리는 길일 뿐 아니라 자신의 위치를 한 단계 끌어올리는 셈도 된다. 그에게는 이기고 지는 데에 따른 상금의 차이는 엄청나다. 승패에 따라 5,000달러의 차가 생긴다면 세금 공제 후 그에게 돌아오는 차액은 4,000달러쯤 될 것이다. 그것은 그의 총수입에 견주면 대단한 액수다. 그렇지만 이런 저연봉 후보 선수들은 자기 팀이 월드 시리즈에 올라갔다 하더라도 정작 자기 자신이 결정적인 장면에서 활약할 기회는 많지 않다. 스포트라이트는 주로 스타들에게만 쏠리는 게 현실이다.

연봉 5만 달러 안팎의 중간층 주전급 선수들은 신참들처럼 배고프지도 않고 스타들처럼 상금의 차액에 무덤덤하지도 않다. 그러나 그들은 메이저리그 생활을 몇 년째 하고 있었으므로 월드 시리즈의 무대에 올랐을 때는 자신이 무엇을 어떻게 해야 하는지를 알고 있다.

1980년대 종반부터 이 액수는 엄청나게 달라졌다. 리그 우승 결정전과 월드 시리즈의 수익금은 구단, 리그 사무국, 커미셔너 사무국, 선수별로 각각 배당률이 정해졌고 각 리그의 2, 3위 팀에게도 일부가 차등 분배된다.(종전에는 월드 시리즈 수익금을 2, 3, 4위 팀에게도 나눠 줬다.) 그러나 입장 수입이 무척 많아졌기 때문에 단위가 커졌다. 1988년 월드 시리즈를 마치자 우승팀 LA 다저스 선수들은 1인당 10만 8664달러 88센트를 챙겼고 패자 오클랜드 선수들의 몫은 8만 6222달러 89센트였다. 차액이 2만 2000달러로 벌어진 것이다.

그러나 이 시기에 이르러서는 어지간한 선수는 100만 달러의 연봉을 받게 됐고 메이저리그의 평균 연봉은 40만 달러에 이르렀다. 따라서 전체 수입에서 차지하는 상금의 차액은 종전보다도 오히려 미미해졌으며 단지 자존심과 체면만이 승리를 추구하는 동기가 되고 있다.

세상은 여러 모로 달라졌다. 텔레비전 시대에 자라난 오늘날의 선수들은 전국적으로 중계되는 텔레비전에 자신의 모습이 담기는 것이 무슨 의미를 갖고 있는지를 알기 때문에 과거의 선수들보다 화면에 노출되는 자신의 모습에 훨씬 더 많이 신경 쓰고 있다. 이와 더불어 텔레비전은 그 속성상 어떤 장면을 카메라로 잡고 있는 시간이 짧고, 하이라이트만을 골라 이어가고, 한 프로가 끝나면 곧바로 시선을 끌 수 있는 다른 프로로 옮겨 가므로 '불멸의 장면'이라 해본들 실제로 시청자의 뇌리에 깊이 남아 있을 만한 것이 거의 없다. 순간적으로 지나가 버리는 장면은 비디오 테이프로 녹화해서 영원히 남겨 놓을 수 있다지만 그래도 사정은 마찬가지다.

불멸의 장면은 필자가 강조하는 '역사적 사실의 축적'과도 깊은 연관이 있다. 사상 스물한 번째로 치러진 1924년 월드 시리즈에서 평범한 땅볼이 돌멩이에 맞고 튀어오르면서 결승타가 된 경우는 1983년 제80회 시리즈에서 재현될 때까지 '유일한 명품'으로 남아 있었다. 1920년에 월드 시리즈 사상 처음으로 만루 홈런을 터뜨린 클리블랜드 인디언스의 엘머 스미스의 이름은 30여 년이 지나도록 계속 들먹거려졌다. 그 사이 만루 홈런은 1936년에 오로지 토니 라제리만이 추가했을 뿐이기 때문이다. 그러나 그 뒤 열다섯 개나 더 추가되는 통에 이제 와서는 희소 가치가 줄어들었다. 위업을 달성하기는 마찬가지라 하더라도 사람들의 기억에는 뚜렷이 남지 않게 됐다. 그리고 그런 현상은 시리즈가 거듭될수록 점점 더해질 수밖에 없다.

더욱 안타까운 일은 1970년대부터 월드 시리즈가 (리그 우승 결정전도 마찬가지다.) 야간 경기로 치러진다는 점이다. 생중계를 지켜보는 텔레비전 시청자는 늘어났지만 마감 시간에 쫓기는 신문들은 그 이벤트들을 점점 소홀히 다룰 수밖에 없게 됐다. 그 결과 리모콘이나 만지작거리는 야구팬들은 신문에서 월드 시리즈에 관한 감동적인 묘사와 시적인 표현을 접할 수 있는 기회가 줄어들었다. 독자들의 시심詩心이 줄어들면 기자들의 시작詩作 노력도 줄어드는 법이다.(야구를 주제로 한 소설이나 연극, 특집 영화, 논문, 기록물 등은 종전보다 오히려 더 활발하게 발표된다. 그러나 월드 시리즈에 대한 신문의 관심과 지면 할애는 과거 월드 시리즈가 결코 놓칠 수 없는 구경거리였을 때, 그리고 슈퍼볼 같은 구경거리가 없었을 때보다 줄어드는 것은 어쩔 도리가 없다.) 더욱 부유해지고, 더욱 커지고, 더욱 가까워지고, 더욱 복잡다단해진 것이 1990년대에 들어오면서 프로야구 3대 이벤트에 불어닥친 현상이다. 세상 만사가 그렇듯이 야구도 그런 변화에서 예외일 수는 없다.

23 타격 실종

역사적으로 볼 때 날이 갈수록 점점 투고타저投高打抵 현상이 두드러지고 있다.

타격을 예술이라고 하자. 그렇다면 그 예술적 기품이 떨어진 것일까? 요즘 쏟아져 나오는 야구 기록집들을 들여다보면 과거의 타격 성적이 현대에 비해 훨씬 좋았다는 사실을 쉽게 발견할 수 있다. 그렇다면 현대의 타자들의 기술이 뒤떨어진 탓일까? 아니면 노력이 부족한 탓일까? 타격 기술 개발이 덜 된 까닭일까? 만약 그게 사실이라면 그 이유는 무엇인가? 만약 그게 사실이 아니라면 어째서 이런 질문들이 나오게 되는가? 그리고 여기에 대한 처방은 무엇인가? 이런 주제를 다루기 위해서는 먼저 시대 개념부터 확실히 정립해 둘 필요가 있다. 야구는 화폐와 마찬가지로 시대에 따라 가치가 달라진다. 1930년대의 1달러와 1980년대의 1달러를 비교하려면 인플레이션을 고려하지 않으면 안 된다. 그와 마찬가지로 1980년대의 평균 타율과 1930년대의 평균 타율을 대비할 때도 경기를 치르는 여건의 변화를 고려하지 않으면 안 된다.

필자는 우선 각종 의문에 대해 단도직입적으로 답변부터 해 놓고 차후 설명해 나가는 방법을 쓰기로 하겠다.

자, 과거에 그토록 쟁쟁하던 타격 기술이 현대에 와서 사라졌는가?

― 결코 그렇지 않다.

그렇다면 기술이 변했는가?

― 바로 그렇다.

오늘날의 타자들은 기술이 부족하고, 재능이 부족하고, 기술 개발이 덜 됐는가?

― 어느 정도는 그게 사실이라고 할 수 있지만 그렇다고 해서 반드시 그들의 능력이 떨어지거나 노력이 부족하다고 할 수는 없다. 다만 한 세대 전의 선수들에 비해 야구하는 환경이 달라졌을 뿐이다.(여기서 한 세대 전이라고 한 표현은 약간의 부연 설명이 필요하다. 아들이 아버지보다 더 좋은 타자냐 아니냐는 것은 경우에 따라 다를 수밖에 없다. 얼 에버릴은 얼 에버릴 2세보다 확실히 좋은 타자였다. 레이 분은 아들 밥보다 약간 나았으며 구스 벨과 그의 아들 버디는 막상막하였다. 마이크 히건은 부친 짐보다 약간 더 유능했으며 테리 케네디는 부친 밥보다 훨씬 뛰어났다. 1990년대의 스타들인 배리 본즈와 켄 그리피 주니어는 부친과 비교해서 앞으로 어떤 결과를 낳을지 두고 볼 일이다. 그러나 이런 개별적인 예에 너무 집착하다 보면 전체적인 의미를 놓치게 된다.)

왜 이런 의문을 갖게 되는가?

― 그것은 각 시대별로 나타난 통계 숫자들이 너무나 큰 차를 보이기 때문이다.

여기에 대한 처방은 없는가?

― 물론 많다.

그러면 반드시 그런 처방을 내려야만 할까?

― 글쎄.

그런 처방이 내려질 날은 올 것인가?

— 천만의 말씀이다. 결코 그런 날은 오지 않을 것이다.

자, 이제 본론으로 들어가 보자. 통계 숫자가 갖고 있는 의미를 정확히 음미하기 위해서는 지나간 시대를 특성에 따라 몇 단계로 구분할 필요가 있다. 그리고 현대 타격 기록의 수치들은 과거 황금 시절에 비해 낮게 나타나는데 그 원인으로는 대략 열한 가지를 꼽을 수 있다.

편의상 타율, 득점, 홈런 등 세 가지 기록을 비교해 보자. 계산하는 방법은 양 리그를 하나로 뭉뚱그리고 득점과 홈런도 게임당 평균치로 묶어 살펴보기로 한다. 이보다 좀 더 정교한 자를 이용할 수도 있을 것이고, 여기서 나타난 결론에 대해서도 해석을 놓고 왈가왈부할 소지가 있겠지만 지금 우리가 여기서 펼치는 작업은 어떤 사실을 증명하거나 가치를 따지자는 게 아니라 각 시대에 걸쳐 울퉁불퉁하게 펼쳐져 있는 숫자들을 높은 곳에서 조망해 보자는 데에 뜻이 있다.

1903년 이전에는 야구 규칙상 현대 야구와 다른 점이 많았으므로 그 이후만을 비교의 대상으로 삼기로 한다.(양 리그가 모두 현재와 같은 파울 — 스트라이크 규칙을 도입하고 투 스트라이크가 되기 전까지 파울을 스트라이크로 카운트하기 시작한 것이 바로 1903년이었다.)

연도	특성	타율	게임당 득점	게임당 홈런
1903-19년	반발력이 없는 공을 사용, 트릭 피칭 허용	0.252	7.68	0.29
1920-41년	탄력 있는 공 사용	0.280	9.69	0.96
1942-45년	전쟁 시기	0.257	8.18	0.81

1946-62년	전후 탄력 있는 공, 릴리프 피칭 강화	0.245	8.89	1.61
1963-68년	스트라이크존 확대	0.245	7.72	1.59
1969-76년	구단 증설과 스트라이크존 복원	0.253	8.13	1.46
1977-89년	지명타자 제도 도입	0.261	8.62	1.61

이렇게 늘어놓으면 매우 복잡해 보일 것이다.

반발력이 없는 공(데드볼)을 사용하던 시절에는 타구가 멀리 날아가지 않을 뿐 아니라 투수들이 공껍질에 흠집을 내거나 침 따위의 이물질을 발라 괴상한 변화구가 나오도록 하는 행위도 허용됐다. 게다가 공 하나를 오래 사용했고 타자들은 타구의 거리에는 별로 신경 쓰지 않고 오직 수평 스윙으로 정확하고 강하게 때리는 데에만 전념했다. 홈런이 가뭄에 콩 나듯 한 것은 당연한 일이고 공의 반발력이 적기 때문에 전반적인 타율도 낮았다.

1920년을 맞자 반발력 좋은 공이 도입되고 트릭 피치는 금지되고 경기구를 좀 더 자주 새것으로 갈면서 홈런 생산을 부추겼다. 그러나 이때만 해도 홈런을 겨냥한 스윙보다는 정확히 맞히는 데 길든 타자들이 여전히 주류를 이루고 있었다. 그 결과 타율은 급상승했고 홈런도 적지 않게 나왔다.

전쟁 기간에는 경기 수준이 대체로 저질이었고 피칭보다는 타격이 더 허약했다.

2차 대전이 끝난 뒤에는 야구의 흐름에 일대 변화가 일었다. 누구나 홈런 타자가 되기를 원했고 실제로 타율이 약간 처지는 대가로 누구나 홈런 몇 개쯤은 칠 수 있었다. 그리고 엉성한 투수를 내세워 게임 후반을 얼버무리는 게 아니라 막강한 구원투수가 전문 영역을 구축하기 시작했다.

1960년대에는 타격이 일대 재앙을 맞게 되는데 그 내용에 대한 설명은 여기서 잠시 보류했다가 뒤에 자세히 살펴보겠다.

1969년에는 스트라이크존이 원래대로 다시 좁아졌고 구단 증설로 (네 구단이 총 스무 구단으로 늘어났다.) 우수한 타자들이 여러 팀으로 분산됐다. 이에 따라 공격력은 1940년대 후반의 전후 시대戰後時代로 회복되지 않았으며 아메리칸리그는 급기야 1973년에 지명타자 제도를 도입할 수밖에 없었다. 공격력을 되살리기 위한 이런 노력은 결실을 맺기까지 그 후로도 몇 년을 기다려야 했다.

결국 1977년 이후 야구는 전후 시대만큼 투타의 균형을 갖출 수 있었지만(1946-62년과 1977-89년을 비교해 보기 바란다.) 1920-41년의 황금 시절에 비교하면 어림도 없는 일이었다.

자, 이제 타격을 저조하게 만든 열한 가지 원인을 열거해 보자.

1. 피칭의 향상
2. 장타 위주의 타격
3. 글러브의 개선
4. 수비 위치 선정의 개선
5. 더 넓어지고 좌우 대칭으로 꾸며진 구장
6. 구단 증설
7. 장거리 이동
8. 야간 경기
9. 가볍고 가늘어진 배트

10. 높은 연봉

11. 배팅 헬멧

　이상과 같은 투고타저의 원인들은 제각각 비중이 다르고 각 항목의 내용에도 자체적으로 강도의 변화가 있을 수 있다. 다만 이런 것들은 타격 기록을 악화시키는 방향으로 작용한 것이 사실이며 이런 것들을 한꺼번에 뭉뚱그리면 그 영향은 엄청나다고 할 수밖에 없다.

　필자가 앞서 '통계' 편에서 역설한 내용을 상기하기 바란다. 야구에서는 '얼마나 많이'라는 양보다 '언제'라는 시기가 더 중요하다. 요처에서 뽑는 안타clutch hit가 다른 시기에 터뜨리는 안타보다 승부 결정에 더 중요한 것은 두말할 필요도 없다. 그런 안타라고 해서 다른 안타보다 더 때리기 쉽거나 힘이 드는 것은 아니며 그것은 다만 상황에 따라 구분될 뿐이다. 바로 그런 식의 논리를 원용해서 필자는 지금 '타격이 나빠졌다'기보다 타격의 '통계가 나빠졌다'고 말하려는 것이다.

　여기에 덧붙일 것은 모든 단체 운동에는 공수의 형평을 맞추려는 흐름이 존재한다는 사실이다. 공격과 수비에 불균형이 일어나게 되면 균형을 맞추기 위해 규칙을 고치거나 다른 조치를 강구하게 된다. 야구에서도 이런 균형 맞추기 작업은 여러 차례 있었다.

　구체적으로 살펴보자. 19세기 중반까지의 초창기 야구에서 투수에게 주어진 임무는 그저 게임을 인플레이시키는 데에 있었을 뿐 타자를 제압하는 게 아니었다. 손이 히프 이상 올라오지 않도록 반드시 언더핸드로만 던지도록 규정했다. '강하게 던진다'는 의미의 'throw'라고 하지 않고 '목표를 향해 던진다'는 뜻인 'pitch'라는 용어를 선택한 것도 이러한 맥락이었다. 그러다가 언더핸드스로 방식으로도 강하게 던지거나 공의 궤적을 변화시킬 수 있는 투구법이 개발되자 투포수 간의 거리를

45피트에서 50피트로 늘려 놓았고, 나중에 오버핸드스로가 허용되자 그 거리를 60피트 6인치로 한층 확대했다. 20세기에 접어들면서 파울도 스트라이크로 셈한다는 규칙이 생기면서('규칙 변천' 항목 참조) 또다시 투수가 절대적인 우위를 차지하자 1920년에는 앞서 열거한 것과 같은 변화를 꾀했다. 이런 균형 맞추기 작업은 그 뒤로도 계속 이어졌다.

현대에 와서는 겉으로는 공수의 균형이 철저히 맞춰져 있는 것처럼 보이지만 그 밑으로는 언제나 심상치 않은 조류가 흐르고 있다. 공격이 승(勝)할 기색을 보이면 수비는 반드시 그를 억제하려는 준비를 갖추고 있는 것이다.

자, 그러면 타율이 떨어진 열한 가지 이유를 자세히 살펴보자.

첫째, 피칭은 과거보다 네 가지 측면에서 타자들이 대처하기가 어려워졌다. 1) 아주 위대한 불세출의 투수는 출현하지 않았더라도 '좋은' 투수들이 과거보다 양적으로 불어났다. 그보다도 '형편없는' 투수들이 메이저리그에서 자취를 감췄다는 사실이 더 중요하다. 2) 투수들이 사용하는 구질이 다양해졌다. 3) 구원 투수가 전문 영역으로 자리 잡았다. 4) 투수들이 마구잡이로 던지지 않고 구질 선택의 요령이 체계화됐다.

재능이 우수한 투수가 늘어난 반면 허약한 투수가 줄어들었다는 사실은 결코 가볍게 넘길 대목이 아니다. 에디 스탱키의 말을 들어 보자.(그는 시카고 화이트삭스의 감독을 맡기 전에 카디널스와 메츠 구단의 마이너리그에서 선수 육성에 힘썼으며 나중에는 대학 팀에서 선수들을 지도했다.)

"타자들을 지도하는 것보다는 투수들을 교육하는 편이 훨씬 큰 효과를 거둘 수 있다. 많은 시간과 돈을 들이면 좋은 투수를 많이 길러 낼 수 있지만 타자에게는 같은 양의 시간과 금전을 투자하더라도 그만한 효과를 거둘 수 없다. 투수에게는 많은 것을 가르칠 수 있으나 타자에게 공을 잘 때릴 수 있는 방법을 가르치기는 어려운 일이다."

투수는 저 혼자 연습하더라도 기량을 향상시킬 수 있다. 타자는 그렇게 향상된 피칭에 '대응해서' 그것을 공략할 수 있는 기술을 뒤따라 개발할 수밖에 없는 속성을 갖고 있다.

오늘날 메이저리그에 올라 있는 투수들은 어릴 때부터 텔레비전을 통해 메이저리그 경기를 보면서 자랐고, 센터 쪽에서 잡은 카메라 렌즈를 통해 투구법을 속속들이 지켜봤으며, 리틀리그 시절부터 체계적인 연습을 쌓았고, 고교, 대학 나아가 마이너리그에서 수준 높은 교육을 받은 경우가 대부분이다. 또 마이너리그 감독들은 종전처럼 흘러간 퇴물들이 자리를 꿰차고 있는 게 아니라 선수 육성 능력을 인정받았기 때문에 그 자리에 기용된 사람들이다.

오늘날의 투수들은 약관이 되기 전부터 이미 타자들을 연구하고 적절한 구질을 선택하는 요령을 익히고 있다. 주자들을 베이스에 바짝 묶어 두는 견제 기술의 필요성도 깨닫고 있으며 번트 상황에서는 어떻게 대처해야 하는지도 잘 알고 있다. 그들은 또 어릴 때부터 무조건 강하게만 던지는 것보다 컨트롤이 중요하다는 것을 배우면서 자랐고 전반적인 체격 조건도 전 세대에 비해 강대해졌다.

이런 사실들로 인해 요즘 투수들이 과거 투수들보다 반드시 더 빠르게 던지고, 더 스트라이크를 잘 넣고, 커브의 낙차를 더 예리하게 만든다는 보장이 없더라도 투구 요령이 늘어난 덕분에 타자들보다 우위를 점하고 있는 것만은 분명하다. 30년 전의 투수들도 똑같은 내용을 배운 것은 사실이었다. 다만 그들은 이십 대 중반의 나이로 메이저리그에 올라오고 난 뒤에야 배울 수 있었고 타자들은 그들이 아직 미숙한 개발 단계에 있을 동안 마음껏 두들겨 개인 타격 기록을 올리는 데 이용했다.

이와 아울러 젊은 투수를 중용하고, 그들을 체계적으로 키워 내고, 마이너리그 팀 수가 감소하는 현상에 따라 능력이 떨어지거나 적어도 장래성이 희박한 투수는 더 이상 발붙일 데가 없어졌다. 과거에는 각 팀에서 네댓 명의 선발투수들은 쟁쟁한 실력을 지녔다 하더라도 나머지 다섯 명은 기량이 그들보다 현저히 떨어지는 사람들로 짜여 있었다. 그러나 오늘날 구원투수들 중에는 오히려 선발투수보다 뛰어난 능력을 가진 경우도 없지 않다.

다시 말해서 각 시대를 주름잡았던 불세출의 투수들은 너 나 할 것 없이 단연 독보적인 기량을 뽐냈지만 '얼치기' 투수들의 숫자는 오늘날 크게 줄어들었다는 것을 얘기하려는 것이다. 그리고 우수한 투수들로부터 뽑은 안타와 엉성한 투수들로부터 빼앗은 안타는 기록상으로 구분되지 않는다.

2차 세계 대전 이전(1940년)만 하더라도 투수들의 주요 레퍼토리는 직구와 커브, 체인지업 등 서너 가지에 지나지 않았다. 그 밖에는 너클볼 전문 투수가 더러 있었고 칼 허벨은 특유의 역회전볼(스크루볼)로 명성을 날렸다. 그리고 슬라이더는 막 실용 단계에 들어서던 참이었다.

그러다가 슬라이더가 주요 레퍼토리의 하나로 자리 잡으면서 투수들은 너 나 할 것 없이 그 효과를 만끽했다. 이 투구법은 직구와 커브의 중간 형태로 날아들기 때문에 타자를 헷갈리게 만드는 데 효과 만점이었다. 스핏볼을 점잖게 표현하는 싱커sinker도 다양한 모습으로 출현해 널리 퍼져 나갔다. 너클볼은 더욱 일반화됐고 스크루볼을 구사하는 좌완 투수들도 훨씬 많아졌다.

오늘날 대단한 위력을 발휘하는 구종은 '스플리터'라고도 불리는 스플리트핑거드 패스트볼split-fingered fastball이다. 이것은 홈플레이트 앞에서 갑자기 툭 떨어지는 고약한 싱커다.

너클볼은 도루를 허용할 우려가 많기 때문에 약간 천대를 받고 있다.

더욱 중요한 사실은 투구 패턴이 더욱 적극적이 되고 타자가 헷갈리도록 발전했다는 점이다. 요즘은 볼카운트가 0—3, 1—3, 또는 0—2인 상황에서도 타자가 '다음 공은 틀림없이 직구'라고 짐작했다가는 큰코다치는 시대가 됐다.

가장 큰 변화는 마무리 투수층의 강화다. 원래 마무리투수란 선발투수의 기력이 쇠해졌을 때 게임의 종반을 맡는 투수로서, 능력으로 보면 선발보다 한 단계 처지는 사람의 몫이었던 게 보통이었다. 요즘 감독들은 불펜에 남겨 둔 강력한 마무리투수를 투입하지 못해 안달할 지경이 됐으며 중간 계투 요원들도 종전과는 비교가 안 될 정도로 막강해졌다.

이런 마운드의 분업화에 따라 타자들에게는 세 가지 불리한 점이 생겼다. 첫째, 선발투수는 여차하면 언제라도 강력한 구원투수가 뒤이어 나올 것이므로 완투를 위한 페이스 조절은 염두에 두지 않고 처음부터 전력을 다해 던진다. 둘째, 구원투수는 원기 왕성한 상태에서 7, 8, 9회에 등판하므로 타자로서는 지친 투수를 상대할 때의 이득을 기대할 수 없게 됐다. 셋째, 결정적인 상황을 맞으면 수비측은 구원투수들을 다양하게 대기시켰다가 특정 타자에게 강한 투수를 골라 투입한다.

이런 점들이 전체 평균 타율에 어떤 영향을 미치는지는 이미 살펴본 바와 같다. 양대 리그를 합친 평균 타율이 무려 0.290에 달했던 1930년의 경우를 보면 아메리칸리그에서 538게임, 내셔널리그에서 560게임 등 모두 1,098게임을 투수 한 명이 완투한 것이었다. 이는 곧 타자가 동일한 투수와 하루에 네댓 차례 상대할 수 있었다는 얘기가 된다. 타율이 뚝 떨어진 1968년에는 팀 수가 늘어나고 시즌이 길어져 약 400게임이 불어났는데도 양대 리그를 통틀어 완투 경기는 897게임으로 줄어들었다. 1989년에는 연인원 4,212명의 선발투수 가운데 완투해 낸 투수는 483명뿐이었다.

다시 정리하자면 1930년에는 전체 경기 수의 절반가량이 완투로 끝났다. 1968년에는 약 4분의 1선으로, 1989년에는 9분의 1로 줄어들었다. 그러니까 1930년의 타자는 선발투수가 지치는 게임 후반에 타율을 끌어올릴 여지가 많았다는 뜻이다.

자, 이제 간단한 산수를 해 보자. 어느 타자가 매일 경기를 치를 때마다 처음 세 타석에서 한 개의 안타를 뽑고 네 번째 타석에서는 언제나 아웃당했다고 하자. 그 타자의 타율은 0.250이 된다. 만약 그가 네 번째 타석에서 사흘에 한 번꼴로 안타를 생산한다면 그의 타율은 0.333으로 불쑥 올라간다. 1930년에는 네 번째 타석에 등장할 때 이틀에 한 번꼴로 선발투수를 상대했다. 1968년에는 네 번 중 세 번은 기운이 펄펄 살아 있는 구원투수와 싸워야 했다. 따라서 모든 면에서 능력이 똑같은 타자라 하더라도 1930년에 뛰던 타자가 1968년 무대에 선다면 네 번째 타석에서 사흘에 한 번꼴로 안타를 뽑기가 훨씬 어려워진다. 다섯 번째 타석에서도 마찬가지다. 그렇게 150게임 이상 뛰고 나면 이런 산술에 따라 1930년에 0.333을 기록했던 타자라도 1968년에는 0.300이하로 떨어질 수밖에 없을 것이다. 3푼 이상의 차이는 바로 이런 데에서 나타난다고 볼 수 있다.

위와 같은 산수는 숫자가 지닌 의미의 이해를 돕기 위해 단순하게 도식화한 것이지만 실제 상황도 거기서 크게 벗어나지 않는다. 대체로 타자는 어느 한 투수를 하루에 여러 차례 상대하게 되면 안타를 쳐낼 확률이 높아진다. 이닝이 거듭될수록 투수가 지치고 실투할 빈도가 높아지는 면도 있지만 타자로서도 투수의 모션을 익히고 구질을 파악할 수 있기 때문이다. 따라서 구원투수들이 자주 교체 등판하게 되면 전반적인 타율이 떨어지는 것은 불가피하다. 구원 투수를 활용하는 의미는 바로 여기에 있으며 통계를 놓고 보면 그들이 임무를 제대로 수행하고 있다는 것을 알 수 있다.

구종의 다양화와 릴리프진의 강화 외에도 감독이 작성한 자료와 스카우트 요원의 정보가 쌓여 감에 따라 마운드는 더욱 높아졌다. 탁월한 투수는 어느 시대를 막론하고 상대 타자들을 연구할 줄 알지만 과거의 평범한 투수들은 그런 작업을 할 줄 몰랐다. 그리고 왕년의 감독이나 코치들은 전적으로 기억력에 의존해서 상대방을 파악하곤 했는데 그러다 보면 착오가 생기는 수가 많았다. 오늘날에는 모든 투수가 모든 타자를 상대로 한 과정과 결과를 일일이 차트로 남겨 놓으며 단순히 투수의 기억력에만 맡겨 두지 않는다. 과거에는 빼어난 투수들만이 알고 활용하던 상대 분석을 이제는 '모든' 투수들이 활용하기에 이르렀다.

피칭의 양상은 이렇게 엄청나게 변했다. 따라서 이런 투고타저 현상은 해가 거듭될수록 더욱 심화될 것이다.

둘째, 타자들의 타격 성향도 타율을 떨어뜨리는 데 한몫 거든다. 타자들은 거의 대부분이 홈런을 노리고 있으며 그런 취향은 리틀리그에서부터 길러진다. 그들은 크게 스윙한다. 이것은 배트 컨트롤의 약화를 뜻하며 타율 하강과 홈런 양산을 동시에 부른다. 1930년에도 홈런은 풍성히 나왔고 핵 윌슨은 56홈런으로 내셔널리그 시즌 최다 신기록을 세웠다. 그러나 현대의 홈런 수는 그때보다 훨씬 늘어났다. 1930년대 전반에 걸쳐 양대 리그의 통산 타율은 0.280이었고 홈런은 매 100게임마다 110개 꼴로 나왔다. 1960년대 통산 성적을 보면 타율은 0.250으로 약간 처진 반면 홈런은 100게임당 160개로 30년 전보다 거의 50퍼센트가량 늘어났다. 이 수치는 그 뒤 변함없이 유지돼 왔다.

그러므로 타자들은 전체를 뭉뚱그려 말하자면 의식적으로 장타를 노리며 그 대가로 타율의 하강이 이뤄진다고 할 수 있다. 종전의 타자들은 삼진당하는 것을 부끄러워했고 감독은 잦은 삼진에 불쾌감을 나타내기도 했다.(어떻게 하든 삼진당하지 않고 배트에 공을 맞혀 타구가 움직이도록 해야만 공격상의 팀플레이에 도움이 된다고 생각했다.) 그러나 요즘 타자들은 입으로는 공을 맞혀야 좋다면서 실제로는 삼진을 당하더라도 어쩌다 한 번씩 장타를 뽑으면 충분히 만회하는 셈이라며 삼진을 대수롭지 않게 여긴다. 만약 현대 타자들이 단타를 노리면서 1930년대의 타자들처럼 저스트 미팅에 치중한다면 타율은 거의 그때 수준으로 회복될 것이다.

셋째, 글러브도 타율을 깎아내리는 데 일조하고 있다. 초창기부터 1940년대까지 야수들은 자그마한 글러브를 사용했다. 글러브를 사용하는 가장 근본적인 목적은 손을 보호하는 데 있었다. 그러다가 글러브는 사이즈가 점점 커지면서 종전 같았으면 한 뼘 차이로 빠져나갔을 타구들을 걷어올리는 올가미 구실을 하게 됐다. 내야수들은 아무리 강한 타구라도 척척 걷어 낸다. 외야수들은 옛날의 구식 글러브였더라면 손가락을 퉁기고 빠져나갔을 플라이도 척척 빨아들인다. 요즘 외야수들은 거의 유행처럼 플라이 타구를 한손으로 잡아채는데(전통적인 야구 이론가들은 이런 모습에 눈살을 찌푸린다.) 큼직한 글러브를 내밀 때는 다른 손으로 받치는 게 오히려 거추장스럽기 때문이다.

이런 수비 도구의 개선에 따라 타자는 누구나 시즌당 안타 여섯 개쯤 손해를 본다고 할 수 있다. 연간 타수를 500이라고 친다면 그 6안타의 손실은 타율 0.12쯤 깎아내리는 셈이 되며 다시 말해서 0.303의 타자(대단한 성적이다.)를 0.291인 타자(나쁘다고는 할 수 없지만 연봉 협상에서 큰소리치기는 곤란한 성적이다.)로 만든다.

넷째, 야수들은 타구를 잡아내는 도구만 개선한 게 아니라 타구의 길목을 지키는 위치 선정도 한 걸음 발전시켰다. 상대 타자에 따른 수비 위치 이동은 40여 년 전만 해도 상상도 못한 일이었기 때문에 루 부드로가 '테드 윌리엄스 시프트'를 만들어 냈을 때 그에겐 당장 천재라는 칭호가 붙여졌다. 오늘날에는 타자─투수─투구에 따른 수비 위치 이동은 상식화됐으며 이 역시 종전처럼 개인의 판단에 의존하는 것이 아니라 코칭 스태프의 지시에 따르게 됐다. 전에도 물론 탁월한 야수는 항상 적절한 위치를 선정하는 재간을 발휘했지만 요즘은 평범한 선수까지도 최선의 위치 선정을 하기에 이르렀다.

다섯째, 구장의 규모가 달라졌고 전반적으로 수준이 향상된 투수들은 그런 변화를 십분 활용한다. 1930년에 사용되던 내셔널리그의 에베츠 필드는 라이트 펜스 거리가 296피트(89.7m)에 불과했다. 폴로 그라운드는 양쪽 파울라인이 각각 250피트(75.8m)와 278피트(84.2m)밖에 되지 않았다. 필라델피아의 베이커 보울은 라이트 펜스가 280피트(84.8m)였으며 보스턴의 브레이브스 필드의 라이트 쪽 펜스 거리는 297피트(90m)였다. 이렇게 어느 한쪽으로 홈런을 얻어맞을 위험이 높은 구장에서 던지는 투수들은 장타를 피하기 위해 단타를 내줄 각오로 던질 수밖에 없으며 포볼 허용도 많아진다. 1972년에는 사정이 전혀 달라졌다. 당시 사용되던 열두 개의 내셔널리그 구장 가운데 열한 개가 1960년 이후에 신축된 것으로서 좌우 대칭을 이루고 있으며 파울라인이 330피트(100m) 이하인 곳은 한군데도 없다.(유일한 구식 구장인 시카고의 리글리 필드만 해도 홈런 공장이기는 하지만 좌우 대칭인 데다 합리적으로 지어져 있다.) 1989년에는 오로지 보스턴의 펜웨이 파크와 개축한 양키 스타디움만이 양쪽 펜스가 비대칭을 이루고 있다. 시애틀과 미네소타에 지어진 돔 구장은 그 나름대로 홈런이 양산되는 구장이긴 하지만 전체 스물여섯 구장 가운데 스물세 구장이 좌우 대칭이다.

여섯째, 구단 증설은 타순에 영향을 미친다. 혹자는 이렇게 물을지 모른다. 팀 수가 늘어남에 따라 종전 같았으면 마이너리그에 머물러 있을 허약한 타자들이 메이저리그에 대거 진출했다면 투수층 사정도 마찬가지일 게 아닌가? 그러나 그렇지 않다. 투수는 누구를 막론하고 일단 강타자와 상대할 때는 정면 승부하지 않고 슬슬 피하는 피칭을 하게 마련이다. 그러므로 타자는 자기 뒤의 타순에 강력한 타자가 따라붙지 않으면 때리기 좋은 공을 구경하기가 어려워진다. 구단 증설에 따라 전반적으로 타선이 허술해졌다. 대여섯 명의 강타자가 줄줄이 늘어서서 앞 타자를 간접 지원하는 팀은 보기 드물고 대부분의 팀들이 서너 명의 우수 타자만 거느리게 됐을 뿐이다. 이런 현상은 어느 특정 게임에만 영향을 미치는 게 아니라 우리가 지금 살펴보고 있는 거시적인 안목에서의 평균 타율에도 악영향을 미친다. 1927년의 양키스처럼 캄스, 쾨니히, 루스, 게릭, 뮤절, 라제리를 줄줄이 내보내거나, 1950년대의 다저스처럼 리즈, 길리엄, 로빈슨, 스나이더, 하지스, 푸릴로, 캄파넬라가 잇따라 타석에 등장한다면 과연 누구를 피하고 누구와 승부를 걸 수 있겠는가? 1989년의 샌프란시스코 자이언츠가 윌 클라크와 케빈 미첼이라는 당대 최고의 강타자들을 3, 4번에 배치하고도 페넌트레이스에서 이렇다 할 성적을 내지 못하다가 마이너리그에서 매트 윌리엄스를 끌어올려 5번에 투입하고 나서야 정상으로 치달을 수 있었던 예도 이런 사실을 뒷받침하고 있다. 힘이 집중된 타선을 꾸며야만 비로소 선수 개개인이 갖고 있는 힘을 최대한 발휘할 수 있는 법이다. 구단 증설은 이런 것에 역행하고 있다. 만약 현재의 메이저리그 구단 수를 열여섯 개로 축소한다면 아마 1930년대의 타율을 회복할 수 있을 것이다.

일곱째, 장거리 이동도 타율을 떨어뜨리는 데 한몫을 거든다. 구단 증설이 이뤄지기 전에도 다저스와 자이언츠가 캘리포니아로 옮겨 가는 바람에 선수들의 이동 거리는 훨씬 늘어났다. 1955년까지만 해도 가장 긴 이동이라 해봤자 기차로 스물다섯 시간 걸리는 보스턴—세인트루이스 간이었다. 그러나 선수단 이동의 안락도^{安樂度}에서는 더 큰 차이가 나타난다. 과거에는 한 도시에서 사나흘 묵고 야간 열차 편으로 다음 도시를 찾아가곤 했다. 기차 편으로 열두 시간을 달리더라도 한밤중에 두 시간 동안 제트기로 여행하는 것보다는 오히려 피로도가 낮으며(숙소에서 공항까지 이동하는 시간도 여기에 추가해야 한다.) 미대륙의 동서안을 오가는 비행기 여행의 피곤 따위는 그 시절에는 느낄 필요가 없었다.

구단이 증설됨에 따라 이동은 더욱 잦아졌고 때로는 하루 이틀 만에 보따리를 꾸려 다른 도시로 옮겨야 하는 경우도 생겼다. 그보다 더 골치 아픈 것은 이동 상황이 일정치 않다는 것이다. 식사 시간, 잠자리에 드는 시간, 연습 시간, 경기 시간, 휴식 시간이 제멋대로가 됐다. 타율이라는 것은 6개월에 걸친 시즌을 통해 얼마나 타격의 안정성을 유지하느냐를 재는 기준이라고 할 수 있다. 따라서 이것은 불규칙적인 생활에 나쁜 영향을 받지 않을 수 없다. 그러나 투수들은 매일 마운드에 서는 게 아니므로 타자들에 비해서는 피해가 적다.

뉴욕 자이언츠의 빌 테리는 1930년에 4할대 타율(0.401)을 기록, 내셔널리그 최후의 4할 타자로 남아 있다. 그는 154게임 중 88게임을 홈에서 치렀다.(같은 도시에 자리 잡은 브루클린 다저스와의 11게임을 포함한 숫자다.) 22게임은 인접 도시인 필라델피아와 보스턴에서 치렀다. 그리고 피츠버그를 거쳐 신시내티―시카고―세인트루이스를 잇는 서역 기행을 한 시즌에 세 차례 거듭했는데 일단 한 도시에 들어가면 사나흘씩 머무르곤 했다. 이렇게 뛴 것이 도합 44게임이다.

반면 1989년에 샌프란시스코 자이언츠의 윌 클라크가 0.333을 기록하기까지 지나온 발자취를 살펴보자. 162게임 중 81게임은 홈에서 치렀지만 나머지 81게임을 치르는 데는 무수한 여정을 거쳐야만 했다. 그 팀의 일정표를 살펴보면, 샌디에이고―신시내티―홈, 로스앤젤레스―세인트루이스―피츠버그―홈, 시카고―몬트리올―필라델피아―뉴욕

—홈, 애틀랜타—신시내티—홈, 샌디에이고—휴스턴—홈, 피츠버그—세인트루이스—홈, 시카고—애틀랜타—휴스턴—로스앤젤레스—홈, 몬트리올—필라델피아—뉴욕—홈, 신시내티—애틀랜타—휴스턴—홈. 로스앤젤레스—샌디에이고. 그리고 나서 다시 시카고로 날아가 플레이오프를 치렀다.

이 여정을 지도를 펴놓고 따라가 보기 바란다. 그러고도 타율에 영향을 미치지 않을 수 있는지 살펴보기 바란다.

여덟째, 생활의 불규칙성은 야간 경기 때문에 가중된다. 야간 조명등이 아무리 밝더라도 낮 경기를 치를 때보다는 타자에게 불리하다는 게 상식이다.("조명 불빛은 공의 윗부분만 비치고 아랫부분엔 그림자가 진다."는 게 선수들끼리 하던 농담이었다.)

그러나 요즘은 대부분의 선수들이 어렸을 때부터 야간 경기를 치르며 자라 온 덕분에 거기에 익숙해졌을 뿐 아니라 몇몇 선수는 오히려 낮 경기보다 야간 경기를 선호하고 있다. 텔레비전 중계의 편의를 위해 오후 경기(4시에 시작)를 한다든지, 잔뜩 구름이 낀 날씨 속에서 경기를 치른다든지 하는 것보다는 차라리 야간 경기가 편하다는 것이다. 그리고 (텔레비전 중계를 위해) 조명술도 현대에 와서는 무척 발달했다.

그러나 심각한 문제는 불규칙성이다. 1930년에 뛰던 빌 테리는 항상 똑같은 시각에 심판의 '플레이볼!' 소리를 듣고 경기를 치를 수 있었다.(오후 경기였다.) 클라크는 일주일에 전 게임의 3분의 2를 야간 경기로 치르고 적어도 일주일에 한두 번은 야간 경기를 치른 이튿날 낮 경기를 벌여야 했다. 이런 들쭉날쭉한 경기 시간은 기자들까지 피로에 지치게 만드는데 하물며 시속 90마일이 넘는 공을 상대로 싸워야 하는 선수들에게는 오죽 괴롭겠는가. 식사, 수면, 습관에도 불규칙성이 파고들어 선수들을 괴롭힌다. 그 결과는 어떻게 나타나겠는가? 게다가 시차 적응까지 해야 하는 상황에서는 타율 관리가 그만큼 더 어려워진다.

아홉째, 다시 선수들의 심리 상태로 돌아가 보자. 홈런을 노리며 큰 스윙을 하는 타자들은 핸들이 가늘고 가벼운 배트를 즐겨 사용한다. 이런 배트는 스윙하기가 쉬울 뿐 아니라 일단 공에 맞기만 하면 배트가 휘청거리는 채찍 같은 효과를 내어 타구를 더 멀리 날려 보내게 된다. 단 '공을 맞힌다'는 전제가 있어야만 한다. 손잡이가 굵고 무거운 배트는 공을 강하게 때릴 수 있는 면적이 그만큼 넓어지며 어쩌다 한 번씩은 손잡이 쪽에 공이 맞더라도 안타가 될 수 있다. 그러나 가벼운 배트로는 그런 경우가 생기지 않으며 때로는 정확히 중심에 맞히고도 배트가 부러져 버리는 수가 있다. 여기서도 선수들이 장타를 선호하는 바람에 타율을 갉아먹는 현상이 나타난다.

열째, 고액 연봉도 그런 태도를 부추긴다. 오래전부터 "홈런 타자만이 캐딜락을 몬다."는 말이 전해 온다. 캐딜락이라는 것은 부의 상징이다. 그런데 요즘은 스타뿐 아니라 어지간한 선수들까지도 예전에는 꿈도 꾸지 못했을 거액 연봉을 받게 되자 선수들의 직업 의식도 달라졌다. 제자리를 지키지 않으면 안 되겠다는 의식이 생긴 것이다. 이런 마음가짐으로는 자기가 이미 일구어 놓은 것에 안주하면서 더 기량을 향상시키기 위해 모험할 생각을 갖지 않으며 코칭 스태프의 조언에도 귀를 기울이지 않게 된다.

그리고 땅볼로 내야수 사이를 빠져나가는 안타보다는 홈런이 훨씬 더 큰 매력을 갖고 있는 것은 틀림없다. 그러나 그런 정신 자세로는 집중력을 잃고, 상당한 실패까지 대수롭지 않게 여기게 되고, 과거에는 애써 감추고 말았을 사소한 부상에도 허물어지는 현상을 낳는다. 이게 더 큰 문제다. "나는 이제 게임을 승리로 이끌고 싶은 욕심이 별로 없다."라고 내놓고 말하는 사람은 없다. 그러나 승리가 안정권에 든 시점에서는 어딘가 정신이 느슨해져 저마다 최선을 다하지 않게 되는 것과 마찬가지다. 그런데 타율이라는 것은 정신을 최대한 집중해서 만들어 내는 안타와 실수를 통괄해서 산정되는 것이다.

게다가 통계는 에이전트가 연봉 협상에 나설 때 결정적인 자료가 된다. 타자에게는 홈런 열 개가 더 많은 편이 타율 1푼이 높은 것보다 연봉 조정관이나 올스타 투표에 응하는 팬, 그리고 주변의 친구들에게 주는 이미지가 더 강렬하다.

열한째, 헬멧의 영향은 필자가 최근에 생각해 낸 것인데 과연 그 영향이 어디까지 미치는지 단정적으로 말할 수는 없지만 빼놓을 수 없다.

필자는 이 책의 첫머리에서 타격을 제대로 하려면 두려움에서 벗어나야 한다고 밝혔다. 헬멧은 바로 그런 두려움을 덜어 내는 데 도움을 주는 장치다. 빠른 공에 맞았다간 목숨을 잃을지도 모르는 머리를 보호하는 장비를 갖췄다는 것은 바람직한 일임에 틀림없다.

필자가 의아하게 여기는 점은 이런 것이다. 만약 타자가 공에 맞는 빈도가 줄어들고 헬멧을 씀으로써 최악의 사태는 방지할 수 있게 됐다고 안심하고 타석에 들어서면 집중력이 떨어질까? 사실 헬멧을 썼다고 해서 '본능적인' 두려움이 완전히 사라지는 것은 아닐 것이다. 그러나 여러 가지 걱정거리 중에서 가장 큰 걱정거리 한 가지를 덜어 버리면 경계심이 느슨해지는 것은 불가피할 것이다. 경계심을 집중력이라는 말로 바꿔 놓고 보면 타자가 타석에서 집중하는 '대상'이 달라지는 것인지도 모르겠다. 자기가 기다리고 있는 것에는 좀 더 집중하고, 그 대신 기다리지 않는 것에는 더욱 소홀해지는 것은 아닐까.

이런 일들이 누구에게나 똑같이 적용되지는 않을 것이다. 그리고 타자들이 누구나 똑같이 안일해진다고 생각되지도 않는다. 그러나 육체적 긴장이 풀리면 혹시 그만큼 정신적 긴장도 풀어지는 것은 아닐까. 타자가 의식적으로 이런 육체적—정신적인 면을 연결 짓지 않는다 하더라도 무의식 속에서 연결돼 있는 것은 아닐까. 그렇게 되면 상대방이 무엇을 던질 것인지, 내가 기다리는 것은 무엇인지, 저 투수는 어떤 식으로 나를 아웃시키려고 할 것인지에 대해 최대한으로 경계심을 갖추지 못하게 되는 것은 아닐까. 필자는 여기에 대해 확실한 답변을 할 수 없을 뿐 아니라 무의식에 대해서는 아예 언급할 능력도 없다. 그러나 야구 당국이 부지불식간에 심각한 문제를 야기했다는 점만은 밝히지 않을 수 없다. 이것은 1960년대에 자행한 '공격력 말살'을 가리킨다.

1961년에는 유난히 홈런이 많이 터져 나왔다. 특히 로저 매리스가 61홈런을 때려 내 베이브 루스의 60홈런 기록을 돌파하자 야구 원로들은 분노를 금치 못했고 공이 부정하게 제조됐다는 헛소문까지 나돌 정도였다. 이듬해인 1962년도 타고투저가 활개를 친 해였다.(그렇더라도 1930년대의 추세에는 미치지 못했다.) 그와 함께 미식축구가 텔레비전의 인기를 끌면서 대중의 시선이 그쪽으로 쏠리자 야구계는 야구 경기의 진행 속도가 '너무 느리다'는 비판에 민감하게 반응하지 않을 수 없었다.

그러자 누군가가 포볼을 줄이는 것이 게임의 빠른 진행을 돕는 방법이라는 의견을 내놓았고 스트라이크존의 정의를 바꾸기에 이르렀다. 규칙상의 자구(字句)를 수정한 것은 아니었으나 심판들에게 스트라이크존을 넓혀 판정하라는 지시가 내려진 것이었다.

그 결과는 엄청났지만 아무도 거기에 주목하지 않았다. 다음과 같은 비교표를 살펴보기 바란다.

	1962년	1963년	차이
득점	14,461	12,780	-1,681

홈런	3,001	2,704	-297
타율	0.258	0.246	-0.012
포볼	10,936	9,591	-1,345
삼진	17,567	18,773	+1,206

똑같은 팀들이 똑같은 선수로 똑같은 경기 수를 똑같은 구장에서 똑같은 조건으로 치렀는데도 겨우 한 해 사이에 공격력에서 그토록 큰 차이가 벌어진 적은 1962년에 이르기까지 수십 년 동안 한번도 없었다. 포볼이 1,345개가 줄고 삼진이 1,206개나 불어난 것은 결코 우연이라고 할 수 없었고 타자들이 집단 슬럼프에 빠졌다고 말할 수도 없었다. 게다가 1963년의 성적은 그 뒤 몇 년간 성적의 기준치가 됐으며 1967년과 68년의 타격 성적은 그보다 더 떨어졌다. 1968년에는 득점이 11,099점, 홈런은 1,995개, 타율은 0.236, 포볼은 9,156개로 각각 떨어졌고 삼진은 19,143개로 늘어났다.

왜 이런 현상이 벌어졌는가 하는 것은 조금만 깊이 생각해 보면 금방 알 수 있다. 투수들이 공을 던지는 타깃은 넓어졌고 타자들은 치기 싫은 공에도 배트를 내밀지 않을 수 없었다. 타자들이 더욱 골탕먹는 것은 심판들이 스트라이크존을 위아래로만 넓힌 게 아니라 바깥쪽 낮은 공까지 스트라이크로 잡아 주는 것이었다. 가장 고약한 것은 바로 이것이었다. 전에는 볼로 판정되던 바깥쪽 낮은 공에 대고 심판들이 '스트라이크!'를 외칠 때 타자들은 치를 떨지 않을 수 없었다.

그게 제3스트라이크라면 타자는 꼼짝없이 삼진으로 물러나는 수밖에 없었다. 그러자 타자는 어떤 게 좋은 공이고 어떤 게 나쁜 공인지 가릴 여유가 없게 됐으며 스트라이크존 근처에 들어오는 어지간한 볼이면 우선 때리고 봐야 했다. 그러다 보니 타격 기술 자체에도 변화가 올 수 밖에 없었다. 투수들은 십중팔구 타자들이 치기 어려운 바깥쪽 낮은 지역으로 찔러대며 칠 테면 쳐 보라는 식으로 던졌다.(밥 레먼 감독은 "항상 바깥쪽 낮은 곳으로 공을 던질 수 있는 투수라면 백전 백승할 수 있다."라고 말할 정도였다.) 이제 그 지점은 투수들의 좋은 타깃이 됐고 타격은 빈사 상태에 빠지는 게 당연했다.

 이런 현상이 가장 단적으로 나타난 것이 1966-68년의 올스타전이었다. 내로라하는 간판 타자들이 줄줄이 등장하는 이 경기에서 제아무리 우수한 투수라도 3이닝 이상 던질 수 없는데도 1966년에는 2—1, 1967년에는 15회까지 연장전을 벌인 끝에 2—1(삼진이 서른 개나 나왔다.), 1968년에는 1—0이라는 스코어로 경기가 끝났다.

 1968년에도 심각한 투고타저 현상이 이어지자 야구 당국도 더 이상 수수방관하고 있을 수만은 없었다. 그래서 그들은 두 가지 조치를 취했는데 하나는 스트라이크존을 좁히는 것, 또 하나는 마운드의 높이를 15인치에서 10인치로 낮춘 것이었다.

 아닌게아니라 1969년과 1970년에는 타력이 소생하는 기미가 나타났다. 그러나 그 효과는 부분적인 것에 지나지 않았다. 왜냐하면 심판들의 스트라이크존에 대한 눈이 종전으로 되돌아가기가 생각처럼 쉽지 않았기 때문이다. 그나마 전반적인 타격 성적이 올라간 것은 구단 증설에 따라 '일시적으로' 엉성한 투수들이 마운드에 많이 등판한 덕분이었다.

 그러다가 1971년에도 타격의 불황이 이어지자 마침내 아메리칸리그는 1973년에 지명타자 제도라는 전대미문의 제도를 도입하기에 이르렀다.

 필자와 동년배인 사람들 중에는 스트라이크존이 종전으로 원상 복구되지 않았고, 심판들의 스트라이크, 볼 판정이 일정치 않으며, 그들의 판정이 왔다갔다하는 바람에 선구안이 좋은 타자들까지도 부당하게 손해를 본다고 말할 사람도 있을 것이다. 그게 사실이든 아니든 타력은 공의 반발력이 좋아진 1977년에 가서야 비로소 회생하는 기미를 보이기 시작했다. 여기에 대해서는 추후 설명하기로 한다.

그러므로 만약 서로 연대가 다른 기록과 통계들을 비교하겠다고 나서는 사람이 있다면 필자는 말리고 싶다. 굳이 그렇게 비교하겠다면 지금까지 밝힌 시대적 특성들을 우선적으로 고려하라고 충고하겠다. 비교 행위가 타당성을 갖는 것은 같은 연도의 양 리그를 서로 비교하는 정도일 것이다.

그러나 어쨌든 윌 클라크나 토니 권, 돈 매팅리, 호세 칸세코, 그 밖의 몇몇 현대 선수가 숫자로 나타난 성적으로 볼 때 과거의 쟁쟁한 타자들보다 능력이 한 수 처진다고 말하는 사람이 있다면 필자는 절대로 그 말에 동조하지 않겠다.

24 가장 위대한 투수

스포츠계에서 '가장 위대한 선수'를 단 한 명만 골라내라는 것처럼 허황된 일은 없을 것이다. 그러면서도 한 번쯤은 그렇게 해보고 싶어 근질근질해지는 것이 바로 이 대목이기도 하다.

그런 작업이 허황된 일이라고 말하는 이유는 서로 시대가 다르고 활동한 리그가 다른 만큼 최고를 가리기 위한 명확한 기준을 설정하기가 어렵기 때문이다. 어떤 분야에서 숫자로 나타난 '최다', 챔피언처럼 '분명한 최고', 또는 '최고 기록', '가장 뛰어난 업적' 따위는 명확히 골라낼 수 있지만 일반적인 의미의 '가장 위대하다'는 것은 어디까지나 주관적인 판단을 넘어설 수 없다.

그렇지만 최고를 골라 보고자 하는 욕심이 생기는 이유도 바로 거기에 있는지도 모른다. 우리는 누구나 제 의견을 내세우기 좋아한다. 위대한 선수들의 재능과 업적을 파헤치고, 대기록들을 비교 검토하고, 완숙미를 따져 보는 방법을 모색하고, 야구가 이뤄 놓은 업적으로 채워진 기억의 창고를 더듬어 보는 것은 필경 즐거운 일이 아닐 수 없다.

필자는 25년 전에 쓴 이 책 초판의 '가장 위대한 투수'라는 항목에서 이 부분을 다룬 바 있다. 이 항목은 두 가지 이유에서 재론할 필요가 있다. 첫째는 25년 전에 비해 야구사에 기록된 통계 자료들이 엄청나게 바뀌었다는 것, 둘째는 그럼에도 당시 내가 내렸던 결론이 아직도 타당하다고 생각한다는 것이다.

25년 전에는 언급되지 않았던 놀란 라이언, 톰 시버, 게이로드 페리 등은 그동안 기록집의 내용들을 바꾼 인물들로 '가장 위대한 투수'의 새로운 후보에 오를 만하다. 최근 20년 사이 탈삼진이나 승수를 놀랄 만하게 쌓은 투수들이 대거 등장했는데 이는 타자들의 타격 성적이 하향길에 접어든 현상과 맞물려 있는 것이라 하겠다. 이런 것은 동전의 앞뒷면을 이루고 있다. 타격 성적이 떨어지는 것이 반드시 타자들의 능력 저하 탓만은 아닌 것처럼 투수 기록이 향상되는 것도 투수들의 능력이 향상된 덕분만은 아니다.

여기서 300승과 3,000탈삼진이라는 두 가지 이정표를 살펴보자.

양대 리그가 동서부 지구로 나뉘기 전인 1968년까지 300승 이상을 거둔 투수는 열네 명에 지나지 않았다. 그들 중에서 2차 세계 대전 이후까지 활동한 선수는 위렌 스판과 얼리 윈 등 두 명뿐이었다. 그리고 그때까지 전체 야구사를 통틀어 3,000탈삼진을 돌파한 투수는 월터 존슨(3,508개)이 유일했다.

1989년 말이 되자 300승 투수는 다섯 명, 3,000탈삼진 투수는 9명이 추가됐다. 그 이유는 명백하다. 팀 증설로 게임 수, 스트라이크존과 타격 스타일에 변화가 일어나 삼진의 빈도 수가 늘어났다. 또한 투수의 컨디션 조절법이 발달하고 5인 선발 로테이션이 도입되면서 무리한 등판을 피할 수 있게 됐을 뿐 아니라 연봉이 급상승하자 에이스급 투수들의 선수 생명이 길어졌고 그에 따라 누적 기록도 불어나게 됐다. 그리고 이 시기에 활약한 투수들은 2차 세계 대전 당시의 징병처럼 선수 생활을 중단시키는 장애물에 걸리지도 않았다. 이들의 앞세대는 선수로서의 전성기에 공백이 생기는 바람에 생애 통산 기록 작성에 적지 않은 지장을 받아야 했다.

그러나 그런 것은 최우수 투수가 되지 못하는 데에 대한 타당한 변명거리가 되지 못한다. 기록은 어디까지나 기록이며 일단 상호 비교에 들어가면 그런 사실은 (전혀 무시할 수는 없지만) 참고 사항에 지나지 않는다. 우리는 전체를 조망할 수 있는 안목을 가져야 한다.

그런 의미에서 가장 위대한 투수가 되기 위한 몇 가지 전제 조건들을 상정해 보자. 최우선적으로 살펴야 할 기본은 선수로서 장수해야 하는 것이다. 우리는 지금 메이저리그에서 수십 년에 걸쳐 활약한 수천 명의 투수 가운데 가장 뛰어난 투수를 고르는 중이다. 여기서 뽑히려면 뛰어난 성적을 올린 투수 중에서도 대략 20년 안팎의 선수 생활을 하고 전체 기간에 걸쳐 단연 탁월한 능력을 발휘했어야만 한다.

예컨대 샌디 쿠팩스는 1960년대에 워낙 위력적인 피칭을 자랑했기 때문에 그의 피칭을 지켜본 팬이나 맞상대해 본 타자들은 그가 "역사상 가장 위대한 투수였다."라고 말하거나 "그보다 나은 투수는 없다."라고 추켜세우는 데 주저하지 않는다.

팔꿈치 고장으로 1966년에 겨우 서른한 살의 나이로 은퇴할 때까지 쿠팩스는 단일 시즌 탈삼진 기록을 모조리 바꿔 놓았는가 하면 4년 사이에 세 차례나 사이 영 상 Cy Young award 을 받았고 5년 연속 방어율 1위를 마크했고 시즌 말미에 백미의 게임을 연출하는 등 4년 동안 97승 27패를 거두며 다저스를 세 차례나 정상으로 이끌었다.

그러나 쿠팩스는 1964년에 선수 수명을 좌우하는 결정적 분기점을 맞았다. 그는 그해 '팔꿈치가 부어올랐다'는 이유로 도중하차했는데 그게 만성 관절염이라는 진단이 내려진 것은 이듬해 봄이었다.

쿠팩스는 자신 운명에 대한 '예언'이라고 할 만한 다음과 같은 말을 남겼다.

"내가 역대 최우수 투수로 꼽히려면 몇 년 더 기다려봐야 할 것이다. 나는 장기간에 걸쳐 내가 이룩할 수 있는 것이 뭔지를 알고 싶다. 10년이나 15년 동안 상승常勝 투수가 될 수 있다는 것을 증명하기 전에는 워렌 스판이나 화이티 포드와 같은 위대한 투수들과 나를 비교하는 것은 보류해 줬으면 좋겠다. 스판은 20년이나 그렇게 활약했다. 위대한 선수로 받아들여지려면 겨우 몇 년만 반짝하는 것이 아니라 야구 생애를 통틀어 꾸준히 정상을 달려야 한다."

이런 말을 할 당시 그의 나이는 겨우 스물여덟 살이었고 스타덤에 오른 지 3년째 되던 해였다. 1955년에 거액의 보너스를 받고 다저스에 입단한 그는 "보너스 선수는 반드시 메이저리그 엔트리에 등록해야 한다."는 규정에 따라 단 하루도 마이너리그 생활을 거치지 않고 메이저리그에 진입했다. 그러나 위력적인 특급 투수로 떠오른 것은 입단 6년째인 1961년부터였다.

1964년 이후 샌디 쿠팩스는 당당히 대형 선수로서 내로라하는 입지를 굳혀 가기 시작했다. 그가 세운 소소한 신기록들은 제쳐 두고라도 개인 통산 성적에서 발빠른 진척을 보이고 있었기 때문이다. 그는 결국 월터 존슨, 사이 영, 워렌 스판, 크리스티 매튜슨, 밥 펠러, 그리고 1880년대에 뛴 팀 키프에 이어 개인 통산 탈삼진 랭킹 7위에 올랐다.

우리가 가장 위대한 투수를 선정하는 기준이 되는 수명을 대략 20년 안팎으로 잡는다면 쿠팩스처럼 짧게 영광의 한때를 가졌던 투수들은 제외시킬 수밖에 없다. 한 예로 1933-37년의 디지 딘은 일세를 풍미했던 인물이다. 그러나 1937년 올스타전 도중 그는 타구에 맞아 발가락을 다치고 말았다. 부상이 완쾌되기 전에 너무 일찍 등판을 서둘렀던 그는 아픈 발가락을 보호하려고 신경을 쓰다 보니 어깨에 무리가 갔고 그 뒤로 영락의 길로 빠지고 말았다.

별로 각광을 받지도 못했고 팬들의 기억 속에도 뚜렷하게 남아 있지 않은 투수로는 애디 조스라는 인물이 있었다. 그는 클리블랜드 인디언스에서 8년간 메이저리그 생활을 하는 동안 155승을 거두었고 노히트 노런 두 차례에다 퍼펙트 게임을 한 차례 연출했다. 그러나 1911년 서른한 살에 결핵으로 요절하고 말았다.

그 다음 예로는 허브 스코어를 들 수 있다. 쿠팩스가 등장하기 몇 년 전에 그는 가공할 위력을 과시하며 돌풍을 일으켰다. 1956년 시즌이 끝나자 보스턴 레드삭스는 그를 100만 달러에 트레이드하자고 클리블랜드에 제의했다가 보기 좋게 딱지를 맞았다. 그러나 바로 이듬해 스코어는 경기 도중 타구에 눈을 얻어맞고 말았다. 간신히 실명은 면했으나 스코어는 그 뒤로 피칭 리듬을 되찾지 못했고 엎친 데 덮친 격으로 팔에도 이상이 왔다. 그 역시 서른한 살의 나이로 현역 생활을 마감하고 나서 시카고 화이트삭스의 방송 아나운서로 변신했다.

그러므로 가장 위대한 투수가 되기 위해서는 강인한 힘과 건강을 유지하는 데에 신의 축복을 받아야 한다. 투수의 팔은 아주 간단히, 예기치 않게 망가질 수 있는 데에다 근력 소모가 엄청나므로 쿠팩스의 예에서 보듯 고장이 일어날 위험은 항상 도사리고 있다.

자, 그렇다면 이제 우리가 뽑으려는 대상을 20년 경력 선수만으로 압축시켜 놓은 다음에는 어떤 요소를 살펴야 할 것인가?

이에 대한 해답으로는 구위, 컨트롤, 투구 요령, 배짱 등 네 가지를 꼽을 수 있다.

구위는 물리적인 요소다. 즉 얼마나 빠른가, 커브 각도는 얼마나 예리한가를 말한다. 구위는 강한 힘과 전신의 섬세한 조화에서 우러나오는 선천적 재능이라고 할 수 있다. 연습이나 기술 습득으로 어느 정도 향상시킬 수는 있으나 애당초 무에서 유를 만들어 낼 수는 없는 재능이기 때문이다.

컨트롤은 구위를 잃지 않은 채 투수가 던지고자 하는 곳에 정확히 찔러넣는 능력을 말한다.

투구 요령은 경험과 분석, 세심한 관찰, 응용력을 포괄적으로 말한다. 투구 요령이란 자기가 가진 구위를 컨트롤에 곁들여 언제 어떻게 이용하는가를 가르쳐 주는 길잡이가 된다.

그리고 배짱은 어려운 상황에서도 자신의 투구 요령을 살려 최선의 결과를 이끌어 내는 능력을 가리킨다.

컨트롤을 가다듬거나 경험을 쌓으려면 많은 시간이 필요하다. 그런 과정을 거치다 보면 나이도 먹게 되고 근력도 줄어든다. 투구 요령을 익혔다 싶으면 어느덧 육체적 능력은 떨어져 있기 일쑤다.

그러므로 강력한 구위와 컨트롤, 투구 요령을 동시에 보유하고 있는 사람은 매우 드물다. 그런 인물들이 워낙 희귀하기 때문에 '가장 위대한 투수'를 가리려다 보면 그 대상에 오를 만한 후보는 극소수로 줄어든다.

워렌 스판과 화이티 포드는 2차 세계 대전 이후 가장 돋보이는 활약을 펼친 투수들이다. 스판은 마흔네 살까지 선수 생활을 영위, 좌완투수로는 사상 최다승(363)을 일궈 냈다. 포드는 1965년에 화려한 야구 인생의 막을 내릴 때까지 가장 빼어난 승률(0.690)을 남겼다.

그러나 이들이 아무리 뛰어난 성적을 남겼다 하더라도 스피드와 힘에서는 월터 존슨이나 밥 펠러, 샌디 쿠팩스에 필적하지 못했다. 칼 허벨이나 허브 페노크, 테드 라이언스, 그 밖의 유수한 투수들도 마찬가지였다. 그들은 명예의 전당에 들어가기에는 전혀 부족함이 없는 명투수들이었지만 가장 위대한 투수로 꼽힐 후보들은 아니었다.

반면 디지 딘이나 레프티 고메즈, 루브 워델 등은 가공할 구위를 뽐냈다. 그러나 그들은 투구 요령이 부족했다. 한때 타자들이 건드리지도 못할 정도의 구위를 자랑했던 것은 사실이지만 일단 스피드가 떨어지자 평범한 투수로 전락했다.

최근에 활약한 엘리트 그룹도 그런 식으로 분류할 수 있다. 돈 서튼, 필 니크로(너클볼 전문 투수), 게일로드 페리 등은 300승을 돌파한 대투수들이지만 가공할 무기를 갖춘 인물들은 아니었다. 메이저리그 통산 탈삼진 랭킹 5위로 뛰어올랐고 1992년에 은퇴한 버트 블라일레븐은 커브의 귀재였다. 밥 깁슨과 퍼거슨 젠킨스는 강속구를 자랑했으나 스피드가 떨어진 뒤론 평범한 존재에 지나지 않았다. 짐 파머, 후안 마리첼, 로빈 로버츠 등도 내로라하는 실력을 자랑했지만 당대 최고로서 자웅을 겨루었을 뿐 역대 최고 투수로는 아무래도 부족한 점이 많은 사람들이었다.

놀란 라이언이나 톰 시버, 스티브 칼튼에 대해서는 좀 더 각별한 조명이 필요하다. 라이언은 1989년 말로 5,000탈삼진을 돌파했고 마흔두 살의 노령임에도 시속 95마일의 강속구를 뿌려 댔다. 우리가 여기서 다루는 주제가 '가장 화려한 투수'라면 그 자리는 분명 그의 차지가 될 것이다. 그는 주로 전력이 허약한 팀들에 몸담고 있었기 때문에 그의 승률을 따지는 것은 무의미하다. 그러나 그의 안타 허용율(9이닝당 6.5개)은 야구 사상 가장 낮다. 게다가 그는 1990년에 자신의 생애 통산 여섯 번째 노히트노런을 수립, 야구 인생을 더욱 화려하게 장식했다. 그러나 그는 야구사를 통해 그 누구보다도 많은 포볼을 허용했으므로(아무도 개인 통산 2,000개를 넘기지 않은 가운데 그만 유독 2,500개를 돌파했다.) 컨트롤이라는 기준에서는 낙제점을 받아 마땅했다.

톰 시버는 구위나 컨트롤, 투구 요령, 배짱을 두루 갖추고 311승을 따냈으며 승률도 0.603에 다다랐다. 그는 우리가 뽑는 가장 위대한 투수로서 결선 무대에 오를 만한 인물이었다. 그리고 칼튼도 그런 재능을 두루 갖추고 329승을 기록했으며 탈삼진에서도 오직 라이언에게만 뒤졌을 뿐 4,136개로 2위를 마크했다. 1972년에 그가 몸담았던 필라델피아는 32승 87패로 꼴찌를 기록했는데 칼튼은 혼자서 27승 10패에 방어율 1.91이라는 놀라운 성적을 올렸다. 단일 시즌의 개인 업적만 놓고 본다면 이를 능가할 만한 투수는 없을 것이다.

그래서 필자가 꼽는 후보 명단은 다음과 같이 일곱 명으로 압축된다. 야구사의 초기에 활약하던 월터 존슨, 그로버 클리블랜드 알렉산더, 막강 타선이 춤추던 시절에 맞서 싸우던 밥 펠러, 레프티 그로브, 그리고 현대 야구에서 뛰던 톰 시버와 스티브 칼튼 등이다.

사이 영은 별도로 취급할 필요가 있다. 그는 그 누구보다도 많은 511승을 기록했다. 그러나 그의 야구 인생은 1890년 이전에 시작됐고 당시는 플레이의 양상이나 규칙이 현대 야구와 전혀 달랐기 때문에 비교의 가치가 떨어진다. 메이저리그 규칙이 오늘날의 형태로 정립된 것은 1903년이었다. 따라서 우리가 고찰할 대상은 그 뒤에 활약한 투수들로 한정시켜야 한다. (사이 영은 1911년까지 투수 생활을 하기는 했다.) 일곱 명 중에서 가장 먼저 제외시켜야 할 투수는 밥 펠러다. 그가 최고 투수 후보에서 탈락하게 되는 것은 다분히 운명적이라고 할 만하다. 그는 타자의 눈이 감길 정도의 빠른 공에다 각도가 크고 폭발적이라고 할 만한 커브를 겸비하고 있었다. 1936년에 열일곱 살의 나이로 클리블랜드에 입단한 그는 곧바로 탈삼진 기록들을 세워 나가기 시작했다. 통산 266승을 따낸 그는 노히트노런 세 차례에다 1안타 경기를 열두 차례나 연출했고

1946년에 쌓은 348탈삼진은 1965년 쿠팩스(382개)에 의해 깨지기 전까지 거의 20년간 시즌 최다 탈삼진 기록으로 남아 있었다.

그러나 그는 야구 인생의 황금기에 2차 세계 대전이 터지는 바람에 네 시즌을 손해 봐야 했다. 그는 스물세 살 때 징집당해 군복무를 치러야 했고 스물일곱 살이 돼서야 야구계에 복귀할 수 있었다. 만약 평화 시대가 계속됐더라면 그는 개인 통산 기록에 100승과 1,000탈삼진쯤 더 보태고 "내가 역대 일인자노라."라고 큰소리칠 수 있었을 것이다. 펠러는 직구 스피드가 완전히 한물간 1951년에도 22승이나 올렸다. 그러나 잃어버린 4년 때문에 불행하게도 가장 위대한 투수 자리는 차지할 수 없게 됐다.

레프티 그로브는 여러 가지 정황을 종합해 볼 때 펠러보다 빠른 공을 구사한 것으로 알려졌다.

1920년대에 야구 기자로 활약하다가 내셔널리그 회장을 거쳐 커미셔너까지 된 포드 프릭은 '여태껏 마운드에 섰던 사람 중에서 가장 빠른 공을 던진 사나이'로 그로브를 꼽았다.

그의 커브는 펠러에 비할 바가 못 됐지만 대신 직구의 위력은 더 오랫동안 유지했다. 아메리칸리그에서 17년간 뛰는 동안 그는 꼭 300승을 채웠고(패배는 140에 불과하다.) 1939년에는 서른아홉 살의 나이임에도 여전히 리그 방어율 1위(2.54)를 마크했다.

그러나 그로브는 그런 성적을 일구는 데 오로지 힘에만 의존했다. 반면 크리스티 매튜슨은 힘은 엇비슷하면서도 세련미에서 한 수 위였다. 매튜슨은 오늘날 우리가 '우타자를 상대로 한 역회전볼(스크루 볼)'이라고 부르는 마구를 구사했는데 그가 던지는 공은 '사라지는 공^{fadeaway}'이라는 별명을 갖고 있었다. 그는 뉴욕 자이언츠에서 1900년부터 16년까지 17년간 투수 생활을 하면서 373승을 올렸으며 그중 365승은 14년 사이에 뽑은 것이었다. 다시 말하면 그 기간에는 연평균 '26승'을 올렸다는 얘기가 된다.

그렇지만 매튜슨은 주로 강팀에 몸담고 있었으며 그로브도 마찬가지였다. 그와 사정이 달랐던 것은 알렉산더와 존슨이었다.

톰 시버나 스티브 칼튼이 제외되는 이유도 같다. 칼튼의 팀은 여덟 차례나 리그 우승을 차지했고 그렇지 못한 해에도 2, 3위권에 올라섰다. 시버는 동료 타선의 지원을 그만큼 많이 받지는 못했으나 그래도 그가 선수 생활중 절반은 소속팀이 상위권에 올라 있었다. 그게 알렉산더나 존슨과 다른 점이다.

그동안의 사정을 모두 알고 있는 케이시 스텡걸 감독의 말은 이렇다. "아메리칸리그 투수 중에서 군계일학은 존슨이었고 내셔널리그에는 알렉산더가 있었지. 알렉산더가 뛰던 필라델피아 구장은 라이트 펜스가 양철로 돼 있었는데 엎드리면 코 닿을 거리에 있었어. 거기서 완봉승을 펑펑 따냈다면 실력이 어느 정도였는지 말하지 않아도 짐작할 거 아냐? 공 빠르지, 커브 기막히지, 체인지업도 일품이지, 그뿐인가, 컨트롤도 완벽했다고. 내가 상대해 본 투수 중에서는 좌우간 알렉선더가 단연 최고였지."

1911년 알렉산더가 필라델피아 필리즈에 처음 발을 들여놓았을 때 그의 나이는 스물네 살이었다. 280피트(85m) 떨어진 곳에 둘러쳐진 베이커 보울의 라이트 펜스는 우완투수들에게 언제 터질지 모르는 폭탄과 같은 공포의 대상이었다. 좌타자들에게 어설프게 걸리기만 해도 타구가 훌렁 펜스를 넘어가곤 했기 때문이다. 하긴 그때만 해도 반발력 좋은 공이 사용되기 전이었다. 뒤집어 말하면 타자들은 홈런을 노리지 않고 정확한 타격에 신경 쓰는 취향이었으므로 그만큼 삼진을 잡아내기도 어려웠던 시절이었다.

알렉산더는 필리즈에 몸담고 나서 7년 동안 190승을 쌓았다. 그 뒤 시카고와 세인트루이스로 옮겨 다닌 그는 반발력 좋은 공이 사용되던 1926년, 서른아홉 살의 나이로 월드 시리즈 최종 7차전에서 마운드에 올라 뉴욕 양키스를 따돌리고 카디널스에 우승의 영광을 바치는 수훈을 세웠다. 그 후 2년 동안 사십 대의 나이로 그는 21승, 16승을 따냈다.

알렉산더의 개인 통산 승수는 도합 373승이었다. 그중 90승이 완봉이었는데 이것은 아직까지 내셔널리그 최고 기록으로 남아 있다.

샐 매글리의 말을 들어 보자.

"좋은 투수가 되려면 상대방에게 선제점을 뺏기지 않는 게 가장 기본이다. 상대방을 0점으로 막고 있는 한 그 게임은 지려야 질 수 없다. 일단 우리 팀이 득점하면 그 다음에 투수가 할 일은 얻은 점수보다 1점만 덜 주도록 막아 내는 것이다. 그러니까 완봉이라는 것은 투수로서는 완전무결하게 임무를 수행했다는 뜻이 된다."

탈삼진도 바로 이런 점에서 중요한 의미를 갖는다. 타자를 삼진으로 처리하는 순간에는 상대방 주자들이 진루할 수 없으며(예외가 없지는 않다.) 3루 주자는 땅볼이나 플라이가 나왔을 때와 달리 홈을 밟을 수가 없다. 위력적인 투구가 필요한 것도 그런 이유다. 알렉산더는 개인 통산 2,199개의 삼진을 탈취, 이 부문 랭킹 6위를 마크했다.

그에게서 구위보다 더욱 빛나는 것은 컨트롤이었다. 696게임을 뛴 알렉산더는 겨우 951개의 포볼밖에 내주지 않았다. 이는 6이닝당 겨우 한 개를 내준 꼴이다.

만약 '가장 완벽한 투수'를 꼽으라면 그가 주인공이 될 것이다.

그러나 그보다 더 위대한 투수는 역시 존슨이다.

월터 페리 (바니) 존슨은 기본적으로 강속구파였으며 그 누구보다 빠른 공을 구사했다. 나중에는 훌륭한 커브까지 개발했는데 그 자신도 거기에 대단한 자부심을 갖고 있었다. 그러나 뭐니뭐니해도 그에게서 가장 돋보이는 것은 몸을 뒤로 한번 젖혔다가 사이드암에 가까운 스리쿼터 스타일로 뿜어 대는 빠른 직구였다.

스텡걸은 이렇게 회상했다. "우리는 그가 직구를 던진다는 것을 뻔히 알면서도 치지 못했다. 게다가 컨트롤도 완벽했다."

다음은 디트로이트 타이거스 내야수였던 프레드 헤이니의 말이다.

"1921년의 일이다. 그의 공을 보니 너무 빨라 과연 인간이 저런 공을 던질 수가 있나 싶었다. 내가 투덜거리면서 벤치로 돌아오려니까 동료 선수들이 하는 말이, '네가 10년 전에 저 양반의 공을 봤으면 기절초풍했을 거야. 지금보다 두 배는 빨랐거든.' 하는 것이었다. 지금 공도 겁나는데 두 배라니······. 10년 전 공은 아예 보고 싶지도 않았다."

다음은 프릭의 말이다.

"존슨은 혹시 자기의 공에 타자가 맞아 죽으면 어떡하나 하고 항상 조심했다. 그는 컨트롤이 완벽하면서도 타자들 몸쪽 가까이 던지지 않으려고 했고 늘 한복판을 찔러 댔다."

이 말은 의미심장하다. 기록집을 살펴보면 사상 최다 사구(206개)를 낸 투수가 바로 존슨이므로 이 말은 얼핏 앞뒤가 맞지 않는 것처럼 보인다. 그러나 필자는 존슨이 이렇게 많은 사구를 낸 사실을 호의적으로 해석하고 싶다.

그 당시는 타자에게 위협구를 던져 타격폼을 흐트러뜨리는 것이 지극히 당연한 투구 패턴이었고 타자들도 그것을 각오하고 있었다. 그러나 존슨은 그런 투구 패턴을 갖고 있지 않았다. 그런데도 사구가 많이 나왔다는 것은 평범한 안쪽 공을 타자가 미처 피할 겨를이 없었다는 것을 의미하며 그가 던진 공의 스피드가 얼마나 빨랐는지를 역설적으로 보여 주는 것이라고 하겠다. 내셔널리그 최다 사구 기록을 보유하고 있는 돈 드라이스데일은 존슨과 달리 고의로 안쪽 위협구를 던졌다. 존슨의 투구 패턴은 쿠팩스가 애써 삼진을 잡으러 대들지 않고도 탈삼진수를 늘려 나간 것과 같은 맥락이다.(그는 아픈 팔을 보호하기 위해 의식적으로 투구수를 줄이려고 했다.) 타자들이 쿠팩스 앞에서 마음대로 때려 내지 못했듯이 존슨 앞에서는 제대로 피하지 못했던 것이다.

캔자스 주 험볼트 출신인 존슨은 1907년에 메이저리그 무대에 등장했다. 당시 나이 열아홉 살이었다. 그는 메이저리그에 발을 들여놓은 이래 오로지 워싱턴 세네터스에서만 뛰었고 그 밖에 등판한 것은 인터내셔널리그 소속의 마이너리그 팀 뉴워크에서 감독으로 재임하면서 (1928년) 1이닝을 던진 게 유일하다.

그때나 그 이후로 세네터스는 거의 매년 바닥을 기던 팀이었다. 그가 이 팀에 몸담은 이래 16년 동안 팀 성적이 중간 이하에 머무른 것이 열 번이나 됐다. 꼴찌 또는 간신히 꼴찌를 면한 것은 일곱 차례였다. 그는 1924년에 가서야 처음으로 월드 시리즈 무대에 오를 수 있었는데 그때 그의 나이는 서른일곱 살이었다. 그 무대에서 그는 2패를 당했다가 최종 7차전에서 승리투수가 됨으로써 이 팀에게 처음이자 마지막 월드 시리즈 우승을 안겨 주었다.

그렇게 형편없는 팀에 몸담고 있으면서도 그는 416승을 올렸다. 이는 사이 영 다음으로 많은 승수이다.

프릭은 이렇게 말한다.

"그는 인간적으로도 매우 훌륭한 신사였다. 1925년 월드 시리즈의 끝판에 벌어진 일은 도저히 잊을 수 없다. 선수 생활 말년이던 존슨은 피츠버그를 상대로 한 월드 시리즈 7차전에서 분투하고 있었다. 그런데 이 시리즈 내내 컨디션이 저조하던 유격수 로저 페킹포가 결정적인 에러를 저질렀다. 그 바람에 존슨은 만루에서 키키 카일러에게 싹쓸이 2루타를 얻어맞아 게임을 지고 말았다. 그 이닝이 끝나고 공수 교체를 할 때 존슨은 마운드에 그대로 서서 페킹포가 다가오기를 기다렸다. 그는 페킹포를 팔로 얼싸안으면서 오히려 위로하는 제스처를 취했다. 존슨은 그런 사람이었다."

존슨은 위대한 인간에 위대한 투수였다.

존슨은 110개의 완봉승을 기록했다. 이는 야구사에 불멸의 기록으로 남아 있다. 알렉산더가 90개, 그리고 매튜슨, 사이 영, 에디 플랭크 등 60여 년 전에 현역 생활을 마친 선수들이 65개로 늘어서 있을 뿐 오늘날까지 그 기록에 근접한 사람은 아무도 없다.

그의 탈삼진수는 3,508개다. 이는 그가 은퇴하고 30년이 지날 때까지만 해도 남들보다 1,000개 이상 많은 숫자였다.

그는 56연속 이닝 무실점을 기록했다. 이는 1968년에 돈 드라이스데일에 의해 깨지고 또다시 20년 뒤에 오렐 허샤이저에 의해 경신될 때까지 빛나는 기록으로 남아 있었다. (그나마 기록을 경신한 주인공들은 심판의 협조를 받았다는 시비에 휘말리기도 했다.) 존슨은 1912년에 16연승을 거두었다. 뒷날 타이 기록이 수립되기는 했지만 존슨의 이 기록은 아무도 넘어서지 못한 아메리칸리그 최다 연승 기록으로 남아 있다.

그는 야구 사상 가장 많은 이닝과 가장 많은 완투 경기를 치러냈다. 1910년부터 1919년 사이에 그는 264승을 올렸다. 이는 같은 기간(10년)에 워싱턴 팀이 올린 전체 승수(755)의 3분의 1이 넘는 것이었다.

존슨은 투수전의 백미라 할 수 있는 1대 0 완투승을 서른여덟 차례나 거두었다. 이는 제아무리 날고 기는 투수들이 올린 1대 0 완투승의 두 배가 넘는 것이었다.(2위인 알렉산더만 해도 열일곱 차례에 불과했다.)

그는 3천 이닝을 넘긴 투수 중에서 개인 통산 방어율(2.17)이 1위다.(알렉산더가 2위)

그리고 그의 416승에서 279패를 빼면 137이 남는다. 그가 나서지 않은 게임에서 워싱턴 팀이 같은 기간에 기록한 승패 차가 마이너스 180인 것을 고려하면 팀 내에서 그가 차지하는 비중이 얼마나 큰지 알 수 있을 것이다.

컨트롤에 관해서도 충분히 내세울 말이 있다. 그는 5,923이닝을 던지면서 포볼은 1,406개를 내주었다. 이는 4이닝당 한 개꼴로 내준 셈이며 탈삼진―포볼의 비율은 5―2가 된다.

필자는 통계의 신빙성에 대해서는 매우 깊은 회의를 갖고 있지만 지금까지 열거한 기록을 놓고 보면 더 이상 왈가왈부할 필요가 없을 것이다. 필자가 존슨을 '가장 위대한 투수'로 꼽을 때 거기에 동의하지 않는 사람도 있겠지만, 적어도 필자의 의견이 비논리적이라고 비난할 사람은 없을 것이다.

물론 필자는 그가 던지는 모습을 직접 보지는 못했다. 필자가 본 투수 중에서는 쿠팩스와 펠러가 단연 최고였다.

가장 위대한 투수를 살펴보면서 베이브 루스에 대해 언급하지 않고 끝낼 수는 없다.

루스가 타자로 대성하기 전에 투수로 활약했다는 사실은 많은 팬들이 알고 있겠지만 그가 얼마나 훌륭한 투수였는지를 아는 사람은 드물 것이다.

1915년-19년에 루스는 보스턴 레드삭스의 선발 좌완투수였다. 1915년에 그는 18승 8패(0.692)로 리그 최고 승률을 기록했다. 1916년에는 23승 12패를 거두면서 1.75로 방어율 1위를 차지했다. 1917년에는 24승 13패를 마크했다. 1918년과 1919년에는 등판 수가 절반 이하로 줄었지만 각각 13승 7패, 9승 5패를 거두었다. 그 뒤 뉴욕 양키스로 트레이드된 그는 외야수로 전향하여 마운드를 떠났다.

만약 루스가 그대로 투수 생활을 계속했더라면 어느 정도의 기량을 발휘했을까? 그는 1916년과 18년에 월드 시리즈 무대에서 투수로 활약, 29연속 이닝 무실점을 기록했다. 이는 1961년 양키스의 화이티 포드에 의해 깨질 때까지 월드 시리즈 최다 연속 이닝 무실점 기록으로 남아 있었다. 163게임에 등판한 그의 통산 방어율은 2.28이었다. 그의 승수는 94인 반면 패수는 46에 불과하며 스물네 살부터는 본격적인 피칭은 하지 않았다.(그 뒤로도 양키스에서 때때로 마운드에 올랐으나 진 적은 단 한번도 없었다.) 스물네 살을 기준으로 본다면 알렉산더는 그제야 막 투수 생활을 시작했고 쿠팩스는 승수보다 패수가 많았으며 위대한 존슨마저 82승에 그치고 있었다.(루스는 89승) 그로브는 스물다섯 살이 돼서야 비로소 메이저리그 첫 승을 따냈으며 스판도 마찬가지였다.

루스가 얼마나 다재다능했는지는 이것만으로 알 수 있다. 그는 야구사에서 가장 위대한 투수가 될 수도 있었다. 만약 그랬더라면 야구사는 전혀 달라졌을 것이다.

만약 그 시절에도 지명타자 제도가 있었다고 가정해 보자. 그래서 루스가 나흘에 한 번씩 마운드에 서고 나머지 사흘은 지명타자로 타석에 들어섰다고 치자. 그랬더라면 아마 투수로서 400승, 타자로서 800홈런을 날리지 않았을까. 아마 그는 투타 양쪽으로 명예의 전당에 들어갔을 게 틀림없다.

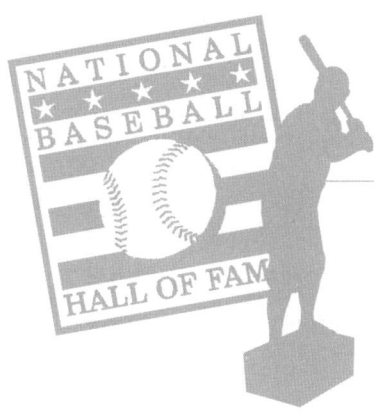

25 명예의 전당

베이브 루스는 명예의 전당 회원으로 피선된 최초 다섯 명 중 하나이다. 1936년 뉴욕 주 쿠퍼스타운에 명예의 전당이 개관될 당시 멤버가 된 나머지 네 사람은 월터 존슨, 크리스티 매튜슨, 타이 콥, 그리고 호너스 와그너다. 루스는 타자로서뿐만 아니라 투수로도 대단한 활약을 보인 천재였음이 여러 자료에서 나타나고 있다.

명예의 전당이란 무엇인가? 어떤 인물이 거기에 모셔지는가? 왜? 어떻게? 그리고 쿠퍼스타운 행정 당국이 담당하는 일은 무엇인가? 명예의 전당에 가보면 야구에서 활약한 인물과 전설적인 사건들을 상세하게 알 수 있도록 자료들이 보존돼 있다. 명예의 전당이 굳이 그런 벽지(僻地)에 자리 잡게 된 것은 허위로 조작된 전설 탓이었지만 아무튼 그 자리에 역사적인 인물들과 유품들을 모셔 놓고 보니 제법 신비감이 감돌고 전당 자체도 관광 명소가 됐다.

명예의 전당은 야구의 공식 기구가 아닌 사설 기관에 지나지 않지만 야구계의 공인을 받고 있으며 야구 행정 당국으로부터 전면 지원을 받는다.

뉴욕 주 북부의 작은 도시 쿠퍼스타운이 야구 발상지라는 소문이 퍼졌다. 1907년에 이런 내용이 언론에 보도되자 야구계의 실력자 앨버트 스폴딩이 현지를 답사하고 그 사실을 고증했다. 1839년에 애브너 더블데이라는 사람이 쿠퍼스타운에다 '최초의 야구장'을 닦았다는 것이다.

여기가 야구 발상지라는 것은 틀림없는 사실이겠지 하고 무비판적으로 받아들여져 왔으나 역사가들은 마침내 그것이 새빨간 거짓말임을 밝혀냈다. 애브너 더블데이는 남북 전쟁 당시 북군 장군으로서 야구와는 전혀 무관한 인물이었던 것이다. 그런데 1930년대 중반에 쿠퍼스타운의 어느 재산가가 사업가다운 센스를 발휘, 관광지 개발과 관광객 유치를 통한 수입 증대를 겨냥해서 쿠퍼스타운을 성지로 가꾸기 위한 시나리오를 만들고 재산의 일부를 쾌척했다. 이 성지 가꾸기 사업을 적극 후원한 사람은 당시의 내셔널리그 회장 포드 프릭이었다. 그는 1936년에 내셔널리그 창설 60주년을 맞으면서 뭔가 뜻깊은 기념 사업을 펼치려던 참이었다. 그것이 바로 이 명예의 전당 건립이었다. 이것이 바로 기자 출신인 프릭의 재치가 번뜩인 대목이었다. 일련의 준비 과정을 거쳐 산뜻하고 붉은 색을 띤 벽돌 건물이 웅자를 나타냈고 그 건물 뒤에는 야구장도 마련됐다. 이곳은 곧 야구 종합 박물관 역할을 하게 됐다.

명예의 전당에 모실 인물을 선출하는 방식은 처음부터 지금까지 전혀 변화가 없다. '미국 야구 기자 협회Baseball Writers Association of America'에 가입한 회원으로서 10년 이상 취재 활동을 한 기자들이 매년 한 차례 열리는 투표에 참가, '현대 선수'들을 대상으로 주인공을 가린다. 경력 10년 미만의 기자에게는 투표권이 주어지지 않지만 일단 투표권을 획득한 기자는 취재 일선을 물러나거나 전직하더라도 계속 투표권을 행사할 권한이 있다.

방금 말한 '현대 선수'란 은퇴한 지 5년에서 20년 사이의 선수를 말한다. 다시 말해서 야구인이 피선거권을 갖는 기간은 15년이다. 은퇴 후 5년이라는 유예 기간을 둔 것은 투표권자가 특정 선수의 은퇴 무렵에 일어나는 과열된 분위기에 휩싸이지 않고 좀 더 거시적으로 평가할 수 있는 시간적 여유를 갖도록 하는 한편 금품 수수 따위로 선출 과정이 오염되는 것을 방지하기 위한 안전 장치라는 의미를 갖고 있다. 또 은퇴 후 20년으로 제한한 것은 투표권자가 대상자의 현역 시절 활약상을 직접 제눈으로 보고 평가할 수 있는 시한이 거기까지라고 산정했기 때문이다. 따라서 처음 투표권을 얻은 기자는 갓 후보에 오른 선수에게는 5년을 접어놓고 들어가는 셈이 된다. 그러나 은퇴한 지 20년이 된 선수라면 현역 기자들은 대부분 그의 현역 시절을 보지 못했기 십상일 것이다. 최근 투표인단의 구성을 보면 3분의 2정도가 현역 기자들로 돼 있다.

명예의 전당에 모셔지는 영광을 안기 위해서는 전체 투표 수의 75퍼센트를 득표해야 한다. 반복해서 말하지만 75퍼센트다. 여기에는 예외가 없다.

투표에 참가한 투표권자는 최대한 열 명까지 기입할 수 있다. 한 명도 적지 않아도 되고, 한 명도 좋고, 두 명도 좋고, 열 명까지는 인원에 제약 없이 표를 던질 수 있다. 이름을 적는 순서는 상관없으므로 피선거권자의 입장에서는 자기 이름이 적히느냐, 적히지 않느냐 하는 것만이 중요할 뿐이다. 투표인단 수는 매년 유동적이긴 하지만 1980년대 말에는 400명선에 이르렀다.

따라서 투표권자는 어느 특정 선수를 열다섯 차례에 걸쳐 밀어줄 수 있다. 은퇴 후 20년이 될 때까지 피선되지 않은 선수는 '원로 위원회 veterans committee'의 심사 대상으로 넘어간다. 선수 출신, 야구 행정 관계자, 원로 기자 등 열다섯 명으로 구성되는 원로 위원회는 구시대 인물들을 대상으로 검토하는데 여기서도 4분의 3이상을 득표해야 명예의 전당에 들어갈 수 있다. 기자단 투표에서 미역국을 먹은 뒤 원로 위원회의 재심을 거쳐 영예를 얻은 선수들도 상당히 많다.

그러나 필자는 이런 방식이 애초의 취지에 맞지 않는 파행이라고 생각한다. 다시 1936년으로 돌아가 보자. 당시 기자들은 1900년(이 해는 야구사의 중대한 분기점이다.) 이후에 활동한 선수들 중에서 명예의 전당에 들어갈 거물들을 뽑아달라는 요청을 받았다. 19세기에 활동한 인물들은 별도로 구성된 특별 위원회에서 선출했다. 이는 매우 합리적인 방안이었다. 왜냐하면 그 뒤 약 20년 동안 현역 기자들로서는 19세기 인물들을 선별하기가 어려웠기 때문이다.

그러나 '15년 피선거권 제도'가 완전히 자리 잡고 상당한 시일이 흘러(1960년대쯤이라고 해도 좋다.) 기자들의 눈이 닿지 않는 구시대 선수들을 어지간히 추려냈다고 간주할 때, 기자단 투표에서 15년 동안이나 검토되고도 자격 미달이라고 평가된 사람들을 대상에 올려놓고 기자단보다 자격이 떨어지는 사람들로 구성된 소수의 특별위원회가 재심한다는 것은 타당치 않다. 설사 기자단 투표의 결과가 잘못됐다 하더라도 어디까지나 투표는 투표이다. 일단 기자들에게 투표권을 주어 그들에게 선출을 맡겼다면(기자들은 가장 객관적인 공평성을 인정받은 집단이다.) 그들의 결정을 존중해야 한다.

만약 어떤 소위원회를 구성해서 전적으로 그들에게 선출 작업을 맡긴다면 그것도 나름대로 좋은 방법이다. 소위원회를 구성해서 그들에게 모든 것을 맡기면 된다. 그러나 기자단 투표에서 탈락한 잔챙이들 중에서 다시 몇몇을 골라 명예의 전당에 끼워 넣는다는 것은 명예라는 의미를 크게 퇴색시키는 짓이며 정정당당하게 그 자리에 들어간 사람들의 품격까지도 떨어뜨리는 꼴이 되고 만다.

　원로 위원회에서는 선수 출신이 아닌 야구 관계자들과 재키 로빈슨이 인종 차별의 벽을 깨뜨리기 전에 메이저리그 진입이 허용되지 않는 바람에 니그로 리그에서만 활약했던 흑인들을 대상으로 하는 선출 작업을 병행한다. 원로 위원회는 이런 분야를 맡는 것이 바람직하다는 게 필자의 견해다.

　그러면 투표권자는 무엇을 기준으로 표를 던지는가? 이는 그야말로 투표권자의 재량에 달려 있다. 인간성이나 성적이 '이 정도는 돼야 한다'는 추상적인 합격 기준이 없는 것은 아니지만 이러이러한 성적이나 업적이 있어야만 한다고 명기된 기준은 없다. 필자는 명문화된 기준이 없는 점에 대단한 매력이 있다고 생각한다. 일정한 자격 요건을 명시한다면 구태여 투표까지 할 필요가 없다. 이렇게 투표권자에게 많은 재량을 부여하는 것은 논란과 시비를 불러일으킬 소지가 없지 않지만 그렇기 때문에 오히려 좋은 면도 있다. 논쟁은 스포츠의 흥미를 고취시키고 신화를 낳는 핏줄과 같은 것이다. 그런 논란과 시비가 일어나는 것을 싫어한다면(야구 당국이 싫어할 것은 너무나 뻔하다.) 투표를 실시하지 않으면 그만이다. 일단 기자들에게 투표를 맡긴 이상 그런 일들이 일어나는 것은 감수해야 하며 어떻게 하라고 간여할 필요도 없다. 사람들은 서로 다른 견해와 서로 다른 평가 방식을 갖고 있다. 명예의 전당 입당 허가의 합격점을 만장 일치가 아닌 75퍼센트로 '낮춰 놓은' 것도 그런 현실을 고려했기 때문이다.

　1961년에 투표권을 얻은 필자는 무엇을 근거로 투표하는지 필자의 소견을 밝히겠다. 몇몇 기자들은 나의 견해에 동조하리라 생각한다. 그러나 남들의 생각은 어떤지, 그리고 만인에게 통용되는 법칙이 과연 무엇인지는 필자로서는 도저히 밝혀 낼 자신이 없다. 만인에게 통용되는 법칙이란 애당초 있지도 않으며 만들려고 해서도 안 된다.

필자는 우선 이렇게 자문해 본다. 이 선수는 현역 시절에 상당히 오랜 기간에 걸쳐 자기 포지션에서 독보적인 존재로 활약했는가? 만약 제 포지션에서 군계일학으로 활약한 바가 없다면 혹시 그 시절에 난형난제의 대선수들이 군웅할거하는 바람에 혼자 돋보일 수 없었던 것은 아닐까? 여기서 '그렇다'는 결론에 도달하면 그를 투표지에 써넣는다. 그런 관점에서 필자가 표를 던진 인물은 윌리 메이스, 미키 맨틀, 스탠 뮤지얼, 워렌 스판, 조니 벤치, 조 모건 등이다.

두 번째 질문. 이 선수는 앞서 말한 자격에는 미달하더라도 인간적으로나 야구 선수로서 워낙 뚜렷한 업적을 남겨 놓았기 때문에 그에게 상당한 비중을 두지 않고서는 야구사가 제대로 기술되지 않을 수 있지 않을까? '그렇다'고 생각되면 합격이다. 디지 딘과 요기 베라가 이런 유형에 속한다.

세 번째 질문. 이번에 내가 이 선수에게 표를 던지지 않는다면(처음 후보에 오른 인물일 경우다.) 다음해 투표에서는 과연 더 많은 득표를 올릴 수 있을 것인가? 여기에 대한 필자의 대답은 대체로 부정적이다. 자, 필자가 애초에 사람을 잘못 봤을 수도 있다. 해가 바뀌면서 애초에 간과했던 그의 비중이 새삼 부각될 수도 있다. 그렇다면 나도 생각을 바꿔야 한다. 공부를 더하고 세상 보는 눈이 달라지게 되면 그런 일이 생길 수도 있다. 그러나 대개의 경우 은퇴 후 5년이 지나도록 피선거권자가 명예의 전당에 들어갈 만한 자격이 있다고 확신이 내 마음에 서지 않는다면 그에 대한 대답은 부정적일 수밖에 없다.

필자는 이런 선별 작업을 하면서 성적이나 드라마틱한 사건에는 별로 큰 비중을 두지 않는다. 필자는 나 자신이 지켜본 그 선수의 야구 인생을 총체적으로 살펴보고 판단한다. 만약 어떤 선수가 은퇴할 무렵 '저 사람은 장차 명예의 전당에 들어갈 자격이 있다.'는 생각이 들지 않았다면 아무 생명력 없는 숫자들을 들여다보거나 이미 명예의 전당에 들어간 사람들과 비교해 본들 새삼 돋보이는 무엇이 나타날 리는 없지 않겠는가. 필자는 그가 현역으로 활동할 때, 그리고 그 선수가 은퇴하고 나서 5년 동안 이미 그런 경중을 숱하게 따져 봤을 게 틀림없다.

그러나 명예의 전당 입당을 떼어논 당상으로 보장받는 위대한 이정표가 없는 것은 아니다. 투수로 300승, 타자로서 500홈런이 좋은 예다. 그러나 299승이나 499홈런에 머물렀다고 해서 자격 미달이라고 아예 잘라 버리고, 301승이나 501홈런을 기록했다고 해서 무조건 찍어야 하는가? 그렇지 않다. 그런 숫자는 능력과 업적을 객관적으로 확인시키는 지표에 지나지 않을 뿐이다.

우리는 앞서 통계를 다루면서 통계 비교의 허구성을 살펴본 바 있다. 명예의 전당 입당자 선출처럼 중대한 문제를 다룰 때는 시대가 서로 다른 데도 액면상으로 비슷비슷한 숫자에 속아 넘어가 판단이 흐려져서는 안 된다. 애당초 탁월하다는 확신을 주지 못하는 선수라면 재고의 가치가 없는 것이다. 25년 전의 어느 선수가 어떤 성적을 내서 명예의 전당에 들어갔으니까 그와 비슷한 성적을 올린 이 선수도 당연히 명예의 전당에 들어갈 자격이 있다고 판단하는 것은 옳지 않다. 오늘 투표에서 후보에 오른 이 선수가 한 시대를 풍미한 거물이었는가, 아닌가? 그것을 따져 보고 그렇다고 생각되면 찍고, 아니라고 생각되면 찍지 말아야 한다.

일반적으로 통용되는 선정 기준을 또 하나 추가해야겠다. 명예의 전당은 역사에 길이 남는 위대한 순간을 빚어 냈거나 한두 해 반짝 활약했다고 해서 들어갈 수 있는 자리가 아니다. 돈 라슨의 월드 시리즈 퍼펙트 게임, 로저 매리스의 61홈런, 오렐 허샤이저의 연속 이닝 무실점 기록 등이 그 예다. 명예의 전당이라는 영광된 자리에 들어가기 위해서는 야구 인생 전반을 놓고 심판을 받아야 한다. 보비 톰슨의 홈런*처럼 팬들의 머릿속에 길이 남을 역사적인 장면들은 기념물이나 설명문을 전당 안에 들여놓는 것만으로 충분하다. 그러나 선수라는 인간을 그 자리에 들여앉히려면 전성기만 떼어 놓고 봐서는 안 되며 전체적인 업적을 살펴야 한다.

지금까지 필자가 밝힌 견해는 최근에는 별로 호응을 얻지 못하고 있다. 요즘 기자들은 탁월한 실력을 자랑한 선수라면 누구나 명예의 전당에 넣어 주는 게 공정하다고 생각하는 경향이 있다. 거기에는 두 가지 이유가 있다. 첫째는 어떤 기자든지 자기가 각별히 좋아하는 선수들이 있게 마련이고, 그들이 입당의 영광을 차지하지 못해 섭섭해하는 모습을 보기가 민망하기 때문이다. 또 하나는 통계에 사로잡혀 있기 때문이다. 이러이러한 사람도 거기에 들어갔는데 어째서 이 사람은 못 들어간단 말인가.

바로 여기서 원로 위원회의 부당성이 다시 한번 나타난다. 그들은 기자단 투표에서 탈락한 사람들을 대상으로 삼아 피선될 기회를 쓸데없이 만들어 줄 뿐 아니라 선출 기준에도 일관성이 없다. 이 위원회에 속한 선수 출신이나 구단 관계자들은 틀림없이 야구에 대해서는 조예가 깊겠지만 객관성 유지라는 점에서는 제대로 훈련받지 못했고 의식도 미달된다. 사실 그들은 '나 아니면 남'이라는 사고방식 속에 일생을 지내 온 사람들이다. 그들은 자기와 개인적으로 친한 사람들에게는 표를 던지고(물론 그 해당자는 피선될 자격이 전혀 없지는 않을 것이다.) 개인적으로 싫어하는 사람들은 제외시킨다.(어느 정도 자격이 있기는 마찬가지일 것이다.) 그러다 보면 선발의 권위가 땅에 떨어질 수밖에 없다. 이런 부당한 예를

---

* 1951년 내셔널리그 우승 결정전에서 뉴욕 자이언츠를 우승으로 이끈 결정적인 끝내기 3점 홈런.

들어 보자. 피 위 리즈는 들어갔고 필 리주토는 빠졌다. 보비 도어는 들어갔고 조 고든은 빠졌다. 이들은 모두 기자들의 투표에서는 탈락한 사람들인데 기자들이 그들을 탈락시킨 것이 설사 잘못된 처사라 하더라도 최소한 '공평하게' 잘못한 셈이다. 그러나 리즈와 리주토, 도어와 고든이 같은 시기에 활약하고 엇비슷한 성적을 남긴 사실을 고려한다면 그들의 당락을 갈라놓을 합당한 근거는 어디에서도 찾을 수 없다.(특히 리주토와 고든을 비교한다면 리즈나 도어보다는 나은 선수로 평가받곤 했다.) 프랭크 프리시는 1960년대에 원로 위원회 위원장을 맡았다. 명예의 전당의 일원이기도 한 프리시는 오랜 선수 생활과 감독 생활을 통해 야구에 깊은 조예를 갖고 있었고 여론을 주도할 수 있는 설득력도 갖췄으며 박학다식하고 고등 교육도 받고 감성도 풍부한 인물이었다. 그러나 기자들은 "프리시가 위원장 자리에 오래 앉아 있다가는 1920년대에 맥그로 감독 밑에서 뛴 자이언츠 선수들은(프리시도 그 일원이었다.) 몽땅 명예의 전당에 들어가고 말겠다."라고 농담했을 정도였다. 그가 입으로 열심히 표를 모아 준 인물들이 그만한 자격이 전혀 없다고는 말할 수 없겠지만 그런 식으로 어중이떠중이가 모두 전당에 들어가게 된다면 베이브 루스나 타이 콥, 월터 존슨, 크리스티 매튜슨, 호너스 와그너, 또는 미키 맨틀, 윌리 메이스, 조 디마지오, 테드 윌리엄스, 스탠 뮤지얼, 워렌 스판, 화이티 포드 등 불세출의 대가들과 구별할 수 없게 된다. 데이브 뱅크로프트, 프레디 린드스트롬, 조지 켈리, 로스 영 등도 대단한 선수였던 것은 틀림없지만 그들이 앞서 열거한 선수들과 같은 등급으로 매겨질 수는 없다. 그리고 이들과 어깨를 나란히 할 인물들은 얼마든지 꼽을 수 있다. 이들을 모두 명예의 전당에 넣는다면 명예라는 의미가 퇴색할 것이다.

　필자는 톰 시버나 놀란 라이언, 조지 브레트, 레지 잭슨 등이 피선거권을 갖는 날이 오면 응당 그들에게 표를 던질 것이다. 필자 나름대로 꼽는 '의심의 여지가 없는' 유자격자들이 있는데 그들을 어떤 '기준'이라는 자로 잰다는 것은 매우 결례되는 일이다.

필자는 또 모리 윌스처럼 야구에 지대한 영향을 미친 위대한 선수가 왜 영광을 차지하지 못했는지 이해가 가지 않는다. 우리 동료 기자들이 밥 깁슨은 명예의 전당으로 인도하면서 동시대에 난형난제로 활약한 후안 마리첼을 떨어뜨린 것도 이해할 수 없는 대목이었다. 마리첼은 결국 2년 뒤에 전당에 들어갔다.

그래도 좋다. 사람을 놓고 평할 때는 의견이 일치되지 않는다는 데에 매력이 있기 때문이다. 그래서 75퍼센트의 득표가 필요한 것이다.

그리고 피트 로즈에 대해서는 어떻게 생각하는가? 그는 도박 혐의로 불명예를 뒤집어썼는데 상식에 어긋난 짓을 했다면 그런 수모를 당하는 것은 마땅하다.(필자는 그가 정말로 얼마나 도박에 깊숙이 관여했는지는 자세히 모른다. 다만 도박사들과 어울려다닌 것을 가리킬 뿐이다.) 그러나 인간적으로 수모를 겪는 것과 야구 선수로서 남긴 업적은 별개로 봐야 한다. 이런 탈법 행위는 그의 선수 생활 말년 또는 선수 생활을 마친 다음에 저지른 것이며 타이 콥이나 트리스 스피커는 승부 조작이라는 그보다 더 큰 위법 행위를 저지르고도 명예의 전당에 들어가 있다. 로즈는 야구 사상 그 누구보다 많은 안타를 때려 냈고 그 밖에 여러 가지 기록을 남겼다. 로즈를 빼놓고 나머지 선수들로 명예의 전당을 채운다면 도대체 그런 제도를 만든 의미가 어디에 있을 것인가? 만약 경기장 밖에서의 행동이나 인간성이 투표를 좌우한다면 타이 콥이나 베이브 루스는 이곳에 자리 잡는 데에 많은 어려움이 따를 것이다. 피트 로즈는 나쁜 짓을 저질렀고 그에 따라 야구계에서 추방이라는 징벌을 받았다.(그가 철창 신세를 지게 된 것은 도박 혐의가 아니라 세금 포탈 때문이었다.) 이는 명예의 전당 선출과 전혀 무관한 것이고 그것을 투표에 결부시키는 것은 자기 합리화에 급급한 데에 지나지 않을 뿐 아니라 일관성도 잃은 행위라고 생각한다. 로즈의 이름이 후보 명단에 오르는 날까지 필자가 살아 있다면 필자는 틀림없이 그에게 한 표를 던질 것이다.

여태껏 대수롭지 않게 넘겨왔지만 여기서 반드시 짚고 넘어가야 할 사항이 있다. 메이저리그 선수 출신이 아니면서 명예의 전당에 들어간 인물은 알파벳순으로 월터 앨스턴(다저스 감독)에서 톰 요키(보스턴 레드삭스 구단주)까지 1989년 현재 마흔두 명에 이른다. 여기에는 심판들과 니그로리그에서 활약한 흑인 선수들, 그리고 1876년 내셔널리그 창설 당시 초대 회장을 맡았던 모건 벌클리가 포함돼 있다.

그런데 윌리엄 헐버트라는 이름은 빠져 있다. 그 이름은 금시초문이라고 말할 사람도 많을 것이다.

그렇다면 내가 여기서 왜 열변을 토하고 있는지 그 이유는 더 자연스러워질 것이다.

그는 메이저리그의 창시자다. 그건 어떤 의미에서 미국 프로 스포츠의 창시자이기도 하다.

앞서 살펴봤듯이 프로야구는 1871-75년에는 전국 프로야구 선수 연합회라는 이름으로 선수들이 야구단의 주체를 이뤘다가 1876년을 기해 구단주들로 경영의 주체가 바뀌는 변천 과정을 겪었다.

시카고의 사업가 출신인 헐버트는 그런 조직의 쇄신을 구상하고 실무 작업을 펼친 뒤 그 자신은 시카고 구단주를 맡고 벌클리를 리그 회장에 앉혔다. 1년간 회장직을 맡았던 벌클리는 하트포드 팀(이 구단의 구단주이기도 했다.) 경영을 포기하고 보험 회사를 운영하다가 시장과 주지사를 거쳐 나중에는 상원에 진출했다. 그는 애브너 더블데이보다는 야구와 밀접한 관계를 가졌던 게 분명하지만 그렇다고 전문적인 야구 관계자라고는 말할 수 없었다.

반면 헐버트는 새로운 리그를 육성하는 데에 혼신의 힘을 다했다. 그는 앨 스폴딩에게 고향인 시카고로 돌아와 야구 발전을 위해 뛰도록 설득했고 그 밖에도 1870년대 초반 보스턴에서 활약했던 세 명의 스타들도 끌어들였다. 스폴딩은 이미 스포츠 용구업계에 뛰어들어 사업가로서 상당한 수완을 발휘하고 있었으며 그 나름대로 조직적인 두뇌를 자랑하고 있었다. 그는 리그 조직의 현대화에 크게 공헌한 창설 공신이었다. 그렇지만 내셔널리그를 이끈 주동적인 인물은 역시 헐버트가 아닐 수 없었다.

그는 선수 연봉 제도를 창안해 낸 것을 비롯, 구단 경영자로서 사업의 기초를 다졌다. 그는 또 경기 일정을 사전에 확정 지어 공표하도록 했고 리그 규약을 제정해서 준수하도록 했다.

첫 시즌이 끝나 갈 무렵 뉴욕과 필라델피아는 더 많은 수입에 눈독을 들이고 예정돼 있던 정규 경기를 무시한 채 다른 데에서 게임을 치렀다. 조직이 선수 주체로 운영되던 그 이전에는 그런 일이 다반사였다.

뉴욕과 필라델피아는 리그 안에서 가장 큰 도시들이었지만 헐버트는 과감히 그들을 축출해야 한다고 주장했다.

양 팀 축출을 결정하기 위해 그해 12월 클리블랜드에서 회의를 소집했을 때 벌클리 회장은 코빼기도 비치지 않았다. 그 자리에서 즉시 회장에 오른 헐버트는 1882년 사망할 때까지 리그 회장직을 맡았다. 그는 초창기 몇 년 안에 내셔널리그의 기반을 단단하게 다져 놓았을 뿐 아니라 내셔널리그는 모든 프로 스포츠 조직의 모델이 됐다.

그는 1877년에 여섯 개 팀만으로 리그를 운영하면서도 뉴욕이라는 거대 시장을 가만히 놀려두지 않았다. 축출당한 뉴욕의 뮤추얼스는 그 당시만 해도 별개의 도시였던 브루클린에서 홈 경기를 치렀는데 헐버트는 벌클리가 손을 뗀 하트포드 팀을 그곳으로 이동시켜 팀 명칭을 그대로 사용하면서 브루클린에서 홈 게임을 치르도록 조치했다. 그는 야구 발전을 위해 매우 단호하게 규약을 적용했다. 루이빌 팀의 선수 몇몇이 승부 조작에 가담한 사실이 적발되자 허버트는 그들을 미련없이 추방해버렸다. 그는 1878년까지 여섯 개 구단으로 리그를 운영하다가(그중 세 팀은 본거지를 옮겼다.) 1879년에 두 팀을 증설하고 두 팀은 다시 본거지를 바꾸면서 도로 여덟 개 구단으로 리그를 재편했다. 이 조직이 대성공을 거두자 1880년에는 내셔널리그를 모방한 '내셔널 어소시에이션'이라는 라이벌 조직이 생겨나 선수 쟁탈전을 벌였다. 새 조직은 차츰 자리를 잡아가다가 1882년 헐버트가 사망하자 정식 리그로 인정받게 됐다. 1880년대에 접어들어 두 리그는 같이 번창했고 1883년에는 뉴욕과 필라델피아(오늘날 자이언츠와 필리스)가 내셔널리그에 재가입했다.

초창기의 프로야구 조직 정비에 이토록 혁혁한 공을 세운 인물이 명예의 전당에서 푸대접을 받는 이유는 무엇일까? 필자는 이에 대한 해답을 모른다. 리그 회장이나 커미셔너, 구단주 등 필자로부터 질문을 받은 사람들도 제대로 답변하지 못했다. 헐버트에게 특별한 적이 있었던 것도 아니고, 어떤 정치적 비화가 숨겨져 있는 것도 아니고, 그렇다고 그가 거기에 들어갈 수 없게 만든 자격 상실의 요건이 발견되는 것도 아니다. 그저 관계자들이 무관심하고 무식하고 공정성을 잃은 탓이 아닐까 생각된다.

그에 대한 이런 푸대접은 반드시 바로잡지 않으면 안 된다. 명예의 전당을 관장하는 당국이나 커미셔너가 관심을 갖는다면 얼마든지 시정할 수 있는 일이다.**

** 윌리엄 헐버트는 이 책이 나온 후 1995년 명예의 전당에 이름을 올렸다.

명예의 전당 · 533

26 구단 증설

필자가 이 책을 쓰는 동안 구단 증설에 따른 여파를 여러 군데에서 지적해 왔다. 재능 있는 타자들이 여러 팀으로 분산되는 바람에 공격상의 통계 수치들이 떨어진다는 것, 각 구단은 우수 선수 확보에 혈안이 된 반면 선수들은 메이저리그 안에서 자리 잡기가 편안해진 데에다 연봉 협상에서의 입지가 좋아지고 연봉도 급상승하게 됐다는 것, 홈팀의 존재가 널리 알려지면 흥행에도 도움이 되므로 텔레비전 중계권료가 올라갔다는 것 등이다.

그런 구단 증설이 실제로 어떻게 이뤄졌고 앞으로 어떻게 진행될지를 좀 더 자세히 살펴보기로 하자.

구단 증설은 20세기 야구에서 가장 큰 논점이자 변화일 뿐 아니라 반발력 좋은 야구공의 등장보다도 더 큰 파문을 일으켰다.

아직도 진행되고 있는 구단 증설은 20세기 후반기 들어 미국의 생활상을 바꿔 놓은 인구 분포 및 경제 사회적 변화에 발맞춘 것이다. 야구라고 해서 사회의 변화에 초연할 수 없고 내키지 않더라도 거기에 따라가지 않으면 안 된다. 그리고 그런 변화에 가장 간단하고 자연스러운 대응이 바로 새로운 도시에 새로운 팀을 증설하는 것이었다. 구단 증설에 따라 각 팀의 전력은 더욱 평준화됐고 야구 관계자들의 주머니는 두둑해졌으며 경기 스타일에도 적지 않은 변화가 왔고 경기 당사자뿐만 아니라 팬들의 태도도 적잖이 달라졌다. 원인과 결과는 서로 꼬리를 물고 돌고도는 법이다.

우선 여기서 구장과 인구, 페넌트레이스에 대한 통계부터 살펴보자. 이런 것들은 서로 무관한 것처럼 보이지만 실은 묘한 함수 관계를 갖고 있다.

베이브 루스는 1915년부터 1934년까지 20년 동안 아메리칸리그에 몸담고 있으면서 708개의 홈런을 날렸다. 그것들은 오직 9개 구장에서 기록됐다. 뉴욕의 폴로 그라운드와 양키 스타디움, 보스턴의 펜웨이 파크, 필라델피아의 샤이브 파크, 워싱턴의 그리피스 스타디움, 시카고의 코미스키 파크, 디트로이트의 네이빈 필드, 클리블랜드의 리그 파크, 세인트루이스의 스포츠맨스 파크 등이다.

행크 에런은 애틀랜타 브레이브스 선수로 뛰던 1973년에 709호 홈런을 날림으로써 단일 리그(내셔널리그) 최다 홈런 신기록을 세웠다. 에런 역시 20년에 걸쳐 그 기록을 쌓아올렸는데 그가 펜스를 넘긴 구장은 스물두 개에 달했다.

에런은 생애 마지막 두 시즌(1975-76년)을 아메리칸리그 소속 밀워키 브루어스에서 활동했으며 755개의 기록으로 생애를 마칠 때까지 그가 홈런을 기록한 구장은 서른한 개로 불어났다. 아이러니컬하게도 생애 말년에 몸담은 밀워키 구장은 그가 1954년 메이저리그 데뷔 당시 밀워키 브루어스가 쓰던 구장이었는데 이 팀은 1966년에 애틀랜타로 본거지를 옮겼던 것이다.

그러나 그게 최다 구장 홈런 기록은 아니다. 프랭크 로빈슨과 러스티 스타브는 양 리그를 오가면서 무려 서른두 개 구장에서 홈런을 쳐냈다. 특히 브루클린 다저스는 1956-57년의 2년에 걸쳐 저지 시티 구장으로 상대 팀들을 골고루 불러들여 1년에 한 게임씩 총 열네 게임을 치렀는데 로빈슨은 신시내티 소속으로 이 경기장에서 두 게임을 치르면서 한 개의 홈런을 기록했다.

지금 필자가 말하고자 하는 요지는 무엇인가? 야구인들은 가능한 한 주변 환경이 변하지 않고 항상 일정하게 유지되기를 바란다는 것이다. 그런 심정은 앞으로도 바뀌지 않을 것이다. 일반 팬들도 이 사실을 알아야만 야구인들을 이해할 수 있다.

시카고 커브스는 페더럴리그에 소속돼 있던 훼일스가 1915년에 팀을 해체하자 그 팀이 당시로는 현대식으로 지은 리글리 필드로 1916년에 이주했다. 그해까지 7년 동안 열다섯 팀 중 열네 팀이 2층 스탠드를 갖춘 철근 콘크리트 구조물의 스타디움을 장만했다. 그리고 세인트루이스 카디널스는 1920년 시즌 도중 브라운스가 쓰던 스포츠맨스 파크로 옮겨 갔다.

그러나 1916년부터 1952년까지 36년 동안 새로 지어진 구장은 메이저리그를 통틀어 두 개에 불과했다. 양키스는 자이언츠의 폴로 그라운드를 임대해 쓰다가 1923년에 양키 스타디움을 완공했고 리그 파크를 홈구장으로 쓰던 클리블랜드 인디언스는 1932년부터 일요일 경기만 뮤니시펄 스타디움에서 치르다가 나중에는 야간 경기까지 확대하고 2차 세계 대전이 끝난 뒤에는 아예 홈구장을 그곳으로 옮겼다.

그 당시의 야구팬들에게는 야구단과 야구장이 태양의 위성처럼 늘지도 줄지도 않고 영원토록 일정하리라 생각했을 것이다. 굳이 바뀐 것을 든다면 구장 명칭이었다. 네이빈 필드는 브릭스 스타디움으로, 샤이브 파크는 코니 맥 스타디움으로, 신시내티 레즈의 레드랜드 필드는 크로슬리 필드로 각각 이름이 바뀌었으나 그 때문에 헷갈린 사람은 없었다.

물론 각 구장마다 좌석 수를 늘리고, 구조를 바꾸고, 펜스를 옮기고, 전광판을 설치하는 등 증개축은 시시때때로 실시했지만 그런 것은 지엽적인 일에 지나지 않았다.

더욱 놀라운 것은 볼티모어가 1903년에 뉴욕으로 자리를 옮겨 뉴욕 양키스가 된 이래 1952년까지 만 50년 동안 모든 메이저리그 팀들이 제자리에 눌러앉은 채 본거지를 고스란히 유지했다는 사실이다.

그러다가 1953년 보스턴 브레이브스가 밀워키 브루어스로 변한 것을 신호로 슬슬 이동의 기지개를 켜기 시작했다. 그 뒤 21년 사이 홈 구장을 다른 데로 옮긴 팀은 열일곱 개에 달했으며 전체적으로 내리 3년 동안 구장 변동 사항이 없었던 적은 한 번도 없었다. 1957년과 1959년, 1963년, 1967년만이 전년도와 변함없이 같은 구장들을 사용한 해였다.

자, 어느 야구팬(기자, 또는 코치, 단장, 심지어 선수라고 해도 상관없다.)이 1952년으로 마흔 살을 맞았다고 치자. 그가 다섯 살 되던 해에 일어났던 일들부터 기억하고 있다면 그의 머릿속에 들어가 있는 야구는 클리블랜드와 뉴욕이 구장을 옮긴 것 말고는 마흔 살이 되도록 프랜차이즈의 변화는 하나도 없었던 셈이 된다. 그러나 그 뒤 20년간 구단들이 이리저리 옮긴 것을 일일이 꼽아 보려면 머리가 빙빙 돌지 않을까? 이 기간 동안 스물여섯 개의 신축 구장이 생겼고 총 서른두 개의 경기장이 사용됐다.

그렇지만 요즘 젊은이들은 과거에 그토록 번잡한 변화가 있었다는 게 의아하게 여겨질 것이다. 1974년 이후로는 이렇다 할 변동 없이 모두가 제자리를 붙들고 늘어졌기 때문이다. 그로부터 1990년까지 17년 동안 오직 3년에 걸쳐 새 경기장이 건립됐고 그 가운데 돔구장은 네 개가 들어섰다. 1977년에는 시애틀 매리너스와 토론토 블루제이스가 신생팀으로 메이저리그에 가입했고 몬트리올 엑스포스는 올림픽 스타디움으로 이전했다. 1982년에는 미네소타 트윈스가 돔구장을 신축했다. 그리고 1989년에는 돔구장의 백미라고 할 수 있는 토론토의 스카이돔이 탄생했다. 이것은 단순히 지붕을 덮은 구장이라기보다 호텔, 식당, 상가를 포함하고 있는 '돔의 도시'라고 부를 만하다. 이는 월터 오말리가 일찍이 1955년에 브루클린에 세워 보려고 구상했던 바로 그 모습이었다.

1952년에 쓰던 구장 중 1991년까지도 계속 사용되는 곳은 아메리칸 리그에서는 디트로이트, 보스턴, 클리블랜드, 시카고, 뉴욕(이는 1974-75년에 완전 개축됐다.) 등 다섯 구장이고 내셔널리그에서는 시카고(리글리 필드)뿐이다.

그러나 이것으로 구장 이동과 정비가 완전히 끝났다고는 할 수 없다. 시카고의 코미스키 파크는 나중에 화이트삭스 파크로 이름이 바뀌었다가 이제는 과거의 유물이 돼 버리고 시와 주의 예산으로 그 인근에 새로 지은 구장으로 옮겨 갔다. 디트로이트와 보스턴은 새 구장 건립을 신중히 검토하고 있으며 양키스는 뉴저지 주로 이전하겠다고 뉴욕 시 당국에 으름장을 놓고 있다. 리글리 필드는 1989년에 가서야 전통을 깨고 야간 조명 시설을 갖췄지만 언제까지나 그 구장에서만 경기하리라는 보장은 없다. 게다가 1990년대 중반에도 구단 증설은 계속 진행 중이다.*
이렇게 경기장이 자주 바뀌다 보면 게임이 영향을 받지 않을 수 없으며 그 경기에서 나타나는 각종 통계도 종전과 비교할 때 객관성과 항구적인 자료로서의 가치가 떨어지게 된다.

---

* 역자 서문 참조.

인구도 그 나름대로 흥미로운 대목이 아닐 수 없으나 지금까지 별로 관심을 갖지 않고 지나쳐 왔다. 1952년 현재 열여섯 구단은 열 곳의 도시에 집중돼 있었다.(브루클린은 뉴욕의 일부로 간주한다.) 이런 대도시들의 총인구수는 3530만 명으로 지역적 중복을 무시하면 각 팀이 보유한 평균 인구는 220만 명이었다.

1989년에는 스물여섯 팀이 스물두 도시에 분산됐다. 뉴욕과 로스앤젤레스, 시카고, 샌프란시스코(오클랜드 포함) 등 4대 도시에만 두 구단이 몰려 있다. 이 도시들의 인구 합계는 9830만 명으로 구단당 380만 명 꼴이다.

따라서 표를 사들고 직접 구장을 찾아올 수 있는 사람들은 2.5배로 늘어난 셈이다.

1952년 각 구장의 연평균 관중은 90만 명이었다. 반면 1989년의 평균 관중 수는 220만 명으로 늘었다. 인플레이션에 따른 입장료 인상은 별개로 치더라도 구단 수입이 어마어마하게 불어난 것이다. 1952년의 입장객은 도시 인구의 41퍼센트였다.(이는 통계학상으로는 이치에 닿지 않는다. 연인원상으로 그렇다는 것일 뿐 실제로는 1년에 수십 차례씩 구장을 찾는 단골들이 많기 때문이다. 다만 일반적으로 이 숫자가 무엇을 의미하는지는 음미할 수 있을 것이다.) 그러나 1989년에는 그 비율이 58퍼센트로 높아졌다. 그리고 220만 명이라는 평균 관중 수는 1952년의 전체 도시 인구에 해당한다. 이는 그저 우연의 일치지만 재미있는 일이 아닐 수 없다.

관중 동원력이 이렇게 커지고 시청권역의 인구를 상품 가치로 따지는 텔레비전에 의해 구단 수입이 늘어났다는 사실을 놓고 보면 1980년대에 3억 달러에 불과하던 야구 시장이 1조 달러 이상으로 늘어난 게 결코 놀라운 일은 아니다.

20세기 전반에는 직접 구장을 찾는 입장객으로부터 벌어들이는 것이

주수입원이었고 그나마 그런 입장객은 구장 주변에 거주하는 도심지 사람들이 태반이었다. 그러나 그 후 교통 수단의 발달로 대도시 주변의 위성 도시 주민들까지 구장을 찾아와 기꺼이 주차료와 식음료 판매 등 부대 시설 이용료를 지불하고 있다. 이와 동시에 야구 고객들은 야구 구경뿐만 아니라 라디오나 텔레비전 중계 도중 광고하는 각종 상품에도 돈을 뿌리고 있다.(광고주들이 야구 프로에 스폰서가 되려고 기를 쓰는 것도 이런 이유에서다.) 1960년대나 그 무렵까지는 '도시 성장'이라는 것이 단순히 인구 증가와 시계市界의 확장만 가리켰지만 그 뒤로는 종전에 생각지도 못했던 각양각색의 자원 확대로 내용이 바뀌었다. 이는 나아가 흥행 관계자의 마케팅 전술을 전환시킨 요인이 됐다. 종전에는 관중을 야구장 입구까지 끌어들이는 데에만 총력을 기울이면 그만이었다. 그러나 이제는 구장에서 멀리 떨어진 곳에 살거나 야구장을 직접 찾지 않더라도 야구에 관심을 갖는 것만으로도 구단에 간접적으로 돈벌이를 시켜 주는 수백만 시민을 염두에 두고 사업을 기획해야 하는 것이다.

인구 분포의 변화로 정치적 압력이 가해지는 방향도 달라졌다. 상원 의원이나 하원 의원, 주지사들은 선거 구민들로부터 자기 고장에도 메이저리그 구단을 유치하라는 압력을 받고 있으며, 그들은 또 가능한 한 독점권을 헤프게 내놓지 않으려는 야구 관계자들에게 영향력을 행사하려고 든다.

프랜차이즈 가격이 폭등하는 이유도 이런 점으로 설명할 수 있다. 본거지 도시를 포함한 주변 도시의 인구가 많을수록, 그리고 자기들도 메이저리그 팀을 유치할 만하다고 자부하는 도시가 늘어날수록 팀 유치 경쟁은 뜨거워진다. 팀이 없는 도시들은 가입권을 따내기 위해 많은 것을 제시하고 있고, 이미 팀을 갖고 있는 도시들은 딴 데로 뺏기지 않으려고 구단에 대단히 호의적이다. 구장이 낡았다 싶으면 시당국에서 자발적으로 새 구장을 지어 바치는 게 모두 그런 맥락이다.

뉴욕 메츠는 1961년 가입 당시 200만 달러의 가입금을 냈다.(이 가입금은 형식상으로는 선수 충원을 위한 드래프트 지명권을 얻는 대가였다.) 이 구단은 1980년에 2000만 달러에 매각됐고 1986년에는 8000만 달러에 다시 전매됐다.

양키스가 1903년에 뉴욕에다 프랜차이즈를 설정할 때 들인 비용은 1만 4000달러였다. 1915년에는 46만 달러에 팔렸고 콜로넬 러퍼트 구단주가 죽고 나서 1945년에 300만 달러로 매각됐다. 1964년에는 CBS 방송국이 1460만 달러에 이 구단을 사들였다. 1973년 조지 스타인브레너를 필두로 한 콘소시엄에 넘어갈 때의 가격은 1200만 달러였다. 1990년 현재 시가는 1억에서 2억 달러 사이로 추정되지만 어쩌면 그를 넘어설지도 모른다. (양키스가 로컬 유선 방송과 계약을 맺은 수입만도 연간 4000만 달러를 넘는다.) 이런 액수들을 보면 왜 어지간한 유명 선수의 연봉이 400만 달러씩이나 되는지 이해할 수 있을 것이다. 베이브 루스가 22년간 야구 선수로서 받은 연봉 총액은 91만 900달러에 불과했다.(그나마 당시 다른 선수들에 비하면 두 배가 넘는 거액이었다.) 그동안 아무리 인플레이션이 심했다 하더라도 요즘 선수들은 그에 비하면 너무나 호강하는 것이다.

위와 같은 뉴욕 두 구단의 가격이 그 정도라면 돈 많은 구단이 메이저리그 안에서 가장 우수한 선수들을 몽땅 사들여 다른 팀들은 아예 상대도 되지 않는 천하무적 팀을 구성할 수도 있지 않을까 하는 가정도 해볼 수 있을 것이다.

과연 그렇게 될 수 있는 것인지 따져 보자.

애초에 보유 선수 조항을 만들어질 때는 독주하는 천하무적 팀이 나타날 소지를 없애겠다는 구단 관계자들의 의지가 담겨져 있었다고 봐야 한다. 다시 말하면 구단이 트레이드하는 것은 전력 강화를 위한 것이지만 선수들이 멋대로 팀을 옮겨 다니는 것은 최적의 구단에서 자기 기량을 최대한 발휘할 수 있는 기회를 저버리는 어리석은 짓이라는 뜻을 담고 있었다.(구단측이 내놓고 그런 말을 하지는 않았지만 속뜻은 그런 것이었다.)

그 논리는 이런 것이었다. 만약 구단 측만이 선수들의 이동을 좌우할 수 있고 진실로 오직 전력 강화를 위해서만 선수를 주고받는다면 우승을 노릴 만한 전력을 갖춘 팀이 여럿 나올 것이다. 멍청한 구단이 아닌 이상 우수 선수를 그냥 내버릴 팀은 하나도 없을 것이며, 우승권 판도는 5년마다 한 번씩 바뀔 것이다.(선수들이 최고 기량을 발휘하는 '전성기'를 5년으로 보는 것이다.)

반대로 선수들이 마음대로 구단을 선택한다면, 그리고 오로지 돈에 이끌려 연봉을 많이 주겠다는 팀으로만 몰린다면 다른 팀들과는 상대가 되지 않는 몇몇 슈퍼 팀들이 나타나게 될 것이다.

열여섯 팀이 안정세를 취하고 있던 시절에는 이런 논리에 반박할 사람이 없었다. 그러나 실제 역사는 그런 논리라는 게 얼마나 허황된 억측이었는지를 잘 보여 주고 있다.

뉴욕 양키스는 1921년부터 1964년까지 44년 동안 29차례나 아메리칸리그 우승을 거머쥐며 천하무적으로 군림했다. 공교롭게도 이 때는 구단이 선수의 신상에 전권을 휘두르는 보유 조항이 야구계를 지배하고 있던 시절이었다. 그리고 1976년부터 자유 계약 제도가 도입된 이후에는 오히려 절대 강자가 없어졌다. 머릿속으로 생각하던 이론과 정반대의 현상이 나타난 것이다.

이번에는 열여섯 개의 페넌트레이스를 한 단위로 묶어 시대별로 살펴보자.(각 리그가 두 지구로 분할된 이후는 양대 리그가 연간 네 개의 페넌트레이스를 펼친다고 간주하자.) 과연 우승팀이 몇 팀이나 생기는지가 일목

요연하게 나타난다.

연도	참가팀 수	우승팀 수		계
		아메리칸	내셔널	
1921-28	16	2	3	5
1929-36	16	4	3	7
1937-44	16	3	5	8
1945-52*	16	4	6	10
1953-60	16	3	4	7
1961-68	20	5	4	9
1969-72	24	4	5	9
1973-76	24	5	5	10
1977-80	26	4	5	9
1982-85**	26	7	6	13
1986-89	26	6	6	12

* 이때는 2차 세계 대전이 끝나고 나서 선수 구성이 정상적으로 이뤄지지 않았던 시기다. 1945-48년에는 4년 사이 우승팀이 매년 바뀌었다. 1949-52년에는 선수단 구성이 정상적으로 갖춰졌는데 아메리칸리그에서는 양키스가 4연패했고 내셔널리그에서는 우승팀이 세 개가 나왔다.

** 1981년에는 두 달간의 파업으로 진정한 우승팀이 나오지 않았기 때문에 제외했다.

    자유 계약 제도가 도입된 1976년 이후 내셔널리그에서는 열두 팀 중 열한 팀이 적어도 한 번 이상의 우승을 맛보았으며(유일하게 한 번도 우승해 본 경험이 없는 몬트리올 엑스포스만 해도 페넌트레이스가 변칙적으로 진행됐던 1981년에는 플레이오프에 진출했다.) 아메리칸리그의 열네 팀 중에

구단 증설 · 543

서는 클리블랜드와 텍사스, 시애틀을 제외한 열한 팀이 정상을 밟아 봤다. 14년 사이에 총 스물여섯 팀 중 스물세 팀이 정상에 오른 적이 있다면 대단한 전력 평준화가 이뤄졌다고 결론을 맺더라도 이의가 없을 것이다.

이에 반해 1950-1963년의 14년 사이에는 양키스와 다저스가 28개 레이스에서 열여덟 차례의 우승을 석권했으며 자이언츠가 세 차례, 브레이브스가 두 차례, 다른 다섯 팀이 각 한 차례의 우승을 차지했을 뿐 나머지 일곱 팀은 정상과는 아예 인연을 맺지 못했다.(신생 네 팀은 워낙 전력이 뒤지기 때문에 아예 여기에 포함시키지도 않았다.)

그러면 구단 증설에 따른 여파는 어떤 것이 있을까?

첫째, 팀이 늘어남에 따라 메이저리그급 선수가 더 많이 필요하고 그만큼 선수들의 일자리가 늘어났다. 이것은 선수들이 보유 제도라는 노예의 사슬을 끊어 버리기 위해 노조를 만들어야겠다는 의지를 갖게 만들었으며 선수들은 또 그것을 실행에 옮겼다.

둘째, 구단 증설에 따라 '우승'이라는 데에 대한 구단주들의 인식을 바꿔 놓았다. 즉 뉴욕 양키스 같은 몇몇 팀이 만년 왕좌에 군림하는 것을 막을 도리가 없다며 수수방관만 하고 있지 않게 만들었다.

셋째, 새로운 수입원을 겨냥하여 구장의 위치가 대도시의 외곽으로 빠져나가게 됐다. 과거에는 도심권 주민들이 구단 수입을 올려 주는 주류였으므로 가장 높은 수익을 올리는 팀일지라도 외형적 총액은 별로 많지 않았고 수익이 작은 팀은 더 말할 것도 없었다. 그런데 구장 위치가 도심을 벗어나자 관중이 많이 몰려들어 현금 수입이 늘어났을 뿐 아니라 단위가 훨씬 큰 수입원(텔레비전 중계권료)이 새로 생김으로써 가난한 구단들까지도 우수한 스카우트 요원과 코치, 팜시스템, 스타 선수들을 거느릴 여유가 생겼다. 부강한 구단이 남보다 뭔가 좀 더 큰 이점을 가진 것은 사실이지만 구단 증설이 이뤄지고 나서는 그 이점이 상대적으로 줄어든 것도 부인할 수 없다.

넷째, 엄청난 가입금을 내고 야구에 뛰어든 신생 구단들은 종전의 구단주들은 상대도 되지 않을 정도로 막대한 자금 동원력을 갖고 있다. 진 오트리(캘리포니아 에인절스), 존 페이슨(뉴욕 메츠) 등은 찰리 핀리(캔자스 시티 애슬레틱스), 월터 오말리(브루클린 다저스)나 그리피스 가족(워싱턴에서 미네소타로 옮김) 등과는 경제력의 단위가 달랐다. 새로운 실력자들은 자금만 넉넉한 게 아니라 세제와 부채, 부대 사업, 관중 지지 등에 대해서도 색다른 시각을 갖고 있었다.

마지막으로 열여섯 팀에서 스무 팀, 스물네 팀, 스물여섯 팀으로 구단 수가 불어난다는 사실만으로도 상호 경쟁력이 강화될 수밖에 없었다. 전력의 희석은 곧 평준화를 의미했다. 각 팀이 유망주들을 확보하려고 경쟁하다 보니 노쇠 현상을 보이는 스타를 대치할 신진 자원을 구하기조차 어려운 지경이 됐다. 종전 같았으면 평생 마이너리그에 머물다 말았을 중간급 선수들이 대거 메이저리그에 진출하게 됐는데 그중에는 마이너리그에 그대로 남아 있었더라면 그저 그 타령이었을 텐데 메이저리그에 올라온 덕분에 부쩍 기량이 늘어나 성공의 길을 달린 선수가 나타나기도 했다. 최우수층부터 바닥권까지 통틀어 650명의 선수를 스물여섯 구단이 나눠갖는 거나 400명을 열여섯 팀이 나눠 갖는 거나 별 차이가 없는 결과를 가져왔다. 그러다 보니 많은 심지를 움켜쥐고 행운의 제비 뽑기를 하는 식으로 어느 팀이건 한 해는 상위로 치솟았다가 이듬해에는 하위권으로 곤두박질하는 부침浮沈이 다반사가 됐다.

구단 증설에 따라 이렇듯 순위 경쟁이 치열해지고 변동이 일어나는 것은 당연한 일로 받아들여졌다. 또 신생팀뿐 아니라 종전부터 구단을 갖고 있던 도시에서도 신축 구장이 늘어났다. 메이저리그 본거지 도시

수가 줄어들었다면 방송사측이 꺼렸을 전국 네트워크도 활성화됐다. 그리고 스케줄이라든지 플레이오프, 마케팅, 탈지방주의 등에 대한 구단의 인식도 달라졌다.

여기서 자유 계약 제도의 파급 효과를 재론할 생각은 없다. 다만 팬들이 종전과 현재 느끼는 야구의 맛이 어떻게 달라졌는지, 그리고 그 달라진 것이 어떤 점에서 좋아졌고, 어떤 점에서 나빠졌는지를 살펴보고자 한다.

팬들의 기쁨을 더 많은 도시로 확산시킨 것은 물론 좋은 일이다. 치열한 순위 다툼과 예상 밖의 결과가 나타나는 것도 바람직한 현상이다. 더 많은 선수들이 최고의 무대에 설 수 있게 된 것도 두말할 나위 없이 좋은 일이다.

반면 어떤 팀도 상당한 기간에 걸쳐 '천하무적'이라느니, '반드시 타도해야 할 대상'이라느니 하는 확고한 위치를 확보하지 못하는 바람에 연패나 전성 시대의 창조 같은 매력은 사라져 버렸다. 수백만의 팬들, 특히 텔레비전 시대를 맞은 이후에 야구를 접하게 된 사람들은 자기 홈팀에 강한 애착을 갖지 못하며, 설사 그런 애정을 갖고 있더라도 홈팀이 늘 별 볼일 없는 성적에 그칠 때는 초강팀으로 시선을 돌리게 된다.(그 팀이 원수같이 밉더라도.)

그러나 전통주의자들은 과거 뉴욕 양키스 같은 천하무적 팀들이 일군 전성 시대의 열광을 아직도 잊지 못하지만 미니애폴리스, 캔자스시티, 시카고, 토론토, 샌디에이고, 휴스턴 등지의 시민들은 자기 홈팀이 어쩌다 한 번씩만이라도 우승하면 군말이 없다.

이렇듯 변화는 계속되고 있다. 변화에 대해 인간이 잠재적으로 갖고 있는 저항감도 인정해야겠지만 그거야 어떻건 1970년대와 1980년대의 변화들이 반드시 좋은 방향으로만 흘러갔는지 여부는 무어라 단정할 수 없다. 다만 1990년대에도 변화는 계속될 것이고 보면 그게 나쁘게 진행되지 않기만을 바랄 뿐이다.

27 공과 배트

　야구계에는 옛날에 비해 조금도 변함없이 남아 있는 그 무엇이 있을 것이다. 공과 배트는 어떨까? 혹시 그것들이라면 과거와 조금도 달라진 게 없지 않겠는가? 공은 100년 전과 크기가 똑같지 않은가? 배트도 여전히 둥글지 않은가?(둥글다는 말에 거부감을 느낀다면 원통형이라고 바꾸겠다.) 그건 사실이다. 그러나 반드시 사실이 아닐 수도 있다.

　공의 '사이즈'는 1850년대 이래 크게 달라진 게 없으며 1876년 이후로는 전혀 변동이 없다. 둘레는 9-9.25인치(22.86-23.50cm)이고 무게는 5-5.25온스(141.7-148.8g)다. 이 규격은 보통 사람이 손으로 공을 잡았을 때 손가락으로 여러 가지로 회전을 먹이는 데 불편하지 않다는 데에 요점이 있다.

　그러나 공의 '구성 성분'과 실을 감는 요령은 점진적으로 변화해 왔으며 이런 변화가 배트로 가격했을 때 날아가는 공의 모습을 바꿔 놓는다.

　배트는 많은 변화를 거쳤다. 크기의 제한이 달라진 것보다는 선수들의 취향에 더 큰 변화가 있었다고 할 수 있다. 초창기에는 나무로 만들되 길이에는 제한이 없었고 다만 가장 굵은 부분의 지름이 2.5인치(6.35cm)를 넘을 수 없었다. 1885년-1893년에는 한쪽을 평평하게 깎는 것도 허용됐다. 그러나 그 뒤로는 길이를 42인치(106.68cm) 이내로 제한했고 배트를 단단히 쥘 수 있게 하는 보조 물질을 손잡이 부분에 바르거나 끝부분을 옴폭하게 파내는 것이 허용됐고 두 조각의 나무를 포개어 만들어도 괜찮았다. 다만 가장 굵은 부분의 지름은 2.75인치(6.985cm) 이내여야 한다.

그러나 이는 어디까지나 '프로야구'에 관한 얘기다. 학생 야구를 비롯한 아마추어 야구에서는 알루미늄 배트를 사용할 수 있으며 이 배트는 성질이 전혀 다르다.

우리는 이 책에서 주로 메이저리그만을 다루고 있기 때문에 알루미늄 배트에 대해서는 간접적으로 언급할 수밖에 없지만 이것도 프로야구에 적지 않은 영향을 미치고 있다. 알루미늄 배트는 아마추어 선수들이 프로 진출을 준비하는 수련 과정과 스카우트 요원들이 선수를 파악하는 요령을 크게 바꿔 놓았다.

알루미늄 배트는 어지간해서는 부러지지 않는다. 그런 경제적 이점이 아마 야구가 이를 채택하는 가장 큰 이유다. 알루미늄 배트에서 뿜어져 나오는 타구는 나무 배트를 썼을 때와 움직임이 전혀 다르다. 타구가 훨씬 강하고 빠르기 때문에 만약 프로야구가 이 배트를 도입한다면 타구에 맞아 죽거나 부상당하는 3루수와 투수가 속출할 것이다.

그러나 뭐니뭐니해도 알루미늄 배트를 나무 배트와 비교했을 때 가장 큰 차이는 공이 배트의 어느 부분에 맞더라도 타구의 강도가 크게 달라지지 않는다는 것이다.

배트는 헤드 부분에서 손잡이 쪽으로 내려올수록 점점 가늘어진다.

그러나 금속 배트는 무게상으로는 양쪽이 별다른 차이가 나지 않으며 손잡이 쪽이 별로 가늘지도 않다. 나무 배트의 심은 전체 길이 중 헤드 쪽으로 3분의 2에서 4분의 3쯤 되는 부분에 있는데 이 심으로 맞혀야만 타구에 강한 힘을 실을 수 있다. 거기에서 손잡이 쪽으로 내려올수록 파워는 떨어지고 타구는 '막히는handcuffed' 상태가 된다.

그러나 알루미늄 배트를 사용하면 심에 맞거나 손잡이 부분에 맞거나 타구를 날리는 데는 별다른 차이가 없다. 따라서 타자는 구태여 공을 배트의 심으로 때리려고 노력할 필요가 없으며 손잡이 부분으로 때리고도 강한 타구를 날릴 수 있다. 그리고 투수는 몸 쪽으로 공을 던져 정타正打를 피함으로써 얻을 수 있는 이득이 별로 없다. 바꿔 말하면 타자가 몸쪽 공을 배트의 손잡이 쪽으로 때리더라도 마찬가지의 타격 효과를 올릴 수 있다.

물리학적으로 본다면 이런 차이는 그다지 대단하지 않다고 할지 모르지만 투구 요령에는 지대한 영향을 미친다. 특히 메이저리거처럼 기술이 성숙하지 않은 초보 단계의 선수들은 몸쪽 공의 효용을 인식하지 못할 수밖에 없다.

이를 좀 더 자세히 살펴보자. 대학 야구를 포함한 성장기에 있는 아마 야구 투수들은 몸쪽 공을 던지는 법을 배우지 않으며 타자들은 덩달아 이에 대처하는 기술을 습득할 기회를 갖지 못한다. 그리고 스카우트 요원들은 알루미늄 배트에 의해 생산된 안타와 기록을 살피면서 만약 저 선수가 프로 무대에서 나무 배트를 사용한다면 어떻게 될 것인가를 머릿속으로 '환산'해야만 한다.

많은 스카우트 요원들은 메이저리그의 전반적인 타격 기술 하락이 바로 이런 용구의 차이에서 온다는 데에 의견을 같이하고 있다. 아무리 빼어난 타자라 하더라도 아마추어에서 프로로 전향하면 나무 배트에 적응하는 데 많은 시간이 걸릴 수밖에 없다. 그리고 투수들도 알루미늄 배트를 쓰는 타자들을 상대하던 시절에 익히지 못한 투구 패턴(안쪽으로 던지기)을 새로 개발해야 한다. 아마추어 시절에는 몸쪽 공을 던진다 해도 별다른 재미를 보지 못했기 때문이다.

애당초 타격에 잠재해 있는 '두려움의 역학 관계'는 몸쪽 공을 던질 때나 부합되는 얘기다. 따라서 이런 피칭에 익숙하지 않은 타자들은 프로 경기에서 공이 몸쪽으로 날아들면 화를 버럭 내곤 한다. 어느 스포츠를 막론하고 선수들의 행동은 평소에 길러 놓은 버릇에서 나온다. 반복 작업을 통해 반사 신경을 키우는 것이다. 아마추어 시절에는 몸쪽 공을 별로 접해 보지 못한 데다 어쩌다 한 번씩 그런 게 들어오더라도 손잡이 부분으로 때려 내면서 그럭저럭 버텨 왔기 때문에 프로 진출 후 메이저리그 수준의 고단수 몸쪽 공을 접하게 되면 제대로 대처하지 못한다. 아울러 메이저리그에 갓 올라온 어린 투수들도 그런 기술을 능숙하게 발휘하는 예가 극히 드물다.

이보다 더 주목해야 할 것은 1960년대 이래 타자들이 가볍고 짧은 배트를 애용하는 현상이다. 이런 유행은 타구에 실리는 힘은 배트의 부피가 아니라 배트 스피드에 의해 결정된다는 이론에 따른 것이다. 과거의 선수들도 물론 이런 사실을 알고 있었기 때문에 배트를 한 줌쯤 짧게 쥐고 컨트롤하기 쉽게 만들곤 했다. 요즘은 장타 선호가 세계적인 추세가 되면서 무거운 배트를 한 줌 짧게 잡기보다는 가늘고 가벼운 배트를 최대한 길게 잡고 스윙 스피드를 빨리 하는 방법을 택하고 있다.

이렇게 되자 배트의 손잡이 부분에 맞아 안타가 되는 경우는 더욱 희귀해졌다. 바로 이것이 우리가 지금까지 얘기해 온 알루미늄 배트와 나무 배트의 가장 큰 차이점이며 종전의 굵고 무거운 배트는 현대의 가벼운 배트와 알루미늄 배트의 중간적 성질을 갖고 있다고 할 수 있다.(물론 금속 배트 쪽에 더 가깝지는 않다.) 따라서 여기서도 장타를 선호하는 까닭에 타율이 희생되는 요인을 찾아낼 수 있다.

베이브 루스는 40온스(1134g)가 넘는 무거운 배트를 휘둘렀다. 오늘날에는 31-33온스(878.8-935.5g)짜리가 주류를 이루고 있다. 길이에는 큰 차이가 없다. 42인치(106.7cm)라는 제한은 형식상의 규제일 뿐 실제 선수들이 쓰는 배트는 그보다 훨씬 짧다. 즉 과거 36-37인치(91.44-93.98cm)이던 배트는 요즘 34인치(86.36cm) 정도로 더욱 짧아졌다. 가벼운 것을 선호하는 데에 따른 것이다.

짧은 배트를 쓰면 바깥쪽 공을 공략할 때 어려움이 따르지 않을까? 물론 그렇다. 그러나 타자가 타석에서 플레이트 쪽으로 바짝 다가서는 것으로 어느 정도 커버할 수 있다. 그리고 투수가 타자로 하여금 뒤로 물러나도록 고의로 몸쪽 공을 던져 대지 않는 한 그런 스탠스 변형으로 짧은 배트의 약점을 메울 수 있다. 그러나 만약 투수가 몸쪽 공을 던져 타자를 뒤로 물러나게 한 다음 바깥쪽을 공략하는 투구 요령을 활용한다면 타자는 당할 수밖에 없다.

이런 것들은 서로 꼬리를 물고 돌고도는 생리를 갖고 있다.

1980년대부터 타자들은 배트가 너무 잘 부러진다고 불평해 대고 있다. 손잡이가 가는 배트가 굵은 배트보다 잘 부러지는 것은 결코 이상할 게 없으며 오늘날의 가느다란 배트를 쓰다 보면 심으로 정확하게 맞혔는데도 배트가 산산조각 나는 경우도 적지 않다. 최근 다우림多雨林 지역의 황폐화로 나무 배트의 원자재가 점점 고갈되고 있다는 보고가 있다. 배트 값이 아무리 오르더라도 프로 구단의 배트 구입비가 총경비에서 차지하는 비중은 거의 무시해도 좋을 정도이지만 아마추어 야구가 나무 배트 사용으로 되돌아가기는 어려울 것이다.

선수들의 배트에 대한 불만이 많아지자 LA 다저스의 장비 담당 매니저 노베 가와노는 베이브 루스가 쓰던 크기의 배트를 주문해서 선수들에게 보여 주었다. 선수들은 제눈을 의심했다. 현대 선수들이 웨이트 트레이닝으로 제아무리 강한 체력을 다져 놓았다 하더라도 그런 거대한 배트를 휘둘러 안타를 뽑아낸다는 것은 상상도 못할 일이었다.

가와노는 이렇게 설명했다. "그렇지만 옛날 선수들은 분명히 이런 배트를 썼소. 그리고 배트가 잘 부러지지도 않았고." 그러고 나서 가와노는 배트에 대한 불평 불만이 줄어든 것을 확인했다.

배트에 관한 얘기는 추상적이고 반대 의견도 많지만 공에 대해서는 좀 더 구체적인 자료를 동원하면서 나눌 얘깃거리가 많다.(그래도 반박의 여지가 없는 것은 아니다.)

야구 행정 당국에게 묻는다면 완강하게 부인하겠지만, 과연 그들은 공의 반발력을 바꾸도록 공 제조업자에게 지시한 사실이 있었는가? 아니면 공 제조업자가 당국의 요청과 무관하게 반발력을 변화시킨 사실이 있었는가? 필자의 대답은 "그렇다."는 쪽이다.

그러나 선수와 팬들이 생각하는 것만큼 그런 일이 자주 일어나지는 않았다.

공의 변천사를 보면 눈에 띄게 변화가 컸던 해는 1910년, 1913년, 1920년, 1929년, 1931년, 그리고 1977년이었다. 그리고 1987년에 사용된 공도 갑자기 반발력을 높인 제품이었다고 믿는 사람들이 많다. 뚜렷한 증거는 없지만 다른 해의 예로 미루어 시즌 초반에 홈런 수가 부쩍 증가했다면 뭔가 인위적으로 반발력을 바꿔 놓았으리라는 추측이 가능하기 때문이다.

항간에 나도는 낭설과 사실을 구체적으로 가려내기 전에 우선 일반론부터 펼쳐 보자.

야구공은 같은 기계에서 만들어진다 하더라도 사람의 얼굴이 제각각

이듯이 성질이 똑같은 것은 하나도 없다. 가죽을 일일이 사람의 손으로 꿰매기 때문이다. 공 안에 감긴 실의 길이도 조금씩 다를 수 있다. 그리고 무게도 전체의 4퍼센트에 해당하는 4분의 1온스(7.09g)까지 오차를 허용하고 있다.

야구공이 제각각 다르다는 증거는 경기 중에 쉽게 찾아볼 수 있다. 투수들은 손가락 감각이 남달리 예민하게 발달한 덕분에 돈벌이를 하고 있다고 말할 수 있는데 그들이 공을 만져 보다가 다른 걸로 바꿔 달라고 심판에게 요구하는 것은 간혹 손가락 감촉에 거슬리는 공이 있기 때문이다. 이것은 곧 모든 공이 똑같지 않다는 증거이며 따라서 배트로 때렸을 때 일어나는 움직임도 달라진다.

이 사실을 전제로 한다면 어떤 공을 어떤 순서로 사용했느냐에 따라 선수들의 성적도 달라진다고 할 수 있다. 가령 공 한 다스를 풀어놓았을 때 그 열두 개 중에는 유난히 반발력이 좋은 것이 있을 수 있고, 한 다스 전체가 다른 박스에 들어 있는 공들과 성질이 다른 공들로 채워져 있을 수도 있다. 한 게임을 치르려면 공이 여러 다스 소모된다. 자, 그중에서 유난히 반발력이 좋은 공은 빗맞는 바람에 파울볼로 스탠드에 넘어가 버리고 그 다음의 반발력이 약한 공은 정통으로 맞았으나 펜스 바로 앞에서 잡혔다고 하자. 만약 공을 사용하는 순서가 바뀌었더라면 그 반발력 좋은 공은 펜스를 넘어가는 홈런이 됐을지도 모른다.

이것은 무작위적으로 뽑아낸 특례特例일 뿐이라고 말할 수 있을지 모른다. 경우의 수가 많아지면 그런 특례는 무시해야 마땅하다고 말할 수 있을지 모른다. 그러나 그 경우의 수는 어지간히 크지 않으면 의미가 없다. 야구는 게임 하나하나가 독특한 내용을 담고 팬들의 기억 속에 살아남는 것이므로 결코 그런 특례는 무시할 일이 아니다. 그 경기에 나선 선수에게는 어느 공을 써서 어떤 결과를 냈느냐가 가장 중요하다. 어느 보통 타자가 운 좋게 반발력이 좋은 공을 만난 덕분에 평소 능력과 달리 대형 홈런을 때렸다면 정작 펜스 앞에서 잡히는 플라이에 그친 강타자보다 그 게임을 관전한 팬들에게는 훨씬 강렬한 인상을 남길 수 있다. 타자 자신도 모르고 고의적으로 그렇게 한 것도 아니지만 자기의 플레이에 어떤 공이 사용됐느냐에 따라 이런 차이가 나올 수 있다.

그러나 무작위적으로 작용하는 더 중요한 요소가 있다. 그것은 기상 상태다. 풍향과 풍속, 비 따위가 타격 내용에 영향을 미치는 것은 두말할 필요도 없다. 타구가 날아가는 모양새는 구장마다 다르고, 같은 구장이라도 시간대에 따라 다르고, 같은 시간이라도 월별로 다르고, 나아가 매시간마다, 매분마다 달라지기도 하다. 선수들도 이 사실에 수긍한다.

캣피시 헌터는 1990년 샌프란시스코 출신 선수들을 대상으로 하는 '베이 지역 명예의 전당' 입당식에 참석한 자리에서 이렇게 말했다.

"오클랜드 컬리시엄 구장에서는 야간 경기를 치를 때와 낮 경기를 치를 때 타구 거리에 차이가 납니다. 저는 그것을 무척 고맙게 생각합니다. 만약 똑같다면 저의 피홈런 수는 300개가 아니라 600개가 됐을 테고 그러면 저는 오늘 이 자리에 설 수 없었을 테니까요."

호세 칸세코는 똑같은 사정을 거꾸로 불만 섞인 목소리로 털어놓았다. 1988년에 홈런 42개를 때려냈지만 더 때릴 수도 있었다는 것이다.

승부에 관한 한 이런 조건들은 양 팀에 똑같이 적용된다. 그러나 이런 상황 변화가 있기 때문에 통계의 신빙성에 대해서는 뭐라고 잘라 말할 수 없는 것이다.

공의 반발력이 크고 작음을 실질적으로 알아보려면 사람들의 입에 오르내리는 얘기나 선수, 감독의 말만 들어서는 안 된다. 가장 확실한 방법은 실제로 작성된 자료와 증언들을 살펴보는 것이다.

이를 농구의 승부 조작에 비유해 보자. 농구에서는 제아무리 의심 어린 눈빛으로 모든 장면을 뜯어보더라도 그 게임에 승부 조작이 개입됐는지는 알아낼 길이 없다. 왜냐하면 단순한 실수와 고의적인 미스를 판별할 방법이 없기 때문이다. 어떤 불순한 거래가 오갔다는 명백한 물증이 없는 한 승부 조작은 그저 확인할 길 없는 심증으로만 남을 뿐이다. 농구 경기가 어째서 조작된 승부를 연출할 수 있는지, 어째서 감독이 자기 선수들이 승부 조작에 가담한 것도 모르고 넘어갈 수 있는지, 나아가 그런 일이 있다는 의심조차 할 수 없는 건지 하는 이유가 바로 여기에 있다. 이와 마찬가지로 홈런 수가 갑자기 늘거나 줄어든 통계가 나왔다 하더라도 그걸로 무엇을 '입증'할 수는 없다. 공의 반발력이 종전과 다르게 제조됐을 수도 있고 아니면 여러 가지 무작위적인 요소들이 한쪽으로만 몰린 결과일 수도 있다.

아무튼 경우에 따라 명백한 증거가 드러나는 수도 있고 우리가 막연히 알고 있던 사실을 통계가 더욱 실감나게 입증해 줄 수도 있다.

공의 중심에는 고무심이 들어 있는데 1910년 시즌이 끝날 무렵 고무심 속에 코르크를 박고 그 둘레를 실로 감은 공이 최초로 등장했다. 타율과 득점, 게임당 홈런 등 세 가지 통계를 놓고 연도별 추이를 살펴보자.

연도	타율	득점	게임당 홈런
1909년(고무)	0.244	7.09	0.21
1910년(양용)	0.250	7.67	0.29
1911년(코르크)	0.266	8.98	0.41
1912년(코르크)	0.269	9.05	0.38
1914년(코르크)	0.254	7.49	0.33

1915년(코르크)	0.250	7.59	0.31
1916년(코르크)	0.248	7.13	0.29

1913년에 야구계는 새 공의 반발력이 '너무' 커 공격량이 '너무 많아졌다'고 지적했다. 그러자 도로 코르크를 빼지는 않더라도 공을 만드는 제조 방법을 바꾸라는 명령이 내려졌다.(가장 손쉬운 방법은 실을 느슨하게 감는 것이다.)

1920년에는 이미 앞서 말한 것과 같은 여러 가지 조치(트릭 투구 금지, 새 공으로 좀 더 자주 갈아주기 등)가 내려진 외에 더욱 반발력이 좋은 공이 사용됐다. 그게 어떤 결과를 가져왔는지는 역사적으로 살펴볼 수 있다.

연도	타율	득점	게임당 홈런
1919년	0.263	7.75	0.39
1920년	0.276	8.73	0.51
1921년	0.291	9.71	0.76

베이브 루스가 이런 흐름을 불러왔다는 것은 다 아는 사실이다. 그는 1919년에 29홈런, 1920년에 51홈런, 1921년에는 59홈런을 각각 기록했다. 통계라는 것은 실제 변화에 비해 어느 정도 뒤처진 채 따라오게 마련이다. 왜냐하면 선수들이 그런 변화를 의식했다 하더라도 새로운 조건에 자신의 습성을 적응시키기까지는 시간이 걸리기 때문이다.

1920년대의 야구는 놀랄 만한 풍요를 누렸고 그 원인이 타격의 새로운 활기에 있었음은 너무나 분명했다. 그래서 구단주들은 내친 김에 한 걸음 더 나아가려다가 결국 우매한 짓을 저지르고 말았다. 많은 게 좋다면 더 많으면 더 좋을 것이라는 사고방식에 따라 1929년에는 공의 반발력을 더욱 높여 놓았다. 그러나 지나치면 해로운 법. 그게 결코 바람직한 게 아니라는 것을 뒤늦게 깨닫고 1931년에는 공의 반발력을 도로 죽여 놓았다.

연도	타율	득점	게임당 홈런
1928년	0.281	9.46	0.89
1929년	0.289	10.37	1.09
1930년	0.296	11.07	1.27
1931년	0.278	9.62	0.86
1932년	0.276	9.83	1.02

필자는 어렸을 때 1931-32년의 통계를 야구의 표준치인 것으로 알고 자랐다.

그 당시 양대 리그는 서로 다른 상표를 경기구로 사용했다. 내셔널리그는 스폴딩Spalding사 제품을, 아메리칸리그는 리치Reach사 제품을 썼다. 당시는 잘 몰랐지만 사실 이 두 스포츠 용품 제조 업체는 1890년대부터 은밀히 카르텔을 형성, 같은 공장에서 똑같은 기계로 공을 만들어 제조 회사별로 도장만 달리 찍었을 뿐이다. 1950년대가 돼서야 양 리그가 같은 제품을 사용하기로 하는 합의가 이뤄졌다.

공의 제조 공정은 항상 일정한 게 아니다. 모사毛絲의 질도 시시때때로 달라진다. 가죽을 공에 붙이는 접착제에 따라서도 반발력에 차이가 난다. 실밥의 모양이나 높이도 고르지 않다.(투수들이 공 교체를 요구하는 이유는 주로 여기에 있다.)

1977년에 공식 경기구는 스폴딩에서 롤링Rawling으로 교체됐다. 보위 쿤 커미셔너 이하 야구 당국의 모든 관계자들은 공이야말로 가장 신중하게 취급해야 할 품목이며 '정확한 제조 명세에 따라' 만들어야 한다는 데에 이의가 없었다. 그러나 다음의 결과를 비교해 보라.

연도	타율	득점	게임당 홈런
1976년	0.256	7.99	1.15
1977년	0.264	8.94	1.73

선수들이나 팬들은 1년 사이에 왜 이런 큰 변동이 일어났는지에 주목하지 않을 수 없었다.

제조업자인 롤링사는 이렇게 해명했다.

"제조 명세는 종전과 똑같소. 우리 회사는 좀 더 양심적이고 효율적으로 공을 만든 반면 과거의 스폴딩사는 적당히 되는 대로 만들었던 거였소. 그러니 새 공은 더 우수하게 만들었기 때문에 반발력이 좋은 것이오."

1978년에는 공격량이 1977년에 비해 다소 떨어졌지만 그 수치는 오늘날까지 비교적 일정하게 유지돼 오고 있다.

앞서 의문을 제기한 1987년은 예외였다. 1987년에는 게임당 평균 홈런 수가 2.12개로 엄청나게 늘어났다. 득점도 9.44로 많긴 했지만 전혀 전례가 없던 수치는 아니었다. 0.263이라는 타율은 비교적 높은 축에 들긴 하지만 1979년과 1980년보다는 낮으며 그전의 10년간 평균치에 해당하는 것이었다.

따라서 모든 사람들의 시선은 오로지 홈런의 증가에만 집중됐다.(득점은 홈런 증가에 따라 늘어나는 게 당연했지만 타율은 그대로였다.) 그리고 공의 반발력이 지나치게 커졌다는 아우성이 전국에서 들려왔다. 1988년과 1989년에는 홈런 수가 각각 1.51개, 1.46개로 줄어들고 타율은 0.254가 된 것을 놓고 보면 1987년의 홈런 격증은 변조된 공을 쓴 데에 원인이 있지 않았겠느냐는 얘기였다.

그러나 필자가 의아하게 여긴 대목이 있었다. 일단 공이 바뀌면 홈런뿐만 아니라 타율도 상당히 높아지거나 낮아지는 현상이 나타나야만 한다. 그러나 1987년에는 오직 홈런에만 큰 변화가 있었다.

이 통계를 좀 더 자세히 들여다 보니 흥미로운 점을 찾을 수 있었다. 홈런 증가는 몇몇 특정 구장에만 한정돼 있었던 것이다. 공 자체가 달라졌다면 종전의 예처럼 전국 어느 구장에서나 균일하게 변화가 나타나야 한다. 그러나 1987년의 홈런 생산 분포는 특이했다. 1985년치와 1986년치를 '정상적'이라고 가정하고 거기에다 1987년치를 대비시키면 홈런 인플레이션(연도별 추세)은 다음과 같은 식으로 나타났다. 1985년은 1984년에 비해 10.6퍼센트가 많았다. 1986년에는 1985년에 비해 5.9퍼센트가 늘어났다. 그리고 1987년에는 1986년보다 무려 16.9퍼센트가 뛰어올랐다. 이것은 분명히 대단한 증가지만 공의 바꿨을 때와는 다르다. 그런 경우라면 대체로 50퍼센트쯤 증가되는 게 통례였다.

그리고 1987년의 증가분은 거의 대부분이 특정 구장에 한정된 것들이었다. 샌프란시스코, 텍사스, 클리블랜드, 볼티모어, 디트로이트, 시카고의 두 구장, 신시내티, 몬트리올 등 9개 구장에서 홈런이 늘어난 것이 전체 증가분의 70퍼센트를 차지했다. 만약 공이 더 멀리 날아가도록 변조됐다면 다른 구장에서도 더 많은 홈런이 나왔어야 하지 않는가? 그렇다면 다른 요소가 작용하지는 않았을까? 혹시 기상 상태가 원인은 아니었을까? 유독 1987년에만 구장 주변의 기상 상태가 예년과 달랐던 것은 아닐까? 필자는 이 점을 정확히 추적할 자신이 없다. 왜냐하면 기상대의 기록만으로는 정확한 측정치가 못 되기 때문이다. 정작 중요한 것은 경기가 벌어지고 있는 바로 그 시각에 구장 안의 기상 상태가 날아가는 공에 어떤 영향을 주었느냐 하는 점이다.

그러나 여기서는 두 가지 사항을 따져 봐야 한다. 당시 돔구장은 휴스턴, 미네소타, 시애틀 등 세 개가 있었으며 그곳은 외부의 기상 상태에 별다른 영향을 받지 않는다. 세 구장 모두 1985년과 1986년에는 전년도에 비해 홈런 수가 늘어나는 추세를 보였다. 그런데 1987년에는 시애틀만이 그전의 두 해에 비해 약간 늘어났을 뿐 휴스턴과 미네소타에서는 거꾸로 홈런 수가 줄어들었다. 이 해는 전체적으로 엄청난 홈런 증가의 특징을 나타냈지만 실내 구장 세 곳만 합쳐 놓고 보면 오히려 줄어든 현상을 보였다. 만약 공이 변조됐다면 기상 조건이 매년 똑같은 실내 구장에서는 당연히 증가 현상이 나타나야 하지 않겠는가? 또 하나는 지형적 조건이다. 가장 높은 홈런 증가율을 보인 곳은 샌프란시스코였는데 이 구장을 홈으로 사용하는 자이언츠는 과거보다 선수층이 훨씬 강화돼 있었다. 그런데 미대륙의 동서 해안에서 멀리 떨어진 중부 내륙에는 애틀랜타부터 텍사스까지 열한 개 구단이 자리 잡고 있다. 그 열한 개 구장의 1985-1986년의 홈런 수 변동율은 제로였다. 총 홈런 수가 완전히 똑같았다. 그러나 1987년에는 여기서 369개, 즉 24퍼센트가 늘어났다. 여기에는 양 리그 팀들이 섞여 있고 선수 구성에 변동이 있다 하더라도 팀을 떠난 선수들이 방문팀 유니폼을 입고 오가기 때문에 인적 구성의 변동은 크게 들먹일 요소가 아니다.

혹시 미대륙 중부 지방의 여름에 이상 기후가 밀어닥친 탓이었다면……, 정말 그랬을까? 전혀 알 수 없다.

필자가 여기서 하고 싶은 말은 이 문제가 그렇게 단순하지 않다는 것이다. 되풀이되는 말이지만 공이 바뀌었다면 통계상으로 1987년의 경우보다 훨씬 폭넓고 균일하게 변화가 나타나야 한다. 그렇다면 공이 변조되지 않았다는 말인가? 모르겠다. 다만 겉으로 나타난 숫자만으로는 그 사실을 입증하지 못한다는 뜻이다. (만약 누군가가 내 머리에 총을 들이대고 무엇이든 한 가지만이라도 필자의 의견을 분명히 밝히지 않으면 쏘겠다고 한다면 "모종의 장난이 있었다는 의혹이 없지 않다."라고 말하겠다. 그러나 사실상 그런 장난이 전혀 없었다 한들 할말이 없다.) 그리고 '무작위적'이라는 말을 좀 더 깊이 조명해 볼 필요가 있다. 온갖 우연이 어느 해에 한쪽 방향으로만 쏠릴 수도 있지 않을까. 동전 던지기를 1만 번 하다 보면 열 번 연속해서 앞면만 나오지 말라는 법도 없을 것이다. 다만 언제 그런 경우가 나올지를 알 수 없을 뿐이다. 이와 마찬가지로 얄궂은 날씨가 계속되는가 하면 반발력이 다소 변칙적으로 큰 공이 계속 경기에 투입되고, 투수들이 잇따라 부진에 빠지고 '저 꼬마도 치는데 난들 못 치랴.' 하는 심정에서 타자들이 좀 더 자신감을 갖고 덤벼들고……, 그런 일들이 한꺼번에 몰리다 보면 상례에서 벗어난 기록이 불거져 나오는 해가 있을 수도 있지 않겠는가.

물론 공의 보관 상태에 따라서도 반발력에 변화가 생긴다. 찬 곳과 더운 곳, 건조한 곳과 습한 곳, 그리고 보존 기간에 따라서도 달라진다. 그 해에 그런 점도 있었을지 모른다.

아니면 위버로스 커미셔너가 공의 제조에 관해 모종의 밀명을 내렸을지도 모른다. 다만 그 밀명의 내용이 어떤 식으로든 밝혀지지 않는 한 누구도 그런 사실이 있었다고는 단정할 수 없다. 그리고 통계는 그 사실을 밝히는 증거가 될 수 없다.

홈런의 증감과는 별도로 가벼운 배트와 반발력 좋은 공을 사용하게 되면 타율은 떨어지게 마련이다. 항공 사진을 판독하는 격으로 커다란 특징만 살피면서 각 시대를 조망해 보자.

1920년대와 30년대에는 팀마다 두어 명의 3할 타자들을 거느리고 있었다. 1940년대와 50년대에는 그 숫자가 한두 명으로 줄었다. '타격 공황'을 맞은 1963-68년의 6년간은 팀당 0.7명으로 뚝 떨어졌고 1968년에는 0.3명으로 거의 전멸 상태에 빠졌다.(아메리칸리그에는 단 한 명, 내셔널리그에는 다섯 명이 고작이었다.) 그 뒤로는 대체로 팀당 한 명선을 약간 밑돌았다.

이런 타선의 전체적인 짜임새, 장타를 선호하는 타자들의 성향을 연결시켜 놓으면 공과 배트에 얽힌 얘기를 이해하는 데 도움이 될 것이다. 공과 배트가 일단 부딪치지 않으면 무엇이 어떤지를 따지고 자시고 할 게 전혀 없는 것이니까.

28 규칙의 변천

 오늘날 우리가 알고 있는 야구 규칙은 어느 날 갑자기 생겨난 게 아닙니다. 오랜 세월에 걸쳐 수많은 시행 착오를 거듭하면서 새로운 룰을 추가하고 기존 룰을 폐지하면서 가다듬은 것이다. 이런 발전의 기본 원칙 가운데 하나는 경기장에서 직접 뛰는 선수들뿐 아니라 관중들에게도 재미있게 보여야 한다는 점이었다. 이런 점이야말로 흥행을 앞세우는 미국의 산물의 전형이라고 할 수 있다.

 우리가 즐기는 야구의 규칙 중에서 몇 가닥은 수많은 세월이 흘러도 변함없이 유지되고 있는데 그 이유를 알려면 규칙의 변천 과정과 그 뒤에 흐르고 있는 기본 원리를 이해하지 않으면 안 된다.

 예를 들어 플라이 타구가 잡히면 왜 아웃이 되는가? 원 바운드로 잡힌 것은 왜 아웃이 되지 않는가? 크리켓에서는 플라이가 잡히면 아웃이라고 규정하고 있다. 그리고 야구의 원조는 누가 뭐래도 크리켓이다. 그러나 초창기 야구에서는 원 바운드로 타구를 잡아도 아웃이었다. 그러다 보니 아웃을 잡기가 너무 쉬운 게 폐단이었다. 선수뿐 아니라 관중들이 즐기는 플레이는 주자들이 베이스 사이를 활발히 누비고 다니는 것이었고 바로 그 점이 야구가 크리켓보다 매력 있는 요소였다.

그렇다면 스트라이크존은 무엇인가? 왜 그런 것이 생겨났는가? 포스아웃이나 인필드플라이, 보크 규정은 왜 만들어졌는가? 왜 스트라이크가 세 개면 아웃이고, 왜 볼이 네 개면 타자가 1루로 걸어나가는가? 이런 규정들은 오랜 세월을 거쳐 점진적으로 발전해 왔다. 자, 그러면 초창기로 돌아가서 야구 규칙의 발달 과정을 살펴보자.

야구 규칙이 오늘날의 형태로 발전하기까지의 첫걸음은 베이스에서 떨어져 있는 주자를 아웃시키는 방법의 변화에서 비롯됐다. 야구는 '라운더스'라는 이름으로 출발, 여러 가지 변형을 낳으며 식민지 시대부터 미국에서 널리 퍼져 왔는데 베이스 또는 타운이라고 불리는 안전 지대에서 벗어난 주자의 몸을 공으로 맞히면 아웃시킬 수 있었다.

이런 규칙을 적용시키자면 공이 상당히 물렁물렁해야 한다는 게 전제돼야 했다. 그리고 물렁물렁한 공은 배트로 때렸을 때 타구 속도가 빠르지도 않고 멀리 날아가지도 않았다.

이 규칙이 없어지고 아웃시키기 위해 '태그 플레이'만 허용됐을 때 비로소 경도硬度가 강한 공을 사용할 수 있었다. 태그 플레이란 수비하는 야수가 공을 쥔 손으로 베이스에서 떨어진 주자의 몸을 접촉하는 것을 말한다. 이렇게 공에 변화가 생긴 다음부터는 선수가 타구에 맞을 경우 더 심한 부상을 입을 우려가 있었지만 그런 우발 사고가 일어나는 빈도는 많지 않았다. 그 대신 고의적으로 주자의 몸에다 공을 던져 아웃시키는 행위는 금지할 수 있었다.

공이 단단해짐에 따라 모든 면에서 엄청난 변화가 뒤따랐다. 순발력과 강인한 힘, 주력 등이 선수들의 각별한 능력이 됐으며, 타구의 비거리가 길어지자 경기장 면적도 훨씬 넓혀야 했다. 경기장에서 뛰는 선수는 물론 관중들의 흥미도 배가됐다. 그리고 투수는 플레이를 시작하기 위해 공을 던져 주는 단순한 임무에서 벗어나 승부를 좌우하는 데 점점 큰 비중을 차지하게 됐다.

1루에서의 타자주자에 대한 태그 플레이는 미묘한 기술적인 문제가 얽혀 있기 때문에 오늘날의 규칙으로 정착하기까지는 많은 시행 착오를 겪어야 했다. 단단한 공을 사용하는 데에다 타격 기술이 향상되자 야수들의 수비 위치는 더 깊어지게 됐다. 타구를 잡은 내야수가 1루를 지키는 1루수에게 송구하면, 공을 받은 1루수는 제대로 태그하려면 홈에서부터 달려드는 주자와 마주서야 했다. 그리고 송구와 주자가 거의 동시에 1루에 도달할 때는 태그하려는 1루수와 베이스로 달려드는 타자 주자 사이에 육체적 충돌이 일어나기 일쑤였다.

이런 사고가 잦아지자 1루수가(또는 어느 야수라도 마찬가지다.) 주자를 아웃시키기 위해서는 반드시 타자주자의 몸을 태그할 필요 없이 공을 확실히 쥔 채 단순히 1루(퍼스트 베이스)를 태그하는 것만으로 성립되도록 하자는 데에 생각이 미쳤다. 이런 진전을 보게 된 것은 1루수가 공을 들고 1루를 태그할 수 있다면 아직 그곳에 도달하지 못한 타자는 시간상으로 어차피 태그당할 수밖에 없다는 논리에 따른 것이었다. 그리고 1루수는 타자의 몸 대신 1루를 태그하는 편이 실제 경기 진행상 유리했기 때문에 이것이 1루에서 타자주자를 잡아내는 기본 요령으로 발전했다.

그리고 이 원리는 더 깊게 전개됐다.

타자는 타구를 날린 후에는 '반드시' 1루로 뛰어야 한다. 그는 1루에서 세이프되거나 태그에 의해 아웃되거나 둘 중의 하나다. 그렇다면 타자는 공이 도달하기 전에 1루를 밟도록 '강요받는' 셈이다. 따라서 공을 받은 1루수는 타자의 몸에다 태그하지 않고 베이스를 태그하는 것만으로 타자와의 싸움에서 이길 수 있다.

　1루에 주자를 두고 타자가 타구를 날렸다면 1루 주자는 '반드시' 2루로 뛰어야 할 의무가 생긴다.(예외는 뒤에 설명하겠다.) 1루 주자는 타자 주자에게 1루를 내주어야 하므로 두 주자가 모두 살려면 1루 주자는 최소한 2루에 도달해야 한다.

　그런데 앞서 설명했듯이 수비측이 타자를 1루에서 아웃시키기 위해서는 야수가 타자의 몸 대신 베이스를 태그하는 것만으로 족하다고 했다. 그렇다면 같은 논리를 적용, 1루 주자를 2루에서 아웃시키기 위해서는 그가 2루에 도달하기 전에 2루를 태그하는 것만으로 족하지 않겠는가? 그것이 이치에 맞는 일이었고 그래서 실제로 그렇게 변화했다. 1, 2루에 주자가 있을 때는 3루에서 마찬가지의 원리가 적용되고, 만루일 때는 홈에서도 같은 규칙이 적용되도록 했다. 이런 '포스 플레이force play'의 도입은 수비상에서 더블플레이(경우에 따라서는 트리플 플레이)라는 활기 넘치는 장면을 연출할 수 있는 길을 열었을 뿐 아니라 쓸데없는 신체 접촉을 피할 수 있게 해 주었고 초창기 야구에서 공격측이 지나치게 유리하던 불공평성을 덜어 내는 일석삼조의 효과를 가져왔다.

　만약 타자나 주자들이 '반드시' 다음 베이스로 가야 한다는 강제 규정이 없었더라면 볼을 가진 야수가 베이스를 먼저 태그하는 행위만으로 주자를 아웃시키는 규칙은 불공정하고 불합리한 게 됐을 것이다. 왜냐하면 그들은 원래의 베이스로 되돌아갈 선택권이 있기 때문이다. 그러므로 1루가 빈 채 2루에 나가 있는 주자는 타자가 타구를 날렸을 때 2루에 머무르는 편이 안전하다고 판단한다면 그냥 그 자리에 서 있어도 괜찮다. 그는 반드시 3루로 달려야 할 의무가 없으므로 수비측이 그를 아웃시키려면 반드시 공을 든 야수가 베이스에서 떨어져 있는 그의 몸에 태그해야만 한다.

태그플레이를 적용시키는 데도 원칙이 생겼다. 수비측이 베이스에서 떨어진 주자를 태그아웃시키려고 할 때 볼을 들고 천지사방으로 주자를 쫓아다니지 않아도 되도록 주자의 행동 반경을 규제할 필요가 있었다. 그래서 마련된 것이 베이스와 베이스 사이에 가상으로 그려놓은 직선이다. 이 선은 실질적인 '직선'은 아니지만 베이스를 잇는 대체적인 직선으로 간주된다. 주자가 '태그를 피할 목적으로' 이 선에서 벗어나면 아웃이 선고된다. (그러나 이는 태그플레이가 일어날 경우에 한한다. 그 밖에 주자가 한 베이스에서 다음 베이스로 가기 위해서는 어느 코스를 택하든 상관없다. 선수들이 대체로 일직선으로 뛰는 이유는 룰에 그렇게 뛰어야 한다고 돼 있기 때문이 아니라 그게 가장 빨리 다음 베이스에 도달할 수 있는 지름길이기 때문이다. 태그를 피할 의도가 없는 한 좀 더 스피드를 내기 위해서는 직선적인 베이스 라인에서 벗어나 원을 그리며 뛰는 게 일반적이다.) 반면 공을 들고 있지 않은 야수는 고의건, 우연이건 관계없이 주자가 뛰는 주루선상에 끼어들어 주자를 방해할 이유나 권한이 전혀 없다. 이때 접촉이나 방해가 일어나면 주자에게는 다음 베이스까지 갈 수 있는 안전 진루권이 주어진다. 그러나 야수가 타구나 송구를 처리하는 중이라면 거꾸로 주자가 피해 가야 한다.

주자와 야수에게 이렇게 공평한 기회를 주는 것은 공수의 균형을 맞추려는 것과 연관이 있는데 플라이 타구가 나왔을 때는 어떻게 되는지 살펴보자.

땅볼 타구는 강한 것이든, 약한 것이든 내야수에게 닿기까지는 시간상으로 별다른 차이가 없다. 그러나 아무도 손대지 못하고 멍하니 바라보고만 있어야 하는 팝플라이나 멀리 날아간 플라이의 경우는 다르다. 땅볼 타구가 나왔다면 주자는 아무리 베이스에서 많이 리드하고 있었더라도 타구가 구르기 시작한 순간부터 다음 베이스를 향해 달리게 되므로 그 주자가 얻을 수 있는 이득은 별로 많지 않다. 땅볼 타구가 강하게 내야수 사이를 빠져나가더라도 외야수가 재빨리 수습한다면 전위 주자는 대체로 한 베이스 이상 진루하기가 어렵다. 또 타자주자가 1루에서 살 수 있을 만큼 땅볼 타구가 느리더라도 다른 주자들은 한 베이스 이상 진루할 여유가 없다. 그리고 포스 플레이가 적용되는 상황이라면 오히려 주자들이 서두르지 않으면 안 된다.

그러나 플라이가 나올 경우에는 타자와 주자의 진퇴는 타구가 잡히느냐, 아니면 땅에 떨어지느냐에 따라 갈라진다. 잡히면 타자는 아웃이지만 다른 주자들은 반드시 다음 베이스로 가야 하는 포스 상태에 놓이지 않는다.

플라이 타구가 처리되는 동안 주자의 행동에 아무런 제약이 주어지지 않는다고 가정해 보자. 그렇다면 주자는 타구가 떠오르는 순간부터 냅다 달리기 시작할 것이다. 타구가 외야로 뻗어나갔다가(또는 내야 위로 높이 솟구쳤다가) 야수의 글러브에 들어갈 때까지의 시간이라면 1루 주자는 벌써 3루까지 달려갔을 것이다. 자, 수비측은 타자를 아웃시키려는 소기의 목적을 달성했지만 공격측은 단순히 공에 떠올랐다가 중력의 작용으로 떨어지는 틈을 타 2개 루를 번 셈이 아닌가.

이는 불공평한 일이다. 수비측은 타자를 아웃시키기 위해 애써서 높은 플라이를 유도한 것이기 때문에 공격측은 그 틈에 이득을 봐서는 안 되는 것이다.

반대로 플라이가 잡히지 않았다면 공격측은 그 시간을 최대한 활용할 기회를 가져야 한다.(타구가 멀리 날아갈수록 좋다.)

그러므로 주자는 타구가 공중에 떠 있는 동안 다음 베이스를 향해 뛰어도 무방하다. 다만 그에게는 불이익이 따를 수 있다. 플라이가 잡혔을 때는 타구가 야수의 글러브에 닿은 다음부터 진루가 허용되므로 미리 출발했던 주자는 원래 베이스로 되돌아왔다가 다시 스타트해야 한다.

야구가 오늘날 우리가 즐기는 것처럼 흥미진진한 경기가 된 것은 이런 멋진 규칙이 있었기 때문이다. 주자는 플라이가 잡히지 않을 것이라고 판단했다면 마음대로 달려도 된다. 반면 잡힐 게 분명하다고 판단했다면 일단 베이스에 붙어 있다가 공이 야수의 글러브에 닿은 직후에 출발할 수 있다.(물론 송구된 공보다 먼저 다음 베이스에 도달할 수 있다고 판단했을 때에 한한다.) 잡힐지, 안타가 될지 명확지 않을 때는 양베이스 사이에서 지켜본 뒤 진퇴를 결정한다.

그러나 타구가 잡혔는데도 판단 착오를 일으키는 바람에 미리 다음 베이스로 뛰었다가 원래 점유하고 있던 베이스로 공보다 먼저 돌아오지 못하면 아웃당한다. 이는 플라이가 잡히면 주자는 원래 베이스로 되돌아가야 한다는 '강제 규정'에 지배받기 때문에 다른 포스 플레이와 마찬가지로 신체가 아닌 베이스 태그만으로 아웃되는 것이다.

누상에 주자를 둔 채 스리 아웃이 돼 공수가 바뀌면 주자들도 모두 아웃되고 다음번 공격 때는 주자가 없는 상태에서 처음부터 새로 공격을 개시해야 한다. 이것을 모르는 사람은 없을 것이다.

그러면 왜 그렇게 정해졌을까? 다음 이닝에 공격을 펼칠 때 앞선 이닝에서 잔루를 기록한 주자들을 원위치에 세워 놓고 공격을 재개해도 이상할 게 없지 않은가? 이치로 따진다면 그렇게 해도 안 될 게 없다. 그런 식으로 했더라도 야구는 여전히 훌륭한 경기가 됐을 것이며 다만 득점은 훨씬 많아졌을 것이다.

이닝마다 공격을 처음부터 다시 시작하도록 한 데에는 역사적 배경이 있다. 야구는 원래 득점이 너무 나는 게 흠이었다. 공격측의 이점이 워낙 많은 경기가 되다 보니 단단한 공을 사용하면서부터 공수의 '균형'을 맞추려는 의도에서 앞서 말한 바와 같이 베이스 러닝에 제약을 둔 것이며, 스리 아웃이면 주자들도 모두 아웃된다는 규칙도 수비측에 대한 배려에서 나온 것이다.

그렇다면 그 당시 공격측이 일방적으로 유리했던 이유는 무엇일까? 가장 큰 이유는 피칭의 기술이 오늘날처럼 발달하지 못했기 때문이다. 또 하나는 야구의 원형이라고 할 수 있는 크리켓은 원래부터 타자에게 유리한 운동이었기 때문이다.

초창기 야구에서 투수의 역할은 단순히 게임을 인플레이시키고 야수들에게 아웃을 잡아내도록 맡기는 데에 지나지 않았다. 투수의 역할이 겨우 이 정도에 머물렀던 것은 스트라이크, 볼에 대한 개념이 전혀 달랐기 때문이다.

애초의 '스트라이크'는 타자가 헛스윙한 것만 가리켰고 세 번 헛스윙한 타자는 아웃이었다.

그러나 타자는 때리기 싫은 공은 치지 않으면 그만이었으며 그에게 반드시 스윙하도록 강요할 방법은 없었다. 심지어 타자는 투수에게 높은 공, 또는 낮은 공을 던지라고 요구할 수 있었고 투수는 거기에 따라야 했다.

오늘날의 야구 규칙에 비춰 보면 우습기 짝이 없지만 타자는 타석에 뻣뻣이 서서 투수가 지쳐 쓰러질 때까지 스윙하지 않아도 괜찮았고, 투수가 아주 치기 좋은 공을 던질 때까지 스윙하지 않고 마냥 기다릴 수도 있었고, 모든 사람들이 하품을 하며 집으로 돌아갈 때까지 그냥 뻣뻣이 선 채로 버틸 수도 있었던 게 당시의 규칙이었다. 끈기가 매우 강하거나 아웃되는 것을 겁내는 타자는 얼마든지 그렇게 할 수 있었다.

투수들도 마찬가지였다. 안타를 맞는 게 두려운 투수는 날이 어두워질 때까지 타자가 건드리지도 못하도록 연신 나쁜 공만 던지면 그만이었다.

이런 문제점을 해결하는 데는 우스울 정도로 오랜 세월이 걸렸다.

그 해결책은 투수에게 벌칙을 주는 쪽에서 찾아냈다. 타자가 칠 수 없는 곳으로 자꾸 공을 던지면 타자가 1루로 나갈 수 있도록 한 것이다. 그러나 아무리 '좋은' 공이 들어오더라도 타자가 휘두르지 않고 그냥 내버려 두는 것에 대해서는 여전히 아무런 규제가 없었다. 다음의 연도별 규칙 변화를 살펴보시기 바란다.

1845년 알렉산더 카트라이트가 최초로 야구 규칙을 정리하다.

1871년 프로야구가 탄생하다.

1880년 타자가 1루로 걸어나가는 볼 수가 종전의 9구에서 8구로 축소되다.

1882년 타자의 1루 출루가 7구로 축소되다.

1884년 다시 6구로 줄어들다.

1886년 다시 7구로 늘어나다.

1887년 타자가 투수에게 높은 공, 또는 낮은 공을 요구할 수 없게 되다. 타자가 스윙하지 않은 공에 대해서도 심판이 스트라이크를 선언할 수 있는 것$^{called\ strike}$과 스트라이크존의 개념이 도입되다. 이때부터 1루 출루는 5구로 축소되다. 스리 스트라이크면 타자 아웃이기는 종전과 마찬가지지만 투 스트라이크 이후 제3스트라이크가 콜드 스트라이크라면 타자 아웃이 아니었다. 다시 말해서 타자는 제4스트라이크(이때는 스윙을 하건 콜드 스트라이크이건 관계없이 아웃이다.)까지 공격을 계속할 여유가 있었다.

1888년 타자가 스리 스트라이크면 아웃되도록 바뀌다. 그리고 타자가 투구에 맞으면 출루하는 사구가 처음 도입되다.

1889년 타자 출루가 4구로 축소되다.

카트라이트가 최초의 룰을 정리한 이후 오늘날 우리가 알고 있는 스트라이크아웃과 타자 출루의 볼 수가 확정되기까지는 무려 43년이 걸렸다. 프로야구가 창설된 이후부터 따지더라도 18년이라는 세월이 걸렸다. 1871년에 프로야구가 창설될 당시 열두 살짜리 야구팬이 있었다면 서른 살의 청년이 되고 나서야 오늘날과 같은 야구 규칙을 볼 수 있었던 것이다.

그러나 이때만 해도 우리가 알고 있는 식의 야구 규칙이 정립되기는 요원하기만 했다.

카트라이트가 정리한 규칙 가운데 지금까지 불변으로 남아 있는 것은 홈플레이트를 기점으로 1루와 3루의 각도를 90도로 하고 내야를 정사각형으로 만든다는 것이었다. 그전에는 양쪽 파울라인 사이의 각도가 둔각 또는 예각이 되어 1-3루, 홈-2루를 잇는 대각선 길이가 서로 다른 마름모꼴이 되기 일쑤였다. 타구가 이 베이스라인과 그 연장선(파울라인) 밖에 떨어지면 노플레이였지만 야수가 노바운드 또는 원 바운드로 잡으면 아웃이었다. 다시 말해서 파울볼은 공격측에게 전혀 도움이 되지 않는다는 뜻이었고 수비측이 커버해야 할 수비 범위를 합리적으로 한정시키는 것이기도 했다. 반면 야수들이 폭넓은 수비를 펼쳐 파울볼을 노 바운드 또는 원 바운드로 잡으면 타자 아웃이라고 한 것은 야구 규칙이 워낙 공격 측에 유리하게 만들어져 있는 탓에 수비측에 다소나마 이득을 주어 공수의 균형이 갖춰지도록 하려는 조치였다.

그러나 놀라지 마시라, 야수에게 잡히지 않은 파울볼은 스트라이크로 셈하는 게 아니라 '노카운트'였다. 그리고 한 타석에서 때릴 수 있는 파울볼 수에는 전혀 제한이 없었다. 이것은 오늘날까지 그 잔재가 남아 있다.

콜드 스트라이크의 개념이 도입되고 타자가 출루하는 볼 수가 4구로 줄어들자 타자는 자기가 치기 싫은 공이 스트라이크존으로 들어오면 파울볼로 걸어 내면 그만이었다. 그리고 타자는 더 이상 투수에게 높은 공, 또는 낮은 공을 요구할 수 없게 됐다. 자, 그렇다면 높은 공(스트라이크존 안에서)만 좋아하는 타자는 낮은 공(역시 스트라이크존 안에서)을 계속 파울로 걸어 내다 보면 언젠가는 자기가 좋아하는 높은 공을 얻게 될 것이다.

일부러 파울볼을 만드는 데에는 아주 손쉬운 방법이 있었다. 곧 번트다. 타자는 번트로 파울볼을 만들어 내면서 원하는 공이 들어올 때까지 얼마든지 기다릴 수 있었다.

이런 폐단을 없애기까지는 무려 6년이 걸렸다. 1894년 이후에는 번트가 파울이 되면 무조건 스트라이크로 카운트하게 됐다. 오늘날 투 스트라이크 이후의 번트가 파울이 되면 자동적으로 삼진 처리하는 것은 바로 여기서 이어져 내려온 규칙이다.

그러나 파울볼을 스트라이크로 카운트하는 것은 아직까지는 '오직' 번트를 댔을 때에 한했다. 크게 휘둘러 맞힌 것이 파울이 되면서 야수에게 잡히지 않았을 때는 여전히 노카운트였다.

이듬해인 1895년에는 또 하나의 '파울=스트라이크' 규칙이 추가됐다. 즉 파울팁이다. 이것은 공이 배트에 맞았으나 궤도가 거의 바뀌지 않은 채 뒤로 들어오는 것을 가리킨다. 이것은 플라이로 간주하지 않았으므로 땅에 닿기 전에 포수에게 잡히더라도 타자 아웃은 아니었다. 그러다가 포수가 파울팁을 잡으면 스트라이크로 인정하게 된 것이다.

그 후 1901년, 그러니까 내셔널리그가 출범한 지 26년째가 돼서야 오늘날과 같은 파울=스트라이크 제도가 생겼다. 그때부터 야수에게 잡히지 않은 파울볼을 투 스트라이크까지는 스트라이크로 카운트하게 됐다. 투 스트라이크 이후에는 파울볼이 나오더라도 타자가 아웃되지 않지만 그것은 풀스윙했을 때에 한하며 번트에 의한 파울이면 타자 아웃이었다.

1901년에 메이저리그로서 활동을 시작한 아메리칸리그는 1903년이 돼서야 이 규칙을 도입했다.

그러니까 카트라이트가 야구 규칙의 초안을 잡은 지 58년이 흘러서야 '오늘날 우리가 알고 있는' 방식으로 정비된 것이다.

타자와 투수가 공정하게 대결할 기회를 얻기까지 오랜 진화 과정을 지켜보면서 우리는 살펴봐야 할 것이 크게 두 가지가 더 있다. 즉 투수의 피칭 스타일과 투수와 포수 간 거리다.

당초 투수는 45피트(13.64m) 떨어진 곳에서, 손이 히프보다 위로 올라오지 않도록 언더핸드로만 투구해야 했다. 당시의 투수는 타자가 공을 '치도록' 플레이를 개시하는 역할만 맡을 뿐 타자가 못 치도록 압도하라는 게 아니었다. 그때는 켄트 티컬브나 댄 퀴즌베리 같은 언더핸드스로의 귀재들이 갖춘 놀라운 기술이 도입되기 전이었으므로 타자들은 투수들의 공을 언제든지 마음 놓고 쳐 댈 수 있었다.

그런데도 투포수 간의 45피트가 상당히 가깝게 느껴지자 1881년(8구 출루가 허용되고 세 번 스윙하면 삼진 아웃되도록 규칙을 고친 해)에는 그 거리를 50피트(15.15m)로 벌려 놓았다.

그러자 투수들은 점차 엉덩이 위쪽으로 팔을 치켜들기 시작, 토스하는 게 아니라 던지는 폼을 갖춰 갔다. 1884년에 이르러 손 높이의 제한이 '어깨'까지로 완화되자 실질적인 오버핸드스로가 가능해졌다.

이런 것을 보면 19세기 투수들이 어떻게 자기 팀이 치르는 연간 전 게임을 혼자서 거의 완투해 낼 수 있었는지 이해가 갈 것이다. 팔은 어깨에서 아래로 늘어져 건들거리는 게 자연스러운 동작이므로 언더핸드로 토스하는 것은 신체에 전혀 부담을 주지 않는 행위라고 할 수 있다.

50피트의 거리에서 던질 때만 해도 스트라이크존을 찌르면서 타자가 쉽사리 대응하지 못하게 만드는 데에는 공이 그다지 빠를 필요도 없었다. 시속 90마일(144.8km)로 던진 공이 60피트(18.18m)를 날아가는 데 걸리는 시간은 0.5초다. 같은 시간 안에 50피트를 날아가도록 하기 위해서는 스피드가 68마일(109.4km)이면 된다. 이것만도 그 당시로는 상당히 빠른 볼이라고 할 수 있었다.(여기에 대해서는 잠시 후에 다시 언급하겠다.) 그런데 오버핸드스로로 던지면 공에 더 많은 힘과 스피드를 실을 수 있고 변화구를 구사하는 데도 유리하지만 투구 모션 자체는 '부자연스러운' 것이다. 그렇지만 50피트 거리에서는 오버핸드스로로 던지더라도 팔에 치명적인 무리는 주지 않을 수 있었다. 오버핸드스로로 빠르게 던질수록 타자들을 압도할 수 있다는 게 밝혀지자 투수들과 감독들은 점점 더 빠른 공을 원하게 됐고 야구는 그런 물결을 타고 흘러갔다.

그러나 50피트라는 가까운 거리에서 투수가 오버핸드스로로 던지는 것은 타자가 너무 일방적으로 불리하다는 게 드러났다. 그러자 1893년에는 투수판을 오늘날과 같은 60피트 6인치(18.44m)로 물려놓았다.

이런 변화가 갖는 의미는 통계에서 잘 나타난다.

오버핸드스로가 허용되기 직전인 1883년에 내셔널리그의 게임당 삼진 수는 일곱 개로 기록됐다. 1884년에 새로운 스타일이 허용되자 무려 43퍼센트가 늘어난 게임당 열 개의 삼진이 나왔다. 명예의 전당에 들어간 호스 래드본이 바로 그해에 75게임에 선발로 등판, 60승을 올리고 669이닝에서 441개의 삼진을 빼앗을 수 있었던 힘이 어디서 나왔는지를 이제 이해할 수 있을 것이다. 래드본과 그 시대의 투수들은 오버핸드스로가 얼마나 투수 수명을 단축하는지 알 턱이 없었다.

1892년, 즉 50피트 거리가 유지된 마지막 해에는 리그의 전체 타율이 0.245에 불과했다. 그러나 투수판을 10피트 이상 뒤로 물려놓은

1893년에는 0.280으로 상승했고 그 뒤 4년간 0.290대가 유지됐다.

어쨌든 투수들과 타자들이 서로 균형을 이루게 되자 60피트 6인치라는 게 얼마나 신묘한 거리인지가 두 가지 측면에서 나타났다. 타자들이 빨라진 투수들의 공에 적응하기가 가장 알맞은 거리가 바로 60피트 6인치였다. 그뿐 아니라 우연의 일치인지 모르지만 그 거리는 물리적 법칙과도 꼭 맞아떨어졌다. 투수가 던진 공에 작용하는 기체 역학─회전, 속도, 탄도彈道 등─은 매우 복잡하다. 그런데 홈플레이트에 도달한 공에 실린 힘과 컨트롤이 가장 이상적으로 조화되게 만드는 거리가 바로 60피트 6인치였다. 공에 주어진 회전과 중력이 효과를 나타낼 수 있을 만큼 충분히 먼 거리이면서, 평지보다 약간 높은 마운드에서 인간이 던진 공이 정확히 표적을 찾아가기에 충분히 가까운 거리.

이로써 투포수 간의 거리는 60피트 6인치로 굳어졌다. 그러면 그것은 어디서부터 어디까지를 말하는가? 엄밀히 말해서 투수판의 앞부분에서부터 양쪽 파울라인이 맞닿는 홈플레이트 뒤의 꼭지점까지다.

투수가 던진 공이 홈플레이트를 통과하기까지 날아가는 실제 거리는 이보다 훨씬 짧다. 투수는 한쪽 발을 투수판에 걸치고 피칭을 시작하지만 한 걸음 앞으로 다가서면서 공을 놓는다. 따라서 그것만 해도 공이 그의 손을 떠나는 순간에는 1-2피트 이상 홈쪽에 가까워진다. 그리고 스트라이크의 정의를 보면 공의 '일부분'이 스트라이크존의 '일부분'에 걸치기만 하면 된다. 그러니까 폭 17인치, 길이 17인치인 홈플레이트의 맨 앞부분까지 실제 거리는 57피트-53피트(17.27m-16.06m)밖에 되지 않는다.

과거 투포수 간 거리가 50피트이던 시절에는 투수판이 없었다. 그 당시에는 '투수 박스'라는 게 있었고 투수는 거기서 벗어날 수 없었다. 투수 박스의 맨 앞부분은 홈플레이트 뒤끝에서 50피트 떨어진 곳에 그려져 있었다. 그러니까 말로는 투포수 간 거리가 60피트 6인치로 대폭 벌어진 것 같지만 실제로는 과거의 50피트에서 55피트 내외로 벌어진 것에 불과한 것이었다.

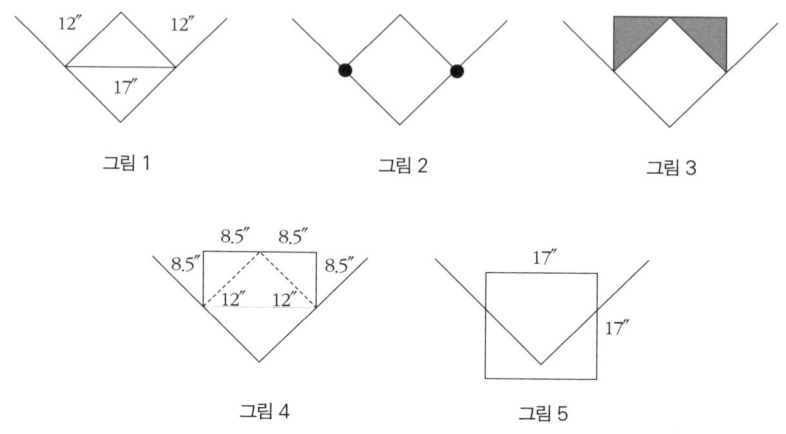

우리가 무심코 넘기는 것 가운데 하나가 홈플레이트의 모양이다. 다른 베이스들은 정사각형인데 왜 홈플레이트만은 오각형인가? 그 이유는 무엇이며 언제부터 그런 모양이 됐는가? 원래의 홈플레이트는 한 변이 12인치(30.48cm)인 정사각형으로 양쪽 파울 라인에 두 모서리를 대고 들어앉아 있었다. 한 변이 12인치인 정사각형의 대각선은 17인치(43.18cm)이므로 스트라이크존의 좌우 폭은 17인치로 정해졌고 투포수 쪽의 깊이 역시 마찬가지다.(그림 1 참조) 대체로 직선으로 날아들며 홈플레이트의 양쪽 귀퉁이에 걸치는 직구는 스트라이크다.

그런데 홈플레이트의 양옆으로 휘어지면서 떨어지는 커브라면 얘기가 달라진다. 규정상으로는 타자의 무릎과 어깨 사이의 높이로, 가로 17인치의 홈플레이트를 통과시키면 스트라이크라고 돼 있지만 플레이트의 양옆은 홍어의 날개처럼 좁아져 오직 점 하나로 이뤄지기 때문에 심판도, 투수도 정확한 통과 여부를 판단하기가 어려웠다.(그림 2 참조)

이에 대한 해결 방안은 두 개의 이등변삼각형으로 투수 쪽을 향해 플레이트 앞을 '메우는' 것이었다.(그림 3 참조)

그렇게 함으로써 투수는 가로 17인치인 스트라이크존을 완전히 활용할 수 있게 됐으며 오각형의 옆부분을 통과하는 커브도 당당히 스트라이크로 판정받게 됐다.

이렇게 홈플레이트의 모양이 바뀐 것이 1900년이었다.

자, 홈플레이트 앞쪽의 폭은 17인치다. 새로 생긴 양변(투수를 향하고 있는 변)은 8.5인치(21.59cm)의 '깊이'를 갖게 됐다. 종전의 '양변'은 파울라인과 직각으로 맞닿아 있으면서 그 길이는 12인치였는데 이제는 8.5인치인 이등변삼각형의 밑변 역할을 하고 있는 셈이다.(그림 4 참조)

그렇다면 차라리 가로 세로 17인치인 정사각형을 홈플레이트로 박아 놓는 게 좋지 않았을까? 그럴 경우 그 사각형의 밑부분은 파울 라인 밖으로 새나가게 되는데 그것은 모든 베이스를 완전히 페어 지역 안에 두어야 한다는 원칙에 어긋난다.(그림 5 참조)

이런 규격의 변화는 대수롭지 않게 보일지 모르지만 야구에는 중대한 영향을 미쳤다. 투수들은 홈플레이트의 양사이드를 찌르는 기술을 더욱 개발하게 됐고 스트라이크존에 대비해야 하는 타자들은 과거 정사각형의 플레이트가 박혀 있을 때보다 훨씬 힘들어졌다. 여기서도 수비와 공격의 균형이 여러 가지 시행 착오를 거듭하며 시소를 벌이는 점이 발견된다.

주자들이 수비측으로부터 일방적으로 피해를 보는 것을 막아주는 방안도 강구됐다. 만약 타자가 플라이로 아웃되면 주자는 타구가 잡힌 후부터 다음 베이스를 향해 뛰거나, 미리 베이스에서 출발했었다면 귀루해야 한다. 반면 타자가 땅볼 타구를 때렸다면 1루 주자는 1루를 타자에게 비워주고 반드시 2루로 뛰어야 한다.

그런데 플라이 타구가 땅볼이 된다면 어떻게 할 것인가? 즉 야수가 플라이를 놓친다면 그 뒤에는 어떤 요령으로 플레이해야 하는가? 당연히 땅볼에 관한 규칙을 적용시켜야 한다.

그러나 가끔 1루 주자를 난처하게 만드는 상황이 있다. 내야 플라이가 떠올랐을 때 만약 1루 주자가 2루 쪽으로 너무 다가간다면 타구가 플라이로 잡혔을 때 1루에서 아웃(병살)당할 위험이 크다. 거꾸로 1루 부근에서 머뭇거리다가는 타구가 땅에 떨어졌을 때 2루에서 포스아웃 당하게 된다.

타구가 외야 깊숙이 날아갔을 때라면 이런 걱정은 줄어든다. 외야수는 어느 베이스로 송구하든 상당히 긴 거리를 던져야 하므로 주자는 중간쯤 가 있다가 상황에 따라 2루로 진루하거나 1루로 귀루할 여유가 있기 때문이다.

그러나 내야 위로 타구가 높이 떠올랐다면 얘기는 달라진다. 내야수는 고의로 공을 떨어뜨렸다가 다시 잡아(또는 원 바운드로 잡아) 1루에 머무르고 있는 1루 주자를 손쉽게 2루에서 포스 아웃시킬 수 있다. 그렇다고 1루 주자가 베이스를 너무 빨리 떠났다간 더블플레이를 당하게 되고(플라이로 잡아 타자를 아웃시키고 1루에 던져 주자까지 아웃시킨다.), 1루에 머무르고 있으면 원 아웃만 당하게 된다.(타자가 플라이로 아웃되던가, 아니면 바운드가 되더라도 타자가 전력으로 뛰면 1루에서 세이프될 여유가 있다는 전제 아래 1루 주자만 2루에서 포스아웃된다.) 그러므로 그가 선택할 수 있는 길은 분명해진다. 그는 1루에 머물러 있거나 2루로 뛰거나 아웃될 수밖에 없지만 당연히 내줘야 할 원 아웃(플라이 타구가 나왔으니까)을 상대에게 바치면 그만이다.

그런데 주자가 1, 2루에 두 명이나 나가 있다면 어떻게 되는가? 두 주자 모두 딜레마에 빠질 수밖에 없다. 상대 수비가 영리하다면 주자들이 뛰지 않을 경우에는 원 바운드로 처리해서 1, 2루 주자를 2, 3루에서 더블플레이할 것이고, 주자들이 뛰었다면 직접 노바운드로 타구를 잡아 1, 2루에서 어필 아웃을 만들 것이다. 어쨌거나 공격측으로서는 병살을 면키 어렵다.

이것은 '부당한' 더블플레이다. 특히 원 아웃 상태에서 이런 플라이가 나오면 그 이닝의 득점 찬스가 물거품이 되므로 공격측은 엄청난 손실을 보게 된다.

이런 부당함이 1895년에 도마에 올라 '인필드플라이' 규칙을 만들어냈다. 원 아웃에 주자 1, 2루 또는 만루 상황에서 타자가 내야 높이 플라이 타구를 쳐올렸을 경우(페어 지역에 한한다.) 야수가 공을 잡든 놓치든 관계없이 타자는 자동으로 아웃되며 이에 따라 주자들은 반드시 다음 베이스로 가야 하는 의무가 없어진다.(물론 주자가 위험을 무릅쓰고 뛸 수는 있다.)

그로부터 6년이 지난 1901년에는 노 아웃 상황에서도 인필드플라이 규칙을 적용시켰다.

투 아웃일 때에는 물론 인필드플라이 규정이 적용되지 않는다. 수비측에서 보면 플라이아웃이거나 포스아웃이거나 어차피 원 아웃만 보태면 그 이닝을 마칠 수 있기 때문이다.

그러나 야구 선수 중에는 워낙 영악한 사람들이 많으므로 이 규칙이 완성되기까지는 좀 더 보완해야 할 점이 남아 있었다. 인필드플라이 규정은 말 그대로 '내야'에 뜬 플라이에만 적용되는 것이었다. 이 규칙이 생기고 나서 세월이 한참 흐른 1930년대에 뉴욕 양키스의 '외야수' 토미 헨리치는 내야로 플라이가 높이 떠오르자(인필드 플라이 규칙이 적용되는 장면이다.) 다른 내야수들을 물러서게 한 후 제가 잽싸게 달려들어 원 바운드로 타구를 처리하면서(또는 일부러 놓치고 나서) 인필드플라이 규칙의 본래 취지인 주자 보호 원칙에서 교묘하게 빠져나가 더블플레이로 처리하곤 했다.

그렇다면 인필드 플라이는 무엇을 기준으로 적용시킬 것인가를 놓고 야구 이론가들은 설왕설래했다. '외야수'가 내야 바로 뒤의 잔디 라인에서 처리하는 플라이는 인필드플라이로 간주하지 말아야 하는가? 그래서 이 규칙의 적용은 심판의 재량에 맡기기로 했다. 만약 내야수가 쉽게 처리할 수 있는 타구라고 판단하면 심판은 '인필드플라이'를 선언해야 하고 그럴 경우 누가 타구를 잡든 놓치든 관계없이 타자는 자동 아웃이 되는 것이다.

이와 똑같은 취지에서 2사 이전에 주자 1, 2루 또는 만루일 때 내야수가 직선 타구를 고의로 떨어뜨리더라도 그 즉시 볼 데드가 선언되고 타자 아웃이 선언된다.

그렇지만 인필드플라이 규정은 '번트'에는 적용되지 않는다. 주자가 있을 때 시행하는 번트는 주자를 진루시키겠다는 의도를 명백하게 갖고 있으며, 주자는 작전에 따라 타자가 번트하는 순간 또는 그 이전에 스타트하게 된다. 이것은 공격측이 어떤 목적을 갖고 작전을 펼친 것이므로 야수가 번트를 공중에 떠 있는 상태에서 잡았다면 먼저 베이스에서 이탈한 주자들을 더블플레이로 처리할 '합당한' 권리를 갖게 된다. 그러므로 야수가 번트 플라이를 직접 잡지 않고 땅에 바운드시켜 처리한다면 베이스 사이에서 어정쩡하게 있던 두 주자 가운데 한 명을 포스아웃시킬 수 있을 것이다. 만약 이때 두 주자가 모두 아웃된다면 그것은 순전히 공격측이 상황을 제대로 판단하지 못한 탓이므로 인필드플라이 규칙으로 보호할 가치가 없는 것이다.

다음으로 넘어가 보자.

1루 주자는 투수의 견제 동작에 속기 쉬우므로 별도의 규칙을 정해 보호하게 됐다. 주자는 투수가 견제할 수 있는 권리에 맞서 베이스에서 리드하거나 도루할 '공정한 기회'를 가져야 한다. 후속 안타가 나왔을 때 일찌감치 스타트할 수 있어야 함은 물론 투수가 타자에게 투구하면 그 틈을 이용해 도루할 수도 있어야 한다. 그런데 투수가 홈에 투구하는 시늉만 하고 손에 그대로 공을 쥐고 있다면 그 틈에 도루하려던 주자는 꼼짝없이 걸려들게 될 것이다.

초창기 야구의 주자들은 오늘날 야구를 갓 시작한 어린이들과 비슷한 주루 플레이를 펼쳤었다. 즉 베이스에 꼭 붙은 채 '안전하다'고 느끼는 것이다. 이렇게 되면 플레이가 정적靜的이 되고 만다. 그러나 야구의 가장 근본적인 매력은 주자들의 역동감 넘치는 공격적 주루 플레이에 있다. 바로 그런 게 크리켓과 다른 점이다.

따라서 주자에게 달릴 기회를 보장하기 위해 투수의 행동에 제약을 가했다. 이런 제약을 위반하는 것을 '보크balk'라고 하며 벌칙으로 누상의 모든 주자들에게 한 베이스씩 진루를 허용한다.

야구 규칙 8.05 조항에는 13가지의 보크 규정이 나열돼 있다.

이 규칙을 얼마나 엄격하게 적용하느냐에 따라 심판과 선수 사이에서는 끊임없는 긴장이 감돈다. 규칙서에는 어떤 행위가 보크라고 명시돼 있긴 하지만 몇몇은 심판의 재량에 좌우될 수밖에 없다. 규칙서의 '주'에는 다음과 같은 말이 있다.

심판은 보크 규정의 목적이 투수가 고의로 주자를 속이려는 것을 막으려는 데에 있음을 명심해야 한다. 의심스러울 때는 투수의 의도가 무엇이었나를 판단해야 한다.

야구인들은 '아무개는 보크에 저촉되는 행동을 전혀 하지 않았다'거나 '아무개는 늘 보크를 범하는데도 심판이 잡아내지 않는다'는 두 패로 나뉜다. 누구 말이 옳은지는 모르지만 한마디로 말해서 '우리' 투수가 한 행동은 전혀 규정에 어긋나지 않았고 '상대' 투수가 한 짓은 언제나 보크라고 우긴다고 생각하면 틀림없다.

가장 중요한 기본은 투수가 홈으로 투구하려는 시점을 주자가 명확히 알 수 있게 하느냐, 그렇지 않느냐에 있다. 그전까지는 투수의 견제구에 걸리지 않도록 주의하는 책임은 순전히 주자에게 있다. 그러나 투수가 투구 동작에 들어갔다고 올바르게 판단한 다음에는 주자가 마음놓고 리드하는 게 보장돼야 한다.

이런 점에서 1988년 시즌에 보크가 엄청나게 불어났던 것은 어처구니없는 일이라고 할 수 있다. 리그 사무국은 심판들에게 '규칙서에 나온 대로' 보크를 적용하라고 지시했고 이에 따라 스트레치 모션에서 완전 정지하지 않고 투구하는 투수에게는 가차없이 보크가 선언됐다. '투구 모션의 정지'가 무엇인지에 대해서는 '타자가 식별할 수 있어야 한다'는 해석이 뒤따르는데, 그렇다면 타자가 식별할 수 없는 정지는 과연 무엇인지에 대해서는 전혀 설명이 없다. 심판들은 경기 상황을 전혀 고려치 않고 오직 투수의 행동만 놓고 보크 규칙을 적용했다는 데에 문제가 있었다.

예를 들어 5점차로 승부가 일방적으로 기운 가운데 2루 주자가 있는 상황에서 심판이 보크를 지적했다고 하자. 이것은 기술적인 관점에서 볼 때 보크 규정을 만든 '취지'에서 벗어난 일이다. 주자가 뛸 상황이 아니기 때문에 투수가 주자를 '기만할' 의도가 전혀 없는 마당이라면 굳이 보크를 지적할 이유는 없는 것이다. 숱한 비난이 쏟아지고 게임을 망칠 대로 망친 시즌 막판에 가서야 심판들은 이런 관행을 없애고(줄이고) 원래 이 규칙의 취지에 따라 판정하게 됐다.

그러나 망각은 빠르고 신참자는 역사를 모르는 게 탈이었다. 1963년에도 이런 난센스가 있었고 1950년 시즌에도 마찬가지였다. 야구계는 참으로 바보 같은 짓을 심심찮게 반복한다.

1950년에는 정확한 이유는 모르겠으나 야구 당국이 갑자기 보크 규칙 적용을 강화하기로 결정했다. 그에 앞서 20년 동안은 보크 수가 한 시즌에 팀당 두세 개에 지나지 않았다. 그런데 1950년에는 5월 말에 이르자 벌써 그보다 훨씬 많은 보크가 적발됐고 투수들은 짜증을 냈다. 시즌 중반에 다다라 양 리그 회장들이 더 이상 그렇게 엉터리로 판정하지 말라는 지시를 내리고 나서야 보크 적용은 원상 복귀됐다. 시즌이 끝나자 내셔널리그의 보크 수는 팀당 9.5개, 아메리칸리그는 5.8개로 집계됐는데 이는 시즌 초반 2개월 동안 워낙 많이 잡아낸 탓이었다.

1963년에는 무슨 사연이 있었는지 모르지만 다저스가 내셔널리그의 워렌 자일스 회장에게 보크 규칙을 엄격히 적용할 것을 요구했다.(당시 다저스에 몸담고 있던 모리 윌스가 전년도에 104도루를 기록했기 때문에 기동력이 그 팀의 주무기가 된 탓이었는지, 아니면 오말리 구단주가 그만큼 영향력이 컸던 탓이었는지 정확한 내용은 알 길이 없다.) 5월 7일이 되자 내셔널리그의 보크 수는 96개에 달했다. 이는 벌써 1950년 시즌의 총보크 수 76개를 넘어선 것이었다. 그 무렵 조 크로닌 회장이 관장하는 아메리칸리그에서는 겨우 여덟 개의 보크만 잡혀 대조를 이루었다. 그러자 포드 프릭 커미셔너는 양 리그 회장을 불러 보크 적용의 통일성을 마련하도록 지시했다. 월드 시리즈가 불과 다섯 달 앞으로 다가왔으므로 양 리그가 똑같이 적용할 필요가 있다는 게 그의 대국민 발표 내용이었다.

그런데 1988년의 사태는 결코 단순치 않았다. 필자의 견해로는 1980년대 들어 뛰는 야구가 관중들로부터 대단한 호응을 얻자 주자를 보호하려는 의도가 숨어 있었던 게 아닌가 싶다. 1920년에 베이브 루스가 홈런 열풍을 몰고 옴에 따라 반발력 좋은 공이 도입됐던 것처럼 루 브록과 리키 헨더슨(1982년에 130도루로 시즌 최다 신기록을 수립했다.)이 눈부신 베이스러닝으로 게임의 양상을 바꿔 놓자 관중들의 도루에 대한 관심을 더욱 북돋우려고 했다는 인상이다. 이에 따라 1950년대나 1960년대에는 이상 없이 통용되던 투수들의 작은 몸짓까지도 규제의 대상이 됐고 규칙집에 나와 있는 대로 철저히 적발하기에 이르렀다.

특히 1988년에는 지아마티 커미셔너처럼 야구를 제대로 이해하지 못하는 사람들이 야구 행정을 맡았기 때문에 사태는 걷잡을 수 없었다. 너무 문구에만 집착하다 보니 그들은 '식별할 수 있는 정지 동작'이라는 말에 고지식하게 얽매여 보크 규칙을 만든 '취지'는 뒷전으로 밀려나고 말았다. 이런 작태는 시즌 중반에 가서 시정되긴 했지만 보크에 대한 규제는 오늘날까지도 종전보다 엄격하게 지켜지는 경향을 벗어나지 못하고 있다.

이런 미묘한 규칙을 만든 목적은 단 하나이다. 즉 주자에게, 바꿔 말하면 공격측에게 공평한 기회를 주려는 것이다. 그런 불공평이 시정된 것은 1950년대 이후다.

자, 이런 상황을 설정해 보자. 만루 상황에서 투수가 일단 정지하지 않는 완연한 보크를 범한 뒤 심판의 보크 선언에도 불구하고 그대로 투구했고 타자는 이를 두들겨 담 밖으로 넘겨 버렸다.

그렇다면 보크 선언이 있었으므로 홈런은 무효로 처리하고 주자들만 한 베이스씩 진루시킨 후 타자는 다시 타석에 들어서야 하는가? 1950년대 이전에는 그런 식으로 처리했다. 그렇다면 공격측을 위한 공평성은 어디로 갔는가? 수비측이 불법을 저질렀는데 공격측이 3점을 잃어버리는 게 정당한 일인가? 그래서 요즘은 공격측에게 양자 택일의 선택권을 준다. 보크가 개입되더라도 그 플레이가 종료된 후(폭투나 안타, 악송구 등이 일어날 수 있다.) 실전 결과가 보크에 의한 진루보다 유리하다고 공격측이 판단할 경우 보크를 무시할 수 있도록 한 것이다.

우리가 이제 마지막으로 살펴볼 것은 다른 운동 경기와 달리 순번에 따라 돌아가면서 공격을 펼치는 타순에 관한 문제다. 탁구 복식 경기를 제외한 다른 경기는 공격 기회를 누구에게나 공평히 나눠 주는 경우가 없다. 우수한 공격수에게 더 많은 기회를 주어 더 많은 득점을 올리는 게 일반적이다. 그러나 야구만은 순번제로 공격을 펼치도록 정해져 있다. 어떤 타자라도 타순이 한바퀴 돌아오지 않으면 다시 타석에 설 수 없다. 이것은 크리켓에서 따온 방식이다.

타순에서 가장 중요한 것은 '앞 타자와의 관계'다. 타순 착오의 미로에서 헤어나려면 반드시 이 '앞 타자와의 관계'를 머릿속에 넣어 두고 있어야 한다.

타순 착오를 일으킨 팀에게는 벌칙이 주어지는데 그것만 해도 따지기가 간단치가 않다. 필자는 메이저리그 게임에서 타순 착오가 발생했을 때 감독과 심판이 올바른 해답을 찾지 못하고 쩔쩔매는 경우를 본 적이 있다. 앞서 말한 '앞 타자와의 관계'에 대한 개념을 확실히 파악하고 있지 못하면 혼동이 일어나기 때문이다.

이 난제를 푸는 열쇠는 무엇일까? 다음에 나설 정위 타자는 방금 공격을 마친 정규 타자의 다음번에 이름이 올라 있는 타자다. 이 원칙에는 절대로 예외가 없다.

게임에 앞서 양 팀 감독은 아홉 명의 이름을 적은 타순표를 작성, 상대 팀 감독과 심판에게 제출한다.

덧붙여 말하면 그것은 단지 '타순'일 뿐이다. 수비 위치는 적지 않아도 괜찮으며 누구는 어느 포지션을 맡아야 한다는 규정은 어디에도 없다. 야수들은 필요에 따라 언제든지 포지션을 바꿀 수 있다. 포수가 마운드에 올라가 던질 수도 있고 한 이닝은 좌익수를 맡다가 그 다음 이닝은 유격수로 올라오는 등 제멋대로 수비 위치를 바꿔도 상관없다. 다만 '절대로' 바꿀 수 없는 것은 타순이다. 수비 위치가 어떻게 바뀌었건 관계없이 일단 타순이 정해지면 반드시 그것을 지켜야 한다.

 타순이 제대로 지켜지는지에 대해서는 '양 팀'이 모두 신경 쓰지 않으면 안 된다. 심판이 타순 착오에 대해 주의를 환기시키는 것은 '금지'돼 있다. 심판은 수비팀이 그 착오를 발견하고 항의하거나 공격팀이 잘못된 것을 깨닫고 바로잡으려 할 때만 비로소 조치를 취할 수 있다.

 타자들은 오직 한 가지만 알고 있으면 된다. 즉 '내 앞의 타자가 누군가' 하는 것이다. 여기 어느 팀의 타순이 A, B, C, D, E, F, G, H, I 순으로 짜여졌다고 가정하자. D는 C가 타석에 들어가면 다음은 자기 차례라는 것만 알고 있으면 된다. 그러면 헷갈릴 것도 없고 다른 것은 생각할 필요도 없다.

 예를 들어 보자. B가 아웃되거나 출루한 뒤 (C 대신) D가 타석에 들어갔다.

 심판은 그 착오를 알더라도 가만히 있어야 한다.

 상대 팀이 아무런 얘기가 없는 가운데 D가 타격을 완료했다. 수비팀은 투수가 다음 타자에게 초구를 던지거나 누상의 주자에게 견제구를 던지기 전까지 심판에게 어필할 권리가 있다. 그게 정당한 어필 시기다.

 자, 상대가 제때에 어필했다고 하자. 그러면 D의 타격 내용에 관계없이 정위 타자인 C가 아웃된다. 그러면 그 다음엔 누가 타석에 들어와야 하는가? 지금까지의 마지막 정위 타자는 어필에 의해 자동 아웃된 C이므로 다음 타자는 D가 된다. 다시 타격을 해야 하는 것이다.

 그러나 만약 상대 팀이 어필하지 않았다면 투수가 그 다음 타자에게 초구를 던지는 순간 D의 타격 행위는 정위 타자에 의한 타격으로 인정받는다. 그러면 그 다음의 정위 타자는 D 다음에 나와야 하는 E가 된다.

만약 D가 볼카운트 1―1로 싸우고 있는 도중에 그가 부정위 타자라는 사실을 공격 팀이 알게 됐다면 어떻게 하는가? 그때는 D를 불러들이고 C를 타석에 넣으면 그만이다. 다른 벌칙은 없다. C는 그때까지의 볼카운트를 그대로 안고 싸우게 되며 그 다음에는 D가 타석에 들어오면 된다.

지금까지 우리는 각 타순마다 1번, 2번, 3번……, 9번으로 번호를 매겨놓고 있지만 그런 번호에는 전혀 구애받을 필요가 없다.

3번 타자 다음에는 4번 타자가 나오는 게 아니라 C 다음에는 D가 나와야 한다고 알고 있는 게 중요하다. 여기에는 그럴 만한 이유가 있다.

자, A가 선두 타자로 나왔다. 그 다음에 착오로 B 아닌 G가 타석에 들어섰다. 그리고 나서 3번 타자인 C가 등장했다. 상대 팀이 이를 알아차리지 못하고 C에게 초구를 던졌다면 그 순간 G의 공격 행위는 정당한 것이 된다.

그렇다면 지금 타석에 있는 C야말로 부정위 타자다. G 다음에는 반드시 H가 들어와야 하기 때문이다.

이제 C의 공격이 끝나고 상대방이 어필한다면 아웃되는 타자는 C가 아니라 '정위 타자'인 H다. 그리고 그 다음의 정위 타자는 I다. 그러니까 C, D, E, F를 한꺼번에 건너뛴 셈이다. 마지막 정위 타자는 어필로 자동 아웃당한 H이므로 I가 그 뒤를 잇는 것이다.

이 부정위 타자에 관한 규칙은 매우 복잡해 보이고 생각하면 할수록 헷갈린다. 그러나 '마지막 정위 타자가 누구였는가?'만 생각하면 간단히 풀 수 있는 문제다. 정위 타자로 인정받은 선수의 다음 타자가 타순을 이어가면 되는 것이다.

자, 그렇다면 타순 착오를 발견한 수비팀이 왜 곧바로 어필할 필요가 없는가도 자연히 해답이 나온다. A가 안타를 치고 나갔다. 그 뒤 C(잘못된 타자)가 병살타를 때렸다. 그걸로 만족이다. 그 다음에 누가 나오든 초구를 던져 투 아웃을 얻고 들어가면 그뿐이다. 그 타자가 D라면 그는 제대로 된 정위 타자다.(C가 정위 타자로 인정받았으므로.) D외에는 누가 나오건 그는 또다시 부정위 타자이며 그의 타격 결과를 그냥 받아들이든지 어필하든지 하는 것은 수비측이 유리한 대로 선택할 수 있다.

만약 앞서 말한 부정위 타자 C가 2점 홈런을 때렸다고 하자. 그 때 수비팀이 즉시 어필하면 2점 홈런은 무효가 되고 C는 자동 아웃으로 처리한다. 그러나 그 아웃은 B에게 돌아가며 정위 타자인 C가 다시 타석에 들어와야 한다.

미묘한 문제 같지만 심판에게 제출된 타순표가 가장 중요한 판단 기준이다. 가령 심판에게 A, B, C……, 순으로 타순을 제출해 놓고 실제로는 A, C, B 순으로 두 차례에 걸쳐 타격을 진행했고 상대 팀이 아무런 어필도 하지 않았다고 하자. 그러다가 공격측이 뒤늦게 그 사실을 알아차리고 7회부터는 A 뒤에 B가 나와 타격을 하게 됐다면 그때는 상대방이 아무리 어필해 봤자 소용이 없으며 그 팀은 아무런 잘못도 저지르지 않은 셈이 된다.

그리고 그 벌칙도 단지 한 타자에게만 적용된다. 타순을 번호 대신 타자 이름으로 알고 있어야 하는 것도 그 때문이다. 부정위 타자의 타격이 종료됐을 때 상대 팀이 제때에 어필하지 못했을 경우에는 그가 정위 타자로 인정되고, 적시에 어필했다면 정위 타자가 자동 아웃되는 것으로 끝난다. 만약 부정위 타자 문제가 선수 이름이 아닌 타순의 번호로 따지는 것이라면 A 다음에 F가 나오는 바람에 B, C, D, E 등 네 명을 건너뛰었을 경우 자동 아웃은 그만큼 늘어나게 될 것이다. 그건 일회적인 잘못에 대한 벌칙으로는 지나치다.

야구 규칙은 될 수 있는 대로 양 팀에게 공정성을 보장하는 방향으로 발전해 왔다.

그리고 실제로 그렇게 다듬어져 있다.

야구가 훌륭한 경기인 것은 그런 공정성이 보장돼 있기 때문이다.

29 장래의 야구상

1986년에 필자는 《뉴욕 타임스 매거진》에 다음과 같은 기사를 게재했다. 이제 이 책을 끝맺으면서 그 기사를 전재하고자 한다. 이 글에는 앞서 말한 것과 중복되는 내용도 있고 여태껏 말한 것과 전혀 상반되는 대목도 있다. 그러나 그것은 필자가 이 책의 초판본을 쓴 이후 20년 사이 어떻게 생각이 바뀌었는지를 보여 주는 것이기도 하고 우리가 여기서 마지막으로 다룰 주제, 즉 '장래의 야구는 어떤 모습일까?'를 알아보는 데 참고가 되리라 생각한다.

자, 다음은 당시 기사의 전문이다.

2차 세계 대전이 끝난 이후 40년 동안 야구팬들은 엄청난 변화를 지켜봤을 것이다. 그중 일부는 좋은 방향으로 바뀌었을 것이고 그 반대인 경우도 있을 것이다.

필자는 3대 개악으로 1)인조 잔디 2)구단 증설 3)마이너리그 조직의 기능

약화를, 3대 개선으로는 1)텔레비전 카메라 2)플레이오프 제도 3)도루의 부활 등을 꼽는다.

그리고 어디까지나 필자 개인의 소견이지만 불행하게도 개악이 개선을 압도하고 있는 것 같다.

이런 변화를 짚어 보기 전에 우선 다음과 같은 네 가지 전제부터 짚고 넘어갈 필요가 있다.

첫째, 팬들은 어떠한 변화도 싫어한다. 야구가 가진 가장 큰 장점으로 연속성이 있다. 가령 타임 머신을 타고 80년쯤 거슬러 올라가 뉴욕 자이언츠와 보스턴 레드삭스의 1912년 월드 시리즈를 관전한다 하더라도 경기 양상이 이상하다는 느낌은 받지 않을 것이다. 규칙이나 기술이 현대와 비교해서 근본적으로 같기 때문이다. 그러나 최근의 경기 규칙과 스타일만 알고 있는 미식축구 팬이나 농구 팬이 1912년의 경기를 본다면 엄청나게 헷갈릴 것이다.

둘째, 팬들은 활기 있는 움직임, 즉 득점이 쌓이는 것을 좋아한다. 전문가들은 2—1 스코어로 이어지는 게임들에서 오히려 긴박감과 짜릿한 매력을 느낄 수도 있겠지만 대부분의 팬들은 양 팀이 안타 20개쯤 주고받으며 스코어가 9—7쯤 되는 게임을 좋아하고 특히 서너 차례 역전에 역전을 거듭한다면 더욱 열광하게 된다.

다음, 팬들은 누구나 알아 모시는 영웅과 눈부신 업적이 탄생하는 것을 좋아한다. 스포츠업계는 우승자가 자주 바뀌는 것이 서로 먹고살 수 있도록 시장성을 키워주는 '기회의 균등'이라는 말로 사탕발림하지만 실은 뉴욕 양키스, 조 루이스, 무하마드 알리, 아놀드 파머 같은 천하무적의 영웅들이 사라진 애석함을 얼버무리는 말에 지나지 않는다.

그리고 마지막 네 번째로 야구팬은 누구나 자기가 야구를 처음 좋아했을 때로부터 약 10년간을 개인적인 황금기로 여기고 있다. 그 사람에게는 그 10년이 차후 야구에서 일어나는 모든 것의 기준이 된다.

필자에게는 그런 황금기가 1930년대였다. 그러나 필자가 뉴욕을 활동 무대로 삼아 신문사에 근무하면서 게임을 보고 기사를 쓰는 대가로 보수를 받고 경기인, 야구 관계자들과 한데 어울리는 생활을 35년쯤 하다 보니 일반 팬들은 좀처럼 접근하기 어려운 일들과 너무 밀착해 있는 입장이 됐다. 따라서 필자는 객관적인 눈을 가졌다고 말할 수 없으며 그렇게 자임하는 것은 주제넘은 짓이다. 대신 필자는 '팬들은 이런 사건이 벌어졌을 때 무엇을 알고 싶어할까?' 하는 데에 초점을 맞춰 기사를 작성하는 법을 배우고, 직업 의식을 발동시켜 취재하고, 자료를 정리해 왔다. 따라서 필자는 야구단에 몸담고 있는 사람들처럼 시야가 좁지는 않다고 생각한다. 필자는 팬들의 관심이 어디로 쏠리고 있는지도 잘 알고 있다고 자부한다.

이런 전제 아래 필자가 꼽는 개악과 개선들을 살펴보기로 하겠다.

인조 잔디

매끄럽고 딱딱하고 균질의 재질로 된 인조 잔디는 타격에서부터 피칭, 수비에 이르기까지 야구의 모든 기본 패턴을 뒤바꿔 놓았다. 나아가 야구를 보는 심미안마저 변화시켰다. 타구가 인조 잔디에 닿으면 천연 잔디와는 전혀 다른 바운드를 일으키는 탓이다.

제3자의 눈에는 투수는 타자를 '아웃'시키려고 노력하고 타자는 '안타'를 치려고 기를 쓰는 것처럼 보인다. 백번 지당한 말이다.

그러나 실제로 투수가 노리는 것은 두 가지다. 타자의 타이밍을 빼앗아 공을 강하게 때리지 못하게 만드는 것, 상황에 따라 플라이볼 또는 땅볼을 유도하려는 것이다.

반면 타자로서는 강하게 때리는 것 말고는 다른 방법이 없다. 어느 정도 타구 방향을 조절할 수는 있지만 날카롭고 강한 타구를 날리는 것만이 최선의 노림이다. 안타 따위는 생각할 겨를이 없다.

전통적으로 타자들은 직선으로 뻗어나가는 라인 드라이브, 또는 주자들이 한 베이스 이상 달릴 시간을 벌어 주는 장타를 때리려고 하며 투수들은 대부분의 경우 땅볼을 유도하려고 한다.

타구는 천연 잔디 위에서는 바운드될 때마다 전진력이 푹푹 줄어든다. 일반적인 타구는 어지간히 날카롭게 뻗어나가지 않는 한 네 명의 내야수와 세 명의 외야수가 빈 공간을 커버하며 처리할 수 있다. 따라서 공격측은 타구가 매우 강하거나 매우 멀리 날아가야만 효과를 얻을 수 있다.

그러나 인조 잔디는 이런 공식을 허물어뜨리고 게임의 리듬을 망쳐 놓으며 외야에서는 그런 현상이 더 심하게 나타난다. 투수가 바라는 대로 처리했다고 볼 수 있는 내외야 중간의 어정쩡한 플라이가 큰 바운드를 일으키며 달려드는 외야수의 머리 뒤로 넘어가기도 한다. 그리고 좌중간 또는 우중간으로 날아간 짧은 라인 드라이브가 외야수들이 쫓을 겨를도 없이 펜스까지 빠져나가기도 한다. 이런 위험이 도사리고 있기 때문에 외야수들은 수비 위치를 종전보다 깊게 잡을 수밖에 없다. 이는 곧 야수들의 사이가 더 벌어진다는 것을 뜻하며 안으로 달려들 때도 조심해야 한다. 그뿐 아니라 내야수들도 타구가 도달하는 시간이 짧고 그 덕분에 1루에 송구할 시간적 여유는 그만큼 많아지기 때문에 정상 위치보다 약간 뒤에서 수비할 수 있지만 그래도 천연 잔디 구장에서 경기할 때보다는 내야수 사이를 빠져나가는 타구가 많아졌다.

그 결과 '부당한' 안타, 특히 장타가 많아진 것이 관중들의 눈에 거슬린다. 인조 잔디는 또 야수가 옆으로 뛰어 타구를 잡아낸 뒤 1루에서 간발의 차로 타자주자와 승부하는 내야 수비의 극치를 보여 주지 못하게 만든다.

지금까지는 타구가 바운드되는 것에 대해서만 얘기했지만 플라이에 대한 수비도 마찬가지다. 인조 잔디는 육상 트랙처럼 야수들의 스피드를 증진시키기 때문에 타구가 펜스를 직접 때리거나 넘어가지 않는 한 어지간히 멀리 날아가더라도 야수에게 잡히는 경우가 많다. 그러나 몸을 날리며 타구를 잡아내는 허슬 플레이는 위험천만의 일이 됐다. 이렇듯이 2루수 옆으로 빠진 땅볼이 2루타가 된다든가, 높이 뜬 플라이가 이상한 방향으로 튀면서 3루타가 된다든가, 좌중간 또는 우중간으로 빠져 '당연히' 2루타나 3루타가 돼야 할 타구가 거꾸로 아웃되는 경우가 많아졌다.

만약 야구가 반드시 인조 잔디 위에서만 치러지도록 규칙을 바꾼다면 관중들도 새로운 매개 변수에 눈을 맞추면 그만이다. 그러나 스물여섯 개 메이저리그 구장 가운데 인조 잔디가 깔려 있는 곳은 열 개뿐이다.* 거기에 적응력을 길러야 할 필요성을 느끼기에는 충분한 숫자지만 그렇다고 새로운 기준으로 삼기에는 부족하다. 그리고 선수들은 리틀 리그에서부터 마이너 리그까지 줄곧 천연 잔디 위에서 기술을 연마하고 습관을 길러 왔다는 점도 염두에 두어야 한다.

구단 증설

구단 증설의 역효과에 대해서는 유능한 인재들을 여러 팀에 '분산'시킨다는 데에 주로 초점이 맞춰져 있었다. 이것도 부인할 수 없는 사실이지만 얘기의 핵심과는 거리가 있다. 주위를 둘러보면 인재가 마냥 부족한 것은 아니다. 메이저리그에서 뛸 만한 선천적 재능을 갖췄다면 실제로 그 무대에 올라와 규칙적으로 뜀으로써 비로소 기량이 만개되는 사람도 있는 것이다. 과거 자기보다 기량이 다소 나은 선수에 밀려 벤치에 앉아 있거나 마이너리그에 머물러야 했던 선수가 다른 메이저리그 팀에서 실력을 발휘할 기회를 얻어 라이벌이었던 선수를 추월하는 수도 있다.

* 1999년 현재 메이저리그 서른 구단 가운데 아홉 개가 인조 잔디 구장이다. 뒷날 구장을 신축할 때는 천연 잔디를 선호한 까닭이다.

다만 열여섯 팀에 400명의 선수가 퍼져 있는 게 스물여섯 팀에 650명이 분산돼 있는 것보다 밀도가 강한 것만은 분명하다.

팀 수가 늘어날수록 통계와 경기 일정에 근본적인 변화가 뒤따른다. 야구의 통계는 어느 스포츠보다도 팬들에게 즐거움을 주는 소재라고 할 수 있다. 1903년부터 1960년까지는 대체로 통계를 구성하는 기본 패턴에 큰 변화가 없었다. 각 리그마다 팀당 154게임씩 치르면서 상대 팀들과 나란히 22차전을 거행했다. 투수가 20승을 올렸다든지, 타자가 100타점을 거뒀다든지 하는 업적이 각별한 의미를 갖는 것은 이런 패턴을 기틀로 했을 때다. 더 중요한 것은 이렇게 팀간 경기 수가 같아야만 전체적인 균형이 잡혀 통계의 신빙성이 생긴다는 것이다.

아메리칸리그가 열 팀으로 늘어난 1961년부터 팀당 연간 경기 수는 162게임으로 불어났다.(상대 팀과 18차전씩 치른다.) 그리고 바로 그해에 로저 매리스와 미키 맨틀이 1927년 베이브 루스가 세운 시즌 최다 홈런 기록(60홈런)을 추적해 들어가자 이의가 제기됐다. 루스의 개인적인 친구이기도 했던 포드 프릭 커미셔너는 154게임째까지 기록을 돌파하지 못하면 신기록으로 인정하지 않겠다고 엄포를 놓았다. 이런 감정적이고 비논리적이고 부당한 규제 때문에 매리스는 61홈런이라는 위대한 기록을 수립하고도 별로 각광을 받지 못했기도 하지만 어쨌든 기록 정리에 약간이나마 혼선이 빚어졌던 것은 사실이다. 이 문제는 당시 엄청난 논란을 빚었었다. 그 뒤 각 리그가 두 지구로 나뉘고 팀 증설로 상대 팀과의 경기 수까지 들쭉날쭉해지자 통계가 지닌 매력도 줄어들 수밖에 없었다.

또한 팬들의 야구에 대한 집중력도 약화됐다. 과거 열여섯 팀 시절에는 열성 팬이라면 각 팀의 주전 선수들과 그들의 성적, 나아가 개개인의 특성까지도 줄줄이 꿰고 있었다. 전체 선수 수가 훨씬 적었을 뿐 아니라 각 팀이 자기 도시를 찾아오는 횟수도 많았기 때문이다. 이제 팀 수가 스물여섯 개로 늘어나고 다른 스포츠 종목에 매스컴과 대중의 관심을 빼앗기는 데다 한 팀이 다른 도시들을 1년에 두 차례씩밖에 방문하지 않기 때문에 팬들로서는 모든 선수들을 주의 깊게 지켜볼 여유가 없게 됐다. 이에 따라 오로지 홈팀만 응원하는 풍조와 지역 이기주의가 생겨났고 관객이 직접 참여하는 야구 행사도 줄어들 수밖에 없게 됐다.

구단 증설은 메이저리그 팀이 새로 들어선 도시의 팬들에게는 더할 나위 없이 즐거운 일이다. 그러나 이는 진작부터 팀을 갖고 있던 도시의 시민들과, 자기 고장에 팀이 없는 탓으로 아무 팀이나 골라잡아 열광적으로 야구를 사랑하던 수백만 야구팬들의 재미를 반감시킨 대가로 얻는 즐거움인 것이다.

한 리그가 여덟 팀이던 시절에는 십여 명의 슈퍼스타가(기록과는 별개로 팬의 인기도로 봤을 때) 대략 여섯 팀에 분산돼 있었다. 그러나 각 리그가 열네 팀으로 불어남에 따라 전체 팀 중 절반 가까이는 단 한 명의 슈퍼스타도 보유하지 못하게 됐다.

그리고 출중한 선수들이 각 팀에 띄엄띄엄 산재하다 보면 공격력이 약화되게 마련이다. 팀 수가 적을수록 좋은 타자들이 농축된 강타선을 꾸밀 수 있으며 그 타자들은 서로 보호하는 기능을 갖는다. 그러나 한 팀의 타선에 탁월한 타자가 한두 명에 불과하다면 상대 투수는 그들을 피하면서 약한 타자들을 골라 승부할 게 틀림없다. 매리스가 61홈런을 때리던 해에 맨틀(54홈런)이 뒤를 받치고 있었고, 루스가 타석에 들어서면 루 게리그가 대기 타석에서 지켜보고 있었던 것은 결코 우연의 일치가 아니다.

마이너리그

과거에는 마이너리그 선수가 메이저리그까지 올라가기 위해서는 수년간의 수련이 필요했다. 트리플A에 소속된 선수가 메이저에 진출할 확률은 2대 1 정도였으나 지금은 그 비율이 1대 1이 됐다. 마이너리그팀의 기능도 홈 팬들의 흥미를 돋우면서 흥행을 노리기보다는 메이저로 가기 위한 수련장으로 바뀌었다.

이것이 메이저리그와 무슨 연관이 있는가? 현 시스템은 공격력 약화를 부르고 강타자들을 육성하는 길을 가로막고 있기 때문에 야구의 재미를 떨어뜨린다. 투수들은 자신만의 연습으로도 투구 요령과 구위를 상당한 수준까지 끌어올릴 수 있다. 반면 타자들은 우수한 투수들을 상대로 싸우며 대응력을 길러야만 비로소 좋은 기술을 익힐 수 있다. 아무리 뛰어난 재능을 타고난 타자라도 너무 일찍 메이저리그에 올라가다 보면 꽃을 피우지 못하고 망가지는 경우도 생긴다. 반면 마이너리그에서 타자들을 괴롭히는 투수가 없다 보면 타격 기술이 일정 수준에 머무른 채 더 이상 발전하지 않는 폐단도 생긴다.

과거에는 트리플A급 타자들은 일찍이 메이저리그를 경험했거나 열여섯 팀이 아닌 스물여섯 팀이었더라면 진작 메이저리그에 올라갔을 쟁쟁한 투수들을 상대할 기회가 많았다. 젊은 타자들은 그들과 겨루며 기량을 연마해서 메이저리그에 올라가든지 아니면 탈락하든지 둘 중의 하나였다. 오늘날 마이너리그 선수 명단을 들여다보면 유망주이거나 메이저리그에서 잠시 내려와 요양 중인 선수들만 그득할 뿐 스물여섯 팀 중 아무 데도 들어가지 못할 미미한 선수는 거의 눈에 띄지 않는다. 오늘날에는 잠재력을 인정받는 선수는 마이너리그 생활을 최단 기간으로 마치고 쉽게 메이저리그로 올라간다. 물론 특출한 선수는 메이저리그에 올라와서도 당장 기량을 제대로 발휘하지만 마이너리그가 막강하던 시절과 달리 잠재 능력을 제대로 발휘하지 못하고 조로^{早老}하는 선수도 적지 않다.

자, 위와 같은 것들을 개악이라고 한다면 개선은 어떤 것들인가?

텔레비전 카메라

텔레비전 기술이 발전한 덕분에 필자의 아들(1967년생)은 열두 살도 되기 전에 필자가 서른 살이었을 때보다 메이저리그 경기를 더 많이 보고 복잡한 야구 얘기를 더 많이 들었다. 텔레비전을 통해서이다.

텔레비전의 가장 큰 장점은 투수와 타자의 대결을 가장 좋은 각도에서 팬들에게 보여 준다는 점이다.

사실 야구는 이 장면에 모든 것이 담겨 있다고 해도 과언이 아니다. 투수가 던진 공의 스피드와 궤적을 정확히 보기 위해서는 눈이 여간 날카롭고 숙달되지 않으면 안 된다. 감독은 덕아웃에서 공의 움직임을 지켜봐야 하고 스카우트 요원은 홈플레이트 뒤쪽이나 기자실에서 보기 때문에 시각상 제약을 받을 수밖에 없다. 그런데 직접 경기장을 찾아간 관중들 중에서 공이 높다, 낮다, 빠졌다 하는 것 말고 일 구 일 구의 구질과 섬세한 움직임을 정확히 알아낼 수 있는 사람은 과연 몇이나 될까. 팬들은 심판의 판정이나 타자와 포수의 움직임, 그리고 타구가 날아가는 모양을 보고 어떤 내용이었는지를 미뤄 짐작할 뿐 실제 '투구'는 보지 못한 채 지나가기가 십상이다.

텔레비전으로는 그것을 볼 수 있을 뿐만 아니라 슬로 모션을 통해 더욱 세밀히 살펴볼 수 있다. 텔레비전 시청자들은 때로는 포수 뒤쪽에서, 때로는 투수 뒤쪽에서 공이 날아가는 모양을 보게 되는데 그것도 언제나 화면(시야)의 정중앙에서 똑똑히 지켜볼 수 있다.

그것만 해도 대단한 재미다. 그러나 한 걸음 나아가 선수의 얼굴 표정이 달라지는 것에서부터 화면을 쪼개어 주자가 리드하는 장면과 타자가 타격하는 장면을 동시에 보여 주고, 장타나 이상한 바운드, 멋진 포구 장면 등을 몇 번씩 반복해서 보여 주기까지 한다. 과거에는 야구를 매우 잘 아는 전문가들만이 현장에서 놓치지 않고 볼 수 있었던 것들을 이제는 텔레비전이 모든 팬들에게 시시콜콜하게 보여 주고 있는 것이다.

플레이오프

순수론자들은 플레이오프 제도의 도입을 못마땅하게 여긴다. 그러나 9월에 접어들어 11위 자리를 놓고 허우적거리는 팀을 보기 좋아하거나 그저 경기 일정이나 대충 때우는 게임을 즐기는 사람이 아니라면 얘기는 달라진다. 앞서 살펴봤듯이 리그를 두 지구로 나누는 것은 나름대로 폐단이 있는 것은 사실이지만 팀 수가 너무 많을 때는 그게 최선의 방안일 수밖에 없다. 양 리그의 챔피언끼리 겨루는 월드 시리즈가 창출하는 열기를 그 직전의 예선 단계에서 똑같이 맛볼 수 있다면 그건 나쁠 이유가 없다. '네 개의 페넌트레이스'가 펼쳐지는 것에서 질적 하락을 지적할 수는 있을지 몰라도 똑같은 품질로 두 개의 페넌트레이스를 치르는 것보다는 낫다. 그리고 각 지구 1위 팀끼리 펼치는 플레이오프의 묘미는 다른 방식으로는 도저히 맛볼 수 없다.

도루

베이브 루스가 홈런의 매력을 맛보인 뒤로 야구계는 30여 년 동안 장타를 날리는 데만 골몰해 왔다. 그러다 보니 1920년대 이전만 해도 득점의 가장 기본이 되는 무기였던 도루는 별 볼일 없는 모험으로 전락하고 말았다. 다음 타자가 홈런이나 2루타를 때리면 1루에 머물러 있더라도 너끈히 득점할 수 있다. 그러나 도루하다 아웃당하면 다음 타자가 홈런을 때려도 득점이 되지 않을 뿐 아니라 아웃 카운트만 늘리는 꼴이 돼 홈런 타자가 뒤이어 타석에 등장할 기회가 줄어든다…….

1940-50년대에는 '가만히 서서 홈런을 기다리자'는 식의 야구를 하다 보니 원치 않는 부산물이 많이 늘어났다. 즉 삼진과 포볼의 증가다. 힘껏 배트를 휘두르며 일발 장타를 노리는 타자들은 어쩌다 한 번만이라도 펜스를 넘기면 괜찮으므로 삼진을 두려워하지 않는다. 투수들은 홈런 맞는 것이 두려운 나머지 스트라이크존 밖에서만 맴돈다.

그러나 팬들은 타구가 살아 움직이는 것을 보고 싶어한다. 포볼과 삼진은 정지 동작의 플레이다. 1960년대 후반에 이르러 릴리프투수의 효용에 대한 인식이 높아지자 홈런은 더더욱 줄어들면서 정지 동작의 야구는 절정에 달했다. 1968년에는 양 팀을 합친 득점이 6.8점으로 폭락했고 전체 타석에서 무려 4분의 1이 포볼 또는 삼진으로 끝나 게임을 형편없이 지루하게 만들었다.

1960년 무렵부터 LA 다저스의 모리 윌스와 시카고 화이트삭스의 루이스 아파리치오가 도루 부활 혁명을 주도했다. 40여 년 동안 뻣뻣이 선 채 야구 하던 시절과 달리 그 후 25년 사이 시즌 최다 도루 신기록은 모리 윌스, 루 브록을 거쳐 1982년 130개를 훔친 리키 헨더슨에 의해 세 차례나 경신됐다. 그 결과 많은 감독들이 도루를 공격의 전술로 재활용하기에 이르렀다. 도루는 투수의 신경을 건드려 투구에 영향을 미친다. 야수들도 주자를 견제하다 보면 수비에 영향을 받는다. 포볼에 의한 출루도 이제는 의미가 달라졌다. 일단 베이스에 나가는 것은 도루 시도의 전주곡이 되기 때문에 정지 동작의 플레이가 아닌 것이다.

1958년에는 열 게임을 관전한다면 평균적으로 86득점에 18홈런, 6도루를 구경할 수 있었다. 1985년에는 87득점에 17홈런, 15도루를 볼 수 있었다. 다시 말하면 파워 히팅이나 득점을 보는 즐거움은 전혀 줄어들지 않았으면서 더 많은 액션을 즐기게 된 것이다.

지금까지 설명한 것 말고도 팬들을 자극하는 다른 변화들도 상당히 많았고 그런 것들은 각종 보도를 통해 이미 자세히 밝혀져 있다. 예를 들면 선수들은 마약 사건에 연루돼 팬들을 분노케 했고, 한없이 올라가는 입장료, 천정부지의 선수 연봉 등은 팬들에게 거부감을 주었다. 1980년대에 일어난 두 차례의 선수 파업과 한 차례의 심판 파업, 구단들의 불안정한 경제 사정, 관중 난동 등도 팬들이 눈살을 찌푸리게 만드는 요소들이다. 그러나 마약, 물가 인상, 노사 분쟁, 사회의 난폭화와 이기주의화는 야구와 상관없이 베이스 라인 밖에서 벌어지는 문제이고 또 이런 것들이 야구계에만 국한된 얘기도 아니므로 굳이 별도로 설명하지 않겠다.

그렇다면 필자가 이 장에서 말한 것들은 어떤가? 게임 자체는 팬들을 위해 개선됐는가? 개악과 개선은 서로 상쇄됐는가?

필자의 생각은 그렇지 않다. 인조 잔디와 구단 증설에 따라 일어난 폐해는 텔레비전의 발달이나 플레이오프의 도입이라는 호재로도 보전補塡될 수 없을 만큼 큰 것이다. 다행스럽게도 야구 관중이 꾸준하게 늘고 있고 야구 예찬론이 끝없이 이어지는 것으로 보아 야구가 주는 각별한 즐거움까지 해치지는 못한 것 같다. 어쨌든 야구는 전보다 재미가 없어졌는가? 아아, 미안하지만 필자의 견해로는 그게 사실이다.

여기서 또 하나의 의문이 제기되는데 독자 여러분이 각자 자문자답해 보기 바란다.

과거보다 나빠지지 않은 게 어디 있는가?

인조 잔디에 대한 필자의 혐오감은 전보다 더 강해졌다. 실내 야구에 대해 많은 사람들이 반대하지만 필자의 생각은 약간 다르다. 지붕이 있고 시원한 에어컨이 나오는 경기장을 싫어할 까닭은 없다. 필자가 싫어하는 것은 바닥이다. 왜 실내 구장에서 천연 잔디를 기르는 법을 연구하지 않는지 알다가도 모르겠다.

그런데 인조 잔디가 실제 플레이에 어떤 영향을 주고 있는지에 대한 흥미로운 조사 결과가 이 기사가 나오고 난 다음에 발표됐다. 엘리어스 스포츠국은 매년 『야구 분석』이라는 통계집을 발간하는데 이 책의 특집 가운데 하나로 인조 잔디 위에서의 성적과 천연 잔디 위에서의 성적을 팀별, 개인별로 정리해 놓은 것이다.

인조 잔디에서 게임을 치르는 게 타자에게 이득이 된다는 것은 누구나 아는 사실이며 특히 홈구장에 카펫이 깔려 있다면 그 팀의 선수들은 타율에서 이득을 봐야 당연했다.

그런데 1984년분 통계집을 들춰본 필자는 어리둥절할 수밖에 없었다. 내셔널리그의 열두 팀이 한결같이 천연 잔디 구장의 타율이 인조 잔디 구장 타율보다 높은 것이었고 홈구장에 인조 잔디를 깔아 놓은 팀들도 결코 예외가 아니었다. 그리고 천연 잔디 구장이 열 개, 인조 잔디 구장이 네 개인 아메리칸리그를 살펴보니 일곱 팀이 천연 잔디 위에서, 다섯 팀은 인조 잔디 위에서의 성적이 좋았고 두 팀은 똑같았다.

양대 리그를 통틀어 19대 5로 천연 잔디 구장에서의 성적이 우세하다는 것은 우연으로 돌리기에는 너무나 일방적인 것이어서 필자는 이 의외의 통계를 들고 평소 필자가 좋아하던 척 태너(당시 피츠버그 감독), 스파키 앤더슨(디트로이트 감독), 빌리 마틴(양키스 감독), 화이티 허조그(카디널스 감독), 진 모크(에인절스 감독) 등 당대의 내로라하는 야구 이론가들을 만나 얘기를 나눠 봤다.

이만하면 야구계의 거성들을 거의 망라한 셈인데 그들의 반응은 한결같았다.

"에이, 농담이시겠지. 그럴 리가 있나요?"

그러나 그게 사실이니 어쩌란 말인가. 필자는 그 원인이 궁금해 죽을 지경이었다.

그때 태너 밑에서 일하던 밥 스키너 코치가 나름대로 설명했는데 이 얘기를 들은 감독들은 한동안 곰곰이 생각해 보더니 일리 있다고 모두들 수긍했다. 스키너의 말은 이러했다.

"내야수들은 인조 잔디 위에서는 뒤로 물러나 수비한다. 그렇게 하더라도 타구 속도가 빠르기 때문에 1루로 송구해서 타자를 아웃시킬 시간적 여유가 충분하고, 위치 선정만 좋으면 더 많은 안타성 타구를 잡아낼 수 있다. 그리고 이런 구장에서는 빗맞아 떼굴떼굴 구르는 안타를 거의 기대할 수 없다. 외야로 빠져나가 2루타나 3루타 같은 장타가 되는 경우는 늘어났지만 단타에서는 숫자상 손해를 보게 된다."

그 설명을 듣고 나니 박수갈채를 보내고 싶을 정도로 속이 후련해졌다. 그 다음에 할 일은 1984년의 통계만 어쩌다 우연히 그렇게 됐는지를 확인하는 것이었다. 1988년 시즌이 끝나고 나니 필자는 5년치 통계를 손에 쥘 수 있었다. 그것만으로 무언가가 입증되는 것은 아니지만 대체적인 경향을 살피기에는 충분했다. 어쨌거나 똑같은 선수들로 구성된 똑같은 팀들이 천연 잔디거나 인조 잔디거나 똑같은 조건에서 똑같은 투수들을 상대로 똑같이 싸웠으므로 비교 자료로서의 가치는 충분했다.

그 결과는 다음과 같다.

전체 경기 수의 꼭 절반이 인조 잔디 위에서 치러진 내셔널리그에서는 천연 잔디 위의 타율이 높은 경우가 서른여덟 개, 인조 잔디 위가 나은 경우가 스물두 개였다. 천연 잔디 구장이 홈인 팀만 놓고 보면 20대 10이었고, 인조 잔디가 홈인 팀의 경우에도 18대 12로 천연 잔디 쪽 우세가 많았다.

한편 아메리칸 리그에서 천연 잔디 구장을 홈으로 하는 열 개 팀을 놓고 보니 천연 잔디 쪽이 29대 20으로 우세했고 한 개가 타이였다. 그러나 인조 잔디 구장인 네 개 팀(캔자스 시티, 토론토, 시애틀, 미네소타)은 인조 잔디 위에서의 우세가 열여섯 개인 반면 천연 잔디 위의 우세는 세 개에 그쳤고 한 개는 타이였다.

그러므로 당초 예상했던 것만큼 엄청난 것은 아니었지만 일반적인 가정, 즉 '천연 잔디 구장에서 올리는 타율이 인조 잔디 구장에서보다 높다'는 사실은 입증된 셈이다.

여기서 이 문제를 좀 더 자세히 따져 보자. 개중에는 높고 낮은 차이라 봤자 겨우 2리 정도로 미미한 경우도 있었다. 2할 5푼대의 타율에서 5리 차이라는 것은 어느 팀이 1주일당 안타 한 개를 더 치느냐, 못 치느냐 하는 것에 불과하다. 그래서 필자는 양측이 적어도 6리 차 이상 나는 경우만 골라봤다.

그랬더니 내셔널리그는 29대 14로 천연 잔디가 유리했고 아메리칸리그는 26대 24로 인조 잔디가 오히려 좋은 타율을 올린 경우가 많았다.

이는 무엇을 의미하는가? 결론을 내리는 데 너무 서둘러서도 안 되고, 일반적인 통념을 무비판적으로 받아들여서도 안 된다는 것을 보여주는 것이라고 하겠다.

그러나 필자는 앞에서 말한 대로 여러 가지 이유에서 아직도 인조 잔디 위에서의 경기는 싫어한다.

구단 증설에 대해 불평하는 것은 19세기를 동경하는 것만큼이나 허망하다. 자기가 행복했던 옛날을 그리워하는 것은 어디까지나 각자의 자유일 뿐이고 그런 날은 두 번 다시 돌아오지 않는다. 현실적으로는 팀이 더욱 불어날 뿐이다.

당장 몇 년 안에 눈에 드러날 만한 경기 수준 하락을 막기 위해 우수한 인재들을 찾기도 어렵고 팀을 유치할 수 있는 도시를 당장 여럿 확보하기도 쉽지 않겠지만 필자는 기왕 팀이 불어날 바에는 어서 서른두 팀이 됐으면 하는 바람이다. 리그당 팀 수가 열두 개에서 열여섯 팀이 되는 것은 아무래도 어색하다. 열셋 또는 열다섯 팀이 된다면 리그간의 벽을 허물고 경기를 치르지 않는 한 일정을 짜기가 어렵고 아메리칸리그가 보여 주고 있듯이 열네 팀만으로는 경기 스케줄이 형편없이 흉해진다. 이 경기 일정을 자세히 살펴보면 같은 지구 안의 여섯 팀과는 13차전, 다른 지구의 일곱 팀과는 12차전을 벌이게 된다. 이에 따라 다른 지구와는 총 84게임을 치르는 반면 같은 지구의 팀들과는 그보다 적은 78게임밖에 소화하지 못한다. 또 각 팀을 방문하는 횟수도 너무나 적다.(1년에 두 번뿐이며 그 간격도 들쭉날쭉하다.) 팀 수가 총32개가 된다면 여덟 팀씩 '리그'를 나눠 네 개 리그제를 실시할 수도 있고, 아니면 열여섯 팀을 한 리그로 묶되 네 개 팀씩 총 여덟 지구로 나누어 대회를 진행할 수도 있을 것이다. 어떤 방식을 취하든 간에 산뜻하게 여덟 팀이 결선 플레이오프에 나갈 수 있게 된다.

어떤 식이 되든지 간에 지구 편성의 변경이 병행돼야 한다는 게 필자의 생각이다. 현재의 지구 편성은 애당초 불합리하게 짜여진 데다 당장 눈앞의 이익만 좇는 몇몇 구단주들의 단견 때문에 수정되지 않고 있다. 올해 좋은 성적을 올린 덕분에 수입이 늘었다고 해서 매년 그러리라는 법은 없다. 애틀랜타와 신시내티는 지리적 위치에 관계없이 내셔널리그 동부 지구에 소속돼 있다. 밀워키도 아메리칸리그 서부 지구가 아닌 동부 지구에 들어가 있어야 마땅하다. 어느 도시에 새로운 구단이 들어설지는 알 수 없지만 좀 더 합리적인 지구 편성이 이뤄져야 할 것이다.

마이너리그는 1980년대에 다소 경제적인 호황을 누렸지만 장기적으로 볼 때 그런 낙관론이 이어질지는 미지수다. 버팔로처럼 도시가 크게 번창한 팀은 당장 메이저리그로 승격해 달라고 강력히 요구하고 있는데 바로 그런 것이 구단 증설에 따라 상위급 마이너리그가 위축되는 첫 번째 이유다. 그리고 팜시스템을 발전시키는 획기적인 방안이 마련되지 않는 한 메이저리그 팀 수가 늘어날수록 유능한 선수들의 밀도가 줄어들면 줄어들지 높아지지는 않을 것이다.

필자는 특정 메이저리그 팀들에 묶여 있지 않는 '하급 마이너리그 공동 육성 제도'가 조만간 탄생할 것으로 믿는다.(필자만의 공상이거나 아예 잘못 빗나간 생각일까?) 그렇게 선수를 키워 드래프트 형식으로 각 팀의 선수를 충원할 수 있을 것이다. 이런 방안은 25년 전부터 검토돼 왔는데 아마 21세기에 가서나 구체적으로 실현될지 모르겠다.

그러나 타자들의 발전을 저해하는 것은 마이너리그에서 경험을 쌓을 시간이 짧은 탓보다도 알루미늄 배트 사용에 더 큰 원인이 있지 않나 생각된다.

앞서 말한 세 가지 개선점 중에서 플레이오프와 도루는 앞으로도 더욱 발전을 거듭하리라 보이지만 텔레비전의 발전에는 부정적인 요소도 없지 않다. 이것은 잠시 후에 얘기하기로 한다.

플레이오프는 팀 수가 늘어나면 자연히 확대될 것이므로 여기서는 더 이상 거론하지 않기로 하자.

야구의 '활동 지수Action Quotient'를 재보기 위해 필자는 홈런 수와 도루 수를 합쳐 봤다. 역사적으로 살펴보면 한쪽이 발전하면 다른 쪽은 쇠퇴한다. 힘이 약해지면 도루가 활성화되는 현상을 보여 왔다. 변수는 인간의 순수한 스피드다.(이런 점에서 인조 잔디는 베이스 러닝에 도움을 준다.) 달리기 좋은 찬스와 무모한 시도의 차이는 10분의 1초에 있으며 한 걸음의 차이로 그 균형이 뒤바뀐다. 그리고 감독들은 이를 살펴보고 도루의 활용 여부를 결정한다.

필자가 뽑아 본 활동 지수, AQ는 다음과 같이 나타났다.

연도별로 10게임을 지켜본다면 홈런과 도루는 평균 몇 개를 구경할 수 있는가?

연도		홈런 수	도루 수
1906년	26.5	2홈런	24.5도루
1911년 (반발력 좋은 공이 처음 도입된 해)	31.5	4홈런	27.5도루

1921년	20	8홈런	12도루
1935년	18	11홈런	7도루
1949년	20	14홈런	7.5도루
1961년	26.5	19홈런	7.5도루
1968년	21.5	12홈런	9.5도루
1975년	30	14홈런	16도루
1982년	31	16홈런	15도루
1987년	38	21홈런	17도루
1989년	30	15홈런	15도루

 필자의 견해로는 야구가 이만하면 관전하기 좋은 모양새를 갖춘 것으로 보인다. AQ의 의미를 좀 더 깊이 새겨보기 위해서는 포볼과 삼진 수(정지 동작 사항)와 장타 수, 병살 처리 횟수, 그 밖에 것들을 가미할 수도 있겠지만 그런 작업은 통계 전문가에게 맡기기로 하자. 어쨌든 도루는 일시적인 유행에 그치지 않고 지속적으로 남아 공격의 전술이 된 것만은 분명하다.

 텔레비전 문제는 좀 다르다. 카메라의 앵글이 좋아지고 중계 내용이 충실해진 것과 왕년의 선수가 해설자로 변신해서 시청자들을 즐겁게 해주는 것에 대해서는 전폭적인 성원을 보내지 않을 수 없다. 그러나 프로그램 편성 방법을 비롯한 미디어로서의 텔레비전은 커다란 위험을 안고 있다.

 텔레비전은 시선을 끄는 하이라이트를 즐겨 다루는 미디어다. 그러나 야구는 결코 하이라이트들로 짜여진 경기가 아니다.

 뉴스 시간을 비롯한 특집 프로에서는 '지루한' 일반 장면은 뭉텅 잘라

내고 액션이 뛰어난 장면만 골라 방영한다. 실황 중계 중이라도 화면상 멋진 그림이 생기면 몇 차례라도 반복해서 슬로 비디오로 보여 준다. 미식축구나 농구에서는 단독 드라이브나 덩크슛, 터치다운 패스, 가로채기 따위의 멋진 장면이 실제 경기 내용에서도 승부를 좌우하는 결정적인 대목과 일치하는 경우가 많다. 그러나 야구에서 중대한 장면이라는 것은 관념상으로 느끼는 것일 뿐 물리적으로 확연히 두드러지는 게 아니다. 만루 홈런을 친다든가, 동점 주자를 3루에 두고 삼진을 당한다든가 하는 순간에 평소와 다른 환성과 탄성이 일어나는 것은 머릿속으로 그 상황의 긴박감을 느끼기 때문이지 그 홈런, 그 삼진이 다른 것에 비해 특출하게 멋진 장면으로 나타나기 때문은 아닌 것이다.

그러나 이런 것은 빙산의 일각이다. 텔레비전은 모든 시청자들, 특히 청소년들에게 주의를 집중하는 시간을 짧게 만들고, 빠른 액션을 즐기게 하고, 어서 다음 장면을 봤으면 하는 조급성을 길러 준다. 텔레비전은 비단 야구나 스포츠뿐 아니라 모든 사물을 그렇게 접하도록 만들어 놓고 있다. 자라나는 세대들이 야구의 '결과', 그 게임에서 활약한 주인공, 플레이오프와 월드 시리즈 같은 빅 이벤트 등 요점에만 관심을 기울이게 되는 경향은 텔레비전이 더 많은 게임과 더 많은 하이라이트를 방영할수록 더욱 심해질 것이다.

그렇다면 이런 시청자들은 과연 야구 자체가 가진 맛을 느낄 수 있을까? 장장 세 시간에 걸쳐 유유히 치러지면서 서서히 긴장감을 고조시키는 야구 특유의 리듬을 사랑할 수 있을까? 지금까지는 야구팬이라면 이런 전체 과정을 지켜보면서 야구를 즐겨 왔다. 그나마 오늘날의 어린 야구 팬들까지만 하더라도 텔레비전—짧은 토막—하이라이트가 판을 치기 이전에 야구를 즐기게 된 올드 팬들과 접촉하면서 야구에 대한 이해를 전수받게 된다. 그러나 텔레비전의 속성에 길든 세대가 훗날 어른이 됐을 때 그 다음 세대는 야구를 어떻게 받아들일 것인가?

이미 야구를 알고 있는 사람들은 텔레비전 화면을 보면서도 자기가 직접 야구장을 찾아갔을 때의 경험과 기분을 되살리며 야구를 즐긴다. 오늘날의 텔레비전은 이미 야구의 속성을 알고 있는 사람들에게 전달된다. 그러나 텔레비전만을 통해 야구를 배운 사람들은 장차 야구 경기에서 어떤 것을 기대할 것인가? 야수들이 번번이 그라운드 위를 나뒹굴면서 공을 잡아내거나 10초마다 타구가 펜스를 향해 날아가는 장면이 나와야만 만족하지 않을까? 과연 세 시간 동안 느긋하게 앉아 유장하게 진행되는 게임을 즐길 수 있는 마음가짐이 남아 있을까?

야구계에는 다음과 같은 속설이 있다. 즉 야구단은 관중들에게 구장을 찾았을 때의 즐거움을 판다. 그 관중은 자신이 어렸을 때 부모나 친척의 손에 이끌려 야구장으로 구경 갔을 때의 즐거운 추억을 사기 위해 다시 자기 자녀를 구장으로 데려온다. 그러나 집안에서 텔레비전으로만 야구를 즐기는 데에 길든 세대가 어른이 됐을 때 야구단은 그들에게 무엇을 팔 수 있을 것인가?

상술이 뛰어난 피터 위버로스 커미셔너가 1990년에 케이블 텔레비전과의 계약 사실을 발표하자 적잖은 찬반 논란이 일었다. 비판론자들은 집에다 케이블 네트워크를 설치한 시청자는 같은 날 여러 구장에서 동시다발적으로 벌어지는 경기들을 채널을 돌려 이리저리 오가면서 가장 극적인 장면을 찾아다니게 된다고 지적했다. "현재 볼티모어 구장에서 노히트노런이 진행되고 있다."라는 얘기가 나오면 지금 당장 웨이드 보그스가 타석에 들어서는 장면을 보고 있다가도 그쪽으로 채널을 돌리게 된다는 얘기다.

팬들의 입장에서는 방에 앉아서 여러 군데 야구를 두루 볼 수 있는 게 나쁠 턱이 없다. 그러나 이것은 무엇을 의미하는가? 노히트노런이 불멸의 사건으로 팬들의 머릿속에 남으려면 그 위업이 이뤄져가는 과정에 긴장이 고조되는 현장 분위기를 느끼지 않으면 안 된다. 연속 게임 안타나 사이클링히트, 그 밖에 대기록들도 마찬가지다. 야구는 '앞으로 무엇이 일어날 것인가'를 예측하며 지켜보는 데에 묘미가 있는 경기다. 가장 팽팽한 긴장감을 맛볼 수 있는 순간은 2사 만루 볼카운트 2—3에서 투수가 공을 던지기 '직전'이다. 그 다음의 결말은 순식간에 내려지며 그것은 바꿔 놓을 수 없는 역사의 한 페이지로 기록된다. 텔레비전에서 채널을 이리저리 돌려가며 이른바 '주요 장면'만 지켜본다면 우리가 과거 150여 년 동안 야구를 접하면서 길러 놓은 식의 흥미는 도대체 어디서 느낄 수 있을 것인가?

필자는 '다르다'는 게 반드시 '좋아졌다'거나 '나빠졌다'는 식으로 이분화할 수만은 없으며 이런 것도 그저 '다르다'는 식으로 해석해야 한다고 생각한다. 텔레비전을 통해 언제든지 쉽게 야구에 접근할 수 있다는 것은 야구 종사자는 물론 팬들에게 틀림없이 큰 혜택이다. 그러나 이런 접근 방식 뒤에는 위험성이 도사리고 있는 것도 사실이다.

야구가 독특하게 갖고 있는 매력 중의 하나는 많은 사람들에게 얘깃거리와 쓸거리를 제공한다는 점이다. 필자가 지금 쓰고 있는 이런 책도 남들로부터 어떤 평가를 받건 상관없이 '야구 이야기'라는 점에서는 130년 전에 헨리 채드윅이 책을 쓰기 시작했을 때와 마찬가지다. 그런데 지금으로부터 20년 뒤에도 이런 식의 얘기가 주류를 이루고 있을까? 우리는 그저 지켜볼 수밖에 없다.

야구계의 전설이나 흥미진진한 얘깃거리들은 물론 야구 관계 글쟁이들이 만들어 왔다. 텔레비전 화면 시대를 맞은 이제부터는 흥행 관계자들의 의도에 따라 말의 성찬이 더 화려하게 차려지고 있다.

다음은 필자가 지금까지 한 말 중에서 마지막으로 하고 싶은 말이다.

빌 스턴이 라디오 토크쇼에서 부린 익살 한 토막.

임종 직전의 에이브러햄 링컨 대통령이 애브너 더블데이 장군을 불렀다.

"여보게, 야구를 꼭 살리게. 이 나라에선 언젠가 그게 필요하게 될 거야."

필자는 누군가가 야구 당국 관계자들에게 다음과 같은 말을 해 주었으면 싶다.

"야구 이야기가 끊이지 않게 하시게. 언젠가 필요하게 될 게 아니고 매일, 지금 당장 필요한 거니까."

자, 우리끼리도 지금 당장 야구 이야기를 시작해 보자.

야구란 무엇인가

2판 1쇄 펴냄 2009년 2월 23일
2판 19쇄 펴냄 2025년 7월 2일
1판 1쇄 펴냄 1999년 5월 1일
1판 2쇄 펴냄 1999년 6월 11일

지은이 | 레너드 코페트
옮긴이 | 이종남
발행인 | 박근섭
펴낸곳 | ㈜민음인

출판등록 | 2009. 10. 8 (제2009-000273호)
주소 | 06027 서울 강남구 도산대로 1길 62 강남출판문화센터 5층
전화 | **영업부** 515-2000 **편집부** 3446-8774 **팩시밀리** 515-2007
홈페이지 | minumin.minumsa.com

도서 파본 등의 이유로 반송이 필요할 경우에는 구매처에서 교환하시고
출판사 교환이 필요할 경우에는 아래 주소로 반송 사유를 적어 도서와 함께 보내주세요.
06027 서울 강남구 도산대로 1길 62 강남출판문화센터 6층 민음인 마케팅부

한국어판 © ㈜민음인, 2009. Printed in Seoul, Korea
ISBN 978-89-6017-070-4 03690

㈜민음인은 민음사 출판 그룹의 자회사입니다.